यात्री-समग्र

वैद्यनाथ मिश्र 'यात्री'

जन्म : सन् 1911 मे ज्येष्ठ पूर्णिमाक दिन तरौनी (जिला-दरभंगा) गाम मे।

शिक्षा : परंपरागत प्राचीन पद्धति सँ संस्कृतक शिक्षा।

प्रकाशन : रतिनाथ की चाची, बाबा बटेसरनाथ, दुखमोचन, बलचनमा, वरुण के बेटे, नई पौध, जमनिया का बाबा, आदि (उपन्यास); युगधारा, सतरंगे पंखोंवाली, प्यासी पथराई आँखें, तालाब की मछलियाँ, चंदना, खिचड़ी विप्लव देखा हमने, तुमने कहा था, पुरानी जूतियों का कोरस, हजार-हजार बाँहोंवाली, पका है यह कटहल, अपने खेत में, मैं मिलिट्री का बूढ़ा घोड़ा (कविता-संग्रह); भस्मांकुर, भूमिजा (खंडकाव्य); चित्रा, पत्रहीन नग्न गाछ (हिंदी मे अनूदित); पारो (मैथिली उपन्यास); धर्मलोक शतकम् (संस्कृत काव्य) तथा संस्कृत सँ किछु अनूदित कृति।

लब्धप्रतिष्ठ प्रगतिशील कवि, कथाकार। मैथिली, हिंदी, संस्कृत आ बांग्ला मे काव्य-रचना। मातृभाषा मैथिली मे 'यात्री' नाम सँ आ हिंदी मे नागार्जुन नाम सँ लेखन। शिक्षा समाप्तिक उपरांत घुमक्कड़ी। गृहस्थ होइतहुँ रमता जोगी। स्वभाव सँ आवेगशील, जीवंत आ फक्कड़। राजनीति आ जनताक मुक्ति-संघर्ष मे सक्रिय आ रचनात्मक भागीदारी।

सम्मान : 'पत्रहीन नग्न गाछ' लेल साहित्य अकादेमी पुरस्कार; उत्तर प्रदेश हिंदी संस्थान आ अनेक सरकारी, गैर सरकारी संस्था सँ सम्मानित। एकर अलावे साहित्य अकादेमीक महत्तर सदस्यता प्राप्त।

निधन : 5 नवंबर, 1998

यात्री-समग्र

यात्री

राजकमल पेपरबैक्स

ISBN : 978-81-267-0640-2

मूल्य : ₹499

पहिल संस्करण : 2003
दोसर संस्करण : 2020
पहिल आवृत्ति : 2022

प्रकाशक : राजकमल प्रकाशन प्रा.लि.
1-बी, नेताजी सुभाष मार्ग, दरियागंज
नई दिल्ली-110 002
शाखाएँ : अशोक राजपथ, साइंस कॉलेज के सामने, पटना-800 006
पहली मंजिल, दरबारी बिल्डिंग, महात्मा गांधी मार्ग, प्रयागराज-211 001
1, अनमोल सोराबजी संतुक लेन, धोबी तलाव, मरीन लाइंस, मुम्बई-400 002
वेबसाइट : www.rajkamalprakashan.com
ई-मेल : info@rajkamalprakashan.com

मुद्रक : बी.के. ऑफसेट
नवीन शाहदरा, दिल्ली-110 032

YAATRI-SAMGRA
by Yaatri

'यात्री-समग्र'क सन्दर्भ मे...

सन् 1911 क ज्येष्ठ पूर्णिमा क जनमल वैद्यनाथ मिश्र यात्री ओहेन व्यक्ति मे नहि छलाह जिनकर जन्म सुशिक्षित, सम्पन्न आ सम्भ्रान्त कुल मे भेल होइन। पिता गोकुल मिश्र रहथिन अकिंचन। पारिवारिक दायित्व सँ छिह कटनिहार लोक। अपठित हेबाक कारणेँ तरौनी सन पंडिताऊ गाम मे ग्लानिक अनुभव सेहो भेनाइ असम्भव नहि। एसगर पुत्रक लेल पिता केँ दू टा विकल्प छलनि–कि तँ पुत्र केँ निरक्षर राखी जे आगू जाक' कहुना छोट-छिन खेतीबारी संभारै अथवा मूर्ख नहि रहै तँ गामक संस्कृत पाठशाला मे रटन्त शैलीवला संस्कृतक पारम्परिक पढ़ाइ क' क' गामे मे सत्यनारायणक पूजा कराबै, पतिया प्रायश्चित कराबै आ पोथी-पतरा राखि लोकक नीक-बेजाय मे दिन ताके, सगुन उचारै...एहिना सन किछु सोचि गोकुल मिसर वैद्यनाथ केँ तरौनिक टोल पाठशाला धरि पहुँचा देलथिन। चौदहम बरख रहल हेतनि संस्कृत 'प्रथमा' परीक्षा पास करैकाल। ओहि बरख तरौनीक प्रतिष्ठित विद्वान पंडित अनिरूद्ध मिश्रक ध्यान एहि बालक पर गेल आ बजाहटि भेल पंडितजीक दिस सँ, सेहो कतए तँ आमक कलमबाग मे। आमक ओगरबाही करैत अन्नीबाबू (अनिरूद्ध मिश्र) चारि-पाँच दिन धरि वैधनाथक शिक्षा, बुद्धि आ प्रखरता पर ध्यान दैत रहलाह आ तकर बाद शुरू भेल पिंगल शिक्षा...तकर बाद किछु छन्दक प्रारम्भिक ज्ञान, फेर वाल्मीकि आ कालिदासक किछु-किछु प्रसिद्ध पाँती सभ केँ ल' क' छन्दक सामान्य ज्ञान एतबा भेलाक बाद पंडितजी काव्य-कर्मक ककहराक रूप मे समस्यापूर्ति पर पहुँचलाह। पहिल 'समस्या' जे वैद्यनाथ पूर्ति कयने छलाह से छल–'बालानां रोदनम् बलम'...

संस्कृत प्रथमाक बाद आगू पढ़बाक लेल वैद्यनाथ जे अपन गाम-घर छोड़लनि आ आगू मूहेँ चलैत रहलाह तकर परिणति 'यात्री' रूप मे देखार भेल। वैद्यनाथ मिश्र केँ वैद्यनाथ मिश्र 'विधार्थी'–वैदेह–यात्री आ नागार्जुन धरिक विशेषण लगबै मे 1925 ई. सँ 1937 ई. धरिक पूरा एक युग (बारह वर्ष) लागल रहैन्ह। प्रथमाक बाद गनौली–पंचगछिया रहि तीन वर्ष मे 'मध्यमा', फेर पढ़ाइ अथवा आन किछु करी तकर इतह-तितह मे किछु मास आ अंततः पढाइक हेतु काशी। काशी मे प्रख्यात मैथिली कवि पंडित सीताराम झा संस्कृत काव्य दिस झुकैत वैद्यनाथ केँ मैथिली आ हिन्दी कवि-कर्म दिस घुमा देलथिन। कविवर सीताराम झा प्रेरणा आ प्रशिक्षण द' संस्कृत आ हिन्दी–मैथिली काव्य शास्त्रक अन्तर आ अन्तरसम्बन्ध नीक जकाँ फरिछा देने रहथिन। जाहि समय

वैद्यनाथ भाषा-छन्द-शिल्प-बिम्ब आदिक प्रयोग सँ वाक्य विन्यास मे चमत्कार अनबाक रहस्य सीखैत रहथि ओहि काल मे पंडित बलदेव मिश्र सन प्रखर चिन्तकक नजरि सेहो एहि युवक पर पड़ल। पंडित बदलेव मिश्र वैद्यनाथ केँ सांस्कृतिक परम्पराक संग वर्तमान केँ बुझबाक हेतु प्रेरित कैलथिन। दैनिक अखबार आ युगीन साहित्यिक संग जनजीवन केँ निकट जाक देखबाक जिज्ञासा ओहि समय सँ भीतर जागए लगलनि। पंडित अनिरूद्ध मिश्र, कविवर सीताराम झा आ पंडित बलदेव मिश्र वैद्यनाथक जीवन-निर्माणक नींव मे तीन टा सबल ईंटा जकाँ छथि जाहि पर पंडित वैद्यनाथ मिश्र सन बहुभाषी विद्वान आ काव्यशास्त्र मर्मज्ञ, जनकवि नागार्जुन एवं युगपुरुष यात्रीक विशाल, विलक्षण तथा अविस्मरणीय व्यक्तित्व ठाढ़ भेल आगू आबिक...

'मिथिला' (मैथिली मासिक, लहेरियासराय) क वर्ष-1, अंक-9 1929 ई. क अन्तिम मास मे महामहोपाध्याय मुरलीधर झाक मृत्यु पर 'शोक ध्वनि' मुख्य शीर्षकक अन्तर्गत तीन टा कविता छपल छल, जाहि मे एक टा कविताक कवि रहथि विद्यार्थी वैद्यनाथ मिश्र तरौनी निवासी। ई यात्रीक प्रथम प्रकाशित रचना थिक। फेर 'मिथिला मित्र' मे 1930 मे 'बाबाक विभूति' वैद्यनाथ मिश्र तरौनीक कविता अछि। तकर बाद 'वैदेह' उपनाम सँ 'मिथिला मोद' मे रचना देखबा मे अबैत अछि। 'मिथिला मोद' (वर्ष 27 उद्‌गार 4, माघ 1937 ई.) मे 'अन्तिम प्रणाम'क कवि भेलाह यात्री। 'यात्री' नाम तारांकित अछि आ कविताक अन्त मे तारांकित क' स्पष्ट कएल गेल अछि—'पंडित वैद्यनाथ मिश्र वैदेह—सम्पादक दीपक (तरौनीवासी)क ई लेख प्रेषित।' ओना ई कविता काशी मे 1936 ई. मे लिखल गेल छल, 'मोद' मे लिखलाक बादे पठाओल गेल होयत, ता धरि यात्रीक पता-ठिकाना 'दीपक' रहल हैतनि। 'दीपक' हिन्दी मासिक छल जे अबोहर (पंजाब) सँ बहरैत छल। एहि मे यात्री आ वैद्यनाथ मिश्रक अनेक हिन्दी रचना प्रकाशित अछि। काशीक बाद कलकत्ताक गवर्नमेंट संस्कृत कॉलेज सँ 'काव्यतीर्थ'...फेर सहारनपुर-पटियाला-लाहौर-फिरोजपुर-अबोहर आदिक यात्रा छलनि साहित्यकर्म करैत जीवन-यापन लेल। अबोहरक बादे लंका 1939 ई. क अन्त मे गेलाह बौद्ध दर्शनक अध्ययन हेतु। लंकाक 'विद्यालंकार परिपेण'मे नायकपाद धम्मानन्द सँ बौद्धधर्मक दीक्षा लेने रहथि तँ नाम भेटलनि 'नागार्जुन'। लंका सँ वापस आबि गेला 1938 ई. मे बौद्ध साहित्यक खोज करबाक एक टा अभियान दलक लेल, जकरा तिब्बत जेबाक रहै मुदा भिक्खु नागार्जुन तिब्बत नहि गेलाह...

"मैथिल महासभाः मैथिलत्वक मानदंड" नाम सँ लिखल गेल एक टा टिप्पणी भिक्खु नागार्जुनक नामे भेटैत अछि 1938 ई. क 'विभूति' मे। ई सम्भवतः उपलब्ध गद्य सभ मे मैथिलीक प्रथम प्रकाशित गद्यांश थिक यात्रीक। 1941 ई. तक मैथिलिक संग-संग हिन्दीक अनेको कविता यात्रीक नामे प्रकाशित होयत रहल। एकर बाद 'यात्री' केवल मैथिलीक लेल सुरक्षित भेला आ नागार्जुन हिन्दी मे गेला।

1943 मे दू टा बुकलेट—'बूढवर' आ 'विलाप' नाम सँ छपल जे बेस चर्चित आ

प्रसारित-प्रचारित भेल। 'पारो' नामक उपन्यास 1946क मार्च मे लिखल गेल आ छपल ओहि बरखक मइक अन्तिम सप्ताह मे। 'पारो' सँ पूर्व यात्री कविक रूप मे चर्चित भ' चुकल छलाह। किछु कविता सभ बेस प्रशंसित छलनि। 'पारो'क अन्तिम कवर पृष्ठ पर 'षोड़शी' नामक एक टा मैथिली कविता-संग्रह शीघ्र प्रकाशित हेबाक निम्न सूचना छल—

'यात्रीक टटका कविता देखक हो त' 'पारो' पढ़लाक उपरान्त अहाँ 'षोड़शी' अवश्य पढ़बे टा करी।

'अपूर्व रचना-विलक्षण शैली।

'एक-एक पंक्ति—एक-एक पद मिथिलाक माटि सँ सुरभित। लखिमा ठकुराइन सँ ल' क' अदना सँ अदना (फेकनी : मेहिया चमार : ठीठर मामा) धरि, सभ 'षोड़शी' क एहि प्रतिमा केँ गोड़ लागि रहल छथिन्ह...सलौनी पूर्णिमा धरि 'षोड़शी' प्रकाशित भइये जायत। 'गेट-अप अभिराम : कवर पेज दोलङी : डबल क्राउन (सोलह पेजी) सोलह टा रचना—मधुर मनोरम सरस स्निग्ध : परिशिष्ट रूपेण चरि टा रस रचना...शब्द चित्र

'दाम दुइ टका'

जेठ मे छपल छल 'पारो'। तकर दुइये मासक बाद यात्रीक 'षोड़शी' बहराइवला रहय, मुदा नहि बहरा सकल...नहि जाइन कि बात भेलै 'षोड़शी' विज्ञापने मे रहि गेल। तीन वर्षक बाद 'चित्रा' प्रयाग सँ प्रकाशित भेल छल 1949 ई. क अन्तिम दिन मे। 'चित्रा' मे दिसम्बर 1931 ई. सँ ल' क' नवम्बर 1949 ई. धरिक रचना सभ मे सँ मात्र अट्ठाइस टा कविता संकलित अछि। 'षोड़शी' क लेल विज्ञापित कविता सभ मे सँ 'मेहिया चमार' छोड़ि सम्भवतः आन रचना सभ 'चित्रा' मे संग्रहित भ' गेल होयत। सम्भवतः एहि लेल जे 'षोड़शी' मे मूल रूप सँ सोलह टा रचना संग परिशिष्ट रूप चारि टा रस रचना छपैवला छल, अर्थात बीस टा रचना। एकर कोनो सूची उपलब्ध नहि। 'मेहिया चमार' रचनाक कोनो सूत्र सँ एखन तक कोनो सूचना नहि अछि। ओना यात्री कविता प्रायः एक्के बैठकी मे लिखति रहथि। मुदा किछु पैघ कविता पूरा करै मे पाँच-सात दिन सेहो लगैत रहनि। भ' सकैत अछि जे 'मेहिया चमार'क रचनाकर्म शुरू भेल हो आ किछु पाँतीक बाद रूकल त' रुकिए गेल होइ। ईहो भ' सकैत अछि जे 'मेहिया चमार' अपूर्ण रूपेँ यात्रीक संग इम्हर-उम्हर घूमैत बौआइत अलक्षित भ' गेल हो...एकरो सम्भावना जे 'पारो' छपलाक बाद यात्री 'षोड़शी'क पांडुलिपि तैयार नहि क' सकल होयताह...

दिसम्बर 1931 ई. सँ नवम्बर 1949 ई. क अट्ठारह बरखक रचनाकर्म आ 'चित्रा' मे मात्र अट्ठाइस टा रचना, कोनादन नहि लगैत छैक ! एहिठाम एकरा ध्यान मे राखय पड़त जे यात्रीक रचनाकर्म मात्रागत् रूपेँ बैसी नहि। फेर 'चित्रा'क रचना-चयन आ तकर सम्पादन मे यात्री बड़ ध्यान देने रहथिन। एकर दू टा उदाहरण सामने अछि—'अन्तिम प्रणाम', 'मिथिलामोद' मे निम्न रूपे छपल छल—

हे तिरहुत अति नयनाभिराम !
मम मातृभूमि अन्तिम प्रणाम !!
पुरजन-परिजन सब छोड़ि-छाड़ि
पहिलुक परिचय कैं तोड़ि-ताड़ि
अहिबातक पातिल फोड़ि-फाड़ि
हम जाय रहल छी आन ठाम।
माँ मिथिले ! ई अन्तिम प्रणाम !!
चिर-विस्मृत वस्तुक स्मरण-हेतु
सूतल सृष्टिक जागरण हेतु
दुस्तर उदधिक सँतरण हेतु
हम जाय रहल छी आन ठाम।
माँ मिथिले ई अन्तिम प्रणाम !!
हम मोह रहित, हम बीत-राग
हम तोड़ि-ताड़ि समताक ताग
छी गाबि रहल सकरुण विहाग—
ध्रुवपद मे अछि माँ अहिंक नाम।
माँ मिथिले ! ई अन्तिम प्रणाम !!

सत्तरह पाँतीक ई रचना 'चित्रा' मे सोलह पाँती मे अछि, एहू से एक टा विलक्षण ढंग सँ परिवर्तित रूप मे। 'चित्रा' मे संग्रहीत 'अन्तिम प्रणाम' रचना जाहि रूप मे सर्वमान्य आ अपन अर्थ वैशिष्टक संग अछि ताहि पर किछु कहब हमरा लेल उचित नहि।

ओहिना 'कविक स्वप्न'क निम्न छओ पाँती—

"साँझ दइ छहु, हाय, ओ पतलो जरा
गारि फज्झति मोन मारि सुनैत छहु।—

केँ बाद हमरा श्री उमानाथ झाक सम्पादन मे प्रकाशित 'मैथिली नवीन साहित्य' (1945 ई.) मे प्राप्त भेल अछि—

"ओकर नोरक लम्बमान टघार मे
गालपर सँऽ कवि ! हमहुँ बहि जाइ छी
कल्पनामय प्रकृति तोहर देखि कँऽ
की करू, हम ऐंचिकऽ रहि जाइ छी
छह तोरा जकरा सङे एकात्मता
सुनह कवि ! हमहीं थिकहुँ ओ देवता"

ई छह पाँती 'चित्रा' मे नहि अछि। ई दू टा उदाहरण अछि 'चित्रा'क सम्पादनक सन्दर्भ मे। एहि सँ अन्दाज लगाओल जा सकैत अछि जे यात्री ओहि काल मे अपन कतेक रचना केँ कोन-कोन तरहेँ स्वयं सम्पादित कयने हेताह, जे कॉपीए टा मे रहल होयत !

ओना पत्र-पत्रिका आदि जँ सभ टा उलपब्ध हो त' किछु आर बातक अथवा सम्पादनक पता लागि सकैत अछि। 'चित्रा'क प्रकाशन मैथिलीक आधुनिक कविताक लेल एक टा ऐतिहासिक घटना मानल जाइत अछि—जे मैथिलीक काव्यधाराक दशा आ दिशा बदलि देलक ! निश्चित रूपेँ यात्री एकर संकलन आ सम्पादन अपना ढंग सँ; बड़ मनोयोग सँ कयने हेताह। तेँ सम्भवतः ओहि कालखंडक अन्य किछु कविता 'चित्रा' मे संकलित हेबा सँ रहि गेल होयत...

'चित्रा' (1949) क बाद यात्री 'विशाखा' नामक एक टा संग्रहक योजना बनौने रहथि। कलकत्ताक एक टा मैथिलीसेवी महानुभाव एकरा प्रकाशित करैवला रहथि, जिनका अपन साहित्यिक आ प्रकाशकीय संगठन सेहो छलनि। 'विशाखा' मे राजनीतिक कविता सभ पर्याप्त मात्र मे संकलित करबाक नियार छलनि। एहि बातक खुलासा 'मिथिला मिहिर'क 6 जुलाइ 1975 मे प्रकाशित 'अनौपचारिक साहित्यवर्त्ता' मे भेल अछि। ई साक्षात्कार यात्री सँ गंगेश गुंजन, प्रभास कुमार चौधरी, भीमनाथ झा आ पूर्णेन्दु चौधरी द्वारा मार्च 1973 ई. मे लेल गेल छल। 'विशाखा' केँ प्रकाशित नहि होयबाक गप्प पर यात्री बाजल छलाह—'चालिस टा कविता बाबू साहेब चौधरी केँ 'विशाखा'क हेतु देने रहियैन। राजनीतिक कविता सभ रहैक। नहि जानि ओ कविता सभ आब कत' अछि ?' ई साक्षात्कार 'पत्रहीन नग्न गाछ' (1967)' क प्रकाशित हेबाक बहुत वर्षक बादक थिक।

1967 ई. मे यात्री अपन हिंदी उपन्यास 'जमनिया का बाबा' केँ इलाहाबाद मे रहि क' लिखने रहथि। ओहि बर्ख ओतहि 'पत्रहीन नग्न गाछ'क पांडुलिपि तैयार कयने रहथि। 1967क अन्तिम दिन (31-12-67) 'पत्रहीन नग्न गाछ'क लोकार्पण हिन्दीक महान कवि सुमित्रानन्दन पन्त कयने रहथि। एहि संग्रह मे यात्रीक ता धरिक अधिकांश तटका रचना सभ रहनि। 'पत्रहीन नग्न गाछ' पर 1968 ई. क साहित्य अकादेमी पुरस्कार यात्री केँ भेटल रहनि। साहित्य अकादेमी सँ पुरस्कृत हेबाक कारणेँ भारत सरकार दिस सँ एक टा कल्चरल डेलिगेशन मे वैद्यनाथ मिश्र 'यात्री' सोवियत रूसक एक्कैस दिनक यात्रा (25 जुलाइ 1971 सँ 16 अगस्त 1971 धरि) केने रहथि।

'पत्रहीन नग्न गाछ' मे चौबालिस टा कविता आ आठ टा गीत संकलित अछि। 'चित्रा'क अधिकांश रचना सभ मे रचनाकर्मक तिथि सूचित अछि, मुदा 'पत्रहीन नग्न गाछ' मे नहि। 1950 ई सँ 1967 ई. धरिक प्रकाशित-अप्रकाशित जे रचना सभ इलाहाबाद मे यात्री केँ आसानी सँ प्राप्त भेल हेतइन तकरे मे सँ चयन भेल हैत 'पत्रहीन नग्न गाछ'क रचना। एतए ईहो बात ध्यान मे अबैत अछि जे चालीस टा रचना 'विशाखा'क लेल देल जा चुकल छल। फेर, 'षोड़शी' जकाँ बात भ' गेल जे 'विशाखा' क लेल कोन-कोन रचना छल, कि ओहि मे सँ किछु रचना 'पत्रहीन नग्न गाछ' मे आयल ? कि ओ रचना सभ पत्र-पत्रिका मे छपल छल ?—कोनो उत्तर नहि ताकि पबैत छी ! मैथिली साहित्यक कोनो सार्वजनिक पुस्तकालय नहि। अपना-अपना सुविधा आ रुचिक अनुसार किछु प्रबुद्ध लोक नव-पुरान पुस्तक आ पत्र-पत्रिकाक संग्रह अवश्य कयने छथि। सेहो कोनो व्यवस्थित क्रम मे नहि। सभ पत्र-पत्रिका कतउ संकलित-

संग्रहीत वा सुरक्षित अछि अथवा नहि, तकर हमरा अन्दाज नहि अछि। जाहि-जाहि विश्वविद्यालय मे जत' मैथिलीक पढ़ाइ होइत अछि तकर विभाग सभ सेहो कोनो व्यवस्थित पुस्तकालय एखन तक बना नहि सकल अछि।

1981 ई. मे 'पत्रहीन नग्न गाछ'क हिन्दी-मैथिली सहित एक टा द्विभाषी संस्करण प्रकाशित भेल छल। हिन्दी अनुवाद सोमदेव कयने रहथि। एहि अनुवादक बाद नागार्जुनक सुधी पाठक 'यात्री'क मैथिली कविता दिस आकृष्ट होमय लगलाह ! एहि बात केँ ध्यान मे राखि 1995 ई. मे यात्रीक कविताक एक टा पैघ संग्रह तैयार भेल छल। एहि संग्रह मे 'चित्रा' आ 'पत्रहीन नग्न गाछ'क अतिरिक्त बाबन टा आर कविता सम्मिलित कयल गेल। मूल मैथिलीक संग ओकर हिन्दी अनुवाद वला द्विभाषी संकलन जे छपल तकर नाम छल ''पका है यह कटहल''। सम्पादन आ अनुवाद कयने रहथि शोभाकान्त आ सोमदेव।

''पका है यह कटहल'' मे कुल एक सौ बत्तीस टा रचना संकलित अछि। एहि संग्रह केँ यात्रीक सभ कविता केर एकमात्र संग्रह बनेबाक योजना छलैक; मुदा से नहि भेल। हँ, 'चित्रा' आ 'पत्रहीन नग्न गाछ'क अतिरिक्त जे आन कविता सभ एहि संग्रह मे अछि से कोन पत्र-पत्रिका सँ लेल गेल तकर सूचना आ काल द' देल गेल छै। संगहि असंकलित रचना सभ काल-क्रम केँ अनुसार राखल गेल छैक।

आब 'यात्री समग्र' मे विभिन्न पत्र-पत्रिका आदि सँ ताकि-तुकि क' जे भेटल तकरा संकलित कयल गेल अछि। तैइस टा एहन रचना अछि जे पहिल बेर एहिठाम एक सङ्गे संकलित भ' रहल अछि। ओ रचना सभ असंकलित रचना सभ मे क्रम सँ लगा देल गेल छैक। यात्रीक रचना सभ प्रायः पत्र-पत्रिका मे हुनक जीवन काल मे प्रकाशित भ' चुकल अछि। यात्री सन यायावर रचनाकारक रचना संसार केँ पूर्णता मे घेरब बड़ कठिन काज। देशक कोन-कोन सँ कोनो स्लिपनुमा कागज कखनो भेटबाक सम्भावना अछि जे शायद कोनो कविता हो...वा कोनो एहन पत्र-पत्रिकाक सूचना भेटय जत' यात्री होथि आ हम ओ कविता धरि एखन तक नहि पहुँचल होइ।...

मैथिलीक सङ्ग-सङ्ग हिन्दीक किछु श्रेष्ठ रचनाकारक रूप मे स्थापित यात्री गद्यक विभिन्न विधा सँ सेहो जुड़ल रहथि। 1936 ई.क अक्टूबर मे हिन्दीक पहिल कहानी ''असमर्थदाता'' छपि चुकल रहनि। हिन्दी मे निबन्ध, यात्रा-संस्मरण, रिपोर्ताज, बाल-साहित्य लेखन करैत रहथि। शरतचन्द्रक बंगला उपन्यास आ कथाक अनुवाद सेहो कयने रहथि। एकर बाद यात्री उपन्यास लेखन दिस डेग उठौलनि आ प्रथम उपन्यास जे लिखलनि से छल 'पारो।' 1946 ई. क शुरू मे। ओहि बर्ख जेठ मे ई उपन्यास छपल। 'पारो' क्राउन साइज मे मात्र सत्तर पृष्ठक उपन्यास अछि। अपन तरहक एसगर आ सम्भवतः प्रथम उपन्यास छल जे मैथिलीक सामान्य आ प्रबुद्ध पाठक केँ आकृष्ट कयलक। ओहि काल मे एहि उपन्यास पर सभ तरह सँ खूब चर्चा भेल छल। एकरा सम्बन्ध मे चारि पाँतीक एक टा पद्य जे 'मिथिल-मिहिर' मे छपल छल, एखनो धरि उद्धृत कैल जाइत अछि, ओ पद्य छल—

"स्वच्छन्द प्रोफेसर टाँग हाथ
दंतावली पूर्वहि तोड़ि देल
दुर्भाग्य सँ सम्प्रति मैथिलीक
'पारो' कपारो धरि फोड़ि देल"

'पारो' क हिन्दी अनुवाद 1975 ई. मे छपल छल आ अनुवादक रहथि कुलानन्द मिश्र। 'पारो' क अनेक संस्करण मैथिली आ हिन्दी मे भ' चुकल अछि।

'पारो'क बाद 1954 ई. मे 'नवतुरिया' छपल। ई यात्रीक दोसर मैथिली उपन्यास थिक। 'पारो' सँ 'नवतुरिया' धरि अबैत-अबैत यात्री हिन्दीक नागार्जुन रूपेँ एक टा स्थापित उपन्यासकार भ' चुकल रहथि।

'बलचनमा' क तथाकथित मैथिली रूप एहि संकलन मे शामिल नहि अछि। 'बलचनमा' मूलतः हिन्दी मे लिखल गेल आ प्रकाशित भेल 1952 ई.मे। एकर एक अंश 1948 मे 'उदुयन' (हिन्दी मासिक, पटना, 1948)'क दोसर अंक मे छपल छल। 1949 मे छपल 'चित्रा' क भूमिका मे डा. जयकान्त मिश्र लिखैत छथि—"जाहि लेखनिक उपयोग मैथिलीक हेतु यात्रीजी करितथि, ताहि सँ हुनका हिन्दी लिख' पड़ैत छनि ! एक दिन बेचारे खिन्न भ' क' बाजल रहथि—'बलचनमा' लिखि रहलहुँ अछि आइ-काल्हि...पेट तँ हिंदिए सँ भरैत अछि। तेँ अपन कोढ़-करैज खखोड़ि जे किछु होइए से ओकरे पीड़ी पर चढ़ा रहल छी।' 1952 ई. मे प्रकाशित 'बलचनमा' हिन्दीक महत्त्वपूर्ण उपन्यास मानल गेल। मैथिली मे बलचनमाक कोनो रूप अथवा कोनो अंश 1967 तक देखबा मे नहि आयल छल। 1954 क शुरूए मे हिन्दीक सुविख्यात लेखक डॉ. रामविलास शर्माक एक टा लेख 'मैथिली और हिन्दी' (पाटल, हिन्दी मासिक, पटना) छपल छल। डॉ. शर्मा यात्रीक संगतुरिये, गोधियाँ जकाँ, एक्के बाट-धाटक लोग। मुदा मैथिलीक सम्बन्ध मे किछु एहन बात छल जे यात्री केँ नहि अरघलन्हि, चुप नहि रहल गेलनि। ओहि निबन्धक जवाब देनाइ यात्रीक लेल आवश्यक भ' गेल छल। यात्री सेहो 'मैथिली आ हिन्दी? शीर्षक सँ एक टा आलेख लिखलन्हि। 'पाटल' ओकरा नहि छलपक। ओ आलेख 'आर्यावर्त्त' (हिन्दी दैनिक, पटना) क14 एवं 24 फरवरी 1954 क अंक मे छपल छल। ओहि मे यात्री एकठाम लिखैत छथि—"पिछले पच्चीसं वर्षों से मैं अपनी मातृभाषा (मैथिली) में लिखता आ रहा हूँ। हिन्दी पीछे सीखी है। प्रकाशन सम्बन्धी असुविधाओं के कारण अपनी क्षमता का दशांश भी शायद मैथिली को नहीं दे पाता हूँ। हिन्दी संसार में गोष्ठियों, सभा और सम्मेलनों के अवसर पर यदा-कदा मित्रों का आग्रह होता है कि अपनी मैथिली रचना भी सुनाऊँ। श्रोतागण मूल मैथिली नहीं समझते हैं और मुझे 'हिन्दप्रदेश' (हिन्दी भाषी अंचलों) में अपनी मैथिली रचनाएँ पंक्तिशः अनूदित करके ही सुनानी होती है। ब्रज, अवध, भोजपुर के इलाकों में मैथिली नहीं समझते हैं लोग। दिल्ली-लखनऊ और इलाहाबाद, बनारस के साथी साहित्यकार इसी कारण मेरी मैथिली रचनाओं का मूल्यांकन नहीं कर पाए हैं अब तक। मैथिली चाहे प्राचीन हो, चाहे अर्वाचीन, हिन्दीवालों के लिए वह आसान नहीं है। बंगला और पंजाबी की रचनाओं की रसोपलब्धि के लिए जिस प्रकार उन्हें अनुवाद का

सहारा लेना पड़ता है उसी प्रकार मैथिली के भी आस्वाद के लिए उनको अनुवादकों की शरण में जाना पड़ेगा। अपना प्रख्यात उपन्यास 'बलचनमा' मूलतः मैंने मैथिली में ही लिखा था। प्रकाशन की सुविधा हुई, अतः उसका हिन्दी रूपान्तर ही लोगों के सामने पहले आ गया। मौलिक 'बलचनमा' भी इस वर्ष प्रकाशित होगा।'' डॉ. रामविलास शर्मा एक टा नीक राजनीतिक चिन्तक सेहो रहथि आ यात्री अपन माटी-पानि सँ जुड़ल खाँटी मैथिल तँ छलाहे संगहि राजनीतिक यथार्थवादी धारा सँ जुड़ल लोग। तेँ ओ मैथिलीक पक्ष सबल बनैबाक हेतु कहि उठिलाह—''बलचनमा मूलतः मैथिली मे लिखने छलहुँ...'' एहि वाक्यांश कारणेँ 'बलचनमा' केँ मैथिली उपन्यास हेबाक बात उठैत रहल अछि। ओहि काल मे यात्री सोचने हेताह जे शीघ्रहि 'बलचनमा' के मैथिली मे रूपान्तरित क' देल जेतैक। पटने मे छलाह। बैसि क' लिखबाक हेतु मानसिकता बनौलन्हि मुदा नहि जानि किएक 'बलचनमा'क बदला 'नवतुरिया' तैयार भ' गेल...1954 ई मे 'नवतुरिया' छपबो कैल। ई ठीके बात अछि जे मैथिली मे प्रकाशन सम्बन्धी असुविधा छैक। मुदा यात्री केँ मैथिलीयो मे प्रकाशक भेटलनि अछि हर-हमेशा। 'पारो', 'चित्रा' 'नवतुरिया', आ 'पत्रहीन नग्न गाछ'—सभ समय पर प्रकाशित भेल अछि। कोनो गद्यांश अप्रकाशित कहाँ रहलन्हि। कवितो त' प्रायः पत्र-पत्रिका मे जतवा जखन लिखलन्हि छपैत एलन्हि तेँ मोन नहि मानैत अछि जे 'बलचनमा' सन महत्त्वपूर्ण कालजयी कृतिक लेल प्रकाशक नहि भेटल होयत। 'नई पौध' (हिन्दी उपन्यास 1953) केँ रूप मे अनलैन्हि तँ 'बलचनमा केँ कि भेल ? ओ स्वयं बलचनमा केँ मैथिली मे नहि उतारि सकलाह। हँ, 'बलचनमा'क तथाकथित-मैथिली रूप प्रकाशित भेल पाँच फरवरी 1967 ई. मे कलकत्ता सँ। मैथिली बलचनमाक ई. संस्करणक कवर आ इनर कवर पर 'बलचनमा' क नीचा मे कोष्ठ मे मैथिली छपल अछि आ उपन्यासकारक जगह पर 'मूल लेखक नागार्जुन' छपल अछि। कतहु यात्रीक नाम नहि। जखन कि यात्रीक कोनो कृति मे रचनाकारक जगह पर नागार्जुनक जिक्र नहि अछि। 1941 ई.क बाद मैथिलीक कोनो रचना नागार्जुनक नामे नहि। अपन कोनो साक्षात्कार वा पत्र मे यात्री बलचनमाक एहि तथाकथित रूपान्तरक विषय मे चर्चा हमरा जनैत नहि कयने छथि। छपित 'बलचनमा'क मैथिली रूपान्तर के केने छथि, सेहो ज्ञात नहि। यात्री अपन विलक्षण गद्य, शैली आ भाषाक कारण दूरहि सँ चिन्हार भ' जाइत छथि। बलचनमाक ई मैथिली रूपान्तर कतउ सँ यात्रीक नहि लगैत अछि। एहना मे छपित मैथिली 'बलचनमा' केँ कोना यात्रीक मूल मैथिली उपन्यास मानल जाए।

यात्री मूलतः कवि रहलाह अछि। गद्यांशः सम्पादक मित्र सभक आग्रह पर लिखैत रहथि। तेँ स्फुट गद्यक मात्रा बेसी नहि। स्फुट गद्य मे कथा, रिपोर्ताज, टिप्पणी, पत्र-पत्रिका मे लिखल स्तम्भ आदि प्राप्त अछि। तकरा एकठाम संकलित क' एहि संकलन मे राखल जा रहल अछि।

स्फुट गद्यक पहिल आलेख 'विभूति'क फरवरी 1937 ई. क अंक मे अछि—'मैथिल महासंघः मैथिलत्व मानदंड' जकर लेखक छथि भिक्खु नागार्जुक। बाद मे सभ रचना यात्रीक नामे प्रकाशित अछि। 'चितकबरी इजोरिया' हुनक हिन्दी उपन्यास 'वरुण के

बेटे'क एक टा अंश थिक। जकर रूपान्तर ओ स्वयं एक कथाक लेल कयने रहथि। 'बउकन ठाकुर' जे 'किरण' (1954 मे छपल छल एक टा पैघ कथाक अंश लगैत अछि। मुदा नहि त' किरणक दोसर अंक निकलल आ ने 'बउकन ठाकुर' आगू बढ़लाह। ई अंश वैद्यनाथ मिश्रक नाम सँ छपल अछि। 'बूढ़ बोको', 'गप्पक फोड़न', 'रूपान्तर' यदा-कदा लिखल गेल कथा थिक। 'रिक्तता आ पूर्णता' केँ कोन कोटि मे राखल जाए ? 'पृथ्वी ते पात्रम', 'चारि अहोरात्रि आ एक दिन', 'प्रवासक संस्मरण' त' संस्मरणात्मक रिपोर्ताज अछिए। 'प्रस्तुत प्रसंग' 'काटर'क प्रसंग ल' क' एक टा रचना।

'यत्र-तत्र-सर्वत्र', 'यत्रकिंचित्त' 'ओ-नामा-सी-धङ', 'स्वगत अनुचिन्तन', चिन्तन-अनुचिन्तन'—ई सभ यात्री द्वारा लिखल गेल विभिन्न पत्र-पत्रिकाक स्तम्भ थिक। यात्री मैथिली आ हिंदी मे कोनो समय मे डायरी सेहो लिखैत रहथि। हुनक किछु हमउम्र मित्र सभ कहैत छथि जे यात्री अपन डायरीक प्रथम पृष्ठ पर 'यत्-किंचित्त' अथवा 'यत्र-तत्र-सर्वत्र' लिख दैत रहथिन मोट अक्षर मे। डायरी नियमित नहि, यदा-कदा लिखथि। ओ डायरी सभ ने जानि कतए आ कोना आलोपित भ' गेल। 'यत्र-तत्र-सर्वत्र' नाम सँ पहिल बेर 'वैदेही' (मैथिली, मासिक, दरभंगा)क मइ 1957 ई. क अंक मे छपल छल। स्तम्भ शुरू करबाक प्रसंग मे 'वैदेही'क सम्पादक लिखने रहथि—'यात्रीजीक इच्छा छनि जे प्रतिमास एक प्रकारक टिप्पणी लिखि पठाबि, तकरा हम सभ हार्दिक स्वागत करैत छी। आशा अछि पाठको केँ नवीन स्तम्भ प्रिय लगतैन्हि। 1957 ई.क मइ, जून, अगस्त आ अक्टूबरक अंक मे 'यत्र-तत्र-सर्वत्र' छपल अछि, आगू फेर नहि। 'यतकिंचित', 'मिथिला' दर्शन'क जून 1959 ई. सँ फरवरी 1961 ई.क मध्य मात्र आठ अंक मे देखबा मे आयल अछि। स्तम्भ आरम्भ करबाक प्रसंग मे 'मिथिला दर्शन'क सम्पादक लिखने रहथि—''ई स्तम्भ पहिने वैदेही' मे चालू रहइ। आब यात्रीजी कलकत्ता मे छथि आ रहताह। 'मिथिल दर्शन'मे प्रतिमास स्तम्भ रहत।...''एहि ठाम ई जानकारी देब आवश्यक जे 'यतकिंचित'' वैदेही'क स्तम्भ नहि छल ओ स्तम्भ छल 'यत्र-तत्र-सर्वत्र।' ओ-ना-मा-सि-धङ 'मिथिला मिहिर'क मात्र दू टा अंक मे देखबा मे आयल। अहि तरहे 'स्वगत अनुचिन्तन' आ 'चिन्तन-अनुचिन्तन' एक्के-एक्के बेर छपल छल। यात्रीक स्तम्भ लेखनक आधार कोनो ने कोनो समाचार होइत छल...

प्रथम अखिल भारतीय मैथिली साहित्य सम्मेलन दरभंगा मे 1956 ई. मे भेल छल। ओकर कविता विभागक अध्यक्ष छलाह यात्री। ओहि अवसर पर देल गेल हुनक व्याख्यान सेहो एहि संकलन मे संकलित आछि—'कविता : युगक गीता' नाम सँ। तहिना 1997 मे रहिका मे विद्यापति पर्व समारोह मे अस्वस्थ रहितहुँ गेल रहथि यात्री। अस्वस्थ रहथि तेँ अपन सन्देश लिखित रूपेँ देने रहथिन।

यात्री-समग्र मे यात्रीक लिखल किछु पत्र सेहो सम्मिलित अछि। ओना अपना ओहिठाम पत्र केँ सुरक्षित रखबाक परम्परा एखन तक प्रचलित नहि अछि। मुदा पत्र एक टा एहन विधा थिक जाहि सँ काल, परिस्थिति आ परिवेश आ ओकर अन्तरसम्बन्धक संङ पत्र लेखकक दृष्टिकोण स्पष्ट होइत अछि। यात्री सम्भवतः अपन

समयक एक टा पैघ पत्र-लेखक रहथि। बड़ मनयोग सँ पत्र लिखैत छलाह। विभिन्न भाषा मे हुनकर लिखल सभ पत्र जँ कदाचित् प्राप्त भ' जाय त' निश्चित रूपे ओकर संख्या दस-बारह हजार होयत। मुदा से प्राप्त भेनाइ असम्भवे अछि। पारिवारिक लोक, नव-पुरान मित्र, रचनाकार आदि सभ सँ हुनकर पत्र सम्पर्क बनले रहैत छलन्हि। एक पाँतीक पोस्टकार्ड सँ ल' क' तीन-चार पृष्ठक पत्र धरि...मुदा घर परिवार सँ ल' हुनक बुढ़ पुरान मित्र आदि सँ सम्पर्क कयलाक बादो वैद्यनाथ, वैदेह, भिक्खु, नागार्जुनक पत्र कहाँ भेटि सकल ! एतेक तक जे हुनक शुरूआती राजनीतिक जीवन आदिक प्रसंगे कोनो पत्र नहि...यात्रीक पत्र अपन शैली-कथन भंगिमाक कारणेँ अत्यन्त पठनीय आ आकर्षक होयत छल। किछु पत्र प्राप्त करबाक प्रयास कयलहुँ आ किछु पत्र विभिन्न ठाम प्रकाशित भेल छल। मुदा तकरो संख्या बड़ थोड़। जतबा पत्र प्राप्त अछि ताहि मे सँ किछु पत्र केँ एहि ठाम संकलित कैल गेल अछि।

संस्कृत, मैथिली, हिन्दी आ बंगला मे मौलिक रूपेँ कुल मिलाक चौवालिस टा पुस्तक क रचयिता बहुभाषा विद् साहित्य आकादेमीक महत्तर सदस्यताक संग भारत भारती राजेन्द्र शिखर सम्मान, मैथिलीशरण गुप्त सम्मान, राहुल सम्मान सँ सम्मानित वैद्यनाथ मिश्र यात्री 'नागार्जुन' क देहान्त 5 नवम्बर 1998 केँ भेल छल।

एही तरहक संकलनक जे समग्रता मे होमय, संकलित केनाइ बड़ बठिन काज... सतत् अपूर्णताक सम्भावना बनल रहैत अछि। फेर यात्री सन् यायावर रचनाकार जकर कतउ स्थायी ठौर-ठिकाना नहि...आइ ओइ नगर-काल्हि ओइ नगर, जै पारिवारक कोनो अंग मे रहलाह त' अइ टोल-ओहि टोल, अइ आँगन-ओहि आँगन...कतउ दू दिन-कतउ चार दिन...। एहना हालत मे कतए कि छूटल से केना कहल जाए। कोनो घरक सभ सदस्य साहित्यिक-सांस्कृतिक मानसिकताक होए आ व्यक्तित्व केँ बूझय से कहाँ भ' पबैत अछि। फेर बरख-दू-बरख पर घरक सफाइ अथवा हेर-फेर मे अहुना ने जानि कतेक की नष्ट भ' जाइतैक। 'यात्री-समग्र' मे यात्री केँ संपूर्णताक संग रखबा मे सफल नहि छी असफलताक ज्ञान अछि। मुदा की कयल जाए ? जे भेल से समक्षे अछि बहुत किछु त्रुटिक बावजूद। एतबो नहि भ' सकइत छल जँ देश भरि मे, एहि नगर-ओहि नगरक यात्रीक शुभेच्छु आ हमर मित्र सभ हमरा लेल सतत् तैयार नहि रहितथि। हम आभारी छी सभ शुभेच्छुक, किएक तँ जे भेल, से हुनके लोकनिक कारणेँ। हम अभारी छी ओहि पत्र-पत्रिकाक जतए एहि संकलन मे संकलित रचना सभ पहिल बेर वा कहिओ छपल छल। हम आभारी छी यात्रीक पुस्तकक प्रकाशक सभक...

आइ जखन 'यात्री-समग्र' तैयार भ' गेल तँ स्मृति पटल पर आबि गेलि माय जे शुद्ध मैथिल आ मैथिलीक माटि-पानि सँ बनल आ एक टा पैघ भारतीय बहुभाषाविद् रचनाकारक पत्नी होइतहुँ कहिओ आ कतहु कोनो परिस्थिति मे मैथिली छोड़ि आन भाखा नहि बाजल—तकरे स्मृति मे...

खाजासराय/लहेरियासराय
दरभंगा-846 001

—शोभाकान्त

अनुक्रम

भूमिका V

कविता

चित्रा

माँ मिथिले! 25
अंतिम प्रणाम 26
कविक स्वप्न 27
बूढ़वर 30
बिलाप 33
कौसिकीक धार 37
प्रेयसी 38
फेकनी 40
लखिमा 41
उड़ान 44
गामक चिट्ठी 45
ठीठर मामा 48
परमटिक साड़ी 51
कृत्तिका नक्षत्र मे 52
हिमगिरिक उत्संग मे 53
भए गेल प्रात 53
ताड़क गाछ 54
द्वंद्व 54
ऋतु-सन्धि 59
वंदना 61
गाँधी 64

आसिन मासक राति इजोड़िया 66
फागुनक इजोड़िया टहाटही 66
युग धर्म 67
जेठक विकट दुफरिया 67
देशदशाष्टक 68
परमसत्य 69
गोठ बिछनी 73

पत्रहीन नग्न गाछ

नान्हि नान्हि टा फूल 75
भोरे-भोर 76
बाँसक छाहरि 76
सुखैल टटैल एकटा बेङ 77
हे निरभ्र आकाश 78
पसेनाक गुण-धर्म 79
पड़ल छी छगुन्ता मे 80
कंकाले-कंकाल 80
नब नचारी 82
जगतारनि 83
पाकल अछि ई कटहर 83
बीच सड़क पर 86
माघ 86
बीतल आधा फागुन 86
चैत 87
अखाढ़ 87
साओन 88
कने कने मध्यान्तर दैत 90
अन्त-श्रावण केर ई मेघ 91
छीप पर रहओ नचैत 92
पत्रहीन नग्न गाछ 92
नवतुरिए आबओ आगाँ... 93
प्लास्टिकक लत्ती 94
हीटरक आँच मे 94
मनुपुत्र दिगम्बर 94

एक फाँक आँखि, एक फाँक नाक 95
राधिका 95
कइए देलकइए गोल 96
जुनि अबऊ भरि राति मेल ट्रेन 96
एकटा सामान्य जंक्शन 97
गय नूनू 98
चें चें चें चें 99
अँहँऽ, अँहँऽ... 100
पिता-पुत्र सम्वाद 101
सिंहवाहिनी दशभुजा चंडी 102
ओ ना मा सी धङ 102
की लाल ? की लाल ? 103
दोहाइ हे इन्द्र महाराज 204
?????/????? 105
तृप्यंताम् तृप्यंताम्... 106
जोड़ा मंदिर 108
टूटि गेल अछि निन्न 111
आन्हर जिनगी 111
आजुक महाकारुणिक बुद्ध 112
गगनक कोन-कोन कें छापल 114
अनसोहाँत ई कदमक फूल 114
पुलनिक सेज पड़ल छथि सरिता 115
श्यामघटा, सित बीजुरि-रेह 115
घन घमंड गरजए चहु ओर 116
सुजन नयन मनि 116
जय भारत जननी 117
जय भारत माता 117

असंकलित कविता

शोक-श्रद्धांजलि 118
बाबाक विभूति 118
अम्ब 119
गीत 119
जन्मभूमि 120
हे कृष्ण 121

आत्म-निवेदन 121
गृहपति सँ 122
विदेह... 123
भारत माता 124
अरुणोदय 125
सिनुरिया आम 125
युद्ध गीत 126
नेहरू 127
गीत 129
चीन 129
हे अभागल देश 130
किसान 132
कोरिया 133
नेहरूक लन्दन-यात्रा 133
काङ्रेसी कनवासर 136
छट्‌ठू बाबू 139
सुग्गा-मेना इन्स्टीच्यूट 140
तीव्र विषाक्त विलक्षण गंधी 141
हम छी क्षुब्ध 142
मुक्तक 144
जय जय भारत ! जय हिन्द भूमि 145
सभ सँ प्रिय निज देश 145
पुनि पुनि पसरओ 146
उपहार 146
एते दिनुका बाद 147
देखल सपना मे 147
स्वर्ण-मृग 148
ओ तँ थिका दधीचिक हाड़ 149
अंतिम दर्शन : डॉ. अमरनाथ झाक 149
विहुँसै छी हम 150
सभा गाछी 151
ठाम-ठाम 151
कनैत अछि गुलाब 152
दोहाई हे 'लिबर्टी' मैया... 153
आहि रे कर्म ! 155

स्वागत हे विलंबित 156
बाजलि सुखमा 156
सारस्वत सरमे हे मराल 157
केहेन दिव्य, केहेन भव्य ! 158
कालिदास कवि-कुल-गुरु 159
राज्यमंत्री भेला उत्तर 160
एम्हर जुनि अबै 161
हऽ, अब भेल वर्षा 161
सुनल शब्द विमान परिचारिकाक 162
मामा आँखि मूनि लेलथिन 164
वाह रे हमर नाति 165
एहि घर पर बैसल रहय गिद्ध 166
अपन आ आनक 167
ने जानि इ के थीकि ! 168
हमहुँ सन्ध्या तर्पण करितहुँ भोर मे 169
तोहर तानी हम्मर भरनी 170
हुनका लकवा मारलकइन 171
बुढ़ारी मे 172
मीनी मिथिला 172
शनि महाराज 174
बप्प रे बप्प ! बाप्प रे बाप्प!! 174
हजूर, हँ हजूर ! 175
खूब चटइ जो 175
हे हमर आद्या 176
लिप्सा 178
रति-रहस्यक ऊहापोह मध्य 178
दूनू गोटे तथैव च 179
बेलीक पाँच पूल 180
कोचिंग इन्स्टीच्यूट 181
अहाँ बड्ड फूसि बजइ छी ! 183
एना भ' क केओ 184
सुन्दर राउत 186
हँ, गुरु क सप्पत 191
तुलसी बाबा 193

उपन्यास

पारो	199
नवतुरिया	239

फुटकर गद्य

कथा

बउकन ठाकुर	319
बूढ़ बोको	321
गप्पक फोड़न	324
रूपान्तर	326
जरद्गव	332
चितकबरी इजोरिया	333

संस्मरण

चारि अहोरात्रि एक दिन	338
पृथ्वी ते पात्रं	347
प्रवासक संस्मरण	350

लेख/व्याख्यान/रिपोर्ताज/स्फुट

मैथिल महासभा : मैथिलत्वक मानदंड	352
रिक्तता ओ पूर्णता	354
कविता : युगक गीता	355
प्रस्तुत प्रसंग	361
स्वगत-अनुचिन्तन	364
एक टा सन्देश	367

स्तम्भ

यत्र-तत्र-सर्वत्र-1	368
यत्र-तत्र-सर्वत्र-2	370
यत्र-तत्र-सर्वत्र-3	372
यत्र-तत्र-सर्वत्र:4	374
यत्-किंचित-1	376
यत्-किंचित-2	378
यत्-किंचित-3	380

यत्-किंचित-4 382
यत्-किंचित-5 386
यत्-किंचित-6 388
यत्-किंचित-7 390
यत्-किंचित-8 393
ओ-ना-मा-सी-धङ्-1 395
ओ-ना-मा-सी-धङ्-2 398
चिन्तन-अनुचिन्तन 400

पत्र 403

परिशिष्ट
मैथिली आ हिन्दी 453

कविता

चित्रा

माँ मिथिले !

मुनिक शान्तिमय पर्णकुटीमे,
तापसीक अचपल भृकुटीमे,
साम श्रवणरत श्रुतिक पुटीमे,
छल अहाँक आवास
बिसरि गेल छी से हम
किंतु ने झाँपल अछि इतिहास।

यज्ञधूम-संकुचित नयनमे
कामधेनु-खुर-खनित अयनमे
मुनिकन्याक प्रसून-चयनमे
छल अहाँक आमोद
स्मरणो जकर करै अछि छन भरि,
सभ शोकक अपनोद।

गौतम अनुमित न्यायक अथमे
याज्ञवल्क्य-दर्शित-नय पथमे
ज्ञानी जनकक जीवन रथगे
अंकित तव पद-पद्म
अछि मैथिलिक मौलि मुकुलावलि
लालित जे छविसद्म।

शारदा-यति-जयालापमे
विद्यापति-कविता-कलापमे
नान्यदेव नृपतिक प्रतापमे

देखिय तोर महत्त्व
जहि सँ आनो कहइछ जे अछि
मिथिलामे किछु तत्व।

कीर दम्पतिक तत्ववादमे
लखिमा कृत कविताक स्वादमे
विजयि उदयनक जयोन्मादमे
अछि से अद्भुत शक्ति
जहि सँ होइछ अधर्मिहुकें
तव पद-पंकजमे भक्ति।

धीर अयाचिक सागपातमे
पद्यबद्ध शंकरक बातमे
पक्षधरक प्रतिभा-प्रभातमे
छल अहाँक उत्कर्ष
औखन धरि जे झाँपि रहल अछि
हमर सभक अपकर्ष।

लक्ष्मीनाथक योगध्यानमे
कविचन्द्रक कविताक गानमे
नृप रमेश्वरक उच्च ज्ञानमे
आभा अमल अहाँक
विद्याबल विभवक गौरवमे
अहँ छी थोर कहाँक ?

काशी/दिसंबर, 1931

अंतिम प्रणाम

हे मातृभूमि, अंतिम प्रणाम

अहिबातक पातिल फोड़ि-फाड़ि
पहिलुक परिचयकें तोड़ि-ताड़ि
पुरजन-परिजन सब छोड़ि-छाड़ि
हम जाय रहल छी आन ठाम

माँ मिथिले, ई अंतिम प्रणाम

दुःखोदधिसँ संतरण हेतु
चिरविस्मृत वस्तुक स्मरण हेतु
सूतल सृष्टिक जागरण हेतु
हम छोड़ि रहल छी अपना गाम
माँ मिथिले, ई अंतिम प्रणाम
कर्मक फल भोगथु बूढ़ बाप
हम टा संतति, से हुनक पाप
ई जानि ह्वैन्हि जनु मनस्ताप
अनको बिसरक थिक हमर नाम
माँ मिथिले, ई अंतिम प्रणाम !

काशी/नवंबर, 1936

कविक स्वप्न

जननि हे, सूतल छलहुँ हम रातिमे
निन्न छल आएल कतेक प्रयाससँ
स्वप्न देखल जे अहाँ उतरैत छी
एकसरि नहु-नहु विमल अकाससँ

फेर देखल जे कने चिन्तित जकाँ
कविक एहि कुटीरमे बैसलि रही
वस्त्र छल तीतल, चभच्चामे मने
कमल तोड़' लै स्वयं पैसलि रही

फेर देखल, कोनमे छी ठाढ़ि माँ,
किछु कह' औ' किछु सुन' चाहैत छी
भ' रहल अछि एहेन कोनो वेदना
जाहिसँ माथ धुन' चाहैत छी

श्वेतकमलक हरित कान्ति मृणालसँ
बान्हि देलहुँ हमर दुनू हाथकें
हम सशंकित, आँखि धरि मुनने छलहुँ

स्नेहसँ सूँघल अहाँ ता माथकें

बाजि उठलहुँ अहाँ हे कल्याणमयि—
सुनह कवि, हमही थिकहुँ ओ देवता
राति-दिन जकरा तकैत रहैत छ'
आँखि मुनि लए कल्पनाक सहायता

विद्ध क्रौंचक वेदनासँ खिन्न भए
वाल्मीकिक कंठसँ फूटल रही,
आइओ हम पड़लि कमला-कातमे
उपेक्षित छी, पुल जनु टूटल रही

तोहर मन दौड़ैत छहु कोठाक दिश
पैघ-पैघ धनीक दिश, दरबार दिश !
गरीबक दिश ककर जाइत छइ नजरि,
के तकइ अछि हमर नोरक धार दिश ?

क' रहल छ' अपन प्रतिभा खर्च तों
ताहि व्यक्तिक सुखद स्वागत-गानमे
जकर रैयति ठोहि पाड़ि कनैत छइ
घ'र आङन खेत ओ खरिहानमे

ओम्हर देखह, हथकड़ीसँ बद्ध कर
देशमाता छथि झुकौने माथकें
श्वेत कमलक हरित कान्ति मृणालसँ
बन्हलियहु अछि हमहु तोहर हाथकें

हाय ! ई राका निशा, तों मस्त भए
करइ छ' अभिसार नीलाकासमे
कल्पनाक बनाय पाँखि उड़ैत छ'
मंद मलयानिलक मृदु उच्छ्वासमे
तों जकर लगबैत छ' सदिखन पता
सुनह कवि, हमही थिकहुँ ओ देवता

जिनगी भरि जे अमृत मंथन करए
जिनगी भरि जे सुधा संचित करए
ओ पियासे मरि रहल अछि, ओकरे
अमृत पीवासँ जगत वंचित करए

परम मेधावी कते बालक जत'
मूर्ख रहि हा गाय टा चरबैत छथि
कते वाचस्पति कते उदयन जत'
हाय ! बनगोइठा बिछैत फिरैत छथि

तानसेन कतेक रविवर्मा कते
घास छीलथि बाग्मतीक कछेड़मे
कालिदास कतेक विद्यापति कते
छथि हेड़ाएल महिसबारक हेड़मे

अन्न ने छै कैंचा ने छै कौड़ी ने छै
गरीबक नेना कोना पढ़तैक रे ?
उठह कवि, तों दहक ललकारा कने
गिरि-शिखर पर पथिक-दल चढ़तैक रे !

हमर वीणाध्वनि कने पहुँचैत जँ
सटल-पाँजर बोनिहारक कानमे
सफल होइत तखन ई स्वरसाधना
चिर-उपेक्षित जनक गौरव-गानमे

नाव पर भए बाग्मतीक प्रवाहमे
साँझखन झिझरी खेलाइ छलाह तों
वास्तविकता की थिकई से बुझितहक
बनल रहितह जँ कनेक गलाह तों

आइ गूड़ा काल्हि खुद्दी एहिना
तोहर बहिकिरनी कोना निमहैत छहु
साँझ दइ छहु, हाय, ओ पतलो जरा
गारि फज्जति मोन मारि सुनैत छहु !

बाजि एतबा भ' गेली तों मौन माँ
बह' लागल नोर हमरा आँखि सँ
प्रगट भेल मराल, ऐल समीप किछु
फूल दनुफक झ'ड़ लगलइ पाँखिसँ

'जूनि कानह'—उठौलह तों तर्जनी
हंस पर चढ़ि उड़ि गेली अकासमे
निन्न टूटल कैल निश्चय, किछु होअओ
बिताएब नहि आयु आब प्रवासमे

जननि हे, सूतल रही हम रातिमे
निन्न छल आएल कतेक प्रयाससँ
स्वप्न देखल जे अहाँ उतरैत छी
एकसरि नहु-नहु विमल अकाससँ !

काशी/फरवरी, 1941

बूढ़ वर

घर रहन्हि वरक कमला कात
करै छला खेती साँझ-परात
मरि गेलथीन्ह जखन तेसरो बहु
सौख भेलन्हि बिआहक फेर की कहु
देख'मे सुखैल-पखठैल काठ
रुपैया बान्हि बूढ़ ऐला सौराठ
माथ छलन्हि औन्हल छाँछ जकाँ
जीह गाँझक गोलही माछ जकाँ
दाँत ने रहन्हि, निदंत रहथि
बूढ़ि रहथि, घोघा बसन्त रहथि
खा रहल छला पान तइपर
कन्यागत दइ छलथीन्ह जान तइपर
देखिकै बूढ़ वरक चटक-मटक
घुमैत-घुमैत पहुँचला घटक
पान गलोठिकें उठौलन्हि बात

पूछै लगलथीन्ह परिचय पात
हाथमे हुनक नोसिदानी रहन्हि
छाता रहन्हि, टूटल कमानी रहन्हि

उसरगल छलन्हि कि दनही छलन्हि
कुकुरक चिबौल पनही छलन्हि
साठा पाग रहन्हि चूनक छाँछी जकाँ
कनपट्टीक मसुबिर्ध माछी जकाँ
निमूह धनक जड़ि कटैत रहथि
पाँजि पाटिमे चेफड़ी सटैत रहथि
घटक कहलथीन्ह—"हजारेक टका लागत,
विधि-व्यवहार सै सँ ऊपर लागत
बेसी नहि, गोड़ पचासेक देब हमरो
विधाताक संग आशीर्वाद लेब हमरो
सै मे एक अछि 'कान्या', भोग होऔ
सोनमे सुगन्धिक संयोग होऔ।"

हम अजग्गि, बाप उताहुल रहथि
व्यौला रहथि, बेचै लै आकुल रहथि
शेष शुद्ध दिन नौ सै मे पटलन्हि जा क
हमर गर्दनि बाबू कटलन्हि जा क
घटक पँजियाड़ दूनू बजला मिथ्या
सिद्धांत भेलन्हि तखन उठला विख्या
सड़लि घोड़ीक एकटा एक्का कैलन्हि
सोझे फल्लाँ गामक सड़क धैलन्हि
मुन्हारि साँझकें पहुँचैत गेला गाम
पकैत रहइ गाछीमे भरखरि आम
पसरल राबतरि बूढ़ बरक बात
आहि रे कनिया, आहि रे अहिबात
ठाढ़ होथि त लागथि धनुष जकाँ
कथी लै बुझि पड़ता मनुष जकाँ
दाढ़ी बनाओल, कपचल मोछ रहन्हि
नाक जेना टिटहिक चोंच रहन्हि
चिक्कन माथ लगन्हि काछुक पीठ जकाँ
बुझि पड़थीन्ह असर्ध जकाँ, ढीठ जकाँ
देखिकें माइकें लगलइ केहेन दन

तामसें भ गेलई घोर ओकर मन
नाक पर पसेना, कपार पर घाम
ठकुआ गेलि बेचारी ठामक ठाम
दौड़लि गेलि, बाबू कें लगलि कह'
विषादें नोर भ' क लागलि बह'—
"ई की कैल उठाक ल आनल
कमलक कोंढ़ी लै ढेंग कोकनल
बेटीकें बेचलउँ मड़ुआक दोबर
बूढ़ बकलेलसँ भरलऊँ कोबर
जनमितहिं मारि दितिअइ नोन चटा क'
कुहरए न पड़ितै घेंट कटा क'।"
पीअर झोरी दिस आँगुर उठा क'
बाबू कहलथीन्ह रुपैया देखाक—
"दूर जाउ, शुभक बेर कनै छी की
दिन घुरलइ छौंड़ीक, जनइ छी की
बनति सै बीघा खेतक मलिकाइनि
हमरा बेटी सन के हएत धनिकाइनि
बहुत भेल, रहए दिअ, जुनि किछु कहू
जाउ, 'अथ-उत मे' पड़लि ने रहू
जाउ, कन्यादानक ओरिऔन करू ग
पड़िछन करू ग, चुमौन करू ग
दुसई लै, लजबई लै, डरबइ लै
बजै अछि लोक तँ की करबइ लै।"
अहुरिया कटलक, मललक हाथ
बाबू आगाँ माइ झुकौलक माथ
हुनक अनटोटल बात एक दिस
झरकल सन हमर अहिवात एक दिस
करब की, सब पी गेलऊँ घोंटि क'
चम्पाक कली फेकल गेलऊँ खोंटि क'
बिआह-चतुर्थी सब भेलई सम्पन्न
ओ ससुर धन्न ई जमाय धन्न
हम लोहछलि, ओ रहथि आतुर
(खिसियैल बिलाड़ि नोंचे धुरखुर)
कोहबरसँ माइ लग जाइ पड़ा क'
पड़ि रहि चुपचाप देह नड़ा क'

बूढ़ा नाचै लगला हर्षे
दुरागमन भ' गेलन्हि सोझे वर्षे
मनुष रहिअन्हि अपन, ल' अनलन्हि
ताला-कुंजी सबकथु द' देलन्हि
देखिक' हमरा परभच्छय उठइए
कहिओ जँ नहिराक लोक अबइए
गराँमे पड़ल सोनक सूति
चलै लागल घरमे सब पर जुइत
बूझि पड़ि निचिंत, अछि खगते कथिक
साँइ करैत छथि डरै सिक सिक
मुदा हृदय अछि हाहाकार करैत
कोंढ़ अछि ध ध ध ध जरैत
छुच्छ कोर, आँखिमे अछि नोर भरल
ने देखल ककरो एहेन कर्म जरल
मनमे उठैत रहइए स्वाइत—
''जो रे राक्षस, जो रे पुरुषक जाति !
तोरे मारलि हम सभ मरि रहलि छी
किकिया रहलि छी, कुहरि रहलि छी
मोल लइ छैं हमरा तों टका द' क'
कनबई छैं बाप भ' क', काका भ' क'
जाइ अछि पानी जकाँ दिन हमर
जीवन भेल केहेन कठिन हमर
ककरा कि कहबइ, सुनत के आइ
फाट' हे धरती, समा हम जाइ !''

तरौनी/जनवरी, '41

बिलाप

नान्हिटा छलौं, दूध पिबैत रही
राजा-रानीक कथा सुनैत रही
घर-आँगनमे ओंघड़ाइ छलौं,
कनिया-पुतरा खेलाइ छलौं,
मन ने पड़ै अछि, केना रही
लोक कहै अछि, नेना रही

माइक कोरामे दूध पिबैत
बैसलि छलौं उँघाइत झुकैत
परतारि क' मड़वा पर बहीन ल गेल
की दन कहाँ दन भेलै, बिआह भ गेल
पैरमे होमक काठी गड़ल
सीथमे जहिना सिन्नूर पड़ल
वर मुदा अनचिन्हार छला
फूसि न कहब, गोर नार छला
अवस्था रहन्हि बारहक करीब
पढ़ब गुनब तहूमे बड़ दीब
अंगनहिमे बजलै केदन ई कथा
सुमिरि सुमिरि आइ होइये व्यथा
सत्ते कहै छी, हम ने जनलिअइ
हँसलिअइक ने, ने कने कनलिअइ
बाबू जखन मानि लेलथीन
सोझे वर्षे दुरागमनक दिन
सिखौला पर हम कानब सीखल
कपारमे मुदा छल कनबे लीखल
सिन्नूर लहठी छल सोहागक चीन्ह
हम बुझिअइ ने किछु उएह बुझथीन्ह
रहै लगलौं भाइ-बहीन जकाँ
खेलाय लगलौं राति-दिन जकाँ
कोनो वस्तुक नहि छल बिथूति
कलेसक ने नाम दुखक ने छूति
होम' लागल यौवन उदित
होम' लागल प्रेम अंकुरित
बारहम उतरल, तेरहम चढ़ल
ज्ञान भेल रसक, सिनेह बढ़ल
ओहो भ' गेला बेस समर्थ
बूझै लगला संकेतक अर्थ
सुखक दिन लगिचैल अबैत रहै
मन आशाक मलार गबैत रहै
बन्हैत रही बेस मनोरथक पुल
विधाता बूझि पड़ै छल अनुकूल
दनादन दिन बितैत रहै

अभागलि हैब, से क्यौ ने कहै
एक दिन उठलन्हि हुनका दर्द
टोल भरिमे भ' गेल आसमर्द
कतै वैद डाकदर बजाओल गेला
तैयो ने हाय ओ नीकें भेला
बहार कै देलकन्हि लोग आबि क'
जान लै लेलकन्हि रोग आबि क'
बैतरणीमे उसरगल गेलन्हि बाछी
उठा क' ल' जाइत गेलथिन्ह गाछी
पोखरिपर लहठी फूटल हमर
सीथसँ सिन्नूर छूटल हमर
ठोहि पाड़िक हकन्न कनैत रही
एना हैत से की जनैत रही
लगै अछि चारू दिस अन्हार जकाँ
ने बूझि पड़ै क्यौ चिन्हार जकाँ
विष सन अवस्था, पहाड़ सन जीवन
संसारमे हमर के अछि अपन ?
कानी तँ चुप कैनिहार क्यौ नहि
रूसी तँ बौंसनिहार क्यौ नहि
हम पड़लि छी टूटल पुल जकाँ
मौलैल, बिनु सूँघल फूल जकाँ
आगि छुबै छी तँ जरैत ने छी
माहुर खाइ छी तँ मरैत ने छी
कोंढ़ फाटै मुदा ने जाय जान
कोन पाप कैने छलौं हे भगवान
भरल आँगन सुन्न हमरा लेखै
फूजल घर निमुन्न हमरा लेखें
लोक अलच्छि बुझैए, अशुभ बुझैए
अनके नहि, से अपनो सुझैए
बिनु बजौने कतौ जाइ ने आबी
मुँहमे लगौने रहै छी जाबी
भुस्साक आगि जकाँ नहू नहू
जरै छी मने-मने हमहू
फटै छी कुसियारक पोर जकाँ

चैतक पछवामे ठोर जकाँ
काते रहै छी जनु घैल छुतहड़
आहि रे हम अभागलि कत बड़
भिन्सरे उठि प्रातःस्नान क' क'
जप करै छी हुनके ध्यान ध' क'
धर्मसँ जीवन बिताबै चाहै छी
इज्जति आबरू बचाबै चाहै छी
तैओ करै चाहै छथि हमरा नचार
केहेन केहेन ठोप चानन कैनिहार !
ओहनाक सङे जँ हम खाधिमे खसी
ओ नुकैले रहता, हमर हैत हँसी
स्त्रीगणक जाति हम थिकौं अबला
तहू पर विधवा, कहू त भला !

पुरुषक जाति ओकरा के की कहतै
ओकरे समाज ओकरे बात रहतै
उठा लितथि बरु भगवान हमरो
कथी लै भारी लगितिअइ ककरो
मरब तँ कानत क्यौ नहिएँ
रहब तँ क्यौ जानत नहिएँ
इहो जीवन कोनो जीवन थीक
एहिसँ कुकुर-बिलाड़िए नीक
माय-बापक मनोरथक शिकार भ' क'
बेकार भ' क, दबल हाहाकार भ' क'
पँजियाड़ औ' घटकराजक नामपर
व्यवस्था औ' समाजक नामपर
विधवा हमरे सन हजारक हजार
बहौने जा रहलि अछि नोरक धार
ओहीमे ई मुलुक डूबि बरु जाय
ओहीमे लोक-वेद भसिया बरु जाय
अगड़ाही लगौ बरु बज्र खसौ
एहेन जाति पर बरु धसना धसौ
भूकम्प हौक बरु फटौ धरती
माँ मिथिला रहिये क' की करती !

कौसिकीक धार

कौसिकीक धार
नावपर बैसि जखन करै छलहुँ पार
देखि तखन रुद्र हुनक रूप
मोन पड़ल पोखरि मोन पड़ल कूप
डूबल भसल मोन पड़ल नाव
मोन पड़ल हैजा मलेरियाक ताव
उपटल सन डीह-डावर सुन्नसान गाम
—लेवलै नाम
रहल होइ वंशमे क्यों ने जाहि ठाम
कल्पना ताहि ठाँक जोड़ै लागल तार
नावपर बैसि जखन करै छलहुँ पार
--कौसिकक धार
कहतैन्ह के हिनका अरे दयालु !
एक दिस कुस-कास दोसर दिस बालु
नङटे नचै छैन्ह बीचमे हहैल-फुहैल धार
थिकै ककर दिन जे जैत ओहि पार
कोसक कोस झौआ जौं ने भेटै ठाढ़
बूझि लेब जे थिकैक मास ई अषाढ़
कुम्हीक लैत अऽढ़
चारक पुरान खऽढ़
कोड़ो धरैत खाम्ह
बरेड़ीक संग संग
छल जा रहल बहैत
उपराग उलहन दैत
—देखि भेलहुँ दंग
क्षीर सागर मे सुतल भगवान कें करबाक हेतु तंग
जाइत रहै, बूझि पड़ल, कौसिकीक धार
नावपर बैसि जखन करै छलहुँ पार
—कौसिकीक धार
गाछी सुखा गेल
कलमबाग नष्ट भेल
उजड़ल देहात
बिगड़ल बसात

लोकवेद बेहाल
पड़ल अकाल
मुइल माल-जाल
कतहु रहल ने शेष
आरि धुरक ने रेख
लै गेली बहाय सभक
खेत औ' पथार
कौसिकीक धार !

पटना/जून, 1943

प्रेयसी

ठाढ़ि भेली आबि तों तैखन कहाँसँ
हे हमर हीरा, हमर मोती, हमर हे सोन !
चिन्तनाक अथाह जलमे लगौलक डुबकी
—जखन ई मोन !
उठाओल चिरकाल सँ निहुँड़ल अपन ई माथ
कान्हपर जैखन देलह तों हाथ !
हे हृदय ! हे प्राण !

तों ने रहितह संगमे
तँ क' ने सकितहुँ हिमगिरिक अभियान !
रोहिणिया आमक सुपक्क गोपी जकाँ तों
करै छह सदिकाल गमगम सजनि हमरा हेतु
सकै छथि क की हमर ओ राहु आ, की केतु
जाबत तोंही केंद्रमे छह राति-दिन साकांक्ष ?
चिर वियोगक आगिमे
तोरा जखन हम ठेलि बनलहुँ
परिव्राजक एसगरे ओहि बेर सखि चुपचाप
कते सहने रह तों परिताप ?
बहुत दिन पर ज्ञान एतबा भेल जे हम
केहेन निष्ठुर केहेन निर्मम, केहेन पाषाण !
हे हृदय ! हे प्राण !
अपन इच्छापर तोहर आशाक कैलियहु होम

तों बनलि रहली सदै सखि मोम !
जखन तोरा लग एलहुँ फेर,
क्षमा कैलह हमर सब अपराध
कनियो ने लगौलह देर !
बाजि उठली सुमुखि तों बिहुँसैंत—
की करबैक लै एहिना एलैऐ ह्वैत !
एक आँखि कनैत अछि जग एक आँखि हँसैत !
कोनो कारणसँ कदाचित रहै अछि जँ स्त्री-पुरुष दुइ ठाम
बढ़ल जाइत छइ सिनेह, ने ह्वैत छैक विराम !
ह्वैत एलैऐ सदै संयोग आ, कि वियोग
हमहूँ लेलहुँ भोगि, ता' भोगबाक छल जे भोग !
एकसँ दू भेलहुँ प्रियतम,
आब मिलि-जुलि क' सकब
हमरा लोकनि घरबाहरक कल्याण
आउ, स्वागत
हे हृदय! हे प्राण !

जै दियौ गऽ
अहाँ की करबैक लै
एहिना एलैऐ ह्वैत...
बाजि उठली सुमुखि तौं बिहुँसैत !

आइयो तँ छी समुद्रक कातमे हम ठाढ़
(हम एम्हर छी तों ओम्हर छ बीचमे व्यवधान—
एक डेढ़ हजार कोसक !
की करौ स्थलयान वा जलयान ?
कते व्यक्ति बजैत छथि जे
एहि युद्धक बाद खूब हेतैक सस्ता विमान !)
हे हृदय, हे प्राण !

बंबई/अप्रैल, 1945

फेकनी

छैं रखने पौआही फुच्ची दैवहिक देल,
दै छही मिला तइओ अँटकर सँ पानि नित,
तइओ तोरहिसँ दूध उठौना लैत छिअउ
टिप्पी टा देने जाइत छैं
से नहि कहियो बिसरल ताकहि।
बान्हल छउ दूटा बूढ़ि गाए दच्छिनबरिया ओरियानीमे
बेचलएहें बाछा गोड़ पाँचेक कोरियानीमे
बाछी नहि छउ जे रखितैं बैतरनीक हेतु
गै, क्यौ नहि औतहु काज, कथीलै छैं बेहाल ?
ने खाई छही ने पिबइ छही बहिते रहैत छैं सदरिकाल
की करबैं तों कैंचा वचाय
गै, बेटा पीबै छउ ताड़ी।
टाड़ामे रखबै नुका नुका ?
क लेतउ पुतहु ओहो बहार !
ओहू दिन देखने रहिअउ जे तोहर दलान लग
ठाढ़ रहौ रूपन सोनार
अपने तों सहजहि बूढ़ भेलैं
भ गेलै नातियो सभ समर्थ
कर दान-पुन्न, कर तीर्थ-बर्त
गै फेकनी, तों कपिलेस्सर जो !
दसहरा एलइ
सपनहुँमे नहि तों गेल हेबै
एहि जन्म सिमरिआ घाट—हे गै !
जो भऽ आ ग,
संगी-साथी लै नहि खगतउ—
टुनटुन जाइत छथि सपरिवार
मैना पीसी सेहो जैती आ, यारकका सेहो जेता;
की ग्वार-गोढ़ि की तेलि-सूँड़ि
सब जाय रहल गंगा नहाय !
दसहरा एलइ
गै फेकनी, तहूँ भ आ ग, की करबे तों कैंचा बचाय,
बरु नातिनिएँकें कहि जैहइ—
पौआहीसँ दू फुच्चीकँ ता देल करत बरु दूध वेह,

सिखतउ परोच्छमे तोहर गुन
देतैक मिला छौंड़ी अँटकरसँ पानि नित्त
टिप्पी देमऽ अबिते हेतैक !
की करबैं तों कैंचा बचाए
फेकनी गै, जो कर तीर्थ-बर्त
बुचिया, बचबा, आ कंचनमा
भ गेलउ नाति तीनू समर्थ
जिनगीक ठेकाना कोन,
आब तो सहजहिँ पाकल आम भेलैँ !
दै छही मिला तइओ अँटकर सँ पानि नित
छैं रखने पौआही फुच्ची दैबहिक देल...

बम्बई/अप्रैल, '45

लखिमा

कवि कोकिलक कल-काकलिक रसमञ्जरी
लखिमा, अहाँ छलि हैब अद्‌भुत सुन्दरी
रुष्ट होइतहुँ रूपसी
कहि दैत कियो यदि अहाँ के विद्यापतिक कवि-प्रेयसी
अहाँ अपने मौन रहितहुँ
कहनिहारक मुदा भ जइतैक सत्यानाश !
मानित'थिन ईह !
सुनित'थिन शिवसिंह तऽ घिचबा लित'थिन जीह !
दित'थिन भकसी झोंकाय तुरन्त
क दित'थिन कविक आवागमन सहसा बंद
अहूँ अन्तःपुरक भीतर
बारिकँ अन्न-पानि
सुभग सुन्दर कविक धरितहुँ ध्यान
बूढ़ि बहिकिरनीक द्वारा
कोनो लाथें
अहाँकें ओ पठबितथि संदेश—
(सङहि सङ झुलफीक दुइटा केश !)
विपुल वासन्ती विभवकेर बीच विकसित भेल
कोनो फूलक लेल

लगबथुन गऽ क्यौ कतेको नागफेनिक बेढ़
मुदा तैं की भ्रमर हैत निराश ?
मधु-महोत्सव ओकर चलतइ एहिना सदिकाल !
कहू की करथीन क्यौ भूपाल वा नभपाल
अहाँ ओमहर
हम एम्हर छी
बीचमे व्यवधान
राजमहलक अति विकट प्राकार
सुरक्षित अन्तःपुरक संसार
किन्तु हम उठबैत छी
कोखन कतहुँ जँ
वेदना-विह्वल अपन ई आँखि
अहींटाकें पाबि सजनि ठाढ़ि चारू दिस
विस्मय विमोहित कंठसँ बहराय जाइछ 'ईस' !
खिन्न भ' अलसाई जनु धनि
वारि जनु दिय अन्न किँवा पानि
व्यर्थ अपनहि उपर कौखन करि जनु अभिरोष
विधि विडम्बित बात ई, एहिमे ककर की दोष ?
नहि कठिन खेपनाइ कहुना चारि वा छौ मास
देवि, सपनहुँमे करि जनु हमर अनविश्वास
अहिंक मधुमय भावनासँ पुष्ट भय
प्रतिभा हमर
रचना करत से काव्य
जाहिसँ होएताह प्रसन्न नरेश
पुनि हमरो दुहुक मिलनाइ होएत–
सखि, सहज संभाव्य।

अहाँकें कवि पठवितथि संवाद
पावि आश्वासन अहाँ तत्काल अनशन छाड़ि
होइतहुँ कथंचित् प्रकृतिस्थ !
मनोरंजन हेतु–
हंसक मिथुन अंकित क' देखबितए
कोनो नौड़ी,
कोनो नौड़ी आबि गाबिकँ सुनबैत
ओही प्रियकविक निरुपम पदावलि

जाहिसँ होइत अहाँकेर
कान दुनू निरतिशय परितृप्त !
चित्त होइत तृप्त !
घृणा होइतए महाराजक उपर
धिक धिक !
स्वयं अपने
एकसँ बढ़ि एक एहन
निरुपम गुणसुन्दरी शत-शत किशोरीकें
विविध छल-छंदसँ
किंवा प्रतापक प्रबलतासँ
पकड़ि कए मँगवाय
अन्न-जल भूषण-वसन शृंगार सामग्रीक ढेर लगाय
सुरक्षित अन्तःपुरक एहि अरगड़ामे
बनौने छथि कैकटा रनिवास
बंदी शिविर सन डेरासभक क्रम-पात
एककें दोसराक सङ नहि रहइ जाहिसँ मेल
चक्रचालि चलैत छथि ताहि लेल
कखन करथिन ककर आदर वा ककर सम्मान—
घटौथिन ककर कखन दिनमान—
अही चिंतामे सदए लागल रहए हमरासभक जीजान
महाराजक चरण सम्वाहन करऽमे
सफल होइछ
एक मासक भितर जे दुई राति
पुण्यभागा सुहासिनि अभिशप्त से देवांगना
नहि थीक स्त्रिगणक जाति !
अभागलि कै गोट होएत एहन जकरा
छूबि छाबि कनेक
देने छथिन पुनि अनठाय
मने ओसभ गाछसँ तोड़लाक उतर
कने दकरल लतामक थुरड़ी जकाँ हो
एम्हर-ओम्हर पड़ल पांडुर
कोनो अगिमुत्तूक निर्मम निठुरताक प्रतीक !
सुनई छी, राजा थिका नारायणक अवतार
करवाक चाही हुनक जय-जयकार
किंतु भगवान सेहो

क्षीरसागर मध्य
एहिना आड़बाल रचि विचरैत छथि ?
इच्छानुसार करैत छथि अभिसार–
आइ ककरो
कालिह ककरो
इन्दिराकें बाध्य भ की एहिना
अनका बनाव' पड़इ छनि हृदयेश ?
...तुमैत एहिना तूर
जाइत होएब अहाँ बहुतो दूर
भावनाक अनन्त पथ दिस
एकसरि चुपचाप...
तुमैत अहिना तूर !
विद्यापतिक कविताक हे चिरउत्स, हे चिरनिर्झरी !
लखिमा, अहाँ छलि हैव अद्भुत सुंदरी !

पटना/जनवरी, 1945

उड़ान

कल्पनाक पाँखि
प्रेयसीक आँखि
सहि सकत हमर स्वप्न केर भार ?
बजा सकत हमर हृदय-वल्लरीक तार
तापसिक कठोर
तर्जनीक पोर ?

सुरभि मृदु समीर
परसि ई शरीर
कै सकत एहिमे चेतना प्रदान ?
गाबि सकत हमर मुक्तवृत्त करुण गान ?
सागरक तरंग
मधुरताक संग
तप्त मरुक भूमि
एलहुँ हम घूमि
जनिक स्मरण-सलिल सिक्त हृदय रहल थीर

बूझि पड़ल बालु आ कि रेत जनु अबीर
की तनिक नाम ?
कोन हुनक गाम ?

पड़ल जखन साँझ
घोर विपिन माँझ
तहि समय मूनि आँखि शरण जकर लेल
सएह त ने तों थिकी, नाम बिसरि गेल।
एहने अनूप
मोन पड़ए रूप

बेश, रह' सएह
मुदा छाड़ि दएह
एखन उड़ल जाइछी नील गगन दिस
संग सखा एक नहीं, पाँच-दस-बीस
अप्सरा नचैछ
हृदयकें जँचैछ !

बंबई/मार्च, 1945

गामक चिट्ठी

चिट्ठी पबैत देरी तुरंत
भ जैब बिदा
जँ हाथ होए खाली तइओ...
से लिखलनि अछि बउआक माइ
अपनहि हाथें !

झट आउ गाम,
नहि आबी त हमरे सप्पत;
जँ होए एको रत्ती सिनेह बेटाक हेतु
जनु अनठबियौ
भ जाउ बिदा चिट्ठी पबैत देरी तुरंत
से लिखलन्हि अछि अपनहि हाथैं बउआक माइ !

पछुअति दिस चुबै छल परुकों
जनितहि छी भनसाघरक चार
एहि बेरि ने मानल जैत
छराबहि पड़त पुरनका खऽढ़ उछेहि
बाती पुरान
बन्हन सेहो सड़ि गेल छैक
सजमनिक रहै लत्ती लतरल
गोन्हू कन्हाई बौका करिया सबहक पैरें
धाङल गेलैक अछि राति-दिन
फड़ितहुँ रहैक सरिपहुँ कत्ते
खैलक अछि भरि टोलाक लोक
दुद्धी सजमनि
बतिया सजमनि
से एहि बेरि
अति आबस्सक अछि घर छरएब—
ई लिखलनि अछि बउआक माइ !

बउआ तकैत अछि बाट सदए
बाबू-बाबू करितँहि रहैत अछि ओ सदिखन
बिनु बीटहुँ ओ
चिट्ठीक खातिर
दरबज्जा दिस
ताकऽ जाइत छइ डाकपीनकें अपनहिसँ
पबितँहि लिफाफा वा पोसकाट
दउड़ल अबैत अछि आङन दिस
देहरि लग
नाच' लगैत अछि ओ हर्षे
हम्मल बाबू...हम्मल तिट्ठी
हम्मल तिट्ठी...हम्मल बाबू
जो नइ देबौक...
हम्मल बाबू...
हम्मल तिट्ठी...
नाच' लगैत अछि ओ हर्षे
एह, धन्न, रहू
एतबे दिनमे

ओ कोना बिसरना गेल, एह!
ओकरा त ओहिना मोन छिअइ
ओ तँ तकैत अछि बाट सदए
बाबू-बाबू करितहिं रहैत अछि ओ सदिखन
आ एहि साल
की मूड़न नहि करबई ओकर ?
ई चैत थिकइ
जेठहिसँ चारिम चढ़ि जेतइ
तकबा क कोनो नीक दिन
नहि बेसी तँ
खाली पातड़िओ द दिएन्हि भगवत्तीकें
दूटा छागर छन्हि कबुला से ताबे रहौन्हि
तइओ त चाही एक गोट दसटकही हमरा ततकाल
मुदा अहाँ
नहि करी एहि सबथुक चिंता
देखल जयतइ
चिन्ता केने की हैत फऽल
चल आउ गाम
जँ हाथ होए खाली तइओ...
ई लिखलन्हि अछि बउआक माइ !

खेपब हम चरखा काटि, मुदा
नहि जाएब नइहर एहि बेर ओहि साल जकाँ
नहि कहा पठैबन्हि काकाकें
हम एहि बेरि ओहि साल जकाँ—
"गाड़ी ल क कनहा आवओ
सङे सङे बुच्चो अबथुन्ह
ल जाथु एतसँ ओ हमरा
छौड़ाक देह सड़ि गेलइ अछि
नहि बचतइ ओकर जान आब
भुस्सो परजंत ने छइ घरमे
हम की करिअउ
काका बुच्चोकें पठा दियनु..."
नहि कहा पठैबन्हि से हुनका
हम एहि बेरि ओहि साल जकाँ

काटब चर्खा, काटब टकुरी
हम खेपि लेब अप्पन कहुना
जँ सैह अहाँकें होए बेश
हम वृत्त बनल छी अचार भूखैं टटाय
नहि कहब किच्छु
हम अलट-बिलट नहि किछु बाजब
चल आउ गाम
जँ हाथ होए खाली तइओ
नहि आबी त हमरे सप्पत...
आबहु नहि आएब तँ अबस्स हम देब तार...

मोड़ल-माड़ल ओ मैल सनक
एहि पोस्टकार्ड पर लिखलन्हि अछि
कौआक टाङ सन अच्छरमे
बउआक माइ
अपनहि हाथें !

बंबई/अप्रैल, 1945

ठीठर मामा

ठीठर पाठक
पितरपच्छमे गेल छलाह गया जी
भागिन छलथिन्ह बी.ए. मे से
हुनेक आग्रह मानि
पटनामे दू दिन रहबालै भेला कहुना राजी

'सोनमणि भवन' मैथिलक होटल नामी! अछि ओहि ठाम
मुदा ओत नहीं ल सकैत छी इच्चो माछक नाम
की करता मैथिल बेचारे सौंसे पेटक लेल—
जीहि सैंतने रहथि राति-दिन आधा वैष्णव भेल !
जीबछ ठाकुर,
ठीठरक भागिन
ओहि होटलक ऊपर

रखने छलथिन्ह डेरा...
रतुका रहन्हि जगरना, तइसँ
ठीठर मामा
खा-पिबि रहला सूति
बाँकी छलइ कने दिन तक्खन जा क' टुटलन्हि निन्न
ऊठिक-पूठिकें कैलन्हि कूरुड़
जनउ चढ़ौलन्हि कान—
छर छर छर छर...
मोड़ीमे नहि कङनीपरसँ लग्घी ओ क ऐला
रच्छ रहल, पछुआड़ छलइ, तैं
नहि तँ खैतथि मारि
ठीठर मामा खइतथि सरिपहुँ मारि
के खइतए तक्खन रसगुल्ला पिन्टू होटल जाय ?
गोल-गोल ओ उज्जर उज्जर अतिशय शोभन
सरस स्वादु सुरमुनि मनमोहन
रसगुल्ला के खइतए ?
चुनबए लगला जखन तमाकू, तइखन जीवछ आबि
कह लगलथिन्ह—चलू सिनेमा
मामा, बढ़ियाँ खेल एलइए
नाच गान औ' रागरंग एहन नहि देखने हैब
दड़िभंगोमे देखि सकइ छी आब सिनेमा
मुदा ओहिठाँ एहेन बढ़िम्मा कत सँ अओतइ खेल ?
नहि मानब हम लइए जाएब, मामा देखऽ लेल
नौ आनाक सीट पर बैसल ठीठर बाबू
देखइ छलाह सिनेमा
भागिन रहथिन्ह संगहि
देखि देखिकँ अजगुत लगलन्हि...
कोना नचइए कोना गबइए एत्ते छौंड़ा-छौंड़ी
पर्दापर भ ठाढ़
कोना बजइए कोना झुकइए...
थुकरि तमाकू ठामहिं,
पाँखुड़ पकड़ि पुछलथिन्ह ठीठर जीवछकें तातकाल
(फुसुर-फुसुर क')—
की हओ बाबू, कोना बनौने हैत ?
एहेन कल अङरेज बहादुर कोना बनौने हैत ?

पछुअति दिस छइ भूर कैल ताहींसँ अबइ इजोत
अगुअति दिस पर्दा छै टाङल
लगातार ताहीपर, बाबू
कौखन छाहरि कौखन पड़इ इजोत...
भागिन देलथिन्ह डाँटि—
देखू मामा, एखन रहू चुपचाप !
बेटासँ तकरार करई छै बाप !
पुतहु लैत छै, देखियहु, कक्कर पच्छ ?
जे पूछक हो से सब डेरापर जाक पूछि लेब
फड़िछा फड़िछा बात बुझा हम देब !

पिन्टूमे जाइत जखन गेलाह,
चारि कचौड़ी चारि सिंघाड़ा दू-दू टा रसगुल्ला
तइपर पिउलन्हि चाह
आप्यायित भ श्री ठीठर पाठक पुनि बजलाह—
आब ने कहियो कहबइ, हओ, हम मग्गहकें अधलाह

जाय महेन्द्रू
देलथिन्ह टिकट कटा
सीढ़ीसँ भ हेठ
तखन घाटपर दाहिना हाथें दुहु पएर छुबि
मामाजीकें गोड़ लागि कँ
कने काल धरि भागिन हुनका दिस छलथिन्ह तकैत—
जेटी पर भ ठाढ़...
दालि भात दू टा तरकारी—दुहू झिङुनिक !
(भुजबी सेहो झिङुनिक)
चटनी-पापड़
चारि फाँक ओ आठ खंडमे सँ खंडो भरि नेबो !
नहिए कहिओ सेहो !
निश्चय दुक्खित पड़ि जाइ,
बाबू, तोरा होटलमे जँ चारि-पाँच दिन खाइ !
गून करत हओ बाबू
अइठाँ नइ तँ गाम जाय क ई पचौल मेरिचाइ...
ई बजैत श्री ठीठर पाठक चढ़ला जाए जहाज !

पटना/फरवरी, 1946

परमिटक साड़ी

कुड़ कुड़ कुड़ कुड़
क' उठल दाँत तर जइतहि तिलकोड़ाक पात
तीसीक तेलमे स्वाद कोन !
गिड़ि लेल कोहुना मोन मारि
गतिआक चालिपर गेल ध्यान
ओ तेलि थीक
पहिरए लागल अछि आइ काल्हि--
खधड़क अंगा, खधड़क टोपी
ओ नोन नुकाकँ रखने अछि भनसाघरमे
दू-दू आनामे बेचइए दीआसलाइ
हनुमान चालीसा पाठ करइए साँझ-प्रात...
कुड़ कुड़ कुड़ कुड़ कुड़ कुड़ कुड़ कुड़
क' उठल दाँत तर जइतहि तिलकोड़ाक पात !

आगूमे बइसलि रहथि मुदा कनियाँ काकी—
बीअनि हौंकैत;
कुट्टी-कुट्टी भ' गेलन्हि साड़ी हुनकर
बढ़ियाँ लगैत अछि हमरा कुम्हड़ौड़िक तीमन
परसन ल' ल' क' खाइत छी...
नहि ओहि दिन से खैल गेल...
हम दउड़ल दउड़ल गेल रही परमिटक लेल
परमा बाबू के दरबज्जापर
ओ गेल रहथि झंझारपुर
किछु काज छलन्हि
लाइसेन्सबला मरबड़िआसँ
हग ओत्त' धरि
हुनका पिठिओने गेल रही
ओ बजला : अओजी, चउअन्नी बेहरी लागत...
परमिट चिट्टकें हथियबैत
गाहकि दिस गहकी नजरि मारि
सूरजमल मरवाड़ी बाजल—
बरहत्थी साड़ी एकमात्रटा बाँचल अछि,
सेहो खोंचाह...

की अहाँ सभक आङनमे एहन वस्त्र छजत ?
हँ, भ' सकैत अछि, बहिकिरनीकें ददिऐक...
हे लिअ' तीन टका लागत ।
रहि गेलहुँ गुम्म,
की कहितिऐक ?
बरहत्थी साड़ी अति अभद्र
ने पाढ़ि नीक ने सूत नीक, खर खर करैत
सेहो खोंचाह...
एहन विचित्र साड़ी कहुना देलिएन्हि आनि
देलन्हि ताहू पर आसिरबाद
कनियाँ काकी
ढाकिकऽ ढाकी !

पटना/अगस्त, 1946

कृत्तिका नक्षत्रमे

कृत्तिका नक्षत्रमे शशि--
कोदरिकट्टा मेघसँ
झगड़ा करैत छल,ह
हम रही टहलैत धानक आरि पर ओहि काल
हाथसँ छुबि देखलिअइ तँ
स्वर्णकेशी सुंदरिक अलकावली सन बुझि पड़ल
आसिनक सिताहल सीस
मोन हमरा पड़ल केसरि काशमीरक
ओ, शिरीखक फूल
ओह, कोसक कोस धनहर बाध
हरिअरिक सागर जकाँ हिलकोर रहि रहि लैत
ताहिपर सँ अमृत किरणक मृदुल आभा छलइ
किछु छछलैत
हरितवसना शस्यलक्षितक अंचलोदितपत्रपे
कृत्तिका नक्षत्रमे।

तरौनी/अक्टूबर, 1946

हिमगिरिक उत्संगमे

हिमगिरिक उत्संगमे
देवदारुक विपिन-मध्य घुरैत
पहुँचलहुँ अलकापुरी
देखल विरहिणिक अस्थि संचित भेल
उठल तामस मेघपर
पाबिओ कँ कालिदासक निष्कपट आशीष
आइधरि जे एहिठाँ नहि ऐल
भेल हमरो मोन जे पल्था लगाबी हमहु एहीठाम
आ' कि ताबहि प्रगट भेली
वियोगिनि तों
स्मृतिक धोखरल रंगमे
हिमगिरिक उत्संगमे !

प्रयाग/ 1946

भए गेल प्रात

हिम शुभ्र ओससँ धौत गात
भूपर उतरल नभसँ प्रभात
सिहकए लागल मलयानिल जे
खोलू केवाड़;
भए गेल प्रात
चों चों चों चों...
कए रहल मने बगड़ा-बगड़ी
खोतासँ बहरएबाक ब्योंत
भए गेल प्रात
टुटि गेल निन्न
तइओ देखू हम पड़ले छी
दए रहल मनो उठबाक नोंत
झाँझनक फाँकसँ हुलकि-हुलकि भोरुक इजोत !

सतलखा/1946

ताड़क गाछ

विकट पातर माँझ
एसगरे अछि ठाढ़ ताड़क गाछ
स्वयं सौंसे तर्जनी बनि,
विधाताकें रहल अछि ललकारि
नहि उपस्थित करइ छन्हि ककरो बडौर लगाय
सब फूसि ओकरा हेतु !

जेठक रौद !
झमाझम बरसैत मूसलाधार;
माघक ठार;
चैतक तस;
सब फूसि ओकरा हेतु !

लगाबथु ग केओ कतेको जोर
बाप पित्तीकें करथु ग सोर
मुदा रोइयाँ एकोटा ओकर
उपाड़ल नहि हेतन्हि ककरो बुतें

प्रयाग/1946

द्वंद्व

चिरप्रवासी व्यर्थ हम अनका उपर
करिअउ कथी लए कनेको अभिरोष ?
कथी लए अनका दिअउ हम दोष ?
के मेटाओत कपारक ई लिखलहा
जन्म भरि हम सहब जननी वियोगक परिताप
क्रूर नियतिक भयंकर अभिशाप
नहि बहराइ अछि जे गामसँ बोमियाय
धन्न थिक ओ व्यक्ति
घरहि लग क लैछ कोनो वृत्ति वा व्यवसाय
स्वजन-परिजन देआद-बाद समेत

जकर जिनगी होइत छैक गुदस्त
उगइ अछि जाहिठाँ तहीठाँ होइत अछि जे अस्त
ज्ञान छइ जकरा फराक-फराक
चंद्र रवि ताराक...
चिड़इ चुनमुन्नीक...
चुट्टीक वा पिपड़ीक...
रूप गुण अनुसार जे आमक रखइ अछि नाम
धानक रखइ अछि नाम
जननि, तोहर प्राण, तोहर शक्ति
धन्य थिक ओ व्यक्ति !!

चिरप्रवासी हम तोहर संतान
दूरसँ भ ठाढ़ केवल क सकैत छिअहु किछु गुणगान
कोन लग्नें पएर राखल गंडकिक गंगाक हम एहि पार
बिसरि गेलहुँ
बागमती कमला बलानक--
तिलजुगा धेमुड़ाक--
रुद्ररूपा कौसिकिक ओ धार
बिसरि गेलहुँ माइ बापक भाइ बहिनिक स्नेह
बिसरि गेलहुँ
कोन माटिक कोन पानिक थिक बनल ई देह !

वर्षपर दू वर्षपर जँ जाइ छी हम देस
चारि दिनधरि से लगइ अछि बेश
ताहिसँ बेशी ओम्हर रहनाई
बुझि पड़इ अछि डाँड़
बुझि पड़इ अछि सब प्रकारें हानि
छिन्नमस्ता भगवती
थिकी ओ कुलदेवता...
हुनका करैत प्रणाम
छाड़ि क हम तरौनी सन गाम
चल अबइ छी दूर, बहुतो दूर
रेलपर चढ़ि चल अबइछी बहुतो दूर

एम्हर अवितहिँ

संगठित सन
बन्धुतामे परस्पर आबद्ध
रंग-बिरंगक लोक विविधाचार आर विचार
नीक हमरा लगइ अछि ई आधुनिक संसार
रेल मोटर ट्राम...
पोस्ट टेलीग्राम...
जलधिपर जलयान
नील नभमे श्वेत पीत विमान...
प्रेस बिजली रेडियो औ' फिल्म
नीक हमरा लगइ अछि ई आधुनिक संसार
सड़लि घोड़ीबला ओ सकुरीक एक्का
नहि पड़इ अछि मोन
फेर ओहि देहातमे हम किअए जाएब
प्रयोजन अछि कोन
किन्तु...
किन्तु की हम बिसरि पाएब
तरौनी-सन गाम ?
गरड़हा-सन आम ?
दीदिक इनारक पानि ?
अपन पोखरिक ओ ठुट्ट पातर जाठि ?
हरिअरिक सागर जकाँ हिलोर रहि रहि लैत
धनहर बाध कोसक कोस
चौठचन्द्रक पिड़ुकिआ कोजागराक मखान
थलकमल ओ सिङरहारक फूल
देवउठान आर नवान
कलमखोड़ा कनकजीर सतरिआ कामोद...
परबापाँखि लछुमनभोग...
बिसरत कोना गमकैत मेहीं धान
नहि देलनि भगवान अपना खेत औ' खरिहान
तइओ गामपर चल जाइ अछि यदि ध्यान
तँ से ककर थिक साध्य ?

छला अपने मूर्ख
हमरा चारि आखर पढ़ा गेला बाप जे—
बौआ कमा क लगा देता टाल...

बुढ़ारीमे बैसि कँ हम खाएब...
हीतक सङे सतरंज खूब खेलएब...
आहि रे कप्पार !
हमर नहि से हुनक कर्मक दोष
पढ़ि गूनिकँ सन्तान लोकारण्यमे गेलन्हि जे भुतिआए
बुढ़ारीमे हकन्न जे कनलाह
मुइलाह जे अनका उपर द भार
बिन्दुओ भरि जलसँ तर्पण ने केओ केलकन्हि
हमर नहि से हुनक कर्मक दोष

करह जनु अपसोच
मुइल बहिनिक मुइल भाइक
मुइल बापक मुइल माइक
करह जनु अपसोच
गाम दिशि घुरबाक जनु इच्छा करह तों
पूर्वपरिचित व्यक्ति किंवा वस्तुसभहिक हेतु–
करह जनु अपसोच
चलह आगू पथिक तों छाड़न सभहिकें छाड़िं
देखलहक अछि श्रोतकें घुरियाय पाछाँ होएत ?
वन्य जीवन, ग्राम्य जीवन छाड़ि
आधिभौतिक शक्तिकें दासी बनओने जा रहल अछि
प्रगतिशील प्रबुद्ध मानव-नागरिक;
जन्मभरि तों गाम लए रहबह हकन्न कनैत ?
बुड़ित्वक ई मोह !
तोड़ि ताड़ि सलाइ
रगड़ि पाथरसँ आगि जँ करबाक होहु बाहर
नलकें भङठाए जँ कोड़बाक होहु इनार
फोड़ि बिज़ुलिक बल्ब जँ पतलोक धधरासँ–
इजोतक काज लेबक होहु
होहु जँ पुनि रेलगाड़ीसँ अधिक बसहेक पीठ पसिन्न
देहाती बहुरुपिआक अभावमे यदि
सिनेमासँ होहु ई मन खिन्न
आधुनिक विज्ञानसँ यदि बढ़ि तोरा
बुझि पड़हु एकादशी-माहात्म्य
छपइ छइ अखबारमे जे किछु सबटा फूसि–

इ बुझि फाड़ि जँ 'मिथिला मिहिर'
आँचे पजारक होहु तोरा म'न
तखन तों घुरि जाह गामंहि
जमाइनसँ नीककँ छौंकवाय खइह खूब पटुआ साग
खूब खैइह ओल औ' अरिकौंछ
सरिसो देल माछक झोर
काँचे जमीरी गारि
पिबिहह सतत दीदिक इनारक पानि
अबइ छहु जे किछु से सब बिसरि जैइह
आम जामुन लताम कटहर सरिफ्फा केरा कि बड़हड़
लगबिइह भगवानकें ओ भगवतीकें भोग
एहिसँ यदि समय बाँचहु
से, गोलैसीमे लगबिइह
खेलैइह सतरंज चौपाड़—
अंखिगरक ई काज !
साँझकें सब दिन जैइह महादेवक थान
बोतू जकाँ बोकिआए गाल बजाय बम् बम्—
साम्वशिवकें भक्तिभाव देखाए
घुरिइह टोल
अपने आ कि अनके दरबज्जापर बैसि
तमाकू चुनबैत हँकिइह गप्प...
क रहल अछि तरक्की धरि राज
ल रहल अछि मोल दशटा पैघ वाइ जहाज...
ताहिमेसँ दुइटा
राजाबहादुर
खानगी रखताह
हड़ाही-मुड़ियाक बीचोबीच
लेनक दो-बगली
बड़का टा पाँतर पड़इ छइ
तही ठाँ बनतैक ओ मएदान
जाहि ठाँ रहतैक सुसतेतैक' वाइ जहाज...
लाट बनि गेला जमाहिरलाल—
सुनल से बुचुआक मातृक एहुसँ ओहि राति एबा काल...
दरबज्जापर बैसि
खूब हँकिइह गप्प

नहि, नहि
से कि हमरा बुतें कहिओ हएत, नहि, नहि !
वृद्धजन बिसुनाइ छथि,
बिसुनाथु
देखि आएल छी पुरनका ग्रामतंत्र टुटैत
समाजक संस्थानमे शत-शत दराड़ि फटैत।
घुराएब की मूँह पाछाँ दिस
से कि हमरा बुतें कहिओ हएत ?
राड़ भए गेल आइ फूजल ऊक
गोआर-गोंढि-अमात-धानुख-केओट केओ खएते ने ककरो ऐंठ
डोम धोबि चमार नहि पबनौट लेबए अओत
दुरदुरएबइ त उनटिक देत ओहो टोक
की करबैक
सकुरी, मधुबनी चल जएत
औ बिलाँ, अपने लोकनिकें
काज आओत पुरनका बहिखत ने किछुआ आब
बलचनमा कि ललचनमा
हड़ाही जाए
उघइ अछि मोटा
पबई अछि दुइ टका रोज

तोड़ि कँ हरिसिंहदेवक डाँड़
काल्हि जँ बौआ बिआहथि मेम
महाश्वेता बहुरिया
चनमाड़पर ओ आबि
बिहुँसि लगती गोसाउनिकें गोड़
तऽ अहाँ की छाड़ि कँ ई माटि
पड़एब चल जाएब मोरङ दिश ?

पटना/मई 1947

ऋतु-संधि

चिर प्रतीक्षा कएल
बहुत ताकल बाट

जेठ बीतल
भेल नहीं बर्खा
रहल नभ ओहिना खल्वाट
आइ थिक आषाढ़ वदि षष्ठी
उठल अछि खूब जोर बिहाड़ि
तकरा बाद
सघन कारी घन-घटासँ
भए रहल अछि व्याप्त ई आकाश
आइ वर्षा हएत सजनि, होइत अछि विश्वास
भए रहल छथि अवनि पुलकित, लैत छथि निश्वास
मुदा अपना देसमे तँ हएत वर्षा भेल
सरिपहुँ एक नहि, कए खेप !
मुदित मनसँ लोक बेश गबैत हएत मलार
भरल होएत अबस्से भुतही बलानक धार
अपन पोखरिक ओ ठुट्ट पातर जाठि डूबल हएत
जकर जोर अदृष्ट से अंडाएल पोठी खएत
धान गम्हड़ी आँसु मड़ुआ मकई मूँग उड़ीद—
साम कॉओन जनेर
दूबि घास अनेर
की ने ई सभ लहलहाइछ
बीत भरि
दुइ बीत भरि
किंवा तहूसँ पैघ—
आँखि मुनि हम क रहल छी ध्यान
हरिअर बाध, हरिअर बोन...
कि लिखू हम एहि ठामक हाल
आगुएमे बहइ छथि भागीरथी
अछि सएह टा कल्याण
प्रबल गर्मिक तापसँ कहुना बचल अछि प्राण !
सजनि, नमरल घनघटाकें देखि
मोन होइछ, हमहु करिअइ—
कालिदासे जकाँ ओकरा सोर
के कहओ, नहि क सकै अछि ओ लिफाफक काज !
राति-दिन झरकी लगइ अछि
आरि धूरक नहि कोनहुठाँ रेख

निरंतर आगूमहँक ई नग्न पाँतर देखि
दुखाइत अछि माथ
चसमा अवइ अछि नहि काज
(हरिअरका कि करिआ—ओह !)
मुदा हमरा हवैत अछि विश्वास
अहू ठाँ, सखि, आब मूसलाधार बर्खा हएत
तखन नहि ई आँखि माथ दुखएत
भोरखन गंगा नहेबा काल
ठरल लागल पानि
बुझल तइखन,
हिमालयमे गलि रहल अछि बर्फ
भ रहल अछि ग्रीष्म आब समाप्त—
बर्खा प्राप्त...

प्रयाग/जून, 1947

वंदना

हे तिरहुत, हे मिथिले, ललाम !
मम मातृभूमि, शत-शत प्रणाम !
तृण तरु शोभित धनधान्य भरित
अपरूप छटा, छवि स्निग्ध-हरित
गंगा तरंग चुम्बित चरणा
शिर शोभित हिमगिरि निर्झरणा
गंडकि गाबथि दहिना जहिना
कौसिकि नाचथि वामा तहिना
धेमुड़ा त्रियुगा जीबछ करेह
कमला बाग्मतिसँ सिक्त देह
अनुपम अद्‌भुत तव स्वर्णांचल
की की न फुलाए फड़ए प्रतिपल
जय पतिव्रता सीता भगवति
जय कर्मयोगरत जनक नृपति
जय-जय गौतम, जय याज्ञवल्क्य
जय-जय वात्स्यायन जय मंडन

जय-जय वाचस्पति जय उदयन
गंगेश पक्षधर सन महान
दार्शनिक छला', छथि विद्यमान
जगभर विश्रुत अछि ज्ञानदान
जय-जय कविकोकिल विद्यापति
यश जनिक आइधरि सभ गाबथि
दशदिश विख्यापित गुणगरिमा
जय-जय भारति जय जय लखिमा
जय-जय-जय हे मिथिला माता
जय लाख-लाख मिथिलाक पुत्र
अपनहि हाथें हम सोझराएब
अपने देशक शासनक सूत्र
बाभन छत्री औ' भुमिहार
कायस्थ सूँड़ि औ' रोनियार
कोइरी कुर्मी औ' गोंढि-गोआर
धानुक अमात केओट मलाहे
खतबे ततमा पासी चमार
बरही सोनार धोबि कमार
सैअद पठान मोमिन मीयाँ
जोलहा धुनियाँ कुजरा तुरुक
मुसहड़ दुसाध ओ डोम-नट्ट...
भले हो हिन्नू भले मुसलमान
मिथिलाक माटिपर बसनिहार
मिथिलाक अन्नसँ पुष्ट देह
मिथिलाक पानिसँ स्निग्ध कान्ति
सरिपहुँ सभ केओ मैथिले थीक
दुविधा कथीक संशय कथीक ?

ई देश-कोश ई बाध-बोन
ई चास-बास ई माटि पानि
सभटा हमरे लोकनिक थीक
दुविधा कथीक संशय कथीक ?
जय-जय हे मिथिला माता
सोनित बोकरए जँ जुअएल जोंक,
तँ सफल तोहर बर्छीक नोंक !

खएता न अयाची आब साग !
ककरो खसतैक किएक पाग ?
केओ आब कथी लै मूर्ख रहत ?
केओ अब कथी लै कष्ट सहत ?
केओ किअए हएत भूखें तबाह ?
केओ किअए हएत फिकरें बताह ?
नहि पड़ल रहत, भेटतैक काज !
सभ करत मौज, सभ करत राज !
पढ़ता गुनता करताह पास–
जूगल कामति, छीतन खवास
जे काजुल से भरि पेट खएत
ककरो नहि बड़का धोधि हएत
कहबओता अजुका महाराज
केवल कामेश्वरसिंह काल्हि
हमरालोकनि जे खाइत छी
खएताह ओहो से भात-दालि

अछि भेल कतेको युग पछाति
ई महादेश स्वाधीन आइ
दिल्ली पटना ओ दड़िभंगा
फहराइछ सभठाँ तिनरंगा
दुर्मद मानव म्रियमाण आइ
माटिक कण कण सप्राण आइ
नव तंत्र मंत्र चिंता धारा
नव सूर्य चंद्र नवग्रह तारा
सब कथुक भेल अछि पुनर्जन्म
हे हरित भरित हे ललित भेस
हे छोट छीन सन हमर देश
हे मातृभूमि, शत-शत प्रणाम !!

पटना/15 अगस्त, 1947

गाँधी

जय-जय परमपिता हे गाँधी
जय-जय जयति महाबलिदानी
ओह, अहाँक वियोग-व्यथामे
के नहि आइ कनइ अछि प्राणी
जा धरि रहता सूर्य-चंद्रमा
जा धरि ग्रहगण, जा धरि तारा
जा धरि बहती गंगा-गंडकि
बाग्मति कमला कोसिक धारा
जा धरि पृथिवी, सागर जा धरि
जीवित रहब अहाँ तहिआ धरि
काए-वचनसँ अथवा मनसँ
हिंसा कएल न कोनो जीवक
कोटिक कोटि मनुक्खक हित लए
जिनगी अपन बिताओल गरीबक
दुख ककरो नहि देल कनेको
अपने विपत उठाओल अनेको
जिवितहिँ पसरल कीर्ति भुवन भरि
तेना बहाओल शांतिक सुरसुरि
जय-जय राष्ट्रपिता हे गाँधी
जय-जय जयति महाबलिदानी
कमल थलकमल भेंट, कुमुदनी
सिङरहार गेना गुलाबरी
इंद्रकमल औ' तीरा मधुरी
चम्पा बेली तथा चमेली
बंशीप्रेम दनुफ औ' जूही
सभ फूले थिक
ककरो सुरभि महा आह्लादक
केओ देखवहिटामे मनमोहक
ककरो रस बड़का औषध थिक
सभक प्रयोजन पड़ि जाइत छइ बेर कालमे
ककरो किए अनस्था करबइ
सभ फूले थिक
गाँथल रहओ सदक्षण सभटा एक तागमे

अहिना हिंदू मुसलमान सिख बौद्ध जैन ख्रिष्टान पारसी
रहओ एक भ
रहओ एक ठाँ
सभ मनुक्ख थिक
सभ एक्के थिक
देश आइ स्वाधीन भेल अछि सभक मेलसँ
सभक बुद्धिसँ
सभक यत्नसँ
सभक जोरसँ
सभक देह निर्माण भेल छइ
अही माँटिसँ अही पानिसँ अही अन्नसँ
सभक देह सप्राण भेल छइ
अही माँटिसँ अही पानिसँ अही अन्नसँ
एहि भूमिपर एहि देशपर सभक छैक अधिकार
अपनामे नहि करी अरे तकरार
ई सिखौल हे पिता अँही हमरालोकनिकें
कालनेमि थिक दुष्ट गोडसे देशभरिक थिक पाप
इतिहासक अभिशाप
क्षमा ने करतइ क्यों कहिओ ओकर महान अपराध
शूलवेध ईसाक
सुकरातक विषपान
ताहूँ सँ बढ़ि बुझि पड़ैछ
बापू अहाँक ई अति नृशंस प्राणांत
सुनि कँ ई वृत्तांत—
के नहि कानल हएत ?
क्षुब्ध-क्रुद्ध भ दैत बधिककें गारि—
वृद्ध पितामह, के ने अहाँकेर तर्पण कएने हएत ?
मुक्त देशमाताक हाथ निज कम्पित हाथ धएल !
देल अपन बलि
जन-जागरण-व्रत-उद्यापन कएल !!
जय जय परम पिता हे गाँधी;
जय जय जयति महा बलिदान !
ओह, अहाँक वियोग-व्यथामे
के नहि आइ कनइ अछि प्राणी !

पटना/मार्च 1948

आसिन मासक राति इजोड़िया

आसिन मासक राति इजोड़िया
तिथि त्रयोदशी
झुलि झुलि गाबि रहल बटगमनी दोलङ्कि गम्हड़ा
बुढ़बा पिपरक ठूठ ठारिपर बैसल बैसल—
नीलकंठ कें कें करैत अछि
बितल दसहरा, ककरा छैक पुछारी ओक्कर आब
सभठाँ पोखरिमे फुलएल अछि भेंट कुमुदिनिक फूल
खाली हमरेटा भरिऔलक अछि भदबा ओ दिक्शूल
प्रकृति ने मानथि पंडितलोकनिक कालविवेचन
रुचिगर बेश लगैअछि हमरा धनहा खेतक गैंची
आरि आरि तैं बौआइत छी
डेढ़ पहर बिति गेल इजोड़िया आसिन मासक

दरभंगा/अक्टूबर, 1948

फागुनक इजोड़िया टहाटही

बोझल गाड़ी
सूतल अधवयसू बहलमान
नाथल ओ मुठिया सिंहवाला कैला बड़दक सुन्दर जोड़ी
जा रहल लीख धएने सोझहिं
पकिआ सड़कक काते काते
टुन टुन टन टन टन टिलिङ टाङ...
कर रहल निशीथक शांति भंग
मधुबनी दिशुक बोझल गाड़ी
भ भ चित-पट फैला फैला—
जुआक बाँहिपर पएर दुहू
दिनुका ठेही कें पचा रहल
सूतल अधवयसू बहलमान
फागुनक इजोड़िआ टहाटही

सकरी/फरवरी, 1949

युग धर्म

नहि मानइ अछि बात ओहिना अपनो बेटा-नाति
मास मास पर गहन लगइ अछि पल पल पर संकराँति
बदलि रहल अछि छन-छन दुनियाँ किछु नहि क्यों नहि थीर
भ गेलाह बाबा कपिलेसर आन्हर आर बहीर
सुनतहि नब नचारी बूढ़ाकें उठैत छन्हि खौंत
भरि-भरि ढाकी फाँकि जाइ छथि भाङक भनहि सुखौंत
शहर शहरमे फुजल सिनेमा, कियो नहि सुनए पुरान
ककरो नहि चिंता छइ जे खौंझा उठता भगवान
कोना छजत पहिलुक ढाठीपर आजुक टटका रङ
अपन महिंस कुल्हड़िअहि नाथब, के ने कहत अबढंग
खुटिया मिर्जइ नहि सोहाइ छइ पहिरए कोट-कमीज
बूड़ि ने कहिअउ, कन्हुआकँ ताकत बेटा-भतीज
कोना बुझब जे पूर्वजलोकनि रहथि वेश बुधिआर
पढ़ुआ कका करब जँ, नहि हमरासँ बात-बिचार

प्रयाग/मई 1949

जेठक विकट दुफरिआ

जेठक विकट दुफरिआ
छाहरि दुबकलि बड़क गाछतर
किछु बैसल, किछु ठाढ़े ठाढ़े
आँखि मूनि कँ
पाजु करइ अछि माल जाल सभ
चिड़इ चुनमुनी कत गेल, ने जानि
धिपल लगइ छइ ऊपर ऊगर गानि
बोमिआइत अछि अठगामा पाड़ा पोखरिमे
बकरिक नेड़ी भरि भरि घरमे
खेला रहल भुल्ला चरबहा
दूनू दिस एसगरे सतघरा
जङ्लासँ सँसार देखइ छी
पड़ल पड़ल अप्पन खोन्हीमे
हमहुँ कहुना खेपि रहल छी जेठक विकट दुफरिआ

तरौनी/जून, 1949

देशदशाष्टक

पलरि गेल छन्हि नेतालोकनिक सूढ़
भ गेलाह जमाहिर थुत्थुर बूढ़
प्रभु पटेल छथि सर्वशक्ति-सम्पन्न
कनबथि तइओ चीनिक लेल हकन्न

बनिआ-लीडर-अफसर तीन त्रिमूर्ति
क रहला अछि अपन मनोरथ-पूर्ति
अपना लए सभ, अनका हेतु बङौर
तइपर फाटन्हि रहि रहि कते बुकौर

बापूक भजन करइ छथि साँझ परात
टकुरी काटथि बइसल सड़कक कात
जपथि सदक्षण अष्टोतर शत नाम
ईश्वर अल्ला रघुपति राघव राम

भाय-भातिजक साढ़ुक सारक लेल
अपनहि चढ़िकँ, तोड़थि झोंझक बेल
धन्न भाग जे चानि ने छैन्हि उघाड़
नहि तँ कोना पचबितथि सौंस पहाड़

श्री श्रीकृष्ण अनुग्रह होथु सहाय
जनिक गुणक कीर्तन नहि कएना जाय
हे जनकवि हठ अपन पुरनका छाड़ि
आबहु जाउ बनू ग बिसुन-बिलाड़ि

अपनहि हाथें देता पान मखान
पाएब थुल थुल देहक तउलल दान
सत्त ने कउखन बाजी बजबी झालि
भेटत सोनक गुल्ली चानिक टालि

छन्हि तिनरंगा घोघ, ताड़ सन देह
रुच्छ अलच्छ पएर, कतहु नहि नेह

महगिक बड़का खरड़ा नेने ठाढ़ि
की होएत स्वाधीन एहिसँ बाढ़ि

धन्न रहू हे भारतमाता, धन्न !
महगिक मारल लोक कनैछ हकन्न !
ढाकिक ढाकि पास होए प्रस्ताव
तइओ बढ़ले जाइत सबथुक भाव

देशदशाष्टक जे पढ़थि मन लगाय नित प्रात
ओ पाबथि पार्सल सदए, जगर्नाथजिक भात

काशी/नवंबर, 1949

परम सत्य

फूसि थिक संसार
फूसि धरती, फूसि थिक आकाश
फूसि थिक ई माटी
फूसि थिक ई पानी
हम, अहाँ, ओ, ई, भने क्यो होथु—
व्यक्ति मात्र थिकाह अगबे फूसि
सत्य की तँ शून्य
सत्य की तँ ब्रह्म
सत्य की तँ घनानंद, अखंड, चित्, कूटस्थ,
—सैन्धवलवणसम नीरंध्र
सत्य की तँ जे ने देखल जाए
सत्य की तँ जकर गुण वर्णन न कएला जाए...
बाप-पित्ती पितामह-मातामहक मूँहसँ सुनल ई बात
जीबनक संग्राममे यदि आबि जइतए काज
तखन की छल !
तखन सरिपहुँ
हमहु बजितहुँ
फूसि थिक संसार
फूसि धरती, फूसि थिक आकाश

जूनि पूछी, आइ-काल्हुक हाल
नहि अबइ छथि काज कोनो ब्रह्म
नहि अबइ अछि काज ई कुल-गोत्र
शिखा-सूत्र त्रिपुंड चानन-ठोप
अबइ अछि किछु काज नहि ई पुरनका आटोप
फूसि सभटा थिक
थिक महाजंजाल
फूसि ब्रह्मा-विष्णु दश दिक्पाल
फूसि श्रुति-स्मृति
फूसि शास्त्र-पुराण
फूसि व्रत उपवास
फूसि थिक राजासभक इतिहास
सत्य की, तँ—
सत्य थिक ई माटि
सत्य थिक ई पानि
सत्य थिक ई संसार
सत्य धरती, सत्य थिक आकाश
हम, अहाँ, ओ, ई, थिकहुँ सब गोटे बड़का सत्य
सत्य जीवन, सत्य थिक संघर्ष
सत्य आशा, सत्य थिक आयास
सत्य थिक निर्माण चेष्टा, सत्य थिक आवास
सत्य थिक ई देह
सत्य थिक ई बुद्धि
सत्य थिक ई धैर्य आओर विवेक
सत्य थिक ई मनोबल अ-विजेय
सत्य थिक ई बाँहि
सत्य थिक ई हाथ—
जे एकरे प्रतापेँ कमा लइ छी चारि कैंचा नित्त
नहि अबइ छथि काज हमरा चारि हाथवाला ओ भगवान
नहि अबई अछि काज वेद-पुरान
छाड़ि अप्पन काज
अनेरे हम किए हएव हरान ?
नहि कुकर्म करैत छी जे 'नरक' जाएब 'यम' पकड़ता कान
करा लइ अछि काज राच्छस जखन दश टाकाक
तखन दइ अछि दूइ टाका, ओह !

पच्छ ओकरे लइ छथिन भगवान
पैघ लोकक—धनिकहा सबहिक
हाथमे छन्हि राम-कृष्णक टीक
जे बजइ अछि फूसि तकरा डरैं थर थर कपइ छथि हलुमान
घूस रोटक पाबि दुष्टक पीठ ठोकथि काल भैरव-सन
बिकट बलवान

सत्त थिक मनुक्ख
सत्त थिक समाङ
धिआ-पुता स्वजन-परिजन खेत ओ खरिहान
मकइ मड़ुआ साम-कॉओन आँसु-गम्हड़ी धान
माछ-मधु फल-मूल पान-मखान
एहिसँ की बढ़ि होएत सत्य ?
जाहि भाखामे बजइ छी, सत्त थिक से बोल
आन बाणी थिक दूरक ढोल
सत्य ई जे बाप-माइक बीचसँ धिआ-पुता
ताहिसँ पुनि पौत्र-पौत्री नाति-नतिनी आदि
वंशवृक्षवितान
नित्य नूतन वस्तु सबहिक सदक्षण संधान
स्थिति-स्थापकताक पूर्ति संघर्ष
फेर परिवर्तन
पुनः निर्माण
स्थितिक स्थापन फेर
तखन पुनि गति-रोध
तखन पुनि संघर्ष...
एहि क्रमसँ निरंतर परिवर्तनमान प्रगतिशील समाज
जहिना ज्वैल बँसबिट्टीक दमगर ओधिमे सँ
फेर कोपड़
फेर पोरगर बाँस
फेर बाँसक झमटगरहा झौंझ...
सत्य ई क्षय वृद्धिकेर व्यवहार
सत्य ई संसार
चिंतनाक प्रवाहमे भसिआए
पुरखा लोकनि प्रायः
खसि पड़ल छलाह

जाहि सीमाहीन सागर-माँझ
('नेति-नेति'क बिकट मोनिक मध्य)
खसू ग की तहीमे हमरोलोकनि ?
आधिभौतिक उपद्रवसँ खिन्न,
प्रकृतिकेर रहस्य सँ संत्रस्त,
आदि मानव देखि लेलनि भीड़ जँ दिबड़ाक
आ' कि पीपर-पाकड़िक वा आम-जामुक गाछ
स्तुति कर' लगलाह तइखन, तकर पट द,
ऋचा निर्मित भेल
मानि लेलहुँ,
ताहि युगमे सएह छल हो सत्य
किंतु तैं की आई
दिवाड़क ओ भीड़
पीपर-पाकड़िक ओ गाछ
हमरालोकनिक कोनो वेगर्ता
करत कउखन शांत ?
वा वरदान कोनो देत ?
पिठारक घोड़कलस, दूधक धार—
व्यर्थ थिक, बेकार !
आइ काल्हुक मनुक्खक क्षमताक आगाँ
मानि लेलन्हि देवता-गण हारि
आब एटम बमक आगाँ भ' गेलन्हि अछि
भोथ चामुंडाक ओ तरुआरि
ताहि दिन छल एक पुष्पक
आइ नभमे विविध वर्ग विमान लाखक लाख
उड़ि रहल अछि शानसँ दिन राति
तरहथीक औंरा जकाँ सम्पूर्ण ई संसार
आब सबहक नजरि पर अछि साफ
आइ नहि तँ, काल्हि हिमगिरि मानताहे हारि
महोदय स्वाधीन ओ सम्बुद्ध—
सर्वसाधारण मनुक्खक लेल
की रहत अज्ञेय
के रहत अ-विजेय

धन्य हे श्रमशील मानव—विश्वभरिमे व्याप्त

धन्य तोहर जाति !
नरक कें सुरपुर बनएबाक लेल
सदच्छन तों रहइ छह अपस्याँत
एक दिशसँ तोड़ि रहला राक्षसक तों दाँत
सम्मिलित स्वेच्छा प्रणोदित जयति जय जन शक्ति !
हृदयमे अछि एक केवल तोहरेटा भक्ति
आन देवी-देवता दिश नहि नवइ अछि माथ
आई नहि तँ काल्हि दानवदलक करबह अबस्से उच्छेद
कृषक श्रमिकक जीवनो कें बनबिहह पुनिवेद
लैत प्राचीनक सगुण सद्ज्ञान
लोक हितमे लगबिहह अपना युगक विज्ञान
कियो ने रहते अकिंचन, सब हएत लक्ष्मीवान
सबहि कर्मठ सबहि भोगी हएत सभ विद्वान
एहि धरतीक ओहि स्वर्गक दिव्य सुख जँ हम कदाचित्
भोगि नहि पओलहुँ तखन भोगत हमर संतान
आइए हम मुक्त कंठे करइछी जनताक तैं जय-गान

जयति जनता-जनार्दन भगवान
कविक वाणी करओ दीपित आलसीहुक हृदयमे अभिमान
विजयिनी जनवाहिनी-सङसँ मिलितभ करओ ओहो—ओहिना अभियान

सत्य थिक संसार
सत्य थिक मानवसमाजक क्रमिक उन्नति—
क्रमिक वृद्धि-विकास
सत्य थिक संघर्षरत जनताक ई इतिहास
सत्य धरती, सत्य थिक आकाश
परम सत्य मनुक्ख अपनहि थिक

काशी/नवंबर, 1949

गोठबिछनी

बीछि रहल छैं बनगोइठा तों
घूमि घामि कएँ बाध-बोनमे
पथिआ नेने भेल फिरइ छैं

तिनू खूट, चारिआ कानमे
मैल पुरान पचहथ्थी नूआ
सेहो फाटल चेफड़ी लागल
देहक रङ जमुनिआ, तइपर
मुँह माइक गोटीसँ दागल

बगड़ा जेना लगाबए खोंता
तेहने रूच्छ केस छउ तोहर
दू छर हारी मात्र गराँमे
केहेन विचित्र भेस छउ तोहर

माघक ठार, रौद बइसाखक
तोरा लेखे बड़नी' धन सन
दीन बालिके अजगुत लागए
केहेन कठिन छउ तोहर जीवन

कने ठाढ़ि हो, सुन कहने जो
नाम की थिकउ, कतए रहइ छैं
बीतभरिक भए कोन बेगर्तें
एते कष्ट आ दुक्ख सहइ छैं

पटना

पत्रहीन नग्न गाछ

नान्हि-नान्हि टा फूल

नान्हि-नान्हि टा फूल
उज्जर-उज्जर फूल
लाल-लाल डंटीबला फूल
सिङरहारक फूल
आसिनक निशाशेष
नबकी पोखरिक दुबिआही भीड़
भए रहल धन्य फूलक पथार सँऽ
कए रहल गम गम गम
वायुमंडल चारू दिशुका
इएह थिक पारिजात ?
इएह थिक हरिसिङार ?
रोपि गेल छथि एक्के पाँती मे
सात टा सिङरहारक गाछ
अपन इष्ट देवताक प्रीत्यर्थ
कोनो पुण्यवान् व्यक्ति
के रहथि ओ महानुभाव ?
की छल हेतइन हुनक नाग ?
हृदयानंद प्रतिहस्त !
तृप्तिनारायण मल्लिक !
प्राणमोहन पाठक !
शुभंकर लाभ !
की छल हेतइन हुनक नाम ?
माए अथवा मातामहीक खुनवाओल
हेतइन ई नबकी पोखरि
किंवा मोसम्मात सासुक खुनवाओल होइन

से बेश...से बेश...
ककरो खुनवाओल होउक ई पोखरि
किच्छु रहल होइन हुनक नाम !
जे लगा गेल छथि एक्के पाँतीमे
सात टा सिङरहारक ई नवगछुली
हुनकहि नामें बीछब हम दू आँजुर फूल
नान्हि-नान्हि टा फूल
लाल-लाल डंटीबला फूल

भोरे-भोर

भोरे-भोर
आएल छी बूलि
दुबिआही लॉनमे
भोरे-भोर
आएल छी धाङि
पथार मोतीक
भोरे-भोर
क' आएल छी अनुभव
पुलकित होइत छइ रोम रोम
स्पर्शक प्रतापें कोना कोना
भोरे-भोर
पैरक दुहू तरबाक ग'ह ग'ह द'ने
आएल छी पीबि
माघी आकाशक हेमाल ओस
भोरे-भोर
आएल छी बूलि
दुबिआही लॉनमे

बाँसक छाहरि

केहेन बिखाह होइत अछि
बाँसक छाहरि

केहेन झरकाह होइत अछि
बाँसक छाहरि
एकोटा घास किए जनमत
बँसबिट्टीक छायातर
कोनो टा अंकुर—
कथू टा बीजक उद्भिद
किंवा गुल्मग्रंथिक पेंपी
कहिओ किए देखबामे आओत
बँसबिट्टीक छायातर...
केहेन दूरदर्शी रहथि हमर पितामह
बुद्धि छलइन कते मेंही
आरिसँ सटाकँ' कइएक ठाम
लगा गेल छथिन बँसबिट्टी
ने जानि ककर खेत काते काते
कनैत छइ हकन्न, सुनैत छइ गारि-फज्झति !

सुखैल टटैल एकटा बेङ

सुखैल टटैल एकटा बेङ
दराड़ि सँ आएल ऊपर
रहि गेल तकैत आकाश दिश
पसरल छलइ लग-पासमे
शुष्क-नीरस क्षत-विक्षत भूमि
शून्यप्राय प्रान्तर, सहस्रधा विदीर्ण
वातावरण बड़शक्खा, दारुण निर्लिप्त
सूर्यक मध्याह्नोत्तर प्रखर ताप—
खंड मेघक क्षणिक अभिसारें एक रत्ती स्निग्ध...
सुखैल टटैल एकटा बेङ
तकई छल निरन्तर आकाश दिश
भेटल होइक कदाचित् ओकरा
पूर्व सूचना असामयिक वृष्टिक
महाराज इन्द्र कएने हेथिन टेलीपैथी...
किंवदन्तीक मोताबिक—
बेङे टा जनइए मेघक भाखा...

आइ अथवा काल्हि अथवा परसू
हेबेटा करत वृष्टिपात...
कृशकाय ई दर्दुर बेचारे
ने जानि कते काल धरि
रहताह तकैत आकाश दिश !
अहेतुक नहि थिक हिनक ई त्राटक
हेबेटा करत वृष्टिपात
आइ अथवा काल्हि अथवा परसू

हे निरभ्र आकाश !

हे निरभ्र आकाश !
हे धूसर आकाश !
हे भारल आकाश !
हे धीपल आकाश !
हे तानल आकाश !
हे तमसाएल आकाश !
कोना क' जुड़ेतइन अभागिल पृथ्वीक कोखि ?
कहिआ धरि पूर्ण हेतइ झरकल दूबिक मनोरथ ?
हजार-हजार नाँगट गाछ यत्र-तत्र ठाढ़
कार कउआ कर्कश स्वर मे
चिचिआ उठतहु मने अइखन :
'कतए नुकओने छह अपन ओ तरल अमृतधन'
'कतए नुकओने छह ओ सृष्टिक संजीवनी रसायन'
हमरा सभ ओहिना नहि नष्ट होएब
तोरहि नामे करैत जाएब आत्मदाह
एकक पछाति दोसर
तकरा बाद तेसर, तदुपरान्त चारिम
तत्पश्चात् पाँचम
एहि क्रमे हजारक हजार...
आत्मदाह करैत जाएब हमरा सभ
हमरा सभक चिताधूम क' देतहु तोरा अकच्छ
पहुँचि अंतरिक्षमे भ' जेतहु प्रलयंकर मेघ
प्रचंड घनघटाक ओ दुर्दान्त झोंप महाझोंप

क' देतहु तोहर दर्पकें चूर्ण विचूर्ण
की क' लेबहक ओकर ?
तोहर एहि दंभपर खसहु बस बज्र
तों जाह बरू निखत्तर
हे निरभ्र आकाश !
हे धूसर आकाश !
हे धीपल आकाश !
हे भारल आकाश !
हे तानल आकाश !
हे तमसाएल आकाश !

पसेनाक गुण-धर्म

क्षार-अम्ल
विगलनकारी, दाहक
रेचक, उर्वरक...
रिक्शाबलाक पीठ दिशुका फाटल तार-तार बनियाइन
पसेनाक अधिकांश गुण-धर्मकें
कए रहल अछि प्रमाणित
मोन होइए हमरा
विज्ञानक कोनो छात्रसँ जा कए पुछिअइन—
बेशी सँ' बेशी की सभ होइत छइक
पसेनाक गुण-धर्म
रिक्शाबलाक पीठक चाम
आओर कते शुष्क-श्याम हेतइ ?
स्नायुतंतुक ऊर्जा आओर कते बरकतइ ?
एहि नरवाहनक प्राणशक्ति आओर कते सिद्ध हेतइ ?
आओर कते...
क्षार-अम्ल, दाहक विगलनकारी...

पड़ल छी छगुन्तामे

की कहब हजूर !
की कहब मालिक !
पड़ल छी भारी छगुन्तामे
लगइए अजगुत अपनो
चाटि गेल कोन घून कोंढ़ ओ करेजकें
उघइत छलिअइ पहिने
तिन तिन शए बोरा अही पीठ पर
आब मुदा मोशकिल सँ
लादि होइए शए शबा शए बोरा
दूनू उखड़ा मिला कँए...
की कहब हजूर !
की कहब मालिक !
पड़ल छी भारी छगुन्तामे
लगइए अजगुत अपनो
खा नइ होइए
पा भरि चाउरक भात
रुचि भए गेल ए नश्ट
पानि टा पिबइ छिअइ
ढकर ढकर दश खेप
झाजीक हुकुम छइन—
बीलट कें ऊघए दहुन
आधा-छीधा हलुकाही बोरा
झाजीक प्रतापें जाइ छी खेपने
जिन्दाबाद सरकारी गोदाम !
जिन्दाबाद सरकार बहादुर !

कंकाले-कंकाल

शिशु कंकाल
तरुण कंकाल
वृद्ध कंकाल
कंकाल वृद्धाक

कंकाल तरुणीक
कंकाल ननकिरबीक
फड़िच्छ चमड़ीबला कंकाल
कारी चमड़ीबला कंकाल
पांडुश्याम चमड़ीबला कंकाल
टहलैत-बुलैत कंकाल
चलैत-फिरैत कंकाल
पड़ल कंकाल
ठाढ़ कंकाल
सूतल कंकाल
जागल कंकाल
सुखाएल थनबला कंकाल
चोकड़ गर्भबला कंकाल
मालगाड़ीबला साइडिंग दिश
लाइन केर दोबगली
भरि भरि आँजुर, भरि भरि मुट्ठी
दाना मिश्रित धूरा उठबैत कंकाल

सप्लाइ विभागक चपरासिक नजरि थाहैत कंकाल
दूदू टा प्लेटफार्म सोझाँसोझी टपैत
गोड़ पाँचेक कुलीक
एक मिससिया मात्सर्य, एकरती सहानुभूति
अनायास हासिल करैत कंकाल
जेठक दुफरिआमे जरैत कंकाल
गया दिशुक कोना ब्रोडगेज स्टेशन
की छल हेतइ नाम ?
अनुग्रह नारायण रोड ?
आ कि गुरारू ! आ कि किदन !
मुदा एखन तँ शेष रहि गेल अछि
ओतुक्का स्मृतिक खातामे
कंकाले कंकाल
कंकाले कंकाल..

नब नचारी

अगड़ाही लागउ, बज्र खसउ,
बरु किच्छु होउक...
नहि नबते तोरा खातिर किन्नहु हमर माथ !

पाथर भेलाह तो सरिपहुँ बाबा बैदनाथ !
बेत्रेक अन्न भऽ रहल आँट नेना-भुटका
दुबरैल आँगुरे कल्लर सभ बीछए झिटुका
मकड़ाक जालसँऽ बेढ़ल छइ चुलहाक मूँह
थारी-गिलास सभ बेचि बिकिनि खा गेलइ, ऊँह
कैंचा जकरा से खाए भात
क' रहल मौज से, जकरा छइ कोनो गतात
सरकारी राशन बेचि रहल अछि
अन्हरागाँही चउबर दामे चाँइ चोर
आन्हर-बहीर, बंभोला !
तोरा पर उठैत अछि तामस हमरा बड्ड जोर
गौरा पहिरथि फाटल नूआ
छन्हि कर्महिमे लागल भूआ
कार्तिक-गणेश छथि गीड़ि रहल
उसिनल अगबे अल्हुआक पात
वइमान बापसँ की माँगथु गऽ दालि-भात
अपने पबैत छह भोग छप्पनो परकारक
अनका लेखें त दुर्लभ छइ आको धथूर
बुझि पड़ितहु जँ सुनितहक—
उपासल कमरथुआकेर मुइल सूर !
बरु किच्छु कहऽ
पचकल लोढ़ा, तों धन्न रहऽ
नहि आब नचारी केओ गओतहु !
जे बूड़ि हैत से बोकिअओतहु !
नहि रहलइ ककरो किच्छु मात्र तोहर भरोस...
माटिक महत्त्व कें चीन्हि लेलक ई देश-कोस !
पाथर भेलाह तों सरिपहुँ बाबा बैदनाथ !
नहि नबते तोरा खातिर किन्नहु हमर माथ !

जगतारनि !

बाँसक
ओधि
उपाड़ि
करइ छी जारनि...
हमर
दिन
नहि
घूरत की जगतारिन ?

पाकल अछि ई कटहर !

चाबश ! चाबश ! चाबश !!
एह, केहेन दीब पाकल अछि ई कटहर
एह, कते टा अछि ई कटहर
एह, केहन गम-गम करइत अछि ई कटहर
एह, कोना अपनहि खसल गाछसँ
एह, कोन तरहें पड़ल अछि छहोछित भ' क'
एह, कोना लुबधल छलइ अइ ले लोकक मोन
एह, केहेन, दीब पाकल अछि ई कटहर

पैघ-पुरान गाछक, एकमात्र ई सौंसे कटहर
फड़ल सहजहिं प्रकृतिक प्रतापें
जोआएल सहजहिं प्रकृतिक प्रतापें
पाकल सहजहिं प्रकृतिक प्रतापें
खसल ओहिना
ओहिना भेल उपलब्ध हमरा लोकनि कें
आउ, आउ ! अओ बिलाँ, अबइत जाउ
एकहक कोऽ, दू-दू कोऽ अबस्से लेल जाओ
एहेन अपूर्व सजबी कोऽ भेटत नहिए अन्तऽ
हमरा लोकनि पाबि रहल छी प्रसाद अपनहुँ
परसि लेल अछि एक दोसराक समक्ष
एक कोऽ, आधा कोऽ तेहाई कोऽ

आउ, आउ ! अबइ जाउ, अओ बिलाँ...
हे लिअऽ, हे लिअऽ, हे लिअऽ
की कहल ? कने जोरसँ कहू !
की कहल ? की कहल ?
निंघटत नहि की ई कटहर ?
आओर कते विलहब ई कटहर ?
अहँऽ, अहँऽ, एखन नहि निंघटत
आउ, आउ, देखिअउ ने अपनहि आँखिएँ
सुगंध त लगले हैत !
आउ, आउ, एक रती पाबि लिअऽ
महाकालीक ई अपूर्व प्रसाद
शताब्दीक बादे भेटइ छइ लोक कें
आउ, आउ, अओ बिलाँ,
माताक प्रसाद थिकइन
निंघटतइ नहिए...
आउ, आउ, अओ बिलाँ,
ग्रहण करू सुचित भ' क' प्रसाद
कान कें होमऽ दिअउ पवित्र
प्रसाद-ग्रहण करितहिं सुनबामें आओत
एकटा अद्भुत, एकटा अश्रुतपूर्व मंत्र...
"अकाली...
काली...
कंकाली...
महाकली...
विकाली...
सकाली...
ला रे अभगला,
बढ़ा अप्पन गर्दनि
पड़ऽ दहि ओइ पर
हम्मर कत्ता, हम्मर भुजाली
एम्हर देख, एम्हर देख, करमजरुआ
कतऽ देखने हेबही ई रूप मुंडमाली
क्लीँ क्लीँ क्लूँ क्लूँ
ऐँ हीँ हूँ आँ होँ
खच् खच् खच् खचाक्

ल’ग आ, निच्चाँ ताक्
खच् खच् खच् खचाक्
ला रे अभगला, बढ़ा अप्पन गर्दनि
तोरा सभक मूँड़ी छोपबउ हनि हनि
आ रे अभगला !
आ रे कोढ़िया !
ऐँ ह्रीँ आँ होँ
क्लीँ क्लीँ हूँ हूँ।”

डरें पड़ाइ जुनि अपने, अओ बिलाँ !
आइ काल्हि ओ मंत्र काज कहाँ करइ छइ
उनटि गेलइए अर्थ
आउ आउ, लिअऽ माताक प्रसाद...
अकालक प्रसाद
दुर्भिक्षक प्रसाद
अहिना केने रहथि प्राप्त
अहाँक प्रपितामह-प्रमातामह
बाबाक बाबाक बाबा, नानाक नानाक नाना
आउ आउ, अओ बिलाँ,
लिअऽ लिअऽ प्रसाद प्रलयंकारी माताक
अमेरिकाक दलिया, कनाडाक दुद्धी पाउडर
ने जानि कतऽ कतऽ क स्वाद
समेटने अछि अपना भीतर !
अपूर्वे लागत अहाँ कें ई कटहर
आउ आउ, पाबि लिअऽ छोड़ि-छाड़ि डर-भर
शुद्ध सनातनी, निर्लिप्त निरंजन
सुच्चा महापात्र हमरा लोकनि
अगबे कन्टाह, नहि नहि, अगबे अघोरी !
तहू पर ई की तऽ कालीमाइक प्रसाद थीक...
एकर अभेला जुनि करिअउ !
आउ आउ, ल’ लिअऽ एक रती...
केहेन दिव्य ई दुर्दैवी कटहर !!

बीच सड़क पर

बीच सड़क पर
हरिअर-हरिअर घास
तइपर ससरए ट्राम
मने आरिपर डोंका
भदबारिक ई भीजल-तीतल
चिक्कन-चाकन सनगर बालीगंज
मध्य वक्षपर ट्राम लाइनकेर जनउ पहिरने

माघ

ठारि-ठारि मे, पोर-पोर मे़ फुटलइ कोंढ़िक गुच्छा
सूतल मुनिगा हँसल भभाक'
झुँड-झुँड मधुमाछी भेल बताह
ओम्हरे उड़ि उड़ि गेल !
ओम्हरे उड़ि उड़ि गेल !
टुस्सा पर टुस्सा हुलकइ छइ
देखहक आमक नबगछुलीकें
छँउड़ी सभ बहराइलि भोरे, पुजए गेलि तुसारी
किछु रँइची-सरिसोक-प्रतापें
किछु तीसीक प्रतापें
भिट्ठा खेतक लतरल अल्हुआ केलकइन सभकें मात !
गत्र गत्र कनकन करइत अछि, जो रे माघक प्रात !

बीतल आधा फागुन

बीतल आधा फागुन !
चिबा चिबा कँऽ आमक मज्जर
कोइली सूर पिजाबए
भन भन भन मधुमाछी भनकए

बचा बचा कँऽ पैर चलइए नेना-भुटका

मधुआ लागल पात चटइए बीछि बीछि कँऽ
उज्जर-पीअर-लाल-कपिश-लिधुराह
रंग-बिरंगक मज्जर देखि कें
आँखि हमर अगधैल
पनिचोभक ओइ कलमबागकें
नमस्कार हम कैल
बीतल आधा फागुन !

चैत

पछवा सिहकए
सूरुज दमकए
पाकल सुक्खल रब्बिक छीमड़ि वालि
मेंही सुरमे बजबए मने सितार
दूरहिं सँ चकचक करैत अछि चैतक खेत-पथार
डोला-डोलाकँ' नमहर-नमहर आङुर
सहिजन सहजहिं दइ छनि हरिअर सिगनल–
आबथु आब निदाघ
चाटथु माटिक सत्त
सुरकथु पानिक प्राण
पछवा सिहकओ, सूरुज दमकओ
चैतक धरतीकें चाही बस वैशाखी शृंगार

अखाढ़

उठलइ बेश बिहाड़ि
ताहि पर झपलक मेघ आकाश
साधि लेलक दम पुरबा-पछबा
सृष्टि भेल निस्तब्ध
गड़गड़ गड़गड़ गुड़म गुड़म गुम...
गरजल इन्द्रक हाथी

छाड़ि नचारी गाबए लगला गिरहथ लोकनि मलार

प्रमुदित दूबिक सीर-सीर
अछि पुलकित कूशक पेंपी
बगए बदलि गेलइक माटि केर
पानि भेल मटमैल
एकार्णवा करह पृथिवीकें
आबऽ हे अखाढ़ !
आबऽ हे अखाढ़ !

साओन

धरतीक कोंढ़-करेज जुड़ाएल
बाध-बोन हरिअर भ' गेल
प्रकृति-नटी केर अंग अंगमे
महाकाल टेमी द' देल
सर-सरिताकें भरल देखिकएँ
बिजुलत्ताकें सुझलइ खेल
बँसबारिक भगजोगनी सभसँ
ओ धोछिया कए लेलक मेल
तामस उठलन्हि मेघराजकें
ठनका ठनकल डाँटक लेल
डूबल रहइ दोबगली लाइन
रहुना ससरल छोटकी रेल
धरतीक कोंढ़-करेज जुड़ाएल
बाध-बोन हरिअर भ' गेल

भीजल-तीतल, ध्वैल-नहाएल
सिमसिमाह ई साओन मास
कतबो झहरल मेघ तदपि अछि
रिमझिमाह ई साओन मास
अनका लेखेँ मजगर, विधुरक
लेखेँ आगि-लगाओन मास
पिछड़ि-पिछड़ि कँऽ खसथु राधिका
कान्ह क लेल हँसाओन मास
गाइनि लोकनिक हेतु मोदमय

कोहबर महक ओछाओन मास
तीसो दिन थिक मधुश्रावणी
नवतुरिआक चुमाओन मास
भीजल-तीतल ध्वैल-नहाएल
सिमसिमाह ई साओन मास

मोट डारिमे मचकी बान्हल
झूला झुलथु नन्दकिशोर
पलखति भेटन्हु नजरि बचा कएँ
नहूँ-नहूँ आबथु चित्तचोर
तिलक फूल सन रुचिर नासिका
मधुरी फूल जकाँ छन्हि ठोर
दूइ देह छन्हि, एके परिस्थिति
एक प्राण छथि साँवर-गोर
किए कान्ह ओंघड़ेता भूपर
राधा किए बहओती नोर
आनक सुख-सोहाग देखतइ तऽ
किए हेतइ ककरो मन घोर
मोट डारिमे मचकी बान्हल
झूला झुलथु नन्दकिशोर

कान पाथि कँ सुनब पहर भरि
गाबथु प्रौढ़ा लोकनि मलार
भीजब हम भरि पोख पहर भरि
बदरा बरसओ मूसलधार
चोभब राढ़ी आम भदइया
शलहेशक हम करब सिङार
बिशहराक गहबर ओगरब ग'
देखब ग' लाबाक पथार
सूपक सूप उझिलता अइखन
पाछाँ बरू भ' जेता देखार
बिला जेता भादबमे बिलकुल

मेघक लीला अपरम्पार

कान पाथि कें सुनब पहरभरि
गाबथु प्रौढ़ा लोकनि मलार

लोचन-अंजन, जन मन रंजन
पावस ऋतु कें करिअ प्रणाम
जनिक कृपासँ जनिक स्नेहसँ
खेत-खेत कहबए वसुधाम
जनिक प्रतापे हरि विश्वंभर,
अन्नपूर्णा देवीक नाम
जनिक दया सँ वृक्ष वनस्पति
जनिक रसें फल-फूल ललाम
जनिकर ममतामय अनुशासन
गछने छथि ऋतुराज गुलाम
जनिक ऋणी छथि सातो सागर
जनिक प्रजा थिक सृष्टि तमाम
लोचन-अंजन, जन मन रंजन
पावस ऋतुकें करिअ प्रणाम

कने-कने मध्यान्तर दैत

कने-कने मध्यान्तर दैत
उझिलि गेल छ' मुल्की पानि
कने-कने मध्यान्तर दैत
द' गेल छहक अछार पर अछार
कने-कने मध्यान्तर दैत
क' गेल छहुन धरतीकें आप्यायित
कने-कने मध्यान्तर दैत
गली-गलीमे लगा गेल छहक
भरि छाबा पानि
भरि ठेहुन पानि
बाजह हे श्याम धन
बाजह हे कारी-कारी मेघ
की करबहक राति खन ?
की करबहक राति खन ?

बाजह हे श्याम घन !
बाजह हे कारी-कारी मेघ
की करबहक राति खन ?
नुकओने जुनि रहिहक,
नाच' दिहक एक रती बिजुलत्ता कें
ककरो कहाँ लगतइ अधलाह
पैर छूबि कँ लगतहु तोरा गोड़
सुहासिनि अन्हरिआ राति !
तखन फेर थीर भ' क'
देखइत बरु रहिह'
हजार-हजार भगजोगनीक नाच !
सुनइत बरू रहिह'
हजार-हजार झिङुरक अजस्र झंकार !
हजार-हजार ढाबुसक मेदुर उद्गार !
अहिना बरु होम' दिहक प्रात
अहिना बरु सिहक' दिहक दोरस बसात
दोहाइ हे श्याम घन
दोहाइ हे कारी-कारी मेघ !
संच मंच रहिह' रातिखन
समेटने रहिह' अपन भाभट

अन्त-श्रावण केर ई मेघ

बरिसइत रहओ अहिना
भरि दिन, भरि रात
अन्त-श्रावण केर ई मेघ
भिजबइत रहओ अहिना
कमतिआ ज'न-ज'नीक गत्र-गत्र
अन्त-श्रावण केर ई मेघ
सुनइत रहिओ अहिना
रिक्शाबला इसखी छओंड़ा क गारि
अन्त-श्रावण केर ई मेघ
लोकोक कतवहिमे

अर्धदग्ध ऊपर फाँटू कोइला बिछइत
आयत आँखिवाली संथाल-छँउड़ीक उपराग
सेहो सुनइत रहओ अहिना
अन्त श्रावण केर ई मेघ
तितबइत रहउ अहिना
तीसी तेलक चिकनाओल ओकर खोपा
अन्त श्रावण केर ई मेघ

छीप पर रहओ नचैत

छीपपर रहओ नचैत
कनकाभ शिखा
उगिलैत रहओ स्निग्ध बाती
भरि राति मृदु-मृदु तरल ज्योति
नाचथु शलभ-समाज
उत्तेजित आबथु जाथु
होएत हमर अंगराग हुतात्माक भस्म
सगौरव सुप्रतिष्ठ हँसितहि हम रहबे
दीअटिक जड़िसँ के करत बेदखल हमरा
ने जानि, कहिआ, कोन युगमे
भेटल छल वरदान
आकल्प हम रहब बइसल दीप देवताक कोर मे

पत्रहीन नग्न गाछ

पत्रहीन नग्न गाछ
लगइए कारी बस कारी, ठूठाकृति
अन्हार गुज्ज रातिमे
स्पंदनहीन, रूक्ष, तक्षक शिशिर
पसरल अछि सबतरि ऊपर-ऊपर
नीचाँ किन्तु, तरबातर दूबिक मोलाएम नवांकुर
बाँटि रहल रोमांचक टटका प्रसाद सउँसे शरीरकें
मोन होइए, गाबी अन्हरिओमे बसन्तक आगमनी

आउ हे ऋतुराज,
नुकाएल छी कालक कोखिमे अनेरे !
दिअउ निश्छल आशीर्वाद
तकइए अहींक बाट घासक पेंपी
आउ हे ऋतुराज !

नबतुरिए आबओ आगाँ...

तीव्रगंधी तरल मोबाइल
क्षणस्पंदी जीवन
एक-एक सेकेन्ड बान्हल !
स्थायी-संचारी-उद्दीपन-आलंबन...
सुनियन्त्रित एक-एक एक भाव !
परकीय-परकीया सोहाइ छइ ककरा नहि
खंड प्रीति सोन्हगर उपायन ?

असह्य नहि कुमारी विधवाक सौभाग्य
असह्य नहि गृही चिरकुमारक दागल ब्रह्मचर्य
सरिपहुँ सभ केओ सर्वतंत्र स्वतंत्र
रोक टोक नहिए कथूक ककरो
रखने रहू, बेर पर आओत काज
अमौटक पुरान धड़िका...
धर्म-अर्थ-काम-मोक्ष !
पघिलओ नीक जकाँ सनातन आस्था
पाकओ नीक जकाँ चेतन-कुम्हारक नवका बासन
युग-सत्यक आबामे...
जुनि करी परिबाहि बूढ़-बहीर कानक
टटका मन्त्र थीक,
नबतुरिए आबओ आगाँ !!
उएह करत रूढ़िभंजन, आगू मूँहें बढ़त उएह...
हमरा लोकनि दिअइ आशीर्वाद निश्छल मोने;
घिचिअइ नहि टाङ पाछाँ...
ढेकी नहि कूटी अपनहि अमरत्वता'क...

प्लास्टिकक लत्ती

प्लास्टिकक लत्ती
प्लास्टिकक फूल
रंगवेश चटकदार
गंध मुदा बीभत्स—
रासायनिक मिक्शचर केर सड़लहा काटि सन !
कोना क' कोनो देवी होइती अनुकूल
सूँघि-सूँघि क' ई फूल !

हीटरक आँच मे

हीटरक आँच मे कोंढ़ी फुला गेल
असली परिमल मुदा की भेल
सूर्यक सहज-स्वस्थ तापकें
फराकहिसँ नमस्कार क' लेल
आगुता क' माथा झुका देल
युगक समक्ष।

मनुपुत्र दिगम्बर

समुद्रक कछारमे
सितुआक पीठपर
तरंगित रेखाक बहुरंगी अइपन, हल्लुक !
ऊपर अउन्हल आकाश
निबिड़-नील !
नीचाँ श्याम सलिल वारुणी सृष्टि !
सभ किच्छु बिसरि
तिरोहित कए सभ किच्छु
—अवचेतन मध्य
रहताह ठाढ़ मनुपुत्र, दिगम्बर
ने जानि कती काल...
पश्चिमाभिमुख !

एक फाँक आँखि, एक फाँक नाक !

कोना क' बिसरिअउ
अधक्के देखल ओहि रातुक ओहि ठाँक
एक फाँक आँखि, एक फाँक नाक !
कोना क' बिसरिअउ ?

गेल रही सेकेंड शो सिनेमा
अबइत रही घूरल
सी ब्लाक, 3 सी एच...अपन बासा दिश
कोनो क्वार्टरकेर जँगला रहइ फूजल
रेशमी-नील पर्दा छलइ सहजहिं संयत कएने
बिजलीक प्रकाशकें भितरे भितर भरि छाती, भरि कंठ
तइसँ ऊपर ड्योढ़-बेढ़ केबाड़ी, शुद्ध-निरीह सन...
अपना सूरमे अबइत रही हनहनैल
जँगला लग अबितहिँ नजरि भेल ऊपर
आँ कि देखल अधक्के गोर-गोल मुखचन्द्रक अंर्धांश
सावधान सचेत एक फाँक आँखि
सङहि एक फाँक नाक
अधक्के देखना गेल
आ कि जँगला भ' गेलइ बंद
आबिकँ अंगन्यास कएल मुदा
कतीकाल धरि रहल नचैत
कपारक भितरका कटोरीमध्य
धारण कए क्रमहि टकुरीक रूप
एक फाँक आँखि...
एक फाँक नाक...

राधिका

गोर-गहुमा कांति
देह नमछर आ सुरेबगर
मूँह कटगर
ठोर लालेलाल

बाब्ड हेयर—बेश कपचल कृष्ण कुंतल जाल
भउँह बेश पिजौल
मर्मबेधी टाकुसन कजरैल आँखिक कोर
अनावृत मुक्तोदरी, आवर्त दारुण नाभि
रङल बीसो नखक उज्जर पीठ
हरित वसना आइ काल्हुक राधिका
देवि स्कूटरवाहिनी, घुरिआउ संध्याकाल
कोनो होटल मध्य बाट तकैत छथि बाँकेबिहारी लाल

कइए देलकइए गोल

हाँजक हाँज छउँड़ी सभ खेलाइत अछि बास्केट बॉल
चउरंगीक रमना...
सुविस्तृत मैदान...
रविक जड़काला अपराह्न...
मित्रलाभें प्रमुदित, परस्पर विनोदलीन
हमरा लोकनि तीनि गोटें
देखइ छी फुर्तीबाज तरुणीवृन्दक क्रीड़ा-कौतुक
दू रंगक परिधानें दू हाँज मे विभक्त—
ऐंग्लो-इंडियन छउँड़ीसभ
छरपइए, कुदइए, बॉल पर लुधकइए
बचवइए दहिना-बामा...
हे लिअ' हे लिअ' कइए देलकइ गोल
वाह रे वाह, काँकोड़केशी कुइरी-पतरकी छउँड़ी !!

जुनि अबउ भरि राति मेल ट्रेन

बइसल बइसल मेल ट्रेनक प्रतीक्षामे
बाहर भए गेल आँखिक सूत
घंटा भरि लेट
आधा घंटा आओर लेट
पैंतालीस मिनट आओर लेट...
आहि रे दैव, की भेलहु तोरा ?

कइएक खेप फोड़ल आङुर
कइएक बेर भेल हाफी
चाटि गेल छी मुल्की मैगजीन
सुडुकि आएल छी सात कप चाह
सोंटि लेल अछि दू पाकिट सिगरेट
आहि रे दैव, आब की करू ?
रङल-टीपल पेटारक भरें ओङठलि
दुरागमनिया कनिआ
सूतलि अछि कि जागलि
घोघक अ'ढ़ तर !
व'र मुदा कटइ छइ फोंफ
करिआ कंबल पर ठामहि
सामान रखने अछि सँइति सिरमादिश
कए रहलइए अइहबक ओगरबाहि
सूति-पातिवाली अधबएसू लोकनिन
लाल पाढ़िक पीअर साड़ी पहिरने...
मांगुर सन एनमेन ओकरा देहक कांति
लगइए केहेन दिब
आब किए बहरैत आँखिक सूत
जुनि अबउ मेल ट्रेन भरि राति !

एकटा सामान्य जंक्शन

एकटा सामान्य जंक्शन
एकटा सामान्य ट्रेन
द. पू. रे.... द. पू. रे....द. पू. रे.
अन्तिम श्रावण केर स्निग्ध आर्द्र परिवेश
निराकुल प्लेटफार्म
जनविरल मोसाफिरखाना
बीच-बीचमे अवैत जाइत
गोटेक-आधेक आदिवासी चेहरा
केहन दीब लगइए ई
एकटा सामान्य जंक्शन
चुपचाप ससरि गेल

नजरिक सोझासँ
एकटा सामान्य ट्रेन

स्लिीपिंग कोचक
समानान्तर बर्थ पर
सूतलि ओहिना पहुँचि
ओ बेचारी कनी कालमे चाकुलिया
एखन उतरवा काल, अलक्षिते
नमस्कार क' आएल छिअइन
ओहि सुमुखी-सुदर्शना कें
मोन होइए रहि रहि
भने हमहू अपना बर्थ पर पड़ले पड़ल
अवचेतनमे करैत ओहिना गपशप
चल गेल रहितहुँ चाकुलिया

गय नूनू !

माथ पर उत्तुंग खोपा
तपोवनी स्टाइलमे बान्हल
आ' ताहिमे लपेटल चम्पाफूलक माला...
गय नूनू !
ककर ककर प्राण लेवही तों आइ ?
हमर कोंढ़-करेज कपइए
थर थर थर थर, थर थर थर थर !
वयोवृद्ध तटस्थ तपस्वीलोकनिक
अहिना दलकल हेतइन छाती
मदन-दहन-दिवसक पहिलुका उखड़ामे
किशोरी नगनन्दिनीक रंग-ताल देखि
उठल हेतइन कचोट...
अघटित घटन-सम्भावना-दोलित चित्त
काँपल हेतइन कोंढ़
थर थर थर थर, थर थर थर थर
गय नूनू, एना नइ बहरो !

चें चें चें चें

चें चें चें चें
चूँ चूँ चूँ चूँ...
चीं चीं चीं चीं
अपनहिमे मस्त अछि चिड़इ-चुनमुन
अपनहिमे व्यस्त अछि चिड़इ-चुनमुन
नहि छइक परबाहि एकरा सबहिकें
न'ब घर ऊठल आ' कि पुरान घर खसल
नहि छइक परबाहि एकरा सबहिकें
प्रशासकीय आङ-वाल क...
कमिश्नर साहेबक कोर्टरूम, बड़की टा हाल
असामान्य फर्नीचर
भारी भारी पर्दा झुलैत
बौद्ध स्तूपवाला मॉडल
हाथ-करघाक मेही शिल्प
छ'त सँ लटकल दू टा तुम्बी
दूनू तुम्बी सँ प्रलंबित नमहर डंडावला भारी-भारी पंखा
मुदा ई बगड़ाक जाति कते होइए एडभेंचर्स
बिजलीवला ओहि पंखाक दूनू तुम्बीमें
लगा नेने अछि खोंता
आ' जखन-तखन अहिना चिचियाइत रहइए
कथी लए करतइन ई सभ परबाहि बङौर भरि
न'ब घर ऊठल त' ऊठल—
पुरान घर खसल त' खसल
कथी लए करतइन परबाहि इ सभ कथूक

कमिश्नर साहेब बाजल रहथि एक बेर अही प्रसंगें
बगड़ाक जातिक ई चिड़इ चुनमुन
होइत अछि सरिपहुँ कते ढीठ
कइएक दुपहरिया एहनो भेलइए जे
केबिन मे लंच पर्यन्त लेलक अछि
ई सभ हमरा सङे

प्रशासकीय विधिनिषेधक बंधन

मानत की कउखन चिड़इ चुनमुन !
कमिश्नर साहेबक मिसिओ भरि अनुशासन
कथी लए मानतइन ई चिड़इ चुनमुन
करैत रहतइन अहिना चें चें चूं चूं चीं चीं...

अँहँऽ, अँहँऽ...

अँहँऽ, अँहँऽ, नहि चाहिअइन, नहि चाहिअइन
ऐटमी आयुध नहि चाहिअइन हमरा भगवान कें
शंख-चक्र-गदा-पद्‌म...
बझले रहइ छनि चारू हाथ
अँहँऽ, अँहँऽ, खागि नहि छइन आन कोनो हथियारक
सेहो, की त सूतल छथिन एखन
के उठओतइन हुनका देव-उठानसँ पूर्व ?
अँहँऽ अँहँऽ छोड़ि दिअउन एखन
पाछाँ बरू भेट क' लेबइन कहिओ !

अँहँऽ अँहँऽ नहि चाहिअइन, नहि चाहिअइन
पद्‌मासना लक्ष्मी कें सखा-पात
लगइ छनि हुनका बड्ड बेश अपन बज्र-बहीर कोखि
सृष्टिक आदिमे उएह छली
प्राचार्या परिवार-नियोजन-विद्याक
अँहँऽ अँहँऽ केओ नहि करिअइन आलोचना
बाँझे रहथु अहिना माता लक्ष्मी
उल्लुक सौभाग्य थीक हुनका देहक मइल
बैरक ऐश्वर्य थीक हुनक निर्माल्य
सात-समुद्र-पार आन-आन देशक अच्छोद सरोवर
होइत रहओ प्रतिफलित ओहिना हुनक
स्मित-भास्वर ठोरसँ
पड़लि रहथु अनुर्वर, उदास, पेटकान्ह देने
अपना देशक ई रत्नगर्भा भूमि, हुनके उपेक्षाक मारल !

अँहँऽ अँहँऽ नहि टोकिअउन महास्थविर ब्रह्माकें
रहथुन हेड़ाएल ढीलक लीख जकाँ

हिनक पाकल दाढ़ीक बड़का जंगल मध्य
शत-सहस्र अनागत विश्वामित्र अहिना
पटपटाइत रहनु बरू अहिना चारू मूँहक आठोटा ठोर
अँहँऽ अँहँऽ जुनि राखी एको रत्ती भरोस एहि बूढ़ बाबाक

बइसल रहथु अहिना भने प्रज्ञाकें द' क' तिलांजलि
अनंतशायी भगवान् विष्णुकेर नाभिकमलक मचानपर
इएह रहथीन खेहारने सरस्वतीकें...
बिसरतइ ककरा !
अँहँऽ अँहँऽ छोड़ि दिअनु हिनका !

पिता-पुत्र संवाद

हिमधवल तुंग-शृंग...
बइसल छथि एहिपर पद्मासन लगओने !
नेत्र छन्हि अर्धनिमीलित
विरजित ठामहि गौरी गिरिकन्या।
ऋद्धि-सिद्धि झोरा
लंबोदर कोरामे
कार्तिक कतहु गेल छथिन घूमऽ
बसहा छन्हि ठाढ़, पाजु करैत...
चाहिअन्हि आर की हुनका ?

'प्रिय बटुक, बूझल अछि अहाँ के—
की थिकइ कुंठा ?
की थिकइ संत्रास ?
की थिकइ मृत्युबोध ?
होइत छइ कोना आक्रोशक विस्फोट ?
अल्पजीवी लघुप्राण व्यक्ति भेटल अछि अहाँ कें ?'
गजानन तत्काल उतरि गेलथीन कोरासँ
चारि हाथ फराक भऽ कँऽ ठाढ़...
लाल नमहर ठोर हिलबैत कहलथीन—
'बुझा तऽ हम दितहुँ...
मुदा, अहाँ बुझबे नहि करबइ !

हिमाद्रिक ई तुंग-शृंग छोड़ि—
नीचाँ तराइ दिश ताकिओ टा हैत ?'

देखि पिताकें मौन-गम्भीर-निरपेक्ष
माय दिश लगलाह ताकऽ तरुण गणेश
तखन, सहज स्नेहें अभिभूत—
पार्वती बजलीह—
'अहुना केओ ठाँहि-पठाँहि
बापकें देलक अछि जबाब ?
जाउ छोटन, की कहब अहाँकें...
अपन जेठ भाय सँ
किछुओ त सिखने रहितहुँ !'

सिंहवाहिनी दशभुजा चंडी

सिंहवाहिनी दशभुजा चंडी
शत-सहस्त्र शरीरधारिणी
कोना रहती सन्नद्ध ?
रक्षा कोना करती सीमांत-रेखाक ?
क्षीरसागर मध्य बारहो मास बर्खक बर्ख
अहिना यदि सुतले रहि गेला विष्णु
अहिना यदि रहला बइसल
नाभिपद्म संभूत अपरोजक विधाता !
अहिना यदि रहि गेली लक्ष्मी बाँझक बाँझे !
अहिना यदि स्वर्णमृगक पाछाँ—
रहला अपस्याँत मनुपुत्र !
पिआसलि पृथिवी
अहिना यदि कनैत रहली हकन्न !

ओ ना मा सी धङ !

ओ ना मा सी धङ !
आहि रे बा, आहि रे बा,

ख्रुश्चेव खसला, चितङ !
क्रान्तिमे थूरल गेला शांतिक दूत
लोककें लगलइ अजगूत
उतारि कऽ फेकि देल गेलनि फोटो
अपनो तँ एहिना
रहथिन कएने स्तालिनकेर कपालक्रिया
सुनने रही कतहु की मुर्दाक ओहन दुर्गति ?
आहि रे कप्पार !
दशो प्रतिशत क्षमा नहीं पूर्वजक लेल
ऊपर अन्तरिक्षमे चलैत रहौ' उड़ानक खेल
क्रेमलिनक मुदा कीदन भऽ गेल
कइएक टा ख्रुश्चेव ढहनेता मने उसिनल बेल
भारतीय थिकहुँ, सभकें तिल-जल देल...
'येनास्ता पितरो जाताः, येन जाताः पितामहाः'
सैह गति होउन हिनको...
ओं शान्ति शान्ति शान्तिः !!

की लाल ? की लाल ?

की लाल ? की लाल ?
अढ़ूलक फूल लाल !
आरतिक पात लाल !
तिलकोड़क फऽड़ लाल !
छउँड़ीक ठोर लाल !
छओड़ाक टाइ लाल !
सूगाक लोल लाल !
ई लाल ! ओ लाल !

की लाल ? की लाल ?
शोणित लाल, क्रांति लाल !
युद्धोत्तर शांति लाल !
रूसकेर देह लाल !

चीनकेर कोंढ़ लाल !
अमेरिकाक नाक लाल !
ब्रिटेनक जीह लाल !
ई लाल ! ओ लाल !
की लाल ? की लाल ?
हम्मर मोसि लाल !
अहाँक कलम लाल !
हिनकर पोथी लाल !
हुनकर गत्ता लाल !
ककरो गाल लाल !
ककरो आँखि लाल !
ई लाल ! ओ लाल !

दोहाइ हे इन्द्र महाराज !

उपजत
मोनक खेतमे
अगबे कुँठाक फसिल

लागत
सृष्टिक क्रम-पात
आद्यन्त बिलकुल जटिल

झहरत
राति-दिन, सदक्षण
निराशाक कारी-कारी मेघ

लटकत
बढ़ल जाएत नहू-नहू
अवांछित असफलताक घेघ

मिझैत
प्रीतिक मधुर आँच
भेल जाएत सुरुचि नष्ट

मेटैत
बढ़िमका रेख तरहत्थीक
बढ़ल जाएत नानाविध कष्ट

सूझत
हँ, आन किच्छु टा नहि
भासित हैत मात्र त्रास-महात्रास

बूझत
सगरो जहान मतिक्षिप्त
मूँह दूसत धुआँठल आकाश

ससरत
दोहाइ हे इन्द्र महाराज !
हिलाउ जुनि अपन कुंडल

उनटत
उनटिए जाएत सरिपहुँ
हमरा लेखें समग्र भू-मंडल

? ? ? ? ?

रविरंजित शिखरवला
हिमाद्रिका वक्ष पर
देवदारु वनमे
टहलैत शिशु मेघ कें
छूने छहक कहिओ ?

किन्नर-परिवारक
मुक्त अतिथि रूपें
द्राक्षाक पुटपाकी
अति पुरान आसव
चखने छहक कहिओ ?

भीठ पर लगाओल
सफेदा मालदहक
प्रथम-प्रथम
मंजरी गुच्छ
सुँघने छहक कहिओ ?

शारदीय
बंकिम धार मे
टुटैत कगार केर
क्षुब्ध-मथित-आहतनाद
सुनने छहक कहिओ ?

प्लास्टिकक ट्यूबमे
लिपि रूपें प्रवहमान
क्षण-प्रभा विद्युत केर
छायामय भास्वर स्पंदन
देखने छहक कहिओ ?

तृप्यंताम् तृप्यंताम्...

पुरखा लोकनि
पिबइ छला भाङ्, खाइ छला माजूम
चिबाबथि ललमुँहा रोहुक तरल-झोराओल मूड़ा
मोदनिक पेटी; करिया छागरक करेजी
हमरा लोकनि आजुक प्रबुद्ध मैथिल
चढ़वइ छी नापि क' देशी-विदेशी दारू मात्रानुसार
(करइ छइ गून अतत्तह जड़कालामे)
चखि लइ छी कहिओ क' गोलमेजी केबिन मध्य
कीमा-कबाब-कोफ्ता-रोगनजोश-मुर्ग मुसल्लम !
रहथि पुरखा लोकनि भोग पीड़ित
हमरा लोकनि छी अगबे योग पीड़ित
देश-कालक व्यवधान पार करथि हुनका सभ
बइसि बइसि सग्गड़ पर, घोड़ी पर, नाओ पर...
व्यापारी काफिलाक संगे सुरक्षित भए ससरथि !

हमरा लोकनि थिकहुँ रेल-वल्लभ
ट्राम-टैक्सी-कार-डकोटा-स्टीमलंच...
कथूसँ अपरिचित नहि !
कल्हुआड़क आगाँ मूल्य की चनमाड़क ?
चउरंगी, चउपाटी, कनाटप्लेस,
थीक मने आङन-खरिहान...
रेहल-खेहल, धाङल बिल्कुल !
कदाचित् पुरुखा लोकनि देखि जँ पबितथि
अनठिआ माउगि सभक एहेन-एहेन रतुठिआ मुँहठान
चल जइतनि ठामहि जान !
हमरा लोकनि : अजुका युगमानव
अपने प्रज्ञासँ स्वतः प्रणोदित
चउचक सदिखन
जाइ छी सभठाँ, करइ छी सभकिच्छु
पसरल छथि कत' नहि सउजनिआ ?
पुरखा लोकनि रहथि महात्मा
हमरा सभ छी विश्वात्मा
पलरि-पलरि भेल जाइछ अदृश्य
शिखा-सूत्र, पाँजि-पाटि, गोत्र
गबइ छथि ब्रह्मा शूद्रक महिम्नः स्तोत्र
चारू मूँहें रेघाकँऽ...
दड़िभंगा-सहर्सा-पूर्णिया-भागलपुर
सभकें एक करत धाङि-धूङि काल बलीबर्दक खूर

सिन्धी षोड्शीक मर्मवेधी अव्याहत कटाक्ष
पंजाबी बछेड़ीक लीलामय आस्फालन
कलकतिआ किशोरीक सस्मित साकूत कमलायत दृक्पात
सुगठित तनुभंगिमा मराठी-गुजराती तरुणीक...
द्रविड़-केरल कन्याक मोहक नाट्यलीला...
'हेरतहिं हृदय हनए पंचवाण' दुष्ट महादुष्ट !
धराशायी भेल छथि कतेको कुलीन मिथिलानंदन...
लड़ओलनि नजरि केओ मसूरीक 'कैमेल-बैक' बीथी मध्य
केओ बउआ क' चउपाटीक बलुआही सामुद्रिक कछारमे

भेला केओ पराजित कनाटप्लेसक गेलार्ड' धरि पहुँचतहिं

किनको कान पिउलक विनोदक कालकूट बीच मद्रासमे
भए गेलाह खाली केओ बालीगंज अबैत-अबैत
दूना क' देलकनि ककरो मोनकें अहमदाबाद-पूना
घसए लगला चानन केओ जइतहिँ उटकमंड...

जे रहथि बड्ड पैघ साहेब-श्रीमंत
राजा-महाराज बाबु-बबुआन
हुनक लेल लंडन छल प्रेमनगर, पेरिस प्रमोदवन
की रहलनि बाँकी बाजथु पजिआड़ लोकनि
कएने छथि ठाढ़ मने दंभक देवाल, भ्रांतिक भीत !
प्रबुद्ध पौत्रक आश्रयमे रहिकँ महानगरीमध्य
कलहा पानिसँ' अहिना कएल करथु तर्पण--
तृप्यंताम्, तृप्यंताम्...तृप्यंताम्, तृप्यंताम् !

जोड़ा मंदिर

कच्ची सड़कक कातहिमे
देखल सँगे ल'ग ल'ग छोट छीन जोड़ा मन्दिर
पुछलिअइ घसबाहिनिकें
ऐं हए, के बनबओलक अछि
बीच बाधमे जोड़ा मन्दिर ?

उठा कँ' खुर्पी समेत दाहिना हाथ
ओम्हरे इंगित करैत
बाजलि भुटिआ घसबाहिनि :
थापित भेल छइन ओइ ठमा पीड़ी
भोकर राउत आ' मुङिआ माइकेर
बूढ़ा-बूढ़ीक सारा पर
ठाढ़ क' देलकइन'ए बेटा जोड़ा मंडिल
धन्न ओहेन माए-बाप
धन्न एहेन पूत...
एक रती भ गेलहुँ ध्यानस्थ ठाढ़े-ठाढ़
झुका लेल माथ
भोकर राउत आ' मुङिआ माइक स्मृति मे

दोसर दिन
पोखरिक भीड़ पर
भालसरिक छाहरिमे
सुसताइत पाओल सरजुगकें
कुशल-क्षेमक पूछा-पेखीक वादे
कहलिअइ सरजुग राउतकें :
'एं हओ सरजुग, बाप-माइक सारा पर
तरउनी गाँओमे कहाँ केओ ठाढ़ केने छल जोड़ा मन्दिर !'
पातर मोछवला पिंडश्याम ग्रामीण युवक
सरजुग राउत
बाजल निरभिमान स्वर मे—
'बूढ़ा अपनि हाथें परुकाँ साल
रोपने रहथीन पाँच कट्ठा कुसिआर
तहीमहक शए-पाँचेक
लगा देलअनिए हुनके नाम पर
मासक भितरे दूनू परानी मुनि लेलखीन आँखि
किरिआ-करम, भोज-भातमे उठल हजारेक टाका
मुदा हमरा अपना त संतोख नहिए भेल तइसँ

'फागुन जाइत जाइत एमरी
मीलवला देलकइ पुरजी
राटन पर तउला एलिअइ ऊखि
दू दिन बाद आएल हाथ
नौ टा नमरी, सात टा टशटकही, एकटकही छओटा...
गामहिमे भेटिगेल
दू बोरी सीमटि, हजार तिनिएक पाकल पजेबा
बूढ़ा-बूढ़ीक मंडिल भ' गेलइन तइआर सहजहिँ...'

एतबा कहि कँ'
मूड़ी झुका लेलक
खोंट' लागल संकोचें दूबि
पातर मोंछवला सरजुग राउत

कने आगू बढ़ि क'
ओकरा पीठ पर फेरैत अपन हाथ

कहलिअइ हम गद्‌गद भ' क' :
'आइ धरि अइ परोपट्टामे
फुरल छलइ ककरो कहाँ ई बिखए !
देश-विदेश मुल्की दुनिया जहान
धाङि आएल छी हम...
कहाँ कतउ देखलिअइए
माइ-बापक नामे तइआर जोड़ा मन्दिर
एह, सरजुग, धन्न थिकह तों !'

भेलइन संकोच भंजन
तखन पुनि बजलाह
सरजुग राउत उर्फ सरजुग यादव—
'हमर बूढ़ा-बूढ़ीमे रहइ छलइन अतत्तह मेल
ओहन केओ नहि देखने हैत कतउ
से, हमरा आउर अपनहुँ गबाह छिअइन
लोको कें बूझल छइ नीक जकाँ
हमरा बूढ़ा-बूढ़ी में कहाँ कहिओ भेलइन झगड़ादन
हमरा बूढ़ा-बूढ़ी में कहाँ कहिओ रहलइन ओदाउत
कहबी छइ जे एक परान दू देह
एन मेन तदरे नमूना छलइथ हमर बूढ़ा-बूढ़ी
तही खातिर फुरल ई बात
ठाढ़ क देने छिअइन जोड़ मंडिल
चढ़ा अबइ छिअइन जा क'
दूनू गोटाक पीड़ी पर फूल
ओ सतकठवा कोलाक तीन धूर जमीन
उसर्गल जा चुकल छइन बूढ़ा-बूढ़ीक नाम पर
हमरा बिचारें जल्दी सँ जल्दी
लिखा-पढ़ी सेहो भइए जाइ...'

फेर हमरा नजरिक थाह लैत बाजल सरजुग
कनफुसकी आवाजमे :
'तरौनी गामक बाबू-भइआ लोकनि
हँसी उड़बइ छइथ हमर !'
तइपर कहलिअइ हम सरजुगकें :
'धुः मर्दे, इहो केओ बाजए !

बूझल नहि छहु तोरा,
तरउनी गामक बाबू-भइआ लोकनि
हँसी उड़बइ छथि हमरो !'

टूटि गेल अछि निन्न

टूटि गेल अछि निन्न
हे लिअऽ, भक दऽ भेल इजोत
तर्जनी पड़ितहिँ स्विचपर
टेबुल लैम्प स्वयं आलोकित,
आलोकित कएलक सउँसे छत...
काँपी सँ संपृक्त पड़ल अछि पेन एक दिश
पेपरवेटक भार सँ जाँतल मेघदूत अछि शान्त एक दिश
बिहुँसि रहल अछि 'वाटरमैन'क पॉट
पियरका लेबुल सटने—
सभक बोझ माथापर धएने
निर्विकार अछि बाँसक फट्ठिक ई सस्तउआ मेज
ठामहि छइ समगोत्री चेयर
—ततबे धरि परितोष !
बइसि जाइ छी
बइसब नहि तऽ मगजिक उसिना कोना हेतइ तइआर ?
हम ही टा नहि, आनो अछि बुधिआर !

आन्हर जिनगी

आन्हर जिनगी
सेहंताक ठेङासँऽ थाहए
बाट-घाट, आँतर-पाँतरकें
खुट खुट खुट खुट...

आन्हर जिनगी
चकुआएल अछि
ठाढ़ भेल अछि

युगसंधिक अइ चउबट्टी लग
सुनए विवेकक कान पाथिकँ
अदगोइ-बदगोइ

आन्हर जिनगी
नाङड़ि आशाकेर कान्ह पर हाथ राखि कँऽ
कोम्हर जाइ छएँ ?
ओ गबइत छउ बटगवनी
तों गुम्म किए छएँ ?
तऽहुँ धऽले कोनो भनिता !

आन्हर जिनगी
शान्ति सुन्दरीकेर नरम आङुरक स्पर्श सँ
बिहुँसि रहल अछि !
खंड सफलताकेर सलच्छा सिहकी
ओकर गत्र-गत्रमे
टटका स्पंदन भरि देलकइए...

आजुक महाकारुणिक बुद्ध

आजुक महाकारुणिक बुद्ध
छपबइ छथि अपन वक्तव्य
अमेरिका-इंग्लैण्ड-फ्रांस-जापानमे
ने जानि, कत' कत' सँ अबइ छनि भक्त-अनुरक्त

जाइत छन्हि चढ़ा नानाविध नैवेद्य !
आजुक महाकारुणिक बुद्ध
पहिरि लइ छथि कउखन कउखन
शए टाकावला जोड़ा चढ़उआ चप्पल
ओढ़ि लइ छथि कउखन
हजार टाकावला जोड़ा पश्मीना चद्दरि
पाबि लइ छथि कउखन
आस्ट्रेलियाक सेब, इस्राइलक अंगूर

आजुक महाकारुणिक बुद्ध
रहइ छथि सदक्षण अपस्याँत
कुबेर लोकनिक हृदयकें द्रवित करबाक हेतु
अउनाएल घुरइ छथि दिवारात्रि
कलकत्ता-मद्रास-बंबई-दिल्ली
दिल्ली-बंबई-मद्रास-कलकत्ता
आजुक महाकारुणिक बुद्ध
ने जानि, कहिआधरि पूर्ण हेतइन हिनक भिक्षापात्र !
साठिसँ बेशिए भ' गेलइन वयःक्रम
आहि रओ बा !...कत' विश्वक कोन दोगमे
नुकाइलि छथि आजुक विशाखा मृगारमाता !
अपार वैभवक अधिस्वामिनी–
सहज द्रवणशीला, परम अनुरक्ता...
भेटथीन कहियाधरि हिनका सेठानी विशाखा ?
के कहओ, कहिआ, सिद्धिक प्रतापें
अमावस्याक निबिड़ निशीथमध्य
आप्लावित क' देथिन
निरंजना नदीक बलुआही पाट
आजुक महाकारुणिक बुद्ध
भिक्षाटन ? भिक्षाटन त हिनक महालीलाक
मामूली अभिनय थीक शतांश मात्र !

आजुक महाकारुणिक बुद्ध
केलिफोर्नियाक देहातमे
खेने रहथि खीर गौरांगी सुजाताक हाथें
बुद्धत्व-प्राप्तिसँ एक राति पूर्व !
तत्पश्चात् केने रहथि युगधर्म-चक्र-प्रवर्तन !
सउँसे सृष्टिमे, लागल पहुँचाबऽ
हिनक प्रवचनक एक एक आखर कें
भारत भूमिक दोरस बसात...
जूमऽ लगलथीन नहू-नहू
सारिपुत्र, मौद्गल्यायन, महाकश्यप...
छलथीन आइलि शरणमें हिनको
नगरवधू आम्रपाली...
अपन परित्यक्ता यशोधरापर

भेल छलइन अंकुरित हिनको हृदयमें
अपरिसीम करुणा...

साइन्सक पचफोड़नासँ छोंकल छइन
आजुक बुद्धक विवेक ओ संयम
शोधित छइन मैत्री भावना हिनक
अर्थशास्त्र-राजनीति आदिक पुटपाक सँ...
वियतनाम दिश केने पीठ,
तकई छथि तिब्बत दिश
आजुक महाकारुणिक बुद्ध

गगनक कोन-कोन कें छापल

गगनक कोन-कोन कें छापल
घुमड़ि घुमड़िकँ अग-जग व्यापल
तन हुलसाबए
जिय सरसाबए
बादर कारी कारी
सुरुज-किरन पर करफू लागल
शुभ सोहाग धरतीकेर जागल
करु असनाने
धरु हुनि ध्याने
बादर कारी कारी
बिरहक मातलि सुनु सुनु सुंदरि
साजन घुरता, भेटत छाहरि
सबहिक दुखहर
साओन सुखकर
बादर कारी कारी

अनसोहाँत इ कदमक फूल

अनसोहाँत इ कदमक फूल
हमर विधाता छथि प्रतिकूल

दिन बीतल तँ राति पहाड़
तिलकें देखल भे'लछि ताड़
की इच्छा अछि कहु कहु साजन
किए कठोर पिरीतिक शासन
विरह धुआँठलि हम अनबूझ
परम अभागलि, पथ नहि सूझ
के रोकत, हम जाएब संग
रति सङ निशि-दिन बसथि अनंग
प्रिय, यदि अहाँ रहब अनुकूल
बड़दिब लागत कदमक फूल

पुलिनक सेज पड़लि छथि सरिता

पुलिनक सेज पड़लि छथि सरिता
बिरह झमारलि, कृश, दुख-भरिता
मृदु सित सैकत पाटी शीतल
चेहरा-मोहरा नोरें तीतल
जीवन पथ छनि केहेन नमहर
नखत-प्रदीपित पातिल पुरहर
औथिन हुनि अभिभावक पावस
भरि जेथिन रस सहज दयावश
सुलभ हेतनि पुनि सागर संगम
करती सरिपहुँ सुख हृदयंगम
एखन झमारलि, कृश दुख-भरिता
पुलिनक सेज, पड़लि छथि सरिता

श्यामघटा, सित बीजुरि-रेह

श्यामघटा, सित बीजुरि-रेह
अमृत टघार राहु अवलेह
फाँक इजोतक तिमिरक थार
निबिड़ विपिन अति पातर धार
दारिदउर लक्ष्मी जनु हार

लोहक चादरि चानिक तार
देखल रहि रहि तड़ित-विलास
जुगलकिशोरक उन्मद रास

घन घमंड गरजए चहुँ ओर

घन घमंड गरजए चहुँ ओर
कतए नुकाएल छथि चित्तचोर
दादुर धुनि सुनि फाटए कान
विरहक वेदन आन कि जान
दामिनि दमसए, फाटए मोन
कन्तकथाक भरोसे कोन
हरिअर बाध की हरिअर बोन
छीलल हिय पर छींटए नोन
सुनु सुनु भामिनि तजिअ न आश
सुपुरुख नहि तोड़थि विश्वास

सुजन नयन मनि

सुजन नयन मनि
सुनु सुनु सुनु धनि
मथित करिअ जनि
पिअ हिअ गनि गनि
शितशर हनि हनि
सुनु सुनु सुनु धनि
मनमथ रथ बनि
विपद हरिअ तनि
शुभ सद गुन खनि
सुनु सुनु सुनु धनि
सुजन नयन मनि

जय भारत जननी !

जय जय जय जय भारत जननी !
शत सहस्र संस्कृति-संगमनी !
जय जय जय जय भारत जननी !
शतश्रुति, शतगंधा, शतरूपा !
शत रस ओ शत परस, अनूपा !
शत शत शत शत दल संचारिणि !
विंध्य-हिमाचल शिखर-विहारिणि !
शत शत शस्य सुशोभित धरणी !
खनिज भरित, त्रिभुव मन हरणी !
जय जय जय जय भारत जननी !
शत सहस्र संस्कृति-संगमनी !
जय जय जय जय भारत जननी !

जय भारत माता !

जय जय जय जय भारत माता !
सुखमयि, सुंदरि, सुमुखि, सुजाता !
जय जय जय जय भारत माता !
पदम पुहुप दल आयत लोचनि !
दरस दान दारिद दुख मोचनि !
केरल-काश्मीर तक फैला !
नागा-भूमि से आगे निकला !
दिशि-दिशि सागर चुंबित चरणा !
सिक्त शीश हिमगिरि निर्झरणा !
कौस्तुभमणि सब विंध्य विराजित !
शत-शत छबि, शत शोभा साजित !
गति गंभीर ओ मति अवदाता !
जय जय जय जय भारत माता !

असंकलित कविता

शोक-श्रद्धांजलि

(महामहोपाध्याय पण्डित मुरलीधर झाजीक प्रति)

जाहि महाप्रभु पंडितराजक कीर्ति सुगन्धि सदा गमकै अछि
पुण्य प्रताप कृपाणक धार समान सदा चमचम चमकै अछि
से 'मुरलीधर' भूतल में नहिं ई यदि कौखन ध्यान अबै अछि
तौं पुनि देखि दशा निज देशक
जानथि ईश्वर कोंढ़ फटै अछि

जैखन नन्दनवन गेला मुरलीधर सन नाथ
मिथिला मैथिल मैथिली तैखन भेल अनाथ
तैखन भेल अनाथ आब भेटत की कैने।
अछि क्रोधित भै काल-व्याल मिथिला कैं धैने।।
हमरा सबहिक पूर्ण कोश खाली तौं तैखन।
एहन-एहन नर रत्न, ताहि सौं चलला जैखन।।
अपने गेलहुँ जखन, रहल नहि बुधजन समितिक लाली।
देवधाम कैं कैल अलंकृत मिथिला भेली खाली।।

मिथिला /'29

बाबाक विभूति

इन्द्र कुबेर डरैं भय कातर,
पातर भै भै जैतथि पीपरि,
काटि लितौं झट लोभहिं कें
ममता-मदकें पुनि दोमरि-तेमरि।

घास लगाय गुदानब स्वर्गहुँ कें
न सुमेरहुँ कें झिटुकी भरि,
ज गिरजापति देथि खसाय
विभूति खुसी भए कें चुटकी भरि।

मिथिला-मित्र, उदय-1, किरण-3 साल 1338/ 1930

अम्ब !

1

थोड़हि सौं अगुताइल छी, कहिया तक सृष्टिक नाटक देखब।
धर्मक सागरमे हम पापक, पाथर कें कहिया पुनि ढेलब॥
पाँखुर टूटल बीचहिमे, भवसागरमे कहिया तक हेलब।
जों पुनि आँखिक कोनहुँ सौं जगदम्ब ! अहाँ हमरा नहि हेरब॥

2

क्यौ जन बाजथि के हमरा सन जौं हम लाखपति बनि जैतहुँ।
क्यौ पुनि बाजथि के हमरा सन जौं हम ब्रह्महिमे मिलि जैतहुँ॥
क्यौ किछु बाजथु जौं हम अम्ब ! अहाँक पदाम्बुजमे अलि लैतहुँ।
तौं हमरा सन के जग मे हम ही सबके टपिकँ जिति जैतहुँ॥

मिथिला मित्र/ वर्ष-1, अंक-9 1931

गीत

भगवान ! हमर ई मिथिला सुख शान्ति केर घर हो
आदर्श भै सभक ई इतिहास मे अमर हो
जहि ठाम जाइ हम सब सिंहे तहाँ कहाबी
दुर्दान्त होई सभठां केवल अहाँक डर हो
जग भरि सुनी नचारी तिरहुति महेशबानी
सभ केर कण्ठपथ में मृदु मैथिलीक स्वर हो
अत्यन्त शक्तिशाली जे द्वीप अछि तहू पर

एहि देश केर भाषा ओ भेषहुक असर हो
पसरए एतय यथोचित अभिनव कला-कुशलता
प्रतियोगिताक रणमे ई प्रान्त अग्रसर हो
अन्तिम विनय दयालो ! बस आब एकटा, जे–
ई पाग विश्व भरि में समकेर माथ पर हो।

मैथिली सन्देश/1933

जन्मभूमि

छी शरीरें दूर, किन्तु अहींक–
स्मरण सँ अछि भरल अन्तर्धाम !
चिर प्रवासी एहि आत्मज केर–
करब स्वीकृत अश्रु-सिक्त प्रणाम !

जीवनक उद्देश्य की, पथ कोन,
कैल निश्चित, मुदा भेल विलम्ब !
बुझि पड़ल कल्याणमय, तैं हेतु–
जा रहल छी एहि दिशि हम अम्ब !

होइ कोनहु ठाम, किछु भै जाइ;
रही बहुतो दूर वा 'नजदीक' !
बंधुगण बरु दुरदुराबथि, किंतु–
जननि, राखब भाव अहँ जननीक !

अहिंक अणु-अणु सँ रचित जैं देह,
अहिंक स्फूर्तिक स्पंद जैं चैतन्य !
अहीं मिथिले ! जैं कि जन्मस्थान,
जैं कि मैथिल धन्य, तैं हम धन्य !

विभूति/दिसंबर, 1937

हे कृष्ण !

गजराजक टेर सुनैत अहाँ
 ब्रज सौं पुनि दौड़ि ततै चट गेलहुँ।
प्रहलादक फज्झति देखि कने
 नरसिंहक रूप ततै झट लेलहुँ।।
सुनि कानब-खीजब पाण्डव स्त्रीक
 अहाँ अपने लगले पट भेलहुँ।।
हम जौं पुनि पाड़ल सोर
 कियै सुनि कान दुहू अनठा पट देलहुँ।।

मिथिला मोद/ मई, 1938

आत्मनिवेदन

संसृति मरूस्थलीमे
 अविरल हम घूमि रहल छी।
एहि मोहमयी मदिराकें
 पुनि-पुनि पिबि झूमि रहल छी।।
जहाँ-तहाँ सिकता टा
 केवल देखैमे अबै।
ने जानि, कहाँ के अस्फुट,
 श्रुतिसुखकर गायन गाबै।।
ऐलहुँ हम कोन प्रकारैं
 एहि ठाम न से टा जानी।
किछु देखि हँसै छी कखनो,
 कखनो पुनि बैसल कानी।।
एहि निर्जन, सैकत थलमे
 ककरो पदपंक्ति न अंकित।
नैराश्य निशीथक तममे
 करुणामय ! छी बड़ शंकित।।
लटकौने की बैसल छी ?
 मायाक जवनिका भारी।

ई उचित पतित पावन ! नहि,
कहबै छी बड़ उपकारी।।

मिथिला मोद/मई 1938

गृहपतिसँ

औ अहिंक प्रतीक्षामे हम,
जीवन-मृत भै बैसल छी।
अछि सहज प्रवेश एतै नहि,
कत साहस कै पैसल छी।

ओहि पथ मे कते चतुष्पथ–
भेटल अति विभ्रमकारी।
हम आह! कते भुतिऐलहुँ
लेने ई मोटा भारी।।

एहिमे षड्रसमय गुण दोष
अछि बहु पाथेय सुसंचित।
ई अपहृत हो नहि, तै हम–
छी सुख सुषुप्ति सँ वंचित।।

ई धरू आब करुणामय !
कहि, "शयन करू अहँ सुख सँ।
चिर तन्द्रित हमहुँ मिलाबी
निद्रित भै सुख कें दुख सँ।।

"प्रभु ! एहि घरक हमहुँ छी
ई हो छी देने अपने।"
से आब बुझल बौऐलहुँ--
एत दिन निज स्मृति कैं झँपने।।

मिथिला मोद/जून, 1938

विदेह...

व्यास कहल, "मुनिजन-गणनामे हमहुँ कहाबी एक,
किन्तु यथावत् कै न सकै छी कर्मक गूढ़ विवेक।
जाऊ पुत्र ! जनक क लग, ओ छथि पुड़इनि-पात समान,
हुनके टा सँ भै सकैत अछि-कर्मक तात्त्विक ज्ञान" ॥ 1 ॥
शुकजी जाय ओतै देखल जे' कविक कल्पनातीत–
राजसभा सज्जित भै सुनइछ मादक मृदु संगीत।
नर्तकीक भावुक इंगितमे तन्मय, दिव्य स्वरूप–
आगाँ मणिमय सिंहासन पर शोभि रहल छथि भूप ॥ 2 ॥
"ओह ! यैह कहबै छथि योगी ! जीवन्मुक्त !! विदेह !!!
एना आत्मविस्मृति सँ विषयी मधुपर्कक अवलेह!
क्षणिक सौख्यमे भै न सकै छथि, जनक एना तल्लीन
नहि, नहि ! ई क्यौ आन भ्रामरी लोलुपताक अधीन" ॥ 3 ॥
एवं मन शंकित भै गेलन्हि शुकदेवक तत्काल,
योगीराज जनकहुक बुझैमे ऐलन्हि से सभ हाल।
तैखन शस्त्र सज्ज प्रहरी के जनक इशारा देल–
संगहिँ पुनि सामन्त-वृन्दहुक दृष्टि तही दिश गेल ॥ 4 ॥
"ओहि तरुण तापसक हाथमे भरि माली दै तेल–
सौंसे नगर घुमाबह हुनका सतत सतर्कित भेल।
बिन्दुमात्र यदि तेल खसावथि मुनि बालक, तहि मध्य–
तत्क्षण काटि हुनक शिर लबिहह, नहिं तँ तोंहि बध्य..." ॥ 5 ॥
सहमि गेलाह सभ्य सभ नृपतिक सुनि भीषण आदेश,
मुनिक भविष्यक सोचि विषमता रहि रहि होइन्हि क्लेश।
सान्ध्य कृत्य करवाक कारणैं नृपति तखन उठलाह,
देखि शुकक गम्भीर भावकें विस्मित परम छलाह ॥ 6 ॥

"तापस ! पुरमे की की देखल ? कहू कने से हाल,
पौर-प्रबन्धक ढंग केहन की बूझि पड़ल तत्काल ?
यद्यपि 'देवयजन' कहबै अछि हमरा देशक भूमि,
तैयो की नहि देखल राजस-दृश्य नगरमे घूमि" ॥ 7 ॥
"चकमक करइत महानगर छल, किंबा ठेठ देहात
सात्विक राजस, दृश्य, श्राव्य वा सन्ध्या तथा प्रभात ?"
"मालिक तेलक मध्यलीन छल, हमर चित्त; तैं हेतु–
से सभ किछु ने बुझि सकलहुँ हम तत्क्षण निमि कुल केतु" ॥ 8 ॥

"तापस ! जहिना सगर नगर मे घुमलहुँ अहाँ, तथापि–
कहू, अहाँक चित्त मे किछुओ विकृति सकल ने व्यापि !
तहिना सतत सत्व रज ओ तम-त्रिगुणातीत रहैत–
अनासक्त भै छी हम संसृति-सरिता मध्य बहैत" ॥ 9 ॥
शुक कहलन्हि "चिर कालिक हृदयक ग्रंथि आइ फूजि गेल,
महानिशामे जनु चिर वांछित अछि अरुणोदय भेल।
अहीं आइ छी जगमे जागृत, निरलस औ' निष्काम,
हे अन्तर्निर्लेप ! अहाँकें लाखक लाख प्रणाम" ॥ 10 ॥

दूरागत अगणित जिज्ञासुक जीर्ण जटिल सन्देह–
उन्मूलित करवामे अनुपम कहबै छलहुँ विदेह !
जतै पार्थ कें देल गेल छन्हि कर्म करक उपदेश
उदाहरणमे ततै प्रथम अछि अहिंक नाम मिथिलेश ॥ 11 ॥

अहिंक सुयश सँ माँ मिथिला छथि जगभरिमे विख्यात,
कर्मक विषम मार्ग कैं समतल अहीं बनावल तात !
हे राजर्षि ! अहाँक नाम लै प्रतिदिन प्रातः काल
कोटि-कोटि जनता झुकबै अछि सादर सांजलि–भाल ॥ 12 ॥

मिथिला मोद/ जुलाई 1939

भारत माता

कियै टूटल जननि ! धैर्यक सेतु ?
कानि रहलहुँ अछि, अरे, की हेतु ?
अहा ! जागल आइ कहु स्मृति कोन ?
जाहिसँ भै गेल व्याकुल मोन ?

विश्व भरि मे विदित नाम अहाँक !
कान्तियो नयनाभिराम अहाँक !
केहन उज्ज्वल, माँ ! अहाँक अतीत !
भेलहु अछि पुनि कोन भय सँ भीत ?

जलधि वसने ! हिम किरीटनी देवि !
तव चरण - पंकज - युगल कें सेवि,

'लोक' कहबै अछि, अरे तिहुँ लोक !
अहीं कैं चिन्ता अहीं कैं शोक !

कहु जननी ! कियै नोर बहै छ ?
छाड़ि रहलहु अछि कियै निःश्वास ?
कोन आकस्मिक विषादक हेतु
भै रहल अछि मूँह एहन उदास ?

मिथिला मोद/सितंबर 1939

अरुणोदय

जयति अरुणोदय !
जयति सिंदुरी-किरण !!
भय रहल रक्ताभ प्राची
अति मुदित मनसँ गबइ छथि भैरवि कते सव्यसाची
समुद्यत अधिकार-लाभ हेतु
इतर साधारण क्रमहिं भेल जाइछ
आक्रमणकारी तथा दुर्दांत
छाड़ि कऽ अनुताप-अनुनय, कऽ रहल संघर्ष
निकट अछि पापग्रंहक अवसान
निकट अछि पुण्याह
निकट अछि जयमंगलाक विराट आविर्भाव
सफल होयत घटस्थापन आब
फाटि रहलइ-ए अन्हारक कोंढ़
जयति अरुणोदय, जयति सिंदुरी-किरण !!

किरण-1/1950; सन्निपात-4/1986

सिनुरिआ आम

दुइ फेंड़वला बुढ़वा गाछ...
कोनइला तर ठाढ़ छी–
करइ अछि आकृष्ट मन कें
डारि पर लटकल सिनुरिआ आम

कान्हि परसू आ' कि चारिम दिन जएतइ पाकि
पाबि सिहकी रात्रिशेषक
टब्भ दए खसि पड़त चुप्पेचाप
के कहओ, लगतैक ककरा हाथ

किछु होअओ, भावीक चिन्ता नहि करी
एखन न झरकल नयनकें जुड़ा ली तत्काल
दिव्य ओ अभिराम
करइ अछि आकृष्ट मनकें
डारि पर लटकल सिनुरिआ आम !

किरण-1/1950; सन्निपात-4/1986

युद्ध-गीत

उठऽ, उठऽ, उठऽ
चलऽ, चलऽ, चलऽ
बढ़ऽ, बढ़ऽ, बढ़ऽ
अलस प्रमाद केर कालरात्रि बीति गेल
व्यक्ति-व्यक्ति दऽल दऽल संघबद्ध भेल
विश्वमंच मध्य अपन उचित स्थितिक लेल
–उठऽ, उठऽ, उठऽ !
–चलऽ, चलऽ, चलऽ !
–बढ़ऽ, बढ़ऽ, बढ़ऽ !
विशद विविध भेस
हरित भरित देस
जाति पाँति वर्ण-धर्म वर्ग-श्रेणी-भेद-भावहीन
राज-पाट काज-कर्म सभ अपन अधीन
श्रमिक, कृषक, बुद्धिजीव, उद्यमी उदार
ग्रंथित एक सूत्र मध्य व्यक्ति शत प्रकार
मुक्ति-भुक्ति हेतु
वृत्त आइ एकताक हेतु
–उठऽ, उठऽ, उठऽ !
–चलऽ, चलऽ, चलऽ !
–बढ़ऽ, बढ़ऽ, बढ़ऽ !

समान श्रम, समान भोग
व्यक्ति व्यक्ति केर राज योग
सभ प्रबुद्ध सभ सचेत
पएर पाछु केओ ने देत
प्राप्त हेतइ लोक कें अपन श्रमक फऽल
चला हेतइ सभक बुतें हुकुमतीक कऽल
—उठऽ अही लेल !
—चलऽ अही लेल !
—बढ़ऽ अही लेल !
तिर्हुतऽक माटि पर रहनिहार भाइ
स्वाधिकार लाभ हेतु ठाढ़ होअऽ आइ
लाख-लाख कोटि-कोटि केर ई प्रयाण
के कहैछ, मैथिली बजनिहार ह्वैछ अल्प प्राण
लक्ष्य चीन्हि लेल आब नीधि चीन्हि लेल
स्वाधिकार लाभ केर बीधि चीन्हि लेल
—उठऽ, उठऽ, उठऽ !
—चलऽ, चलऽ, चलऽ !
—बढ़ऽ, बढ़ऽ, बढ़ऽ !
अलस प्रमाद केर' काल रात्रि...

मिथिला/12 जनवरी, 1953

नेहरू !

हे लीलाधर
पंडित नेहरू !
शून्य गगन मे अपने मुडदर भांजि रहल छी
देखा रहल छी खेल कतेको
दुइ जहाज पर राखल अछि समतोल पएर
सबकें लगइत छइ भारी अजगुत
कर्णधार सरकारक से छी
प्रेसिडेण्ट कांग्रेसक से छी
अमेरिका दिश हाथ बढओने
घेंचुल गरदनि से नमरओने अमेरिके दिश

प्रेस थीक ढेलमासु
रेडियो थीक गुलेंती
सत्य-अहिंसा-क्षमा-शांति-करुणा-मानवता
तप-संयम-संतोष-धैर्य-परिवार नियोजन
भरिगर भरिगर शब्दक गोली छोड़ि रहल छी
हमरा लोकनिक कान निशाना
लक्ष्यबेध करबा मे अपने अनुपम छीहे
गुरु गुड़ त चेला चीनी—
से अपनेक शिष्य लोकनिमे हम पबइत छी सोलह आना
अपने कें तऽ नहिं कथूक रहि गेल बेगर्ता
भेटि गेल अछि राज
आब हिंडुला झुलैत छी
घी मे तरल छहोड़ा जहिना फुलए दूधमे
तहिना अपने अफसर सबहिक मानस मदिरामे फुलैत छी
बगुला पंखी चुस्त पजामा
करिया चपकन
खजबा टोपी...!
लाल किला पर बइसल अपने
तिनरंगा छत्ता तनने छी
एक रामुलू मुइला तइ सँऽ
अइ छत्ताक कमानी कोनो टेढ़ कनेको हैत कथीलए
किए होइत छी चिंतित मालिक ?
किए एना खउँझा उठैत छी ?
सभ मडैत अछि स्वाधिकार ?
सभ भूकि रहल अछि ?
की करबह लए !
अहिना लोक बजैत ऐल अछि अहिना बाजत
जहिना छी अपने बजैत उर्दू-अङरेजी
बिहुँसइ छी ओहीमे जहिना, देखबइ छी ओहीमे तेजी
अपने छी गद्दी गरमओने
हमरा लोकनि ठाढ़ भेल एड़ी अलगओने मुँह बबैत छी !
कहल जाओ सरकार बुझा कँऽ
एहि दिशुक की ग्वार-गोंढि मुर्खे रहि जेतइ ?
कोशी की नङटे नचैत रहती युग युग धरि ?
अन्न-वस्त्र लए लोक बेलल्ला भेल घुरत की ?

कहल जाओ सरकार, बुझा कँऽ...
हे लीलाधर !
पंडित नेहरू !
धनकुबेर सबहीक दुलरूआ
धन्न रहूँ गऽ !!...

मिथिला/9 फरवरी, 1953

गीत

दुर-दुर छीआ ! छीआ ! छीआ !
महग सिलेट, महग अछि पिनसिल, महग ककवा कीआ
बेटा कोना पढ़त, बियाहलि जैती कोना धीआ
बीतल सौन भेल नहीं बरखा जरि गेल सबटा बीआ
बंभोला तहूँ बनि गेला हमरा लै अनठीओ
डिड़िआईछ सब खाली पेटे कोनाक बचतइ जीआ
बाबू भइया जुलुम करइ छथि के करऽत तसफीआ
दुर-दुर छीआ ! छीआ ! छीआ !

मिथिला/2 मार्च, 1953

चीन

हे नवल चीन
हे प्रबल चीन
हे महा चीन
हे स्वतःप्रणोदित संघबद्ध, हे बहुजनीन
संसार भरिक जनताक मनोरथ-परिधिहीन !
हमरा लोकनि अधापि नवग्रह केर अधीन
शासक वर्गक छन्हि मोन मलिन तन किन्तु पीत
तो कोटि जनगणक हृदय मँह समासीन
हे नवल चीन !
हे प्रबल चीन !
हे महा चीन !

मिथिला/9 मार्च, 1953

हे अभागल देश

हे अभागल देश
पाकि जाएत प्रवासहिमे
की हमर ई केश ?
नहि रहल जाइछ तखन पुनि
छोड़ि तोड़ि अबइत छी प्रतिवर्ष
थऽरि सूँघक हेतु—
बसौल्ली हाटक बिकउआ
माल-जाल समान
निघेसहुसँ करइ छइ

नहि जकर केओ सम्मान !
ओह, उनटे मारि डाङे
पीठ दइ छइ फोड़ि
उठइ छइ हुहुआए !
देश-कालक मोह थीक बुड़ित्व !
स्वजन परिजन धिआ पूता
माटि-पानिक मोह थीक दौर्बल्य !
दुराग्रह थिक झोंकमे पड़ि
कथू खातिर 'सती' भ गेनाइ !
थिकहुँ थेथर नहि बुझइत छिअइक जे
ककरा कहइ छइ ठेस
हे अभागल देश !

आने ठाँ चल अबइ छी,
तों नहिं रहइ छह मोन
सोंटि लइ अछि समय सबटा
भात-रोटी तेल किंवा नोन
जतए हमरा सनक व्यक्तिक
होइ नहि निर्वाह
जतए कविकें कलाकार कें
बुझन्हि लोक बताह
जतए उल्लूकेर होइक चुमान
जतए वानर-भालू कचरए पान

ताहि ठाँ लए सेहन्ता कि हयत ?
ढनमनाइत छी स्वयं
हुक हुक करइ अछि गाम पर पलिवाड़
कतहु परिजन, स्वजन कोनहु ठाम
पूरब छथि मसिअउत तँ
पितअउत पश्च्छिम भ'र
दयाद लोकनि मनुसुबाइत
रहइ छथि जे घराड़ी पर
मकई करता वाउग
क्षुब्ध छी हम देखि
हुनका सभक ई आवेश !
हे अभागल देश !
पढ़ल अछि अकबारमे—
गाम सँ अछि ऐल चिट्ठी—
मरि रहल अछि लोक भूखएँ...
जरि रहल छइ गरिबहाक कपार...
पाबि बाबू लोकनि मसलङ मालिकक
कचरइत टा छथि पान
फाटि रहलइए गृहस्थक कोंढ़
भात दू मुट्ठी, करछु भरि दालि—
के कहओ ज, मकइ-मड़आ
जनेरो पर्जन्त दुर्लभ भेल !
आहि रे ई लोकतंत्री खेल !
आहि रे रइअति, तोहर कप्पार !
आहि रे सरकार !
कतए छह ओ (पूर्व घोषित)
लक्ष्य आ उद्देस ?
हे अभागल देश !

एह, तोरा लेल
किछु नहि क भेल !
कटइ छी जिनगी
कोहुना क' हटाय झमेल...
छी ने तोरा सँ तथापि निराश
आइ नहि त काल्हि कटतहु

अवश्शे भवपाश !
जोंक सभ ज ऐंठि कें मरि जाए
तखन नहि पड़तइक ककरो
एना भ बउआए
मुदा सम्प्रति देखि तोहर रंग
तोहर ताल
ओह, सरिपहुँ होइत अछि बड़ क्लेश
हे अभागल देश !
पाकि जाएत प्रवासहिंमे
की हमर ई केश
हे अभागल देश !

मिथिला/16 मार्च, 1953

किसान

उठह भाइ किसान !
अपना दुक्ख अपने नहि बुझबह तँ के बुझतह आन
आबह तों सबतरि फहराबह लाले लाल निशान
उठह भाइ किसान !

जमिन्दार पर जकर नजरि छह, पूँजीपति दिश ध्यान
तकरा बुते कोना क' हेतइ गरिबहाक कल्यान
दिल्ली मे नेहरू पटना मे सिरीकिसुन श्रीमान
गाल बजाबथि, भोग लगाबथि मेवा ओ मिस्टान
घोंघा गाँथि माला बनाओल, धएलक बक सन ध्यान
घर भरलक ओ धोधि बढ़ओलक कङरेसिया बइमान
दिन दिन दुर्लभ अन्न, कंठ मे अटकि रहल छइ प्रान
एकमतिया ज नहि हेबह त भ जेबह हलकान
उठह भाइ किसान !

मिथिला/30 मार्च 1953

कोरिया

छोट-छीन हरित-भरित देश कोरिया
जाहि ठाँक चास-वास बाध-बोन माटि-पानि
घास-पात खाक-छारू
सब धधकि रहल
जाहि ठाँ कमरथिन निशुंभ-शुंभ चंड-मुंड
रक्तबीज आदि दैत
दिगविमूढ़ भेल
जाहि ठाँक अद्वितीय ओ अपूर्व ई स्वतंत्रता समर
विश्वभरिक ध्यानकेन्द्र, धीर-वीर
ताहि कोरियाक लेल माथ ई नबइत अछि हमर !
उदीयमान कोरियाक लोकशक्ति, धन्य !
तोर धीरताक आगु मोन आब नइ पड़इछ अन्य !

मिथिला/13 अप्रील 1953

नेहरूक लन्दन-यात्रा

नेहरू जी जाइत छथि लन्दन
रानिक महफा उठबक लेल
ताहू पर ठी-ठी करैत छी
हग सभ छी भारी बकलेल
अइहब-सोहब युग-युग जीबथु
बनिया सभहिक रानी दाई
जनिक पीठ दिश ठाढ़ हेता गऽ
चामर नेने नेहरू भाइ

धन्य नेहरू, धन-धन चर्चिल
धन कॉमनवेल्थक चौपाड़ि
ह्वीनबुलक कोरामे बइसलि
रानी सींध रहल छथि फाड़ि
एक्के पाँतीमे बइसथु गऽ
नेहरू-मुहमद अली मलान

टेम्स नदी केर एके घाट मे
तीनू, गोधिया करता स्नान
चर्चिल-अटली हिनक पुरोहित
बर्मिंघम हिनकर चनमाड़
लंदन हिनकर असली आँगन
पेकिङ थिक भुतही पछुआड़
अफ्रिका केनिया मलाया
सभ तरि जे करइछ नरमेध
ताहि फिरङ्गिया सभहिक लेखे
नहि किछु विधि, ने किछु निषेध
दुखी देश कें दूहि दूहि कें
पीबए जे सोनित सदिकाल
तही पिशाच सभक रच्छा लए
चतुर ओकील जमाहिर लाल
जतऽ ततऽ अछि मोनि सोनितक
जतऽ ततऽ कंकालक टाल
हमरे लोकनिक सत् चाटिकऽ
रानिक तरबा भेलन्हि लाल
झण्डा बदलल, कैंचा-कौड़ी
पर चढ़ि गेल अशोकक थम्भ
सटकल पेटक लेल भेल की
नवका युग आवहुँ आरम्भ ?
भेल स्वराज, मुदा आवहुँ थिक
अङरेजक मौजे ई देश
नेहरू थिका बराहिल ओकरे
ओकर कहचरी थिक कङरेस
फाओ-दाओ जे, लाभ नफा जे
तइमे इ पाबथि कए पाइ ?
पहिलुक सभ संकल्प बिसरला
मंत्री बनितहि नेहरू भाइ
बड्ड दीब छन्हि प्रकृति, तहीसँ
काल्हुक दुश्मन, आजुक मीत
सभ कनैत अछि जकरा नामें
ई गबैत छथि तकरे गीत
कर्जा लऽ लऽ जग्ग करइ छथि

ठेकेदारक भरथि बखार
कंसो यदि पाहुन अवैत छन्हि
करथि तकर स्वागत-सत्कार
मोन होइन्हि जे, सएह करथु गऽ
जत्तऽ इच्छा, तत्तहि जाथु
रानिक डेउढ़ी डेबथु पुनि-पुनि
चाह पिबथु ओ बिस्कुट खाथु
अर्थनीति अनके अधीन अछि
राजनीति थिक अप्पन वस्तु
नेहरू जी जाइत छथि लन्दन
सभहिं गोटें कहिअन्हु—'शुभमस्तु'
लीडरगण गद्दी गरमाओल
बाँचू बिलाँ, महिम्न स्तोत्र
कुटमइती इन्द्रहु सँ होएत
छी अपने यदि नेहरू गोत्र
हिनक नाकमे कउड़ी बन्हलक
लेलक अपन काज सुतारि
क्रांतिभीरू पंडित नेहरू कें
अङरेजबा देलक परतारि
गप्प हकइ छथि ढाकिक ढाकी
बोल भरोस देथि दिन-राति
हिनक अमलमे धऽन हँसोथए
दूहू हाथए धनिकक जाति
कोइला-लोह ताम ओ अबरख
सनपटुआ ओ मटिया तेल
रब्बड़-चाह-लाह ओ राङा
कल-करखाना, मोटर-रेल...
सभक लाभ गौरांग कोटिपति
आवहुँ ऊघि-ऊघि लऽ जाए
नेहरू कें से बेश लगइ छन्हि
टोकबन्हि तऽ उठता खँउझाए
रहन्हि देहटा एहि भूमि पर
लंदन मे टाङल छन्हि प्राण
बात-विचार बिलैंती, करता
अइ माटिक कपार कल्याण

नेहरू काका, नेहरू काका
दउगल दउगल लंदन जाउ
लोक बजइ अछि, की करबइलए
कॉमनवेल्थी कुटुम कहाउ

जइमे जोतल सोड़ह घोड़ा
तइ बग्गी पर होइती ठाढ़ि
रानी के देखबन्हि त आओत
दू हु आँखि सँऽ हर्षक बाढ़ि
चर्चिल-अटली चतुर पुजेगरी
अहाँ लोकनि अगबे डलिवाह
देखि एलिजाबेथ देवता
मुँह कोंचिया कऽ बजती—'वाह'
किच्छु कहाबउ, कोनो रूप होउ
बनल रहउ अङरेजक राज
अहाँ मोसाहिब रहबे करवन्हि
अनका होउ बरू कतबो लाज।

मिथिला/1जून, 1953

काङरेसी कनवासर

ख्रिस्टानो सँ बाढ़ि म्लेच्छ थिक
टीक कटओलक
जनउ घोरि कँऽ पीबि गेल अछि
सोसलिस्ट थिक
ओकरा देबही भोट कथी लए
अपन चालि जे छोड़ि देलक
रओ तकरा बुत्ते
घासो छीलल पार कोना लगतइक
बाज तँ ?
गाँधीजी कें गोली लगलन्हि जकरा हाथे
ओहो भारी सोसलिस्ट छल
गाँधी जी कहने रहथिन—
मरवा काल, छउक से बूझल ?

कहने रहथिन;
काङ्रेस कें जे नइ देतइ गऽ भोट...
चार पर तक्र बइसतइ गिद्ध...
बड़द बन्हले मरि जेतइ...
जानि राख से !
आँखि मूनिकें काङ्रेसकें भोट दिहइ रओ !
सोसलिस्ट थिक राँड़क पाटी
ने माउग ने मनुख
थिक बलगोबिने ओ सभ
गान्धीजी के भोट दिहुन
पंडित लाल जमाहिर नेहरू
बड़दबला पेटी मे हुनके भोट दिहुन तों
गाछ बला कें किन्नहु नहि तो भोट दिहइ गऽ
जनी जाति कें ल जेतउ ओ सब उढ़ारिक दिन-देखारे
टिक कट्टा ओ तग टुट्टा सबहीक
        जाल सँ बचिहँए बाबू !
...काङ्रेस के भोट ने देबही ?
की बजलएँ रओ ?
भूजि देबउ हम
चीन्हि राख ई मुचकुन चउधरि
नइ थिकाह ढेकुल जे ककरो माफ क देथिन
बूझि जेबउ हम—
जँ अशुद्ध पेटएँ तों हमरा आगू अपन
                घाड़ डोलएबएँ !
मुँह कोचिआक 'हँ' कहि देबएँ !
बसहे बड़दक नाङड़ि ध कें
बंभोला—सोझे चढ़ि गेला
कैलाशक ऊपर रओ बाबू,
हमरो लोकनि ओही बड़दक नाङड़ि ध क
पार करी भोटक बइतरनी
...धोती भेटतऽ
...साड़ी भेटतऽ
मटिया तेलक कोन कथा जे
भरि-भरि फाँफड़ चीनी फँकिहँए !

2

काङ्रेसकें भोट दिअउ अए सुफ्फलि बाबी !
गाँधीजी अवतार रहथि साक्षात् विष्णु केर
पंडित नेहरू थिका युधिष्ठिर धर्मराज
सत्यव्रत पांडव
भीष्म पितामह थिका बुझू राजिन्दर बाबू
भरि कातिक जँऽ रहब सिमरिआ
कल्पवास जँऽ करब माघ भरि तीर्थराज मे
चारू धामक जतरा जँऽ कऽ आएब पएरहिं
दंड प्रणाम करइत कदाचित पहुँचि जैव जँ
कपिलेश्वर धरि
बड़दबला बक्कस मे अप्पन भोट खसओने
पुन्न हैत ततवा अए बाबी
कमूनिस्ट थीक धुँधकारि
थिक राहु केतु
थिक महाम्लेच्छ
कारी पनाड़ थिक
हरिण कश्यप राज करइए रूस देशमे
तकरे ई सभ नऽर जऽर थिक
जँ एसगर पाबए त ई सभ
बापो कें नहि छोड़ि सकइए
सुफ्फलि बाबी, पहिने ई सभ बेश पोल्हाओत
जाँतत पएर
प्रेमसँऽ फोड़त आँगुर कुट-कुट
सओदा-बाड़ी आनि देत चल जैत गिलेशन
अपन बेगर्ता शांत भऽ जेतइ तखन एक दिन
मोकि देत चुपचाप कंठ अए सुफ्फलि बाबी
बचल रहू एकरा लोकनि सँऽ
हमरे सप्पत, कमूनिस्ट कें भोट दिअइ जँ
अहाँ एकोटा
एकरे लोकनिक कहला सँऽ अहमदाबादमे
भङठा देलकइए करखाना मजदूरबा सभ
बंद पड़ल छइ मील
कऽल बेकार भेल छइ
की पहिरब अए सुफ्फलि बाबी,

की ओढ़व अए सुफ्फलि बाबी !
गहुम अबइ छल अमेरिका सँऽ
से जहाज पांचोटा डुबलइ
एहि दुष्ट सभहक चालि सँ, गुरूक सप्पत
जे बजइत हो फूसि जीह गलि जेतइ तक्कर
फाड़ि फेक दी भोट मुदा नहि कमूनिस्ट केर
हाँसुवला बक्कस दिश कनिओ हाथ बढ़ावी
ज मानब नहि बात हमर त
        जुलूम हैत अए सुफ्फलि बाबी !

मिथिला/ 18 मई, 1953

छट्ठू बाबू

हमर नाम थिक छट्ठू बाबू
ढोलिक ढोली पान चिबाबी
लखनउआ पत्ती फँकइत छी भरि-भरि बाकुट
बापक अरजल थीत-बीत पर मओज करइछी
गाम भरिक ललबबुआ हमही
नाम हमर थिक छट्ठू बाबू !
मोसम्मात ओ भारखमी छथि सासु
        हमर नामी गिरथाइनि
बेटी तनिक एकसरि
धन्न बाबा कपिलेश्वर !
भागक छी बरियार भेलहु नहि सतभँइया जे
नहि सतमाए
बहिन से हो नहि
जथा-जाल अछि ततबा
जाहि सँ भरि जिनगी हम
मखा मखा कँ नेनु निकेना मोछ पिजाएब...
भगिनमान नहि
अपना डीहक अपने मालिक
हमर नाम थिक छट्ठू बाबू !

एनटरेन्स छी फेल

एहिसँ बेशी पढिकें
की करितहुँ हम ?
दू माइल पर
भिरले दक्षिण
स्टेशन से अछि
चीनिक मिल से हो लगे अछि
दूर पड़इ छथि कने दरोगा
से टमटम पर जाइत-अवइत
दरभंगा दिस भेटइ छथिहे
काँग्रेसी नेता थिकाह साढू साक्षाते
सोसलिस्ट मसिअउत
माम छथि रामराज परिषदक सभापति
टिकट लेल अछि सोसलिस्ट केर
भोट देल अछि काँग्रेस कें
बड़का भोट हमर पाओलन्हि महाराज बहादुर
मैथिल कें मैथिलक भोट पड़ले टा चाही
बूढ़-सूढ़ भ
अही हेतु आएल छलाह हमरा दलान पर
नइयाइक जी...
हमर नाम थिक छट्ठू बाबू !

मिथिला/15 जून, 1953

सुग्गा-मेना इन्स्टीच्यूट

बूढ़-बूढ़ ओ नामी-नामी
सुग्गा सभ टाङल अछि अइ ठाँ
सभक आगूमे
राखल छइ पाकल तिलकोड़
पानि भरल चानीक कटोरी
लाल लाल मेरचाइ धएल छई
—केहन दिव सोनमणि सराइ बिच
नहि सम्हारि होइ छन्हि ताहू पर
अपसँहात छथि ओगरबाह
से क' रहला अए ओ बेचारे—

हा नारायण, हा नारायण !
मारि हबक्का
लाल-लाल मेरचाइ खाइए
बिन काजें टें-टें करइत अछि
बूढ़वा सुग्गा
देह हिलाबए
चंचु पिजाबए
उड़ि गेलइए रोइआँ पाँखिक
ताहू पर सेखीक अंत नहि !
नबका सुग्गा
गोड़ बीसेक की गोड़ तीसेक अछि
फूटे टाङल
ड'रे सकदम
आगू में अकुरी छई राखल
टीनक बिझलग्गू रिकबीमे
एतबो पर नहिए सोहाइ छई
नबतुरिया दल बुढ़बा सभके
सुग्गा-मेनाक इन्स्टीच्यूटक
हाल देखि कँ
दम सधने अछि देश
गुम्म अछि लोक
कथी ले केओ किछु बाजत !

चौपाड़ी, 1954

तीव्र विषाक्त विलक्षण गन्धी

हरित-श्याम शाद्वल जंगल केर
माझा माझी
पातर-छीतर पिच्च रोड
बंकिमभंगीमे
कते दूर धरि पसरल अछि इ
गोबर सँ नीपल आङनमे
मन्थर गतिए
ससरि रहल हो

ऋजु-आयत नमहर करइत जनु !
सर सर सर सर सर सर आइलि
बेबी आस्टिन !
बढ़ल अपन आगू मूहें पथ पर...
तीव्र विषाक्त विलक्षण गंधी
पावि महक पेट्रोलक तत्क्षण
दउगए लागल घ्राणशक्ति
अवचेतन मोनक दोग-दोगमे
होइतहिं अतिचेतन अंतस्तल लहरए लागल
बेबी आस्टिन ! बेबी आस्टिन !!
बेबी आस्टिन !!!
दृष्टि शून्य छल
वन वैभव सेहो छल शून्ये
नहि कहबे...
अभ्यस्त चरण एक पेड़िआ ध' कएँ
पहुँचल कोना अपन वासा धरि !

चौपाड़ी/1954

हम छी क्षुब्ध...

सभक मोन भरउ...
निके ना सभ रहओ...
किए हेतइ अन्न-वस्त्रक कष्ट ककरो ?
किए केओ दुक्खित रहत ?
किए अउखध लेल ककरो घरक लोक बेलल्ल हेतइ ?
किए केओ भरि जन्म मूर्खे रहत, अउँठा छाप सभठाँ देत ?
किए ककरो चार पर पड़तइक नहि खढ़ ?
किए ककरो ढहल रहतइ भीत ?
किए ककरो बहिन-बेटी रहि जेतइक अजग्गि ?
किए कोनो बाध सहते विकट रउदिक धाह ?
किए कोनो चओर चउरी द'ह बनले रहत भरि भदवारि ?
किए अओतइ बाढ़ि ?
पृथिवी किए हेती अनेरे एकार्णवा ?
किए कोनो नदी अति उद्दाम भ' बहतीह ?

किए जनपद बनल रहते सदै बज्र देहात ?
किए नहि लगतइक सभकें नगर केर बसात ?
किए ई पछुऐल रहते अपन मिथिला-देश ?
पाकि जेतइ प्रवासहि मे किए ककरो केश ?
किए भेटतइ काज नहि ककरो समाङ अछइत ?
किए परती पड़ल रहते भूमि ?
चाँछि कोनो पोखरिक छाती करत बीआ किए केओ बाग ?
किए गोचर भूमि केओ चुपचाप लिखबा लेत ?
किए ककरो केओ देतइक उजाड़ि ?
किए ककरो केओ अनेरे छीनि लेतइ खेत ?
किए कोनो गाम मे रहि जैत केओ निर्भूमि ?
रहि जेतइ अव्यक्त—
किए ककरो चित्र ?
हेतइ नहि लिपिबद्ध—
किए ककरो बोल ?

युद्ध-जर्जर विश्व सदिखन शांति चाहए
व्यक्ति-व्यक्ति सुखी जीवन लए सदत अपस्याँत
विलक्षण ई माटि-माङर
जाहिमे सभ अपन डीहक माटि किछु-किछु खोंटि
चीरि कनगुरियाक अगिला पोर
गारि कँ दुइ-चारि वा दश बिन्दु शोणित
सनइ अछि से माटि
करए परस्पर ठोप
छइ संकल्पदीपित नेत्र !
वज्र थिक वाणी—
सहज शब्दावली थिक महाशक्तिक मंत्र !
सभक सभकें आस
राभक सभकें बल
सभक सभ मनबैइत अछि कल्याण
सभक हित लए सभक टाङल प्राण

ठाढ़ कएल हेतइ ककरा बुते भेदक भीत ?
सभक भीतर आइ स्पंदित—
विश्व मानव केर शिव संकल्प !

किंतु 'कृत्रिम एकता'क प्रयासी शासक लोकनि पर
देश अछि तमसैल
हम छी क्षुब्ध !
क रहल अन्तःकरण विद्रोह...
लोकवाणी केर ई अवहेलना लोकोदयक थिक शत्रु...
प्राण जाए तथापि नहि जिह्वा स्तम्भन कें करब स्वीकार
जयति मिथिला, जयति भारत, जय अखिल संसार !!
होउक विकसित एकरङ सभकेर हिय झंकार !
—परस्पर निर्भर सभक उद्धार !

वैदेही/मार्च, 1954

मुक्तक

चोट सहइ छथि निट्ठुर हाथें धीपल फार जकाँ
कोन कानमे राखल छथि टूटल ग्रिमहार जकाँ
सरिआ कँ नहिं बाजि होइन्हि बिन कसल सितार जकाँ
देखऽटा मे फोंकगर धुम्मा धानक नार जकाँ

फुच्च रहथ दोरस बसातमे तानल पाल जकाँ
गजबजाइ छन्हि मोन मुदा भदबारिक थाल जकाँ
सौंसे देह दिनाए, चाम छन्हि जिमड़क छाल जकाँ
अपना कें भरिआबथि तई पर नारक टाल जकाँ

हुनक मुखाकृति छन्हि प्रसन्न दीपित अहिबात जकाँ
हमर कोंढ़ मुल थर-थर कपइछ कड़रिक पात जकाँ
हम उदास हथियामे झपसी लाधल प्रात जकाँ
ओ सिहकइ छथि मुदा बसंतक मधुर बसात जकाँ

टन टन टन टन बाजथि कनिञा सेदल ढोल जकाँ
देखऽ मे महकारी प्रकृतिक कब-कब ओल जकाँ
तूर तुमइ छथि मुँह भरिऔने कुँड़वा डोल जकाँ
चटुआ पर बैसलि बिनु काजे फलकल खोल जकाँ

विद्यापति के देश में/1955

जय-जय भारत ! जय हिंद भूमि

जय-जय भारत ! जय हिंद भूमि
सीरम हिममय उत्तंग शृंग,
जलनिधि गद-गद पद चूमि-चूमि !
आरती छथुन करइत रवि-शशि,
नद-नदी बहइ छहु घूमि-घूमि
विन्ध्याद्रि बीचमे पसरल-सन,
तरुवर अगणित रहलाह झूमि
थिक माटिक ई तासरि एतए
त्रिभुवन लक्ष्मी छथि गेल जूमि
लगवे करतई वैभवक ढेर
साधन औ श्रम तूमि तूमि
जय-जय भारत ! जय हिंद

भूमि वैदेही/ जनवरी, 1955

सभसँऽ प्रिय निज देश !

निखिल विश्व प्रिय, निखिल भूमि प्रिय,
निखिल लोक प्रिय हमरा
तइओ अपने माटिक सउरभ लए आकुल मन भमरा
सभसँऽ प्रिय निज देश।
कतहु करी निरबाह जनम भरि, पाकओ कहुँ बरु केश
तहुँ प्रिय अपन निज देश
कतहु रहि पँऽ जन्मभूमि लए सदिखन आकुल प्राण—
अपना लोकक हित मे देखि हम विश्वक कल्याण—
यश-अपयश हो, लाभ-हानि हो, सुख हो अथवा शोक
सभ सँऽ पहिने मोन पड़ई अछि अपने भूमिक लोक
बड़ प्रिय अपन देश !
सभसँऽ प्रिय निज देश !

वैदेही/जनवरी, 1955

पुनि पुनि पसरओ

दुख-दुबिधाक उदधि में उब डूब करइत अछि संसार
कुमति - घृणा - हिंसा - संदेहक लागल बेश पथार
पुनि-पुनि पसरओ सबठाँ हे प्रभु आभा अमित अहाँक
प्रज्ञालित भए जाइक जन-मन सँ अज्ञानक पाँक
नोनी लगऊ ढहऊ जाति - पाँतक ई घातक भीत
केआ ककरो बइरी नहि होउक, होउक सभक सब मीत
द्वेख-जनित पीड़ा सँ ककरो आँखि न होइक गील
व्यक्ति निबाहओ, राष्ट्र निबाहओ पंचशील - दशशील
बाधा-बन्धन हीन प्रीति सँ नष्ट होइक छल-छद्म
मैत्रीटा सँ विकसित होइक कोटि-कोटि मुख पद्म
जन - जनमे उद्वेलित होइक रुणा - पाराबार
सत्य अहिंसा सँ धवलित होइक सगरे संसार
जय - जय महामानव, जय - जय हे करुणा सिन्धु
हटओ कुमति मल पाबि अहिंक प्रज्ञा पीयूषक बिन्दु
विश्व शांति लए फेर अहिंक उपदेश बनओ आधार
जय जय हे अमिताभ बुद्ध जय जय हे शीलागार
पुनि पुनि पसरओ हे प्रभु सबठाँ आभा अमित अहाँक
प्रज्ञालित भए जाइक जनजीवन सँ दुक्खक पाँक

पल्लव-1/जून, 1956

उपहार

निविड़-तिमिर जल
ज्योति सहस दल

अरुणोज्ज्वल पीताभ किरण सँ दीप्त भेल संसार
रग-रग कुंचित
शोणित सिंचित
आहत मानवता करइत अछि बुद्धक जय जयकार
शील सुगंधित
कण-कण बंदित
भारत माता देथु विश्व कें सुख-शांतिक उपहार।

पल्लव-1/जून, 1956

एते' दिनुका बाद

बहुत दिनुका बाद–
सुवासित खोपाक सौरभ
रतुठिया मुस्कीक झलकी
जित्त आङ्क मृदुल-मादक स्पर्श
भेल सभथुक संगहि संग अनुभूति
बहुत दिनुका बाद–

एते दिनुका बाद
एना की तों मोन पड़ली प्राण ?
एना की तों आबि सोझे भऽ गेलीह ठाढ़ि
सम्हारौ पपनी कोना कऽ आब नोरक बाढ़ि
देखै छी ई स्वप्न अथवा
भऽ रहल अछि सहज साक्षात्कार ?
के कहत, ओझरा देलक कवि-चेतना कें
अपरिचित महिलाक कुन्तल-जाल ?
के कहत, हम भाङ पीने रही सन्ध्याकाल ?
किछु होअउ, तों बहुत दिनुका बाद
मोन पड़ली प्राण !
सुवासित खौपाक सौरभ, धन्य
रतुठिया मुस्कीक झलकी, धन्य
जित्त आङ्क मृदुल-मादक स्पर्श सेहो धन्य
सुकोमल संबोधनक स्वर-संधि सेहो धन्य
स्वप्न वा जागरणमे
कोहुना तँ भेल साक्षात्कार
कोहुना तँ भेली तों साकार
एते दिनुका बाद, एते दिनुका बाद

मिथिला मिहिर/15 सितंबर, 1960

देखल सपनामे

सपनामे देखल
मुंडमालिनी चामुण्डा

हाथ मे लेने बड़ीटा त्रिशूल
ठाढ़ि छथि कंचनजंघाक माथ पर
उत्तराभिमुख !

सपनामे देखल
चामरवला अँड़िब्बा करिया बरद
चढ़ि रहल छल ऊपर कैलाश दिस
लपेटल छे दुनू सीङमे
रेशमी तिनरंगा !

सपनामे देखल
सुन्न छनि वेदी, खाली छनि मंडप,
सीमा दिश गेल हेता सल्हेश...
हिनहिनाइत रहनि घोड़ा ओम्हरे !

मिथिला मिहिर/11 अगस्त, 1963

स्वर्ण-मृग

बहराह, स्वर्ण-मृग !
अनेरे, नुकाएल छह स्वर्ण-मृग
केओ नहि किच्छु कहतहु स्वर्ण-मृग
बहराह, स्वर्ण-मृग !

देखलि अहु रिहर्सलमे
सुनलिअहु कथावाचक मूँहें
मुदा आब प्रकट नहि होइत छह किए ?

देह पर फेरइत हेतहु हाथ आबहु
अन्हार गुज्ज रातिमे रावण असली
लीलावला रघुनन्दन राम
की करथुन तोहर ?
ई त अपनहि गनइत छथि दिन
अनेरे नुकाएल छह स्वर्ण-मृग
बहराह, स्वर्ण-मृग !

अभियान-2 1963

ओ तँ थिका दधीचिक हाड़

महात्मा गाँधी
राष्ट्रपिता हमरा लोकनिक
छथि बड्ड पैघ...
देखू हुनका चौरंगीक कातमे ठाढ़
मास थिकई अखाढ़
भीजइ छथि बर्खा-बुन्नी मे बापू !
गलतइ त नहिए
प्रतिमा थिकई धातुक
मुदा तें की ?
लागत नहीं अनसोहाँत ई दृश्य
कने दूर हटिक अही मैदानमे
चमकइए दुग्ध धवल विक्टोरिया टेम्पुल
आउ, एम्हर आउ !
लग आउ, भीतर आउ !
दर्शन करू राजराजेश्वरीक...
चित्त हैत निर्मल !
प्रपितामही एलिजाबेथक...
करथु कल्याण हमरा लोकनीक
ई कथी लए भिजती बर्खा-बुन्नीमे कहिओ !
हिनका किए लगतइन वैशाखक रौद
हिनका किए लगतइन पूसक पाला
आउ, भीतर आउ
दर्शन करू हिनकर !
बिसरि जाउ भिजइ छथि गाँधी...
ओ त थिका दधीचिक हाड़
रहथु भने ठाढ़
मैदानक कतबहि मे खुल्लम-खुल्ला !

वैदेही/सितंबर, 1963

अन्तिम दर्शन : डॉ. अमरनाथ झाक

रिक्त कऽ गेलहुँ अप्पन क्षेत्र !
तकै छी आबहुँ अपलक नेत्र !

लेल अछि जे अंतिम निःश्वास
होइछ मिसियो भरि नहि विश्वास !
सूर्य मिथिलाक, भारतक चंद्र !
निखिल विश्वक हे अनुपम दीप
सुपरिचित रहय अहाँक निमित्त
जड़ि प्रज्ञाक, विवेकक छीप
ओह ! झा साहेब, इ की कयल—
अनेरे की अन्तक पथ धयल ?
अहाँकें रहय अभाव कथीक ?
माँटि-जल ई लागल नहि नीक ?
समय-कुसमय हुरपेटथिन राहु
डाँटि की सकथिन शरदक इन्दु ?
पड़ल रहतै सितुआ मूँह बाबि
पऽरि नहि लगतै स्वातीक बिंदु
मनुष्यत्वक ओहने अभिमान
देखाओत आब कतऽ के आन
कोन ठाँ छाहरि तर असंख्य
नवांकुर पाओत जीवन-दान
ओह ! झा साहेब ई की कयल
रिक्त कऽ गेलहुँ अप्पन क्षेत्र !
तकै छी आबहुँ अपलक नेत्र !

मिथिला मिहिर/16 फरवरी, 1964

बिहुँसैं छी हम !

"कािल्ह रही अहाँ क्रान्तिकारी
मुदा आइ भए गेल छी देशद्रोही !"
चिचियाकऽ तों कहै छह
हम सुनै छी
बिहुँसैं छी हम !
"काल्हि छल अहाँक हाथमे अग्निवीणा
आइ मुदा पिटै छी फाटल सुखायल बाँस..."
चिचियाकऽ तों कहै छह
हम सुनै छी

बिहुँसैं छी हम !
वेश, वेश, वेश
बुझले अछि हमरा
हे अभिनव क्रांतिशिल्पी
एखन हमरा दैत छह गारि
मुदा साँझखन
दू गोट छौंडीक सङे
लोकिक नजरि बचा कँऽ
देखबह गऽ सड़लहा फिल्म !

मिथिला मिहिर/19 जुलाई, 1964

सभागाछी

साँझ धरि
गनगनाइत रहए सभागाछी
रातिमे मुदा नीरस-निर्जन अरण्य भेल...
अनवरत वर्षा सँ भीजि गेल मॉटि-दूबि...
आन की किछु मोन पड़त हमरा कहियो
मोन पड़त खाली
शत-सहस्र कलकतियाक आँठी
चारि बैटरीवला टार्चक इजोत में...
अभिभावक लोकनिक
दामी अहंकारक निठुर प्रतीक

मिथिला मिहिर/19 जुलाई 1964

ठाम-ठाम

ठाम-ठाम
खाली राखल अछि भस्म-कलश
पुष्पगुच्छ-पल्लव राशि
पहुँचि गेल होयत हिन्द महासागर धरि

ठाम-ठाम

ओखन भिजैत होयतैक आँखिक कोर
तकैत होयतैक लोक ग्रीष्मांत मेघ दिस
मोने-मोन लैत अहाँक नाम
अबैत होयतैक चेतनामध्य
अद्भुत ओ नाटकीय व्यक्तित्व

ठाम-ठाम
बुनैत होयताह जाल
कूटनीति विशारद, देशी-विदेशी
भिड़बैत होयताह चालि दोमरि-तेमरि

ठाम-ठाम
चमकैत होयत नाम
बिजलीक सतरंगी ट्यूब मे

मिथिला मिहिर/28 जून, 1964

कनैत अछि गुलाब

कनैत अछि गुलाब
के करतैक दुलार
कंटकित वृन्त कें ?

कनैत अछि गुलाब
अनवरत के बुझतैक
अन्तर्वेधी मुकुलित सौरभ ?

कनैत अछि गुलाब
मृदुताकें करतैक अंगीकार
कतऽ कोन संकल्प-दीपित वक्ष ?

कनैत अछि गुलाब
के हटौतैक आब
जन्मजात अभिशाप ?

कनैत अछि गुलाब
सुनतैक के ध्यान सँ
गमलाक अरण्यरोदन ?

मिथिला मिहिर/28 जून, 1964

दोहाई हे 'लिबर्टी' मैया...

नाङड़ छी हमरालोकनि
हमरालोकनि लुल्ह छी
अन्न दियऽ, औषध दियऽ
हर दियऽ, फाड़ दियऽ
सुइ दियऽ, धार दियऽ
बढ़िया हथियार दियऽ
दोहाइ हे लिबर्टी मैया, पातालनिवासिनी देवी !

गहूम दियऽ, धान दियऽ
रथ दियऽ, विमान दियऽ
पूआ-पकमान दियऽ
गुआ दियऽ, पान दियऽ
सुरुज दियऽ, चान दियऽ
साँझ दियऽ, विहान दियऽ
ज्ञान दियऽ, प्राण दियऽ
दोहाइ हे लिबर्टी मैया, पातालनिवासिनी देवी !

जेट दियऽ, टैंक दियऽ
मिल दियऽ, बैंक दियऽ
बिजुलीक मशान दियऽ
तिनमहला मकान दियऽ
भीमसेनी पेट दियऽ
बिना धोधिक सेठ दियऽ
दोहाइ हे लिबर्टी मैया, पातालनिवासिनी देवी !

पड़ल छी, उठा दियऽ
बैसल छी, चला दियऽ

सूतल छी, जगा दियऽ
अलाइ-बलाइ भगा दियऽ
मूर्ख छी, पढ़ा दियऽ
आगू मुँह बढ़ा दियऽ
हाथ ने हिलै अछि
माथ ने हिलै अछि
दियऽ अहाँ इन्जेक्शन
होइ हम टनमन
दोहाइ हे लिबर्टी मैया, पातालनिवासिनी देवी !

सिगारक धूप लियऽ
मरकरीक दीप लियऽ
अण्डाक खीर लियऽ
नीराक नीर लियऽ

बलि लियऽ मनुक्खक
बाढ़ि आबओ दुक्खक
आइ लियऽ वियतनाम
काल्हि लियऽ नेफा-आसाम
परसू लेब काश्मीर
हिन्दू-कुश-पामीर
बढ़ाउ अपन आँचर
धन्न होअओ चर-चाँचर
दोहाइ हे लिबर्टी मैया, पातालनिवासिनी देवी !

बचाउ हमरा चीन सँ
बचाउ पाकिस्तान सँ
बचाउ हमरा रूस
ब्रिटेन जपान सँ
बचाउ हमरा अप्पन
फौजक जवान सँ
काज हमर चलैत रहय
अहींक देल दान सँ
बाजि हम आबि गेलहुँ

अप्पन इमान सँ
दोहाइ हे लिबर्टी मैया, पातालनिवासिनी देवी !

मिथिला मिहिर/19 दिसंबर, 1965

आहि रे कर्म !

कोना क' मोन पड़थु अन्नपूर्णा बेचारी !
सरिपहुँ की रहइन हुनका
सोनाक बट्टुक ?
कड़छुओ सोनेक ?
सरिपहुँ की कउखन
खाली नहि होइन हुनक ओ अद्भुत पात्र
लगइए अनसोहाँत,

अगबे गप्प जकाँ
पुराणक ई आख्यान...
लिखल छइ कपारमे
अमेरिका गहूँमक निःसत्व सोहारी
आहि रे, कर्म !
जुटितए त खइतहुँ दूनू साँझ साग
ठढ़िया, गेन्हारी, पलाँकी, पोरो, पटुआ, कर्मी...
ध्यान में अबइ छथि शाकंभरी देवी !
आहि रे, कर्म !
लगले रहइए क्यू पर क्यू राशनक लेल...
ने जानि, कोन भूर मे बिला गेल अछि
बढ़िमका अन्न !
कोना क' मोन पड़थु अन्नपूर्ण बेचारी ?

मैथिली कविता/अप्रैल, 1968

स्वागत हे विलंबित...

तरंगित घन सागर
अछोर-असीम,
झपने अछि समुच्चा आकाश कें
आइ त' भरि राति
टिप टिपाइत रहत अहिना
तरंगित घन सागर
होयताह प्रमुदित पावस नट-नागर
देखू त' मलमासी आषाढ़क क्रीड़ा-कौतुक
स्वागत हे विलंबित–
आरंभ वर्षाक !
स्वागत हे विलंबित
हे उम्मस !!

सोनामाटि/अप्रैल, 1968

बाजलि सुखमा

बाजलि सुखमा–
"कती-कती काल धरि
हेलइत रहिअइ पोखरिमे
कती-कती काल धरि
बुढ़बा तेतरि तर बुलइत रही, मारइत रही टहलान
चिबा-चिबा कँ' थुकरि देइत रहिअइ कांच फड़ ओक्कर
कती-कती काल धरि
बिछिते रहि जइअइ सिङहारक फूल...
बाबा, अहाँ लोकनि कोन तरहें चिकरि चिकरि डाँटी...
हे भगवान, फेर नहि देखब की नहिराक मुँह ?"
बाजलि सुखमा।

दहीक शर्बत घोरइत हमरा लए
बाजलि सुखमा–
"आपरेशन कहाँ करब' दइत छथि हिनका लोकनि !
एकइशम बर्ख थीक

भऽ गेल एतबहिमे चारि-चारिटा बच्चा
अकच्छ रहइ छी बाबा, ओकरे सभक पाछाँ
जिनगीक स्वादे चल गेल
भोगि रहल छी नरकक भोग
आपरेशन नहि करब' दइत छथि सासु-ससुर
आ ऽऽ ऽऽ ऽऽ अपनहुँ ई
नहि बुझइत छथि हमर कस्ट !"
बाजलि सुखमा।

दुधकट्टू नेना कें फराक टारइत
आ' शर्बतक गिलास हमरा दिश बढ़बइत
आ' तकइत ममत्वपूर्ण दृष्टि सँ
बाजलि सुखमा—
"आठ दश बर्खक बाद देखल अछि अहाँ के...
अहूँक त केश बढ़ियें जकाँ पाकि गेल बाबा !"
बाजलि सुखमा।

सन्निपात-1

सारस्वत सरमे हे मराल

संतुलित विवेकक अभिनन्दन !
अर्पित प्रसून, अक्षत चन्दन !
जन जन प्रशस्ति नैवेद्य तोर !
उल्लसित आइ अगणित चकोर !
हे यशोधवल, हे सुकृत चंद्र !
हे प्रथितसिद्ध, हे चिर आतन्द्र !
सारस्वत सरमे हे मराल !
हे साहित्यिक उद्यानपाल !
तुअ तेज पाबि, ई मैथिली क
उत्फुल्ल जलज, दृढ़ मूल ना !
नहि छथुन्ह शिष्य की शत सहस्र ?
मुक्ता सम गुम्फित गुण अजस्र
के नहि जनैत छहु तोर नाम ?
अलोकि कएलह धराधाम !

हे महाप्राज्ञ, हे पूर्णकाम !
स्वीकार करह हमरो प्रणाम !

रमानाथ झा अभिनंदन ग्रंथ 21.9.1968

केहेन दिव्य, केहेन भव्य !

खोपामे खोंसने बेलीक गोड़-पाँचेक फूल
बद्ध परिकर, श्याम-कान्ति, भुट्टि, श्वेत वस्त्रा...
आदिवासी गोत्रक मेहतरनी
बहारने जाइए पीच रोड
खर्र खर्र खर्र...
खर्र खर्र खर्र...
आषाढ़ी भोरक अनगुत्ते
कदमाक छोर दिश बढ़ितहिं
सुनल अही कानसँ खर्र खर्र खर्र

आबहुँ मने सुनिए रहल छी
आबहुँ मने देखिए रहल छी
आदिवासी युवतीक सड़क शोधन अनुष्ठान
अही दूनू आँखिएँ...
अही दूनू कानें...
सुनिए रहल छी आबहुं मने
खर्र खर्र खर्र

निर्विशेष गरदनि
गोल मोल समतूल सामान्य मुखमण्डल
साटल-सन विरल-विरल भऊँह
सँइतल सन कनीटा नाक
ठोकल-पीटल गाल...
ताँबूल रंजित ठोर...
टिकुली रंजित कपार...
ओहि सबहुक ओगरवाही करैत मने
बादामी आँखिक सतर्क जोड़ा

—मात्र अप्पन गतिविधि दिश एकाग्र !
केहेन दिव्य...
केहेन भव्य...
केहेन अपूर्व...
आदिवासी गोत्रक मेहतरनीक ओ रूप !
नमहर डंटावला झाड़ूक ओ ध्वनि—
खर्र खर्र खर्र !
खर्र खर्र खर्र !

कविता कलाप/1970

कालिदास कवि-कुल-गुरु

पचासम पार कयलाक पछाति
भऽ गेल रहनि हुनका मधुमेह
पिबैत छलाह काँच करैलाक रऽस
कालिदास कवि-कुल-गुरु
पचासम पार कयलाक पछाति

साठिम पार कयलाक पछाति
भय गेल रहथिन बड़ दुब्बर
सेवन करए लगलथिन मोती-मुङाक भस्म
कालिदास कवि-कुल-गुरु
साठिम पार कयलाक पछाति

सत्तरिम पार कयलाक पछाति
रसायनिक सिद्धिक जोगें
भऽ गेल छलनि हुनक काया-कल्प
तदुत्तरे मने करऽ लगलथिन गुम्फित
'कुमारसंभव'
भेल रहथि दत्तचित्त प्रतिभाक दोहन निमित्त
कालिदासक शिप्रा तट (प्र) वासी
सत्तरिम पार कयलाक पछाति

अस्सिम पार कयलाक पछाति

भेल रहथि बहाल दानाधिकारी
अर्थात् ताहि दिनुक वित्त मंत्री (सांस्कृतिक)
बहाल रहथि भेल
कालिदास कवि-कुल-गुरु
अस्सिम पार कयलाक पछाति

मिथिला मिहिर/17 दिसंबर, 1972

राज्यमंत्री भेला उत्तर

रौ बा ! बाप रे !
आरि रौ बा !
ई की भऽ गेल हमरा
दुत्तोरी !
खोत्तोरी !
खसऽ लागल रोम-राम सँ मधु
बजै छी त बहराइए
फर्र-फर्र मिसरीक बुकनी
श्वास-प्रश्वासमे बुझना जाइछ
चाननक परिमल, चोआक सुगंध
सुतलो रहै छी त
चटैए चाम गिरगिट
पहिने कहाँ अबै छल लग ?
परसू निशोदण्ड राति मे
श्रान्त क्लान्त लेलहुँ एक रत्ती कल्याण-करोट
पाचि गेल कोनो प्राणी
नाकक टुरनी अपन सूङसँ
से बड्ड विलक्षण लागल...
दू-तीन मास पूर्व
ई सब कहाँ किछु होइ छल
आब एम्हर की भऽ गेलए हमरा
आहि रौ बा,
पाँखि त न जनमत !
आहि रौ बा !

मिथिला मिहिर/13 अप्रैल, 1973

एम्हर जुनि अबै

बैसलि एकसरि
कुसियारक छाहरि मे
आरि पर किसान-कन्या
ओगरैत पकलाहा धान
गबैए पद—

"जय हे गान्ही बाबा
चढ़ेबौ तोरो मूरुत पर
बकरीक दूध, जनेरक लाबा..."

खाकी रंगक विमान
उत्तर दिस हिमावृत्त गिरिशृंग-समूह पर
फेरा लगबैत देखबा मे अयलै...
ओगरैत पकलाहा धान
चिबबैत कुसियार
बाजि उठलि अकस्मात् किसान-कन्या—
"जो रे मुँहझौंसा !
ओम्हरे रह...एम्हर जुनि अबै..."
एतबा बाजिकऽ फेकि दलकै
उत्तरे दिस
मुँहक सिट्ठी...

मिथिला मिहिर/6 मई, 1973

हऽ, आब भेल वर्षा

प्रतीक्षामे बीति गेल कइएक पहर
प्रतीक्षामे चुइल गत्र-गत्र सँ घाम घैलक घैल
प्रतीक्षामे ठमकल रहलै गाछक पात-पात,
सिहकी नहि चललै बसातक
प्रतीक्षामे सूर्य रहि गेल झाँपल ने जानि कतैकाल
मेघक अऽढ़मे
प्रतीक्षामे सुनलक बड्ड गारि अखाढ़क ई मास

हऽ, आब भेल वर्षा
हऽ, आब भीजल संसार
हऽ, आब हलुक भेल मोन
हऽ, आब उगला सूर्य
हऽ, आब देखबामे आयल चिड़ै चुनमुन
बीज होयत अंकुर नयनाभिराम
प्रतीक्षाक सुफल भेटतैक ओकरा
बाध-बोन होयत हरियर
जुड़ा जयतनि धरतीक मोन-प्राण
ओढ़ि लेत कदम्बक गाछ
पीयर फुदनाबला झालरि
ठीक-ठाक करत भगता सलहेसक गहबर
दूभि के छीलि-छालि साफ कऽ देतनि आङन
भरि जायत पोखरि भऽ जायत उमडाम
पसरतै ओहिमे ललका कुमुदिनीक पात...
भरि-भरि दिन भीजत लोक
भरि-भरि दिन धान रोपत लोक
आरि पर बैसिकऽ मझनी खायत लोक
आशाक मचकी पर झूलत लोक
कल्पनाक स्वर्गमे बूलत लोक

मिथिला मिहिर/15 जुलाई, 1973

सुनल शब्द विमान परिचारिकाक

विहंगम विमानक वातानुकूलित कक्ष...
मोलायम-गुदगुद-फैल सुन्दर सीट...
कातवला गोलकी शीशा में सटौने आँखि
बैसल रही
रही ओङठल
जाइत रही उड़ल मास्को दिश
आकि अकस्मात्
नीचा देखबामे आयल
तरंगित अरब सागर
निविड़ नील तरल-भास्वर

निचुलका स्निग्ध-शीतल श्याम-सलिल
आब नहि लगतैक नजरि के असह्य
मध्य अन्तरिक्षक प्रखर रौद
आब नहि लगतै नजरि के अनसोहाँत
नीचा दिशुक धूसर किंवा रुक्ष दृश्य
एखन त देखि ली तरंगित अरब सागर
साठि मिनट आकि सत्तरि मिनट...
आकि एतबे मे
ध्वनि-विस्तारक यंत्र सँ सुनल शब्द
विमान परिचारिकाक–
"यात्रीवृन्द, अपने लोकनि
कने कालक बादे इरानक आकाशमे प्रवेश करब
अपने सभहक मध्याह्न भोजन
ठीक एक बजे परसल जायत
ताहिकाल ई विमान
तेहरानक दक्षिण देने उड़ैत रहत
तत्पश्चात् किछुए कालक बाद
कास्पियन-समुद्र पार करिते
पहुँचब हमरा लोकनि अजरवाइजान
स्वागत करत अपनेक सोवियत-अंतरिक्ष..."
सुनल शब्द विमान परिचारिकाक
ध्वनि विस्तारक यंत्र सँ...
पसरल छल नीचाँ
निविड़ नील भास्वर
तरंगित अरब सागर
विहंगम विमानक वातानुकूलित कक्ष
मोलायम-गुदगुद-फैल-सुन्दर सीट...
कातवला गोलकी शीशा में सटौने आँखि
डाँड़ सोझ कऽ कऽ रही बैसल
देखैत निचुलका दृश्य
आकि लग मे आबि कऽ भऽ गेलि ठाढ़ि
विमान परिचारिका
झुकि कऽ नहूँ-नहूँ बाजलि–
"अहाँ त ओ सब वस्तु लेवै नहि,
पियास लागय तँ कहब...

आ हँऽऽता ई राखू मुँह मे...''
दूटा चाकलेट राखि देलक तरहत्थी पर
आ फुर्ती सँ आगाँ दिशुक कक्ष चलि गेलि
पालम एवं मास्कोक मध्य
ओहि आकाश-यात्रा मे
सवा सात घंटा वैह हमर गार्जियन छलि
नाम रहैक ओकर रत्ना—
(मलयालम भाषी माता-पिताक संतान)
ओ हमरा सम्बोधित कयने छलि
'चाचाजी' कहि कऽ
लगमे आबि कऽ गेलि छलि बैसि
चिन्हा देने छलि नीक जकाँ...
निविड़ नील भास्वर
तरंगित अरब सागर
तत्पश्चात् पर्सियन गल्फ
रत्नाक अनुगूँजित स्वर लहरीक अंतिम छोर
आबौ कौखन-कौखन मने
कानक कटोरी के आलोड़ित कऽ जाइत अछि—
'एण्ड नाउ दिस इज पर्सियन गल्फ !'

मिथिला मिहिर/12 अगस्त, 1975

मामा आँखि मूनि लेलथिन

मामा पिल्ला पोसलथिन
मामा गेन मोटर तर फेकि देलथिन
मामा फकड़ा जोड़ऽ लगलाह
मामा डाक्टर कें दाँते काटि लेलथिन
मामा गीत सिखलनि
मामा ब्राह्मणी दिशि थारी फेकि देलथिन
मामा लिखनाई आरम्भ कयलनि
मामा अखाड़ा मे ओंघड़यलाह
मामा स्कूल मे भर्ती भेलाह

मामा पिल्ला पोसलनि

मामा कार ड्राइभ करब सिखलनि
मामा मैट्रिकमे तीन खेप फेल कयलनि
मामा समर्थ भेलाह
मामा टेबुल-टेनिसक टुर्नामेंट जितलनि
मामा दोसर बियाह कयलनि

मामा तेसर बियाह कयलनि
मामा एलेक्सन हारि गेला
मामा के डायबिटीज भऽ गेलनि
मामा आँखि मूनि लेलथिन
मामा दू लाखक कर्ज छोड़ि गेलथिन

मिथिला मिहिर/23 सितंबर, 1973

वाह रे हमर नाति

चभच्चाक ढलान पर
तख्ताक भरें
छछलैत रहय हमर नाति
अपन तूरक दूटा ननकिरबाक सङे
टोकलिऐ तऽ मारि देलक मुस्की
बाजल मुदा नहि किछु
ने जानि कतीकाल
रहि गेल खेलाइत ओहिना।
पाछाँ, बैसल छलहुँ एकान्त मे
तखन मोन पड़ल अकस्मात्
ओहि दिन ओहो गेल रहए देखऽ
सोवियत चित्रावलीक प्रदर्शनी
देखने होयतै अबस्से
अपना तूरक बच्चा सभकें
हिमावृत ढलान पर छछलैत
स्लेजक भरे बेर-बेर
कयने होयतै आकर्षित
बर्फक आमोदी खेल !

वाह रे हमर नाति
वाह रे पूर्वाभ्यास
तख्ताक भरे ढलान पर छछलबाक !

मिथिला मिहिर/28 अक्टूबर, 1973

एहि घर पर बैसल रहय गिद्ध

एहि घर मे लगा दियौ आगि
अपने हाथे धरा दियौ एहिमे
दियासलाइक काठी
सुड्डाह होबऽ दियौ एकरा
व्यर्थ जुनि मोह राखी चारक
व्यर्थ जुनि मोह राखी
खाम्ह, खाम्ही, बरेड़ी धरनिक
ढाहि दियौ अपने हाथे एहि घरक भीत
नाम-निशान हटाउ एकर
काल्हि-परसू आ चारिम दिन
एहि चारक मुड़ेर पर गिद्ध बैसल छल
एकटा नहि
दू टा नहि
पूरा पाँती छलै ओकर

जँ कुशल चाही अपन
जँ कुशल चाही परिवारक
जँ कुशल चाही गामक औ' परोपट्टाक
अपने हाथें लगाउ एहि घरमे आगि
ई घर अपवित्र भऽ गेल
एकर चारु चारक छाहरि
भऽ गेल अलच्छ
अमांगलिक भऽ गेल
एहि घर पर गोड़ चारियेक गिद्ध बैसल रहय
ने जानि ओ सभ
कोन-कोन जीव-जन्तुक सड़ल औ' विकृत मांस
कयने छल भक्षण ओहि दिन

ने जानि कोम्हर सँ आयल छल
उड़ि गेल कोन दिस, ने जानि

मुदा बड़ी काल धरि
बैसल रहय अहाँक घर पर चारिटा गिद्ध
अपनो तँ देखिनहि होयबैक
तँ आब जुनि करी बिलम्ब
अपने हाथें धरा दियौ एहि घरमे
दियासलाइक काठी

मिथिला मिहिर/30 जनवरी, 1974

अपन आ आनक

अपन मल परिमल
आनक मल विष्ठा
आनक बात जिद्‌द
अपन जिद्‌द निष्ठा
आनक विवेक दुर्बुद्धि
अपन विचार शुद्धि
आनक आँखि बट्टम
अपन आँखि आँखि
आनक पाँखि घास-पात
अपन पाँखि, पाँखि

अपन घानी सँ बहराइए
शत-प्रतिशत सुच्चा तेल
अनकर कोल्हु करइ छइ
घोंकल थालक खेल
भासा उएह, जे हम बाजी
आन मुजरिम, हम काजी
आन प्रजा, हम राजा
आनक लेल भुसवा
अपना लेल खाजा
आनक भाखा बोली

हमर भाखा भाखा
अनकर ठेङा मुठबाँसी
हमर डंटा चानी मढ़ल
कल्पवृक्षक शाखा
हमर गोली दनुफक फूल
आनक कलम त्रिशूल

29-9-1978

ने जानि, इ के थीकि !

ने जानि, इ के थीकि !
देवी आ कि दानवी ?
चुड़ैल अथवा डाइनि ?
आ कि झुनकुट बताहि कोनो नारी ?
इ के थीकि, ने जानि !

जिलाक जिला
इलाकक इलाका
गामक गाम, टोलक टोल...
अपन जीह काटि कऽ चढ़ा देलक एकरा
कटलाहा जीहक अमार लागि गेल छइ
गह्वरक भीतर
गह्वरक अङनइ मे

बलि बला जित्त जीह सभइक 'ग्रूप-डांस'
पड़ेला फोटोग्राफर लोकनि
रिपोर्टर लोकनि...
से, इ के थीक
ककरा समक्ष जीह चढ़ोलक अछि
कोटिक कोटि एते लोक !...

28.9.1978

हमहुँ सन्ध्या-तर्पण करितहुँ भोरमे

चानन बूझि किदन लेपल हम देहमे
झरकि रहल अछि मोन आब संदेहमे
सुन्न भेल ई जीह, जहर मिश्रित छलइ
तथाकथित ओहि संजीवन-अवलेहमे,
चानन बुझि किदन लेपल हम देहमे।

उन्मद परिमल रूसल मजरल ठारिसँ
ग्रामगीत तमसायल धानक आरिसँ
विरस, विनिद्रित विकृत, उन्मथित चित्तकें
कोना लगउ गुदगुदी डहकनक गारिसँ;
उन्मद परिमल रूसल मजरल ठारिसँ

कमल बिलायल डंटी गललई थालमे
भुन्ना हँसल भभाकऽ फाटल जालमे;
तटबन्धक महिमा सँ कोशी गुम्म छथि
धेमुड़ा-त्रियुगा गेली कालक गालमें
कमल बिलायल, डंटी गललई थालमे।

तों नहि भेली भने समुद्रक कातमे
पछुआइल छह भने कतेको बातमें

माँ मिथिले, तों पंगुल रहि गेली भने
उधिअइली नहि विप्लव बला बसातमे;
तों नहि भेली भने समुद्रक कातमे।

डाइनि ठमकलि बूढ़वा प्रेतक नाचमे
भस्म भेल कते कली विप्लवक आँचमे;
देखि करब की करिअम्मा दिश दूर सँ
बूझि पड़त किछु भेद ने पाकल-काँचमे;
डाइनि ठमकलि बूढ़वा प्रेतक नाचमे।

राङा चाही जोड़य खातिर सोन कें

सुतरी सँ की बन्हबई फाटल मोन कें,
खुर्पी लऽ ली, बढ़ी कने हम खेत दिश
अकटा-मिसिया छपलक चारू कोन कें
राङा चाही जोड़य खातिर सोन कें।

हमहुँ सन्ध्या-तर्पण करितहुँ भोरमे
मातृमूर्ति प्रतिबिम्बित होइत नोरमे,
अंतरिक्ष नापओ जिनगी भरि क्यो ओना
शरण अन्तमे भेटतइ पृथ्वीक कोरमे;
हमहुँ सन्ध्या-तर्पण करितहुँ भोरमे

मिथिला भारती/वर्ष 7, अंक 1, 1979

तोहर तानी हम्मर भरनी

तोहर तानी
हम्मर भरनी
तोहर गपशप
हम्मर करनी
तोहर लीला गड़बड़-सड़बड़
हम्मर लीला संकट हरनी

तों कुत्थइ छ' डेग-डेग पर
छरपि गेलउँए हम बैतरनी
बड़नी-बड़नी बड़नी-बड़नी
पान गलोठथुन तोहर घरनी
एम्हर खुर्पी, ओम्हर नहरनी
सोंटथि जन्नउ हम्मर घरनी
तोहर तानी
हम्मर भरनी

4.3.1981

हुनका लगबा मारलकइन

हुनका लकबा मारलकइन
अंग-अंग में ऊर्जाक इन्जेक्शन दिअउन
ऊपर-नीचाँ सभ सुन्न
स्पर्श चेतना सुन्न
वाणीविहीन

ओ आब संज्ञाहीन भेल जाइत छथि
किछु करिअउन हुनका लेल
किछु करबेटा करिअउन
प्लीज ! प्लीज !! प्लीज !!!

नहि ! नऽऽहिं !!
किच्छु नहि क' हैत अहाँ बुते !
हुनकां लेल किछु नहि कयल हैत अहाँ स' !
बेस, तखन एकटा बात...
हँऽ, कान मे कह'ब...
बेहोशीक कोनो अचूक टेबलेट खोआ दिअइन
आ, तखन अन्हार गुज्ज रातिमे
जीवछक बीचो-बीच प्रवाहित क' अबिअइन
नाओ वला इश टाका सँ बेशी किन्नहुँ नहि लेत...

हँऽऽ, हम सरिपहुँ बताह छी
एहने-एहने विचार हमरा-माथाक भीतर
घुर-घुर करइत रहइए
हुनके चक्रचालिसँ हम बताह भ' गेल रहिअइ
नबकी माय हमरा घर सँ बहार के' देलइन
आ ओ किछु नहि बाजल रहथि
हमरा हिसाबें ओहि दिन
हुनका लकबा भेल रहनि
एहनो दुष्ट चूड़ामणि बाप भेल हेतइ ककरो !

हँ इयार, अहींक शप्पत
जँ एक्को आखर फूसि बाजल होई...

अहाँ हमर उद्धार करू इयार...
आब हमरा उतरी पहिरबाक सेहन्ता होइए
प्लीज, इयार, प्लीज !

4.3.1981

बुढ़ारीमे

बुढ़ारीमे
कने-मने रोगाहे रही
हँ, बेशी रोगाह नहि
कने-मने रोगाह—
से बेश सुविधाजनक होइ छइ
हमदर्दीक निमित्त
अहाँ कें कत्तहु चेष्टा नहि करए पड़त
करुणा-मैत्री एवं मुदिता भावनाक
साक्षात्कार अहाँ कें डेग-डेग पर होइत चलत
यत्र-तत्र दाइ-माइलोकनि
बेटी आ पुतअहुक ड्यूटी हेतु तत्पर रहतीह !

28.3.1981

मीनी मिथिला

तरुआ तिलकोड़क पात
भूजल तिसिअउड़ी-दनौड़ी
रऽहूक तरल-झोराओल पेटी
कुतरुमक चटनी
मखानक खीर
हमरा दिल्लिओ मे सुलभ भऽ जाइए
झाजीक प्रतापें...

अपना देश-कोशक सोन्हगर वाक्य-विन्यास
चहटगर इडियम

भृकुटिक इंगितगर्भी आकृति
हमरा दिल्लिओ मे सुलभ होइए
झाजीक प्रतापें...

अकस्मात् मोन पाड़ि दइत छथि झाजी
इशर्गत...
अनन्त...
राखी...
जयन्ती...

ओ प्रतिबर्ख
दड़िभंगा सँ पतड़ा मङा लइत छथि
हुनका क्वार्टर मे जितिया पाबनि सेहो होइत छइन
एवं प्रकारे हमरा

सुलभ भ' जाइ छथि
'मीनी मिथिला' दिल्लिओ मे...
झाजीक प्रतापें...

मुदा, अइ बेर, भेट भेला उत्तर
बाजल रहथि झाजी—

ई सभ त' बड़ बेश...
अपने ओतुक मालदहक आँठी
रोपने रहिअइ
बर्ख तिनिएक सँ दश-बीसटा कैऽ
फड़ितो अछि...
कार्पोरेशनक ग्राउन्ड फ्लोरयला ई फ्लैट
आइ सभ अर्थे हमरा बेस धारलक अछि
पछुआड़में, देखितहि छी—
छोट छीन बगीची लगा देने छिअइक
हँ, तखन, अपशोचक बात इएह जे
धिया-पूता पंजाबी भेल जाइएऽऽ...

मैथिली अकादमी पत्रिका/अप्रैल, 1981

शनि महाराज

तीसीक तेल मध्य
आकंठमग्न शनि महाराज
—कारी खटखट, बेढंग लौहमूर्ति
प्रति सप्ताह एक दिन अर्थात् भरि दिन
चउबटियाक बीचोबीच
रहइ छथि विराजमान
सिनुरक ठोप कएने !
हिनको अपन भक्तक फिकिर छइन
दशपइसाही सिक्का हमहू बरु चढ़ाइए दिअइन
एखन त मने
ताकि रहल छथि हमरे दिस
सतर्क-साकांक्ष शऽनि महाराज
तीसीक तेल मध्य, आकंठमग्न...
पुराना दिल्ली स्टेशनसँ सटले दक्षिण...
आइयो भरिदिन ई ठाढ़ रहताह
अपना भक्तकें एक छिट्टा रेजकी चढ़उआ
अर्पित करथीन साँझ धरि

मादिपानि/अगस्त, 1983

बप्प रे बप्प ! बाप्प रे बाप्प !!

भरि ट्रक ! एत्ते रास चानन ?
बप्प रे बप्प ! बाप्प रे बाप्प !!
भरि हॉल ! एत्ते रास चन्द्रानन ?
बप्प रे बप्प ! बाप्प रे बाप्प !!
भरि आङन ! एते रास बेङ ?
बप्प रे बप्प ! बाप्प रे बाप्प !!
भरि गाछी ! एत्ते रास ढेङ !!
बप्प रे बप्प ! बाप्प रे बाप्प !!
बड़की टा मूँह, कनीटा जीह !
बप्प रे बप्प ! बाप्प रे बाप्प !!

हथिया कान, कउड़िया आँखि ईह !
बप्प रे बप्प ! बाप्प रे बाप्प !!

मातिपानि/अगस्त, 1983

हजूर, हँऽ, हजूर !

नाक परसँ सुगंधित रूमाल
हटबिअउ हजूर
कार परसँ उतरिकँ
दू-चारि डेग सड़क पर चलिअउ हजूर
आँखि परसँ धुपछाँही चश्मा कने
उतारि लिअउ हजूर
पिअरका ढाबुसक भाखा सुनिअउ कने हजूर
मड़ुआ रोटीक स्वाद त
सरकार कें अपूर्वे लागत
बोनिहारक पाहुन होइअउ कने
हजूर, हँऽ, हजूर !

ओकर तरहत्थिक ठेला
अपनेक कर-कमलकें बर्दाश्त नहि हेतइ हजूर,

ओ सात बरखसँ सरकारेक ट्रैक्टर
ड्राइभ करइत आएल अछि...हजूर, हँऽ, हजूर !

मातिपानि/अगस्त, 1983

खूब चटइ जो

कूथि-कूहरि कँऽ कहुना बड़नी
मजरल अछि ई आमक रोगहा गाछ
डोमा बँबइ बूढ़ो अछि तऽ
जोर लगौलक बेश
तहिना ओ बुढ़िया कलकतिया

मजरलि एहू बेर
ओहो सदिखन
रहिते अछि दुखिताहि
मालदहक नवगछुली, देखू,
केलकनि सभकें मात
धिया-पुताकें चटा रहल ई
मधुआ लागल पात
पात पर पात...पात पर पात
अरे अबइ जो सौंसे टोलक धीया-पूता
खूब चटइ जो, खूब चटइ जो, खूब चटइ जो
मधुआ लागल पात...मधुआ लागल पात...

हे हमर आद्या

हे हमर आद्या
हे हमर आद्या
हे हमर माटि
हे हमर पानि
हे हमर धरती
हे हमर आकाश
हे हमर इजोत
हे हमर अन्हार
हे हमर देह
हे हमर मोन-प्राण
हे हमर ऊर्जा
हे हमर प्रज्ञा
हे हमर ओज
हे हमर तेज
हे हमर आद्या

हमरा अनुमति दियऽ
बीच-बीचमे
अहिना हम हेड़ा जाइ

भसिया जाइ अहिना
बीच-बीच मे
हमरा आशीष दियऽ
अहिना हम बीच-बीचमे
भक दऽ प्रकट होइ
चकचोन्ही लगइ अहिना
लोककें हमरा देखि-देखि
हे हमर आद्या
हमरा आशीष दियऽ
अहिना चेतनाक ई टेमी हमर
बरैत रहओ अविराम
निरन्तर, अविच्छिन्न

हे हमर आद्या जननी
हे हमर प्रथमा प्रेयसी
हे हमर सभ किच्छु
हे हमर किछु नहि
हे हमर शून्य
हे हमर पूर्णता
हे हमर अहाँ
हे हमर हम
हमरा आशीष दियऽ
अनुमति दियऽ हमरा
बीच-बीच मे
कालक प्रवाहमे
अहिना हम भसिआएल घुरी
लिप्त महालिप्त रही अहिना
अहिना निर्लिप्त रही
हमरा आशीष दियऽ
हे हमर आद्या
हे हमर आद्या
हे हमर आद्या

1.11.82/ आरम्भ नवम्बर, 1982

लिप्सा

छओंड़ा सबहिक कथनानुसार
महा चहटगर
'अमुक' फिल्म
ओहि डिविजनल टाउनमे
चउबटिए पर
लगल रहइक
मात्र एक्के सप्ताहक निमित्त
मैटिनी टा
चलबइत रहइक...
रिटायर्ड इशखी बुजुर्ग
लोकनिक सेहो
कने-मने
मनोरंजन भइए गेलइन...
स्वाइत पुन्नी बाबू बाजल छलाह
ओइ दिन–
"की हेतइ
आइ हमहूँ देखबइ गऽ
आइ बरु टेबलेट नइँ गीड़ब
तथाकथित सड़लाही
फिल्में देखब गऽ आइ..."

मातिपानि/अगस्त, 1983

रति-रहस्यक ऊहापोह मध्य

अन्ततः अंततः
ओ अपनहिं मूँहें
स्पष्ट भाषा मे
कहलथिन अछि–
हमर ब्रह्मचर्य
रति-रहस्यक ऊहापोह मध्य
भ्रमित रहल अछि
हम शुक्रमोचनवला

तृतीय कोटिक
पंचमकारक
लीलाधारी प्रतीक थिकहुँ
से सत्ते
हम 'दिनेश' नहि
रजनीश थिकहुँ हम
से सत्ते
एहि जमानाक
सर्वश्रेष्ठ प्रपंची
अद्वितीय प्रवंचक
से सत्तेऽऽऽ
हमर नाम थिक रजनीश
छिः, हम दिनेश किए हैब गऽ ?
स्वर्णमेरुक शिखर पर
विराजमान हम
हम रजनीश
त्रिकाल मध्य
हमर समतूल
कथीलए केओ हेताह गऽऽऽ !!

सन्निपात-4, 1986

दुनू गोटे तथैव च

अबितहिं,
अहीं हमर स्वागत निमित्त
स्नेह-सिंचन
आरम्भ कए देल !
वस्तुतः, ई हमरे टा नहि
अहुँक परम सौभाग्य थिक
वस्तुतः हमरा लोकनि
—'दुनू मीता'
अनन्य सामान्य थिकहुँ
हम सेहो,

आ अहाँ सेहो।
केओ कम विलक्षण नहि
कम लोकोत्तर नहि केओ
दुनू गोटे 'सम-तूल'
अपन अपन वैशिष्ट्य मे
दुनू गोटे 'तथैव च'
कहू 'हँऽऽ'
कहू 'हँऽऽ'
से बेश ।
अहाँ दिश सँ
मृदु-मन्द ध्वनि
सुनबा मे आबि रह अछि !
अपन-अपन यात्राक क्रममे
अपन-अपन यात्राक मध्य
ने हमहीं उताहुल
ने अहीं उताहुल ।
से इ कथा ककरा नहि बूझल हेतइ ?
हमरो 'निखिल भुवन' चिन्हइए
अहूँ के चिन्हिते अछि निखिल भुवन ।
तैं, अहीं हमर स्वागत निमित
स्नेह-सिंचन
आरम्भ कए दैल...

सन्निपात-4, 1986

बेलीक पाँच फूल

नहि, नहि, नहि
किन्नहु नहि
आइ हमरा पलखति कहाँ भेटत !
एकदम्मे नइ...
ओइ...फूल पर
समुच्चा दिन
हमरा दया अबइत रहत

एह, केहेन सेहन्ता सँ
कते आवेगमे
बेलीक ओ पाँचों टा फूल तोड़ने रही !
मुदा कर्म-चेतना
गन्ध-चेतना कें फुर्सति कहाँ देतइ एखन !
साँझ धरि दइ त दइयो दइ...

सन्निपात-4, 1986

कोचिंग इन्स्टीच्यूट

हँऽ, हँऽ, बूझल, बूझल !
बुझबा में भाङठ नहि,
नीक जकाँ बुझवामे आबि गेल !
बाउ, अहाँ तऽ अपने लोक थिकहुँ...
सुच्चा, स्व-जन
एकदम्मे भितरिया
मुदा एकटा बात कहब अहाँ कें
मुदा से अहाँ के अततह गून करत
बाउ, कहू ?
कहू, बाउ ?

अहाँ के आब चाही
निरंतर एकान्त
अविच्छिन्न एकान्त
गम्भीर साधनाक निमित्त
चरम सम्बल होइत छइ--
की ? की होइत छइक चरम सम्बल
गम्भीर एकाग्रताक निमित्त ?
बाजू ने बाउ !
कहू ने किच्छु !
--ओना नहि मानब हम...
हम पुछबे टा करब !
हँऽऽऽ घाड़ सोझ करिअउ !

मिलऽ दिअऽ नजरि कें नजरि मे
हेऽऽ हम धऽ नइ लेब अहाँ के...
दुइए-एकटा किच्छु पूछब !
मुदा से टा पुछबे करब !

हमरा अहाँक पिता-पितामह सँ
कहिओ साक्षात्कार नहि...
अहाँक मातामहक प्रसंगें
हमरा किच्छुटा ज्ञात नइ अछि
हँ, तखन एतबा धरि अवश्श,
बाउ, अहाँ-गाममे हम तीन बर्ख रही
समुच्चा सिद्धान्त कौमुदी
घोखि नेने छलिअइ
पाँचो सर्ग रघुवंश
आरम्भ दिश कुमारसंभव
सेहो सर्ग तिनिएक
दू उच्छास दशकुमारो महक
एतवा हम अहीं-गाम मे क नेने रही
तखन बरुआरी
तखन पंचगछिआ
तखन काशी !
राजा ठाकुरक कोठा...
तारा मन्दिर—नेपाली खपड़ा
रानी कोठा—मीर घाट
अगस्ति कुंड...

अमरकोश त पढ़नहि हेबइ ?
हम जे अहाँ के पूछब
तकर जबाब अमरकोशे मे छइक
अष्टाक्षरी समाधान !
हँ, सरिपहुँ आठे अक्षर !
अनुष्टुप् केर एक चरण-मात्र
त बेश !
कहू त, बाउ,
अन्न ओ फलमे की भेद ?

ओहो फड़इए, इहो फड़इए
तखन धाने फल किए नहि ?
आम-जामुन अन्न किए नहि ?
बाजू बाउ, किछु बाजू
दुइओ आखर !
बाजू, बाउ, बाजू...
गुम्मी किए लाधि लेल ?
किछु कहिअउ ने !

वैदेही/सितम्बर, 1989

अहाँ बड्ड फूसि बजइ छी !

बाबा ! बाबा !
अहाँ फूसि बजैत छी ढाकीक ढाकी...
अहाँ फूसि बजैत रहइ छी
आ, हमरा बड्ड बेशी
हँसी लगैत रहइए...
मोन होइए, कउखन कऽ
कने-मने फूसि हमहूँ बाजी
मुदा हमरा बुतें
से कहाँ पार लगइए !
सिखा दिअऽ हमरो
फूसि बजनाइ, प्लीज, बाबा ने !

ई बात हम
ककरो नइ कहबइ
फूसि बजनाइ हम
अप्पन बाबासँ सिखने छी
से ई बात हम ककरो नइ कहबइ

अहाँ सँ कत्ते गोटे
भेंट करए अबैत रहइ छथि
किदन-कहाँदन गप्प करइ छथि
अहाँ बेशी सँ बेशी

सुनितहिं छिअनि
कौखन मूड़ी
डोला दइत छिअनि
तखन बजनिहारे हारि
मानि लइत छथि

हीनू
हमर छोटका पौत्र
तेना जकाँ करइए जे
हमरा बड्ड हँसी लगइए
मुदा करब की ?
अंग्रेजी माध्यम बला
आनन्दमार्गी इसकुलमे
पढ़निहार हीनू
अर्थात हेमेन्द्र मिश्र
सातम क्लासक छात्र...
हमर दुलरूआ...

संकल्प-4/1994

एना भ' क' केओ

मोशहरिक भीतर
पौने नओ बजे राति...
दलिआ एवं भाँटाक चोखाक
भोग लगा कँऽ
पोखरामक गुरूजीक
धेआन करइत, आब
पनरह मिनटक बादे
कल्याण-करोट देथिन
जात्री जी महाराज—
अउद नाम 'ठक्कन'—
आवहुँ तरउनी गामक
बूढ़-पुरनिया एहि ओरिजिनल नामे
शोर पाड़इ छनि

भदराक माए परूकाँ साल
पुछनहु रहइन–
''ठक्कन बाबू, एना भ' क' केओ
अपन गाँओ-घर कें
बिसरइए, से कहू हमरा !
ओना हमरो बेटा कलकत्ता रहइए
साल मे दू-दू बेर जाइए-अबइए
सोनाइक बेटा बोकारो रहइ छइ...
बरोबरि जाइ-अबइ छइ...
हम मुरूख मेहरारू
मुदा हमहू बोकारो जाइ त' हमरो
बाबू आउर के क्वाटर मे
झाड़ू-बुहारी आ
बर्तन-बासन माँजक
काज भेटि सकइए...
सोनाइक बेटा कहलक
–'चाची, चारि बासा मे
काज क' देमही त
दू शए रुपइआक
महिनबारी नगद आमदनी
तोरो भेटबे करतऊ
चल बोकारो चाची
अइ ठमाक उद्‌बेग लगउ त'
फटाक सँ चल अबिहँए–
बोकारो-दरभंगा
बोकारा-मधुबनी
बोकारो-जैनगर
बोकारो-निर्मली...
सगरो दुनिया-जहान के
बस मिलइ छइ बोकारो सँऽ
काकी हमरे सप्पत तोराऽऽ
चल बोकारो एक बेर
दशो-पनरह दिनुका लेल
चल एक बेर
देखबही अपने आँखि सऽ

कोना हमरा आउर
बोकारो मे रहइ छी...'
मुदा, ठक्कन बाबू, हमरा
अपन गाम-घर कऽ बिना
केना कऽ रहल जाइत..."

आ ओ भदरा माय ठामहि
ठठवे सँऽ कने इम्हरे
रस्ता छेकि क पुछलकइन
सङे गेल रहथीन वाचस्पति
हुनका द' भदरा माय बाजलि
—"हिनका नइ केओ रोकतइन
मुदा अहाँ के लोक जाए नहि देत
ठक्कन बाबू, एना भ' क' केओ
अपन गाँओ-घर के
बिसरइए, से कहू हमरा..."

24.12.1995 आरम्भ जून, 1997

सुन्दर राउत

भकड़ार मोछवला
पैंतालिस बर्खक
सुन्दर राउत
हमर अपने समाङ थिकाह—
एक दिन ओ बजलाह
—"हम गाम नहि रहऽ चाहैत छी
बेटा दूनू ध पकड़िक रखने अछि
अहाँ हमरा ल चलूऽऽ
हम अहाँक सेवा करब
जाँति-पिचि देब—
सदरिखन संगहि रहब...
मोटा ऊघब, कपड़ा साफ करब
हम भातो दालि रान्हि सकइ छी

हँ, तीमन-तरकारी
बनैब नइ ओरिआइत अछि
लोढ़ी-सिलओट रहतइ तऽ
आमक कुच्चा कऽ देब...
जँ आमक समय रहइ..."

सुनरा आठ-दश बर्ख
फारबिसगंज रहि चुकल अछि
ओतऽ टंडेली करैत छल—
माने मेट-माइनजनक काज
सम्हारैत रहइ...
कने चापलुसी,
एक रती फूसि-फटक,
अपढ़-अपरोजक-डरबुक
मजूर सब पर
अपन एहि मोछक परतापे
दबाब रहइ छलइ एकर...
से इएह सुन्दर राउत आब
अपन गाम-घर ओगरने छथि
फारबिसगंजमे धन्धाक मन्दा...
हँऽऽ, तखन विराटनगर
चल गेल रहितथिन
मुदा नेपालवला बात रहइ
दोसर मुलुक, ओहि ठमाक
कानून-कायदा फराके...
तही लेल सुन्नर विराटनगर दिश
नहि बढ़ला...
से, सुन्दर राउत आब
तरउनीक अप्पन घर-दुआरि
डेबैत-डेबैत
माने अपनहि ऊपर
खउँझाइत रहइ छइथ !
सुन्नर चारि भाइ—
सुन्नर, सुबध, कुसेसर, आ बकलेल
ओ तीनू बाहर जाइ अबइए

नेश कमाइए...
बाप हिनक—रामचरन राउत,
विधुर भेलाक उपरान्त
सार-सरबेटाक पलिवाड़मे
रहइ छथिन...तरउनी ओ
बर्ख-दू बर्ख मे गोटेक बेर
अबइत छथिन...
सुन्नर बाजल छथि कइएक बेर
—बाबू अहाँक चर्चा
करैत रहइए,
हुकुम दी त बजा अनिअइ...
मुदा हमही कहइ छिअइ
—कथी लए रामचरन के अनबहुंन
ओ हमरे बतारी थिकाह !
ओना मोन त होइते अछि
दू-एक दिन रामचरन कें
अपना लग रखितियनि
पुरान-नब बात होइतइ
तखन की तऽ एखन एकटा काज में
बाझल छी ी ी ी...
इएह लिखउआ काज मे...
अप्पन इएह खेती-बाड़ी थीक...
नइ कोदारि त खुर्पिए...

एँ रओ सुन्नर
तोहर बाप कउखन
मोनो पाड़इए हमरा ?
महीना-पनरह दिन मे एक्को बेर
ईह खो तऽ हमर सप्पत—
रामचरन के 'ठक्कन बाबू'
मोन पड़इ छथिन ?
बेश, त' एक बेर बजाइए लबहीन
दश-पनरह दिनुका भीतरेऽऽ
बाद मे हमरा राँची-हजारीबाग
जेबाक अइ

हँ, एक दिनुका खातिर
कोडरमो जेबउ...
चलिहँ तँऽहू...
हजारीबाग-राँची देखने अबिहेंऽऽ
हरेकान्त-रमाकान्त
छथुन मोन ?
आ किशून ?
नइ छथि किशून आब,
पलिबाड़ हेबे करतइन..
आ बिजिन्दर मोन छथुन ?
ओहो नहि छथि !
त, बेश चलिहें तँऽहू...
टाटा सेहो देखि लिहें
भ' सकइ छउ,
टाटा मे कोनो काजक
जोगाड़ लागि जाउ !
तखन हँ, पनरह दीन
अबस्से लागि जेतउ...

कुसेसरे जा कऽ
रामचरन के बजा अनलकैन
रामचरन दू दिन रहथि
बजलाह–"महींस बिआएल छइ
पाड़ी भेलइए
हमर निगरानी रहतइ त'
महींस आ पाड़ी दुनूक
तालता हेतइ
हगरा एखन जै दिअऽ
सुनरा कें बुझा-सुझा कऽ
ठीक रास्ता धरा दिअउ...
बेकारे गाम मे पड़ल अइ
बाबू-भइया सँ
दस कट्ठा खेते बटाइ
लऽ लेने रहइत, त,
सेहो नहि !

हमरा आउर के पलिवाड़ मे
जिनगी बड़ लम्माऽऽ
हमर बापक बाप बुलाकी राउत
एक सए आ पाँच बर्ख
जिलथीन, हँ, ठक्कन बाबू !
हमरा बाबाक बड़ नाम—
बड़ जस...हुनका बारे मे
बड़ खेढ़ा पसरल छइन !
गोसाँइ पोखरि पर
सल्हेसक मंडप
हमरे बाबाक ठाढ़ कैल छिअइन
आब पुरनका
देवी-देवता मे
खाली हलुमाने जी
जगजिआर छथीन
सब ठमा हलुमानेजी
अपन धुजा आ
ललकी पतक्का सङे
विदमान छथिन !
जत्तहि पिपरक गाछ
तत्तहि निच्चा चबुतरा पर
हलुमानजी ठरा छथीन
रेडिओ सेहो हलुमान चलीसा
सुनबैत रहइ छइ कि ने ?
हमरा भगवानोपुर मे
हलुमानजिक दरसन होइए !
सुनरा हलुमानजी के
नइ गुदानइ छइन...
रे अभगला, बरू
सल्हेसेक अस्थान मे
कनीकाल बइसल क'र
मोन थीर हेतउ !
सुनरा की थीक ?
गोबरक चोत थीक...
अहाँ सुनरा के कत्तउ नहि ल जेवइ !..."

सुन्नर !
तो अपन ई भकड़ार मोछ
छोट करा लेऽऽ
तइखन तोरा कतउ
कोनो काज भेटतउ !!

31.12.1995 आरम्भ, जून 1997

हँऽ, गुरुक सप्पत

शुरू बइशाख मे गाम सँऽ
आएल रहथि आ'
कंचन भवन (नया टोला, पटना) मे
डेरा जमा कऽ साँझ-परात
प्रवचन देल करथि
स्वर बड़ मधुर रहइन
सदरिखन चारि-छओ
गोटे हुनका लग जुटले रहथिन
भोरे भोर
ओ पराती गावथि–
'जागहु हे ब्रजराज
लाज मोरि राखहुँ हे ब्रजराज...'
उठू अओ गजाधर बाबू !
भोर भ' गेल, अहाँ नोकरिअहा,
दाढ़ी-ताढ़ी बनैब,
नहैब-सोनैब, आकि अहिना
पड़ले रहबइ ?
गजाधर बाबू पड़ले रहला
मुदा महाकान्त बाबू फेर
पराती धएलन्हि–
'ठुमुकि चलत रामचन्द्र
बाजत पैजनियाऽऽऽ'

"कोन दुर्घटना मे
अहाँक आधा टाङ चल गेल ?"

लोक बेर-बेर पुछइन,
“हेहो, की त बामा टाङ !
की गाछ पर सँ
खसल रहिअइ ?
अस्पताल मे डाक्टर
कटलकइन ?
दरभंगा मेडिकल कालेज मे ?”
अइ सभ सवाल पर
ओ बौक-बहीर भ’ जाथिन !

बइशाख आ कातिक,
अही दू मास मे ओ
पटना आबथि,
हीत-अपेक्षित के कहथीन—
“ब्राह्मणी हमरा
गाम सँऽ बइला देने छथि...”
एतवा बाजि कँऽ
हँसऽ लागथि—
—“सत्ते कइ छी यात्रीजी
ब्राह्मणी हमरा घर सँऽ
ठोंठिआ कऽ...
आङन टपा देथि...
पाँच दिन जखन लगातार
दुसंझी अल्हुआ चललइ
तखन ब्राह्मणी के नइ
रहल गेलइन, बजली—
‘हम जेना-तेना खेपिए लेब
मुदा अहाँ के पटना
जाइए पड़त, हमरे सप्पत !’
से, हम अगहनी पूर्णिमा
बितलाक उपरान्त
गाम जेबइन...
धान-पानि नीके हेतइ
अइ बेरूका धानक फसिल
बेश बढ़िआ हेतइ

हमरो ब्राह्मणीक पोस्काट
एबे करत—
'जल्दी अबिअउ
नवका धानक चूड़ा
नवका चाउरक भात
तीसी-सजमनि, भांटा-अदौड़ि...
हमरा असगरे कोना अरघत ?
से अहाँ चिट्ठी पबैत, तुरन्ते
'बस' धरब, पटना-दरिभंगा
आ दरिभंगा सऽ कमतौल...
दरिभंगा जूनि बिलमब...
हम नबका गूड़ो
अहाँ लए ल' क' रखने छी,'

ब्राह्मणी त हमर हीरे छथि
की कहू अहाँ के !
बिआह भेल
बाइसम बर्खक अवस्था मे
ओ सत्तरह बर्खक...
आँखि बड़ कटगर
आमक फाँक सन, एनमेन
हँऽ तखन की त'
कने पिंडश्याम
आ बेश नमछर देह
की कहू—सपनामे हमरा कहिओ
आन माउगिक मुखमंडल
नहि देखाइए ! हँऽऽ गुरूक सप्पत !!

15.1.1996/आरम्भ जून, 1997

तुलसी बाबा

तुलसी बाबा साथ रहइँ त'
पार करब
कविता बइतरनी

तुलसी बाबा साथ रहइँ त'
नहि बिसरब हम
शब्द-सुमिरनी।

17.1.1996/आरम्भ जून, 1997

उपन्यास

समर्पण : पहिल संस्करण (1946)क

श्री उपेन्द्र महारथी–

प्रिय बन्धु,

अपन पहिल उपन्यास कें हम अहींक प्रीत्यर्थ उत्सर्ग करए चाहैत छी। कारण ?

कारण आओर किच्छु नहि, एकमात्र इएह जे अहाँ कें मिथिलाक ललितकला दिस अत्यन्त अनुरक्त पबैत छी। हमरा लोकनिक ऐपन, हमरा लोकनिक पुरहड़, हमरा लोकनिक मेहिंक्का जनउ, हमरा लोकनिक चाननठोप, हमरा लोकनिक ओतुक्का बुनल पौती, मौनी, धुथरी...हमरा देशक धनहर बाध–अहाँ कें अत्यन्त आकृष्ट कएलक अछि। मैथिल डोमक बनाओल बिड़हारा, डाला-डाली, मेघडम्बर, सूप-चालनि, कनसुपती, पनपथिया...मैथिल लोहारक बनाओल सरौता-चाकू-कजरौटा...मैथिल कुम्हारक बनाओल मटकुड़ा-मटकुड़ी, टाड़ा-टाड़ी, मलसी, चपइ...मैथिल कमारक बनाओल टकुरी, खड़ाँओ, खाट-पलंगक पासि-पवइ, हर-हरीस, पालो-कनैल...आदि कतेको वस्तुक हेतु हम अहाँ कें लालायित पाओल अछि, से नहि कहि।

एड़ी कारण सँ हम अहाँ दिस आकृष्ट भेल छी। 'पारो' कें अहाँक हेतु उत्सर्ग करैत हमरा सरिपहुँ अपूर्व प्रसन्नता भ' रहल अछि...

–यात्री

पारो

हमरा लोकनिक पहिल परिचय जे भेल, से आमक गोपी ल'क'। हमर छोटका भाए जे जनमल रहय, ताही प्रसंगें पीसी आइलि रहथि। संगे नेने आइलि रहथीन पार्वती उर्फ पारो कें। ओकर वयस रहैक इऐह पाँचम-छट्ठम। देख'-सुन' मे कारी खट-खट, मुदा महाग ठेकनगरि। कालीक बदला मे के ओकर नाम पार्वती रखने रहैक, से नहि कहि।

हमरा ओकरा चारि सालक जेठाइ-छोटाइ। पारो नामि रहय। चेहरो नामे रहैक। हाथ सीक सन-सन। देह लक-लक पातर। टाङ संठी सन-सन। कटगर ओकर आँखि जेहेन छलै तेहेन आन कोनो अंग कथी ले' रहतै ! आगाँ आन कोनो बात जँ नहियो भेल रहितय तैयो आँखियेक खातिर पार्वती हमरा जिनगी भरि मोन रहैत, कहियो कि बिसरैत ?

बड़का भैया लडुब्बीक गोपी पौने रहथि। आङन मे पैर रखितहि ओ पीसी कें सोर पाड़िक' कहलथीन—कहाँ गेलउँ ऐ दीदी, ई आम गोविन्द बबा कें भोग लगा देबैन। ककरो सूँघ' नहि देबैक।

पीसी उठली, धो-धा क' ओ गोपी फुलडाली मे राखि ऐली।

मोन तँ हमरो बेश चपचाएल, मुदा भैयाक डरें सकदम रही।

कने कालक बाद पाछू द' क' पारो आइलि आ हमर आँखि मुनि देलक। कोंचा मे जे गोपी रहैक तकर गमक लागल तँ हम फट द' बुझि गेलियै—के थिकैं गए ? पारो ? हट, छोड़...कने हमरो सूँघ' दे ने, नइँ गए, हम ककरो नहि कहबै। ला, कने देखियौ। रानी ने हमर...

ओ छट द' फराक भ'क' ठाढ़ि भ' गेलि।

ऊँह ! हमरा नहि सोहाइए तोहर चालि !

किऐ गए, किऐ ? रानी कहि देलियौ, तें ? पारो रानी तँ तोरा लोक कहिते छौ !

ऊँह !

बेश, जो हम नहि कहबौ !

फेर ओ गोपी बहार कैलकि। सौँसे पीअर आ मुँहठी दिस लिधुराह, मह-मह कैरत। हमरा नहि रहल गेल, झपटिक' छीनि लेलियैक। पारो चिचिया उठलि—देखै जाहुन हिनकर ड'ल, गोविन्द बबाक गोपी सुँघै छथीन ! छोड़बहक कि ने ? हम माए कें सोर पाड़ियौ ? गे माए—

सोर ने पाड़हुन, मूड़िए मचोड़ि देथुन पीसी। फुलडाली सँ तों बहार किऐ कैलहक ?

पारो कान'-कान' सन भ' गेलि तँ हम गोपी ओकरा आँचर मे बान्हि देलिऐक। ओ घाड़ निहुड़ौने चलि गेलि आङन दिस। हाय रे दैव ! ओहि दिन ओकर डबडबैल आँखि हमरा सँ किऐ नहि देखल गेल। ओकर लटकल मुँह देखि हम पघीलि किऐ गेलहुँ ?

तकरा बाद दिन दसेक बीतल हेतै कि एक टा बात आर भ' गैले। दलान पर ओहि दिन क्यौ कि रहैक, खाली हमही दुनू खेलाइत रही। पारो बनल छलि कनियाँ आ हम बनल रही वर। सिनुरदान माटिए ल'क' कैने रहियैक। चतुर्थी-रतुका सचार लगैत रहै कि धम द' ओहिठाँ पीसी पहुँचली। खोपा पकड़िक' पारो कें खिचलथीन आ कान पकड़िक' हमरा।

पीसा रहथि पंडित नोकरियाहा। भागलपुर दिसुक कोनो पाठशाला मे अध्यापक छलाह। पन्द्रह टाका दरमाहा, अन्न-वस्त्र उपर सँ। पूजा-पाठ अनुष्ठान-पुरश्चरण तकर आमदनी से फराके। निर्वाह मे भाङठ नहि। सखा-पात बहुत दिन धरि नहिए होइत रहैन, बाबा वैदनाथ कें दू खेप नवाह हरिवंश सुनौला पर पीसीक घर मे जकर अवतार भेलैक सैह थीकि पारो।

जाहि साल हम एट्‌थ (फोर्थ) पास कैल ओही साल जे पीसा दुखित पड़ला से फेर कथी ले' उठता। दस मास धरि घिसिऔड़ काटि तुलसी चोरा लग प्राण त्याग कैलन्हि। कै गोटे पुछनो रहैन जे गंगा ल' चलू मुदा गछलथीन्ह नहि। कहलथीन्ह, माइयो अही आङन मे अही ठाँ आ अहिना उतान भेलि मुइलि हमहू अहिना मरब।

कर्त्ता हमरे क' गेल रहथि। बारहम दिन पीअर धोती पहीरि, तेरहम दिन मत्स्य-मांस क' चौदहमे दिन जखन अपना गाम आब लगलहुँ तखन पीसी धुरखुड़ लग मूड़ी निहुरौने ठाढ़ भेलि पारो कें लक्ष्य क' क' बजली—गए, पैर मे जाँत बान्हल छउ ? छुच्छी नहितन ! आब के छउ जे तकरा खेबही। कहू तँ, नूनू कें जाय काल गोड़ो टा लगतै ततबो नहि। झाँट दगधी कें...

हमही मना कैलिऐन ने तँ ओइ दिन बिना मारने पीसी छोडितथीन ? तेरहम ओकरा चढ़ले टा रहै, ईस, ज्ञान-प्राण मे धरि तेरासी सालक बुढ़ियाक कान कटैत रहए। ओहि दिन जीत भेलै ओकरे, हारि बुझू जे हमरे। हाथक छत्ता आ काँख तरक पोटरी असोरा पर राखि आङन दिस मुँह क' चुक्की-माली भ' क' बैसि रहलहुँ। सद्यः वैधव्य सँ देदीप्यमान ललाट कें दहिना हाथ सँ ठोकैत पीसी बाजि उठली—नूनू, देखै छ' हमर कर्म केहेन जरल अछि ?

कथी ले' तखन सँ बचारिक गंजन क' रहल छिऐ ? हम आब काल्हि जाएब...सुनै छें गे पारो, ले हमर छत्ता-तत्ता राखि आ ग।

ओ कलैं-बलैं आइलि, घाड़ खसौनहि। पोटरी-तोटरी उठाक' ल' गेलि। इऐह बहरायलि, उऐह बहरायलि हम से तही ताक मे रही, मुदा ओ मने भितरहि बिला गेलि ! पीसी रोपने रहथि रामझिङुनी, अपने से देख' गेली दछिनवरिया घरक पछुआड़ दिस। हमहू अवसर पाबि घर पैसलहुँ। देखै की छी तँ सन्नुक सँ ओठङलि पार्वती प्रतिमा जकाँ

निश्चेतन ठाढ़ि। असोधारा नोर बहल चल जाइत।

हमरा देखितहि दहिना पैरक औंठाक नह सँ माटि खखोड़' लागलि, अपन नोर पोछवाक भाड़ा मने हमरहि देने हो तें मने हाथ एकोरती नै सुगबुगौलै। धोतीक खूट सँ हम जहिना ओकर नोर पोछवा ले' वृत्त भेलहुँ कि पारो मुँह फेरि लेलक।

किऐ हए, सब तामस हमरे पर ?

ई जें पुछलिऐ कि नोरक प्रवाह आर जोरगर भ' ऐलै, हिचक' लागलि से फराके। हम ओकर दुनू हाथ अपना दुनू हाथ सँ पकड़' लगलिऐ आकि झकझोरि देलक, से तते जोर सँ जे चूड़ी खनखना उठलै। संकोचैं हमही मरि गेलहुँ जे पीसी सुनने हेथीन।

हे गए, हम गोड़ लगै छियौ; भाभट समेट—जनउ-समेत अपन दुहू हाथ जोड़ि जखन कने फराक ठाढ़ भ' गेलियै, तखन पारो सँ नहि रहल गेलै। उएह चट द' हमरा पैर पर खसि पड़लि आ कनमुँहें स्वर मे बाजलि—बिरजू भइया, कथी ले' चेकी पर चेकी चढ़ौने जाइ छह ! एक जन्म जे कैल तकर फल देखितहि छ' आ आब तों जेठ भाए भ' क' तखन सँ कल जोड़ने एकटङ देने जे ठाढ़ छ' से ई प्रत्यवाए तँ सातो जन्मे पचाओल पार नहि लागत ! हे भगवान्...

डेन परकड़ि क' उठाब' लगलियै तँ ओ आओर गसिया क' हमर पैर पकड़ि धैलक। फेर तँ ने कहियो कल जोड़ब ?—पैरे पर सँ बाजलि। हम पुछलियै—तहूँ कह, हमरा सोझाँ मे कहियो एना भ' क' फेर तँ ने कनबें ?

सप्पत खा क' कोना कहियहु—ई बजैत ओ अपनहि सँ ठाढ़ि भ' गेलि, आँचर सँ नोर पोछलक। नहुँए खखसि क' कंठ साफ करैत बाजलि—कनबो केओ सेहन्तें करैए ? एतबा तों नहि बुझैत हेबहक से तँ नहिये।

आब ओ स्वाभाविक रूपें बाजि रहल छलि। नीक जकाँ वर्षा भ' जाउक तहन जेना अकास साफ भ' जाइ छै, बसातक सिहकी उठै छै—तहिना भरि पोख कनलाक बाद पारोक चेहरा-मोहरा खुजि गेलै आ साँस हल्लुक भ' गेलै ! दू डेग लगीच भ' क' हम कहलियै, एक टा बात पुछियौ पार्वती ?

तखन सँ एते केल' हए से पूछिए क' ?

एकर उत्तर हमरा फुरबे ने कैल, ओ हमरा मुँह दिस तेहेन तीव्र दृष्टि सँ तकलक जे हमर आँखि चोन्हरा गेल; भदवारिक अन्हारगुज्ज राति मे चारि बैटरीवला टॉर्च औंघाइत काल जँ भक्क द' केओ अहाँक समक्ष कहियो बारि देने हो तँ से मोन पाड़ ! पारोक ओ तीव्र दृष्टि हमरा ओहने लागल। एक डेग आओर पाछा भ' गेलहुँ तँ फेर उएह बाजलि—लोक हँसैये-कनैये, जन्म लैये, मरैये, जखन जेना होइ छै से करैये-धरैये; ककरो क्यौ पूछ' जाइ छै ? बाबू जे मुइलाहए से ककरो पुछलथीन ? हम जे तेरहमे मे पन्द्रहम सन लगै छी से ?

कोन बाटें एते अकिल ओ ककरा सँ सिखलकै से भगवाने कें बूझल होइन्ह तँ होइन्ह; एट्ठथ पास हम तहिया की जान' गेलियै ई सभ ? जखन आब ताहि जोगर भेल छी तँ...

मुदा अवस्थाक नाम जे ओ लेलकै ताहि सँ पारोक अन्तर्द्वन्द्वक भनिता पकड़बा मे हमरा कने-मने मदति भेटबे कैल कि ! हम उनटे पूछि देलियै, तेरहम-पद्रहम की कहलें गए ?

हुँ ! बाबू कर्ता क' गेलथुन्ह आ तों सभ टा क्रिया-कर्म सम्पन्न कैने जाइ छहुन से तँ बेश मुदा...

एतबे कहि पारो जे घाड़ खसौलक तकर अर्थ धरि हमरा लागिये गेल, ताबे मे पीसीक अबाज सुनलियैन—मर, गै हे, खीराक बीआ किऐ ने जनमलउए ? पारो घर सँ बहराइत कहलकैन—बीआ तँ बढ़िम्मे रहै तहन आब जे भेल होइ !

पाछाँ हमहूँ बहरैलहुँ। हमरा देखितहि पीसी कहलथीन—नूनू केँ चूड़ा भूजि क' पानि पिबै ले' नहि देबही ?

इऐह, जाइ छी—तकरा बाद पारो गेलि गोठुल्ल दिस आ हम भेलहुँ दरवज्जा दिस, पीसाक ममियौत एखन धरि छलथीन्हे, हुनके सँ गप-शप कर'। हुनक, से पेट फूलल रहैन। काल्हि माछक अंडाक बड़ आ मासु परसन ल'-ल' क' मुलकी खेने रहथीन। कह' लगला—ओहो गाँ कोनो गाँ थिक जाहि ठाँ कागजी नेबोक गाछ नहि ? आइ-काल्हि गुमार केहन केने रहै छै ? चीनीक शर्बत मे एक्को खंड कागजी नेबो गारि दियइ आ से एक्को-आध गिलास जँ पी ली तँ एहना समय मे अहा हा हा हा...हमरा बूझि पड़ल जे उक्त प्रकारक शर्बतो पीबि क' हुनका तते परितृप्ति नहि हैतन्हि जते चर्चामात्र सँ भ' रहल छैन्हि। कने काल धरि महाशय आँखि मुनने छला, फेर वस्तु-स्थितिक ज्ञान भेलैन्हि। अपन नेत्र उन्मीलित क' क' चक्षुगोलक घुमबैत कहलैन—औ बाबू, अँहीक बुतें होए तँ होए, कतहु सँ उपर ने करू ?

कथी ?

उऐह, कागजी नेबो एक्को टा सँ प्रयोजन सिद्ध भ' जाएत। आ, हे, देखब गौरिया नहि उठा लायब; ओ महाग भुसकौल वस्तु थिक !

बेचारे एक्के दम मे तत्ते ने सुरड़ि गेला जे हम निस्तब्ध, अवाक् ! मूड़ी निहुड़ा क' बजलहुँ—हमहूँ जेहेन अइ गामक रहनिहार से अपने नीक जकाँ जनै छी, हमरा कत' भेटत ?

तखन ओ गिलेसन मे कते-कते टा कागजी नेबो केहन सस्त सँ सस्त भेटै छै से सुनब' लगलाह, तकरा बाद गमैया हाटक कुजरनी सबहि केँ काँच-पाकल गारि देब' लगलथीन। ओम्हर ड्यौढ़ीक टाट लग सँ थपड़ी पाड़ि पीसी हमरा आङन बजा लेलैन्हि। पाहुन अपन पेट हँसोथैत फेर पड़ि रहलाह।

हुनका लोकनिक भनसा रहैन पछवरिया घर, गोसाउनियो ओही मे छलथीन। ओही ओसार पर ठाँव भेल, फूलक छिपिया मे लप दुइयेक भूजल चूड़ा। घिउ सँ सानल, उपर सँ मरीचक बुकनी सेहो बूझि पड़ल। कसौंझी से। नोन फराके राखल, नीचा मे। कहाँ, अपना ओइठाँ पचासो बेर तँ अपर्णा भूजल चूड़ा घिउ मे सानिक खोऔलक हैत, ओ कहाँ कहियो फराक क' नोन रखने हैत ! आ, एते यत्न सँ एहि प्रकारें कहाँ कहियो ओ ठाँव-ताँव

कैने हैत ! अवस्था ओकरो एतबे छै, कुमारि ओहो अछिये। कने कालक बाद भेल जे पंडितक घर थिकै, सरिपहुँ, पीसा केहन कर्मनिष्ठ ब्राह्मण रहथि ! हुनके शुचिता, हुनके सादगी अपन शत-सहस्र किरण सँ ओहि आङनक व्यक्ति आओर वस्तु केँ उद्‌भासित क' गेल अछि ! लोटा-गिलास से पीसेवला। गम्हारिक चकरका पीढ़ी, सेहो पीसेवला ! कोंढ़ तँ फाट' लागल, मुदा सम्हरलहुँ। पैर धो क' जलखै कर' बैसलहुँ तँ पारो लागलि आबि क' पंखा हुँक'। पीसी केँ ता ओइ आँगनाक दियादिनी बजा लेलथीन। हमरा आँखिक सोझाँ तखन भूजल चूड़ा नहि, पीसाक धोधिगर मूर्ति नचै छल। पारो गमि गेलि। बाजलि—खा ने हौ, कत' छहु तोहर मोन ? इसकुल दू-एक दिन देरिये सँ पहुँचब' तँ तेँ की, तइ ले' क्यौ एते चिन्ता करए ? आ एम्हर सुन', एक टा नव बात बुझलहक ऐ ?

आब हम एकदम साकांक्ष भ' गेल रही, कहलियै—से की ? कहिया ले' धैने छें, सुना ने।

चारिये टा क' चूड़ा लागलहुँ फाँक' आ समधानि-समधानि नहूँ-नहूँ चिबाब, किऐ तँ सुनबा मे कान केँ बाधा ने होइक। पार्वती पहिने हमर तत्परता केँ निके ना लक्ष्य क' लेलक तखन कह' लागलि—तों तँ आब मोतिहारिये रहब' आ एबह जे से गर्मिक छुट्टी सँ पूर्व नहिये, ताधरि एम्हर जकरा गराँ मे फन्दा पड़बाक से पड़ि गेल रहतै—

एतबा कहैत मात्र ओकर मुँह दिनुका कुमुदिनी फूल जकाँ मउला गेलैक !

हाथ बारि क' हम पुछलियै—की, कतौ कथा-तथा भ' रहलउए ? पारो मूड़ी निहुड़ौनहि रहलि !

गए कत ?

... ...

ओ हुँकब बन्द क' पंखाक बेट सँ किदन-कहाँदन डाँड़ि पाड़' लागलि। हमरा मोन पड़ल तेसर सालक इएह आइ-काल्हुक एक टा बात। ओहि वर्ष, एह, आमो मुदा खिसियाइये क' फड़ल रहैक। पीसा कृत्रिम क' क' आमे खैक लेल हमरा बजबौने छलाह। पारो आ हम, दुनू गोटे भरि-भरि दिन कलमे मे रही।

पीसा हमर से गार्गी-मैत्रेयीक महान् प्रशंसक रहथि। मंडन मिसरक महापंडिता पत्नी भारतीक चर्चा जखन चलैक तखन मैथिलत्वक अभिमान सँ हुनक छाती मने दोबर-तेबर भ' उठैन्हि ! हुनका सेहन्ता छलैन्हि जे पारो केँ खूब पढ़ाबी जाहि सँ ओ आगाँ जाक' 'स्वतः प्रमाणं परतः प्रमाणं' पर्यन्त बूझ' लागए ! मुदा पीसी केँ से पसिन्न नहि, तइयो पारो शब्दरूपावली धातुरूपावली कने अमरकोश आ कने हितोपदेश धरि घोसि चुकल छलि। रामायण-तामायण बेश बुझैक। गोखरपुरवाली बढ़िम्मा गीता पीसा ओकरा मङवा देने रहथीन्ह। तकरे प्रतापेँ पारो अन्वय, पदच्छेद, भावार्थ से सत्यनारायणक कथोक लगा लैत छलि।

हम रही अगवे हिन्दी-अङरेजी पढ़निहार, संस्कृत सँ छूति नहि। नेना मे साल दुइयेक मातृक छलहुँ। नाना रहथि कर्मकांडी। हुनके घोखाओल दश-पाँच टा श्लोक, सेहो बिसरल जा रहल छल। दोसर ईहो जे अशुद्धक डरें पारोक सामने कि से कहियो बजलहुँ।

ओ धरि खूब रेघा-रेघा क' सुनाबै–आद्याप्यशेष जगतां नवयौवनाऽसि, शैलाऽधिराजतनाऽप्यति कोमलाऽसि...जाह, आब तँ ओहो आधा बिसरिये गेल अछि।

हँ, तँ हमरा मोन पड़ल तीनि साल पहलुक बात–एक दिन साँझ केँ बिहाड़ि बुन्नी ऐल रहै, दुहू गोटे मचान पर बैसल रही। कने कालक बाद पारो केँ हरलै ने फुरलै, ओ हमरा पीठ दिस भ' गेलि। ठेहुनिया रोपि, हमरा कान्ह पर भर दैत बाजलि–लाब' हौ बिरजू भइया, ढील ताकि दैत छियहु।

मोन तँ भेल जे कहि दियै, हमरा माथ मे कत' सँ ढील ऐल, ला तोरे ताकि दैत छियौ। मुदा कहलियै नहि, जेना तकै छलि से ताक' देलियै। दू-चारि बेरि नह परक पट्ट-पट्ट सूनि पुछलियै–गए की थिकौक ? कहलक जे लीख कते पोसने छह ? कने कालक बाद फेर बाजलि–एक टा बात पुछियहु हौ ?

दू टा ने पूछ–हम जवाब देलियैक।

ओ कहलक–भाइये बहिन मे जँ बिआह-दान होइतैक तँ केहेन दिव होइतै ! कत' कहाँदनक अनठिया केँ जे लोक उठा क' ल' अबैये से कोन बुधियारी ?

ई सुनितहि हम चिहुँकि क' अपन माथ छोड़ा लेल, उनटा क' की कहबै से तँ नहिये फुरल तखन, खाली डाँटि टा देलियै–अगिलही नहितन ! एहनो-एहनो बात क्यौ मुँह सँ बहार करैये ?...ओकरा बाद पीसा आबि गेल रहथीन, हमरा लोकनि केँ कलमक ओगरवाहि सँ फुरिसति भेटि गेल रहए।

एते दिन बाद ओहि दिन जलखै करबा काल फेर पारोक ओ पुरनके प्रश्न मोन पड़ल–कत' कहाँदनक अनठिया केँ जे लोक उठा क' ल' अबैए से कोन बुधियारी ? भाइये-बहिन मे जँ बिआहदान होइतैक तँ केहेन दिब होइतै...

आगाँक चूड़ा निंघटि गेल तखन समाधि टूटल। पारोक दुनू आँखि सँ नोरक दुइ टा टघार एही बीच कखन कोन बाटें बहि गेल रहैक कहि नहि, सेहो आब सुखैल जाइत छलैक। पंडिताइक टंट-घंट आ धार्मिकताक आड्वाल अहाँ हमरा मे जते आइ देखै छी पहिने कि तते रहए ? से, बिन कुरुड़ केनहि बामा हाथ सँ अपने धोतिक खूटें पारोक नोरक टघार पोछि देलियैक। ओहो मूड़ी-तूड़ी नहिये छिपलक।

ताबे मे पीसी आबि गेलथिन ओहि आङ्न सँ आ हमहूँ उठि गेलहुँ।

राति मे पीसी करैत रहथि भानस आ पारो रहए बैसलि, हमरे लग। हम से पीसाक सनुकचा खोलि हुनक पोथी सभ केँ उनटबैत रही। एक टा छोटछीन सुन्दरकांड रामायण (तुलसीदासी) तइ पर नजरि पड़ल, पीठ पर भकुआ अक्षर मे लिखल रहैक–

"सखि हम करमक हीन
कोन विधि खेपब दीन
कोन विधि खेपब राति
निठ्ठुर पुरुषक जाति
कोन विधि काटब काल
हैत हमर की हाल"

बूझि धरि गेबे केलियैक, तइयो, मुदा अनठा क' पुछलियै—गए, ई ककर लिखल थिकै ?

पारो मूड़ी निहुँड़बैत बाजलि—की जान' गेलियैक। लाजें कनपट्टी जे ओकर सिनुरिया आम भ' गेलै से देखिये लेलियै कि !

पोथी-तोथी छाड़ि दुनू हाथें ओकर दुनू कान्ह पकड़ैत कहलियै—लिखनाइ हिनकर जेना हम देखनहि ने रहियैन्हि—ऊँ हूँ !...आब बजैत की होइए बुढ़िया दाइ ?

ओ आर कठौत भ' गेलि। हम छोड़ि देलियैक। फेर दोसर-दोसर पोथी देख' लगलहुँ...किदन कहाँदन संस्कृतक पोथी तते ने रहैक जे मोन अकच्छ भ' गेल। हिंदीक एक टा ग्रन्थ भेटबो कैल तँ महाकठिन, गीतारहस्य (तिलककृत); पार्वती कें कहलियैक—जो, मोसि कलम ला तँ कने, काज अछि।

मोसि कलम जखन ऐल, तखन हम सुन्दरकांडक ओही पीठ पर आगाँ लिखि देलियैक—

भनहि विद्यापति सुनु हे गौरा
की पँडौल की भौरा

आ कहलियैक, भनिता तँ छोड़िये देने छलही, ले हम गीत पूरा क' देलियौ। पारो हमरा हाथ सँ पोथी झपटि लेलक आ फराक ल' जा क' आँखि गड़ा क' पढ़' लागलि।

गए आ ने इजोत मे पढ़ ऐन ?

नहि काज जोगर एम्हरो सुझै छै।

कनिक्के काल बाद जे ओ ठिठियाय लगलि से की कहू ? पोथी हमरा दिसि फेकि देलक, दुहू हाथ रोपि पीठक भरे भूमि पर बैसि गेलि आ तखन जे थिक ओकर खिखियैनाइ से की कहू ? हमरो हँसी लागल, कहलियै—दुर बतही, तोरा हँसबोक टा अबगति नहि छौक !

आब ओकर अट्टहास कमलैक। बाजलि—ई बप रे बप ! फकड़ा जे जोड़' अबैए बाबू साहेब कें, कहल ने जाए !...फेर हँस' लागलि। थोड़े काल बाद कृत्रिम गम्भीरताक स्वर मे बाजलि—

"भनहि विद्यापति गौरा
सक़ुरी आर दहौरा।"

थोड़े काल बाद फेर—

"भनहि विद्यापति गोपी
की अंगा की टोपी"

हम खिसिया गेलहुँ, बड़ भेली-हए ! चुप रहबें आकि नहि ? सोर पाड़ियैन पीसी कें—पीसी, देखियौ एकर ड'ल...

गोड़ लगै छियहु बिरजू भइया, नहि सोर पाड़हक। आब नहि कहबहु।

कान पकड़ अपन !

पारो घाड़ खसा लेलक। ओम्हर पीसी केँ मने भानस-भात ता भ' गेल रहैन ओ आसमर्द कैलथीन—कत' गेलैं गए बौअनि, ठाँ क' दहुन ऐना सबेरे खा लेता आ पाहुन केँ पुछि अबहुन, एक्को कौर दही-भात जँ खा लितथि...

पारो बहराइलि। हमहूँ पोथी-तोथी सरिया सनुकचा बन्द क' बहरैलहुँ।

विशेष रूपेँ पुछला पर असल बात पीसी सँ ज्ञात भेल। पूब भरक एक टा कथा छलैन्हि। दुतीय वर, अवस्था पैंतीसम। पढ़ल-लिखल मामूली, जमीन-जजात पर्याप्त। दलान पर गोड़ चारियेक बखारी। जूति चलै छैन्ह सतमाइएक, ओहि दिस सँ वैमात्रे बहिनि मात्र—ताहू बेचारोक कपार दुरागमनक उपरान्ते जरि गेल छैन्ह। सासुर मे खगता कथुक नहि, तइयो माइये लग रहै छथीन्ह, आर किच्छु नहि खाली तीर्थ करबाक वै छैन्हि। थिकाह ओ लोकिन गामक डीही, बुधवारे बघाँत। चुल्हाइ चौधरि नाम थिकैन्ह, सोनमनि चौधरिक बालक ! मातृक ककरौड़, मातृमातृक पिलखवाड़। बहिनोए छलथीन्ह से सौराठहिक आ सतमाय थिकथिन्ह सुखसेनाक। महेशपुर पाँजि छैन्ह। देख' सुन' मे से महाभव्य, खैबा-पीबा मे भोगीन्द्र। एहन घर-वर पड़ले पाबी। हाथ ध' क' आनल जैताह। पीसाक भगिनमान लूच झा घटकैती क' रहल छथीन्ह। जगदम्बा अवस्से छौंड़ी केँ ई घर-वर देथिन...भोरखन दोसर दिन पीसी ई सभ कहैत रहथि कि ओम्हर सँ अकास मे 'केँऽऽऽऽ केँ होंऽऽऽऽ' करैत चिल्होरि उड़ल जाइत रहै। ओकरा लक्ष्य क' क' करद्वय सहित शिरसंयोगपूर्वक ओ बजली—हे जगजननी, अँहीक टा भरोस अछि; पारोक नाओ माझ धार मे झिझ्झरकोना खेलाइ छै, हे महामाया, अँही बुते पार लागै तँ लागै।

ओही दिन हम अपना गाम चल ऐल रही।

मामा हमर मोतिहारी जिला स्कूलक हेडपंडित छलाह, बड्ड नीक लोक। दुइ स्त्री गत भ' गेल छलथीन्ह, कतबो जोर लोक लगौलक, तेसर बिआह ओ कि कैलथीन्ह ? नौ भाए-बहीनि होइत गेलाह ताहि मे दुइये बाँचल छलाह—ओ आ हमर माए। जेठाइ-छोटाइ नौ वर्षक। मामाक परमहंसी चालि देखि क' माइयो केँ कोंढ़ फटैक।

हिनका हमर से बड्ड आवेश, हमरा लेल ठेहुनिया रोपि कोना बेचारे घोड़ा बनथि आ कोना हम हुनका 'किक्-किक्-किक्' क' क' हाँकी से कने-कने औखन मोन पड़ैत अछि ! ओहि बेर पंडौलक हाइ स्कूल सँ जखन एट्थ मे हम फस्ट कैल तँ से सूनि मामा बाबू केँ कहा पठौलथीन्ह—बिरजू केँ अपना सङ राखि क' पढ़ाबै चाहै छियैक, पाँच दिन पहिनहि हमरा गाम पठा दियौक।

बाबूक विचार रहैन्हि जे हम पंडौल सँ एन्ट्रेन्स पास करी कि तँ लग मे हमरा रहला सँ गृहस्थी मे कने मने उपकार होइन्ह।

बड़का भैया समस्तीपुर मे मोहर्रिर छलाह, मझिला भैया रहथि राजनगर मे मास्टर। लाल भैया मिडिल क' क' गुरुट्रेनिङ् केने रहथि, किछु दिन दहौराक अपर प्राइमरी स्कूल मे मास्टरी कैलाक बाद कांग्रेसक हु ले ले ले मे पड़ला, साल भरि जहल कटलैन्हि आ

आब 'किसान सभा जिंदाबाद, जमींदारी प्रथा मुर्दाबाद' करैत छलाह। गाँव-घर सँ हुनका जेहन सरोकार रहैन्हि से दैवे जनै छथि। कन्टीर सहजहिं नेने रहथि।

हमरा रहला सँ बाबू कें उपकार अवस्से होइन्ह। कैला बड़द तेहेन ने बदमाश रहैन्हि जे हुनका पकड़हि ने दैन्ह, सिलेविया छलैन्ह महाग चोर। ओ नजरि बचा क' फट द' पहुँचि जाइक खेत मे, हे हे हे हे हे एम्हर—कतबो ललकारियै फराक सँ ओ कि मानैक, चारि मुँह मारिये लैक; हम रहियैन्हि लग मे तँ रोम' दौड़ी। अपन देह रहैन्ह भरिगर, कनियो झटकारि क' चलक पड़ैन्हि आ कि अपस्याँत भ' जाथिन्ह।

छोट-मोट सौदा किनबाक लेल हाट सेहो हमरे जाए पडए। जन-बड़िजना कें अढ़ौनाइ तहू मे हमही। इयौढ़ा-सवाइक हिसाब सेहो हमरे राखक पडय। गाछी, पोखरि, कलम, बाँस-सझिया जते जे रहैक तकर आम-माछ काठ-कड़चीक बखरा हमही कराबी ग'। एही सभ कारणें बाबूक इच्छा रहैन्ह जे बिरजू गामहि रहय। पंडौल मे पढ़बो करत आ घरक काजो देखत।

हमरा गाम सँ स्कूल एक कोस, कचिया। नित्त जाइ आ नित्त आबी। रवि दिन क' छुट्टी रहबे करैक ! पावनि-तेहार नोत-हकार सभ परि लागै। एहना स्थिति मे एकाएक गाम छाड़ि मामाक संगे मोतिहारी गेनाइ हमरो कोनादन बूझि पड़ल। मुदा माइक आग्रह देखि बजलहुँ किछु नहि। नव देश नव लोक। देखबाक सेहंता नहि रहै से नहि, परन्तु...

परन्तु कनिये टा सँ जकर जकर मुँह-आँखि देखैत ऐल रहियैक, जकरा-जकरा सँ बजैत-भुकैत खेलाइत-धुपाइत ऐल रही ताहि संगी साथी सभहि सँ फराक होइत बड्ड केहनदन लागल। ओ माटि-पानि, ओ घर, ओ दरबज्जा, ओ गाम, ओ बाध-बोन, ओ पोखरि, ओ इनार, ओ माल-जाल, ओ कुकुर-बिलाड़ि, ओ बुढ़वा पीपर, ओ गाछ-बिरिछ, ओ दूबि, ओ घास-पात सभ मने हमरा एक दिस सँ रोक' लागल—नहि जाह, नहि जाह नहि जाह ! मोन होऐ जे ठोहि पाड़ि क' खूब कानी, मुदा लाजे कनलहुँ नहि। माए कान' लागलि तँ उनटे ओकरा मना कैलियै—दशमीक छुट्टी मे ऐबे तँ करब, जाइ छी कतहु आनठाँ ? बताहि भेलैहें ?

बाबू कें गोड़ लगलियैन्हि। आशीर्वाद तँ देलैन्हि, मुदा मोन सँ नहि। हुनका तँ इच्छा नहिये रहैन्हि, माए हुनका रूसि-फूलि क' मना लेने छलि।

मातृक एलहुँ, मामा तैयारे छलाह। घोंघरड़िया सँ मोतिहारी। नव देश नव लोक। देख' मे अधलाह नहि बूझि पड़ल। दस-पाँच दिन मे दु-चारि टा सङ्तुरियो भेटिये गेल। मामा बेश आबेशी छलाह। पितियाइनि छलथीन्ह विधवा, निष्ठावती। ओ सङे रहथीन्ह। एहि सँ पहिने मामा रहथि छपरा मे। साल पाँचेक सँ मोतिहारी रहै छलाह। पितियाइनि तपस्विनी, तँ जाउतो तेहने। ने हुनके क्यो, ने हिनके। हमर तँ ओ नानिए छलीह, पाल-पाल क' पौलैलन्हि। रामायण पढ़बा क' अधिक काल सुनल करथि, तुलसीदासी। मामा कें जहिया छुट्टी रहैन्हि, बङला महाभारत सुनबथीन्ह। कहियो कहियो 'कल्याण' से।

आब' काल पीसी कहने रहथि जे कुशल छेम लिखैत रहिह, दस दिनुक बाद हुनका एक टा पोस्टकार्ड पठा देलियैन्हि, नीके ना पहुँचलहुँ ततबे धरि लिखने रहियैन्हि। पीठ पर अपन पता से लिखि देने रहियैक।

मास दुइयेक बितल हेतैक, मामा कोनो काजे बेतिया गेल रहथि। परसू अनंतक पूजा रहै। हम गूहैत रही अनंत, ठोकैत रहै ठिठरा—अपना बहियाक एहि कठबेटा कें मामा परुँकहि सँ सङे रखने छलथीन्ह, छौंड़ा रहै धरि बेश चेष्टगर मुदा ई ठोकनाइ ओकरा नहि उजियाइत रहैक तें हम कने तमसा गेल छलिऐक। अही बीच मे स्कूलक चपरासी गोड़ तिनियेक चिट्ठी देलक आनि क', एक टा ओहि मे हमरो नामे रहै। बदामी रंगक कागज कें साटि-सूटि क' बनौल देहाती लिफाफ। लाल मोसि सँ पता लिखल छलैक—बाबू श्री ब्रजकान्त झा मारफत पंडित श्री एकनाथ ठाकुर, जिला स्कूल मोतिहारी। पारो केर अच्छर चिन्हि गेलियैक।

हुलसि क' अपन लिफाफ लेल। ठिठरा पुछलक—कत' सँ ऐल ऐ बाबू ? कहलियै जे पीसी लिखलनिए। जो, अनंत आब एखन नहि गूहब। बेरुक पहर तँ तों बैसले रहै छें ?

ओ चल गेल आङन। हम उत्सुकता सँ लिफाफ खोल' लगलहुँ, झट सँ नहि खूजल तँ कोन पर कने खोटि क' ओहि मे आङुर पैसा क' फाड़ि देलियेक। चिट्ठी तते पैघ नहि, मुदा कागत नाम रहैक। लाले मोसि सँ लिखल। आ लिखल की रहैक, से ने सुनू।...

स्वस्ति श्री बिरजू भइया कें पार्वतीक प्रणाम। हम दुहू माइधी कुशल छी। तोहर कुशलादि चाही जे सूनि मोन आनन्द हो। आगाँ सुरति जे माय कें मलेरिया भ' गेल छलैए। आब ओ निके अछि। नतागति धरि औखन छैहे। तोरा गामक फुचाइ झा अहू गाम ऐल रहथि। हमरा नहि बूझल छल जे ओ नचारी गाबि-गाबि निर्वाह करैत छथि। दिन सातेक छलाह। दू दिन हमरे ओत'। एत' सँ अमैठी गेला। अमैठी सँ बहेड़ा दिस। उऐह कहलैनि जे बिरजू बाबू दसमीक तातिल मे गाम औताह। से जँ सत्ते गाम आबह तँ एक उखड़ाक खातिर अहूठाँ अबिह' माए कें तों बड्ड मोन पड़ै छहक। बाबू कें परुकाँ बहेड़िक टुन्नी बाबू जे पशु देने रहथीन तकरा माए पोसियाँ लगा देने छलैक। गाभिन ओकरा तों देखिए गेल छहक, हमही देखा ऐल रहियहु। पितरपच्छ धरि ओ अवस्से बिया जेतइ। तें माइक आग्रह जे तों दशमीक छुट्टी मे गाम आबह तँ अहूठाँ ऐबे टा करिह' गम्हड़िक चूड़ा तोरा ले' कुटाक' राखल रहतहु। हमरा ले' एक टा किलिप नेने अबिह', सोनहुला। इति। भादव सुदि नवमी बुध।

कोना कहू जे हम ओहि चिट्ठी कें पाँच खेप बाँचल आ कि छौ खेप। आँखिक सोझाँ मे बूझि पड़ै जे एक टा नहि पचीस टा पारो नाचि रहल अछि। नचैत-नचैत ओ सभ नहूँ-नहूँ उपर उठि-उठि आकाश मे उड़लि जाइत अछि। ओकरा सभक स्थान मे फेर दोसर-दोसर पारो ने जानि कत' सँ आबि-आबि ठाढ़ि भ' जाइत छैक। एहि प्रकारें हम जाग्रत-स्वप्न देखि रहल छलहुँ आ कि पैरक दुनू बुढ़वा आङुर पकड़ि क' ठिठरा अनचोकहि मे तते जोर सँ घिचलक जे हमर समाधि टूटि गेल। ओ आङुर फोड़ैत

बाजल—कै बेर कहलहुँ अछि जे ठाँव भ' गेल, चलू, से आइ अहाँ कें की भेल अछि ? बहीर भ' गेलउँहें ?

आगाँ मे पड़ल छल चिट्ठी। ओकरा ओरिया क' पुनि लिफाफ मे धैल। विदा भेलहुँ आङन दिस। हँ, आङने कहबाक चाही, कियैक तँ मोतिहारी कोनो कलकत्ता बम्बइ तँ थिकैक नहि। दड़िभंगेक दोसराइत। खपड़ैल मकान सभ बेश गौंगर—आङन समेत तीनि टाका चारि टाका मे तहिया किराया पर भेटैक। मामाक डेरा ओही प्रकारक एक मकान मे छलैन्हि। बड़की सड़क सँ हटि क', झील सँ सटले पूब। पछुआड़ मे छोटछीन बाड़िओ छलैक। कड़रिक दू तीन बीट, एके ठाम गोड़आठेक थम्हगर केराक' गाछ। करजान कहाब' जोगर नहि। बाहर सँ बेश झमटगर बूझि पड़ैक। केराक ओ कुंजवन आइयो की बिसरैत अछि !

नानी ओ मामाक नजरि बचा क' कैक बेरि ओही कदली कुंज मे हम पार्वतीक चिट्ठी पढ़ने हैब से नहि जानि। ओहि बाड़ी मे और की रहैक ? किछु नहि। हँ, कागजी नेबो केर दू टा गाछ सेहो छलैक, भने मोन पड़ल। मामा जन राखि ओहि बाड़ी कें तमबाबथि। आसिन मे ओहि ठाँ प्रतिवर्ष कुर्थी बाओग होइक। मामा कें कुर्थीक दालिक बड़ आवेश। आ सत्तें जँ पूछी तँ पूस मे नवका उसिना चाउरक भात, आद देल कुर्थीक दालि हमरो-अहाँ कें बेजाय लागत, से तँ नहियें !

औ जी भसिया गेलहुँ ! की कहबाक छल आ की कह' लगलहुँ। हँ, तँ, नानी ठाँव केने भात सठने बैसलि छलीहि बाट तकैत। आङन गेलहुँ तँ फराके सँ देखि अभिरोषक स्वरें ओ बजलीह—हँ, तीन खेप तखन सँ हम तूर तुमलहुँ अछि, डेढ़ बीस पीर बनौलहुँ अछि। तोरा आइ की भ' गेलहु ? अनन्त गुहबाक छलहु तें जलखइयो नहि केलह ! आबह, गिलास मे पानि राखल छहु, पैर धो लैह। बैसह ग'। हम इयैह अयलहुँ।

पैर धो क' खाय तँ हम बैसलहुँ मुदा मिजाज चंगे रहय। खाय मे कि मोन लागल ? मोन करय जे एखन जँ पाँखि रहैत तँ उड़ि क' पीसी लग चलि जैतहुँ।

नानी गमि गेलीह। कहलन्हि—बिरजू, ठिठरा कहै छल जे बौआ कें कत' दन सँ लेहाफ आ कि लिफाफ कीदन कहै छै से ऐलन्हि अछि; चपरासी द' गेलन्हि से की छलहु बापक चिट्ठी ?

हबर-हबर ओहि दिन हम जिनगी मे बड़का फूसि पहिले पहिल बजलहुँ। तपत भातक कौर कहियो गिड़ने छी ? फूसि ओहू सँ बढ़ि तपत होइ छै ! से, हम नानी कें कहलियैन्हि जे हँ बाबुएक चिट्ठी ऐल अछि।

ने जानि, कोन चोर कोंढ़ करेज मे बैसल छल, बनसी पथने ! मोन तँ भेल जे पारोक नाँ कहि दियैन्हि नानी कें, मुदा से भेल कहाँ ! गैंची माछ जकाँ जीह कें केदन लप द' घींचि लेलक, छटपटाइत जीह बाबूक नाँ ल' लेलकैन्हि। नानी फेरि पुछलैन्हि—कह' गामक कुशल छेम, गुजिया कोना अछि ?

हमर माइक नाम रहैक गुह्येश्वरी। सुभीताक हेतुएँ माय, बाप गुंजी अथवा गुजिया कह' लागल हेतैक। नानी तें पहिने अपना जैधिये द' पुछलैन्हि। हम कहलियैन्हि जे हाल

चाल तँ बेश मुदा बाबूक कनगुरिया मे खाट घोरबाक काल मूजक बानिक खैंक कने गड़ि गेल छलैन्हि, बहरैलन्हि नहि तँ पाकि गेलैन्हि। बाद मे उऐह भ' गेलैन्हि डिठौरी। सकुरीक अस्पताल मे जा क' चिरबौने छलाह...

बीचहि मे नानी चेहा उठली—गे दाइ गे दाइ ! चिराब' काल तँ जाने चल गेल हेतैन्हि सुनै छिऐ जे शीशी सुँघा क' बेहोश क' दै छैक।

हम एक बेरि जे फूसि बजलहुँ तकरा झाँपक लेल ओहि दिन कै ढाकी फूसि बाजल रही ! हे भगवान...

आगाँक भात कहुना निंघटा क' उठलहुँ आ हाथ धो क' चल जाइत रहलहुँ बैठक मे। के गुहैये अनन्त, आ के सोर पाड़ै छै ठिठरा केँ ? भीतर सँ बिलैया लगा क' केबाड़ बन्द क' देलियैक—देह नड़ा क' अखरे कम्मल पर पड़ि रहलहुँ। तैयो की कछमछी गेल ? उठलहुँ, डाँड़ सँ लिफाफ बहार क' फेर ओ चिट्ठी पसारल। कने कालक बाद एक टा उपाय सूझल। चिट्ठीक जवाब देबाक कोनो टा आवश्यकता नहि रहैक, तैओ हमर मोन लुसफुसाए। कोनो वैवें जँ दू आखर पारो केँ लीखि पबितियै ! बुद्धि फुरैबाक भारा मने सरस्वती केँ छैन्हि, जगदम्बा ओहि दिन हमर सहाय भेली। उपाय सुझौलन्हि। निश्चय कैल जे पीसी केँ चिट्ठी लिखबैन्हि। पीसाक सनुकचा मे हितोपदेश देखने रहियैन्हि। तकर किछु अंश बेश कटगर लागल छल, भाषा टीका। से, विचारल जे पीसी केँ लिखबैन्हि जे पठा दिय'।

पारोक चिट्ठी हमरा लेखें यन्त्र भ' गेल। एको छन ओकरा फराक रखनाइ सोहाइ नहि छल। कोनो तेहन बात ओहि मे नहि रहैक तैयो होए जे क्यो पढ़ि न लिऐ। अपने धरि जखन एकान्त पाबी तखन ओरिया क' ओकरा बहार करी आ, दू खेप तीन खेप पढ़ि जाइ। जै बेर पढ़ी तै बेर बूझि पड़ै जे भाव बदलि गेलैक अछि। पढ़ला उत्तर होऐ जे कदाचित्त पार्वती हमरे संगे रहैत आ, सङहि पढ़ैत तँ हमरा सँ पहिनहि एन्ट्रेंस पास क' जाइत।

अनन्त आखिर नहिये गुहलियै। नानी दू आना मे एक टा अनन्त हमरो ले' बजार सँ मङबौलैन्हि।

अनन्तक पूजा दिन भोरे मामा आबि गेल रहथीन। एह, कते उत्साह सँ हम अनन्त गुहनाइ आरम्भ केने छलहुँ ! पारोक पत्र नहि अबैत तँ किन्नहु बजारक अनन्त हम पहिरितियैन ?

तीन-चारि दिन बाद पीसी केँ हम चिट्ठी लिखलियैन्हि। अक्षर हमर सुन्दर होइत रहै, मुदा भखियौटी लिखबाक अवसर कहियो कि भेटल छल ? अ, आ इ, ई, हम गामहि मे शुरू केने रही। भट्ठा पकड़ौने रहथि करिया बाबा—ओ ना मा सी धङ। तकरा बाद गामक नेना भुटका जोड़ि दैत छैक—गुरुजी खसला चितङ। हमरो पहिलुकाक अर्थ नहि लागै तेँ दोसरे आकर्षक बूझि पड़ैत छल। हँ, से की कह' लगलहुँ ? 'अक्षर हमर' सुन्दर होइ छल ? तकर श्रेय गामक गुरुजी जीवछलाल दास केँ। हुनका ऐ बातक बड़ सेहन्ता रहैन्ह जे छौंड़ा सभैक अक्षर सुरेबगर होइक। बड़े यत्न सँ ओ बेचारे सरपतक कलम

बनाबथि, पोतल तै पर सँ कचरल पाटी पर घोरल गाविछक मोसि सँ पहिने अपनहि लिखि-लिखि देखा देथीन्ह, तकरा बाद चटिया सेहो ओकर नकल करबाक चेष्टा करै। एहि तरहें छओ मास धरि ओ लिखबथीन्ह। तखन हुनकर कोनो चटियाक अच्छर कौआक टाङ सन किएक होइतैन्हि ? पारोक अच्छर मुदा अधलाह होइत रहैक। ओकरा पीसा अपनहि भट्ठा पकड़ौने रहथीन्ह। बादहु मे लिखब-पढ़ब जे ओ सिखने छलि से पीसेक प्रतापें। हुनकर अच्छर विचित्रे काटक होइन्हि। चारि अच्छर अपन दसखत कर' काल लिख' पड़ैन्हि सेहो नहि सरियाइन्हि–'पुलकित' मे पु लिखथीन्ह देवनागरीक तँ ल लिखथीन्ह तिरहुताक कि लिखथीन्ह कैथीक तँ त लिखथीन्ह उड़ियाक। कोनो अच्छर छोट तँ कोनो पैघ ! अपन ई कला ओ पार्वतियो केँ सिखौने रहथीन्ह। मुदा अपना बोली मे लिखनाइ ओकरा खूब उजियाइक।

हम जे पीसी केँ चिट्ठी लिखलियैन्हि से संक्षेपे–

स्वस्ति श्री गंगाबदाराध्य पीसी केँ ब्रजकान्तक प्रणाम। अहाँ लोकनिक कुशल समाचार जानि मन प्रसन्न भेल।

पुबरिया घर मे बड़का सन्नुक पर पीसावला जे सनुकचा राखल छै ताहि मे हितोपदेश (भाषा टीका) हेतैक से ताकि क' राखब। दशमीक छुट्टी मे हम गाम ऐब। अहूँक ओहि ठाम अवश्य ऐब। पारो हमरा ले' जनौ काटि क' राखय। इति।

तिथि ठेकान नहि छल। अङरेजी तारीख देनाइ कठाइन बूझि पड़ल। मोड़ि-माड़ि क' लिफाफ मे बन्द क' देलियैक। साँझ केँ टहलक लाथें गेलहुँ आ, ढोल मे खसा देलियैक।

तेहेन ने दुखित पड़लौं ओइ बेर जे गाम कि जा भेल ? मामा केँ सहजहि देश जैबाक ततेक-बेगरता नहियें रहैन्ह। परिवारक नाम पर पितियानि मात्र रहथीन्ह, सेहो संगहि ! नानीक नेयार रहैन्ह दशमी मे विन्ध्याचल जेबाक, मुदा हमहीं दुक्खित पड़ि गेलहुँ तेँ हुनका लोकनिक ओ नेयार नेयारे रहि गेलैन्हि। हमरा मन करै जे गाम पठा दितथि तँ चारिये दिन मे टनमना जैतहुँ। परन्तु एम्हर तँ जेहने जाउत खोमाह तेहने पितियाइनि खोमाहि। ठकबा केँ सिखा देलियै जे तों खोध-बेध कर', की कहै छथुन्ह से सुनियैन्हि। ओ छौंड़ा मामा जखन खाइत रहथि तैखन एक दिन नानी केँ पूछि देलकैन्ह–गिरहथनी, बिरजू बाबू जँ देश जैतथीन्ह तँ दुइये दिन मे बोखार लपत्ता भ' जैतैन्ह।

नानी सँ पहिनहि मामा बाजि उठलथीन्ह–दुर बैटचोद ! तों कि जान' गेलही ई सभ ? दशमी मे क्यो घर छोड़ैये ?

नानी मामाक अनुमोदन करैत कहलथीन्ह–कलशस्थापन सँ ल' क' जतरा धरि केयो कतौ जैबाक नाँ लइये ? जंगल मे तँ बिरजू नहियें छथि, छथि तँ एहू ठाम छाँहे तर।

हम सूनल। करब की, निसास छोड़ि क' रहि गेलहुँ। सौंसे दशमी मङनियें मे बीति गेल। आराम भेबाक भेबे कैल, मुदा तातिल बितलाक बाद। सात दिन पर पथ भेल। नानी बड़ परिचर्या केने रहथि। मामा केँ निश्चय छलैन्ह जे छूटि धरि जैबे करतैक तेँ हमरा गाम पर किछु लिखलथीन्ह नहि। सुकरातिक बाद लगलहुँ मन लगा क' पढ़'। परीक्षा पकड़ने छल टीक। आन दिस जे मन दौड़ैत तकर कोनो उपाय नहि। तामस उठै

सरकार पर जे एत्ते-एत्ते पोथी परीक्षा मे किऐ द' दै छैक। अपना गामक गोनू पाठक मोन पड़ला। हुनका द' लोक कहैन्ह जे नौ वर्ष धरि एके टा पोथी ओ पढ़लन्हि, कौमुदी। तही प्रतापें औखन धरि जबार मे बाँहि पुजबै छथि। परन्तु एम्हर अङरेजिया स्कूलक रंगे-ढंग दोसर। सभ साल किलास बदलू। पनरह-पनरह टा बीस-बीस टा पोथी कीनू, आ, चतुर्थीक रात्रि मे वरक सौजनक काल जेना सचार लगै छै, तहिना कने-कने बहुत किछु पढ़ू ! छीया ! ईहो कोनो पढ़नाइ थिकै ? परुकों साल संगी कहने रहथि—हँ, आब संस्कृतोवला सभ कें 'इदमन्नंइमा आपः' कर' पड़ै छैक। हम पुछने रहियैन्ह, से की हौ ? जवाब भेटल रहै—प्रथमा परीक्षा मे सेहो इतिहास भूगोल आ गणित राखि देने छैक। गुरुजी (पंडित चतुरानन्द झा काव्यतीर्थ) अपस्याँत रहै छथि !

हँ, तँ की कह' लगलहुँ ? परीक्षा आबि गेल कपार पर ? हँ से सैह। मुदा, पारो जे गम्हड़ी चूड़ा द' लिखने रहै से कौखन-कौखन मोन पड़य। पोथी पसरले रहि जाय। हे दुर्गा, पीसी की कहैत हेती आ की कहैत हैत पारो ?

परीक्षा भेल। पासो कैल। तकरा बाद ईहो सूनल जे पारोक बियाह भ' गेलैक। उएह, पुरनके कथा ठीक भ' गेलैन्ह। हमर माय जे चिट्ठी लिखबौने रहै तही सँ ई सभ ज्ञात भेल छल।

देश जैबाक ता बीच मे कोनो दाओ नहि।

पारोक सम्बन्ध मे पीसी कते चिन्तित रहै छली, से हम देखि ऐल रहियैन्ह। हुनक इच्छा छलैन्ह जे कहुना कतहु छौंड़ीक थीति बीति आब भइये जाइक। पीसाक मुइलाक बाद हुनक ओ चिन्ता और बढ़ि गेल रहैन्ह। बात-बात मे पारो पर खिसिया उठथीन्ह, बाढ़नि ल' क' झाँट' दौड़थीन्ह। हमरा आश्चर्य लागै जे ओहन मधुर पीसीक स्वभाव, से आब की भ' गेलैन्ह अछि हिनका ? बात-बात मे खौंझा उठै छथीन्ह ! परन्तु तै दिन ई सभ बुझबाक की सामर्थ्य छल ?

से नीक भेलै जे ओकर बिआह भ' गेलैक। तेसर वर भेलै तँ तें की ? घर तँ सुखितगर भेटलैक। हमरा बड़ प्रसन्नता भेल। ततेक प्रसन्नता भेल जे पीसी कें चिट्ठी लिखलियैन्ह। बिनु परिचयहिं चौधरी कें नमस्कार से लिखि देलियैन्हि।

तकर जवाब हमरा नहि ऐल। कोन बात छलैक जकर जवाब अबितए ?

गर्मिक तातिल जे ओहि साल पड़लैक से आधा जेठ मे जा क'। नानी, मामा, ठकवा आ हम चारू गोटें देश गेलहुँ। दू दिन मातृक मे रहि गाम ऐलहुँ। गाम मे सभ छल निके ना। बाबू सेहो एहि बेर वेश फुर्तिगर बूझि पड़ला।

बहुत दिन पर जे गाम ऐल रही से जेम्हरे जाइ तेम्हरे बढ़ियाँ लागै। रड़िनियाँ सभ परुकाँ साल धरि जे पितियाइनिक वर्ग मे अपन लेखा करैत छलि से सभ आब कात-करौट सँ हँसी ठट्ठा कर' लागलि। अपना कूल-खूँट मे जे भाउजि लोकनि पहिने अबोध बूझि हल्लुक हँसी करैत छली ओहो लोकनि आब नाक-मुँह झाँपि बैसक लेल पीढ़ी देब' लगली। संयत आँखि कोनो बातक गम्भीरता कोन प्रकारें बढ़ा दैत छैक, से आब हमहुँ बूझ' लगलिऐक। सङतुरिया सभ जे टालि-गुल्ली किंवा दोलबत्ता पहिने सडे खेलाइत

रहै ओहो सभ आब हमरा अपन खेल मे शामिल करैत धकचकाय लागल। हमहूँ एहेन जे सजाओल धोती ओ हाफ कमीज सदिकाल पहिरनहि रही ! सङ्‌गी एक दिन ठाँहि पठहि कहिये देलक कि—बड़ भेलैहें, रौ, नवाबक जमाय नहितन ! शहर मे रह' लगलैहें तँ दिमाग भ' गेलउए ?

आमक कुच्चा मोतिहारियो मे भेटबे करै। झक्का, मुदा गामहि मे परि लागल। म बाबू (मक्खन ठाकुर) क कलम मे दू टा कृष्ण-भोग ओहि बेर खूब फड़ल रहैन्हि। अपन कृष्णभोग फड़ल नहि छल। झक्का खाए ले' से मोन मुलकी लुसफुसाए। इयारक कान फूकल। ओ कहलक जे थम्हि जो, काल्हि।

दोसर दिन दुपहरिया मे म बाबूक बगवार जखन मचान पर सूतल रहैन्हि तखन इयार जा क' चढ़ि गेलैन्ह गाछ पर आ गोड़ पाँचेक कृष्णभोग तोड़ि अनलक। अपनहि दलानक कोठरी मे सोहलक आओर झक्का बनौलक। ततेक ने खाइत गेलियै जे साँझखन पेट दर्द कर' लागल।

ओही दिन आकि ओकर पछिलुका दिन अपर्णा एक टा बात बाजलि रहै से औखन हमरा ओहिना मोन अछि। पहर भरि दिल भेल हेतैक, हम रही मँड़वा पर बैसल। बेल खाइत रही। गोसाँइ पोखरि परहक मुंगबा बेल। माए रहय खोंटैत पटुआ सागक मूड़ी। मझिली भौजी पकबैत रहथि भनसाघरक असोरा पर जाफरीक अढ़ मे खपरसुक्खा सोहारी। अपर्णा कटैत छलि टकुरी। ओम्हर सँ हहाइलि-फुहाइलि आइलि हेहुआ माए। हमरा देखितहि बाजलि—ए हे ! बिरजू तँ फूटि क' पुरुष भ' गेलथीन ऐ। काकी, हिनकर बिआह बलु करा ने दितथीन अइ बेर ?

तै पर ओकरा माए तँ किछु नहि कहलकै, कहलकै अपर्णा। कहलकै जे ऐं गे, ओकि माउगि थिकइ ? बिआह एखन दू वर्ष नहिये हेतै तँ की हेतै ?

हम अपना छोट बहीनि, अपर्णा, दिस ताकल। देखलियै जे ओ मूड़ी निहुड़ौने काटल खेप केँ टकुरी मे लपेटि रहलि अछि। चट द' ध्यान चलि गेल पारो पर। ओहो तँ एकरे बतारी थिकैक। ई भुट्टि ओ नामि। भेद एतबे।

तखन हम एहि बातक अंदाज लगाओल जे किऐक बारहम-तेरहम-चौदहम चढ़ैत-चढ़ैत अपना देशक कुमारि सभ ज्ञान प्रान मे बुढ़ियाक कान काट' लगैत अछि। बापक लटकल मुँह, माइक सुन्न आँखि ओकरा लोकनिक होस-हवास केँ दबने रहैत छैक। नीक कि अधलाह जैह ककरो पाला पड़लि आकि स्वाच्छन। कुमारिक हेतु बिआह थिकैक एक प्रकारक वैतरणी। डर एही पार टा, प्राणक रच्छा ओहि पार गेनहि ! सैह, पारो आब ओहि मरखाहि नदी केँ पार क' चुकलि। भने तँ कहलकै अछि अपर्णा। हम कि माउगि थिकहुँ ? समय पर बिआहक फिकिर तँ माउगिक लेल ने कैल जाइक, पुरुष केँ कोन ? ओकरा हेतु तँ बिआह-दान तेहने जेहने फगुआ-सुकराति...

हम बैसले रहि जैतहुँ, मुदा माय कहलक—जाह, सबेरे नहा आब' ग'।

दू-तीन दिनुक बाद गेलहुँ पीसीक ओत', ओ कहा पठौने रहथि। पारोक बिआह भ' गेला पर ओ हल्लुक भ' गेल छलीह। मुदा तेँ की ? बिअहुता कनियाँ जा धरि सासुर नहि

जाउक ता धरि ओकरा माय-बाप केँ किछु ने किछु तरदुत रहितहि छैक। कोजगराक भारदौर मे त्रुटि भेल तँ समधि-समधिनि नराज। जराउड़ि मे भड़कदार रैफड़ वा शाल नहि देला उत्तर जमाय फूलि क' तुम्मा। बात-बात मे हुनक रुसबाक डर।

पीसीक हाथ पर हजार डेढ़ेक टाका रहैन्हि। सन्तानो तँ दोसर नहियें, तखन बचवितथि ककरा ले' ? जमाय केँ विदाइ ओ औकाति सँ बाढ़िये देने छलथिन्ह। ओ सभ से एहेन धरकट जे मोसम्मात वला विषय बूझि एकदम मटिया दैत गेलैक। सगुनक भार जे आएल रहैक ताहि मे साड़ी पटुआक पठौने रहैक, महाग कमजोर। पीसी अपना दिस सँ तीस टाका मे बनारसी साड़ी मङवा क' बेटी केँ पहिरौलैन्हि, यश धरि चौधरिये केँ भेलैन्हि। किच्छु होअओ जमाइक आवेश स्त्रिगण केँ जेहेन होइ छैक से सभ गोटें बुझितहि छियैक।

पीसी नहि कहलैन्हि, आने आन कहलक जे चौधरीक अवस्था पैंतालिसम थिकैन्ह। पहिने हमरा जे सुनल छल से पैंतीसम। मुदा जकरा किच्छु बजबाक अधिकार नहि छैक तकरा हेतु जेहने पैंतीस वर्षक वर तेहने पैंतालीस वर्षक। नाङड़ रहउक कि आन्हर, लुल्ह रहउक कि कनाह, कोढ़ि रहउक कि बताह, बूढ़ रहउक कि अधबैसू पति थिकैक साक्षात् परमेश्वर; इऐह तँ भेल शिक्षा जे अपना लोकनिक ओहि ठाँ नेनहि सँ स्त्रिगण केँ भेटैत छैक। पीसा अपने जीबैत रहितथि आ निकें ना रहितथि तँ कदापि ई सम्बन्ध होमय दितथीन ? के कहओ ? पंडिते की कम अक्री होइऐ ! हमरा गामक पंडित फुद्दी चौधरि वेश पैघ पंडित छथि। ओ अपन कोंढ़ी सन कन्या केँ अठावन वर्षक वर आनि देने छथीन्ह। की तँ ओ आठ सए टाका देलकैन्हि अछि। पीसी बुझू जे ई काज कोनो सेहन्तें कैने होथि से नहि, जाउत कान लग आबि-आबि तते भनभन करै छलथीन्ह जे बेचारो नचार भ' गेलीह। काज करैक पड़लैन्हि। पीसाक भगिनमान लूच झा कहबैत छथि सद्, मुदा निमूह धनक जड़ि काट' मे बहादुर छथि। सुनल जे हुनका एहि घटकैती मे पन्द्रह टा टाका, एक जोड़ धोती, तइ पर सँ दू मोन चाउर से, भेटल छैन्हि। तँ हुनका हेतु पीसीक जमाय लौकिकता पंकजबनी दिनकर शीलागार...कंदर्पकुमार...आर जे बूझी से सभ छलथीन्ह। समक्ष मे हुनका किछु कहउ वला तँ क्यौ नहिये छलैन्हि ! एह, कते कहू ? लूच झाक खेढ़ा बड्ड पैघ। से कह' लागब तँ पार्वतीपुराण कोना समाप्त हैत ?

हमरा अपना गाम मे गत शुद्ध मे गोड़ चारियेक कन्यादान भेल छलैक। अपर्णा टा अपना वतारी मे रहि गेलि छलि। बिआह जकर-जकर भेल रहैक ताहि सभैक कान्ति बूझि पड़ल जे बेश फड़िच्छ भ' गेलैक अछि। बाजब-भूकब तहू मे परिवर्तन लक्षित भेल। एक प्रकारक गम्भीरता, उत्तरदायित्वक बोध आओर भावीक प्रति निश्चिन्तता ओकरा लोकनि केँ महिलाक कोटि मे अनायास परिगणित करा रहल छलैक। जेठक दुपहरिया मे बड़ आकि पाकड़िक छाहरि तर पाजु करैत सन्तुष्ट गाय जकाँ बूझि पड़लि हमरा ओ सभ। परन्तु पारोक बाते दोसर ! बिआहक चेन्ह दुइये टा बूझि पड़ल, झाँपल माथ आ सिनुरैल स्यूँथ; बस। जलखै कर' काल पीसी केँ पहिले दिन पुछने रहियैन्हि—पारो केँ किछु होइ छलैऐ ? पीसी विशेष कोनो बात नहि कहलैन्हि। नकारात्मक मुद्रा मे मूड़ी टा हिला

देलैन्हि।

खैवा काल ओहि असोरा पर सँ पीसी पुछलैन्हि–नूनू, तीमन तरकारी केहन भेलहुए ?

बड्ड बेश–मुँहक अन्न हबर-हबर गीड़ि क' हम जवाब देलिऐन्हि तँ पीसी बजली–छौंड़ी केँ भानस-भात धरि जल्दिये ओरिया गेलैक...भरोस नहि छल। समधिनि बड्ड जोर लगौने छली जे बैशाखे मे दुरागमन भ' जाउक। मुदा हमहूँ अड़ि गेलहुँ, से कोना हेतैन्हि ? हमरा कि दोसर तेसर अछि ? ने बड़िसाति देखबैक, ने मधुसरावनी आ बेटी केँ बिदा क' देब ! ने : ई सभ नहि हेतैन्ह...तोंही कह', कोना बैशाख मे विदा क' दितिऐक ? भानस मे अलट-बिलट होइतैक तँ हमरे ने भद होइत ?

तँ–परोड़क लटपटी मे सँ ज्वैल बीआवला गुद्दा बहार करैत हम कहलियैन्ह–से तँ हेबे करैत। नीके केलहुँ जे बैशाखक दिन नहि मानलियैक।

पारो दूध औटैत छलि। जेठक मास, साँझुक समय। भानस पीसी लोकनि केँ सबेरे-सकाल करबाक हिसख। हमरा घर मे दिनक डेढ़-दू बाजि जाइ छल तँ रातिक बारह। मातृको मे से सैह। एक बेर छोटकी मामी केँ ई बात कहने रहियैन्हि तँ ओ चट द' बाजि उठल रहथि जे अहाँक पीसीक घर-आङन मे भदेसक बसात पहुँचि गेल हेतैन्ह ! ई कथा आन ठाँ कतहु बजबो ने करब, बाजब तँ लोक नाँ-गाँ परिचय-पात पूछ' लागत !

किच्छु होऔ, पीसी-लोकनिक ई बात हमरा तँ अधलाह नहि बूझि पड़ल। असोरा पर एक कात घैलची, एक कात झाँझनक टाटक अढ़ क' क' चुलहा-तुलहा। गर्मी मे प्रायः असोरे पर भानस करैत छलथीन्ह। ई कोनो नव बात नहि, सभ गाम मे प्रायः एहिना होइत छैक। से, असोरे पर पार्वती दूध औटैत छलि। पशु जे आसिन मे बिआइलि रहैन्हि से पौसिये लागल छलैन्हि। दूध कने देर सँ द' जाइन्ह, तेँ भानस सबेरे भेलहु उत्तर दूधक प्रतीक्षा मे कने विलम्ब हैब स्वाभाविक। ओहि दिन मुदा पीसी कहा पठौने रहथीन्ह, तेँ कोनहुना साँझहि द' गेल रहैन्हि। पीसा राति केँ दही नहि खाथि, से, अनको खोआब' काल पीसी केँ ताहि बातक ध्यान रहैत छलैन्हि।

पीसी बजलीह–नहूँ-नहूँ खाह...पारो केँ लक्ष्य क' क' कहलथीन्ह–भेलहुए नहि गे ?

इएह उतारै छियै–पार्वती बाजलि। पीरी पुबरिया घरक असोरा पर बैसलि छलीह। आँखि छलैन्हि तेज तेँ औखन पौती बुनैत रहथि। कहलैन्हि–नूनू, एहि गाँओ मे क्यौ तेहेन लुरिगर नहि जकरा पर ई भार द' सकियैक। आइ काल्हुक धी-पुतहु लोकनि गप्प हाँक' मे बेश बहादुर मुदा टकुरी आकि टाकु छुबैत आङुर टटाइ छैन्ह ! गाबहु मे तेहने भुसकौल, बटगमनी कि मलार गबैत माथ दुखाय लगैत छैन्ह...

आधुनिका लोकनिक पक्ष ल' क' पीसी केँ किछु कहनाइ अत्यन्त आवश्यक बूझि पड़ल तेँ, अन्यथा चुप्पे रहि जैतहुँ। वृद्धवर्गक कठविवाद केँ खंडित करी से सेहन्ता हमरा कहियो नहि परंच ओहि दिन पीसी केँ बीचहि मे हम टोकि देलियैन्हि–टकुरी आ टाकु छुबैत आङुर टटाइ छैन्ह तँ तेँ की ? स्वेटर, पैंताबा, बून' अबै छैन्ह, जाली काढ़'

अबै छैन्ह, रङ विरङ्ङ्क फूलपात...नाना प्रकारक पशु-पक्षीक नकासी सँ रूमाल-उलैंच गेड़आक खोल आ चद्दरि कें 'चमकाब' अबै छैन्ह। पीसी, आइ काल्हुक बेटी-वहुरिआ लोकनिक ई चमत्कार अहाँ कें देख' मे नहि ऐल अछि ?

कने काल चुप रहि पीसी बाजि उठली—देखने छियैक कि ने, नूनू, देखने छियैक। मुदा तेँ टकुरी ओ टाकु हमरो लोकनि फेकि दी से तँ नहि होए ?

पार्वती बड़का कटोरा मे दूध सामने राखि गेल छलि। मिसरीक बुकनी आनि क' से ओहि पर छिटि देलकैक आ कहलक—एक्के मुट्ठी तप्पत भात एहि दूध मे देब' दितह...थम्ह', नेने अबैत छियहु...

—नहि, ओहिना पीबि लैत छी। हम कहलियैक तँ ओ अनुरोधक दृष्टि सँ तकलक। बूझि पड़ल जे नहियो मोन रहय तइयो एहना ठाँ परसन ल' क' खेबाक चाही। कहलियैक तँ किछु नहि, मुदा मूड़ी टा हिला देलियैक। ओ कने भात आनि क' कटोरा मे ध' देलकैक। हाथ धो क' खाम्हीक भरें बैसलि।

दूध-भात खाए लगलहुँ तँ ओम्हर सँ पीसी बजली—दूध कम होइ छै हमरा महिस कें। तोरा ओहि ठाँ दूधक की हाल ?

हम कहलियैन्ह जे एहि खरमंडल मे सभ ठाँ माल-जालक इऐह दशा भ' जाइ छै। एक टा महीस आ दूटा गाए लगै छैन्हि परन्तु ताहि सँ तते पर्याप्त दूध-दही नहि होइ छैन्ह जे परिवार मे सभ कें भरि इच्छा गोरस भेटैक। तखन हँ, किछु ने किछु भइये जाइत छैक। पाहुन-पड़क आबि जाइ छथीन्ह तँ 'अविनयमपनय' नहि कर'क पड़ै छैन्ह।

खा क' उठलहुँ तँ पानि निंघटि गेल छल। कह' नहि पड़ल। पारो अपनहि आनि क' लोटा भरि देलक। हाथ धो ऐलहुँ तँ सुपारी देलक। बजैत नहि छलि। हमरो पीसीक समक्ष किछु पुछैत संकोच होए।

आङन मे सितलपाटी ओछा देलकै, ताहि पर सँ सुजनी। गेड़आ से महाग आकर्षक। साड़ीक रंग-बिरंगक पाढ़ि सभैक खंड-पखंड सँ बनाओल रहै ओकर खोल। वाहरे वाह ! भेल जे ई गेड़आ जँ पारो द' दितय !

पड़ि रहलहुँ। मोश-तोँश नहि छलैक, उड़ीसो नहि।

पीसी कें एकादशी रहैन्ह आकि चतुर्दशी, से मोन नहि अछि। पारो खाय बैसलि। हम एम्हर सुपारी कुटकुटबैत उतान भ' क' आकाश दिस ताकि रहल छलहुँ। मृगशिराक तारा ओ तकर यथार्थ नामक भावना करैत जखन हमर मन विमानविहारी भ' रहल छल तैखन पीसीक भगिनमानक आङन मे कुहकामय उठलन्हि ! लूच झा अपन दुनू अर्धांगिनी कें कोनो अदना बात पर दू-दू डाँग मारलथीन्ह तँ ओहो लोकनि हाक्रोश सँ समुच्चा केरवनिया गाम कें मुखरित क' देल !

पीसी ओम्हर दौड़लि गेली।

मुइलहुँ ऐ मामी—मुइलहुँ ऐ मामी—एतबा हमरो सुन' मे ऐल। पारो कें पुछलिऐ जे की थिकै गए ?

ओ कहलक—दुनू सौतिनि मे एहिना होइत रहै छैन्ह आ बूढ़ा सेहो खूब छथि !

बेटाक सेहन्तें दोसर बिआह कैलैन्हि, से बेटा तँ भेलैन्हि नहि, दोसरो दिस दू टा बेटिये भेल छैन्हि। ओ भलमानुसक बेटी तँ ई जयबारक। बिरजू भइया, गाम घिना गेल। लूच भाइ केँ तामस चढ़े छैन्ह तँ दुनू केँ अहिना डेंगा दै छथीन्ह। माए जा क' बुझा अबै छैन्ह तँ बूढ़ा केँ फेर खाए ले' भेटै छन्हि ने तँ...

तकरा बाद कने काल धरि तेहेन तेहेन विकट गारि सुनल जे कानक गुज्जी खरकट्टि गेल। पारो कहलक, ई वेदपाठ मटकुड़ियावाली करै छथि। छोट बभनक बेटी थिकी कि ने ? ककरौड़वाली विषाहि अवश्य, मुदा गारि नहि हुनका पढ़' अबै छैन्ह। हमरा माए केँ दुनू सौतिनि बराबररिये मानै छथीन्ह।

कखन धरि घुरतीह पीसी ?—हम पारो केँ पुछलियैक।

ओ कहलक—तकर कोन ठेकान ? कनिक्के काल मे आबि जाए सेहो भ' सकैत अछि आ पहर-डेढ़ पहर लागियो जाइ सेहो भ' सकैत अछि। तों बरु ता सूति रह'।

हम कहलियैक—एखन कि औंघी लागल ऐ ? तों खेलें ?

नहि—ओ कहलक आ घटर-घटर क' पानि पिब' लागलि। नेना मे एहि तरहें पानि पिबैत काल हम ओकरा खिसियबियैक—घट-घट पानि पिबए कुकुरक... ...आ ओहो हमरा खिसियाबै। मुदा आब हमरा लोकनि चेतनगर भ' गेल छलहुँ।

हम फेर असमान दिस ताक' लगलहुँ। कने कालक बाद बूझि पड़ल जे क्यौ पैर हँसोथि रहल अछि। देखलियै तँ पार्वती छलि। ओ बाजलि—थाकल हेबह, चिकनै लगा क' कने पैर दबा दैत छियहु।

दुर बतही !—हम कहलियै—कोन हम पैरे-पैरे एलँउहें जे थाकब। हमरा नहि जँतैब तँतैब नीक लगै अछि जो... ...

हम अपन पैर छीपि लेल आ बैसि रहलहुँ। तखन ओहो भूमियहि पर ओही ठाँ बैसि गेलि। हम पुछलियैक—किछु होइ छलउए ?

हमरा कथी ले' किछु हैत !

तखन एते दुबरैल कियै छें ?

पहिनहि कोन मोटैल देखने रह' ?

हम विचारल जे एहि तरहें तँ ई बात कटनहि चल जाएत, दोसर प्रसंग उठाबी जाहि मे एकरे बेसी बाजक पड़ैक। कहलियैक—पहिनहि सँ हमरा तोरा गे ई अपेक्षाभाव चल अबैत अछि। ने तों किछु कहियो नुकौलें, ने हम नुकौलियउ। से आब यदि सभ बात कहबाक इच्छा नहियो होउ तैयो हमरा तकर कचोट नहि हैत। एहि संकोचें तों पानि भ' जाँहि से हमरा अभीष्ट नहि।

शुक्ल पक्षक प्रौढ़ चन्द्रमा। बेश मधुर इजोरिया छलैक। की कहैत अछि पारो, हम ताहि प्रतीक्षा मे ओकरा मुँहक छाहरि दिस तकैत छलहुँ। बूझि पड़ल जे ओ कपार पर पड़ल गोड़ दुइयेक औंठिया लट केँ टारि माथ पर क' देलकैक अछि तकरा बाद दहिना हाथक तर्जनी आङुर सँ वामा पहुँचा परहक लहठी केँ सरियौलक अछि आ तखन एक बेर हमरा दिस तकलक अछि। तकरा बाद ठोर पर आङुर राखि किछु विचारलक

अछि...

कने काल पर ओ बाजलि—तों ई की कहल' हौ बिरजू भइया, की हमरा के देलक अछि जे तकरा तोरा सँ नुकाउ ? हम ओही राति माहुर खा लेने रहितहुँ मुदा तोरे खातिर अपना के ँ रोकि लेल ! तों जे 'सभ बात' द' कहल'हए से कोन महाभारत हम सुनबियहु ? कोनो बात रहैक तखन ने ककरो क्यौ सुनबैक। हँ, तखन भार उतरि गेला सँ माइक मोन हल्लुक भ' गेल छैक से तँहू देखितहि हेबहक।...हुनका द' तों पुछबह तखन जे हम किछु कहबहु से बिनु पुछनहि कियै ने कहि दियहु ?...

पारोक स्वर मे गर्मी आबि रहल छलैक ! हम ओकरा दिस तकलियैक तँ बूझि पड़ल जे कोसा सन-सन ओकर आँखि चकमक-चकमक क' रहलैक अछि। ओ बजितहिं रहलि—...किए ने कहि दियहु ? जनिका तोरा लोकनि चौधरी कहै छहुन्ह हुनका-हमरा कोन सम्बन्ध ? पति-पत्नीक सम्बन्ध ? नहि, कदापि नहि... ...!

दुत् ! अहुना क्यौ बजैये ?—हम बीचहि मे ओकरा डँटलियै तँ ओ कहलक, जखन हमरा टोकल' हए तखन आद्योपान्त सभ टा सूनि तँ लैह...।

...चतुर्थीक राति मे ओ हमरा आगू मे दस टा दसटकही लोट पसारि क' कहने रहथि—आओर चाही तँ से कहू ? तामसे हम लहर' लगलहुँ ! हे भगवान ! लाख प्रत्यवाय करी, फेर स्त्रिगण भ' क' एहि देश मे जन्म नहि दिय...छीआ ! पैंतालीस वर्षक नरपिशाच एक अबोध कन्याक आगाँ मे दसटकही लोटक पथार एहि खातिर लगाबै कि... ...

हम पारोक मुँह बन्द क' देलियैक—बस-बस, आब जँ बेशी किछु बजबें तँ हम चलि जेबहु, हँ !

ओ अपन मुँह छोड़ा लेलक आ जाक' असोरा पर बैसि गेलि। कने काल बाद देखलियै तँ नोरक टघार दुहू गाल पर इजोरिया मे चमकैत !

हमरा नहि रहि भेल। लग जाक' अपना धोतीक खूट सँ पारोक नोर पोछि देलियैक। कहलियैक—किऐ अनेरे नोर बहओने चलि जाइत छें ?

ओ शान्त स्वरें बाजलि—अनेरे ! तोरो जँ ई बात बुझाबहि पड़त तँ ककरा भरोसे हम जिअब ? गोड़ लगैत छियहु बिरजू भइया, सूतह ग'। हमरा छोड़ि दैह... ...

की करैत छियहु हम तोहर ?

एक बेर आबि क' नोर पोछि देल' हए आ फेर उपदेश देब' लगल' हए...नहि, हमरा छोड़ि दैह। एहि टहाटही इजोरिया राति मे निर्द्धन्द्व भ' क' कने काल हमरा कान' दैह...तों की जान' गेलहक जे भरि पोख कनलाक बाद मोन केहेन हल्लुक भ' जाइ छै ?

सरिपहुँ, हम की जान' गेलियै से ? की जान' गेलियैक जे वेदनाक प्रथम रूप केहेन तरल होइत छैक, फेर ओ कोना घनीभूत भ' जाइत छैक, पुनः संताप सँ ओ घनीभूत वेदना नहूँ नहूँ कोना द्रवित होइत रहै छैक ? ई सभ हम की जान गेलियैक ?

ओहि राति कोन बाटें हमरा निन्न भ' गेल से नहि कहि। थाकल नहि रही से नहि, भरि दिनुक ठेही छल। गरमी मे दिन क' कने सूतू जँ नहि त' कोनादन लगै छैक। राति

होइ छैक छोट, ताहि पर सँ घाम से फराक, मोश से फराक। तेँ रतुका निन्नक घटी लोक दिन क' सूति क' पुरा लैत अछि। हम से ओहि दिन रस्ते मे रही तँ सूतब कोना ? गाड़ी मे जयनगर दिस सँ मुलकी नेपलिया सभ चढ़ल अबैत रहै, ओकरा सभैक कृपा सँ कथी ले' खुसफैल जगह भेटत ? झुकैत-औंघाइत ओकरा लोकनिक गपशप हँसी-ठट्ठा आओर पिहकारी सुनैत पंडौल उतरलहुँ। तकरा बाद रौदहि मे डेढ़ कोश ! हे भगवान्, सभ दशा भ' गेल रहय ! रतुका गाड़ी सुभितगर नहि छलैक, नचार रही।

से सरिपहुँ, नहि बुझलियैक, कखन पीसी ऐली आ कखन के हमरा तौनी ओढ़ा देलक ! एक्के निन्ने प्रात। भोर खन पैर दिस नजरि गेल तँ देखल जे दुहू पैर मे बढ़िया जकाँ तेल पचौल अछि। गाम पर हमरा ई कृत्य मझिली भौजी क' दैत छली। पहिने हुनको एहि बेर हम कै दिन मना कैने रहियैन्हि, मुदा बूझ' मे आबि गेल जे भाउजिक आग्रहक आगाँ दिअरक नहि-नहि किच्छु नहि ! ताहू पर जँ कुमार रहलहुँ आ रहलहुँ पढ़ैत-गुनैत तखन जुनि पूछी ! ई तँ भेल एक प्रकार। आब दोसर प्रकारक आग्रह सेहो सुनि लिय'। मामी द' हम नहि कहब किये तँ हुनका भाउजिये जकाँ बहुत किछु अधिकार प्राप्त रहै छैन्हि। पितियाइनि, पीसी, मौसी, पितियौत, पिसियौत, मसियौत बहिनि लोकनिक आवेश सेहो तते स्निग्ध होइत छैन्हि जे भोरे-भोर अहाँक रुच्छ पैर हिनका सभहि केँ अभद्र जकाँ बूझि पड़तैन्हि, आकि नहि ? खवास आकि बहिया पोसबाक सामर्थ्य सभ केँ नहि रहै छैक तेँ बेटा, भातिज, जाउत ओ बहिनउत वा अदनो नेनाक पैर ओ लोकनि आग्रहपूर्वक, अपनहि हाथें, जाँति दै छथीन्ह। मातृवर्गक दिश सँ ममताक ई निदर्शन अहाँ केँ आन ठाम भेटै वा नहि, अपन मिथिला मे सर्वत्र भेटत। की कहल ? खवास आ बहिया ! एह ! अहू जमाना मे आब सड़ल-पुरान बहिखत जँ ककरो काज अबैक तँ ओकरा आठमे आश्चर्य बुझबाक चाही। हमर बहिया पाँच भाँइ अछि, पाँचो कमाइए फारबिसगंज दिस। जूता मच-मचबैत गाम अबैत अछि, बाबड़ी छटौने। हमरा बाप केँ आ देयाद लोकनि केँ कथी ले' किछु गुदानतैन्हि ! ओ सभ आब नाममात्रक बहिया रहि गेल अछि। सय-पचास बाबू-बबुआन लोकनि औखन अवश्य हेताह जनिका मुँहें खवास आ बहियाक माहात्म्य सूनि सकैत छी। हँ, से हमरो पीसी केँ बहिया नहि छलैन्हि। तखन एक टा बड़िजना अवश्य रहैन्हि, से रहैन्हि धानुख। तेँ ओकरा घर सँ हुनका लौकनि केँ बहियाक सौख पुरै छलैन्हि। ओहि बीचें मुदा छीतन मड़ड़ जलपाइगुड़ी मे कमाइत छल।

से, भोरखन उपरागक स्वर मे पीसी केँ हम कहलियैन्हे—माए-पितियाइनि मउसि-पिउसि भ' क' हमरा पैर मे जँ क्यो हाथ लगबैत अछि आ जागल रहैत छी तँ देह सिहरि उठैत अछि...राति खन पैर किऐ अहाँ हमर जाँतल ? पीसी, ई सभ कहाँ हमरा नीक लगैए।

हाथ सँ मधुर भर्त्सनाक संकेत करैत पीसी बजली—दुर बताह, धिया-पुता कतउ ई कहै ? सेद' ओङार' काल जँ चिलका अहिना बड़बड़ाए लगैक तखन तँ भेल ! लोक केँ माए-मउसि-पितियाइनि नइँ जँततै-पिचतै तँ के जँततै-पिचतै ?

चुप्पे भ' गेलहुँ हम की ? एकर जवाबो तँ नहिए ने छलैक।

पारो कें देखलियै अपना शारीरक प्रति घोर अवहेलना। ओहि दिन पीसावला घर मे हम 'कल्याण'क पुरनका कोनो अंक उनटबैत रही। खा चुकल छलहुँ। छल जे इऐह देखैत-देखैत निन्न आबि जाए। पटिया पर रही। उऐह रतुके गेड़ुआ। कने काल बाद पार्वती आइलि। हम पुछलियै—छौड़लें लिखब-पढ़ब ?

दैबे छोड़ा देलैनि...ओ बाजलि।

बूझि पड़ल जे किछु आओर बजबाक छलैक, मुदा नहि बाजलि। कने विलमि क' कहलक—अपर्णाक बिआह किऐ ने भेलैक अहि बेर ?

की जान गेलियै ?

कथा तँ कै टा छल हेतै।

हँ, दू टा छलैक। एक टा धगजरीक, दोसर खोजपुरक। धगजरी वला कथा मे वरक अवस्था कम रहैक आ खोजपुरक कथा मे आन सभ गून रहबो करैक तँ वरे दुतीवर...बड़का भैया कें से कहाँदन तें पसिन्न नहि भेलैन्हि।

तहन तँ अपर्णाक भाग तेज छैक...एतबा कहि पारो वामा तरहत्थी पर गाल राखि गुम भ' रहलि। हम मुदा ओकरा दिस तकैत बजलहुँ—अहि बेर कतउ भ' जइतैक सैह नीक।

किऐ हौ, भारी लगै छहु ?—तीव्र जिज्ञासा सँ पारो हमरा दिस तकलक। पल भरिक बाद फेर बाजलि—वैस जँ कने बेशिए भ' जेतै तँ तें की ? अवग्रह बूझि पड़हु तँ माहुर खोआ दिहक...

जवाब एहि बातक ओकरा हम देब' तँ लगलियै, परंच फेर विचारल जे स्वभाव जकर दिन सँ दिन तीव्रे भेल जाइ छै तकरा आओर झनकटाहि बनौला सँ फल ? सैह, नेना मे पारोक स्वभाव केहेन दिव छलैक ! कतेक मधुर छलि ई ? से, उएह पारो दिन सँ दिन केहन झनकटाहि भेलि जाइए, हे भगवान्...!

जेठ सुदि चतुर्दशी कें रहैन्हि पीसाक वर्षी। पहिले वर्षी छलैन्ह, हम रहबे करियैन्हि। साधारणे रूप मे पीसी कैलथिन्ह। सौजनियों हुनका लोकनि कें कम्मे छलथिन्ह, दूटा पात्र कें लगा क' एगारह पुरल छलैन्हि ! गोड़ पाँचेक असौजनियो रहथिन्ह नोथारी।

ओहि बेर पीसीक ओत' रहलियैन्हि हम दसे दिन। आन बेर पारो कते आग्रह करैत रहै—दुइयो दिन आर रह' बिरजू भइया, एक्को दिन...भोरखन जइह, नहि, दुपहर मे...एहि बेर हम पीसी कें गोड़ लागि जखन विदा होम' लगलहुँ तखन ऐल बड़नी गोड़ लागि लेलक ओ हमरा, मुदा मतसुन्न जकाँ हटि क' जे ठाढ़ भेल से कथी ले' एको बेरि नजरि उठा क' ताकत ? पीसिये मोन पाड़ि देलथीन्ह—गे हए, नूनू कें जनउ नहि देलही ?

तँ बिसरि गेल—फेर ओ गेलि पुबरिया घर सँ जनउ अनलक आ लौङ-सुपारी से। हाथ उठा क' देलक से मने बग्घा लागि गेल होइक, तेहन बूझि पड़ल।

आङन सँ बहार होइत रही कि पीसी कहने रहथि—हे, मधुस्रावनी धरि जँ रहि जाह तँ एक बेरि आबि जैहह, सारक सेहन्ता चौधरिये कें किऐ रहि जैतन्हि ? जेहने सहोदर तेहने ममियौत। पारो कें कहाँ कहियो भेलै जे ओकरा भाए नहि छैक। आ हमरा ?

चारि चारि टा भातिज, से सोन-सन; कथी ले' कहियो मोन मे हैत जे वैदनाथ बेटा नहि देलैन्ह...मधुस्रावनी धरि बरु नहि जैहह, की हेतै ? इसकुल मे दुइए कैंचा जरिमाना लगतहु कि ने ? जै दिन तै अधन्नी। से बरु हमही द' देबहु।...

ता पारो कलहकन्हि बीचहि मे—जेता पाछू ककरा सङे ? मामा तँ हिनकर समये पर गेल तकथीन।

एह, आबक धिया-पूता केँ देखै नहि छही ? एकरे बतारी ओइ टोलक ठीठर, टुग्गर। तेसर साल बाप मारलकै दू चाट तँ पड़ा क' चल गेल काशी। तारामन्दिर मे खाइए आ जखन पाठसाला बन्द भ' जाइ छै तँ चल अबैए। के ठीठर के ल' जाइ छै आ के पहुँचा दै छै ? की हओ, नूनू, बेजाए कहै छियहु हम ? एसगर नहि जा हेतहु तोरा मोतिहारी ?

धुः ! जा किऐ ने हैत ?—छत्ताक भरें ठाढ़ होइत हम कहलिएन्हि...कोनो चेतनगर छौंड़ा केँ एहि प्रकारक बात कहनाइ ककरो उचित थिकैन्हि ? भेल हमरो जे पीसी ई की कहै छथि। जोत्तोरी, मोतिहारी तँ मोतिहारिए थिक देथु ने क्यौ भाड़ा कलकत्ता जा क' घूरि नहि अबिऐन्हि तँ...

पीसी बजली—तँ से बेस। मधुस्रावनी धरि तखन देशे रह'।

माए केँ कहबै, ओ जे कहत। बाबुओ केँ पुछबैन्हि।

हमरा मुँहें ई छोदच्छेम सूनि पारोक भँहु कने कड़ा भ' गेलै, से हम खूब नीक जकाँ देखलिऐक। अवस्से ओकरा भेल हेतैक जे आइ धरि कहियो तों बिरजू भइया ई नहि कहने रह'—माए कें कहबै ओ जे कहत...पीसी सेहो आँखि निराड़ि क' तकलन्हि। तखन भेल जे पीसी हमरा पोसपुत्र नहि बनओने छथि तँ तेँ की ? बुझै धरि छथि तहू सँ बाढ़ि।

सरिपहुँ, माए आ बाबूक नाँओ ल' क' किऐ हम ओहि दिन पीसी केँ कोंढ़-करेज मे बिठुआ कटलिऐन्हि ? अबस्से हुनका भेल हेतैन्हि जे अपना कोखिक बेटा रहितए तँ ई सभ नहि सुनक पड़ैत। पारो केँ भेल हेतैक जे आन बेर कथू मे जाहि बिरजू भइया केँ अपना माए-बाप सँ नहि पूछ' पड़ैत छलैन्ह सैह आइ अदना बात ले' हुनका लोकनि सँ की पुछथिन्ह ग' ?

नहि, पीसी, हम अबस्से आएब मधुस्रावनी मे—ई कहि हम अपन त्रुटिक मार्जना कैल तँ पीसी आ पार्वती एक्के नजरि सँ ताकै लगलीह, संशयमिश्रित जिज्ञासाक नजरि सँ।

दच्छिन मुँह भ' क' दुनू हाथ उठा क' हम कहलिऐन्हि—जानथि गंगा, सप्पत खा क' कहै छी पीसी...कमीजक बट्टम खोलैत छओ ताग पकड़ैत बजलहुँ, जनउ छूबि क' कहै छी पीसी, अबस्से आएब।

आगाँ मे रहैन्हि सूप, बिछैत रहैत करिया तील मे सँ आँकड़-ताँकड़। तेल पेराबक रहैन्हि, चौधरीक चानि पर मालिस करैबा ले' तीलक ठंढा तेल। पीसा माथ मे तीलेक तेल लेथि। चौधरियोक माथ मे पीसी तीलेक तेल देअबइ छलथीन्ह।

पीसी आगूक सूप एक कात हटा क' कहलैन्हि—छुब' तँ हमर पैर।

पीसीक एहि नेनपन पर हमरो लागल हँसी आ पार्वतियो केँ। तैयो लग जा क' पैर छुइलिऐन्ह तँ मुँह हुनक प्रफुल्ल भ' गेलैन्ह। तकरा बाद आँखि मे आबि गेलैन्ह नोर। गह्वरित भ' क' कहलैन्ह—नूनू तोरे सभक ने भरोस। छौंड़ीक कोन, आइ बिआह भेलै काल्हि हेतै दुरागमन। जाइति अपन घर डेबति ग'। आन्हरक आँखि आ नाङड़क फराठी, नूनू, बिसरि नहि जाइत जइहह...

अपन कमीजक छोर सँ नोर हुनक हम पोछि देलिऐन्हि। फेर ओ तील बीछ' लगलीह। कहलैन्हि, जाह टेन छुटि जैतहु।

एक बेर फेर हम गोड़ लगलिऐन्हि, मोन सँ असिरवाद देलैन्हि—बिआह-दान होअहु, खूब कमाह...

पारो दिस तकलियै तँ ओ पिपनी खसा लेलक।

वास्तव मे माए केँ ओहि बेर कहाँ इच्छा रहैक जे एक्को दिनक खातिर हम कतउ जाइ। ओ तँ बड़नी पीसा कर्त्ता बना गेल रहथि आ श्राद्ध सेहो केनहि रहिऐन्हि। आषाढ़ बदि तृतीयाक तिथि पड़ैन्हि, पहिल वर्षी रहैन्हि। जाएब अत्याज छल। अही पइंट पर माए केँ मनौने रही। हँ, मुदा, ऐलो रही देश बहुत दिन पर, दस मास पर !

कत्ते आवेश, कत्ते सिनेह ! बूझि पड़ए जे सदक्षण माए केँ हमरे चाड़ि रहै छैक। भाउजि लोकनिक अछैत ओ अपनहि सँ तरए तिलकोड़ाक पात की तँ बिरजू बहुत दिन पर गाम ऐलाहे ! आइ की तँ खम्हाउरक चक्का, काल्हि की तँ बड़ी, परसू की तँ गुड़म्मा। दू-दू, तीन-तीन दिन पर बाबू केँ कहैन्हि—मलाह केँ बजाब' पठबिऔ ककरो, नेना एते दिन पर गाम आएलए, परदेश मे अगबे दालि-भात खाइत-खाइत जीह सेड़ड़ भ' गेल हेतैक। दुइयो-चारि दिन तँ भला खाओ पीवओ ! एह, ओइ साल मत्ते माइक हाथें माछक अंडाक बड़ कत्ते खेने रही ! माङुर आ सिङ्घी माए अरबद्धि क' हमरे ले' हाटक दिन क' अनाबए। हमरा लोकनिक बहिया रमसहइया झुत्थुर बूढ़ भ' गेल छल, मुदा बुढ़ारि मे ओकरा परबा पोसबाक सौख भेल छलैक। दलान पर चारि टा बाँस गाड़ि खोप बनबओने रहए। एक जोड़ी मोल अनने रहए से आब तेरह टा भ' गेल छलैक। माए हमरा लेल रमसहइया सँ एक टा परबा मङनी कएलक। मुदा परबाक मासु जड़काला मे जेहेन गून करैत छैक तेहेन उमस मे नहि। खाए मे कहियो कि बेजाए लागत ?

मझिला भैया गामे रहथि। छुट्टी मे आएल छलाह। लाल भैया कौखन कौखन हुल द' आबथि आ तहिना चल जाथि। हुनका सोशलिस्ट पार्टीक काज सँ पलखतिए ने भेटैन्हि। ओ जँ गाम बेसी काल रह' चाहथि तँ बाबू हुनका पर मारि खौंझाथिन। माए सेहो कहैन्हि, मुदा बुझाइये क'। सत्याग्रह क' क' लाल भैया गिरफदार भेल रहथि। मोसम्मातक पोखरि पर छोट छीन टटघर बनल रहैक, सोराज आश्रम। ओही ठाम लाल भैया नोन बनब' गेल रहथि। बनाब' नहि देने रहैन्हि, पुलिस आबि क' पकड़ि नेने रहैन्हि। तकरा दिन दसेक बाद दरोगा, जमादार, असेसर, कोतवाल सभ जुटिक' पहुँचलैन्ह आ धेनुआर गुजराती महीस, चारू बड़द से बाबूक समक्षहि मे खोलि क' ल' गेलैन्ह। अही सभ सँ बाबू बराबरि लाल भैया पर खौंझाएल रहै छलथीन्ह। होइन्हि जे फेर

देवीकान्त (लाल भैया) कोनो हुले ले ले मे पड़ताह आ फेर बड़द-महीस थाना पहुँचि जाएत। माइ कें मुदा लाल भैयाक बड़ आवेश। दुइयो मास पर जँ नहि अबथीन गाँव तँ ओ बर्ह्मक थान मे जा क' घोड़-पीठ कबुला कर' लागए। मझिला भैया कहथीन—देवी कोनो कुकर्म तँ नहिए करै छथि, देशक काज आ दशक काज करै छथि। अनेरे खिसियाइ छथीन बाबू कि ! हुनका लोकनि तहियाक लोक, की जान' गेलथीन आइकाल्हुक संसार कें ?

हम छौ-सात सालक छल हैब। लाल भैया जे नोन बनब' गेल रहथि, से गामक लोक तमाशा देख' गेल रहय। हमहू गेल रही। कने-कने मोन पड़ै अछि। अढ़ूलक फूलक माला केदन हुनका पहिरा देने छलैन्हि, से अपना गराँ सँ बहार क' क' भैया हमरा पहिरा देने रहथि...ओहिना मोन अछि। जहल सँ साल भरि बाद जहन ओ छुटल छलाह तखन दुरागमन भेल रहैन्हि। बिआह भेल छलैन्हि लाल भैयाक मोहनपुरा। ई भाउजि हमर बेश गोरि-नारि। ओहेन गोर देह, ओते कटगर मुँहठान आइ धरि हमहूँ दुइए-एक ठाम देखने छी। हुनको कहाँ ई पसिन्न रहैन्हि जे हुनक साँए जिनगी भरि उचरिङ् रहि जाथिन्ह। कथाप्रसंग मे एक दिन मोहनपुरावाली भौजी की कहने रहथि ? कहने रहथि इऐह जे, जे क्यो देशक आकि दसक उपकार मे लागल रहय ओ अपनो लोक-वेदक परवाहि जँ किछु राखय तँ से बेजाए कहौतै ? राति-दिन सदिकाल जँ अहाँक बाप पूजे पाठ मे लागल रहितथि तखन एहेन दीब गृहस्थ नहिए ने भ' पबितथि। तखन की तँ समय पर सालिगराम कें शंखभरि जल अबस्से दै छथीन्ह, ततवा अत्याज। ताहि मे नहि के कहतैन ?

लाल भैया कें जँ क्यो ई सभ बुझाब' लगैन्हि तँ दाँत सँ जीह कुचि क' कहथिन्ह—पराधीन भारतमाता कें स्वाधीन करबा मे जँ एहन छोट-छोट बातक ध्यान हमरालोकनि राखब तखन तँ भेल ! अपन-अपन सर्वस्वक माया-मोह छाड़ि जा धरि हम-अहाँ स्वतन्त्रताक बलिवेदी पर जा क' ठाढ़ नहि हैब ता धरि देशक इऐह दशा रहत...

अपना देश-कोसक स्त्रिगण सभैक चर्चा चलैक तखन ओ कहथीन्ह—खुँह ! एम्हरुको माउगि कि माउगि कहैबा जोगर थिक ? देखाबओ तँ क्यो एहि परोपट्टा मे सरोजनी नाइडू, विजय लक्ष्मी पंडित, कमला देवी चट्टोपाध्याय...सुननिहार सभ मुँह बाबि-बाबि सुनल करथि लाल भैयाक बात ! समक्ष मे हुनका किछु कहितैन्हि से एहेन वीर-विक्रम की क्यौ छल ?

आहि रे बा ! की कहै छलहुँ आ कोम्हर भसिया गेलहुँ ! हँ, तँ, केरबनिया सँ अएना जखन दिन दसेक भेल तखन पहुँचल मामाक चिट्ठी। मोतिहारी जैबाक सभ ओरियाओन भेल वृत्त छल। काल्हि बृहस्पतिक शेष सँ पूर्वहि बिदा भ' घोंघरड़िया पहुँची आ सँझुका नहि तँ भोरुका टेन पकड़ी, इऐह रहए न्यार, मुदा आइए भ' गेल धाह ! दिन ताकि देने रहथि जोतखी कका, तीथि कोन रहैक से कि आब मोन अछि ? मुदा पतड़ा खोलितहि सिद्धियोगक सन्धान पाबि हुनक कुइर आँखि जे-नाचि उठल रहैन्हि से ओहिना मोन पड़ैए आओ बाबू ! ओहि खेप ओ सिद्धयोग जँ सुतरबे करैत तँ तें की ? चौधरी सँ ई

घनिष्ठता तँ नहिएँ भेल रहैत !

धाह जे भेल तकर की ओजह ? सेहो सूनि लिय'। अखाढ़क अमावस्या लगाइत ओहि साल दिन चारिएक ततेक वर्षा भेलैक जे पृथ्वी एकार्णवा बूझि पड़थीन्ह। आन साल हमर पोखरि साओन मे जा क' ऊम-टाम भ' क' भरैत छल, ओहि बेर मुदा इन्द्र महाराज केँ की फुरलैन्हि से नहि कहि। पोखरि तँ पोखरिये, खाधि-खूधि डबरा-तबरा खत्ता-खुत्ती पर्यन्त ओही चारि दिन मे दहो-बहो भ' गेल ! हमरा लोकनिक पोखरि तँ भला एक अलङ मे पबैत अछि, सर्र द' आबि जाइ छै पानि। मुदा श्रीनारायण झाक चभच्चा तँ पड़ै छैन्ह गामक बीच मे ! तत्तेक पानि ने रेड़लकै जे ज्वैल रोहु-भाकुर सुतले भदवारि मे चभच्चाक पेट सँ बहार भ' बाध-बोनक बसात खाए लागल। सहत आ टापि...जेम्हरे नजरि उठाउ तेम्हरे सहत आ टापि...नहि देखल गेल तँ हमहूँ भैयनामाक सङ भ' गेलहुँ। मझनी धरि गोड़ पाँचेक ललमुँहा रोहु आ दूटा बूढ़ भाकुर हमहूँ पकड़ल। ओ बुरचोदीक साँए जे मूसक बीहड़िक माटि मे उनटा सरिसो मिझड़ा क' मंत्रक प्रतापें बाटी चलबैत अछि, हमरा बूझल छल ततवे टा। की जान' गेलियैक जे टापि आ सहत सेहो ओकर हुकुम मानैत छै। भैयनमा रहए धरि बहिये हमरा लोकनिक। ओहुना द' दितय, हम लेबो तँ नहिए ने करितियैक। बड़का-बड़का माछ जखन नेना भुटका जकाँ भरिछावा पानि मे चलबल-चलबल करैत हो, खोत्तारी, तौखन अनकर मुँह तकितहुँ ग' ?

माछ तँ ओहि दिन जे भेल से भेबे कैल, दुक्खित पड़िये गेलहुँ कि ! पाँच दिन पर पत्थ भेल, दस दिन मे बाखूबी तागति आएल देह मे। अपने सिलेबिया गाइक दूध आ झप्पा भात। माइक ताकुति। भाउजि लोकनि सेहो कि कम परिचर्य्या कैने रहथि ओहि बेर ? मझिली भौजी केँ एक तँ ओहिना हमर बड्ड आवेश तइ पर जा धरि हमरा पत्थ नहि भेल ताधरि मने ओ हमरे अनमना मे लागल छली।

स्कूल खुजना दिन पन्द्रहेक भेल हेतैक तखन जा क' हम निकें भेलहुँ। पीसीक पैर छूबि क', दच्छिन मुँह ठाढ़ भ' क' छबो ताग जनउ छूबि क' जे सप्पत खेने रही से तँ नहि तखन, हँ, पारोक वेदना-विह्वल आँखि धरि अबस्से मोन छल। चौधरी दिस कनिक्को ध्यान कथी ले' कहियो जाएत ? जकरा प्रति पारो केँ ओहेन घोर घृणा भ' गेल रहैक ओहि व्यक्तिक शील-स्वभावक अनुमान लगबितहुँ, ततेक धैर्य तहिया हमरो कि छल ?

हमरा बाप केँ बहीनि एक्के टा रहथीन इयैह, नाम रहैन प्रतिभामा। आठ सालक जेठाइ-छोटाइ रहैन्ह। सुनै छियैन्ह जे नेना मे एक-दोसराक बड़ आवेश छलैन्ह। आब मुदा बाबू पीसीक ओत' साल मे एक्के बेरि जाथिन, भरतदुतिया मे नोत लेब'। बूझि पड़ल जे जँ जँ अवस्था बढ़ल गेलैन्हि तँ तँ आवेश कम भेल गेलैन्हि; तकर ओजह ? ओजह इएह जे सिनेह आ कि आवेश दूर-दूर रहला सँ घटैक वा नहि, परन्तु गृहस्थी केर नाना प्रकारक लटाड़म मे एहि सभैक आँच मद्धिम अवश्य पड़ि जाइत छैक। ई बात तँ साधारणो मित्र लोकनि मे देखि सकैत छी। बहीनि आकि बेटी-भतीजीक तँ बाते कोन ? ओ सभ जैखन परगोत्री भ' नजरिक अढ़ मे गेलीह तैखन ने बिलाय लागल हुनका लोकनिक प्रति आत्मीयताक भाव। एहि विषय मे कतहु-कतहु व्यतिक्रमो पाबि सकैत छी।

हमरा लोकनि सात भाइ-बहीनि। बाबू ओ माए–दुहू मे बजाभुक्की बंद भ' गेल होइन्हि, एहेन प्रसंग हमरा ज्ञान-प्राण मे कहियो उपस्थित नहि भेल। देखल इएह अछि जे एक केँ दोसराक बड़ सिनेह, बड़ आवेश। बाबू केँ यदि क्यौ कतहु कोनो तेहेन वस्तु खोआ देथिन जे हमर माय कहियो मुँह मे नहि देने होथि तँ बाबू हमर ओ पदार्थ माइक हेतु पातालो सँ उपर कैले ताकथि–उपर कैये लेथिन...आपस मे कौखन ओ लोकनि नकली झगड़ा करै जाथि, ताहि मे हमरे सबहि केँ पंचैती करबाक हेतु बीच मे बैसावथि। हमरो लोकनि–सन्तानवर्ग–एहेन जे पिता-माता केँ अपना समक्ष मुद्दइ-मुद्दालह रूप मे पाबि निष्पक्ष फैसला सुनैबाक अभिनय करैत अपरिसीम आनन्दक उपभोग करी।

भाउजि आ ननदि मे एत्तेक घुट्ठा-सोहार सेहो अनत' नहि देखल। हेबनि धरि पीसी हमरा गाम साल पीछू एक खेप अबितहि छलीह, आबरजात हमरो लोकनिक हुनका ओत' कम नहि रहए। पीसी हमरा गाम रहथि तँ माय केँ बहुधा कहैत सुनियैक जे सेहन्ते रहि गेल एहि बातक जे दाइ मङितथि आ उठा क' हुनका हम दितियैन्ह ! ताहि पर पीसी की कहथीन्ह से ने सुनू। ओ इएह कहथीन्ह जे हमरा बिनु मङनहि जखन भाय भाउजि दैत रहै छथि, तखन कोनो वस्तुक याचना क' क' लेबाक इच्छे किऐ हैत ?

ई जे पीसी कहथीन्ह से यथार्थे। पीसा रहथि खानदानी गरीब। बास भूमि आ दस गाछ कलम छाड़ि पचीस कट्ठा मात्र जमीन रहैन्हि। जँ पढ़ल-गूनल नहि रहितथि तँ हमर पितामह हाथ ध' क' अनितथीन्ह, से असम्भव। देखियैन्हि जे बाबू बराबरि पीसीक खोज-पुछारी करथीन्ह। घर छारक लेल दस-पाँच बलही खढ़, अपन गाड़ी-बड़द क' क' साल-साल पठा देथीन्ह, चैतहि मे। उपनैन-मूड़न बिआह-दुरागमन आदि मे लियाओन हैबे टा करैन्हि। अपना कोसल मे सँ माय पारो केँ चालिस भरिक सूति आ अठारह भरिक अनन्त गढ़ा देने रहैक। वर्ष चारिम समुच्चा केरबनिया गाम जरि गेल रहैक ताहि मे पीसोक घर सुड्डाह भ' गेल रहैन्ह। बाबू भैयनमा केँ सङ ल' क' अपनहि गेलथीन्ह आ दस दिनुक भिरते दू टा घर ठाठि-बान्हि तेयार करा देलथीन्ह !

पीसो हमरा लोकनिक हेतु कम नहि क' गेल छथि। अन्त धरि एक आवृत्तिक दुर्गापाठ हमरा सभैक हेतु करैत रहि गेलाह। माए केँ बाबाक धाम (वैदनाथ) ल' जाक' एक बेरि सप्ताह भरि भागवत सुनौने रहथीन्ह। उपनैन मे बड़का भैयाक ओ लाल भैयाक आचार्य पीसे भेल रहथीन्ह। हमरा बेर ब्रह्मा भेल रहथि। एकरा अलावे आङ-सभाङ राजादैब आपत्ति-विपत्ति किच्छु होउक सदिखन सभठाँ ओ हमरा सभैक निमित्त उपस्थित रहैत छलाह। बाबुओ केँ पीसा सँ खूब पटैन्हि।

हमरा कोरा मे बैसा क' पीसा 'साते भवतु सुप्रीता' घोखौने छलाह, बीस धरि गनब सेहो हुनके सिखौल थिक। ओहुना बेचारे आनन्दमूर्ति रहथि। एक्को बेर जँ अहाँ हुनका देखने रहितियैन्ह वा हुनका सँ कनियो काल जँ गप्प कैने रहितहुँ तँ जिनगीभरि ओ कि अहाँ केँ बिसरितथि ? की कहू केहेन छलाह हमर पीसा !

ठीक मधुश्रावणी सँ एक दिन पूर्व हम पीसीक ओहिठाँ पहुँचल रही।

चौधरियो ओही दिन साँझ क' ऐल रहथि। हमरा हुनका सँ भेंट करबाक ततेक

उत्सुकता नहि रहय, जते पारो सँ भरिपोख गप्प करबाक।

सन्ध्याकाल चुम्मन चौधरिक नरइ दिस गामक जमाय लोकनि टहल' जाथिन। हमहूँ चौधरीक संग भ' गेल रहियैन्ह। केरबनियाक दू गोट जमाय आओर नरइक इनार पर बैसल छलाह, धरमपुर दिसुक एहि साढ़ूक प्रतीक्षा मे। ओहू दू गोटाक सार सङ रहथीन्ह। नमस्कार पातक उपरान्त चलल गप्प-शप्प। तीनू साढ़ू तीन ठामक, मुदा वार्तालापक केन्द्र एक्के। हमरा लोकनि—सारकवर्ग बौक बनि बैसल रही। ओ सभ जखन पान थुकरथि तखन खिलबट्टी खोलि क' आगाँ क' दैत जैयन्हि। खवास तीनू फूटे बैसल रहए, एक दोसरा केँ अपन-अपन परोपट्टाक हाल-चाल सुनबैत।

भ' तँ गेल रहैक सूर्यास्त, तथापि हुनका लोकनि उठबाक नाम नहि लेथि। हम बरोबरि चौधरी दिस तकैत रहि गेलियैन्हि। वेश गोरनार। चेहरा नाम; मुँहठान कटगर। गाल भरल। आँखि ऐत। भौंह सघन। कपार ने पैघ ने छोट। दहिना कान मे कनौसी। वामा कानक जड़ि मे, उपर दिस छोटछीन मसुबिर्धि—देख' मे एनमेन बड़ी सन। नाक से वेश नोकगर। ठोर तते पातर नहि...बूझि पड़ल जे हिनका सभ दिन नीके निकुत खेबाक हिसख हेतैन्ह, कहियो कोनो वस्तुक बिथूति भेल होइन्ह से कहाँ बूझि पड़ल। देखलियैन्ह जे बजैत बड़ कम छथि। ताहि सँ हुनक गम्भीरताक छाप हमरा पर पहिनहि पड़ि गेल। गामक ओ दुनू जमायबाबू उच्छृंखल बुझि पड़लाह, परन्तु चौधरिक मुँहें एक्को टा हल्लुक वा भसियैल शब्द सुन' मे नहि ऐल—अहाँ अबस्से कहब जे ओ पैंतालीस भदबारि देखने रहथि, पाकल परोड़ रहथि। बात केँ पचाब' जानथि। मानि लेल। परन्तु ई हम कहाँ मानब जे चौधरि पैंतालीस वर्षक छलाह तेँ गम्भीर भ' गेल रहथि। नहि, नेनहु मे ओ एहने गम्भीर ओ शिष्ट छल हेता।

टहलि-बूलि क' घुरियो ऐला उत्तर ओहि राति हमरा फेर कि अवसर भेटल चौधरी सँ गप्प करबाक ? दोसर दिन सहजहिं पारो केँ टेमिये दागल गेलैक। पीसीक हेतु ओहि दिन बड़का पावनि सैह रहैन्हि।

दू दिनुक बाद चौधरी केँ खाली पाओल। साक्षात्कार मात्र सँ ओहि दिन ओ हमरा पर कोन जादू चलौने रहथि से नहि कहि। होऐ जे सदिखन हिनकहि सङे रही। नहूँ-नहूँ बहुत गप्प कैल हमरा लोकनि। माछक ओ मासुक प्रसंग उठला पर चौधरी कहलैन्हि—आउ ने दशमी मे हमरा गाम। भगवतीक पूजा सेहो देखब आ प्रसाद सेहो पर्याप्त परि लागत। तकरा बाद माछ से फराक...

आ धेमुड़ाक कबइ—बीचहि मे टोकलियैन्हि तँ बामा हाथक आङुर सँ कानक बड़ीक खोंठी करैत ओ बजलाह—से तँ जड़-कालाक बाद। माघ फागुन सँ ल' क' बैसाख धरि। बड़ा दिनक तातील मे गाम आबी तँ बधाँतो अबस्से चल ऐब, ऐब ने ?

वामा हाथक बुढ़बा आङुर मे दहिना हाथ सँ अपन जनउ-लपेटैत हम बजलहुँ—से ऐखन कोना कहू चौधरी ? बड़ा दिनक तातील केँ छओ मास छै बाकी। तेँ ई नहि बूझी जे धेमुड़ाक कबइ हमरा बिसरि जैत। नहि एहि बेरि, परुकाँ साल कत' जैताह ?

तइ पर चौधरी कहलैन्ह—अहाँ केँ ओतेक मोन लागल अछि तखन कही तँ तौला

मे पठा दी जित्ते कबइ, भरिया अबिते जाइत रहै छै।

एहेन बहतर भेल हमर जीह...लगलहु विहुँस' तँ ओहो कने हँसलाह।

कबइ माछ बिला गेल हमरा लोकनिक हँसी-ठट्ठाक धेमुड़ मे। तकरा उपरान्त कते काल धरि कैक प्रकारक कथा प्रसंग चलल से नहि मोन अछि। मोन की अछि तँ चौधरी बेचारे अपन मूर्खता आ पारोक प्रखर प्रतिभा ओहिनाक ओहिना कबूल क' नेने रहथि। ओहि सँ पूर्व हमरा कहाँ छल परिज्ञान जे मनुष्य एते धरि सरल भ' सकैत अछि ? अपन त्रुटि, अपन घटी ओहिनाक ओहिना मानि लेब ! नेः, कहाँ कतहु देखलियै ई बात ?

भेल जे चौधरी देवता थिकाह। मुदा पारो ? ओकरा हमही ई नव सूचना देलियैक तँ बाजलि—नइँ ने बुझैछहक, अपन त्रुटि मानि ली आ तकर मार्जना करबाक सामर्थ्य वा साहस नहि हो तँ तेँ की ? जा, बुझहुन ग'; बुझहुन ग' तोही हुनका देवता...हमरा लेखे तँ ओ—

...पशु ? तोरा लेखे ओ पशु ?

चुप्प भ' गेलि पारो। किच्छु नहि बाजलि। बैसलि छलि माँझ घर मे खाम्हक भरें। हाथ मे रहैक शरत् बाबूक 'चरित्रहीन' (हिन्दी अनुवाद); हमरो ध्यान ओही पर चल गेल। पुछलियैक—कत' सँ उपर केलें हैं ?

चुप्प रहलि ओ।

गीताक बदला मे आब इएह सभ होइ छै ?

किऐ हौ, ई माहुर थिकैक आ गीता अमृत ?

हुँ... ...

तँ... ...

विचारल जे एखन एकरा सँ फराके रही सैह नीक। घर सँ बहराय लगलहुँ तँ पारो टोकलक—बिरजू भैया, हे हौ, एम्हर !

की ?

एक टा बात सुनह।

कह ने।

ओ कहलक—कने लग आबह...

लग भ' गेलियैक। थिर नजरि सँ कने काल हमरा तकैत रहलि फेर बाजलि—की होइछहु जे ई उपन्यास पढ़ि क' हमहू चरित्रहीन भ' जैब ?

गम्भीर भ' क' तकलियै ओकरा दिरा काजर कैल आँखि पारोक केहेन लागल ? तुरन्ते नहैल खंजनि सन, एनमेन ओहने ! सजल सकाजर आँखि दुहू...

के थिकउँ, चिन्है छ' हमरा ?

दुर बतही !...हलुकहा एक टा चाट उठौलियै, मुदा गाल छीपि लेलक तँ पाँखुड़ पर पड़लै...

ईस !

हे, कहि दैत छियउ। चौधरी केँ जे कूकुर बुझै छहुन से नीक नहि ! हँ ! तोँ

मनुक्ख छें तँ ओहो मनुक्खे थिकाह...

पारो खोट' लागलि न'ह, मूड़ी निहुड़ा क'।

कने बिलमि क' बाजलि—तों तँ आब सदै हुनके पच्छ लेबहुन...भने एक टा उकील भेटि गेलैन्ह !

खौंत फुकलक हमरा—ऐं, ई की तों बजलें ? हम कि आन कोनो बात कहलियौए ? बिआह जे ई चौधरी केलैन्हिं से अपना मोने किन्हु नहि, माम-मामि, सर-कुटुम आ हमरे-तोरे सन दस गोट हित-अपेक्षित ठोंठ जँतलकैन्हि तेँ !

आ-हा ! लोक होंठ जँतलकैन्हि बड़नी तेँ !!

हँ, गै, तेँ।

फेर ओ किछु नहि बाजलि, पढ़' लागलि अपन 'चरित्रहीन'।

हम पुछलियै—कत' सँ उपर केलैंहें ?

पारो पोथी आगाँ बढ़ा देलक आ आँखि सँ संकेत कैलक—देखहक ने !

पहिले पात मे कने उपर हटि क' हरियर मोसि आ अङरेजी मे लिखल रहैक, श्री श्यामानन्द झा फस्ट ईयर एफ.ए. स्टूडेंट जी.बी.बी. कॉलेज मुजफ्फरपुर, 15 जुलाइ, 1937

अपनहि कहलक पारो—बचबे काकाक सार थिकथीन्ह ई। कौखन-कौखन अबै छथीन्ह। हुनका चिट्ठी लिख' ले' माय हिनके बजबौने रहैन्हि। हमरा हाथ मे 'पंच कन्या' देखलैन्हि तँ बाद मे ई पोथी द' गेलाह। छैक बढ़ियाँ हौ...

से जनही तोँ ...आर किछु कह' लगलियै तँ अपना हाथ सँ हमर मुँह मुनि देलक ओ। कहलक—बूझि गेलियहु कि ने, तोँ आओर कहबे की करबह ?

अपन मुँह छोड़ा लेल हम। ध्यान सँ ओकरा दिस तकलियैक। दुहू पहुँचा मे छ-छ टा क' लहठी आ ठेक। हरियर लत्ती पाढ़िक साड़ी, गुलाबी रङ मे रङल। सींथ मे सिन्नुर। कपार मे कोशा टिकुली। पैर मे साट, तरवा मे अलता। मुदा, देह ओहने दुब्बर...बूझि पड़ल जे पारो कने आओर नामि भ' गेलिऐ।

हाथ सँ पोथी छीनि लेलियै। कहलियै, पाछाँ पढ़िलिहें। एखन एक टा बात पुछै छियउ से कह।

गम्भीर मुद्रा मे तकलक हमरा दिस—तकैत रहि गेलि।

चौधरी बड्ड नीक लोक छथि—हम आरम्भ कैल तँ देखलियैक जे पारोक भँहु कने तनि गेल छै—मुदा देखबाक इएह अछि जे ओ आब तोरा सङे कोन तरहक व्यवहार रखै छथुन्ह। ओ केहनो रहितथि तैयो हुनके कहबितें। आ आब ? आब हुनका पर श्रद्धा भ' गेल-ए हमरा...

श्रद्धा ?...आश्चर्यक लेल मुँह बौलक पारो, बौनहि रहि गलि आ हम कहितहि रहि गेलियै—चौधरी पर आब हमरा श्रद्धा भ' गेल अछि। कतबो तों उपद्रव करबहुन ओ बम्भोले बनल रहथुन। कतबो गरियेबहुन ओ चुप्पे रहि जैथुन। पारो, चौधरी देवता थिका, देवता !

घृणा ओ विरक्ति...ओकरा मुँहक घनश्यामी कान्ति सुखैल मोनक्काक रङ सन भ' गेलैक। किछु क्षण बाद बाजलि—देवता ? दानव थिक एहेन-एहेन व्यक्ति ! एहि तरहक जन्तु सँ फराके रही ताही मे कल्याण...

सुनि क' अवाक् भ' गेलहुँ हम ! पारो फेर बाजलि—चारि-पाँच साल छोटि हेबहु तोरा सँ हम मुदा मनुक्ख कें तों कहाँ तत्ते चिन्है छहक ? जकरा देवता बुझै छहक ओकरा कने डुबि क' जँ देखितहक...

ताबे मे पीसी पाड़लैन्हि सोर, चल गेलहु हुनका लग। हेहुआ-माय ऐल छलि चंगेरा ल' क'। सङे नेने ऐलि रहए बाबूक चिट्ठी। ओ लिखने रहथि, झट द' गाम आब' माम मारि खौंझाइ छथुन्ह। मोतिहारी सँ हुनक एक टा बड़का ढड्डर ऐल-ए लिफाफ मे। से, तों झट द' आबह...

एहि बातक कोनो उपाय नहि। पीसियो कें अबिखेद भेलैन्हि। मुदा उपाइये की ?

निश्चय भेल जे भोरे खन चल जाइ गाम।

पीसी कें कथुक पलखति नहि। जमाइक खोऐबा-पियैबाक वस्तुविन्यास मे भरि भरि दिन लागलि रहथि बेचारो। अनके अकच्छ लगैक। परोक्ष मे पनिभरनिये तँ बजैत रहैन्हि—बूढ़ जमाइक कतउ एहन आवेश होऐ, गै दाइ ! सद्दरि काल बुढ़िया ओही व्यौंत मे रहै छै, दुर...ई बाजि क' कत्तेक जोर सँ ओ मौगी इनार मे डाबा पटकि देने रहैक ! एह !

ओहि राति, हँ, ओहि राति, एक टा तेहेन कांड भ' गेलैक जे चौधरीक विषय मे श्रद्धा हमर कने घटि गेल।

हम रही सूतल, दलान पर। एसकरे रही। खाट पर सतरंजी आ तइ पर हम। उऐह बहुरुपिया गेड़ुआ रहै। निन्न नीक जकाँ आबि गेल छल। सुतबा काल हमर नाक कहियो नहि बाजल, हमर ओइठाँ सूत' काल सबहु गोटे फोंक कटैत जाइ छथि। से हिसख एम्हर नहि।

से जखन हम सुतल रही, तखन लहठी आ खड़ाँओंक कोमल-कठोर अवाज कान मे ऐल। बूझि पड़ल जे स्वप्न देखि रहल छी। आँखि मुननहि हम करौट फेरल तँ अवाज बन्द भ' गेलैक...कनिये कालक बाद फेर बूझि पड़ल जे ककरो क्यौ पकड़ि क' आङन दिस ल' जाय चाहै छै, मुदा ओ शारीरिक तमाम ताकति लगा क' अपना कें रोकि रहल अछि; दुनू मुदा निश्शब्द !

कने कालक बाद बूझि पड़ल जे भट द' किदन खसलैक अछि...आब निन्न टुटि गेल।

मीड़ि-माड़ि क' आँखि उघाड़ल। देखै की छी तँ पारो दलानक अङनइ मे पड़लि अछि आ कने हटि क' ठाढ़ छथि चौधरी महाशय ! धड़फड़ा क' उतरलहु खाट पर सँ, डेन पकड़ि पार्वती कें उठाब' लगलियैक, मुदा ओ नहि उठलि।

हमरो रहि नहि भेल। हुनका पर बमकि उठलहुँ—जाउ सूतू ग'; ठाढ़ की छी अपने ? छीः !...

हुँ...सोंसियाइत-सोंसियाइत चौधरी चल गेलाह आङन आ हम पारो केँ भरि पाँज उठाक' ठाढ़ कैल।

केश आ साड़ी मे माटि लागि गेल रहैक से झाड़ि देलियै। कहलियै—चल, ता खाट पर अही ठाँ पड़ि रह ग'; एह ! एहन नाटक नहि देखने छलहुँ। ह !

भेलैए की, तकर हम अनुमाने टा क' सकलहुँ। पारो तँ एक तरहें अचेत भ' गेल छलि। ओकरा हम की पुछितियै आ की ओ कहितए ? अङपोछाक खूँट भिजा क' नहूँ-नहूँ रगड़' लगलियैक कपार। मोन मे आर किछु नहि, एक्के टा बात घुरि घुर क' आबै आ जाय जे अबस्से हाहुती जकाँ चौधरी कोनो उत्पात कर' लागल हेथिन। पारो मना केने हेतैन्ह, बेर-बेर मना केने हेतैन्ह। ओ नहि मानने हेथिन। तखन...चौधरी नीक लोक नहि छथि...देवता नहि, दानव थिकाह ओ...तखन ?

तखन कने कालक लेल हमहूँ अपन आँखि मूनि लेल। ओही खाट पर हमहूँ बैसल रही, ध्यानावस्थित। नहूँ-नहूँ रगड़ि रहल छलियैक पारोक कपार। आङुर हमर ओहिना ओकरा कपार पर चलि रहल छल जहिना वर्षा हैवा काल कोनो बढ़िम्मा मोटर मे ड्राइभरक अगिलुका शीशा पर पानि पोछ' वला छोटकिनमा ब्रुश अपनहि चलैत रहै छै। ध्यान मे गुलाबक एक टा कोंढ़ी ऐल। ओही कोंढ़ी लग आबि क' एक टा बुढ़ाँठ बरहसिंगा ठाढ़ भ' गेलै। हम लाख ओकरा ओहि ठाँ सँ हटौल परन्तु ओ नहियें ने हटलै ! तखन ओ कोंढ़ी केँ सुँघलक आ थुथून बिजुका क' नाक फरफराब' लागल। फेर ओ लंठ अपन सीङ सँ ओहि कोंढ़ी मे लागल खोधबेध कर' ! हम मना कैलियैक तँ मनुष्यक बोली मे बाजि उठल जे तों किऐ टरटर करै छ' ? हम जंगली जीव थिकहुँ आ ई गुलाबो जंगलहिक थिक। एकरा कोंढ़ी केँ उपभोग करबाक अधिकार भ्रमरे टा केँ नहि, हमरो अछि। कोंढ़ी ? नहि फुलैल रहत तँ तेँ छाड़ि देबैक ?

हमरा तामस भेल। सुन्दर तथा स्वस्थ बरहसिगंगा केँ देखि क' पहिने जाहि विधाताक प्रति कृतज्ञ भ' उठल रही, आब तिनिकहि पर हमरा तामस भेल। फटकारि क' कहलियैन्हि तँहू दानव आ तोहर बनौल सृष्टि सेहो दानव सभ सँ भरल ! धिक्कार तोरा ! आइ दिन सँ कहियो हम तोहर नाम ली तँ...

ततब मे पारो अपन माथ उठा क' हमरा पल्था पर राखि नेने छलि आ हमरा हाथ केँ अपना छाती पर—हम तौखन आँखि मुननहि बैसले-बैसल उऐह स्वप्न देखि रहल छलहुँ...

कने कालक बाद देखलियैक जे बरहसिंगा ओहि कोंढ़ी मे अपन सभ सँ तेज सिङ भोंकि देने छैक। अविकसित गुलाबक ओहि कचकूह सौरभ सँ तते कचोट भेल जे हम कान' लगलहुँ, ठोहि पाड़ि क' कान लगलहुँ। पारो अपन दुहू हाथ हमरा घाड़ मे फँसाक जोर सँ गुङुआ उठलि। समाधि हमरो टुटिये गेल। ओकरा दिस तकलियै तँ ओहो हमरा दिस तकलक।

बाजलि—कनै किऐ छलाहए ?

आ तोरा की भेल छलउए ?

पहिने तों कह'।

नहि तोहीं कह।

पारो उठिक' बैसलि। चारू दिस नीके ना ताकि लेलकैक तखन साड़ीक ओहि अंश पर हमर हाथ ल' गेलि जे दूर धरि भीजल छलैक। देह सिहरि गेल हमर।

ई की ?—पुछलियैक।

ओ बाजलि—सोनित।

सोनित !

हँ, सोनित।

....

हिचक' लागलि पारो। अन्हार रहैक तेँ देखिलियै तँ नहि मुदा बूझि पड़ल जे नोर बहल चल जाइ छै।

धोतीक खूँट सँ नोर पोछि देलियैक तँ कहलक—देखहक ? कोन दशा केलन्हिए तोहर देवता हमर ?

फेर कोंढ़ फटलै ओकर। अपना हाथ सँ पारोक मुँह बन्द करैत ओकरा हम परिबोध' लगलियैक—जुनि कानहि गै; दोसर बिआह तँ आब नहियें ने हेतौक। हिनके संगे कहुना निमहि जाउक, बाबा कपिलेश्वर सँ इएह हम मनबै छी। कोनो दोसर उपाय नहि। ई गुड़ खेनहि आ कान छेदौनहि। जो आङन...ले ई सतरंजी। ओछा क' सूति रहिहें...

पारो चल गेलि आङन।

तकरा बाद लाख हम सुतबाक चेष्टा कैल कहाँ निम्न भेल। जखन भोरुकवा उगलैक तखन जा क' कने आँखि लागल।

सबेरे पार्वतिये हमरा जगौलक। आश्चर्य ! रातुक घटना केँ ओ आर ककरो ज्ञात नहि होमय देलकैक ! अन्हरोखहि नहा आइलि रहए, कथी ले' क्यौ बुझथीन ?

हमहूँ सबेरे स्नान क' चूड़ा-दही सुरपेटल आ पीसी केँ गोड़ लागि विदा भेलहुँ गाम। चौधरी केँ नमस्कारो टा कर' नहि गेलियैन्ह।

साँझ क' पहुँचल रही गाम आ तकरा प्राते मोतिहारीक हेतु विदा भ' गेल रहियैक।

ओहि बेर दशमी मे जँ गाम हम ऐबो कैलहुँ तँ केरबनिया नहियें ने जा भेल, किऐ तँ बाबू बड्ड जोर दुक्खित भ' गेल रहथि। पीसी मुदा अपना छीतन मड़ड़ केँ, पठौने छलथीन्ह हमरे हेतुए। सूनल जे अगहन मे बेटी केँ विदा करतीह। ईहो सूनल जे कतिकी पूर्णिमा मे जाइत जैतीह सिमरिया...

माय आ बाबू केँ कहा पठबौने रहथीन जे अगहन मे चारियो दिनुक कटे नूनू केँ (हमरा) मोतिहारी सँ फेर आबहि कहबैन्ह—आन छैहे के जे सङबे भ' क' जेतैक। असक्क पच्छ मे कंटीर (हमर छोटका भाय) केँ तँ गेनहि। बौआ (महाकान्त बाबू; बड़का भैया) ढुंढिराज छथि, तेँ स्थावर, बैसल-बैसल मोहरीरी टा कहुना अपन निमाहने जाइ छथि। गोपीकान्त अङरेजी स्कूल केर मास्टर छथि तेँ हुनको अगहन मे पलखति नहि।

देवीकान्त ने रौदे मे ने छाहरिये मे तखन की तँ तेसरे हु-ले-ले-ले मे रहै छथि...अहाँ सन भाए-भौजिक अछैत अपन भातिज चारियो दिनक खातिर, हमर बात नहि मानै से होए ?...

ढाकी भरि समाद पीसीक रहैन्ह। सभटा कि मोन अछि ? चौधरी चित्त पर सँ उतरि गेल रहथि तेँ बघाँत दिस हमर ध्यान फेर जेबे कोना करितै।

से सत्ते, ओ अनुरोध पीसीक कहाँ हम मानलियैन्ह ? पारोक संगे दुरागमन मे कंटीरे केँ जैक पड़लैन्ह। हम ओहि साल तेँ बड़का दिनक तातिल मे गाम नहि एलहुँ, मटिया देल।

पारो ? ओ कतउ मानै ? दुरागमन भेल रहैक अगहन मे आ माघे मे बड़का ढढ्ढर पठौलक हमरा। औखन ओरिया-पोरिया क' रखले हैत ओ हमरा दुर्गापोथी मे !

पार्वती लिखने छलि—

स्वस्ति श्री बिरजू भैया केँ इतः श्री पार्वतीक प्रणाम। अत्र कुशलं तत्रास्तु। आगाँ समाचार जे दशमी मे तोँ नहि एबह ई जँ हमरा बूझल रहैत तँ आइ सँ चारि मास पूर्वे पत्र लिखने रहितियहु।

हम आब मोन केँ मना लेलहुँ अछि। हुनका प्रति तँ कहबह जे श्रद्धा-भक्ति उत्पन्न भ' गेल अछि, से नहि।

ओ जे छथि से सैह रहथु ग', हम हमहीं रहब। जँ हम पुलकित झाक जनमलि होइ तँ—

एते लिखलाक उपरान्त अक्षर ओ भाव दुहूक क्रमपात बदलि गेल रहैक। अबस्से पारो ककरो चाल पौने हेतैक आ लिखनाइ बन्द क' देने होइति। लग मे कोनो पोथी रखने हैत, उठा क' फुसियहि पढ़' लागलि होइति किंवा सतसासु आकि ननदि सोर पाड़ने हेतैक किंवा...दोसर खेप जे लिख' ले' बैसलि हैत से निश्चय केवाड़ मे बिलैया लगा क'। ईहो भ' सकैऐ जे चौधरी सहरसा कि मधेपुरा चल गेल होइथीन्ह, निसबद्द भ' गेला पर राति क' ढिबरी लेसने होइति। तखन फेर ई पत्र पूरा केने हैत—

जोर जबरदस्ती ककरो देहे टा पर क्यौ क' सकै छै, मोन पर किन्नहु नहि। ओना तोँही कह' जे पचास वर्षक साँइ केर बहु जाहि ठाँ पन्द्रह सालक होइ ताहि ठाँ कोना सौमनस हेतैक ? कनियें टा रही हम, तैखन मामीक मुँहे एक टा खिस्सा सुनने रही। ताहि मे भेल की रहैक तँ कोनो पोखरि मे अगड़ाही लागि गेल रहैक ! तहिया अजगुत लागै ई बात, परंच आइ-काल्हि बेश बढ़िया जकाँ बुझै छियैक जे कोना पसाही लगै छै पानि मे...

सासु जे ई थिकी से अपन नहि, बुझले छहु। एह ! एहेन अलापी माउगि तो तँ अबस्से नहि देखने हेबह। पहिने तँ दिन दसेक इएह बूझि पड़ल जे अपनो माय सँ बाढ़ि ई होइतिह ग' हमरा लेखेँ। मुदा तकरा बाद हिनक रङ्ताल जे उखड़' लागल से की कहियहु ? परंच हमहूँ एहेन जे धरती जकाँ सभ उत्पात सहि लैत छी। उपाइये कोन ?

माय पठौने छलि भार—पुछारीक भार। जे ओकरा विभव छैक तकरा मोताबिक ?

नहि, ताहि सँ बहुत बढ़ि। खूब नीक जकाँ सँठने छलि। तिनपढ़िया साड़ी बीसहत्थी। आङी। लहेरिया गंज मँ मङवा क' दू जोड़ लहठी, बड़का घौड़ केरा। दू मटकुर दही। छोटका चङेरा मे मालपूआ भरल रहैक। छीतन मड़ड़ सन सोलकन्ह भरिया...

मड़ड़ विदागरी द' उच्चावच केलकैन्हि तँ हमर ननदि बजलीह—अइ साल एतै अपनहि बड्ड काज प्रयोजन छैक। माय करति एकादशीक उद्यापन, हमरा जैबाक अछि द्वारिका। भैया भेलाह एसगरुआ। तइ पर, मड़ड़, बुझले अछि जे चारि पाँच वर्ष सँ कोसकी हमरा लोकनि केँ केहेन तबाह कैने छथि। एहना हालत मे कनियाँ निफिकिर भ' क' नहिराक बसात पीब' जेती तँ जाथु। हमरा सभैक कोन ? जगदम्बा केँ जे इच्छा हेतैन्ह...

चुप्पे भ' गेल मड़ड़ कि ! दोसर दिन अहल भोरे सीक-पटइ उठौलक, खेवा-खर्चा लेलक आ चल जाइत रहल।

से, आब कहिया तोहर मुँह देखबहु, दैवे जानथि। चिट्ठी तोँ नहियें लिख' सैह नीक। एक्के बेर ई कोना लिखियहु जे हमरा बिसरि जाह। हमर चिन्ता नहि करिहह। मोन लगाक' पढ़िह'। गर्मिक छुट्टी मे हमरा माइक भेंट जा क' अबस्से करियहक। इति।

ओहि चिट्ठी मे इएह सभ लिखल रहैक। आ जँ पूछी तँ ओकरा बाद फेर हमरा कहियो पारोक चिट्ठी प्राप्त नहि भेल। थर्ड मे रही ओहि बेर, पढ़' मे खूब मोन लागए। भेवो केलहुँ फस्टे।

ओहि साल अपन संस्कृतक ज्ञान हम वेश बढ़ाओल। बाबू केँ किंवा भैया लोकनि केँ कौखन क' चिट्ठी लिखियैन्हि से मैथिली मे। स्कूलक सङतुरिया दु-एक टा जकरा सङे घुट्ठा-सोहार अपेक्षा भाव छल से सभ खिसियाबए। कहए—क्या छी-छी करते हो...सहर मे आ गइल वाड़' तबहू देहाती आदत कुलि नइखन छूटल ? परंच एहि प्रकारक आक्षेपक समाधान हमरा अपना नहि करक पड़ए; बेतिया दिसुक एक टा अपने मैथिल श्री चन्द्रदेव ठाकुर ओकरा लोकनि केँ निरुत्तर क' देथिन्ह। कहथिन्ह—चाउर-दालि काहे खा' ता'ड़ ए बबुआ लोगनी ? ईहो चीज कुलि देहातिये मे नु होला ? चन्द्रदेव ठाकुरक मातृक रहैन्हि कोइलख, मातृमातृक बाँसी। ओ मैथिली बाज' लागथि तँ हमरा हँसी लागए। तथापि, मिथिलाक आचार-विचार, लिपि आओर भाषा एहि सभैक प्रति बेचारे केँ वेश श्रद्धा रहैन्हि। हुनक पिता मोतिहारी मे रहथिन्ह मुखतार। कृष्णदेव ठाकुर। हुनका ओहि ठाँ बराबरि 'मिहिर' अबैन्हि। मामा केँ मुखतार साहेब सँ भरि ठेहुन घनिष्ठता छलैन्हि। हमरा ओ बड्ड मानथि। चन्द्रदेव मुदा फर्स्ट मे पढ़ै छलाह। तेँ हुनका सँ हमरा ततेँ घनिष्ठता नहि भ' सकल। पक्ष धरि हमर ओ सदै लेल करथि।

ओहि बेर गर्मीक छुट्टी मे गाम जैतहिँ सबसँ पैघ हर्षनामा जे सुनल से पारोक कल्याणक योग्यता। भेल जे चौधरि ठेकान पर आब पहुँचि गेल छथि। ने तँ ओहिना ई सभ होइतैक ?

से सरिपहुँ। सौराठक सभा मे हुनका सँ साक्षात्कार भेला पर बूझि पड़ल जे मधुश्रावणीक यात्रा मे ओहि राति ओ भाङ पीने रहथि; तेँ अलट-विलट भ' गेल

छलैन्हि। अन्यथा, सोनमनि चौधरि सोलह आना सत्पात्र रहथि। मूर्ख रहथि तँ तेँ की ?

दुइ दिनुक खातिर केरवनिया गेलहुँ तँ पीसी सेहो परम प्रसन्न बूझि पड़लीह। कहलैन्हि—ह, भरोस नहि छल जे छौंड़ी केँ ई दिन हेतैक ! धन कुशेश्वर बाबा...

पीसियेक आग्रह सँ पीसाक वर्षीक प्रात हम बधाँत विदा भेलहुँ। अपना इच्छा नहि रहए से नहि, पारोक मुँह देखना बहुत दिन भ' गेल छल। गाम पर चिट्ठी लिखि देलियैक जे चारि-पाँच दिन विलमि क' पहुँचब।

एह ! मुदा की जान' गेलियैक जे कौशिकी पार भ' क' केम्हरो जायब केहेन दुर्घट होइत छैक ? जखन भपटियाहीवाली गाड़ी सोझे सहरसा द' क' जाइत छल हेतैक तखनुका हाल की जान' गेलियैक, परंच हम तँ बेनीपुर हाट दने हाटी सर्कल होइत कुशेश्वर स्थान पहुँचल रही। बाबा केँ जल ढारि चूड़ा-दही-चीनी ओ केरा सँ अपना पेटक तर्पण क' दू खिल्ली पान गलोठि तखन जे डेङी पर बैसलहुँ से हे नारायण ! सभ दशा भ' गेल ! जाहि बताहि नदीक नाम ओ माहात्म्य सूनि-सूनि पहिने हँसी लगैत रहए तकर विराट् रूप देखि ओहि दिन अपन दुहू कान पकड़ल, एहि बाटे पूब भर नहि जाइ ! मुदा ओहि दिन तँ भरि दिन डेङी पर बैसल-बैसल डाँड़े टुटि गेल रहए ! पीसी कहने रहथि जे कुसेस्सर थान द' क' जाह, बाबाक दर्शन सेहो क' लिहह आ कौसकीक बाढ़ि सेहो देखैत जैहह...कोन, डेढ़ पहर दिन उठैत नाओ पर जे बैसबह से बेरुक पहर चौधरिक गाम जाक' उतरबह। चौधरि मुदा कहियो बाजल रहथि जे नाओ पर गेनिहारक सभ दशा भ' जाइत छै ! हमरा भेल जे जहाज पर कहियो नहि चढ़ल छी। मासक मास जहाजे पर चढ़ल लोक बिलैंतो तँ पहुँचिये जाइत अछि, हम पहर-दू पहर नाओ पर बैसल कौसकीक बाढ़ि मे झिझ्झिर कोना खेलाइत छ-सात कोस जैब तँ ताहि मे की लागत ? परंच जतेक कल्पना कयने छलहुँ आनन्दक ततेक उपलब्धि कहाँ होम' देलक मलहबा ? छोट छीन डेङी। ताहि पर उनैस गोटा केँ ठूसि-ठासि क' बैसा देलकैक। ताहू मे गोड़ चारियेक जनीजाति। दू टा नेना से फराक। नीक लोक तिनिये टा। एक टा रही हम, एक गोटे वनगाँओक कोनदन खाँओ से रहथि। तेसर जे छलाह से राजक कोनो अमला बाबू। आओर जे रहए ताहि मे गोंढ़ि सैह बेसी बूझि पड़ल। ककरो सीक-पटइ बहिङा। ककरो डाभिक रस्सा आ घसकट्टा हाँसू। ककरो सरकी आ जाल। ठाम-ठीम टापू जकाँ छोट-छोट भीठ आ डीह जँ अबैक तँ हमरा लोकनिक ओ छुरुक्की जलयान ओहि 'बन्दरगाह' पर खाहमखाह कने-ने-कने सुसतैबे टा करए। गोढ़ीवा सभ से सर्वत्र उतरए-चढ़ए, चीलम ओकरा लोकनिक गरमौले ताकए। समाद-वाड़ी से मने सभक सभ कहैत जाइक। कतहु अल्हुआ चढ़ैक तँ मकइ उतरैक आ कतहु मड़ुआ चढ़ैक तँ अल्हुआ उतरैक। इएह सभ देखैत-देखैत सूर्यास्त भ' गेल छल। तङ-तङ भ' गेल रही ओहि दिन। कान पकड़ने रही जे एहि बाटें किन्नहु नहि घुरब...

चौधरिक दरवज्जा पर जखन पैर राखल तखन कै बाजल हेतैक ? दस सँ कम तँ अबस्से नहि। राति निसवद्द भ' गेल छलैक। कूकुर बिना कटने कि छोड़ैत जँ झौआक पतरकी डारि हाथ मे नहि रहैत ?

ओ लेकनि खा-पीबि क' सूति रहल छलाह।

पूछि-पाछि चौधरिक ओतए हम पहुँचल रही। दरवज्जा पर क्यो नहि रहैन्हि। सोर पाड़लियैन्ह तँ चौधरिक ममियौत आङन सँ बहरैलथिन्ह। नाम सुनितहि ओ पुनि आङन गेलाह। कम्बल ऐल। पैर धोअ' ले' पानि ऐल। पैर बड़नी कहुना धोएल। थाकनि सँ देह भसियैल जाइत रहए। होऐ जे ठामहि, अखड़े कम्मल पर ओंघड़ा जाइ...

ओम्हर ता आङन मे ठाँओ-ताँओ भेल। कने कालक बाद उऐह बजा क' ल' गेलाह। हमरा कथू दिस आँखि उठेबाक होश नहि छल। दछिनबरिया घरक असोरा पर उज्जर आसन पर बैसाय पारो ओहि राति की सभ खोऔलक से आइ कि मोन अछि ? माछ धरि अवश्य छलैक।

घर चारू दोमहला। बेश पैघ-पैघ। पुबरिया घरक उतरवारि कोठरी मे खाट पर ओछाओन भेल छल। ओहि राति पारो गोड़ लगलक तँ की हम ओकरा आशीर्वाद देलियैक सेहो कहाँ मोन पड़ैत अछि !

छल जे चौधरिक ओत' दू दिन सँ बाढ़ि नहि रहबैन्हि। मुदा ठेहियैल ततेक रही जे चारि दिन रहि गेलहुँ। चौधरि केँ मधेपुरा मे कोनो काज छलैन्हि, ओ अपने नहि रहथि। कर्ता-धर्त्ता हमरा हुनक ममियौते बूझि पड़लाह।

पारो सँ तेसर दिन जा क' कने-मने गप्प क' पौलहुँ।

ननदि ओकर रथयात्रा देखबाक हेतु जगरनाथ गेल रहथीन्हि। बूढ़ी केँ भ' गेल रहैन्ह जर, दोसरे तेसरे धूनि खेलाथिन। सभ छार-भार पारोक कपार पर। दू टा बहिकिरनी छलैक तेँ, ने तँ बेचारी केँ कदापि सम्हरितैक ?

दोसर दिन खैवा काल पंखा ल' क' बैसलि। हम अचल भेल आसन पर बैसल रही आ नहूँ-नहूँ खाइत रही। फुरबे ने करए जे की पुछियौक। गप्पक गाड़ी केँ मुदा उऐह हँकलक। बाजलि—छीतन मड़ड़ फेर ऐल छल-ए। कहैत रहए तोरा ओतुक्का हाल-समाचार। अपर्णाक बिआह तँ घरकथे सँ ठीक भ' गेलैक ?

हूँ, से सैह—बाटी मे सँ सोन्हगर खेढ़ीक ओ दालि छानि क' ओम्हरुका भकुआ भात मे तकरा सनैत हम कह' लगलियैक—से सैह, धरकथे कहबाक चाही। ओ अही बेर एन्ट्रेन्स पास कैलन्हि अछि। फर्स्ट भेल छथि। बाबू बी.ए. धरिक खर्चा गछि लेलथिन्ह-ए। काज धरि आब अगहन सँ एम्हर नहियेँ भेलैक। सिद्धान्त मुदा सभे गाछी मे भेल छैक...

जजुआड़ कि ने ?

हँ, जजुआड़ेक थिकाह।

तकरा बाद पारो लागलि पंखा हुँक'। खेढ़ीक दालि हमरा ओहुना बड्ड स्वदगर लगैत अछि। ताहि पर जँ कौसकीक माटि परहक खेढ़ी हौक तखन औ बाबू किछु पूछू जुनि !

पारो गमि गेलि। ओ खूब अधिक क' दालि आनि बाटी मे द' देलक। फेर बैसलि पंखा हुक'। एहि बेर पुछलक—अपन बिआह कहिया करबहक ?

ई प्रश्न सुनितहि हमर आँखि दुहू नाचि उठल। मोनहि मोन विचारल हम, केहेन सपरतिभ अछि ई ! हँ...फेर भेल जे बिआह आ दुरागमन आ तइ पर सँ कल्याणक योग्यता...माय बनवा मे जनिका चारिये-छ मासक विलम्ब छैन्हि से पार्वती दाइ जँ एहि प्रकारक प्रश्न कैलन्हि अछि तँ उचिते। गुम्म धरि कने भैये गेलहुँ कि...

कहलियैक—घट मे घट एंट्रेन्स धरि तँ हमहूँ पास कैये टा लेबैक। तखन जे किछु, से, देखल जयतैक।

ओ चुपचाप ई सूनि लेलक। कने कालक उपरान्त बाजलि—पोथी नइँ हमरा लेल कोनो अनलह ?

से सत्ते, पारो कौशिकीक टापू मे पड़ि गेल छलि। मन माफिक पोथी जे ओकरा पढ़' ले' नहि भेटैक से ओकरा जिनगी कँ आर पहाड़ बनौने जाइत छलैक—ई जँ हमरा पहिने बूझ' मे ऐल रहैत आ जँ सोझे गाम सँ न्यार क' क' पारोक ओत' हम ऐल रहितहुँ तँ अबस्से शरद् बाबूक उपन्यासक दू-चारि टा हिन्दी-अनुवाद ओकरा हेतु लबितियैक। से कहाँ भेल।

कहलक उऐह—गाम सँ नहियें ने न्यारि-भासि क' तोँ चलल हेबह ! कोन, हमरा कोन ? महाभारतक बड़का पोथा पड़ले छैक। पलखति भेटै तँ ओहो एक टा अनमने।

ई बाजि पार्वती वेश नमहर साँस लेलक। ओकरा दिस तखन हम रहि-रहि कैक बेरि तकने हेबैक। एक तँ ओहिना ओ दुब्बर-पातर, तइ पर सँ कौसकीक पानि कने-मने अपन तासिर देखौनहि छलैक। आ ताहि पर सँ कल्याणक योग्यता...देहक कांति फड़िच्छ भेल अबैत रहैक। चेहराक रङ पाण्डुर।

भोजन हम समाप्त कैल। चुरू लेल—अमृतापिधानमसि स्वाहा...तखन ओहो उठलि। उठैत-उठैत बाजलि—के छह अइ कोखि मे, राक्षस आ कि राक्षसी ? माय गे माय ! ओ-हो-हो !!

खड़ाँओ पहीरि असोरा पर सँ जखन सीढ़ी पर पैर राखल तखन ओकर जी ओकाय लगलैक।

तेसर-चारिम मास मे स्त्रिगण कँ अहिना जी ओकाइत छैक। मोहनपुरावाली भौजी कँ अहिना देखियैन्हि जे जीं ओकाइन, हुनका मुदा आठम मास धरि ई खेहारलकैन्हि तखन जा के नौ मे मास मे सुट्टूक जन्म भेल रहैन्हि ! ई सभ तँ वेश परंच कोखि मे किच्छु रहौक, पारो ऐखने सँ ओकरा राक्षस-राक्षसी किऐ कह लगलैक अछि ? ई हमरा बूझ' मे नहि ऐल, हँ...

आब' काल सराइ मे जनउ-सुपारी दैत कहने रहए—लैह, कने नीक जकाँ गोड़ लाग' दैह। के कहए, ककरा-कखन की हेतैक...मोन सँ आशीर्वाद देने जाह।

तइ पर हम ओकरा डँटने रहियैक—धुत् ! बताहि नहितन...एहेन बात तकरे मुँह सँ बहराइ छैक जे अलच्छ खापड़ि रहैत अछि...जो; जगदम्बा करथुन जे तोरा कोखि सँ हीरा मोती झरौक—

पारो धैलक हमर पैर दुहू गसिया क'। आकुल स्वर मे बाजलि—नहि, से आइ हम

कहाँ मानबहु ? तेहेन असिरवाद ने हमरा तोँ देने जाह बिरजू भैया जे अगिला जन्म मे ई सासति नहि उठब' पड़ए...हमरा-तोरा बीच मे पिसियौत-ममियौतक सम्बन्ध नहि, ओहि जन्म मे हम आ तोँ ...

हम चट द' पारोक मुँह अपना हाथ सँ मुनि देलियैक। जनउ-सुपारिक सराइ हाथ सँ झन्न द' खसि पड़ल छल। ओकरा मुँह केँ 'अवाक्' करबा ले' हमरा अपन दुहू हाथ लगाब' पड़ल !

तखन जे थिक ओकरा आँखि सँ नोरक प्रवाह से की कहू ? देर धरि देखल नहि जइतए...पार्वती केँ ओही स्थिति मे छोड़ि बहार भ' गेलियैक हम ओकरा घर सँ। उतरबरिया घर सँ। जी जाँति कहुना दरवज्जा पर आबि कने अँटकलहु। चौधरिक ममियौत विदाइ मे एक जोड़ बढ़िम्मा धोती देलैन्हि आ झटकारि क' हम सहरसाक रस्ता धैल। मोन करए जे धोती जोड़ो भरि धेमुड़ा मे भसिया दियैक...

परंच तेहेन कठोर कोंढ़-करेज विधाता हमरा देबे ने केलैन्हि ! पार्वती अपने हाथे नीक जकाँ दुनू खंड धोती कोना रङने छलि आ कोना छाहरिये मे सुखौने छलि ! आ कोना यत्न सँ कोंचियौने छलि ! हे नारायण, ई सभ जँ हमरा एही आँखिएँ नहि देखल रहैत...

धेमुड़ा मे ओहि धोती केँ कोना हम भसिया दितियैक !

सहरसा सँ मनसी खुटिया। ओत' सँ समस्तीपुर होइत राज नगर। कोना पहुँचलहुँ से नहि मोन अछि।

गर्मीक तातील समाप्त क' फेर मोतिहारी ! पारोक प्रति आब हम अपना मोन केँ अनासक्त बनैबाक चेष्टा कर' लगलहुँ, परंच आवेश आ कि सिनेह कबाछु तँ थिकैक नहि जे लगला उत्तर छुटि जयतैक !

❖ ❖ ❖

अगहन मे गाम ओहि बेर आबहि पड़ल। अपर्णाक बिआह रहैक। जाहि दिन पहुँचल रही तही साँझ केँ केरबनिया सँ छीतन मड़ड़ से ऐल रहए। किच्छु बाजि नहि होइक बेचारा केँ।

पारो केँ बेटा भेल छैन्हि, अपने धरि ओ नहि बचतीह—कहुना एतबा धरि बाबू केँ मड़ड़ कहि सकलैन्हि।

पीसी बजाब' पठौने रहथीन्ह हमरा छोटका भाय केँ, गेलियैन्ह धरि मुदा हमहीं...की जान' गेलियैक जे पार्वतीक दाह-संस्कार हमरे करक पड़त ! ओह !

जा-जा पहुँची केरबनिया ता पारो केँ लोक आबि क' बहार क' देने रहैक। हम ओहि चिरपरिचित आंगन मे पयर राखल तँ देखल—तुलसी चौरा लग मुइलि पारो उतान पड़लि अछि...एहिना पीसा एही तुलसी चौरा लग उतान भ' क' उत्तर मुँहेँ मुइल पड़ल रहथि। एहिना ओहू दिन इएह छीतन मड़ड़ हमरा बजा अनने छल गाम सँ !

❖ ❖ ❖

तेरहम दिन साँझ क' जखन गाम कें विदा भेलहुँ तँ बूढ़ि पीसी अपन अशक्त कंठ सँ ठोहि पाड़ि क' कान' लगली आ पारोक बेटा कें आनि क' हमरा पैर पर राखि देलथीन...

ताहि नवजात शिशु कें चुम्मा लैत ओहि दिन हमरा कोनो आनन्द वा परितृप्तिक बोध भेल हो, से तँ नहियें तखन की तँ हृदय सँ फेकू कें आशीर्वाद देलियैक...पीसी कें कनितहि छोड़ि देलियैन्ह। पंडौल दिस विदा भेलहुँ।

❖ ❖ ❖

की अहाँ कें ई जानि परम आनन्द नहि हैत जे फेकू आब दू वर्षक भ' गेल छथि। पीसी बेचारो हुनका राति-दिन गराँ गलौने रहै छथीन। एहि साल तँ नहि, हँ तहन परुकाँ फेकूक मूड़न ओ कर्णवेध हेतैन्हि।

आइ-काल्हि पीसी दौहित्र समेत, हमरे गाम पर छथि। एंट्रेन्स हमहूँ पास कैये लेल आ एहि बेरि बिआह सेहो कैल अछि...

सुनलियैन्हि अछि जे चौधरी एही बैशाख मे फेर बिआह केलैन्हिए—अपन इच्छा नहियें रहैन्हि, मुदा ममियौतक आग्रह...करितथि की ?

नवतुरिया

एक

जेठ,

शुद्धक समय रहइक।

दुइ वर्षक महा-अतिचारक बाद ई दिन लोक पओने छल, शुद्धक बाट तकइत-तकइत बूढ़ि-पुरनिआक दल केँ उन्निद्र रोग भ' गेल रहइन्हि। केओ पौत्रक बेटीक बरक मुँह देखि तखन मरबाक चर्चा करइत रहथि तँ किनको सेहन्ता रहइन्हि जे पुतहुक घोघ पहिने अपनहि उठाबथि। केओ प्रपौत्रक मूड़न आ कर्णवेद देखबाक लेल व्यग्र रहथि, तँ ककरो नतिनीक कन्याक वाक्‌दान भ' गेल छलइन्हि, बिआहे टा आब शेष रहइन्हि मोसंमात सहुआइनि बड़ उत्साह सँ चभच्चा खुनबओने छलि, अही आइ-काल्हि मे ओ अपना चभच्चाक जग्ग करबालए रहए।

तात्पर्य ई जे शुद्धक प्रतीक्षा मे बहुत रास काज छेकल पड़ल रहइक। पंडित खोंखाइ झाक पौत्री बड़ सुन्नरि, चउदहम टपि केँ पन्द्रहम मे ओ अपन डेग रखनहि छलि कि धधाक' पहुँचल जेठ। आब ओकर बिआह हेबालए रहइक। सउँसे गाम चउचक रहए जे खोंखाइ पंडित एहि अप्सरा लए केहेन दुलहा अनइ छथि।

खोंखाइ पंडित पर प्रजापति विधाताक बड़ दया रहइन्हि, हुनका सात टा बेटी आ पाँच टा बेटा, बारह गोट संतानक 'पूजनीय पिताजी' कहेबाक सौभाग्य हुनका प्राप्त छलइन्हि। पंडिताइन दिन सँ दिन नाटि होइत अइली आ 'दैवक इच्छा' सएह ओहि बेचारोक लेखएँ सर्वोपरि टॉनिक रहइन्हि। आँखि-मुँह, नाक-कानक काट बढ़िएँ छलइन्हि, कांति गहुगा, पंडितक अगन कांति रहइन्हि पिंडश्याम तँ तेँ कि ? धिया पुताक आकृति ओ रूप पर माइहिक छाप पड़ल छलइक, पंडिताइनिक शील-स्वभाव सेहो मधुर रहइन्हि आ बोल वचन सेहो मिसरी।

जथा जाल मामूली।

वृत्ति रहइन्हि पंडिताइ सएह।

खेत पथार ततबे छलइन्हि जे सम्हरिक' उपजइन्हि त' चारि मासक बुतात भ' जाइन्हि, असल खेती रहइन्हि पंडितक विद्या सएह। भागलपुर, मुँगेर, पुरैनियाँ आ

दरभंगा–एहि चारू जिला मे खोंखाइ पंडितक यश पसरल छलइन्हि। स्वर रहइन्हि हुनक मेंही आ मधुर, भागवत पर बइसथि तँ लोक कान पाथिक' हुनका मुँहे कृष्णलीला सुनए। आब तँ अइ सभ दिस लोक केँ आस्था रहलइक नहि, मुदा पहिने भागवतक प्रतापेँ पंडित बेश कमाथि। काज-प्रयोजनक काल से बेश साहखर्च। माइक श्राद्ध मे चारि गाम जेवारी केने रहथि। प्रथम कन्याक विवाह से नीक घर-वर देखिक' करओने छलथिन्ह। पछाति मुदा मोन बदलि गेल रहइन्हि, बेटी सभक प्रसंगेँ पुष्टक' टाका गनब' लगलथिन्ह।

तीन टा बेटा आ अपने पंडित सौराठ गेलाह।

पंडिताइन सभ वस्तुक ओरिआओन केने रहथि घर मे। मालभोगक चाउर, राहड़िक दालि, गहुमक चिक्कस, घिउ, तेल, अचार से कइएक प्रकारक। रंगल आ सुखाओल-कोंचिआओल धोती से दू जोड़, दू खंड साड़ी से। पाग-डोपटा-धुनिस, सुपारी, चीनी, पातिल, पुरहड़...बिसेसरीक नानी अइ सभ मे बड़ तेज, भलमानुसक बेटी रहथिन कि ने !

दौहित्रीक नामकरण खोंखाइ पंडित अपनहि केने रहथि–विश्वेश्वरी। अनचोकहु मे हुनका मुँह सँ 'बिसेसरी' नहि बहराइन्हि, एक-एक अक्षर मने कंठ, तालु, दाँत, जीह आ ठोर केँ धकिअबइत प्रयत्नपूर्वक उच्चारित होइन्हि। लोक शब्दक उच्चारण शुद्ध-शुद्ध करओ, पंडित केँ पहिने अइ बातक बड़का झोंक रहइन्हि। आब मुदा से उत्साह शांत भ' गेल छलइन्हि। पंडिताइन केँ धरि आबहुँ यदा-कदा डँटइत छलथिन्ह–की बिसेसरी बिसेसरी करइत रहइत छी ! अहाँक त बापे वैयाकरणकेशरी रहथि ! बापक संस्कार कउड़िओ भरि अहाँक बखरा मे नहि पड़ल ? नारायण नारायण !!

एहना अवसर पर पंडिताइन करथि की तँ पित्त केँ जाँति राखथि, बकर-बकर तकइत रहि जाथिन पंडित दिस। संस्कृत प्राकृत ओ अवहट्ठ केर प्रसंग मे कतेको प्रवचन सुनने रहथि बेचारो मुदा 'ऐन मौका' पर हुनक जीह पिच्छड़ भ' जाइन्हि–'विश्वेश्वरी मुँह सँ बहराइन्हि बिसेसरी भ' क' !

एक दिन केदन उड़ा देलकइ जे साँझखन बिसेसरीक वर अओतइ...देखबा सुनबा मे तँ अधलाह नहि, मुदा बएसाहु धरि बेश छइ...सीतामढ़ी सँ पच्छिम कतहु घर थिकइ...दलान पर हाथी-घोड़ा बन्हने अछि...ई पाँचम बिआह हेतइ ओकर...

गामक बुझनुक लोकनि अइ पर अपना केँ 'गहींड़ इनार' बना लेलन्हि, किच्छु नहि बजलाह। फाटल मुँह फूटल ढोल जकाँ एम्हर-ओम्हर ढबढब केने घुरए।

महिलावर्गक कनफुसकी पंडिताइनिक हेतु दुश्चिन्ताक स्रोत बनि गेल। रामेसरी केँ ओ की कहिक' बोल-भरोस देथुन, फुरइत नहि छलन्हि।

जेठकी बेटी रामेसरी आइ तेरह बर्ख सँ विधवा छलथीन, ओ बड़ चेष्टा केने रहथि जे सासुरे मे रहि जाइ मुदा, बड़की-छोटकी देआदिनि से कहाँ होम' देलकइन्ह। अगत्या पड़ाक' बापक छाहरि मे आइलि रहथि।

अपना बापक एम्हरुका लक्षण सँ रामेसरी अत्यन्त शंकित रहइत छलीह, की रहइन कारण शंकित हेबाक ?

कारण इएह जे रामेश्वरी केँ छाड़ि छ'वो बेटी खोंखाइ झा बेचने रहथि। ककरो पन्द्रह सए मे तँ ककरो पाँच सए मे, आ आब बिसेसरीक पारी रहइक। फसिल तइआर छलइन्ह, कटनी टा बाँकी रहइन्ह।

रामेसरी अपना अभाग पर ओतेक कहिओ नहि कनली, जतेक बहिनि सभक दुर्भाग्य पर कानथि, सभ बहिनि माय बाप केँ श्राप देथिन। केओ बउकक पालाँ पड़लि रहइक तँ केओ बकलेलक पालाँ। ककरो कर्म तीन जिला पार चल गेल रहइक तँ ककरो घेंट बूढ़क थरथराइत हाथ मे पड़ि गेल छलइक। चारि बहिनि विधवा, एक टा बताहि आर एक केँ ओकर साँय सुतली मे साड़ी पर मटिया तेल ढारि केँ डिबियाक टेमी छुआ देने रहइक, ओ सहजहिं जरि क' सुड्डाह।

रामेसरी केँ बेटीक बड़ गौरव। बापक राक्षसी लोभ पर संगहि संग पर भाच्छए सेहो थोड़ नहि उठइन्ह। कउखन ओ विचारथि : बिसेसरी केँ कनइलक आंठी पिसिक' पिआ देबाक थिक ! की करति जीविक' बिसेसरी ? एहेन जिनगी सँ मुइनाइ सएह बढ़ियाँ.. .मुदा ममता रामेसरीक परिताप पर चाननक लेप चढ़ा दइन। तत्काले ओ सुतलि बिसेसरी केँ घीचि क' अपना छाती सँ सटा लेथिन। बेटी केँ चुम्मा ल' क' आ ओकर गाल सँ अपन गाल सटाक' रामेसरी अपना दुख केँ फराक ठेलबाक चेष्टा करथि, श्वास स्वाभाविक गति पर आबि जाइन्हि तखन बेचारोक लेल निद्रा देवि अपन दरबार उन्मुक्त क' लेथीन।

बड़ दुलार आ बड़ यत्न सँ रामेसरी अपना धी केँ पोसने रहथि। बाप आ भाए सँ लड़ि झगड़ि क' अपर प्राइमरी धरि शिक्षा से देअओने छलथिन ओकरा।

किछु कालक बाद रामेसरी उठलीह आ भाउजि लोकनिक नजरि बचाक' गेलीह पछवरिया घरक घेड़लाहा बरंडाक छोर दिस। सितलपाटी पर पेटकान द' क' पड़ि रहली जाक'। दुश्चिन्ताक हेतुएँ मोनक स्थिति बड़ विषम भ' रहल छलइन्हि, खन किछु फुरइन्हि आ खन किछु...घुरि फिरिक' बापे पर तामस उठइन्हि, बाबू केँ ई भ' की गेलन्हिएँ ? सोनछड़ी सन हमर बेटी, तकरा सींउथ मे सिन्दुर के भरत आबिक' तँ साठि बरखक लोलहा ! भरि सूप अडोर उझिलि देबइ मुड़हाक चानि पर !!

ई तँ भेल आवेगक बात !

आ, पश्चात जखन आवेगक भाफ बहार भ' गेलइन्ह एवं अपना सामर्थ्यक ज्ञान भेलइन्ह तखन बेचारो विचार' लगली–जनीजातिक जीव हम ! की हएत हमरा बुतें ? चिकरब-भोकरब आ माथा पटकब ! बाबू केँ असह्य बुझि पड़तइन्हि तँ कोनो कोठली मे बन्न क' देता हमरा, बहरा सँ जिंजिर चढ़ा देथीन। काज तँ ई हेबे करतइ...कतहु माहुर भेटितए तँ छउँड़ी केँ खोआ दितिअइ...

दुश्चिन्ताक अही धुनि मे रामेसरीक आँखि लागि गेलइन।

दू

बेसी तँ नहि, पाँचे सात नवतुरिआक एक टा दल रहइक गाम मे। बुझनुक आ बएसाहु लोकनि परिहास सँ अइ दल केँ 'गरम दल' कहइ छलथीन, नवतुरिआ वर्ग मुदा एहि नाम केँ अपन शान बूझि, सगौरव एकरा स्वीकार कएलक।

जवारहि मे हाइ स्कूल फूजि गेल रहइक। मिडिल स्कूल तँ सहजहि ओहि पचकोसी मध्य आब गोड़ तिनिएक छल हेतइक; गामक अभ्यन्तर अपर प्राइमरी स्कूल छलइहे, संस्कृत पाठशाला सेहो रहइक। पढ़ुआ लोकनि लग पास आ दूर फराक शहर सभहि मे कमाइत रहथि, महगीक अइ जमाना मे परिवार केँ संग रखनाइ हुनका लोकनि केँ असौकर्य बुझाइन। दोसर बात ई जे गामक अपन यत्किंचितो जथा जाल छोड़ि-छाड़ि आजीवन नगर निवासक कल्पना असह्य लगइन्ह। पढ़ुआ लोकनि मे सँ एहेन के छल हैत जकरा दुइओ चारि कट्ठा जमीन किंवा डीह-डाबर अपन नहि रहि गेल हेतइक; दू चारि गाछ आम कटहर, दस पाँच धूर खढ़ोरि, पितामह-प्रपितामहक खुनाओल पोखरिक आठम वा अठारहम हिस्सा। डीही लोकनिक संचित कीर्तिक किछु अंश जनमितहि अनायास प्राप्त एहि स्वत्वाधिकार मे मर्मज्ञ लोकनि केँ जे रस भेटइत छइन्ह तकर वर्णन असम्भव। गामक एहि पुश्तैनी सम्पत्ति केँ छोड़क लेल केओ तइआर नहि। हँ, तखन तीनि-चारि गोटे एहनो 'बड़ा बाबू' छलाह जे प्रतापी श्वसुर कुलक अनुकम्पा सँ सरकारी सर्भिस पाबि आब आगाँ ससरैत सेक्रेटरियटक कोरा मे बइसल रहथि। हुनका सभहक संसार आब एहि गमइया संसार सँ बिल्कुल फराक भ' गेल छलइन्ह। गामक लोक आब हुनका लोकनिक नजरि मे हुड्ड आ परम बूड़ि रहए। आफिसक काजक उपरान्त ओही 'बड़ा बाबू' सभहक अधिकांश समय अपन-अपन बङलाक बरंडा मध्य आरामकुर्सी पर ओंङठल-ओंङठल व्यतीत होइन्ह। बइसल-बइसल ई स्वदेशी साहेबलोकनि थाकल-ठेहिआएल धाकड़ जकाँ आधा आँखि मूनि पाजु कएल करथि...श्रीकृष्ण सिंह, अनुग्रहनारायण सिंह, कृष्णवल्लभ सहाय, नेहरू, शेख अब्दुल्ला, टू मैन, एटली, चर्चिल, स्टालिन...डेमोक्रेसी... कम्युनिज्म...अमेरिका, रूस, चीन, डी.बी.सी.। कोसी प्रोजेक्ट डीअरनेस एलाउएन्स, फैमिली प्लानिंग, अरविन्द आ गोगिया पाशा...बेटा केँ केलिफोर्निया पठेबाक अछि... जमाए केँ टाटानगर मे कोनो बढ़िया काज देअबाक अछि।

मुदा साधारण पढ़ुआ बाबू लोकनिक हेतु ई सभ दुर्घट रहइन्ह, गामक डीह डाबर केँ सदएक लेल नमस्कार क' लेनाइ हुनका लोकनिक बुतें कोना होइतइन्ह ? एहि श्रेणीक शिक्षित ग्रामीण लोकनि अपना-अपना बेटा केँ गामहि पर रखइत छलाह; छओंड़ा सभ अपन पढ़बो करए आ घरक काजो देखए। एन्ट्रेन्स पास केला उत्तर मधुबनी आ दरभंगा रहिक' कालेजक पढ़ाइ करए, घर गाम सँ ओकरा लोकनिक सम्पर्क कहियो नहि टुटइक।

नवतुरिआ लोकनिक इएह दल गाम मे एक टा लाइब्रेरी स्थापित कएने रहए। माङि चाङिक' पोथिक संग्रह भेल छलइ, गोड़ तिनिएक एकबारो आब' लागल रहइ।

साँझुक पहर गामक बहार फील्ड मे ओ सभ जाक' गेन आ कबड्डी खेलाए।

युगक गति सँ ओ लोकनि अपरिचित नहि छल। ओहि वर्ग मे बुढ़वा सभहक अनटोटल काजक चर्चा से बेश चलइक। मुखियाजी चीनी आ मटिआक तेल कन्ट्रोल रेट पर तँ देबे नइँ करथिन, जे दू-एक गोटा केँ से देबो करथिन तँ समय पर नहिएँ। अपना दलानक अँगनइ मे ओ तीस हाथक बाँस गाड़ने छलाह जकरा छोर पर तिनरंगा फहराइत रहइक। साड़ी आ धोतीक लेल लोक केँ जे परमिट देथिन, ताहू मे मुखिया जी बेश हाथ साफ करथि। लाइसेन्सवला मरवड़िया सँ हुनका बड़ अपेक्षितारए रहइन्हि। हिनक प्रशंसा ओ करइन्हि, ओकर गुण गबइत-गबइत ई से अपस्याँत रहथि।

परूकाँ 'गरमदल' वला किछु युवक एस.डी. ओक समक्ष दरखास्त दइत गेलइक—हमरा गामक मुखिया चीनी आ मटिया तेलक वितरण मे अन्याय क' रहलाहए, एहि दिस अविलम्ब ध्यान देल जाए।

सप्लाइ-इन्स्पेक्टर आबिक' तहकीकात क' गेलइक। दरखास्त पर नओ गोटाक हस्ताक्षर छलइक; मुखियाजीक डरेँ इन्स्पेक्टरक सोझाँ पाँचे गोटे केँ आबि भेलइन्ह। ओहि पाँचो गोटाक नाम पर फूट-फूटक' कार्ड बना देने रहइन्ह।

तहिआ सँ सउँसे गाम 'गरमदल'क प्रभाव मे आबि गेल। गरीब-गुरबा सभ पड़ध आ बूढ़ लोकनिक नजरि बचाक' नवतुरिआ दल सँ बात-विचार करए लागल।

ओकरा सभहक अड्डा दलान पर वा खरिहान मे नहि जमइक। जमइक तँ कोनो प्राइवेट घर मे, कलम किंवा गाछी मे, नरइ मे, धारक कात, पोखरिक भीड़ पर, बड़, पीपर, पाकरि तर।

दलक गतिविधि सँ परिचित दू-एक धी-बेटी आ बहुरिया सेहो गाम मे रहथि, एकटा ग्वार से रहए।

दलक समक्ष कोनो 'एजेन्डा' वा कोनो तेहेन विचारणीय विषय पहिने सँ निश्चित नहि रहइक। जखन जेहेन प्रसंग उठल, तखन तेहने निर्णय क' लेल गेल। सामान्य मनोरंजन आ छोट-मोट वाद-विवादक समाधान बटुकबा सभहक अभियोग सूनि तकर निराकरण दलक कर्तव्य एतबहि धरि सीमित छलइक। मुदा गत वर्ष एक टा एहेन उधवा-बेध उठलइक जे दल केँ बूढ़-बुझनुक लोकनिक अधिकार क्षेत्र मध्य हस्तक्षेप कर' पड़लइक आ तत्पश्चाते ई किशोरवाहिनी 'गरमदल' सन गौरवपूर्ण नाम सँ भूषित-भाषित होम' लागल। निःसन्देह नामकरण ई खोंखाइए पंडितक कएल रहइन्ह !

किअए ?

किअएक तँ पंडितक स्वार्थ पर दल बेश प्रचंड प्रहार केने छलइन्ह।

चतुर्भुज समर्थाइए मे मुइल रहथि। मूर्खता, दरिद्रता, दस कट्ठा उस्सर खेत आ आठ धूर डीह—उत्तराधिकारक नामेँ पिता पितामह प्रपितामह लोकनि सँ बेचारे एतबे सम्पत्ति प्राप्त कएने छलाह। बारहे बरखक रहथि तखनइ नेहरियासराय केर कोनो होटल मे अग्निहोत्रीक ट्रेनिंग लेब' लागल छलाह। पाछाँ प्रथम श्रेणीक भनसीया भ' क' ओत सँ बहरएला। मोजफ्फरपुर आ पटनाक कइएक छोट-पैघ होटल मे बारह साल धरि कड़छु

छोलनी भँजलइन्ह तखन जा क’ सए चारिएक टाका जमा भेल रहइन्ह। (ओहि टाकाक प्रतापें चतुर्भुज दुलहा बनलाह।)

खोंखाइ झा आ चतुर्भुजक बाप साक्षाते पितिअउत। बापो चतुर्भुजक अल्पजीविए भेलथीन। खोंखाइ पंडित कें चतुर्भुज फुटलिओ आँखिए नहि सोहाथिन्ह। पंडितक मोन की तँ कहुना ई पड़ाथि आ हिनक घराड़ी पर हम भांटा-रामझिगुनी रोपी। मुदा जाधरि चतुर्भुज जिबइत छलाह ताधरि पंडितक मनोरथ बाँझीक फूल जकाँ फुलएले रहलइन्हि।

चतुर्भुज जेठका बेटा माहे बापो सँ तेज—बुद्धिओ मे आ साहसो मे। ओ मिडिल पास क’ क’ संस्कृतक प्रथमा सेहो पास केने रहए। कानपुरक बसात खा आएल रहए से फराके। छल तँ सुन्दर, मुदा कपार पर बामा दिस घोड़ाक खुरक चेन्ह तामक नाल जकाँ बेश चमकइ। नेना रहए तखन लथार लागल छलइक। बएस अठारहम। खोंखाइ पंडितक हेतु भनहि माहे दृष्टिशूल छल हो, अनका लेखें ओहन प्रियदर्शन केओ नहि।

परुकाँ माहेक पछुआड़ मे पंडित बड़का खाधि खुनबा देलथीन दू हाथ चाकर, दस हाथ नाम आ भरि छाती गहींड़।

पुछला उत्तर कहल गेलइ जे कलम लगाबक लेल बिज्जू तइआर हेतइ। माहे अपने छल नहि, मातृक गेल रहए। ओकर माए सम्बन्धे पंडित केर पुतहु, परंच गारिक अछार बेसी काल धरि सहाज नहि भेलइक। ठोरक सरौता सँ भाङि-भाङि क’ तखन ओहो किछु कह’ लगलन्हि। आब पंडित भंग घोटना उठाक’ दउगलाह की ओहो खापड़ि ल’ क’ संनद्ध ! जे लोकनि एखन धरि तमासा देखइत रहथि, आब हुनका सभ कें पड़ोसियाक मर्यादा छुइलकन्हि तँ दउगइत एलाह आ खोंखाइ पंडित कें भरि पाँज क’ ध’ लेलथीन।

माए तकरा भोरे माहे कें बजबा लेलकइ।

माहे बड़ी काल माइक मुँहें झगड़ाक हाल सुनइत रहल, शान्तिपूर्वक। फेर हीत-मीत सभ सँ भेट कर’ गेल।

दिगम्बर मल्लिक सँ माहे कें भजार लागल छलइक। ओ मैट्रिक धरि पढ़ि आब बइसल रहए। मल्लिक उड़ाँत तँ छले; कमउआ बापक बेटा आ सुखी परिवारक सन्तान हेबाक हेतुएँ तिरस्कारक दृष्टि सँ ओकरा केओ नहि देखइक। नवतुरिआ दल दिगम्बर कें अपन लीडर मानइत छलइक। धन आ शिक्षा ओकरा फुलओने नहि रहइक, लिबओने धरि अबस्से रहइक। भरि गामक छओंड़ा सभ दिगम्बरक बात ध्यान सँ सुनइक।

माहेक अपमान दिगम्बर कें अपन अपमान बूझि पड़लइक। बड़ी काल धरि ओ अइ पर विचार करइत रहि गेल। नवतुरिआ दलक स्वयंनिर्वाचित नेता हेबाक कारणें माहेक संकटमोचन मल्लिक कें परम आवश्यक कर्तव्य बुझना गेलइक। सर्वप्रथम ओ मुखियाजीक भेँट केलकइन्ह। कहलकइन्ह—हमरा भजारक पछुआड़ मे पंडितजी जे खाधि खुनलथीन्हए तकरा भथि देथुन्ह...अहाँ ई कथा हुनका नीक जकाँ बुझा दिअउन्ह... फड़िछाक’...

मुखियाजी कें सभ बात बुझले छलइन्ह। खोंखाइ पंडितक दोष छइन्ह—एहि मे

मुखिया केँ कनेको सन्देह नहि रहइन्ह। तइयो कइएक दिन धरि ओ गुम-सुम भेल ओहि मामिला केँ मटिअओने रहि गेलथीन।

मल्लिक माहे आ दोसर-तेसर नवतुरिआ सभ सेहो बइसल नहि रहए। एक टा छओंड़ा कोतवाल केँ बुझा-सुझाक' थाना ल' गेलइ। हेड कांस्टेबुल रहए ब्राह्मण, ओहि युवकक पितिआइनिक पिसिअउतक अपने सरबेटा, माहेक केस थाना मे दर्ज करबा आएल। जवार मे एक टा कम्युनिस्ट (लीडर रहथि; कामरेड जयनन्द झा) माहे आ मल्लिक अपनहि जाक' हुनका भेंट क' ऐलनि। लग मे जे हाइ स्कूल आ मिडिल स्कूल छलइक, ताहि महक मास्टर लोकनि केँ सेहो खोंखाइ पंडितक धरकटपनीक प्रसंगेँ सभ कथा कहि देल गेलइन्ह।

बूलो टेंथ मे पढ़इ छल, ओहू छओंड़ाक संस्कार से महाग विलक्षण रहइक। फकड़ा बनएबाक अद्‌भुत सामर्थ्य ओकरा छलइक। दोसर आकि तेसर दिन बूलो एक टा फकड़ा जोड़लक। दलक समक्ष लिखिल रूप मे ओ रचना पेश कएल गेल। मल्लिकक आज्ञा सँ बूलो अपन फकड़ा सभ केँ सुनओलथीन :

खोंखा बाबा खोंखा बाबा
गर्दनि मे बन्हने छथि डाबा
ढाहि ढाहिक' अनकर दाबा
खुनलन्हि खाधि बनओलन्हि आबा
सुतली मे फुटि गेलन्हि छावा!
मुह मे फूटन्हि गारिक लाबा
पाइक लोभेँ थूक चटइ छथि
धिया-पूता केर घेंट कटइ छथि
रहि-रहि बुनथि प्रपंचक जाल
लेर चुबइ छन्हि सदरि काल
दच्छिन-पच्छिम गेला कमाए
बूड़ि बौक केँ केलन्हि जमाए
किछु कथूक ने छन्हि विचार
कोना हेता वैतरणी पार ?
मुह मे फूटन्हि गारिक लाबा
खोंखा बाबा खोंखा बाबा...

सुनबाकाल बीच-बीच मे लोक बेश हँसए। फकड़ा बड्ड सनगर भेल रहइक, ताहि मे सभ एकमत छल। माहे कहलकइ 'दच्छिन-पच्छिम'क साँती 'दच्छिन-पूब' क' दहक, से किऐ तँ हमर खोंखा बाबा मोजफ्फरपुर सँ पच्छिम कहिओ नहि गेल छथि। हँ, पढ़बाक लेल काशी गेल रहथि ततबा धरि सुनल अछि।

दल केँ फेर हँसी लगलइक। बूलो केँ संशोधन मन्जूर भेलइक। ओही पाँतीक

शब्दावली केँ आगाँ पाछाँ क' लेला उत्तर 'गेला दच्छिन पूब कमाए' बनाक' बूलो सउँसे फकड़ा एकबेर फेर सुना देलकइ।

दोसर दिन भोरे गामक छओंड़ा सभ एहि फकड़ा केँ एम्हर सँ ओम्हर टहलाबए लागल। पंडित सुनथि आ खउँझाथि, खउँझाथि आ सुनथि। अपन नाक-कान अपनहि हाथेँ नोचि लेबाक इच्छा होइन्ह, मुदा करताह की ? पंडित केँ उदास देखि पंडिताइन खोधि-खोधि क' पुछलथीन्ह ! असल बातक आभास पाबि ओ हुनका परामर्श देलथीन जे दस पन्द्रह दिनुका खातिर कतहु सँ पहुनाइ क' आउ।

खोंखाइ पंडित खुटिया मिर्जइ पहीरि, कान्ह पर डोपटा आ माथ पर पाग राखि एक दिन अनगुत्ते टीसन दिसुक एकपेरिआ धएलन्हि।

पंडिताइनि बेटा सभहि सँ बात-विचार क' क' ओहि दिन खाधि केँ भथवा देलथीन तँ नवतुरिआ दल केँ बेश प्रसन्नता भेल रहइक। तहिए सँ गामक बूढ़-पुरान आ बुझनुक लोकनि नवतुरिआ दल केँ स्पर्धाक दृष्टि सँ देखए लगलथीन !

आ, आइ तँ सहजहिँ सउँसे गामक नाक कटबा लए रहइक। दिगम्बर जखन बूढ़ वरक भावी विवाहक ई सामाचार सुनलक तखन ओकरा भेलइक जे कानक दुहू पूरा मे भरि-भरि कड़छु कड़कड़ाइत तेल मने ढारि देने होइक !

माथ दुखाए लगलइ ओकर। विवेचनाक मिसिओ भरि सामर्थ्य मल्लिक मे रहि नहि गेलइ।

तीन

गपसप बेसी नहि भेल छलइन्ह, मुदा पंडित केँ ई बुझबा मे कोनो भाङठ नहि रहि गेलइन्ह जे व्यक्ति ओ कोनो असामान्ये थिकाह आयु किछु विशेष हेतइन्ह तँ तेँ की ? थोड़ अवस्थाक लोक की मरइत नहि अछि ? बाबा वैद्यनाथक अनुकम्पा भेलइन्ह तँ अही वरक प्रतापें विश्वेश्वरी केँ एक सँ एकइस हेतइक। 500 बीघा खेतक मलकाइनि बनति ग' हमर विश्वेश्वरी ! की इहलोक आ की परलोक—दुहू ठाँ रानी कहाओति...हमर वृद्ध प्रपितामह एहि आयु मे विवाह कएलन्हि, बारह वर्षक कन्या सँ ! आ, तखन हुनका चारि टा पुत्र तथा तीन टा पुत्री भेल रहथीन अर्जुन भीम सन बलिष्ठ, आ द्रौपदी एवं सुभद्रा सन सुन्दरी ओजस्विनी ! एहेन सत्पात्र हमरा आन ठाँ भेटत ? किन्नहु नहि !...शुभस्य शीघ्रं गणेश ! गणेश !! लम्बोदर !

भावनाक आवेग ततेक प्रबल भ' गेलन्हि जे पंडित खोंखाइ झा सौराठक ओहि विशाल लोकारण्य मध्य अपन आसन छोड़ि एम्हर-ओम्हर विचरण करए लगलाह।

पंडितजी घटकराज मटुकी पाठक केँ एहि काजक भारा देने छलथीन्ह। उएह एहि सत्पात्रक आविष्कार कएने रहथि। घटकराज पंडित जीक सहपाठी छलाह। सुगओनाक विद्यालय मे पचास वर्ष पूर्व दुनू गोटे सङहि किछु समय व्यतीत कएने रहथि। एके

परिवार मध्य दुहूक भोजनक प्रबन्ध रहइन्ह। कोनो एहने कारण भेलइक जे पाठक केँ अपन अध्ययन खंडित करए पड़लइन्ह। पछाति कालक मे बेचारे घटकराज रूप मे प्रख्यात भेलाह। रामेसरी केँ छाड़ि आन कन्याक घटकइतीक भारा खोंखाइ पंडित हिनकहि दइत एलथीन। घटकराजहिक परामर्शानुसार पंडित विवाहदान करइत अएलाह आ तेँ चारि हजारक कर्जा सेहो सधलन्हि, ततबे नहि, एक टा बेटा केँ विधवा सासुक उत्तराधिकारस्वरूप बीघा चारिएक खेत भेटब निश्चिते छलइन्हि।

घटकराज मटुकधारी पाठक विश्वेश्वरीक कल्याणार्थ बड्ड परिश्रम कएने रहथि। ओकर भावी पतिक प्रसंगेँ ओ बेचारे एतेक विषयक अभिज्ञता प्राप्त कइए लेलथीन्ह।

—जमीन-जाल कतेक छइन्ह ?

—नगद (रोकड़) कतेक छइन्ह ?

—लहना-तगादा कए हजार छइन्ह ?

—पहिलुक पक्ष सभहि मे कएटा सखा-पात छइन्ह ?

—बेटा सभहिक मातृपक्षक की अओकाति छइक ?

—रखेली त नहि छइन्ह ?

—द्याद-वाद केहेन छथीन ?

—कुँजीक झब्बा ककरा लग धरइ छथि ?

—अस्सल बएस की थिकइन्ह ?

—वर्ष मे दुक्खित कए खेप पड़इ छथि ?

—बेटा सभहि सँ सौमनस्य रहइ छइन्ह की नहि ?

बाप रओ ! ककरा बापक मजाल थिकइ जे फल्लाँ बाबूक सम्बन्ध मे एतेक खोद-बेध करत ? मुदा से नहि; छथि एक गोटे ! महाबहादुर ! घटकराज मटुकधारी पाठक !!...

गद्गद भेल पंडितजी घटकराज अनुस्मरण कइए रहल छलाह कि सदेह पाठक जी महाराज ने जानि कोना कोम्हर सँ आबि समक्षे ठाढ़ !

आउ पाठक जी, आउ ! अहाँक आयु बड्ड पइघ अछि ! अहींक हेतु बहराएल रही आ अहींक स्मरण करबा मे चित्त निमग्न रहए...

घटकराज चट द' नोसिदानी बाहर कएल—चानी सँ कंठ मढ़ल बेलक नोसिदानी, चानिएक सिकड़ीवला ताहि मे ठेपी सेहो।

बामा हाथ पर कउड़ी भरि नोसि उझिलि ओहि हाथ केँ पंडितजी दिस बढ़बइत घटकराज बजलाह—सत्यश्रमाभ्यां सकलार्थसिद्धः ! बड़ पवित्र अछि अहाँक हृदय खोंखाइ बाबू ! बाबा कपिलेश्वरनाथ ननकिरबीक भाग्य केर द्वार केँ उन्मुक्त कए देने छथीन्ह पँजिआर सँ बूझि अएलहुँए, अधिकार सर्वथा होइत छइक ! कोनो टा बाधा नहि...

हर्षक अतिरेकेँ खोंखाइ पंडितक गलफड़ मने दोबर-चउबर भ' गेलइन्ह। नोसिओ लेबाक प्रज्ञा नहि रहलइन्ह... हुनका आनन्दसागर मे एहि प्रकारेँ उबडुब करइत देखि घटकराज बजलाह—लिअ' ने नोसि !

विधिए पुरब'लए बड़नी कने नोसि पंडित ल' लेलथीन !

मिर्जइक भीतर सँ जनउ बहार क' क' ताहि सँ दुहू हाथ केँ लपेटि आ तत्काल अंजलिबद्ध खोंखाइ झा कहलथीन—आजीवन हम अहाँक ऋणी रहब पाठकजी ! अहाँ हमरा दौहित्रीक उद्धार क' देल ! विश्वेश्वरीएटाक नहि, हमर एकइस पुरुखाक उद्धार आइ अहाँ क' देल ! हँ पाठकजी...

पंडितक दृष्टि नोरा गेलइन्ह। आगाँ एको आखर हुनका मुँह सँ नहि बहरेलन्हि ! कृतज्ञताक आवेग सँ दम फुल' लगलइन्ह। बड़ प्रतापी आइ हमरा दलान केँ अपन चरणाधूलि सँ पवित्र करताह ग' भरि जवार मे आइ नओगछिआ गामक नाक इन्द्रधनुष जकाँ जगमगा जाएत। विश्वेश्वरी आइ रानी बनति, एहेन हबेलीक मलिकाइनि होइति ओ जाहि ठाँ घोड़ा हिहिआइत रहइ छइ आ दंतार हाथी अपन देह दोमइत रहइए...फेर पंडितक नजरि मे 9 केर अंक आ ताहि पर दू टा सुन्ना नाच' लगलइन्ह, बेश पइघ आकार मे। 9 केर ओ अंक आ ताहि पर दुनू सुन्ना नहू-नहू बढ़इत गेलइ, बढ़इत गेलइ, बढ़इत गेलइ...

घटकराज पंडितक हाथ धएलथीन—चलू खोंखाइ बाबू, अधपहरा सँ पूर्वहि सिद्धान्त लिखा ली। आइए राति सिन्दूरदान भए जेतइ।

शुद्धक ई अन्तिम दिन नहि रहइक तइओ पँजिआर लोकनिक डेरा मे मिस बजरइ छल। लोक धड़फड़ाएल आबए आ अधिकार बूझि घूरि जाए; फेर आबए आ सिद्धान्त लिखाक' हलसइत-फुलसइत विदा होअए। कन्यागत लोकनि ठेकानि-ठेकानि वरपक्षक शिकार करथि आ उमेदवार लोकनिक गार्जियन समधानि समधानि, कन्यागत लोकनि केँ चित्त करथि। बड़ हलतलवी अत्यन्त फुर्ती। कलकत्ताक रॉयल एक्सचेंज, बम्बइक कालवादेवी मोहल्ला, दिल्लीक चाँदनी चउक...सौराठहुक हरिसिंह देवी हाटक तेहने सन क्रमपात बूझि पड़इक जे चारिए दिनुक अभ्यन्तर सउँसे संसारक कुमार आ कुमारि लोकनिक पाणिग्रहण संस्कार सम्पन्न भ' जयतनि। घटकवृन्द अपन-अपन दलालोक पाछाँ फिफिआएल घुरथि। अन्हार गुज्ज राति मे तीर चलएबाक ई ट्रेनिङ लोक सउराठे मे पबइत अछि। एहि सँ लाखक लाख व्यक्ति तिरहुतक माटि पर पटोटनि देने पड़ल छथि आ घटक-पँजिआर समाजक छाती पर पटनाक गोलघर जकाँ अउन्हल छथि।

900 टाका पर ई सम्बन्ध स्थिर भेल रहइन्ह। पचास टा रुपइआ घटकराज केँ फीस भेटल छलइन्ह से फूटे। ताड़क नाम पात पर लाल मोसि सँ ककरउड़क प्रख्यात पँजिआर फुचाइ झा अपनहि हाथेँ तिरहुता मे सिद्धान्त लिखि देलथीन्ह। बाबू श्री चतुरानन चौधरिक दिस सँ पँजिआर केँ दक्षिणा स्वरूप एक-गोट दसटकही प्राप्त भेलइन्ह।

तीनू भाइ बापक रुद्र-प्रकृति सँ पूर्णरूपेण परिचित छलाह। एहि कार्य मे कोनो प्रकारक आपत्ति हुनकालोकनि केँ नहि रहइन्ह मने। एक भाइ रहथि पितृभक्त संस्कृत-अध्यापक, दोसर भाइ छलाह मधुबनी-अदालत मे कोनो ओकीलक मोहर्रि आ तेसर भाइ एन्ट्रेन्स धरि पढ़ने। पंडित इएह तीनू बेटा सङ आएल रहथीन्ह, सउराठ।

खबास जे आएल रहइन्ह से छल सुबधा, ओकरा बभना बसउली हाटक एहि टिटम्भाक ने किछु परिज्ञान छलइक ने तकर कोनो प्रयोजन !

नोटक मुठ्ठा सरिआ क' पंडित ओहि निधि केँ अङपोछा मे लपेटि लेलन्हि, नाभिक नीचाँ हरिड़ा सँ सटाक' बन्हलन्हि तकरा। तत्पश्चात् दू टा टमटम ठीक कएल गेल। घोड़ो दुनू बेश तेज आ नीक देह दशावला रहइक। सड़क बढ़िया नहि छलइक आ समय सेहो थाल कादोक। तँ, ने तँ चारि कोसक रस्ता ओकरा लेखेँ की रहइक ? ट्रेनक समय छलइन्ह नहि। समय रहबो करितइ तथापि हिनका लोकनि केँ ओहि हूलि-मालि मे ने टिकटे भेटितइन्ह आ ने ओहेन रेड़म-रेड़ा मे गाड़िए पर चढ़ि होइतइन्ह...

तखन खोंखाइ पंडित कैंचाक मोह छाड़ि टमटम जे केलन्हि से नीके केलन्हि।

बिख्या* बजलाह—हम सहजहिँ अपन घोड़े पर जाएब। अपने लोकनि आगे भेल जाओ, हमर घोड़ा पहिनहि तारसराय पहुँचल रहत।

चौधरी केँ अपना घोड़ाक बड़ गौरव। रंग रहइ उज्जर, मुँह बेश नाम, आँखि काँच जकाँ झकझक करइ। अपन असल चालि जखन ओ धरए तखन बिजलीक घिरनी भ' जाए !

पंडित अइ बात पर गुम्म भ' गेलाह। हुनका दुविधा मे देखि चतुरा चउधरि बजलाह—चलल जाओ अपने लोकनि, अबितहि छी हमहूँ !

फेर चौधरी घोड़ाक पीठ थपथपाब' लगलाह। ओ पुलकित भ' क' नाकक दुहू पूड़ा केँ फुरफुरओलक आ नहू-नहू हिंहिऐल : क्रमपात एहेन जे उमड़इत मेघ केँ डाँटि रहल हो ! पश्चिम दिस आकाश अउखन स्वच्छे रहइक, सूर्य फुर्ती सँ नीचाँ उतरल जाइत छलाह। सभइता लोकनि सेहो साँझ आ मेघ केँ अबइत देखि निकटवर्ती गाम सभहिक दिस मुँह कएलन्हि। पाँतर-पाँतर मे धानक सूगापंखी बीआ लहलहाइत। बीच-बीच मे आरि पर द' क' हजारक हजार लोक चल जाइत...असंख्य मानव-चरणक मृदुस्पर्श सँ परम प्रसन्न धरती सउराठक ओही महा मेला केँ अभिनन्दित क' रहल छलीह। वास्तव मे, सउराठ बसलो अछि एहने विलक्षण केन्द्र मे जकर चारू दिस खेते-खेत पसरल छइक—अगवे धनहर खेत। भदवारि मे एम्हरुका छवि-छटा भ' जाइ छइ दिव्य ओ अभिराम। मने अही छवि-छटा सँ प्रभावित भ' क' ककरो कंठ सँ बहराएल हेतइ—

हे हरित-भरित हे ललित बेश
हे छोट-छीन सन हमर देश
हे तिरहुत हे नयनाभिराम
हे मातृभूमि, शत शत प्रणाम

चउधरिक सामान, हुनक भातिज, खबास आ पंडितजीक दुनू बेटा अगिला टमटम पर छलथीन्ह। घटकराज, पंडित, हुनक जेठ बेटा, सुबधा आओर हिनका लोकनिक मोटा-सोटा पछिलुका टमटम पर।

टमटम विदा भेलइ तँ घटकराज तथा पंडितजीक मुँह सँ बहरेलन्हि।

---

*सिद्धान्तक पश्चात आ विवाह सँ पूर्व वर 'बिख्या' कहबइ छथि।

मंगलं भगवान विष्णुः मंगलं गरूड़ध्वजः।
मंगलं पुंडरीकाक्षं मंगलाय तनो हरिः।।

चउधरिक भागिन सेहो आचार्य पास रहथीन। स्वस्तिवाचन केर ओहि अवसर पर उएह किये भकुआ बनल रहितथि ? गम्भीर स्वर मे गुङुअएलाह–

लाभस्तेषां जयस्तेषां कुतस्तेषां पराभव :।
येषां इन्दीवरश्यामौ हृदयस्थो जनार्दन :।।

आ, एहि सभक उपरान्त टमटम वाला मर्दवा दुनू तेना भ' ने टिटकारी मार' लगलइ जे घोड़ाक चालि चउबड़ भ' गेलइ।

खोंखाइ पंडित झुक' लगलाह–कइएक दिन सँ थाकल रहथि। मानसिक द्वन्द्व आ आब सफलताक निशाँ, पंडितक पपनी केँ भारिआ देलकइन्ह। घटकराज अपना सहपाठीक भरिगर माथा के ँ अपन पीठ मे ओठङा लेलथीन। अपन चेतना केँ ओ नोसिक मदति सँ जगओने रहलाह।

चारि

आँखि फुजलन्हि तँ रामेसरी उठलीह।

लगीच मे ककरो नहि देखलथीन।

–मर दइअनि कत' गेलि !

ककरा पुछथुन्ह जे कत' गेलि !

जेठ बेटा केँ पंडित आ पंडिताइन 'बच्चन' कहथीन। आनो सएह कहइन्ह। बहु आ भाबहु लोकनि नाम कोना लित'थीन ? ओना हुनक नाम एक टा नहि, दू टा रहइन्ह–बच्चन आ गिरिजानन्दन। मुदा दुलारें लोक बच्चने कहइन, दोसर नाम बहुतो केँ नहि बूझल छलइक।

जेठ सन्तान रामेसरी, बच्चन ओकरा सँ चारि वर्षक छोट। ओ बत्तीस वर्षक, ई अट्ठाइस वर्षक। आन भाए बहीन मे अढ़ाइ-तीन वर्षक जेठाइ-छोटाइ रहइन।

एखन रामेसरी जा क' बच्चनक कोठरी मे हुलकी देलथीन। केओ नहि छलइ ओहिठाम, फेर ओ मझिली कनियाँक कोठली दिस गेलीह। उम्हर सँ हँसबाक मृदु-मन्द ध्वनि उठलइक।

–हँ अही ठाँ होइति हमर दइअनि !

रामेसरी भीतर दिस गेलीह। बाजब-भूकब सहसा बन्द। हँसी-ठट्ठा सभ बन्द। तीनू कनियाँ अपन-अपन काज मे बाझलि। जेठि जनीक आगाँ मे सूप रहइन्ह, ओ चालनि सँ चिक्कस चालइ छली। मझिलीक आगाँ मे तरकारी कटबाक हाँसू रहइन्ह आ भरि चङेरी आलू-परोड़। ओ आलूक फाँक बनबइ छली। छोटि जनी तिल मे सँ आँकड़ बिछइ छली।

देहरि नंघइत-नंघइत रामेसरी पुछलथीन—दइअनि तँ ने एम्हर आइलिए ? आ, माए कें नइँ देखइ छिअइ, ओ कोम्हर गेलि ?

छोटि जनीक ठोर पटपटेलइ—माए तँ जेठरइअतिक आङन दिस गेलथीन-ए...

—मर बीचहि मे मउगिक ठोर किऐ बन्न भ' गेलइ ?

रामेसरी कें बड़ अजगुत लगलइन। छोटि जनि पपनी नीचाँ कएने तिल मे सँ ओहिना आँकड़ बिछने जाइ छलि मने ओ किच्छु नहि बाजलि हो। मने ओकरा कहाँ किछु बूझल छइ...रामेसरी कें एहि गम्भीरताक अर्थे नहि लगलइन।

अनेक प्रकारक तर्क-वितर्क रामेसरीक हृदय कें मथ' लगलइन। चित्त कें ओ कठोर क' लेलइन आ तीनू भाउजिक मुँह दिस परापारी ताक' लगली। हुनका सभहक मुखाकृति ओहिकाल परम गम्भीर छलइन, तरंगहीन मोइन जकाँ ! ने कोनो स्पंदन, ने कोनो चंचलता...ने कोनो आकृति, ने कोनो भंगिमा !! अगम आ अथाह...

माझिल जनी दिस झपनी नजरि ठिकिआक' रामेसरी ओकरा पुछलथीन—अहूँ कें नहि बूझल अछि फुलकुम्मरि ?

आधे परोड़ हाँसूक धार मे धसल रहइन, ओकरा दू फाँक क' क' फुलकुम्मरि सघन भउँहवला अपना कपार पर जोर दइत बजलीह—की कहलथीन बड़की दाइ ?

—दइअनि कें नहि देखिलिअइए ?

—की जान' गेलिअनि बड़की दाइ !

ताबे जेठि जनी चालनि महक चोकर कें भूमि पर उझिलइत बाजि उठली—ताश फेटइत होइती महतमाइन !

—गे मइओ ! ताश ?

—त' सोना कउड़-बाटी ?

हे भगवती ! केहेन-केहेन कथा आइ रामेसरी कें सुन' पड़इ छइन्ह ! उहूँ, ई कोना हेतइ ? दइअनि कोनो आन काजें कतहु गेलि होइति...

रामेसरी कें ताशक नाम सुनितहि परभाच्छए उठइ छलइन्ह। हुनक बालविधवा ननदि कें ताशे ने ल'जा क' पेशावर ठेका आएल रहइन्ह ! ओहि मुँहझउँसीक मोन मे एक टा छओंड़ा ताशक रङ तेना ने घोरि देने रहइ जे उढ़रिए गेलइ ओकरा संगे कि !...

—त हमरे बेटीक अदगोइ-बदगोइ होइत रहए ?

रमेसरी कें बेटी पर बड़ तामस उठलइन...कत' जाक' बइसि रहलि ए छुच्छी नहितन !

कि ताबहि मे रामेसरी कें रुनुर झुनुर रुनुक झुनुर सुनबा मे ऐलइन। बिसेसरी आबि रहल छलि आँगन दिस। रामेसरी घर सँ बहरइली आ आँगन मे आबिक' ठाढ़ि भ' गेलीह।

—कत' गेलि रहएँ गे ?

—देवडीहावाली बजओने छली...

—ईह ! बड़ भेलीहए...आ एम्हर...

दुहू माइ-धी अपना कोठरी मे अयली। रामेसरी पहिआवला पुरना सन्नुक पर डेओढ़ भ' क' बइसलि। बिसेसरी अपन दुनू हाथ उनटाक' आँगुरक पीठ पर रोआँ दिस नजरि केँ केन्द्रित कएने छलि। माए ओकरा बइस' नहि कहलकइ।

बिसेसरी अपना माइक एकमात्र सन्तान रहए—बेटा बुझी तँ उएह, बेटी बुझी तँ उएह। बड़ यत्न सँ, बड़ आवेश सँ रामेसरी अपना बेटी केँ पोसने छली। कहिओ अवाच-कुवाच नहि कहथीन, एको चाट नहि मारने छलथीन कहिओ।

रामेसरीक साँय बेश बढ़िया पंडित छलथीन, हृदय रहइन्ह शुद्ध आ बोल मधुर। हिनका लकनिक दाम्पत्य जीवन बड़ थोड़ दिनुक छलइन्ह—तीन बरखक। ओहि अवधि मे स्वामी कहिओ रामेसरी पर हाथ नहि उसाहलथीन, ने गारि देलथीन कहिओ। कैंच्चा कउड़ी, गहना गुड़िआ तँ नहि, तखन किछु गुण धरि अबस्से ओ अपना स्त्रीक लेल छाड़ि गेल रहथि। अपना जीवन लए रामेसरी दुइए गोटाक प्रति कृतज्ञ छलीह—एक तँ माइक प्रति आ दोसर पतिक प्रति। बापक दिस हुनका कनेको ममता नहि छलइन्ह।

एहेन माइक बेटी रहए बिसेसरी। माइक शील-स्वभाव केर प्रभाव ओ अपना जिनगी मध्य बेश उतारने छलि। अपर प्राइमरी धरि पढ़बाक ई सुअवसर ओ माइएक प्रतापें पओने रहए। दौहित्री साक्षर-शिक्षित हो, मातामहक से विचार नहि रहइन। ओ तँ धन रमेसरी जकर अविराम प्रयास सँ खोंखाइ पंडित बिसेसरीक अक्षरारम्भ लए कोनहुना 'स्वस्ति' कहलथीन।

बिसेसरी माए सँ किछु नुकबइ नहि छलि। दुहू माइ-धी मे मने सखी-बहिनपा लागल रहइक। दुहू एक-दोसराक आश्रय छलि, दुनू एक-दोसराक अभिभावक आ सहचरी।

किछु काल फराक ठाढ़ि रहि बिसेसरी माइक लग आबि गेलि। अपना नजरि केँ ओ माइक आँखि दिस मने धँसा रहल छलि।

माइ सेहो बेटी दिस अर्थपूर्ण दृष्टिएँ ताक' लगलइक। विषय, विवाहक भीषण परिणामक कल्पना करितहि ओकरा देहक एक-एक सूत धधक' लगइक, रोम-रोम कंटकित भ' गेलइ।

बेटी केँ घीचिक' माइ अपना छाती सँ सटा लेलकइ। बिसेसरीक कोमल किशोर कलेवर रामेसरीक सुखाएल पकठोस बाहुबन्धनमध्य कसा गेलइ। बेटीक घाड़ माइक कान्ह पर आ माइक घाड़ बेटीक कान्ह पर।

—माइ !

—दइअनि !

—की भेलउए तोरा ?

—... ...

—कहिअउ ?

बाज ने !

रामेसरी बिसेसरी केँ छोड़ि देलकइ। ओ सन्नुक सँ सटिक' ठाढ़ भ' गेलि। आँचर

सरिअबइत बाजलि—माहे भाइ कहइ छलथीनए जे ई काज की हेतइ...

रामेसरीक कपार केँ मने केओ चुट्टा ल' क' तानि देने होइन्ह ! आँखि पसरि गेलइन्ह। बाहर दिस कए नजरि फेकि फुसुर-फुसुर क' क' ओ बेटी केँ कहलन्हि—चुप रह ! चुप रह ! एहने कथा सुनला उत्तर पानि सँ धधरा उठइ छइ कि ? माहे त बताह छइ...

—दिगम्बरो त छलइए।

—गे मइओ ! इएह सभ ओहि आँगन गेलि रहए सुन' ?

बिसेसरी केँ बुझ' मे बहुत किछु आबि गेल छलइ। आइ राति नाना ओकरा निमित एक टा कसाइ केँ नेने अबइ छथीन... परम उत्साह सँ अपनहि हाथें ओ अपना दौहित्रीक हलाल करताह आइ राति। बुढ़वाक चर्चा जखन सँ बिसेसरीक कान मे आइल रहए तइखन सँ ओकर कोंढ़ उनटल जाइत रहइ। एखन धरि कहुना बेचारी अपन व्याकुलता केँ जतने छलि, आब धैर्यक बान्ह टूटि गेल रहइक। देह आ मन केँ समग्र शक्तिक सोङर लगा क' आ पताइत टाँङ केँ रोकने छलि। सएह कहाँ धरि थोड़ ? बामा हाथ सँ बकुटिक' बीसो अपन ढोंढ़ी आ गाल केँ जतलक। जीह, तारू, दाँत आ ठोर सभ जँता गेलइक। ओ जी जान सँ चेष्टा करए लागलि जे आँखि मे नोर नहि आबए !

बूझि पड़इक जे माथाक भीतर गोड़ बीसेक टकुरी बिजुलीक गति सँ नाचि रहलए—किर्रर्रर्रर्रर्रर्रर्र...

—दुर बतही !...

बीचहि मे माइ ओकरा कान्ह दुहू ध'क' दोमलकइ—च्चू ! च्चू ! च्चू ! च्चू ! बताहि नहितन ! अहुना केओ करइए ?

सभ संवेदनाक ई चुचकार बिसेसरीक हृदय केँ मोम जकाँ पघिला देलइक। बेश पइघ-पइघ दू ठोप नोर पपनीक आरि नाँघि क' ओकरा आँखि सँ खसलइ आ भूमि पर पड़तहि शब्द भेलइ टप-टप !

अपना साड़ीक खूँट सँ रामेसरी बेटीक आँखि पोछलन्हि। पछाति ओकरा घर मे एसगरे छाड़ि अपने बहरयलीह। हुनका ई बूझ' मे नहि एलन्हि जे माहे आ दिगम्बरक बुते ई काज कोना रोकल जेतइ ! दलान पर ल' अनला उत्तर ककरो केओ कोना घूरि जाए कहतइ ? एहनो कतहु भेलइए ? बाबू जखन हाथ ध' क' कोनो भलमानुस केँ लइए अनलथीनए तखन आब ओकर इज्जति केँ आ अपना इज्जति केँ फूट क' क' हमरा लोकनि देखिअइ, कहू तँ भला से कोना हेतइ ?

पिताक प्रतिष्ठा खंडित नहि होइन्ह, ई भावना रामेसरीक संकल्प केँ डोला रहल छलइन्ह। बेर-बेर ओ अपने विगत जीवन केँ उदाहरण स्वरूप सोझाँ मे राखथि आ विचारथि—केहेन अनुपम रहए हमरा दुहूक जोड़ी, मुदा ओ तिनिए वर्ष एहि संसार मे रहलाह। माए-बाप अपना जनइत सन्तान केँ इनार मे फेंकि देने होइ, एहेन नहिए भेलइए कतउ। सुनइ छिअइ, जथाजाल बेश छइ। हाथी पर चढ़िक' गउर पूज'ति ग' हमर बेटी रानी बनति ग'। अवस्थे ने कने बेशी छइ तँ तेँ की ?

तेँ की ! धन पइघ आ जिनगी छोट ? पन्द्रह वर्षक सोनछड़ी हमर कोना क' पचास वर्षक मनसाक संगे अपन दिन खेपति ग' हे भगवान !

...मुदा नूआ वस्त्र आ गहना गुड़िआक अमार लागल रहइत हेतइ ओकरा ओत' ! नहि ? अवस्स की ! सुनइ छिअइ, ओइ परोपट्टा मे एहन धनिक आर केओ नहि छइ...

फेर रामेसरीक अन्तश्चक्षुक समक्ष अपन बेटीक मुग्ध मुखमंडल नाचि उठलन्हि। बूझि पड़लन्हि जे घुरमा लागि जाएत। कनी कालक बाद भउँह कड़ा भ' गेलइन्ह आ तखन ठोर हुनक पटपटाए लगलन्हि !...नहि ! किन्नहु नहि ! नहि हेतइ ई काज ! हम नहि होम' देबइ...

तखन रामेसरी केँ माहे आ दिगम्बरक कथा मोन पड़लन्हि। ओकरा बुतें की हेतइ ?

फेर अनेरे बिहुँसए लगलीह रामेसरी आ सहजहिं माहे आ दिमग्बर सँ फूट भ' क' भावना हुनक युक्ति प्राप्त क' लेलकन्हि।

कि कान मे आवाज ऐलन्हि : बुच्ची !

—एलउँ !

बुच्ची रहन्हि हुनक दुलरुआ नाम। माइक स्वर बूझि रामेसरी अपना केँ सम्हारि लेलन्हि आ जाक' माइक आगाँ ठाढ़ि भ' गेलीह।

माइ मुखिआजीक ओत' सँ पेट्रोमैक्स उठा अनने रहथीन्ह।

—बुच्ची, कतउ धरबा लहक ! देखिहक, फूटइ नहि...

—बेश !

रामेसरी ओहि बड़का प्रकाश यन्त्र केँ ओरिआ क' रखबा लेलथीन्ह। मुखियाक हरवाह केँ छुट्टी भेटलइक, उएह अनने रहन्हि।

अतःपर रामेसरी केँ माइक दोसर हुकुम भेटलइन्ह—दइअन केर केश आब हमरा नहि बान्हि हैत, बान्हि दही तोंही। भानस बेसीकाल रामेसरी केँ करक होइन्ह। जेठकी पुतहु कहिओ कथी लए भनसा मे पएर देथिन ! मझली कनियाँ साधारणतः काजुलि मुदा भगवान ओकरा समांगे कनी भङठाह देने रहथीन। छोटकी केँ एक तँ अहुना बड़की दाइक बड़ आवेश, दोसर ओ अपनहि काजक काल मे बेश धुरंधर। रामेसरी ओकरा पर सदिकाल प्रसन्न रहथीन। बड़की केँ गोड़ चारिएक नेनाभुटका। भलमानुसक बेटी हेबाक दाबा से फराके, मुदा काजक नामे देह चोरउनिहारि। पंडिताइन केँ लगमावाली तँ की कहिओ सोहाथीन ? बिसेसरी काज करबा लए वृत्त रहइन मुदा अपन माइए नहि ओकरा कोनो काज कर' दइक। बाहरी काज कर' लए पंडिताइन केँ तीन टा बेटा अपन गाम पर रहिते छलथीन। ओकरा सभहक पढ़नाइ आ गृहस्थी दुनू सङहि चलइक।

पाँच

स्टेशन कोस भरि दक्षिण रहइक, तारसराय-मुड़िया। मौजे नओगछिआ इसटीशन सँ सोझे उत्तर पड़इ छलइक।

मुदा ओहि दिन सांयकाल दू टा टमटम गामक भीतर जे प्रवेश कएलक से दक्षिण सँ नहि, उत्तर सँ आएल रहइक।

ओ लोकनि ट्रेन सँ तँ आएल रहथि नहि, आएल रहथि सड़क बाटेँ।

खोंखाइ झा भावी दुलहाक वयः क्रम लोक केँ बूझ' नहि देलथीन परंच चतुरा चउधरि (वर)क भागिन धरि एतबा कबूल कइए लेलथीन जे मामा केँ पचपनम वर्ष थिकइन्ह। पंडितक आलाप-आलोचना सँ सुननिहार केँ होइक जे व्यक्ति आओर जे किछु रहथु, बएस धरि चालीस सँ बेसीक नहिए हेतइन्ह हुनक।

अउखन ओ आएल नहि रहथि, दू घंटा छलइन्ह हुनका आब' मे।

पक्ष इजोरिआ रहइक तेँ की, मेघमलारक ऋतु आरम्भ भ' गेल छलइक। जेठ सुदि त्रयोदशी। सिन्दूरदानक मुहूर्त 12 बजे रातुक रहइक। ओही लगन मे अइ गामक दू गोटेक बिआह आन-आन गाम मे होएबा लए छलइ...बेसी चर्चा मुदा खोंखाइ पंडितक नतिनीक बिआहक लोक करइत रहए।

शुद्ध-शुद्ध तँ केओ ककरो किछु कहइत नहि छलइ। उपरक मोने सभ अइ काजक प्रशंसे करइक—घरो बेश, वरो बेश ! बिससेरी केँ भगवान नीक केलथीन्हए, जेहन चाही तेहने पर... परंच चर्चाक असल रुखि किछु दोसरे प्रकारक छलइक जत' देखू ततहि दू-तीन गोटा ठाढ़, आकि बइसल..फुस-फुस-फुस ! बिदिर-बिदिर बिदिर !

—देखलिअइ त नइँ एखन !

—ओह, एबो ने केलइए !

—राति जखन निशोदंड हेतइ तखन अओतइ की !

—कतक बूढ़ बड़द ई उठा अनलनिए पंडित ?

—थिकइ कत' दनक !

—गढ़िआ मानिकपुरक।

—सउँसे गामक नाक छोपलक पंडितबा...

—तइ मे कोन सन्देह !

—कते गनओने हेतइ हओ ?

—डेढ़ हजार।

—धूः एते के देतइ ?

—नइँ हओ, रहुआ बोआर पड़लइए !

—तइओ हजार सँ बेसी नहिए

—आठ सए...

मुखिआजीक दलानक अङनइ मे चारि-पाँच गोटे रहइ ! बाड़ी मे मुखिआक बाप

चारि गाछ कलम रोपने रहथीन—दू गाछ बम्बइ, एक गाछ सपेता, एक गाछ कलकतिया ! अइ बेर सपेता निट्ठाह भ' क' अनठा देने रहइन, बम्बइ आ कलकतिया बेश फड़ल रहइन।

की हेतइ बेसी ल'क'—मुखिआक पितिअउत भीम बाजल। तमाकू चुनबइत रहए, चुटकी सँ गर्दी झाड़ि एक प्रौढ़ व्यक्ति दिस घेंट नमरओलक—सुनइ छी फतूरी कका ?

कह' ने—फतूरी बजलाह आ बामा कात मूड़ी कएलन्हि, बड़ी काल सँ ठोरक भीतर जाँतल तमाकूक डबल जूम केँ पिच' द' खसा देलथीन ! लेरक तार टुटलइन तँ धोतीक खूँट सँ ठोर पोछि पश्चात् प्रश्नकर्ताक दिस साकांक्ष भेलाह !

भीमनाथ अपन खास श्रोता केँ सतर्क पाबि बाजल—देवता-पितर आ नेना-भुटका सभइ लए एतबे आम ढेरी, ऐं फतूरी कका नहि ?

हाथ फरकाक' फतूरी कहलथीन्ह—दुर बुड़िबक नहितन। आमो सँ ककरो मोन उमठलइए ?

साबा पसेरीक कथा सुनि क' दुर्बल हृदयवला भीमनाथ एकदम अकबक रहि गेल ! जाँतल शब्द बहरेलइ मुँह सँ—से कहाँ फतूरी कका। हम से कहाँ कहल ? कहल जे एते आम...

एते आम फतूरी ठाकुर दू खेप मे सिसोहि लेथुन—अपन छाती ठोकि ओ नरसिंह जकाँ गरजि उठलाह !

अप्रतिभ भ' क' भीम ओहि ठाँ सँ ससरि गेल ! तमाकू चुनाओल अउखन नहि भेल रहइ !

कोम्हर हओ ?—स्वर केँ मद्धिम क' क' फतूरी पुछलथिन !

कतउ नहि, कने बाछा केँ देखइ छिअइ, डाँस तबाह केने छइ बेचारा केँ। बामा मुट्ठी मे तमाकू-चून दबाओने आ दहिना हाथेँ अंगपोछाक गदा घुमबइत चल गेला भीमनाथ सोझे जेम्हर तीन-चारि टा गाय-बड़द बान्हल छलइन्ह।

ताधरि कथाक सूत्र खोंखाइ पंडित केँ छूबि नेने रहइन।

—की हओ !

—की ?

—की सुनइ छिअइ ई सभ ?

—कोकनल ढेङ कत' सँ पंडित उठा अनलिन्हए ?

—जकर कतउ ने पुछारी से सौराठक नोथारी !

—रतउन्ही छइ, सुनइ छिअइ।

—दाँत त छइहे नहि !

—मातबर मुदा बड़ पइघ।

—हाथिओ छइक दलान पर !

—काल्हि गाम मे घरपीछू दू-दू टा टाका देतइ।

—बड़का मातबर छइ कि !

—मातबर छइ तेँ मुट्ठी फूजल छइ कि !

—दरिद्रक दलान पर एक टा एकबाली आदमी आबि रहलइए, बात-व्यवहार मे किछु अलट-बिलट ने भ' जाइ देखइ जइहक !

—से मुखिआजी रहबे करथीन कि...

अइ पर मुखिया कहलथीन—फतुरिओ कका रहथीन।

सभ एक स्वरें बाजल—तखन की !

मुखिआक घर सँ किछु आगाँ एक टा छोटछीन पोखरि छलइक, उपेक्षाक प्रतीक। अइ कछार सँ ओइ कछार धरि पनिआही घास सँ नीक जकाँ छारल रहइक। जलाशयक छाती पर घासक ओ मखमली तोशक जेठहु मे ककरो आँखि केँ कथी लए सोहएतइ। बीचो-बीच जाठि रहइ। पुरखाक एहि कीर्तिक दिस सँ मुखिआ आ हुनक देआद लोकनि अत्यन्त निर्लिप्त छलथीन। भीड़ पर तीन कात केओट आ गोआर लोकनिक वासस्थान छलइन्ह, एक दिस छलइक बोन—साहोड़, जामुन, खएर, बेल, पितुझिआ, अमती मारि कीदन-कहाँदन ! लोक ओम्हरे नदी फिर' जाए। ओहि दिस दुर्गन्ध से तेहेन बिकट, तेहेन नकतोड़ जे आन्हर बटोही फट द' बूझि जइतइक जे गाम लग पहुँचि गेलहुँ।

छेदी राउतक बथानक छोर अइ पोखरिक भीड़ केँ छुबइ छलइ। ओइठाँ तीन-चारि टा मउगी ठाढ़ि रहए...उएह बिदिर बिदिर...

—एगो बात बुझलइए गे ?

—किछु कहबो करबेँ कि ओहिना ?

—खोंखाइ झाक नतिनीक बिआह हेतइ आइ।

—कतक लड़िका छिकइ गए ?

—लड़िका ? आ दुर ?

—ढेङ उठा अनलकइए पंडित...

—भक् !

—अदुर जो ! साँचे कहइ छिअउ।

—हमर सप्पत ?

—हँ, तोहर सप्पत !

—छिट्टा भरि रुपइया गनओने हेतइ ?

—गे मइयाँ ! एको गो दाँत नइँ हेतइ बुढ़बा के !

—कोना खेपतइ बिसेसरी ओकरा संगे ?

—खेपतइ ? करम कुटतइ अप्पन !

—मुदा बड़का मातबर छइ।

—मातबर हेतइ त' अपना घर, हमरा आरके की ? देतउ एको छीमी केरा पंडिताइन ?

दिगम्बरक दरबाजा पर केओ नहि छलइक। चउकीक तर मे सिलेबिआ कुकुर गोलिया क' बइसल रहइ। आकाश मे धुआँक ढेरी जकाँ मारते मेघ बउआएल घुरए,

त्रयोदशीक चन्द्रमा केँ ओ सभ झाँपि दइन आ खन छाड़ि दइन।

बुलोक भाउजि बीच आँगन मे पुरान कंबलक आसनी पर बइसलि रहथि। मलसी आ टकुरी आ पीर धएल छलइन्ह। कोरा मे रहन्हि नेना; पिबइत आ अउंघइत। अपने ओकर जाँघ पर हाथ फेरवा मे तन्मय, टकुरी आ पीर दिस हुनका ध्यान नहिए छलइन्ह।

भीतर घर मे लालटेनक मधुर मन्द प्रकाश। ओ प्रकाश चउकठि केँ नाँघि आँगन महँक अपन प्रतिच्छायाक परिधि केँ पसारइत सोझे-सोझे ओहि कात जाक' लतामक डारि आ ठारि सभहक झोंझ मे मने हेड़ा गेल रहइक...छोट छीन ओहि गाछक चन्दन कान्ति छल आ गौर हरित सघन पत्रावलीक कोरा मे इजोत अपन विसर्जन अपने क' रहल छल मने !

बिदिर-बिदिर-बिदिर !

त, घर मे बूलो मने ककरो सँ गप्प क' रहला अए !

बूलो, माहे, दिगम्बर...दू टा अपरिचित चेहरा आरो।

बिदिर-बिदिर-बिदिर !

—तड़फड़ ई सभ हेबाक चाही !

—माहे, तोँ बहरो !

—आ तहूँ लोकनि !

—बेश !

—हूँ !

बूलो आ दिगम्बर केँ छोड़ि बाँकी तीनू बहार भ' गेल, एक एक क'।

अपरिचित दू व्यक्ति मे सँ एक रहए हेहुआ, दोसर गोनउड़ा। हेहुआ छल केओट, गोनउड़ा गोआर, दुनू नव तूरक। दुहू केँ पम्ही आबि गेल रहइक मोँछक।

हेहुआक मुँह पर शीतलाक दाना बरबरा क' बहार भेल छल हेतइ कहिओ, आबहु तकर चेन्ह छलइहे। देहक कान्ति पिंडश्याम, छाती धोबिआक पाट सन। पहिरन मे नओ हाथक धोती। करिआ ताग मे गाँथल चानीक लहसुनिया से गराँ मे, दहिना बाँहि पर मूङाक बेश पइघ दाना से की तँ पीरा ताग मे गाँथल।

गोनउड़ राउत रहथि यादव भाइ, केश रहइन भुल्ल। बेश गोर नार, आँखिक पुतरी रहइन बदामी।

ओ दुनू आँगन सँ बहरेलाह। माहे कनी भउजी लग बइसि गेल।

देखब बाबू, मारि-तारि नँइ करइत जाएब ! ओ माहेक कान लग मुँह सटा क' बजलीह।

नीपल आँगन चकचक करइत छलइ। दहिना हाथक तर्जनी सँ माहे भूमि पर बेर-बेर 'माहेश्वर झा' 'माहेश्वर झा' लिखए आ मेटबए। 'मारि' शब्द कान मे जइतहिँ ओ देवडीहावाली दिस अधक्के ताकि लेलकइन आ बाजल—बेर पर की-की ने कर' पड़इ छइ सरकार !

—उँ !

—कनियाँ पुरातक खेल नहि थिकइ भउजी ! एक गोटाक जिनगी जखन फाँटि पर चढ़ल छइ तखन अहाँ ई की कहल ?

देवडीहावाली गुम भ' गेलीह। अपन आवेग केँ ओ कने नियन्त्रित कएलन्हि। मुखाकृति पर छाया। नेना कोरा मे सूतल छलइन्ह, ओरिआक' ओकरा कान्हक भरें उठा लेलथीन आ चलली घर दिस। जाइत-जाइत माहे केँ पुछलथीन्ह—पिआस तँ ने लागल ए बाबू ?

—लाउ !

—बेश !

माहेक मोन घिरनी भेल रहइक, ओ मनःकथा मे अपसेयाँत छल। ओकर ताहि चिन्ताचक्र मे तत्काल देवडीहावाली छलथीन। आइ राति हिनको कि निन्न हेतन्हि ! ई बरोबरि हमरा लोकनिक पच्छ लइ छथि। हमरा सभहक सम्बन्ध मे जखन जे कानो प्रवाद उठइए ई तइखन तकर खंडन क' दइ छथीन्ह। कउखन हमरा लोकनिक अशुभ नहि मनबइत छथि। हिनका लेखेँ जेहन बूलो तेहने हमसभ...ओह ! मात्सर्य कते छइन्ह... देखब बाबू, मारि-तारि नइँ करइत जाइ ! बिसेसरीक हित जते हमरा लोकनि केँ अभीष्ट अछि, ताहू सँ बाढ़ि हिनका हेतइन...मुदा हमरा लोकनि कोनो संकट मे पड़ि जाइ, तकर कल्पनो हिनका असह्य छइन...नहि भउजी, हमरा लोकनि अनेरे मारिपीट नहि करबे...

झकझक करइत फुलही अपखोरा मे आनिक' पानि देलथीन देवडीहावाली आ माहे गटगट घीचि लेलकइन, एक्के साँस मे। नजरि मुदा छओंड़ाक भउजिए पर रहइक़।

देवडीहावाली लाख मे एक होथि से नहि। हजारो मे एक हेती की नहि ताहि मे सन्देह। परंच साहस ओ सुबुद्धिक दृष्टि सँ लाख मे एक अवस्से रहथि ओ। बूलोक तँ सहजहिं अपने भाउजि रहथीन, दिगम्बर, माहे की तेसर-चारिम जे केओ हुनक सम्पर्क मे रहइन, तराइ-इलाकाक एहि किसान कन्या केर प्रशंसा करइत-करइत सभक मुँह टुटइक। से, बूलोक भाइ केर आँगनवाली एहि कोटिक युवती रहथीन।

छ

वर्ष दसेक एक टा छउँड़ी बिलाड़ि जकाँ सुट द' एलइ आ बिसेसरी लग जाक' बइसि गेलइ।

बिसेसरीक केश बान्हल भ' गेल रहइ, जुट्टी सेहो गूहल भ' गेल रहइ। आँखि मे काजर लागि गेल रहइ।

गहना रामेसरी केँ अपना कम्मेसम। सूति अपन आइ सँ दू वर्ष पूर्वहिँ ओ बेटीक गराँ मे पहिरा देने रहइ। साँयक गढ़ाओल नकमुन्नी, कङना, डरकस ओ साट छलइक तकरा आइ सनुकची सँ बहार क' क' आमिल मे फुलओलाक बाद माजि-मूजि सुखा-पोछि क' धएने छलि। मझिली जनी सँ चन्द्रहार अनने रहए, छोटि जनी सँ झुम्मक।

बाँक आ चकती जेठि जनी सहजहिं अपनहि द' गेल छलथीन।

रामेसरी बेटी केँ गहना पहिरओलन्हि। छउँड़ी केँ रहि-रहि पिआस लगअइक, मोन ओकर बेओला रहइक। बूझि पड़इ जे ओकरा दिस लोक आइ विशेष रहस्यमय दृष्टि सँ तकइ छइ। अन्हार घर मे सांपे-सांप ! आतंके ओकर प्राण सुखाएल जाइ। वरक विषय मे सत्त बात बिसेसरी केँ कहाँ कहने छलइ केओ ? बूलोक भाउजि सँ कने मने जे भोरूक पहर ज्ञात भेल रहइक ततबे ! तीन दिन धरि ई कथा चलइत रहि गेलइ कि ने ! काल्हि राति सउराठ सँ जे लोकनि घुरलाह, हुनके लोकनिक मुँहे एहि प्रसंगक यच्च यावच्च गामक लोक बुझलकइ। खंजनि कहलकइ बिसेसरी केँ, सुनितहि जेना मति-गति हेड़ा गेल होइक लक्षण तेहने। भउजीक आङन जाक' ओ बइसलि। बड़ी काल धरि गप्प-सप्प होइत रहलइ। कने दिन रहइक तखन फेर भउजीक आङन गेलि रहए, तइकाल दिगम्बर आ माहे सेहो छलथीन। बुलो अपने रहबे करए। बिसेसरी ओहि नवतुरिआ दलक अनियमित सदस्या छलि, मास छबेक भेल हेतइक। दलक लोक एक दोसरक दुख-सुख सँ पूर्ण परिचित रहए। बात-विचार खेल-धूप छरपब-कूदब, भोजन-पनिपिआइ ...अनेको माध्यम द्वारा ओकरा सभ परस्पर आत्मीयताक बन्धन मे आबद्ध भेल छल। से, बिसेसरीक मोन मे ई बात नहि धसइक जे आइ ओकर सत्यानाश भ' जेतइ...मुदा ई तँ दिनुका गप्प भेल ! एखन राति पहर भरि बीति गेल छइक। वरक मोटा-चोटा दरवाजा पर आबि गेलइए, आदमी ओकर बइसल छइ। नाना अपनहि हाथेँ कन्यादान करथीन, नहा अएलथीन आ अपन सँझुका पूजा-पाठ मे लागल छथिन्ह। गोसाउनिक गीत भ' रहलइए। नानी पूड़ी छान' बइसलथीनए आ माइ भनसा मे पइसलथीनए। बीसो केँ तइआर राखल गेल छइ...आब ओकर सत्यानाश मे भाँगठे की रहि गेलइए ? नउआ आमक सुखाएल ठहुरी आनिक' पटकि देलकइ आँगन मे। कुम्हार पातिल-पुरहड़-बरुका आ हाथी आनि क' ध' देलकइ...मझिली मामी बिआहक लेल बीच आँगन केँ नीपि रहलथीनए। छोटकी मामी कनइलक फूलक पिअरका माला गँथइ छथीन। बड़की मामी अपना धीआ-पुता केँ निकर-कमीज, अन्डरवियर आ फ्रॉक पहिरबइ छथीन...जे दुलहिन बनवालए छथि से बिसेसरी दाइ अइठाँ बइसलि अपन कर्म कूटइ छथि !...

हे भगवान ! कोना क' ई जहर-माहुर पीब हम ?—बिसेसरी केँ भेलइ। तरंग उठलइ, इनार मे जाक' खसि पड़ी। बीच आँगन मे ठाढ़ भ' क' चिकरी—काली माइक पीड़ी पर ल' जाक' बलि चढ़ा दइ जो हमरा !...

फेर-फेर ओकरा माहे, दिगम्बर आ बूलो मोन पड़इ—भउजी द' त' होइ जे सोझहि मे ठाढ़ छथि। होइक जे ई सभ हमरा लए अवस्से किछु करइत हैत, अवस्से लागल हैत कोनो ने कोनो बेओंत मे कि ! निराशाक गहन अन्धकार मे आशाक एक फाँक इजोत भासित भेलइ बिसेसरी केँ, से भासित होइतहि ओ चट द' उठिक' ठाढ़ भ' गेलि। डाँड़ सोझ रहइक। गहनाक झुमकी सँ अन्हार घरक ओ स्थूल कोन मने फाटि गेलइक।

ओ छउँड़ी जे एखन धरि गुमसुम बइसलि रहए, चट द' उठलि आ आगाँ आइलि। एम्हर-ओम्हर ताकि लेलकइ, लग मे नहि केओ छलइ। सब अपन-अपन काज मे

अपसेयाँत।

अवसर पाबिक' बिसेसरीक मुट्ठी मे कीदन गोंजि देलकइ आ पड़ाइलि।

सटले दोसर कोठली मे डिबिआक धुआँइन इजोत छलइक, बहार असोरा पर लालटेम।

बिसेसरी भितरिआ केबाड़ ठेलिक' इजोतवला कोठरी मे आइलि। डिबिआ केँ उठा क' सन्दूकक अ'ढ़ मे गइमुँहा ताख पर ध' देलकइ। बामा हाथक पुर्जी केँ मोने-मोने बाँच' लागलि :

'बिसेसरी,

हड़बड़इहएँ नहि, हमरा लोकनि अपन

बेओंत मे लागल छी। मोन केँ जतने

रहिहएँ।—13-6-50 दिगम्बर

दू की तीन पाँती छल हेतइ मुदा बिसेसरीक लेखेँ ओ भरोसक बिजुली भ' गेलइ। आशा ओ आश्वासन केर संकटहरण मन्त्र ! एक दू...तीन...चारि...पाँच...ने जानि, कए खेप ओ एहि पुर्जी केँ बँचने होइति, तइओ कि परितोष होइक ? देवी-देवताक फूल केँ लोक जन्त्र-मन्त्र जकाँ मढ़बइए--ताम सँ, चानी सँ, सोन सँ, अष्टधातु सँ, ओकरा बाँहि मे, गराँ मे, डाँर मे बन्हइए, की तँ देवी-देवताक प्रसादी थिक। कउखन देह सँ फराक जुनि होअओ... परंच, बिसेसरी केँ एतबहि सँ सन्तोष होइतइ ? ओ तँ अपन छाती चीरि लितए आ तइ मे धरितए अइ पुर्जी केँ ओरिआ क' !

कती काल सँ बीसो केँ अपना दल दिस सँ कोनो संकेत नहि भेटल रहइक ! चारू कात सँ एक्के टा कथा ओकरा कान मे पड़इक रानी बनति बीसो, सोनाक गहना सँ बोझल जाइति, हाथी पर बइसि क' गउर पूजति ग'।

बिसेसरीक अंग-अंग मे स्फूर्तिक संचार भ' गेलइक—त' ओ एसगरि नहि अछि ! दिगम्बर आ माहे, बूलो आ भउजी...सभ सहायता करतइ ओकर, डूब' नहि देतइ एना ओकरा !

फेर मोन मे एक टा तरंग हिलकोर लेब' लगलइक—गहना फोलि सन्नुक मे ध' दइ आ पड़ाए...पछुआड़ होइत माहेक बँसबारि, तकरा आगाँ फेर खेते-खेत पड़इ छइ, फेर शिशबोनी। मुदा पड़ाक' ओ जाइति कत' ?

बिसेसरीक माथा घूम' लगलइ।

भीतक भरें ओ बइसलि तँ फेर उएह पुर्जी छाती केँ छुइलकइ। पुर्जीक स्पर्श मात्र सँ बिसेसरीक मोन कने काबू मे एलइ।

पुर्जी महँक पाँती केँ फेर बाँचए लागलि मोने मोन

डँटलक अपना मोन केँ—एना व्याकुल किऐ छएँ तोँ ? एहि बतहपनीक अन्त छइ कतउ ?

तखन बीसो केँ भेलइ—ओह, चारिओ आखर भउजी केँ लिखि क' पठा दितिअइन ! आब तँ ने तकर बेरे रहइह आ ने केओ लइए गेनिहार !

कि आँगन मे हल्लागुल्ला आ धड़फड़ी उठलइ !

की भेलइ ?

डकूबा आबि तँ ने गेलइ ?

हे भगवान !

बात तँ ठीके । घोड़ा हिंहिएलइ तँ बीसोक कोंढ़ काँप' लगलइ। देह धरि नहि सुगबुगेलइ। तरहथी पर गालक भर द' क' बिसेसरी व्याकुलताक मोकाबिला करए लागलि।

दलान पर बड़का चउकी रहइक, ताहि पर कम्बल आ जाजिम ओछाओल। छोटकी चउकी पर आसन। लगे मे लोटा, तमघइल आ अढ़िआ।

चउधरि केँ पएर धोआओल गेलइन, पोछबाओल गेलइन। एहि ड्यूटी पर मोस्तैद रहथि छकड़ी मड़ड़।

पाहुन बइसलाह तँ लोक सेहो बइसल।

केओ किछु बाजए नहि। सभक नजरि चतुरा चउधरि पर।

वयःक्रम साठि सँ थोड़ तँ नहिए हेतइन्ह, दू-एक वर्ष बेसी होइन तँ होइन। घाड़-मूड़ बेश कलशगर। कान छोट-छोट, आँखि बदामी। नाक मध्यम काटक। केश पाकल, कपचल मेंही मोंछ आ दाढ़ी कमाएल। गाल गहींड़ छलइन। सिल्कक कुर्ता, तसरक पाग, अन्डीक चद्दरि। सिकिआ कोरक फस्ट क्लास धोती, गुलाबी। हीना आ केओड़ाक सुगन्धि सँ लोकक नाक भरि-भरि उठइक। गहुमा रंगक चाकर कपार पर घोरलहा सिनुरक लडुब्बी ठोप पेट्रोमैक्सक तेज प्रकाश मे बेश जगमगाइन्ह।

पंडित सपुत्र-सबान्धव चउधरि केर अभ्यर्थना मे हाजिर छलाह।

तखन गामक लोक सेहो रहबे करए : मुखिआ रहथि, फतूरी ठाकुर, परमानन्द पाठक, अभिनन्दन मल्लिक, श्री नारायण-प्रतिहस्त, मधुसूदन कंठ, संस्कृत पाठशालाक जोतखीजी, स्कूलक मास्टर लोकनि..तथा आनो दस-पाँच गोटे।

राति डेढ़ पहर भेल हेतइक, दसक अमल। लोक अङपोछा हउँकि हउँकि बसातक अभावपूर्ति क' रहल छल। पेट्रोमैक्सक कारणे गर्मी दोबर-चउबर भ' गेल छलइक। कीड़ा-फतिंगा सभइ केँ झरकि-झरकिक' बलि हेबाक अवसर प्राप्त भेल रहइक।

चर्चा चललइ जे पाकिस्तान बड्ड जोर लगओने अछि, कश्मीर मे फेर कचवाबध हेबाले' अछि। कथाक सूत्र कांग्रेसी शासन केँ छुइलकइ तँ खोंखाइ झा बीचहि मे टप द' बजलाह—अङरेजे बहादुर नीक। हिनका लोकनि केँ कथूक लूरि नहि ! बिनु राजाक कतहु राज चललइए ?

छकउड़ी मड़ड़ अङनइ मे बइसल रहए, तमाकू खोंटइत। ओ बाजल—मालिक, ए'गो बात कहउँ ?...अङरेज सोनित पिअइ छल, ई सब अगबे हड्डी चिबाबइ छथीन !

अइ पर मुखिआजी लहर' लगलाह, कहलथीन—हँ रओ ! हम सभ टा बुझइ छिअउ...धन कांग्रेस जे भरि मुँह बजइ जाइछेँ ! अनकर राज रहितइ आइ तँ अही कथा पर तोरा भूजि देने रहितउ, बुझलएँ ? ठेहुन झाँप' लए केरोथंभक छाल नहि

भेटितउ...

फतूरी ठाकुर कन्ट्रोलक सिकाइत कर' लगलाह—अइ मे जमाहिरलालक कोन कसूर ? अफसरबा सभ मुल्की घूस लइ छइ, दोकानदार जकरा चाहए तकरे रजतद्रव्य चटाक' दूरि क' दैऐ !...

चतुरा चउधरि किऐ ने किछु बजितथि ? कहलथीन सरकार पर म्लेच्छ मंडलीक पूर्ण प्रभाव छइक। हमरा लोकनि हिन्दू थिकहुँ, यदि संगठित भए जाइ तँ काल्हिए रामराजक स्थापना कए ली...तुलसीदास कहि गेल छथिः

दैहिक दैविक भौतिक तापा
रामराज काहू नहि व्यापा

से ई कथा बिनु एकता आ बिनु धर्मक कोना सत्य हएत ?

ताबहिँ बुन्नी पड़' लगलइ।

वर्षाक लक्षण तँ नहि रहइक मुदा गोड़ तिनिएक खंड मेघ आकाश मे टहलइ-बूलइ धरि अवस्से छल। ठीक मध्य मे आबि ओकरा सभइ केँ मने आलस भेलइक, स्थूल बिन्दु बनि-बनि धरती दिस ढरक' लागल।

बुन्नीक पटपटी सूनि लोकक कान मे गुदगुदी लगलइ, देहक रोइआँ सिहरलइन।

छकउड़ी हबर-हबर तमाकू ठोकइत बाजल—देखिह' हओ इन्नर महराज ! सुभ काज मे भँगठी नइँ हेबाक चाही !

तखन ओकरा किछु फेर मोन पड़लइ...

—सरकारक घोड़ा कत' छइन ?

—हँ हओ बच्चन ! घोड़ा हिनक ?

पेट्रोमैक्सक लाइट जाहि ठाँ पड़इ छलइक ताहि ठाँ बइसिक' बच्चन जनउ गेंठिअबइत रहथि। आगू मे छलइन्ह चंगेरी, ताहि मे जोड़ चारिएक जनउ। इएह टा तानी शेष छलइन्ह गेंठिआब'लए...बच्चन कहलथीन—पोखरिक भीड़ पर पीपरक सीर मे बान्हल छइन्ह, घासक प्रबन्ध छलइहे।

पोंडेत ई सूनि निफिकिर भेलाह।

ता बुनछेक सेहो भेलइ।

छकउड़ी तमाकूवला हाथ चतुरा चउधरिक आगाँ बढ़ा क' हुनका कहलकइन्ह—लेल जाओ सरकार !

डबल जूम तमाकू छकउड़ीक तरहत्थी पर सँ उठाक' चउधरि तकरा ठोरक खाधि मे ध' लेलन्हि। जीहक मद्दति सँ जूम केँ नीक जकाँ जाँति क' पल्था फेरलन्हि।

छकउड़ी फतुरिओ ठाकुर केँ तमाकू लेब' कहलइन्ह। जे बचलइक से अपने फाँकि लेलक। फेर दलान सँ उतरिक' अङनइ मे बइसल।

वर्तालापक क्रम सामान्य सएह। गोअरटोलीक एक टा छओंड़ा चउधरिक पाछाँ मे ठाढ़ भ' क' हुनका पंखा हउँकइत छलइन्ह। पइघ मुदा पुरान पंखा, ताड़क अजोह पात केँ कपचिक' बनाओल मुखिआक ओइ ठाँ सँ ई पंखा आएल रहइ।

परंच चउधरि कछमछ करथि। रहि रहिक' बामा हाथक पहुँची उठावथि आ टाइम थाहथि।

कते बजलइए ?

पौने बारह।

विलम्बक की हेतु ?

हेतु की, किछु नहि ! दोसर मुहूर्त पड़इ छइ एक बजे। साढ़े दस बजे वला मुहूर्त सँ ई मुहूर्त जोरगर...

बेश !

मुदा बड़ बिलम्ब भेलइ।

उँह ! कने विलम्बे भेलइ तँ तेँ की ?

चउधरि अपन मेरुदंड केँ सोझ क' क' बइसलाह।

सात

अइहब-सोहब लोकनि बिसेसरी केँ आम-महु बिआह' ल' गेलथीन।

दलान पर तँ बेश शोभा-सुन्दर रहइक परंच आँगन मे भम्ह पड़इत रामेसरी आ माझिल जनी, दुइए गोटे छलथीन। आओर सभ केओ आम-महुक बिआह कराब' गेलि रहथि। नेना-भुटका पर्यन्त ओहि शोभायात्रा मे चल गेल छलइक। एहि बभनटोली मे ल' द' एक टा पिल्ली, सेहो ने संग पूरए गेल रहइक ! ओइ पिलिआ केँ बिसेसरी बड़ मानइ।

रामेसरी आ लदउरवाली काज मे बाझलि छली।

दरवजाक दुनू छोर पर दू टा कोठरी रहइक। एक टाक भीतरी मुँह आँगन दिस छलइक।

रामेसरी ओही भितरमुँहा प्रवेशद्वार सँ आबि-आबि दुलहा के ँ कइएक खेप देखि गेलि रहथि। ओ उदास छली। बगए-बानि नाक-मुँह बेजाए नहि छलइक बेचाराक, मुदा पाकल ओ चोकटल गाल ओकरा बिसेसरीक योग्य नहि, अयोग्य घोषित क' रहल छलइक।

रामेसरी एखन वर आ कनियाँ लए तस्मइ तइआर करइ छली।

साधारण भनसा सँ फूटे माटिक नवचुल्हिआ पर पितड़िआ तसला चढ़ल। दू टा चेरा, एक टा फट्ठी। बेश मद्धिम आँच। दूध खलबल-खलबल करइत, चाउर सिद्ध होइत ताहि मे।

लगे मे रामेसरी बइसलि। एक टा ठेहुन खसल आ एक टा उठल। दहिना हाथ मे कड़छु। बामा हाथ पर दाढ़ी केँ टेकने। आँच दिस मने त्राटक लगओने रहथि।

—कोन फिकिर मे पड़लि छी बड़की दाइ ?

लदउरवालीक स्वर रामेसरीक अन्यमनस्कता सँ एक टक्कर लेलकइ परंच अनेरे !

लदउरवाली रामेसरी लग एलइन।

ननदिक मुँह दिस ठिकिआक' तकलक ओ।

आबहुँ रमेसरी केँ चेति नहि भेलइन। मोनक समग्र शक्ति कोन झोंझ मे जाक' ओंझरा गेल छलइक से नहि कहि ! देह टा ओइठाँ पड़ल छलइन्ह।

उधिआइत दूधक फेन सँ तसलाक कंठ झँपा गेलइक। लदउरवाली ननदिक हाथ सँ कड़छु ल' क' तइ दिस झुकलीह आ खीर लाड़' लगलीह।

मझलिओ जनि दुलहा केँ देखने रहइक, ओकरा बड्ड निराशा भेल छलइक...गे मइओ ! बीसो सन सोनछड़ी केँ ठुट्ठा पिपरक ठारि मे लटका दइत जेथिन !

ओ गरीब बाभनक बेटी रहए। बाप ओकर इमन्दार आ निर्लोभी पंडित रहइक। पूर्वजक उपार्जित जथा, पाँच बीघा खेत। सोंटल देह आ निट्ठाह समाँगवला दूटा बेटा रहइक। लागि भिड़िक' गृहस्थी करए तीनू बापूत। बेटी एक नहि, तीन-तीन टा। मुदा ओ बाभन कहिओ ओकरा लोकनिक प्रसंगे टाका नहि गनओलक। अपने सन मामूली खेतिहर केँ जमाय बनाओल।

मझिली जनीक आँखि मे नोर आबि गेलइक, गह्वरित भ' क' टोकलइन—बड़की दाइ !

दोसर बेर कान्ह छूबिक' ध्यान भंग कएलकन्हि—हे अए, बड़कीदाइ !

परंच बड़की दाइ ओहिना सुन्न नजरिएँ चूल्हिक आँच दिस तकइत रहथि, कथीलए पपिनिओ खसतइन ! कोनो उच्चाटन नहि...किछु उत्तर नहि !

कनी कालक उपरान्त रामेसरी केँ चेत भेलन्हि। ओ बइसबाक मुद्रा बदलि लेलन्हि।

—भ' गेल फुलकुम्मरि ?

—हँ, सब ओरिआन भए गेलइ !

—सएह। अउखन धरि तस्मइ नइँ भेलइए !

—भए गेलइ कि !

—सरिपउँ ?

—त की ?

—ऊँ !

—उठू बड़की दाइ, आँगन दिस देखिअउ ! हम आँच मिझएने आबइ छिअइ।

रामेसरी आँगन मे अइली।

—ऐं ! फूही पड़ल रहए ?

—पड़लए रहए चारि बुन कि !

दसे टा बुन खसाक' इन्द्र महाराज केँ परितोष भ' गेल रहइन।

नीपल आँगन मे अइपन चकमक करइ, गाड़ीक चक्का सन गोल आ पइघ परिमंडल मे पुड़इनिक पात आ बीच-बीच मे अष्टदल कमल आँकल रहइक—मध्य मे षोड़शदल।

अइपन दिस ध्यान जइतहि रामेसरी कें अपन माइ मोन पड़लथीन ! हुनका एहि गुनमन्ति माइक बड़ गौरब। लोढ़ा सिलउट आ जाँत-उक्खरि पर ककर हाथ ने जाइ छइ मुदा ई विद्या सभ कें पार लगतइ ?

सभ वस्तु वृत्ते छइ रामेसरी अपनहि बिद-बिदइली ! वरक अप्रिय मुखाकृति फेर ने मोन पड़ि जाइन्ह तें किछु ने किछु ओ बिदबिदाइते रहली। हुनक मोन ओहि अरोपक स्मृति सँ मने छीह कटइत छलइन्ह।

—दुर। जे हेबाक छइ से जल्दी भ' जाउक।

—त'। आब विलम्बे की छइक ?

—गे मइओ ! भेवे की केलइए एखन ?

—अनेरे दलकइ छउ कलेजा तोहर की ?

—कहाँ किछु होइए हमरा ?

डाँड़ सोझ क' क' ठाढ़ि भेली रामेसरी...कबाइत कर' काल रङरूट कें मने हवलदार कहि देने होइ—अटेंशन'।

घर सँ लदउरवाली बहरेली।

लग आबि क' ननदि कें कहलथीन—बड़की दाइ ! आर त' सब दुरुस्ते छेबे करइ, मेघक नइँ कोनो पर्तीत...

—नइँ, आब एखन वर्खा-तर्खा नहि हेतइ।

—मर ! अखनिए त' बुन्नी पड़लइ रहए !...

—जे हेबाक छलइ से भ' गेलइ।

अकाश दिस दहिना हाथ उठाक' रामेसरी कहलथीन—देखिअउ, बदरवा पच्छिम दिस पड़ैल जाइए ! पछवा रहिइत त' एक टा बातो, ई त' मुदा पुरवा सिहकइए।

—तारा माइ कें ने भारा छइन !

अही बीच दलान दिस सँ हल्ला उठलइक। स्वर साधारण नहि, ओहि मे झगड़ा-दन केर झँसि बुझि पड़लइन रामेसरी कें। आरिक दुनूकात ठाढ़ भ' क' बीत-आध बीत जमीन लए जखन लोक त्वंचाहंच करइए, तखनुके स्वर सन स्वर।

स्वर तेज भेल जाइक।

एक स्वर रहइन पंडितजीक, दोसर माहेक।

—फुलकुम्मरि, हम कने दलान दिस भेने अबइ छी...

पिपनी समेत भउँह अड़िपन दिस क' क' रामेसरी लदउरवाली कें संकेत केलथीन जे देखबइ। आ अपने भितरी रस्ता देने दलान परक कोठरीक भितरका केबाड़ लग आबिक' ठाढ़ भेलीह। हुनक करेज भालड़ि जकाँ कँपइत रहइन भगवान कें की इच्छा छइन !

केबाड़ लग ठाढ़ि छली रामेसरी। साहस नहि होइन जे दू डेग आगाँ भ' क' दलान दिस नजरि करती। संकटक प्रतीक्षा मे निश्चेष्ट भ' क' प्रतिमा जकाँ ठाढ़ि रहथि बेचारी।

बाप चूल्हि फुकइत-फुकइत मुइलउ, आब तों ऐलें हमरा घर मे आगि

लगब' ?—माहेक दिस हाथ फरका-फरका क' खोंखाइ झा चिकरइ छलाह। ओ मुदा चुप छल। ओकर नजरि चतुरा चउधरि दिस केन्द्रित रहइक।

जेबएँ की नहि तो एहिठाम सँ ?—पंडित फेर बमकलाह—सुगराहा !

माहे दृढ़तापूर्वक कहलकइन—जाइलए तँ नइँ एलउँएं पंडितबबा हम ?...अहाँ कैँ तँ किछु कहबो नहि केलउँए...

—आगि तँ लगओलैँ आब की करबैँ ?

—हमरा अहाँ सँ कोनो काज नइँए...

माहे चतुरा चउधरिक भागिन दिस मुँह कएलक। कहलकइन—अपने तँ सुनइ छी विद्वान छी ! बुझाउ ने माम कैँ...साठि वर्षक अवस्था ! पाँच-पाँच टा समर्थ बेटा ! छी-छी छी छी छी !...

खोंखाइ झा ई सुनतहिं माहे पर अपन खड़ाओं फेकलथीन, ताहि निशाना कैँ ओ कनेक अइंचि क' बचा गेल। कने फराक भ' क' ठाढ़ भेल आ बिहुँसइत तकइत रहलइन पंडित दिस।

बच्चन अपना बाप कैँ धएने रहथि। पंडितक आन बेटा सभ किंकर्तव्य विमूढ़ भए ठाढ़ रहथीन।

पंडितजीक तामसी मुद्रा कहल नहि जाए। खन दाँत कट-कटावथि, खन मुँह टेढ़ करथि, प्रलाप पराकाष्ठा पर पहुँचि गेल रहइन। दहिना हाथक मुष्टिमुद्रा बना-बनाक' आ बामा हाथे ओकरा ध' ध' क' माहे कैँ पंडितजी कहइ छलथीन—केरा लेबएँ केरा ?...भोस ? बाङनगर ? तोरा माइ कैँ...

ओम्हर फतूरी आ मुखिया चउधरि सँ गप्प करइत रहथि। हुनक भागिन सेहो ताहि एकान्ती मे अपन कान कैँ भिड़ओने छलाह।

पंडितक चारिम बेटा टुनाइ एहि साल मैट्रिक मे पहुँचल रहइन। माहेक लक्षण देखिक' टुनाइ बुझि गेलइ जे सउँसे गामक नवतुरिआ दल एहि काजक विरुद्ध अछि। ई विरोध-प्रदर्शन एसगरे माहेक दिस सँ नहि भेल हेतइ, एकरो पाछाँ कोनो पइघ शक्ति अवस्से छइ।

टुनाइ बेश बुधियार रहए। गरम दल दिश ओकरा अरुचि नहि रहइक। पिताक दुराग्रह एवं संकीर्ण मनोभावक फल ओ अपनहुँ कए बेर भोगने छल। बहिन सभहिक दुर्दशा देखि-देखि बेचाराक कोंढ़ फटइक।

एखन भाए लोकनि कैँ गुम्म देखि टुनाइ कैँ निश्चय भ' गेलइ जे ई काज खाली बाबुए कैँ पसिन्न छइन्ह। माए आ बहिन डरेँ कउखन बाबू कैँ किछु कहितहि नहि छइन्ह, जखन जे मोन मे अबइ छइन्ह बाबू सएह करइ छथि...कहू तँ, तखन सँ अनेरे गरिअओने जाइ छथीन्ह। माहे गारिक सहस्रनाम कखन सँ सूनि रहल अछि ! कोन अधलाह कथा माहेक मुँह सँ बहरेलइए ? दुलहाक घटी छइ संसार मे ? एक टा घुरतइ तँ दस टा अओतइ।

टुनाइ दलान पर सँ उतरल आ रास्ता दिस विदा भेल। ई रास्ता पूब सँ आएल रहइ,

पच्छिम जाइत रहइ। किछुए आगाँ, काते-काते सिनुआरिक बेढ़ जकाँ छलइक। टुनाइ ओम्हरे जा क' अलक्षित भ' गेल।

नहू-नहू माहे सेहो अपन रुखि ओम्हरे कएलक।

सिनुआरिक ओइ कात दुनू गोटे मे दूटप्पी गप्प भेलइ।

—आब ?

—घोड़ा पर चढ़िक' पड़ाथु बुढ़बे !

—लोक की कहतइ ?

—आ, काज ई भ' जाइ तखन की कहतइ लोक ?

—... ... ...

... ...

—एक टा काज करबेँ ?

—की ?

माहे कीदन टुनाइक कान मे कहलकइ।

टुनाइ मूड़ी हिलाक' बाजल—बेश !

तकरा बाद दुनू दू दिस भेल।

माहे पोखरिक भीड़ दिस जाएवला एकपेड़िआ धएलक आ टुनाइ बाड़ी बाटेँ अपना आङन आएल।

आठ

राति बेश भ' गेल रहइक।

लोक पंडितक दलान पर पाँचे-सात रहि गेल छलइक। जकरा जेबाक छलइ से, पहिनहि उठि गेल रहए की तँ सिन्दूरदानक बेर मे आबिक' आशीर्वाद द' जेबइक।

फतूरी, मुखिआ, जोतखीजी आ छकउड़ी मड़ड़—बाँकी घरबइआ लोकनि रहथि। दुलहा हेबाक मनसूबा ल' क' जे आएल रहथि से बाबू चतुरा चउधरि बिराजमान छलाहे। भागिन छलथीन हुनक। फाटल सतरंजी पर बइसल अधबएसू टहलुआ से रहनि। ओकरा पिपनी पर निन्न बोझल रहइ...

एहने समय मे आबिक' माहेश्वर ओहि महफिल मध्य बम पटकि गेल छलइन ! धुआँ सँ सभक माथा मने फाटि गेल रहइक। दू व्यक्ति घायल से भेल छलाह !

एक तँ भावी दुलहा आ दोसर पंडित खोंखाइ झा अपनहि।

कतीकाल धरि ककरो मुँह सँ बकारो नहि फुटलइक !

तखन पहिने मुखिआ बजलाह—छओंड़ा सभ सनकि गेलइ, कोनो दबाइ हेबाक चाही एकरा लोकनिक ! की नहि फतूरी काका ?

तमाकू थुकरिक' फतूरी कहलथीन—चारू चरण कलियुग हमरे गामक नवतुरिआ

सभहक देह मे पइसि गेलइए...

परंच जोतखीजी अइ पर जे कथा बजलाह ताहि सँ प्रश्नक रुखिए उनटि गेलइ कि !

गहुमा चाम सँ छारल मुट्ठी भरि हाड़। फाँक सन आँखि। नोकगर नाक। पइघ-पइघ कान। पातर मोंछ। चिकिन चोकटल गाल। धोती मामुलिए, कान्ह पर चरखाना अङपोछा।

भीतक भरें बइसल रहथि जोतखी।

ओ कहलथीन–अगहन मे आगाँ बड्ड सनगर दिन छइ विवाहक। ओहन बढ़िया मुहूर्त गत पाँच-सात वर्ष मे कहाँ देखबा मे आएल हेतन्हि ककरो ?

फतूरी ठाकुरक मुँह सँ बहरइतहिँ शब्दसमूह मने छरपल–अगहन ! आ हा हा हा ! हमरो विवाह अगहने मे ने भेल रहए... हमरा लोकनि कहिओ दुखित नहि पड़लहुँ। अइ बीच मे पंडित कें बेटा लोकनि ध' पकड़िक' भीतर ल' गेल रहथीन। हुनका दिस सँ टिपनिहार केओ रहबे ने करइ। चउधरिक भागिन कें गप्पक एहि नवका क्रम सँ भासित भेलइन जे काज आइ नहि, अगहन मे होअए से नीक ! ओ चट द' प्रतिवाद केलथीन–नहि ज्योतिषीजी मुहूर्त अजुको बड्ड बेश छइक।

–हेंतइक !

जोतखी नकिआक' बजलाह।

फतूरी कें होइन्ह, कहुना चउधरिक चुप्पी टूटिए।

परंच चउधरि तँ एकदम अप्रतिभ आ मौन-गम्भीर बइसल रहथि, पल्था पर केहुनी आ बान्हल मुट्ठी पर दाढ़ी टेकने। नजरि सोझाँ मे, अङनइ टपिक' रास्ताक ओहि पार भिट्ठा खेत महँक शीशो दिस।

कने काल फेर केओ नहि बजलइक किच्छु।

बीच-बीच मे अङपोछा सँ पीठ झँटबाक शब्द। पेट्रोमैक्सक प्रकाश सँ आकर्षित भ' भ' कीड़ा फतिंगा उड़ि-उड़ि अबइ आ लोकक पीठ पर बइसइ, तखन अङपोछाक झट्टा सँ सद्गति प्राप्त करइत जाए।

चउधरिक लेल जे बड़का पंखा आएल रहइन सेहो आब आराम करइत रहए। हौंकनिहार नदी दिस जेबाक लाथेँ कखन ने घसकि गेल छलइन !

एवं प्रकारें ओहि ठामक वायुमंडल सर्वथा उदास बूझि पड़इक। प्रखर प्रकाशक हेतुएँ से उदासी लोक कें आओर नग्न लगइक, आओर असह्य !

ओ तँ मुखिआ रहथि हाजिर तैं। ने तँ हवाक अभाव मे पेट्रोमैक्स सेहो अपन लीला समाप्त क' नेने रहइत !

छकउड़ी खम्हेली मे पीठ ओङठओने बइसल रहए।

–एम्हर आउ तँ कने मुखिया काका !

भीतर सँ बहार भ' क' टुनाइ सोर पाड़लकइन तँ मुखिआ कें अजगुत लगलइन।

–की थिक' हओ ?

—बिसेसरी केँ रद-दस्त भेलइए !

—आब कोना छहु ?

—दाँती लागल छइ !

—जा, हमरा आँगन सँ पुदीनाक अर्क आ अमृतधारा नेने आब'त...

टुनाइ मुखिआक घर दिस दउगल।

फतूरी आ मुखिया धड़फाड़ा क' दरबजेवला कोठरी देने आँगन पइसलाह।

चतुरा चउधरिक धैर्य आब भसकि गेलइन। ओ दलान सँ नीचा उतरि अङनइ मे अएला आ नहू-नहू बूल' लगलाह। नओ सए टाका डूबि जएतन्हि, एहि बातक ततेक परबाहि हुनका नहि छलइन। अपमानित भ' क' कदाचित घूरि ने जाए पड़इन्ह, दुश्चिन्ताक अही खउँत सँ बेचारे व्याकुल भ' गेलाह...

थोड़े काल एसगरे चंक्रमण करइत रहलाह। फेर भागिन सेहो संग देलथीन। दुनू गोटे फुसुर-फुसुर क' गप्पो करथि आ टहलबो करथि।

छकउड़िओ आँगन दिस चल गेल रहए।

चउधरिक अपन टहलुआ ओहिना अउँघाइत रहइन्ह। मालिकै कोन विपति मे एत' आबिक' फँसि गेल छथीन, तकर कि किछुओ ज्ञान रहइक ओहि अलबउक केँ ? नहिए रहइ कि !

अपन असल टहलुआ चउधरिक आइ-काल्हि कोनो फउजदारी मामिलाक हाजती छलइन्ह, लहेरिआसराय जहल मे बन्द। सभा एबाकाल आन केओ नहि भेटलन्हि तँ अही मतसुन्न केँ सङ क' क' सउराठ पहुँचलाह। तीन बेर कहबइ तखन कोनो बात एकरा माथाक भीतर जेतइ। डेढ़ सेर चाउरक भात ओहि साँझ भरि पोख ठूसि लेत, तखन देह सोझ करत। कुम्भकर्ण जकाँ सूतत। लादि-बोझ दिअइ त' पक्की अढ़ाइ मोनक बोझ ऊघत। चारि लात लगएबो करबइ तँ पीठ पाँखुड़ झाड़िक' आ दाँत-मुँह चिआरिक' चल जाएत, फेर बजेबइ तँ हलसइत-फुलसइत आओत !

नाम की थिकइ ?

बड़्ड बिलक्षण नाम छइक, ढहलेलवा !

अइ सँ बढ़िआ नाम ओकर हेबे की करतइ ?

मालिकक ठोंठ सुखाइत रहइन्ह।

तीन बेर बजओला पर आदमीक मुँह सँ बहरेलइ—अँ !

—पानि ला !

—एँ !

—पानि रओ बड़द, पानि।

—ओँ, पाइन मालिक ?

—मार सार केँ !

अन्ततः ढहलेल उठलाह, पानि आनिक' अपना मालिक केँ ठंढओलन्हि।

कहला उत्तर भगिनो बाबू केँ जल प्राप्त भेलइन्ह।

फेर, दुनू गोटे लघुशंका क' अएलाह, कुरूड़ क' क' बइसइत गेलाह।

चउकी पर बइसला उत्तर माम भागिन केँ आँगुरक इशारा सँ लगीच आब' कहलथीन।

भागिन लग भेलथीन तँ मामा कान मे कहलथीन--देखलिअइ नइँ किछु ?

की–विस्मित भागिन पुछलथीन।

–आहि रे ! ओम्हर पीपर तर पाँच-छ गोटे ठाढ़ बूझि पड़ल हमरा।

–उएह सभ हैत !

–तँ, आओर के ?

दुर्गा ! दुर्गा ! काली ! काली ! भागनिक मुँह सँ बहरएलन्हि।

भागिन संस्कृतक पंडित छलथीन। हुनक हृदय एक अपूर्व आशंका सँ आच्छन्न भ' गेलन्हि। ओ विचार' लगला...मामा केँ ई भ' की गेलन्हिए ? अइ अवस्था मे आ सेहो की तँ पुत्र पौत्रवला भ' क' विवाह करबाक ई बतहपनी हिनका कहिओ ने कहिओ समाप्ते क' देतइन...फेर भागिन बाबू केँ अपन दिवंगत मामी लोकनि एक-एक क' क' मोन पड़लथीन...ममिअउत लोकनि से ध्यान मे एलथीन...माम आ ममिअउत सभ मे मनोमालिन्य रहइन्ह...मातृकक कतेको वस्तु, कतेको प्रसंग, कतेको व्यक्ति हुनका मोन पड़लइन्हि..आइ आन गाम मे आबि क' मामा केहेन भयानक चक्रव्यूह मे पड़ि गेल छथि, अइ दिस ध्यान जइतहि हुनक माथा टनक' लगलइन्ह ! दुनू मामा भागिन नओगछिआ सँ विदा भ' क' गढ़िआ-मानिकपुर धरि सकुशल पहुँचताह की नहि, बेचारे केँ ताहु मे संशय उत्पन्न भ' गेलइन्ह !

बाबू चतुरा चउधरि सेहो गुम्मेसुम छलाह। एहि प्रकारक पबन्नी जिनगीक पचीसी मे हुनका कहाँ कहिओ लागल छलइन्ह ? पहिल विवाह सत्रहम वर्ष मे भेल रहइन्ह परंच बाँकी तीनू विवाह तँ चालिस केर उपरांते कएने रहथि ! ककरा बापक मजाल जे विवाहक कोनो अवसर पर कतहु किछु बाजल होइन्ह !...आइ एहि अदना गामक चारिटा छओंड़ा, ओहो बाघक मोंछ उपाड़' लए वृत्त अछि !!

खानदानी प्रतिष्ठा दिस ध्यान जइतहिँ मालिक केर मेरुदंड सोझ भ' गेलइन्ह। आँखिक जोति चउबड़ आ चेहराक कान्ति उद्भासित। मोन एहेन प्रफुल्ल भ' उठलइन्ह जे शेष बाँचल मगही पानक चारू स्पेशल बीड़ा एक्के बेर मुँह मे कोंचि लेबाक इच्छा होम' लगलइन्हि, परंच आज्ञाक पानक उपरांत आब तँ ओ 'छेकल वर' रहथि, कोनो किछु मुँह मे देब' देतइन्ह लोक ?

–ककरा बापक मजाल थिकइ जे आब एहि काज केँ भङठा देत ?

–छओंड़ा सभ संचमंच भ' क' अपन बइसओ, उत्पात करत तँ पीठ फोड़ि देबइ ! हँ !

–हम कुजड़ा-बाड़ीक भाँटा-मूर नहि थिकहुँ गढ़िआ-मानिकपुर केर चउधरि गच्छक पट्टीदार छी !

–बाघ बाघे रहत, गीदड़ गिदड़े !

मालिक दिमागी पाँतर मे स्वाभिमानक श्यामकर्ण (घोड़ा) केँ एँड़ी दौंड़ी लगओलन्हि, तकर टापक कल्पित ध्वनि सूनि-सूनि हुनक प्राण मने भरि-भरि उठइन्ह।

घटकराज अबितहि शांभवी सेवन अर्थात् विजयापान कएने रहथिन। शौच आदि सँ निवृत्त भ' क' साधारण किछु जलखइ आ ततः पर दरबजाक दोसर छोरवला कोठरी मे खिड़कीक सोझाँ सोझी खट्बारूढ़ होइतहि आँखि लागि गेल रहइन।

अउखन ओ जोगनिद्रा मे निमग्न छलाह। बीच मे एहेन कुकांड उठलइक तइओ कहाँ सुगबुगेलथीन ! घरबइआ लोकनि केँ रहइन जे सूतथु बड़'नी, सिन्दुरदानक काल मे उठा देल जएतइन्ह...

से, घटकराजक ऋषभ-स्वर मे अपन नाक बजबइ छलाह ठर्ररर्ररर...ठो ो ो ो : ठर्ररर्ररर—बेश पुष्ट एवं लयबद्ध ध्वनि रहइन, एहेन जे सुनला उत्तर ककर कान ने तृप्त होइतइ ? ककर हृदय ने जुड़इतइ ?

घटकराज एहि सुख-समाधि पर चउधरिक भागिन केँ ईर्षा होइहन्ह, हुनका काल्हिओ राति आँखि नहि लागल रहइन्ह।

ढहलेलवा ओहिना बइसल रहए, खम्हेली सँ पीठ-पाँखुड़ टेकने। नीक जकाँ झुकइत रहए। ठोरक आरि नांघि-नांघि क' लेर चुइल जाइत रहइ। जाँघ परक धोती भिजइ छलइ।

हवाक अभाव मे पेट्रोमैक्सक प्रकाश मद्धिम होम' लगलइ। अन्ततः प्राणाशक्ति निंघटि गेला उत्तर प्रकाशक ओ यन्त्र फप् फप् कर' लगलइ...

तइओ ककरो ध्यान ओहि दिस आकृष्ट नहि भेलइक !

इजोत एकदम कम भ' गेलइ। क्रमपात एहने जे अन्तिम हिचकी ल' क' पेट्रोमैक्स आब अपन इह लीला संवरण क' लेत !

कि दूटा नवयुवक कोम्हरो सँ आबिक' दलानक ओहि अङनइ मे ठाढ़ भ' गेल। एक गोटे ठाढ़े रहल आ दोसर दू सीढ़ी टपि क' दलान पर उपस्थित।

ओ चट द' पेट्रोमैस मे हावा भर' लगलइ। मेन्टल एकाएक भक्क द' बरि उठलइ, फेर घुप्प ! फेर झकाझक ! तीक्ष्ण आलोक सँ सउँसे दलान उद्‌भासित !!

आब ओहो दलान सँ उतरि अङनइ मे ठाढ़ भ' गेल।

मामा आ भागिन सतर्क छलाहे। पेट्रोमैक्सक विपुल आलोक मे दुनू अपरिचित तरुणमुखक दिस कने काल धरि तकइत रहि गेलथीन। ओहो दुहू हिनका लोकनिक आँखि मे अपन बेधक दृष्टि गड़ओनहि छलइन्ह।

आउ, बइसू ने !—भागिन बाबू आगन्तुक तरुणद्वय दिस हाथ फरकबइत बजलाह—कती काल ठाढ़ रहइ जाएब !

अनुमोदनक सुर मे मामाहुक मुँह सँ बहरेलन्हि—आउ ने बाबू ! दुनू नवयुवक कल-बल आबि कम्बल पर बइसि गेल।

पुछला उत्तर श्याम कान्ति ओ आएत आँखिवला तरुण कहलकइन—हमर नाम थिक दिगम्बर मल्लिक, हिनकर नाम थिकइन बलभद्र मिश्र...हम खेती-बाड़ी मे लागि गेल

छी आ ई नाइन्थ क्लास मे पढ़इ छथि।

थोड़े काल धरि दुनू दिस निःशब्द शान्ति !

कि ओम्हर सँ पुदीनाक अर्क आ अमृतधारा नेने टुनाइ, पाछु पाछु माहे।

टुनाइ आँगन गेल। माहे आबि कँ मल्लिक लग बइसल।

मल्लिक एतीकाल गहिकी नजरि सँ चउधरिक मुँह दिस ताकि रहल छल। आब गम्भीर एवं दृढ़ स्वरें कहलकइन—बाबू साहेब हमरा लोकनि फेर अपने सँ प्रार्थना कर' आएल छी...विवाहक ई आग्रह छाड़ि देल जाओ...

—ऐं ! की बजलहुँ अओ !

बुढ़वा बमकि उठल। घबहा कूकुर जँ बताह भ' जाए तखन जेना भूकत, तहिना भूक' लागल बुढ़वा।

—अहाँ लोकनि गुंडागीरी करब अओ ? बड़ काबिल भेलाहए ! कहू तँ भला ! साओन जनमल गिद्दर आ भादब आएल बाढ़ि, गिदड़बा चिकरल बाप रओ ! एहेन बाढ़ि कहिओ नहि देखल !! बाबू, एखन तँ अहाँ लोकनि जनमि क' ठाढ़े भेलहुँए, पुड़इनिओ नाभि मे लटकले अछि एखन धरि ! एलहुँए हमरा मन्त्र देब' ? चारि आखर पढ़ि लेल तँ बूढ़ पुरनिआँ सभहक चानि पर पनही मारबइ ?ई...ी ी ी ह।

तामसे चउधरिक कपार परहक सूत फुलि गेलइन। आँखि कर्जनी सन लाल ! मुँह सँ मने अबरखक गूड़ी फर्र-फर्र उड़इन्ह ! नाकक टुरनी पर खुदिआ घाम। बाँहि भाँजथि आ समेटथि !

हल्ला सूनि क' खोंखाइ पंडित लाठी नेने बहरेला, माहे हुनक निशाना छलइन।

अपना जनइत पंडित समधानिए क' लाठी चलओने रहथीन। माहेश्वर मुदा अहू बेर नट्ट जकाँ पीठ आ मुड़ी कें छीपि लेलक। पंडितक प्रहार हुसि धरि गेबे कएलन्हि परंच शुद्ध भ' क' नहि—डाँड़ मे माहे कें लाठी कने लागि गेल रहइक..कने हटिक' ओ बइसि गेल, डाँड़ कें दुनू हाथ सँ जतने।

बलभद्र उर्फ बूलो टुनाइक मदति सँ पंडित कें ठेलि-ठालिक' घरक भीतर द' एलइन, एम्हर सँ केबाड़ी लगा क' जिंजिर चढ़ा देलकइ। ओम्हरो मने केओ पंडित के धएने रहइन।

अहाँ ओना नहि मानब—दिगम्बर मुँह मे दू टा आङुर द' क' सीटी बजओलक।

सीटी बजितहिं नवका तूरक गोड़ पाँचेक व्यक्ति सिनुआरिक झोंझ मे सँ बहार भ' क' अँगनइ मे ठाढ़। सभ कें अपन अपन लाठी रहइक। पाछाँ सँ एक गोटे चउधरिक घोड़ा नेने एलइन।

—हे लिअ', अपनेक सवारिओ आबि गेल ! प्रस्थान कएल जाओ !!

—मोटा-चोटा काल्हि जेतन्हि !

—फेर अइ गाम मे चरणकमल नहिए पड़ए...

—पाँच-पाँच टा समर्थ ओ सुयोग्य बेटा अपने कें, अवस्था से साठिम, ताहू पर कोना उमेदवार भ' क' सउराठ दिस डेग बढ़ल अपनेक ?—छी छी छी छी !

—चूरू भरि पानि अपना गाम मे नहि भेटल जे एते दूर अएबाक कष्ट केलिअइ ?

—बगएबानि त देखिअउन कने !

—छुछुन्नर नहितन !

अपना सत्कारक ई ओरिआओन देखि चतुरा चउधरिक सभ बुधिआरी घोसड़ि गेलइन। फतुरी ओ मुखियाजी सेहो तँ नहि रहथीन लग मे ! ओ दुहू गोटे बिसेसरी कँ देखबाक लेल जे आँगन दिस गेल रहथि से ओम्हरे सँ ओम्हर कतहु घसिक देने छलथीन्ह ! जोतखीजी सहजहिं चले गेल छलाह। ई माम-भागिन पानि पिबइत रहथि तइखन !

पंडित कँ दुनू बेटा कसिक' आँगनहि मे धएने रहथीन। कनेके काल बाद बच्चन बहरएलाह। एम्हर पल्टन कँ तइआर पाबि हुनका अकबक किछु नहि फुरलइन।

चतुरा चउधरि छलाह तँ जमिन्दारे। चेहरे टा रोअबगर नहि रहइन, स्वरो भरिगर रहइन।

हुनक तर्जन-गर्जन सूनि भरि टोलाक लोक जागि गेल रहए। पंडितक दलान दिस एबाक साहस मुदा नहि होइक ककरो ! झकाझक इजोतक मध्य ओहिठाम जे नाटक होइत छलइक, ध्यान धरि सभक तही पर रहइ। संशय आर कौतुकक मिश्रित भाव सँ ठकुऐल प्रतिवेशी लोकनि दम सधने ठाढ़ छलाह, अपना-अपना दरबजा पर। ई रंग-ताल अइ गाम मे कहिओ कि लागल रहइ ?

खोंखाइ झा कँ बेटा अँगनहि मे धएने रहथीन, गारि धरि ओ बेश उच्च स्वरें आबहुँ देने जाइत छलथीन।

बच्चन कँ अपना समक्ष पाबि चउधरिक ठोंठ फुटलइन।

—अहाँक की विचार बच्चन बाबू ?

—माहे कँ चोट त' लागल रहइ परंच तड़ाक द' कहलकइ—घोड़ा पर सवार होउ आ दड़िभंगा जाउ !

कुकुर जकाँ गुम्हड़ि क' चउधरि बजलाह—अहाँ कँ के पुछलक अछि ? अनेरे टरटराइ छथि...

—त', बच्चनो काकक इएह विचार छइन।

अधिकारपूर्ण स्वर...ई कथा दिगम्बरक मुँह सँ बहरेलइ। नजरि धरि ओकर बच्चने दिस छलइक।

—हँ ' बच्चन बाबू ?

... ...

बच्चनक क्रमपात जेना ठोंठ मे आपरेशन भेल रहइन ! शब्दक तँ कथे कोन, अक्षर पर्यन्त नहि बहराइन्हि मुँह सँ !

चउधरिक भागिन ठाढ़ भ' गेलथीन। दुहू हाथ जोड़िक' बजलाह—कखन धरि एना ठाढ़ रहब अपने लोकनि ? आउ, बइसइत जाउ !

हमरा आउर बइठ' नइँ एलिअइए हजूर !—केओ कहलकइ, गोनउड़ा रहए मने।

त' आउ ! फोड़ि दिअ' हमर कपार !—खउँझा क' चउधरि कहलथीन।

नारायण ! नारायण !!—बच्चनक मुँह सँ बहरेलनि।

दिगम्बर आब तेख स्वरें बाजल—बच्चन कका, ई बाबूसाहेब अपन अपमान अपनहि करबइ छथि...अहाँ गेंठ बान्हि लिअ' नओगछिआक एक-एक टा तरुण धराशायी भ' जाएत, मुदा काज ई हिनक नहि होम' देतन्हि ! ई बड़ पइघ आदमी छथि, दस कोसक इलाका मे हिनक नाम चलइ छन्हि। पटना आ मुजफ्फपुर मे दू बेटा प्रोफेसरी करइ छथीन्ह, एक बेटा लहेरियासराय मे ओकील छथीन...लाज कें घोरिक' ई पीबि गेलाहए तँ हमरो लोकनि निर्लज्ज भ' जाउ ? बिसेसरी सन तँ हिनका नातिन हेतइन अओ ! सोझे नहि मानताह बाबूसाहेब तँ बान्हि-छानिक' हिनका हमरा लोकनि काल्हि खाट पर सउराठ पहुँचा देबन्हि फेर...भरि रस्ता घोल करइत जुलूसक रूप मे हमरा लोकनि आगू बढ़ब—चतुरा चउधरि मुर्दाबाद !...हिनका होइत हेतनि जे दरिद्र गामक चारि-छओ टा ई उताहुल छओंड़ा सभ की क' लेतनि हिनकर ? देखथु ने की करइ छिअनि !...

बच्चन काठ भेल ठाढ़ रहथि।

टुनाइओक सहए मुद्रा।

चिकरइत-भोकरइत पंडितक ठोंठ आब बाझि गेल छलइन्ह। हुनक कंठस्वर सूनि लोक कें आब फकसियारि मोन पड़इ। घटकराज कें उठा देबाक साक्षण नहि छलइक ककरो, ओ अपन फोंफ कटइत रहथि।

हल्ला जे भेलइ तइ सँ ढहलेलबाक तन्द्रा पड़ा गेल रहइक, आब ओ मुलुर-मुलुर लोक दिस तकइ छलइक।

चउधरिक माथाक भीतर केओ मने तीसी भुजइ छलइन ! जकरा सभ कें ओ गिद्दड़ बूझइ छलथीन उएह सभ वाक बन्द क' देने रहइन...वृद्ध विवाहक विरोध मे एहि प्रकारक संगठित मोर्चा !—बाबू चतुरानन चउधरि कें स्वप्नहुँ मे ई आभास नहि भेल छलइन कहिओ...

हाथ मे पाग ल' चउधरि पहिने अपनहि उठलाह, पछाति भागिन कें दहिना हाथें संकेत केलथीन—उठू ! चलू !

—ढहलेलबा, चल ! उठ !

चउकी पर सँ उतरि चतुरा चउधरि जुत्ता पहिरलइन आ एक्के धाप मे दलान सँ नीचा भ' गेलाह।

तकथपोसक नीचा जीन पड़ल रहइ। भागीन तकरा उठाक' घोड़ाक पीठ पर ध' देलथीन, कसलनि बाबू साहेब अपनहि...लगाम-तगाम सेहो...

सभ चुप्प रहए, केओ किछु नहि बाजए। पंडितक बाझल ठोंठ कउखन-कउखन जोर करइन्ह ओम्हर सँ।

छरपिक' चउधरि घोड़ा पर चढ़लाह, एँड़ी छुआ क' ओकरा आगाँ बढ़बाक इशारा केलथीन। अँगनइ सँ बहार आबि ओहो अपन रास्ता धएलक..

भागीन बाबू आ ढहलेल खवास चललाह तँ स्टेशन धरि पहुँचा देबाक हेतु छकउड़ी मड़ड़ सँग भेलथीन।

नओ

कनेक राति रहइक तँ अकस्मात डबल अछार बर्खा भ' गेलइक।

भोर खन लोक अपन-अपन काज मे लागि गेल छल।

हरबाह सभ बड़दक अपन-अपन जोड़ी केँ आगाँ केने, कान्ह पर हर आ हाथ मे पेना नेने बाध दिस जाइत रहए। ओहि हलधर मंडली मे हेहुआ सेहो छल। ओ बूलोक बड़िजना रहइक।

पंडित, घटकराज आ बच्चन अन्हरोखहिँ इसटीसन दिस गेल रहथि। घर-आँगनक लक्षण एहेन सन जेना महामारीक प्रकोप भेल रहइक। उत्साह ओ जीवन केर कोनो चिन्ह शेष नहि छलइक ओहिठाम। बून्दक चोट सँ अड़िपन एकदम धोआ गेल होइक से नहि। तखन, घर सँ बहरएबा काल एँड़ी सँ रगड़ि-रगड़ि पंडित अपनहि ओकरा मेटा गेल छलथीन..अपना हाथक माँगलिक कलाकेर से दुर्गति देखि पंडिताइन कतीकाल धरि नोर बहबइत रहली...तितले असोरा पर पड़लि रहथि बेचारो, आँखि लागि गेल छलइन।

बिसेसरी केँ धाह भ' गेल रहइ। रामेसरी संज्ञाशून्य जकाँ बेटीक पउथान मे पेटकान देने छली।

धिआ-पूता सभ केँ राति मे ने ठेकान सँ खाइए लए भेटलइ ने सुतइए लए, से ओकरो लोकनि एखन धरि सुतले छलइ।

जेठि आ छोटि जनी अपन-अपन चउकठि मे पीठ ओड़ने बइसलि रहथि, हाथ पर गाल। मांझिल जनी भनसाघरक असोरा केँ बहाड़इत छली, मुखाकृति हुनको अप्रतिभे।

टुनाइ आ बुदुर अउखन दलान पर सूतल छलाह। माझिल, दुर्गानन्दन सूर्योदय सँ पूर्वहि मधुबनीक छबज्जी गाड़ी पकड़बाक हेतु स्टेशन गेल रहथीन, हुनक छुट्टी काल्हिए समाप्त भ' गेल रहइन। ताहि सँ छोट गौरीनन्दन आमक हिस्सा बटाबक लेल गाछी गेल रहथीन।

दलान पर चारक पाढ़ि मे पेट्रोमैक्स ओहिना लटकले रहइक। चउकी पर कम्बल आ उलेच ओहिना ओछाओल। मुखिआजी वला बड़का पंखा ओहिना पड़ल भीतक भरें।

माहे पर पंडितजी रातिखन जे खड़ाओँ फेकने रहथीन, तकरा उठाक' जोड़ी सँ मिलाक' मड़ड़ चउकी तर ध' देने छलइ, से ओहिना धएल।

पएर धोओला उत्तर चतुरा चउधरि चानीवला अपन खिलबट्टी बहार कएने रहथि। चारि खिल्ली मगही पान मुँह मे कोंचि क' उपर सँ किमाम आ पतिन्जार देने रहथीन। कनीकाल पर पीक फेकबाक मोन भेल रहइन। लग मे पिकदानी अछइत अङनइए मे गाढ़ पीकक जे फोचकारा बाबू साहेब रातिखन छोड़ने छलथीन से अउखन मेटाएल कहाँ रहइक ! बर्खाक ओहि डबल अछारहु केँ कहाँ किछु गुदानलकइन्ह से !

सूर्य लग्गा भरि उपर उठल हेताह कि टुनाइक निन्न टुटलइक। ओ बुदुर केँ उठा देलकइ।

दुहू भाइ उठितहिँ कम्बल तम्बल समेट' लागल। ककरो तँ ई.काज करहि पड़ितइ !

शुद्धक दू टा दिन शेष छलइक। एहि बेर जे नाटक हेबाक छलै से भइए गेल रहइ। आब अही दू दिन मे बिसेसरी लए कत' सँ वर अओतइ ? जँ अगहन धरि ओकर भाग जोर केलकइ तँ देखल जएतइ—टुनाइ अही धूनि मे छल, सङहि बुदुर केँ काज द' कहितो जाइक आ अपनहुँ काज केने जाए।

—कत' भेटइ छइ लोक केँ नीक घर-वर ? कन्यादान सन असाध्य काज संसार मे छइहे ने, रामचन्द्रक बुतेँ धनुख तोड़नाइ भने असाध्य काज नहि होइन्ह, मुदा सीताक हेतु सुपात्र भेटनाइ आब बड़ मोश्किल ! रामचन्द्र टहलइत-बूलइत जनकपुर पहुँचलाह, सीताक अभिभावक लोकनि केँ पसिन भ' गेलथीन ! विश्वामित्रो तइआर ! धनुख तँ पाछू ने टुटलइ, कथा मुदा पहिनहि ठीक भ' गेल रहइन...दिगम्बर आ माहे हमरा भगिनीक लेल कत' सँ दुलहा अनताह ? जकर अपने बहिन कुमारि होइक से दोसरा घरक धी-बेटीक लेल कत' सँ अनतइ आदमी ? गढ़तइ ?

टुनाइक मोन मे ई बात जे एना उठलइक तकर कारण रहइक !

दिगम्बरक बहिन शकुन्तला केँ ई सत्रहम वर्ष चढ़ल रहइ। एखन धरि कुमारिए छलइक।

दिगो केँ मुदा कहिओ एहि प्रसंग मे कोनो प्रकारक चिन्ता अथवा दुश्चिंता नहि होइक। लग-पासक कोनो काकी आ कि कोनो बाबी शकुन्तलाक बिआहक मादेँ ओकरा कउखन किछु जँ पुछबे करथीन तँ दिगो फट द' कहइन—ओकरा एखन भेवे की केलइए ? बीस वर्ष धरि लोक नेने रहइअए आ तकरा बाद किछु बुझइ-सुझइ छइक...की हेतइलए, चारि दिन आर खाए-खेलाए दिअउ शकुन्तला केँ...

ई सूनि-सूनि जनी-जाति दिगम्बरक मुँह दिस तकइत रहि जाथि। हुनका लोकनिक बूझ' मे एबे ने करइन जे चेतन भ' क' एहन कथा किऐ बजइए ! आँगनवला अपनहि जते माउगि केँ सिखबइ छइओते ने माइए सिखओतइ ने बापे, भाइक तँ कथे कोन ? ...गे मइयो ! देखबा मे धाकड़ सन लगइ छइ शकुन्तला अङइठी-मोड़ करइ छइ तँ बाँहि चार केँ छूबि लइ छइ !...अपना माइ लेखेँ आबहु नान्हिए टा छइ गे दाइ !...

खन अइ आँगन मे, खन ओइ आँगन मे...खन पोखरिक कात खन इनार पर... दिगम्बरक बहिनक अदगोइ-बदगोइ होइतहिँ रहइक। दिगम्बर केँ कथी लए अइ सबथुक किछुओ परवाहि हेतइ ? ओ मोन लगाक' शकुन्तला केँ पढ़बइत छलइ। प्राइवेट सँ मिडिल करा देने रहइक। साहित्य सम्मेलन (प्रयाग)क प्रथमाक तइआरी आइ-काल्हि चलइ छलइक। कनी-मनी अङरेजिओ...

दिगम्बर केँ अपना गल्प लिखबाक बड़ आवेश। चारिए छओ टा लिखने हएत। आधा-छीधा लिखल आ पेनी छानल तँ बहुतोक रहइक ! कापी आ पोथीक बीच-बीच मे छाँहि-बाँहि पड़ल—इसकुलिआ कापी सभहक शेष अंश मे कतहु पिनसिल सँ लिखल आ कतहु लील आ कतहु बइगनी रंगक रोसनाइ सँ। ओ गल्पगुच्छ कोनो साहित्यकार धरि भने नहि पहुँचल होइक परंच माहे, बूलो, स्कूलक दुनू छोटका गुरुजी ई लोकनि दिगम्बरक एक-एक गल्प केँ ध्यान पूर्वक सुनने रहथीन, अपन-अपन राय परामर्श सेहो

देने छलथीन। जे पसिन्न होइक ताहि परामर्श ओ संसोधन केँ मल्लिक मानि लइत छलइन।

दिगोक बाप नीलकंठ मल्लिक 'बिहार बंक' (पटना)क असिस्टेन्ट एकाउंटेन्ट छलथीन्ह, 210 दरमाहा रहइन हुनक। '30-32 क जमाना मे जे सविनय आज्ञा भंग आन्दोलन हुहुआ क' उठल छलइक तही उजाहि मे नीलकंठ बाबू हाइ स्कूलक मास्टरी छोड़ि-छाड़िक' ऊस वरकाब' लगलाह...पुलिस 'नमक कानून'क अनुसार गिरफदार क' क' जहल पहुँचा देने रहइन। वर्ष भरिक सजाए भेलइन। छूटिक' एला तइ सँ पूर्वे पिता शान्त भ' गेल रहथीन—दिगम्बरक पितामह मुन्शी श्री बिदेश्वर मल्लिक खरओड़ेक कोनो डेउढ़ी मे एकमंट छलथीन...तनिके अरजल ई सम्पदा। मओजे नओगछिआ मे जे चारि छओ घर सुखितगर रहइक ताहि मे मल्लिको खानदानक लेखा होइक। दू टा बेटा, दू टा बेटी...नीलकंठ बाबू केँ सखा-पात बस एतबे।

गणित मे मन्द रहए, नाइन्थ मे फेल भेलाक बाद स्कूल छोड़ि देलकइ। दिगम्बर पर बापो आब तते ध्यान नहि देथिन। हुनक नजरि रहइ छलन्हि छोटका पर—लम्बोदर अङरेजिओ मे तेज, हिसाबो मे। मैथिली-हिन्दी सेहो ओकर बेश छलइक। संगहि रखथिन, पटना कालेजिएट मे पढ़ए। नीलकंठ बाबूक डेरा छलइन्ह बाकरगंज मे। खाए जाथि तिरहुत भोजनालय मे।

प्रख्यात काँग्रेसी नेता बाबू श्री गुणवन्त लाल दासक अनुकम्पा सँ स्वदेशी शासनक पहिले खेप ('37-'40) मे बंकक ई काज मल्लिकजी केँ भेटल छलइन। अपनहु गणित मे बेश प्रखर रहथि। मास्टरी काल हिसाब पढ़एबाक भारा स्कूल सभइ मे हिनके भेटइन।

दिगम्बरक ई कमजोरी पैतृकक नहि मातृक दिसुक छलइक। नाना अर्थात् नीलकंठ बाबूक ससुर श्री यदुनन्दन लाभ मैथिली आ हिन्दी (ब्रजभाषा अवधी) मे बड्ड ललितगर रचना करथिन। लाभ जी 'ललित किशोर' उपनामे अपना जबार मे प्रसिद्ध छलाह। ताहि जमाना मे बिहार बंगाल दू नहि, एक्के प्रदेश रहइक। यूनिभर्सिटी कलकत्ते टा मे छलइक। दिगम्बरक नाना एन्ट्रेन्स मे तीन बेर चित भेल रहथीन...तीनू खेप हिसाबे मे ! तहिए सँ अपना चित्त केँ आन-आन विषय सँ मोड़िक' कविकर्म दिस ओ प्रवृत्त भेलाह। से आब बाबू दिगम्बरे मल्लिक अपना मातामहक बौद्धिक उत्तराधिकारी छलाह। बापो केँ बुझल छलइन्ह जे बेटा केँ साहित्य साधना सएह बेसी सोहाइ छइन्ह।

मुन्शियाइन केँ एहि सभक झोंक नहि रहइन्ह। झोंक रहइन्ह हुनका कथीक तँ सोनाक गहना पहिरी तकर। छली ओ एसगरुआ आ भगवान देनहु छलथीन थोड़ नहिए, अस्सी भरि सूति, चारि भरिक माँकड़, बारह भरिक चरि-चरि टा चूड़ी, दस भरिक सिकड़ी...सोने सोन ! आब आओर कते सोन बोझितथि ?

संगहि, बापक बनाओल गोड़ बीसेक पदावली कंठस्थ रहइन, मनबोधक कृष्णजन्म आ लालदासक रामायण मे सँ कतेको स्थल जीह पर रहइन्ह...मुसाइ ठाकुरक नचारी सेहो किछु किछु।

दिगम्बर आइ भरि दिन सुतले रहल।

सभक इएह हाल छलइक। बूलो, ओकर भाउजि सकाले खा-पीबिक' सुतइत गेलइ से कने दिन रहइक तखन जाक' उठइत गेलइ। हँ, बूलोक भाउजि कें ननकिरबा भरि पोख सूत' नहि देलकइन।

माहेक डाँड़ मे चोट लागल रहइक। माइ तेल हरदि सँ ससारने छलथीन। ओहो भरि दिन खूब सूतल।

साँझो धरि पंडित आ बच्चन घुरिक' नहि एलथीन तँ पंडिताइनिक जी धकधक कर' लगलइन...

आइओ फेर कल्हुके वर ने आबि जाइक !

सउराठ सँ तँ दोसरो वर अबइ, तेसरो अबइ...उएह किऐ अओतइ ?

बुढ़बा अपन रुपइआ ल' लेत सएह कि ने !

अबेर तँ नहिए भेलइए, आबहु आबथि सेहो होए...

नाना प्रकारक तर्क-वितर्क पंडिताइनिक मोन कें घोंक' लगलन्हि। राति तँ सहजहिं नहिए, आइ दिनो मे बेचारोक बुते खाएल नहि गेलइन...पानि ढकोसि-ढकोसि क' मुँहक स्वाद दूरि क' नेने रहथि से फराके। तस्मइ जे महुअक लए रान्हल गेल रहइ से भोरखन धिआपूता सभ खेलकइ। भात एकदम गलि गेल रहइक, दालिओ फेकले गेलइ। बड़-बड़ी आ तरुआ तरकारी कहुँना निघँटलइ...

रामेसरी सेहो पानिए पर खेपलन्हि।

बिसेसरीक धाह आब उतरि गेल छलइक। साँझ देलाक बाद नानी आबिक' छउँड़ीक कपार पर हाथ रखलथीन। बेटी कें कहलइन्ह—ज'र त' भितरा गेलइए, उतरलइए कहाँ ? हए बुच्ची खाइलए जुनि दिहक किछु, पिआस लगइ तँ अउँटल पानि दिहक...

खाइलए के मँगलकउए ?—कननमुँह भ' क' बिसेसरी बाजलि आ करओट फेरिक' लम्बालम्बी भ' गेलि।

रामेसरी असोरा पर रहथि, आब भीतर आबि बेटीक पीठ मे सटिक' बइसली। हाथ फेर' लगलथीन देह पर।

माइ बहरा गेल रहथीन।

केहेन मोन छउ ?—बीसो कें रामेसरी पुछलइन्ह।

बेटी नइं किछु बजलइन तइ पर।

रामेसरी अपन दहिना हाथ पहिने तँ बेटीक कपार पर ल' गेली तखन छाती पर। तख़न ओकरा हाथे अपन कपार छुइलन्हि आ बजली—नइँ गए ! के कहतउ जे तोरा जर भितरएल छउ ?

हाथ कें छाड़ि देलथीन।

थोड़े काल चुप रहली। फेर बेटीक मुँह दिस ताक' लगली, ग्लानि ओ ज्वर सँ झमारल तरुण मुखमंडल !

बेटीक गाल कें आँगुर सँ टोनिक' कने काल बाद रामेसरी ओकरा पुछलथीन—भूख लगलउए दइअनि ?

बीसो इन्कारी मुद्रा मे माथा हिलबइत रहलि।

—गाइक दूध गरमाक' पाओभरि आनि दइ छिअउ, पी लिहेँ !

फेर बिसेसरीक माथा निषेध मे ओहिना डोलइत रहलइक।

—त, हमहूँ किछु नहि खेबउ !

आब बीसोक भउँह टेढ़ भ' गेलइ, नजरि कड़ा। ओ कहलकइ—हे' ! छमसिया बच्चा नहि थिकहुँ हम ! तोरा की होइ छउ जे...

रामेसरी अकबका गेली। एहेन कोन कथा ओ बजलीहए ? किछु बूझ' मे नहि एलन्हि। नजरि केँ नाकक सोझा, भीत पर केन्द्रित क' क' बेचारो बिचार' लगलीह। मोन अउनाक' रहि गेलइ परंच कोनो कारण ध्यान मे नहि एलइन।

किछु क्षण उपरान्त बेटीक मुँह दिस तकलइन्ह, आहि रओ बा ! ओकर दुहू आँखि सोनकोसी-दुधकोसी बहओने जाइत रहइ ! डिबिआक मटिआ इजोत मे नोरक टघार बेश झलकइ !

रामेसरी केँ आबहु बूझ' मे नहि अएलइन, कोन कसूर बेटीक हुनका बुतेँ भेल छइन !

अपराधिनी जकाँ ठाढ़ि ओ बेटीक दिस तकइत रहथि।

आँचरक खूँट सँ अपन आँखि अपनहि पोछइत-पोछइत बिसेसरी माइ केँ कहलक—कथू लए हमरा तोँ दिक्क नहि करहिँ कउखन !

रामेसरी केँ बेटी दिस तकबाक साहस नहि भेलन्हि, ओ बहार भ' गेलीह कोठरी सँ।

दस

तारसराय मुड़िआ।

स्टेशनक प्लेटफार्म !

करिआ कम्बल ओछाओल, ताहि पर चतुरा चउधरि उतान पड़ल रहथि। भागिनो तही रूपेँ। मोटा चोटा सभइ केँ सहेजिक' सिरमा दिस रखने छलाह।

ढहलेलबा दुहू बाँहि सँ ठेहुन केँ कसने बइसल रहल, अउँघाइत।

पौ फाटि गेल रहइक। बर्खा भेल छलइक, तेँ बसात बढ़िआ लगइ। पात हिलइ तँ अउखन धरि हड़हड़ा क' गाछ सँ बुन्न खसइ। सुखैल भूमि हुलसि-हुलसिक' मेघक स्वागत केने रहथिन। पुलकित बेङ ठाम-ठीम अपना बोली मे ऋतुरानीक जयजयकार करइत रहए। उस्सर खेतक भीजल भुर-भुर माटि पर दने चलबा काल तरबा केँ बढ़ दीब लगइक।

खोंखाइ झा आत्मस्थ नहि छलाह। बूझि पड़इन जे कपाल कोटर मध्य केओ संठीक लुत्ती भाँजि रहल अछि। भरि राति मूनल कोहा मे गन्धक जकाँ बरकइत रहलाह आ

तकरा अन्हरोखे दउगल आएल रहथि चउधरिक रुखि बूझ'...

घटकराज निफिकिर नहि छलाह। घटकइतिए मे हुनक जिनगी गुदस्त भेलनि परंच एहि प्रकारक कुकांड केर तँ बेचारे केँ कल्पनो नहि रहइन। चारि टा छओंड़ा एकत्र भेल आ नाक मे कउड़ी बान्हिक' हिनका लोकनि केँ बइला देलकइन। नओगछिआ मे पुरुष पात नहि रहइक केओ ?...मुखिआ कत' नुका रहल ऐन मओका पर ?...मटुकधारी पाठक केँ बूझि पड़इ जे हृदय कमल केर सोड़हो दल केँ झरका देलकन्हिए केओ आ तत्पश्चात् इनार मे खसा देलकन्हिए।

बच्चन सेहो चिन्तित रहथि...भइए जइतइ ई काज तँ कोन हर्ज छलइ ? बिसेसरीक दिस सँ हमरा लोकनि निचेन भ' जइतहुँ !...हुनका जे आशंका छलइन, अन्ततः से भइए गेलइ।

फटकिए सँ घटकराज सोर पाड़लथीन—चउधरि बाबू छी अओ ा ा ा ा ऽ ऽ ऽ ?

आएल जाओ, आएल जाओ !—ओम्हर सँ भरिगर आवाज़ उठलइ आ ओहि छोटका स्टेशनक अड़ोस-पड़ोस केँ गनगना देलकइ।

ई मालिकक अपने स्वर रहइन।

ओ उठि-पुठिक' बइसि तँ गेलाह, मुदा मोन मने पड़ले छलइन्ह ! ग्लानि एवं अपमानक प्रचंड आघात सँ थकुचल मोन...लज्जा एवं दुश्चिंताक प्रचुर प्रहार सँ जर्जर मोन !

भागिन केँ उठएबाक सुर्ता नहि रहलइन्ह, जरूरतिओ नहि बूझि पड़लइन्ह ! पानि छलन्हिए लग मे धएल, भरि लोटा। मालिक गर्दनि घुमाक' ठामहि कुरूड़ केलन्हि, आँखि-मुँह नाक कान कपार केँ पोछलन्हि आ अङपोछा ताक' लगलाह। नहि भेटलन्हि तँ नोकर केँ आवाज देलथीन—गमछा रओ ?

हूँ !—भागिन अर्धनिन्द्रित स्वर मे स्वीकार कएलथीन जे अङपोछा कत' छइक से हुनका बूझल छइन्ह...आँखि मुननहि ओ पीठक तर सँ हथोड़िक' अङपोछा बहार कएलन्हि आ आँखि मुननहि मामा दिस तकरा फेकलन्हि।

हाथ-मुँह पोछि चउधरि सोझ भ' बइसलाह।

नेपाली कम्बल...कारी ऊनक अठहत्थी अर्ज, चाकर सेहो थोड़ नहि। सभ ओहि पर बइसइत गेलाह। पंडित, घटक आ बच्चन।

गप्पक गाड़ी केँ सर्वप्रथम बच्चन सएह घिचलइन्ह। बजलाह—बर्खा एम्हर तँ मामूलिए भेलइए ! प्लेटफार्म धरि कहुना भीजि गेलइए !

चउधरि पुछलथीन—अहाँक गाम दिस बेसी बर्खा भेल ए ?

हँ—घटकराजक मुँह फुजलन्हि—वायुदेवताक अनुकम्पा ! एक गाम मे बर्खा भेल अछि, आधे कोस फराक धूरा उड़इत अछि ! परमात्माक लीला त' देखल जाओ !

परमात्माक चर्चा सुनितहि पंडित दीर्घ स्वास लेलन्हि।

घटकराज बच्चन केँ पुछलथीन्ह—मधुबनी दिसुक गाड़ी कखन अओतइ ?

छ' बजबा मे दस मिनट रहतइक तखन—बच्चन जवाब देलथीन।

—कए बजलइ हैत ?

—थम्हू, घड़ी देखने अबइ छी।

—जाउ !

बच्चन स्टेशन दिस बढ़लाह, टाइम देखक लेल।

एम्हर खोंखाइ झा अपना केँ महाअपराधी बूझि बउक भेल बइसल रहथि। ओ कोन मुँहे बाबू श्रीचतुरा चउधरिक समक्ष किछु बजितथि ? तकबहुक साहस नहि होइन्ह ! बात अपन अधीन रहितइन्ह तँ अइखन हिनका ल' जइतथिन आ आइए मध्यान्ह मे बिसेसरीक सिउंथ सिनुरक धारी सँ सुशोभित होइतइक।

पाँच बजलइए—बच्चन घड़ी देखिक' घुरलाह आ घटक केँ कहलथीन—एखन बिलम्ब छइक !

तों ता नदी-तदी दिस सँ भ' आबह—पंडित बेटा केँ कहलइन्ह तँ ओ तकर संकेत बूझि गेलथीन्ह...

बेटाक समक्ष कोना खोंखाइ झा चतुरा चउधरि केँ अपन मोनक भाव देखबितथीन ? 'अविनयमपनय' अथवा 'अपराध-क्षमापन स्तोत्र' एकान्तहि मे ककरो सुनबाक थिक कि ने !

लोटा ल' क' बच्चन रेलवे टपलाह आ काते-काते रइआम कोठी वला टाली लाइन दिस बढ़लाह।

एम्हर पंडितजी दुहू क'र जोड़ि चउधरि केँ कहलथीन्ह—पूर्व जन्म मे बड़ प्रत्यवाय केने रही हम, तकरे ई फल बूझल जाओ ! अपने सनक सुपात्र केँ हमरा लोकनि कत' पाएब ? हमरा दलान पर कतहु अपनेक अपमान हो ? हरे ! हरे !!

खोंखाइ झाक स्वर विषादें गह्वरित भ' एलइन। आँखि मे नोर भरि गेलइन। चउधरिक चेहरा साफ-साफ नहि सुझइन, माथ होइन्ह जे बरफक सिल भेल जाइ छन्हि—सुन्न स्पन्दनहीन !

चउधरि प्रतिवाद दइत कहलथीन—अपनेक अइ मे कोन दोष ? युगक दोष ?

घटकराज पंडितक बाँहि केँ अपना दिस झिकइत बजलाह— आहि रे कनइ छी ?

अपनेक हमर शपथ थिक, कानी नहि—चउधरि खोंखाइ झाक हाथ धरइत कहलथीन...

पंडित धोतीक खूँट सँ आँखि पोछलइन्ह आ खखसलाह तँ ठोंठक रस्ता साफ भेलइन्ह, ठामहि कात मे झुकिक' नाकक पूड़ा सँ पानि गारलइन्ह फेर हाथ-नाक पोछलइन्ह।

घटकराज नोसि बहार कएने रहथि बामा तरहत्थी पर, दू-दू चुटकी मने दुहू पूड़ा मध्य द' देने रहथीन। नोसि भरल चुटकी केँ नचाक' ओ बजलाह—बूझल चतुरानन बाबू ? काज तँ ई हेबे टा करतइ, ब्रह्मोझा एहि कार्य केँ नहि भंगठा सकइ छथि आब ! तखन की तँ दस दिन आगाँ हेतइ काज...से, एतबा विघ्न विधाता केँ मन्जूर छलइन्ह ! सेहो बेश ! अहाँ तँ अनेरे हड़बड़ा केँ चल अएलहुँ। काज तँ आइए भ' जइतइक...अहू

मे कोनो संशय ! कहू तँ भला !—पंडित टनमना क' बाजि उठलाह।

चतुरा चउधरि फेर गम्भीर भ' गेल रहथि। हुनका रहि-रहि दिगम्बरक तमसाएल मुँह मोन पड़इन्ह...आजुक तँ कथे कोन ? कहिओ ई छओंड़ा अपना गामक चउहद्दीक भीतर एहि तरहक बिआह होम' देतइक ? हँ, तखन, कोनो लाथें केओ कनियाँ कें आन ठाँ पहुँचा दइक आ जेना-तेना हमरा हाथें ओकरा सिउंथ मे सिन्दूर लगबा देल जाइक, से होए तँ होए...परंच नओगछिआक अगिमुत्त सभ होम' दतइक ई कहिओ ?

चउधरि कें गुमसुम पाबि पंडित बजलाह—हमरा लोकनि ई निश्चय कएल अछि जे अगहन धरि कार्य सम्पन्न कइए टा ली...नजरि पंडितजीक चउधरिएक नजरि दिस सीमित छलइन्ह, कहलथीन—बच्चन समस्तीपुरक मारवाड़ी स्कूल मे हेडपंडित छथि। परिवार कें किछु दिन सङहि रखताह। विश्वेश्वरी सेहो संगे रहतइन्ह। अगहन शुक्ल पंचमी बृहस्पतिक रात्रि मे ओतहि हम कन्यादान करब...फेर घटकराज दिस मुँड़ी घुमाक' बजलाह—बेश की नहि मटुकी बाबू ?

सोड़हो आना ठीक—घटक पंडितक अनुमोदन कएलथीन्ह।

किछु क्षण उपरान्त चतुरा चउधरि कहलथीन—पहिने गामक धुन्धकारि सबहि कें सँइति लिअ' ।

खउँझाँक' खोंखाइ झा बजलाह—ओहि अबारा सभहक कथे नहि करी बाबू साहेब ! दिगम्बर ? ओहि छओंड़ा कें जँ हम नओगछिआ सँ नहि बइलओलहुँ तँ हमरा नाम पर अपने करिआ कुकूर पोसि लेब!

नोसिक डबल-डबल चुटकी नाकक एकहक पूड़ा मे ठूसि घटकराज अपन गर्दनि खोंखाइ झा दिस नमरओलइन, पुछलथीन्ह—बाप की करइ छइ ओकर ?

—कमाइ छथीन।

—कत' ?

—पटना मे।

—दरमहा कते पबइत हेथीन ?

—अढ़ाइ सए।

—ई अगतिआ गाम मे बइसल-बइसल इएह सभ करइत रहइ छइ ?

—घरक काज सेहो तँ उएह सम्हारइ छइक, बाप छुट्टा छोड़ि देने छथीन !

एहि पर चउधरि दहिना हाथक आँगुरें अपन कपचलहा मोछक स्पर्श कएलन्हि। हुनका अपना गामक दू टा छओंड़ा मोन पड़लइन्ह—ओकरा लोकनि कें बाबू साहेब डकइतीक जाली केस मे फँसाक' 6-6 मासक सजाए देआ देने रहथीन। भागलपुरक सेन्ट्रल जहल मे ओ दुहू आइ-काल्हि दालि दरड़इ छल...दिगम्बर आ माहे यदि कदाचित चउधरिक गाम मे जन्म नेने रहितए तँ बुझितइक।

मोने मोन बजलाह—नओगछिआ मे मर्द तँ केओ बुझिए ने पड़ल, माउगि ने मनुख बलगोबिना...ओहि गाम मे सभ बलगोबिने रहइए सभक ठोंठ मेहाएल, सभ मिमिआ क' बजनिहार... ... ...ककरो आँखि पनिगर तँ ने।

कथाक्रमे दोसर विकल्प ई उठलइक जे बैदनाथधाम अथवा काशी मे किए ने काज कएल जाए ! तीर्थ थिकइ कि ने ! तही लाथें बिसेसरी, ओकर माए आ मातामही सभगोटे केँ ओत' बच्चन कातिके मे ल' जएथीन...चउधरिओ केँ सुभीता हेतइन समस्तीपुर धरि खेहारिक' गामक छओंड़ा सभ फेर ने उत्पात करए !

बच्चन नदी दिस सँ घुरलाह तँ हुनको इएह विचार पसन्न भेलइन्ह।

नुकाइएक' जखन ई कार्य अभीष्ट अछि तखन गाम सँ जते दुरुस्त होए तते सुभितगर, घंटी टनटनेलइ तँ सभ सुरफुरएल।

हड़ाही सँ गाड़ी फूजल रहइक। मुदा चतुरा चउधरि बजलाह—हमरा लोकनि तँ सीतामढ़ी जाएब..ई दुनू गोटे ट्रेन सँ दड़िभंगा, ओत सँ सीतामढ़ीक गाड़ी धरताह। हम अपन घोड़हि पर आगाँ बढ़ी...

घटकराज केँ मधुबनीक ट्रेन पकड़बाक छलइन्ह। एखन सउराठक दंगल दू दिन आओर बाँकी रहइक, मटुकी बाबू अपना मार्केटक दिस सँ किऐ निर्लिप्त होइतथि !

पंडितजीक दोसर बेटा, दुर्गानन्दन, सेहो ता पहुँचलथीन, हुनको मधुबनी जेबाक छलइन। घटकोक टिकट उएह कटा अनलथीन।

बच्चन केँ घूरिक' गाम अएबाक रहइन। से नहि, चउधरिक भगिन बाबूक सङे दड़िभंगा धरि जएबाक मोन भ' गेलइन।

खोंखाइ झा एवं घटकराज बाबू चतुरा चउधरि केँ कने फराक ल' गेलथीन, कहलथीन—बाबू साहेब, भवितव्य इएह रहइक... परंच हमरा लोकनि केँ तइखन शान्ति प्राप्त हएत जखन कार्य ई सम्पन्न हेतइक, अगहन मे ई कार्य हेबे करतइक।

चउधरि बिहुँस' लगलाह, उपरे उपर आ कि भितरो सँ ?

गाड़ी एलइ। सभइता लोकनिक रेड़ी ! भेंड़ी जकाँ लोक कंपाट मे ठूसल छल—पोदान पर सेहो मुल्की मोसाफिर ठाढ़ रहए, हैंडिल धएने लटकल लुधकल। सए-पचास तँ गाड़ीक छतो पर बइसल हेतइक, मोटा-चोटा समेत !

घटकराज केँ बड़् मोस्किल सँ पओदान पर तरबा धर' लए चारि आङुर जगह भेटल छलइन्ह ! बाँहि सँ बेष्टित क' क' फाटकवला खिड़की केर काठ केँ कसिक' धर' काल एक टा पसिनजर खोंखिआइओ उठलइन्ह। दुर्गानन्दन फाँड़ बान्हि क' छत पर चढ़ि गेलाह आ बइसि रहलाह।

एतबहिए मे पूब सँ आब'वाली ट्रेन देख' मे एलन्हि तँ पंडित कहलथीन—बच्चन, एक टा टिकट बरू हमरो ल' आन'।

बाबू साहेब घोड़ा कसइत रहथि।

पूब सँ ट्रेन एलइ तँ ओइ मे स्थानक असौकर्य नहि छलइ। चारू गोटे खुशफइल भ' क' बइसइत गेला।

दुहू दिसक गाड़ी चल गेलइक।

चतुरा चउधरि घोड़ा पर सवार भ' अपन रुखि रइआम दिस कएलन्हि, आध पहर दिन चढ़ि गेल छलइक।

स्वच्छ आकाश।

रउद पीरी कें छाड़ि क' तेजी दिस पसरल जाइत रहए।

एगारह

शुद्धक समय एलइ आ चल गेलइ।

नओगछिआ मे चारि टा काज भेल छलइक : दू टा छओंड़ा बिआह कंने रहए, एक टा छउड़ीक बिआह भेल छलइक से घसकथे सँ चारिम काज केने रहए सहुआइनि।

अपन संचित निधि मे सँ (2500) बहार क' क' ओ एक टा छोटछीन चभच्चा खुनबओने छलि, परुकाँ साल जग्ग नहि भेल रहइक ओहि चभच्चाक। कुमारे रहइक। अइ शुद्ध मे सहुआइनि नहि मानलकाइन, जग्ग कराइए लेलकन्हि। जेठक पूर्णिमा, दिन छलइक बुधक। दू गोटे वैदिक आ एक टा पुरोहित बजाओल गेलाह, सोनाक फनगर कुंडल आ चानीक बलेआ, पीअर धोती आ अष्टधातुक पवित्री पहिर-पहिर वैदिक लोकनि विधिपूर्वक आचार्य एवं ब्रह्माक कर्म करइत गेलथीन। बेश पुष्टक' दक्षिणा भेटल रहइन्ह हुनका लोकनि कें। परोपट्टाक नामी बरही छीतन ठाकुर जाठि बनओने रहइक। जाठिक माथ पर लोहक मयूर। भीड़ पर यज्ञस्थल सँ कने फराक काठक ब्रह्मा गाड़ल गेल छलथीन, ब्रह्माक पीठ पर कएथी आखर मे खोदल रहइक–सुफ्फलि सहुआइन, जेठ पुरनिमा, 1357 साल, तकरा बाद फल फरहरिक ब्रह्मभोज भेलइक। बाभन लोकनि कें भरि-भरि आँजुर गोटा सुपारी देने छलइन्ह, चरि-चरि टा छ'-छ' टा सुपारी ककरा ने भेटल हेतइक ? अपना बेरादरिक लेल भारी भंडारा केने छलि–दालि, भात, चारि टा तरकारी, बड़, बड़ी, आमक कुच्चा, दही-चीनी, पाकल आम...थइ-थइ मचि गेल छलइक। लोक धन्न-धन्न करइत उठल रहइक। दस दिन धरि ओहि जवार मे सहुआइनिक नाम गनगनाइत छलइक। जत' देखू, सहुआनिक चर्चा !

–एहेन धरमातमा के हैत !

–जनकपुर आ सिमरिया कोनो बरख नइँ छूटइ छइ !

–परूकें त' बदरीलराएन भए एलइए बुढ़िया ! गोड़ मे घा केहन भए गेल रहइ !

–अपने त भगतीन छइ बेटा मुदा भारी परपंची ? कि नइँ बहिना ?

–से तँ छेबे करइ गे।

–पहिल उमेर मे देओर बना क' ककरा दन रखने रहइ ?

–अपन घर'वाला बड़ सुधंग छल हेतइ ?

–त'

–लड़िका कैगो हइ !

–तीनटा, तीनू कमाइ छइ ?

–कमेतइ नइँ ? एकरा बेटा आउर के मुखिया सँ बड़ मेल...मटिया तेल, चिन्नी,

लुग्गा कपड़ा की की ने भकोसइ छइ ?

—पुतहु आर बुढ़िआ के मानि-दानि करइ छइ की नइँ ?

—छोटकिनमी टा।

—गे मइयाँ !

फतूरी ठाकुर कउखन-कउखन सहुआइन केँ नचारी आ महेशवानी सुना अबथिन ग, ओ बेटा सभहक नजरि बचाक' दू पात सरइसाक तमाकू हुनका द' दइन—फतूरी तकरा ओरिआ-पोरियाक' ल', आबथि।

सहुआइन जे ई बड़का काज कएने छलि, तकर गुणानुवाद मे ओना तँ ओ अनेक अवसर पर मुखर भेले रहथि, परंच मुखिआक दलान पर एक दिन फतूरी ठाकुर केँ सहसा पंचमुख होमए पड़लइन्ह।

प्रसंग मे तापक मात्रा पराकाष्ठा पर तखन पहुँलइक जखन भीम कहलथीन—सुपारी कने दब रहइ...मधुबनी जाक' सेठ सागरमलक गोला सँ त' अनने नहि छल' तिरपितबा महाकन्जूस छइ कि ने ?

तिरपित सहुआइनिक जेठका बेटा छलइक, घरक मालिक।

मुखिआ बजलाह तइ पर—हँ हओ, सहुआइनि अपनो अनठाइए देने हेतइक ! घास सत्ती लए ! केहनो सुपारी ऐल छल होउक, देबाक तँ रहइक बाभने सभ केँ कि ने हओ !

फतूरी कका अइ पर बमकि उठलाह—जवाना केहेन एलइ से नहि देखइ छहक ! परुकेँ साल तँ भातिज सभहक उपनयन करइत ज़एबह, देखबे करबह किने जे केहन दमगर सुपारी लबइ छह ? आ कए-कए टा दइत छहक लोक केँ सेहो देखबह ? बीस पचीस वर्ष पूर्व विदेश्वर मल्लिक अपना माइक श्राद्ध केने रहथि। ताहि मे भरि-भरि पनबट्टा गोटा सुपारी हमरा लोकनि केँ भेटल छल। बड्ड दमगर सुपारी रहइक। आठे दस चढ़ओला सँ पउआ उठि जाइक ! तकरा बाद सहुआइनिए केँ साहस भेलइए अइ तरहक सुपारी परसबाक...

फतूरी किछु आर बजितथि परंच मुखिआ बीचहि मे हुनक पित्त केँ शान्त करबाक चेष्टा केलथीन। अनुनयपूर्ण स्वर मे ओ बजलाह—नहि फतूरी कका, सुपारी अपूर्व छलइक। बड़ी बजार (दड़िभंगा) मे सभ सँ नामी दोकान छइक बाबूराम ढनढनिआ केर। तिरपित ओतहि सँ सुपारी अनने छल। दोकनदारी लए तँ जत'-तत' सँ ल' अनइए मुदा ई तँ जग्गक काज रहइ कि ने !

फतूरीक आँच मिझाएल अबैत रहइन। भीमनाथक दिस तिरस्कारक दृष्टि सँ तकइत ओ कहलथीन—सहुआइनिक कोन दोष एहि मे ! बेचारी अपने तँ बजार नहि गेल छलइक ! ऐं !

ठोर कोंचिआक' आ दाँत केँ डेओढ़ा सबइआ क' क' नपुंसक ध्वनि मे भीम बिद्‌बिदएलाह—से कहाँ फतूरी कका, से कहाँ ? हम त' हम त'...

जाह भीम ! तहूँ जिनगी भरि नकुले रहि गेलाह ! फतूरी ठाकुरक मुँह सँ आब जाक' हँसी बहरेलन्हि ! मुखिओ मने तत्काल ककरो सँ हुलास मङ्नी क' अनलइन।

तिरपति साहु अपर पास क' क' घरक काज कर' लागल छल। बाप असमय मे मुइल रहइक, कचकूहे बएस मे डंडी-तराजू धर' पड़लइक बेचारा केँ ओ तँ माइए बुधिआरि रहइक तेँ गृहस्थीक गाड़ी आगाँ ससरलइ ! दुनू माइ-पुत सेर बटखारा पर मौस्तैद रहइ छल।

सहुआइनि बड़ लछमिनिया। साँयक मुइला उत्तर लहठी फुटलइ तँ फुटलइ, कर्म तँ नहिए फुटलइ ओकर। सिंउथक सिन्नुर पोछएलइ तँ पोछएलइ, भाग मुदा दिन सँ दिन जगजियारे भेल गेलइ। तिरपितक बाप सुचित रहइक पदरोगी, बड़ खिसिआह। अपना आगाँ ओ ककरो मोजर त ने दइन ! जा जिउल ता बहुक कथा पर कहिओ कान नहि देलकइन।

सुचित मुइल तँ सहुआइनि उपरकं मोने बड़ कानलि, भीतर मुदा ततेक अपसोच ओकरा नहि भेलइक। किऐ अपसोच होइतइक ? सोना आ रूपाक काठी सन-सन तीन टा बेटा रहइ चारि बीघा बढ़िमका खेत रहइ, निट्ठाह-निस्सन मजगूत ओ दमगर कोल्हु रहइ। मुठिआ सिङ्क दू टा सिलेबिया बड़द रहइ। भितहा घर रहइ दू टा, दोकान जोगरक दलान से रहइ की नहि रहइक ? सभ किछु रहइक कि ! अपनहुँ बाँहि आ जाँघ मे थोड़ पौरुष छल होइक से नहि !

जनथीन बाबा कुशेश्वरनाथ, देओर सँ सहुआइनि केँ कोन भाव रहइक !

अमरित साहु ओकरा घरवलाक सहोदर छल होइ से नहि, परंच दुहू गोटा मे बड्ड सिनेह छलइक। सुचित आ अमरित सम्बन्ध मे दुनू पितिअउत—लपेट लगक नहि दूरक रहइक।

जवारहि मे कोनो गाम सँ आबिक' अमरित जखन-तखन कोल्हूक पाट पर भाउजि सँ सटिक' बइसि जाए...

भउँहक धनुष तानिक' सहुआइनि पुछइक—कोन पचमेर ओरिआक' सतमाइ धेने रहइ छहु जे नाङरि डोलबइत रजउली दउगल जाइ छह !

अमरित घाड़ खसाक' नजरि केँ धरती दिस केन्द्रित रखबाक चेष्टा करए...गोल परिधि मे घुर्मा खाइत धरती ! ओइ पर कतउ नजरि बइसइ ?

सहुआइनि बीच-बीच मे बड़द केँ टिटकारी दइक...सिलेबिआ रङ्क नाटे बड़द, आँखि दुहू तकर खोलसा सँ झापल। चालि द्रुत-विलम्बित परंच गति अविराम।

—बेश बाबू ! कनी कउल्ह दिस नजरि देने रहिहक हम अबइ छी..

—नइँ भउजी, रहए दिअउ ! मझनी खाक' चलल रहिअइ कि ?

—फेर फूसि ? फेर ?

अमरितक दुहू गाल पर एकहक चाट लगलइन्ह...सिनेह आ ममताक लेलहु कलकलैल अमरित साहु अइ पर सहुआइनिक समक्ष अपना केँ ओछा लेथि मने ! पूर्ण आत्मार्पण !...कोल्हु चलिते रहइक...ढेँ˜˜˜˜ चोंऽऽऽऽऽ चींऽऽऽऽऽ...भाउजिक मिट्ठ दुत्कार भातिजक दुद्धा दाँत...

खिलखिल खिल खिल...

चलइत कोल्हुक ससरइत पाट पर अमरित दुहू आँखि मुनने निश्चेष्ट बइसल रहथि। टिटकारीक अभाव मे बड़द नहू-नहू मद्धिम चालि ध' लइक, तखन नहू-नहू मन्द... चक्रकार परिधिक ओहि मंडल मार्ग पर ओहो प्राणी मने मसीने जकाँ एकरस अविराम घुमइत रहि जाइक !

टाड़ा तेल सँ बीचहि मे ऊमटाम भ' गेल रहइक।

चिकनइ तकरा बाद भूमि पर अपने इच्छएँ पसर' लगलइक...

सहुआनिक चीत्कार अमरित केँ सतर्क क' दइन्ह। अपन त्रुटिक आभास पाबि ओ कठुआ जाथि। भाउजि दउगिक' कोल्हुक लगीच अबथिन। नविक' भरलहा टाड़ा हटाबथि आ खलिआहा टाड़ा केँ कोल्हुक ठोर लग ध' देथिन...ओरिआक' फेर चक्कर सँ बहराथि।

पाछाँ बिहुँसइत कहथिन—अही स' त' सतमाइ तोरा पर नराज रहइत छ' ? जा, एते तेल हमर तों धरती केँ चटा देल' ?

फेर एक-एक चाट ओहिना।

—भउजी, एक बेर बलू आउर।

सहुआइनिक आँखि मुँह थलकमल भ' जाइक...दुलरुआ देओरक नजरि केँ ओ रहि-रहि थाहए...फिकिर होइक खाली एतबे जे मरदाबा केँ केओ किछु सिखा-पढ़ा ने दइक !

--लैह !...आब भेल' ?

एक-एक चाट आओर।

—उहुँ !

—दुर् ?

—उँ ?

—जाह, मछरीक साना आ मुट्ठी भरि भात छिपिआ मे काढ़ि क' राखि एलिअ'ए, पानिओ हेत' लोटा मे...

अमरित साहु जाथि, भउजिक पर्साद पाबि आबथि।

पाछाँ उएह अमरित सतमाइक सङ छोड़ि-छाड़ि नओगछिया रह' लागल। सुचित साहु कसिक' काज लइ मुदा भाउजिक आवेश एहेन जे दुइओ दिन ओकरा बुतें आन ठाँ रहल नहि पार लगइ।

तिरपित, मीतन आ जुग्गी—सहुआइनिक तीनू बेटा अमरीते साहुक कोरा मे गरमा-गरमा क' मनुख भेल रहइक।

बड़का घरक चारू चार ओकरे ठाठल रहइक। सुचित मुइलाह तकरा बाद गोटेक वर्ष अमरित सहुआइनिक ओत' छल हेतइक, गेलइक से घुरि क' की एलइ ?

खोंखाइ पंडित लए एक जोड़ सेनगुप्ता धोती पीअर रङ मे रङि क' छाहरि मे सुखा कोंचिआ क' सहुआइनि धएने रहइन्ह। पंडित रहितथिन तँ ओ धोती पहिरिक' अनठीआ वैदिक पुरोहित लोकनिक समक्ष बइसतथिन, सहुआइनिक ओहि शुभ कार्य केँ आदि सँ

अन्त धरि सम्हारि दित'थीन...दिगम्बर आ माहे तेहेन ने बिरड़ो उठओलकइ जे बेचारे कत' दन चल गेलथीन...

जप-जग्ग, धर्म-कर्म, पूजा-पाठ, भोज-भात...अइ हूलि-मालि सँ निवृत्त भ' क' एक दिन सहुआइन पंडिताइनिक ओत' पहुँचलि। नवका चङेरी मे सेर आधेक गोट सुपारी आ धोतीक उएह जोड़ा नेने आइलि रहए। चङेरी केँ घुसकाक' पंडितानिइक पैर लग क' देलकइन्ह आ भूमि मे माथा टेकिक' गोड़ लगलकइन्ह बाजलि–असिरवाद देथुन बुच्चिक माइ, चभच्चा ई जुग जुग धरि कैम रहइक...

फेर स्वर कने ओकर गह्वरित भ' गेलइक–हमरे पाप सँ हिनका आङन मे ई खुरपात उठलइन ! भरि बरख पंडितजी गामे छलखीन, अही समए मे तेहेन ने हरमाद ठाढ़ भेलइ जे बड़ लिलसा छल महतमाइन, ई धोती पहिरि क' पंडितजी चभच्चा क भीड़ पर ओइ दिन कनीकाल बइसल रहित'थीन आ से कनी अइ नजरिएँ हम देखितिअइ रहए ! दइब केँ नइँ मन्जूर छलइ...बुच्चीक माइ, की अइछ हमरा ? कोन जोगरक छी हम ? इएह कहथु ने ?

–भगवत्ती अहाँक केहेन दिव पारघाट लगा देलइन ? ओ गाम मे नइँ छथि तइ मे अहाँक कोन दोष ? बिसेसरीक कर्म जरि गेलइ ने तँ...

पंडिताइनि सम्हार लेँ आँचर केँ फेर सम्हारि क' काँख तर दाबि लेलइन आ कने गुम्म भ' गेली। सात-आठ दिन भ' गेल छलइक ओइ कुकांड केँ तइओ हुनक कोंढ़-करेज सुनटा नहि भेल छलइन उनटले रहइन ! नजरिक संकेत सँ मझिली पुतहु केँ लग बजा लेलन्हि। चङेरी अजबाड़ि अनबाक इशारा बूझि लदउरवाली ओ उठाक' भीतर गेली।

पंडिताइन कहलथीन–हमर प्रपितामह जे पोखरि खुनओलनि से बहुत दिन धरि कुमारे रहि गेल कि ने ! जग्ग केलथीन बाबा। तकरो आब पचास वर्ष भेल हेतइ...ओकरा बाद अहीं ने ई काज केलिअइए सहुआइनि ! एह ! अहाँ तँ अपने इहलोक परलोक दुहू केँ सरिआ लेल...हम की अहाँ केँ असिरबाद दिअ' तिरपितक माइ ? पहिलुक जन्म मे तते ने पर्तवाए हमरा लोकनि केने छलिअइ जे...

नहि बाजि भेलइन अइ सँ बढ़ि, बुच्चीक माइ केँ आँचरक खूट सँ बेचारो आँखि नाक पोछ' लगलीह।

कनी काल बइसलि रहए, सहुआइनि ऊठलि तकरा बाद, आङन राँ बहरा गेलइन।

बारह

बर्षा समय-समय पर होइत गेलइ। बेश धान छलइ ओइ साल।

आधा साओन बितइत-बितइत लोक रोपनी खतम क' नेने रहए।

बाध-बोन आँतर-पाँतर हरिअरिक समुद्र भ' गेल छलइ। बसात सिहकइ तँ अइ

समुद्रक हरित नील लोल लहरि सातो समुद्रक तरंगित सुषमा केँ मात क' दइन। चंचल घनमंडल केँ देखि-देखि खेतिहर लोकनिक मन प्राण हुलासेँ हिलकोर लइन। जनपद-कल्याणी शश्य-श्यामला प्रकृति सुन्दरी अपना दिस तकनिहार तीनू ताप केँ हटेबाक चेष्टा करथि।

मधुश्रावणी आएल। पंडिताइनि केँ कनाक' चल गेल। बिसेसरीक बिआह भेल रहितइक तँ ई घर आँगन गीत-नाद सँ गुलजार भ' जइतइ—

मुदा विधाता केँ सहाज नहि भेलइन। छउँड़िएक कपार जरल छलइक, पंडित पंडिताइनक कोन दोष रहइन ?

अनमनाक लेल घरक पछुआड़ मे खुरपी सँ कोड़ि-कोड़ि धुर डेढेक बाड़ी केँ बिसेसरी तइआर केने रहए। ओहि मे तीरा, मधुरी, गेना आ लंकेसर लगओने छलि।

रामेसरी ओही दिस बाड़ी मे रामझिगुनी, भाँटा, मिरचाइ आ सीम रोपने रहथि। ओल, तेकुना, खम्हाउर तँ सहजहिँ अइ बाड़ीक गाछ-पातक लेल अपन पलिबार छलइ...जेठ मे ओम्हर जैह मेघ गड़गड़ाइ कि चट्ट द' अइ सभक पेंपी एम्हर बहरा जाइ, क्रमपात एहने सन ? भदवारिक स्वागत करबा लेल पहिनहि सँ ठाढ़ ?

तगर, कुमुदिनी, थलकमल, इन्द्रकमल, अढूल, करबीर...दलान सँ कने हटिक' पंडित अपने रोपने रहथि। बाड़ी मे कनइल आ कचनार से छलइन।

हरिअम्मे केरवनिआ छलइन्ह मूल-ग्राम। खोंखाइ झाक पिता मद्धू झा केँ शिलानाथ पाँजि। अपना गोइ मिसर। सखा पात केँ तीन टा वंश। पूजा-पाठ परायण धर्मभीरु खानदान हिनका लोकनिक...पंचदेवताक उपासक। कुलदेवता छलथीन त्रिपुरसुन्दरी। एक्कै रङक फूल सँ काज नहि चलइन। कोनो ऋतु मे फूलक अभाव नहि होइन।

मन्दार पहाड़ सँ पंडितजी पत्र लिखने छलथीन :

स्वस्ति चिरंजीव श्री गौरीनन्दन केँ
इतः श्री खोंखाइ केर शुभाशीर्वाद
अत्र कुशलं तत्रास्तु जे सूनि मोन
आनन्द हो। नवाह भागवत पर बइसल छी।
भादव मे गोड्डा लग एक ठाम भागवत
आओर हयत। नवरात्र मे
भागलपुरक एक गोटे मारवाड़ी
शतचन्डी कराओत ! कार्तिक मे डुमरिआक
बहुआसिन साहेब कार्तिक माहात्म्य
सुनतीह। इति श्रीखोंखाइ शर्म्मणः श्रावण
सुदि सप्तमी भौमवार—

पंडितक अक्षर बढ़िया नहि होइन। कउआक टाँग सन अक्षर मे लिखने रहथीन।

टुनाइ सँ बँचवा क' पंडिताइन सुनलइन त' मोन केँ परितोष भेलइन। बजलीह—आबक हेतइन त' बाप अगहन धरि अओथुन।

—आर नहि किछु टुनाइ कें बड़दाए पड़इ छइन !

माइक कथा सूनि रामेसरी कहलथीन—बड़देला कि !

टुनाइक आगाँ मे भूजल चूड़ा आ तरल टेंगरा छलइन, छिपिआ मे। एक फँक्का फाँकिक' दाँत सँ कने माछ खोंटलइन। भरल मुहेँ गरगराइत आवाज मे बजलाह—अइ साल पास नहि करबउ हम !

—किऐ अलच्छ कथा मुँह सँ बहार करइ छ' ? पंडिताइनि बेटा कें डँटलन्हि।

—ठोर कें सी लिअ' ?

—फेर अलच्छे कथा ? की भेल' तोरा ?

उड़िदक घोरल घाठि मखा मखाक' अरिकोंछ लपेटइत छली रामेसरी। काटिक' चक्का बनावक रहइन, सुखावक रहइन। बहुत दिन पर आइ पंडिताइनक रुचि फूजल छलइन ! मोन भेल छलइन, सरिसो देल अमिलओल झोरओल एक रत्ती अरिकोंछ आ दू मुट्ठी भात खेबाक। से अरिकोंछ पात कें घठिअबइत-घठिअबइत रामेसरी बजली—हेतइ की ? गौरी तँ किछु करितहि ने छथीन, निट्ठाहे अनठा देलथीनए ! सभ काज टुनाइए कें कर' पड़इ छइ...

गिरजानन्दन, दुर्गानन्दन, गौरीनन्दन, श्रीनन्दन आ यदुनन्दन—गौरी सझिला छइक। बच्चन (गिरिजा) सहजहिं समस्तीपुर मे हेडपंडित रहथीन। दुर्गानन्दन मधुबनी मे मोहर्रिर छलाह। गौरी एन्ट्रेन्स धरि पढ़िक' आब होमिओपैथीक पथिक रहथि। टुनाइ टेन्थ मे आ बुदुर मध्यमाक द्वितीय वर्ष केर छात्र छलाह।

जन बड़िजना अढ़ओनाइ, बड़दक परिचर्या, खेत दिस ताकुति, हाट बजारक काज, साँझ-प्रात खेतीक परिक्रमा—कथू मे गौरीनन्दन टुनाइक मदति नहि करइत रहथीन। हुनका डॉक्टर हेबाक धुनि छलइन। सासुर सँ मैटेरिआ मेडिका (हिन्दी) उठा अनने रहथि। दबाइक छोटछीन एक टा बेग कत'दन परि लागि गेल छलइन। छाती आ पीठक धुकधुकी जइ सँ डॉक्टर लोकनि सुनि लइ छथीन ताहि स्टेथिस्कोपक प्रयोजन रहइन हुनका से भेटि गेला उत्तर डॉक्टर हेबा मे कोनो टा भाँगठ नहि ! मनिआडर सँ फीस पठा देथिन तँ डिप्लोमा पर्यन्त धरे बइसल हासिल भ' जेतइन। प्रैक्टिस अपन करइत रहितथि। ओना बैद भेनाइ बड़ सोझ, मुदा अउखध बनएबा मे अत्यन्त झंझट बूझि पड़लइन। होमिओपैथी कें चिकित्साक रानी जानि अही दिरा लागि गेल रहथि गौरीनन्दन...एहि घोर साधनाक परिणाम हुनका अपना जे भेटल होउन्ह, मुदा टुनाइ बेचारे अपसेयाँत भ' उठल—दिन गृहस्थी ! राति गृहस्थी ! भोर आ साँझ गृहस्थी !! बाप गाम रहितथीन तँ होइतहि किन्नहु ई पर्व ?

पंडिताइनि बीअनि मे कोर लगबइत छली। सुइ-तागवला हाथ उठाक' बजली—काल्हि सँ टुनाइ अपन इसकुल जाथु, पढ़थु-लिखथु मोन लागक', देखबइन कोना ने गउरी गृहस्थी दिस ध्यान दइ छथीन।

साँझक प्रसंग मे एहि प्रकारक घोषणा सूनिक' छोटि जनीक मोन छोट भ' गेलइन। आर तँ किछु पार लगलइन नहि, ननकिरबा खाइ लए मँगइत रहइन तकरा एक ठुनका

मारलथीन आ कहलथीन–खो हमर कप्पार !

बच्चा कान' लगलइ।

ओम्हर सँ सासु बजलथीन–कहू तँ भला ! ठुनका सँ पेट भरतइ ?

जलखइ क' क' टुनाइ बहरएल।

गामक दच्छिन, बलुआही मोहार पर गामक छओंड़ा सभ गेन खेलाइत रहए। किछु गोटे फूट भ' क' 'चेत् कबडी' करइत छल। तमाशा देखनिहार केओ नहि रहइक।

टुनाइ केँ देखितहिं माहे खेल सँ बहराएल। लग आबि कहलकइ–तोरा तकइ छलिअउए, काज अछि...एहेन कोन काज हमरा सँ छइक माहे केँ ? टुनाइक माथाक भितरका मशीन छुस-छुस कर' लगलइ, जेना गार्डक सीटी देला उत्तर रेलक इन्जिन छुस-छुस कर' लगइ छइक ! दू मास बजाभुकी बन्द रहइ। भेँट भेल होइक आ दुहू गोटे दू दिस नजरि फिरा नेने होए, से नहि। साक्षात्कार भेले नहि छलइक दू मास धरि। माहे भूत जकाँ गृहस्थी मे लागल रहए। ओ साधारण किसान भाइ जकाँ पुरनके कोदराष्टक धरि अपना केँ आबद्ध नहि कएने छल। माटि केँ माहे शरीर ओ मोनक समग्र शक्ति लगाक' गसिअओने रहए। चारि कट्ठा भीठ आ दू बीघा धनहर ओकरा अपन छलइक। भिठ्ठा जमीन मे आलू आ तमाकू करए। तकर बिक्री सँ नगदी आमदनी होइक। वर्ष भरिक उपरका खर्च-बर्च ओही सँ चलइक। तीमन-तरकारी, आरू-ओल बाड़िए सँ। चारि थम्म केराक से लगओने छल। धान बेश होइक...ओना तँ नओगछिआक लोक केँ रउदी-दाहीक फल नहि भोग' पड़इक, किऐ तँ आठ-दस गामक पानि हहरिक एहि गामक बाध मे चल अबइक, निकासक मुदा एके टा रस्ता छलइक–गउरी दासक बाहा। गामक पच्छिम जीवछक एक टा मुइल धार रहइ। ताहि मे लोक पानि केँ घेरिक' राखए। हथिआ नहिओं बरिसइ तइओ फुटबा काल धान केँ कुहर' नहि पड़इक...दराड़ि फटबाक अवसरे नहि अबइक, धारक बान्ह काटिक' लोक चारू बाध केँ पटा लेअए। माहेश्वर खेत केँ पहिनहि सँ तइआर राखय, पचास-पचास मोन धान उपजाबए। रोपनीक समय मे जन बनिहार केँ पनपिआइ आ खएक आन गृहस्थ सँ बढ़िआ दइक, बोनि मे सेहो उत्तम दाना देअबइक। एक टा बड़द आ एक टा गाय रखने छल। दुनू मालक देह बेश पुष्ट रहइक, महापात्रक बाछी जकाँ नहि ! बूलोक सङे हर बड़दक भाँज लागल छलइक से टुनाइ केँ भेलइ जे किऐ माहे ओकरा तकइ छलइए ?

टुनाइ बाजल–किऐ ?

माहेश्वरक ठोर पर मुसकी एलइ कने, भीतर सँ दनुफा दाँतक कोर हुलकी देलकइ।

टुनाइक देह उघारे छलइक। माहे अधबहियाँ बनिआइन पहिरने रहए। जनउ गरा मे लपेटल। कपार पर बामा कात घोड़ाक खुरक उएह सनातन चेन्ह, नेना महँक कोनो दुर्घटनाक स्मारक।

टुनाइक कान्ह पर हाथ देने माहे कनी फराक गेल। आगाँ जाक' दूबि पर बइसल दुहू गोटे।

एक टा दूबि नोचिक' माहे ओकर क'र छोड़ओलक, बिचका पेंपी केँ चिबबइत

बाजल—बिसेसरी द' की निश्चय केलहक तोरा सभ ?

—की निश्चय हेतइ ?

—किछु !

—हम की जनिअउ ?

टुनाइ की कहितइक अहि सँ बेसी ? परिवारक गतिविधि कें नियन्त्रित करबाक कोन अधिकार ओकरा रहइक ?

टुनाइ कें बिसेसरीक बिआह भेनाइ अबूह बूझि पड़इक। चतुरा चउधरिक दिस सँ प्रचार भेल रहइक जे बिआह तँ सकुशल सम्पन्न भ' गेलइ, दुरागमन अगहन मे हेबे टा करतइ। बच्चन आ दुर्गानन्दन जतहि कथा उठबथीन ततहि सँ सून' मे अबइन्ह—जे कतहु ने भेलइए से आब नओगछिआ मे हेतइ...बिआहलि कनियाँक फेर बिआह हेतइक, जीवछक धार आब उनटा बहतइ।

बीच मे एक दिन कोनो काजें टुनाइ दड़िभंगा गेल रहए। प्लेटफारम पर अकस्मात् गढ़िआ-मानिकपुरक केओ भेटि गेलइक, परिचय भेला उत्तर ओ बिहुँसइत कहलकइ—चलू ने पानक दोकान पर ! अपने तँ हमरा चतुरा बाबूक कुटुमनराएन छिकिअइन ! एह, बहुत दिनक बाद नओगछिआ-मानिकपुर मे कुटमइती भेल हइ...सीते महरानी किरपा केलखीन। ओ दुनाइक हाथ धएलकइक आ पुल दिस घीच' लगलइक। टुनाइ बड़का संकट मे फँसल ! बापक नाम नहि बहराइक मुँह सँ सएह नीक ! केहन सम्बन्ध आ केहेन कुटमइता ! ओकर पान खइतइ टुनाइ !...किछु कहितइ कोना नहि ?...ओहि आदमी दिस अपन बेधक नजरि गड़ओने टुनाइ बाजल—भाँग त' ने पीने छी ? के कहलक अहाँ कें जे चतुरा चउधरिक बिआह नओगछिआ भेल छन्हि ? बाबू हुनका ल' अवस्से आएल रहथीन, मुदा हमरा लोकनिक ई काज पसिन्न नहि भेल। नवका तूरक जतेक लोक रहए, से सभ चउधरि कें बुझा-सुझा क' विदा कएलकनि। ओम्हर हमरा भगिनी कें रद्द-दस्त से अकस्मात् होम' लगलइक...कइएक टा कारण रहइ, ओहि राति काज नहि भेलइक, टरि गेलइ...ओ व्यक्ति दाँत चिआरिक' टुनाइ दिस तकलकइन आ खिखिआएल ! टुनाइ दोसर दिस घसकि आएल रहए ! ट्रेनक प्रतीक्षा छलइक।

अनको दड़िभंगा-मधुबनी मे एहि प्रकारक कथा सुन' पड़ल छलइक। चतुरा चउधरि अपना विवाहक मिथ्या-समाचार कें एम्हर-ओम्हर बेश बाओग क' देने रहइक !

टुनाइक समुच्चा परिवार एहि अपप्रचार सँ चिन्तित छलइक। की स्त्रिगण, की पुरुष दिवारात्रि भगवान कें सम्बोधित क' कै सभ प्रार्थना करइन्हि : जेना होइक, बिसेसरीक बिआह अगहन मे भइए टा जाइक ! पंडिताइनि ब्रह्मबाबा कें जोड़ा छागर कबुला कएने रहथीन आ पूजाक संकल्प नेने छलीह। रामेसरी कें छलइन जे काज भ' गेला उत्तर सुल्तानगंज जइती, शीशी भरिक' पएरहि बाबाधाम पहुँचती आ अपनहि हाथें बम्भोला पर गंगाजल ढारतीह...

—बिसेसरिओ ककरो किछु कबुलने रहइक !

—रहइक कबुलने कि !

—की ?

—कोन देवता कें ?

बिसेसरी कें रहइक जे बीस-बाइस वर्षक दुलहा जँ ओकरा परि लगलइ तँ चानीक बसुली गढ़ाक' राधाकृष्णक हाथ मे देतइन !

टुनाइ बड़ी कालधरि गुम्म रहल। परिवारक दुःस्थिति ओकर मोन कें रहि-रहि अपना दिस धिचइक। माइ दुबरा गेल रहथीन। बहिनिक व्रत-उपवासक संख्या बढ़ि गेल रहइक। भगिनीक कान्ति दिन सँ दिन श्यामे भेल अबइक—

दोग-दाग मे टुनाइ माहे दिस कनडेरिएँ देखि लइक। दूबिक गुच्छ मे यत्र-तत्र पुरना खढ़क काठी-कुन्नी लसकल रहइक, वर्षाक उपरान्त पानिक रेड़ा-संगे गाम-घर दिस सँ बहिक' आएल छल हेतइ। खढ़क एक टा काठी कें टुनाइ उठा लेलक, माटि झाड़िक' तही सँ कानक गुज्जी बहार कर' लागल।

—काने खोधइत रहबें ?

टुनाइ नहि किछु उत्तर देलकइ। गुम्मे रहल।

ओकर ई रङ्ताल देखि माहे निश्चय कएलक जे अनेरे कथी लए एखन किछु बूझ' दतइक !

—चल टुनाइ, गप्प-शप्प फेर कहिओ हेतइ।

—कत' ?

—कबड्डी नइँ खेलएबएँ ?

—तोँ तँ गेन खेलाइ छलेँ !

—चल, हमहूँ तोरा संगे कबड्डिए खेलाएब !

—बेश...चल।

तेरह

दुर्गानन्दन रहए तँ मामुलिए ओकीलक मोहर्रिर मुदा बड़ तेजगर। चतुरा चउधरिक प्रपंच बुझबा मे ओकरा कनेको भाङठ नहि।

चउधरिक मोन ई जे, आन ठाँ कोनो कथा जखन ठीक नहिए हेतइन, हिनका लोकनि फेर हुनके प्रार्थना करथीन आबि क'।

दुर्गानन्दनो कें एक-आध ठाम केओ टोकने छलइक। ओ उतरा-चउरी नहि कएलक, चुप्पे रहल। ककर-ककर मुँह ओ मुनने घुरइत ?

वृत्ति ओकर एहने जे नित्तहु सए-पचास चेहरा नजरि मे ठेकइक। ओहुना दुर्गा बेश फर्राट...पढ़ल-गुनल कम्मे-सम परंच बात-व्यवहार मे बड़का-बड़काक नाक छोपइक। पचाढ़ी महंथक विद्यालय मे रहि क' बैरागी महंतिक परसादी-बइकुन्ठी पाबि क' दुर्गानन्दन व्याकरणक मध्यमा पास कएने रहए। मलङिआक एक टा सङी रहइक, तकर

जेठका भाए मधुबनी मे कोनो सीनिअर ओकीलक मोहर्रिर छलथीन। ओ एकबेर माए सँ भेट कर' अएलाह तँ दुर्गानन्दन केँ परिचय भेलइ। कनेके मे एकर प्रतिभाक थाह हुनका लागि गेलइन। घरक हाल-चाल बूझि ओकरा कहलथीन—की करब शास्त्री आओर आचार्य भ' क' ? आब तँ बबुआनो लोकनि अपन-अपन डेउढ़ीक फाटक केँ बन्द करइत गेलाह ! दान-दक्षिणा समाप्त ! राखी-जयन्ती समाप्त ! वर्ष भिक्षा सेहो समाप्त ! पहिलुका लोक भागवत सुनइत रहए, आब सेहो नहि...सिनेमा मे देवी-देवता लोकनि सहजहिँ अपन लीला अपनहि लोक केँ देखबइ छथिन तखन अनेरे केओ किऐ कथा-पुराण सुनत ग' ? सस्ते गेहुँ मे घर-घर पूजा ! पंडित लोकनि बड़ सस्त, तेँ लोक केँ ज्ञान सँ अरुचि भ' गेलइए ! की करइ छी अइठाँ, चलू हमरा संगे मधुबनी ! मासे-डेढ़ मास रहब तँ पाँखि बहरएत...

ई ललकारा सुनतहि दुर्गाक मगजी उनटि गेलइ। भरि दिन भरि राति—सम्पूर्ण अहारोत्रि ओकर मोन घिरनी भेल नचइत रहइक। पन्द्रह पेटक परिवार, उपार्जन केनिहार दू गोटे...भगवाने पार-घाट लगओने जाइ छथीन...खा पीक' दसो-पन्द्रह जँ बाँचि जाए !...धू : ! से किऐ ने बचतइक...

दोसरे दिन दुर्गानन्दन मधुबनी पहुँचलाह। तहिआ सँ ओतहि छलाह। अपन खर्चबर्च काटिक' आब तीस-पैंतीस प्रतिमास माइक हाथ पर दइत रहथीन। कहिओ चालीस। आब तँ मुख्तारक हाता टपि क' ओकीलक अङनइ मे छरपि आएल रहथि।

दुर्गानन्दन केँ निश्चय भ' गेल रहइन जे ई काज बाबू आ भाइक बुतें नहि हेतइन—बाबू केँ पएसट्ठिम वर्ष थिकइन्हि, आइ काल्हुक समय साल केँ ओ की जान' गेलथीन ? भाइ सेहो पंडिते छथि, 'गजः गजौ गजाः' आओर 'गच्छिति गच्छतः गच्छिन्ति' सँ आगाँ हुनकर अकिल नहिए जाइ छइन...गउरी एखन बछेड़े अछि। टुनाइ-बुदुर सहजहिं नबालके अछि ! तखन बिसेसरीक उद्धार कोना हेतइक ?...अगहन धरि ई काज भेले ताकए।

दुर्गाक नजरि सदए जागरूक रहइक। अङरेजी पढ़ल-लिखल छओंड़ा क्षेत्रक मेलाक पट्ठा केँ मातु करइ छल, से तँ ओ साक्षाते देखि आएल रहए सउराठ सँ। साधारण साक्षर होइक, दू बीघा जमीनक मालिक होए, आँखि मुँह तेहेन कटगर नहिओं रहउक मुदा अवस्था पचीसक अभ्यन्तरे होइक...दस-बीस लगबो करए तइओ एहेन व्यक्ति केँ ल' आबी हाथ ध' क' !—

—बाप आ माए केँ नहि पूछि लेबहुन ?

—आ, उमेदवारक गार्जियन केँ केओ किछु सिखा-पढ़ा दइक तखन ?

—तोरा दलान पर फेर के अपन बइज्जति कराओत ?

—दिगम्बर आ माहे सँ किऐ ने मदति लइ छह ?

तँ, एकरा लोकनि सँ कोन दुश्मनी ! ओइ दिन दिगो आओर माहे जे कूदल-फानल से अपना लेल ?

—भरि गामक प्रतिष्ठा रहि गेलइ।

—दिगम्बर आ माहे बिसेसरी लए नइँ किछु करतइ ?

—करबे करतइ कि !

दहिना कान पर धसल नीबवला होल्डर खोंसने बाबू दुर्गानन्दन मोहर्रिर अही चिन्ता मे दहाइत रहथि। आगू मे स्टाम्पवला किछु कागज पसरल। मोसिदानी। ब्लाटिंग, बस्ता से एक टा।

बइसल छलाह पुरान सतरंजी पर। एक कात जुत्ता पड़ल रहइन।

भीतर दोएम मुन्सिफक कोर्ट।

एम्हर बरंडा पर से अतत्तह लोक। बरंडा पर दने नामे नाम रस्ता...अढ़ाइ तीन हाथ जगह तइलए छूटल। रास्ताक काते कात बरंडा पर मोहर्रिर ओ स्टाम्पफरोश लोकनि कतारबद्ध। बीच-बीच मे एक आध टा चउकी से कतउ-कतउ। कोनो चउकी पर मोसिक चेन्ह तँ कोनो पर मेही क' क' तमाकू काटक रेखावली, ठामहि चूनक ठोप। पान खाक' पउआक छाती पर केओ कहिओ आँगुर पोछने रहइक, से आबहु मने पानक अनुरागी लोकनि केँ संशयपूर्वक देखि रहल छलइन्ह। नाना प्रकारक मिश्रित ध्वनिक कारणेँ बूझि पड़इक जे कचहरी नहि, ई माछक हाट थिक ? दू-तीन टा बुकसेलर सेहो बोरा पसारने बइसल रहए। सियाराम कीर्तन, बिदेसिया नाच, हनुमान चलीसा, भरथरी चरित्र, नागलीला, दानलीला, किस्सा सवा चार यार, सत्यनारायण कथा, मैथिल श्राद्ध-विवाहपद्धति, कन्यादान, नचारी संग्रह, जतरा-सगुनविचार, पहाड़ा आदि बिकाइत रहइक...चाकू कइंची-ताला सेहो बेचइ छल एक गोटे...बीच-बीच मे ओकील मुखतार लोकनि सेहो ओम्हरे दने जाथि, आबथि—अनेक रूपरूपाय ककरो दाढ़ी बनाओल, मोंछक स्थान मे मने बड़का-बड़का दू टा डाँस बइसल आ पाछाँ कनमा भरि गेंठिआओल टीक लटकल, ककरो छाँटल केशक सतमहला पट्टी, दाढ़ी-मोंछ साफ नाक पर सँ सोझे ऊपर दिस गोपी चानन सुरड़ल, गराँ मे सरिसव दानाक कंठी, ककरो दाढ़ी साफ, मशीन सँ भिड़ाक' छोपल मोंछ ओ कपार पर सिनुरक ठोप, ककरो नेपाली बकरी सनक दाढ़ी, छाँटल मोंछ आ दोपलिआ टोपी। ककरो शिखाहीन छोट-छोट केश, दाढ़ी आ मोंछ कमाएल, मुखमंडल भने कोनो प्रकारक छल होइन्ह, पैन्ट मुदा सभ केँ रहइन्ह। केओ चपकनधारी तँ केओ कोटधर—अपाटक दर्जी द्वारा सिआओल सूटक क्रमपात एहन जे कोनो शहर ने गुदड़ीबजारक दोकान पर ओकरा फेकि देने होइक आ ई लोकनि तकरा उठा अनने होथि...किछु गोटेक सूट अति आधुनिक ढङक सेहो !

दुर्गानन्दन भगिनीक चिन्ता मे दहाइत रहथि। ताबहि एक टा मोकिल आबिक' तारिख पूछ' लगलइन।

एक बेर, दू बेर, तीन बेर...

मुदा दुर्गानन्दनक समाधि नहि टुटलइन।

मोकिल भमा क' हँसल। तखन हुनका होश भेलनि आ बजलाह—शेखजी !

ओ कहलकइन—कती काल सँ हम तारीख पूछि रहल छिकी, अपने कोन ख्याल मे डूबल छिअइ ?

दुर्गानन्दन कने अप्रतिभ भेलाह, कहलथीन—कोनो ख्याल मे नइँ शेखजी !

—हँ हँ; हमरा स' नइँ छिपाउ ! गोंता लगाक' अहाँ पानी पिअइ छी...हमरा सब मालूम अइछ...लएला-मजनू के खिस्सा दोहरेबइ की ?

—नइँ शेखजी, एक टा बड़का झंझट मे पड़ि गेल छी !

—सरिपहुँ।

—झंझटे तँ जिनगी के मजेदार बनबइ छइ बाबू ! तिरिआ चरित्तर के झंझट होत कोनो ?

—मखौल नहि शेखजी।

मोकिल ओ मोहर्रिर मध्य हास-परिहास कोनो दुर्घट व्यापार नहि। वास्तव मे इएह तँ ओ वस्तु थिकइ जाहि सँ कचहरि आ इनारक ढाबुस सभ स्फूर्ति प्राप्त करइ जाइए। जीवनक विलक्षण ओ स्वादिष्ट मिक्श्चर यदि वृत्तिगत एकरसता कें एहि तरहें कउखन-कउखन रोचक नहि बना दइक तखन तँ संसार अगबे नरक रहि जेतइक !

तें तँ दुर्गानन्दनक चेतना शेखक एहि टॉनिक सँ स्फूर्ति प्राप्त केलकइ। ओ तत्काल जेब सँ गीता डाइरी बहार कएलक आ कहलकइन—20 अगस्त, सोमवार...आ हे', कने पहिनहि आबि जेबइ ! ओकिल साहेब कें ओइ दिन बड़्ड काज छइन। चरि-चरि टा केस मे बहस कर' पड़तइन...आ...

शेखजी अपना मोहर्रिरक मुट्ठी मे चेअन्नी गोंजि देलथीन।

से की आइ द' कहलउएँ ?—मोहर्रिर बजला आ हँस' लगलाह।

—तब ?

—अगिला पेशी जहिआ हेतइ, तहिआक वास्ते।

—बूझ गेलिअइ।

—हँ, ओहि दिन खलास बैटरी सँ काज नहि चलत ! बुझलिअइ ?

शेखक माथ दुखाए लगलइ ई सब सूनि क'। ओकरा गम्भीर जानि मोहर्रिर बजलाह—हे, बेशी नहि, बीसे-पच्चीस। सभ काज भ' जाएत कथूक फिकिर नहि करी अहाँ शेखजी !

—अखनी तँ सम्मन सेहो नहि पहुँचलइअ' गवाह आउरके !

—एह ?

—साँचो ! कसम अल्ला के...

—बहार करू एक टा रुपइया, अइखन हम सब दुरुस्त करा दइ छी...दू टा सिरिस्तेदार से खच्चर अछि, जे छइ तकरा, तकरा किछु देबहि पड़त, किछु प्यादा कें...तखन जाक' सम्मन आगाँ ससरत ! कतेक हरानी हमरा उठाब' पड़त। चाही तँ डेढ़ टा टाका मुदा बहार करू अहाँ एक्के कलदारम—

—हमरा पास अब कहाँ कुछो अइछ लारी के भारा भर होत !

—उहूँ ! तखन जाउ आइ, हम की करब ?

—ठहरू दुर्गा बाबू जान पहिचान के कोनो आदमी खोजइ छिकी...बलू अहीं कोनो

परबन्ध क' लू, हम लेले आएब...कसम अल्ला के !

—से नइँ हैत जहदल्ली शेख ! ओइ बखेड़ा मे हम नइँ पड़ब।

मोकीलक लेल हम ककरा-ककरा सँ पइँच माँगने घुरू ? असूल तहसील लए हम एक टा खाता आओर फोलू ? नइँ आइ रह' दिअउ...चारि दिन बादो आएब तँ काज ई भइए जाएत !

शेख जहदल्ली हारि क' उठलाह।

दुर्गानन्दन सेहो उठलाह। दुहू बाँहि केँ ऊपर दिस क' क' ओइ मे झटका देलथीन...श्वास केँ स्तभित क' क' सउँसे देह केँ तानि लेलइन, तकरा बाद हफिएला। तखन पानक दोकान दिस बढ़लाह।

बड़का अएना टाँगल रहइ पानक दोकान पर। ताहि मे जे श्यामकान्ति मुखमंडल दुर्गानन्दनक नजरि मे एलइन से छलइन हुनक चिर-परिचिते।

बेश विस्मय भेलइन !

—रओ तोरी दिगम्बर !

मोने मोन बजलाह दुर्गानन्दन।

...कत' सँ आबि गेलइ मर्दे ?

लग आबि ओ ठमकि गेलाह।

दिगम्बर चारि खिल्ली पान मुँह मे कोंचलक...ऊ पर सँ जर्दा देलकइ डबल चुटकी। तखन निचका जेब सँ अठन्नी बहार कयलक। चमचम चमकइत ओहि अठन्नी दिस ध्यान जइतहिँ बरइवाक आँखि बिस्फारित भ' क' तेबर-चउवर भ' गेलइक, मुसकी मारल ठोर केँ कोचिआ क' इनकारी मुद्रा मे ओ अपन भरिगर मूड़ी डोलओलक।

—नइँ छ' चेन्ज ?

—नहि किऐ !...पाछू दिस सँ एक टा हाथ आगाँ एलइ। बरइ भाइक समक्ष पितड़िआ पत्तर सँ मढ़ल छोटका चउकी छलइन, तइ पर ओ हाथ दुअन्नी ध' देलकइ...खट्ट !

घाड़ घुमेलकइ तँ दिगम्बरक मुँह सँ बहरेलइ—पर्नाम दुर्गा कका !

—दिगो, कोम्हर रओ ?

—गिलेसन* मे किछु काज अछि।

—की ?

—उड़ीद, मेरचाइ, जीर-मरीच, नारियरक तेल...

—आब आइ तँ नहि जाए देबउ, काल्हि जइहएँ !

—माइ केँ जे अन्देशा हेतइ, ओ प्राण त्यागि देत...

—नइँ रओ, रामचन्द्रक लेल जखन कौशिल्याक जान नहि गेलइन तखन तोरा माइ केँ कथीलए किछु हतउ ?

कहनिहारो केँ हँसी लगलइक आ सुननिहारक रङलहा ठोर आओर लाल भ' गेलइ, मने मधुरीक फूल !

---

*ग्रियर्सन-मार्केट (मधुबनी)

ता दुर्गाक हाथ केँ पान धरा देल गेलइन।

मुँहक खरिहान मे पान आ जर्दा केँ दाउन करइत दुर्गानन्दन अपन एक टा बाँहि दिगम्बर कान्ह पर ध' देलथीन आ घुरलाह...गामक हालचाल बुझलइन : गोनउड़ाक पितामही मुइलि रहइक...चोर फतूर काकाक बाड़ी मे सँ तीन टा कटहर तोड़िक' ल' गेल रहइन...रामेसरी केँ धाह भ' गेल छलइन...गौरीनन्दन लहेरिआसराय सँ होमियोपैथिक दवाइ कीनि अनने रहथीन...

शनि छलइक। कचहरी किछु पहिनहि बरखास्त भ' गेलइ ओइ दिन। अपना सीट पर आबि दुर्गानन्दन थोड़े काल दिगम्बरक संगे गप्प-शप्प लड़बइत रहलाह। ओही बीच शेख जहदल्ली आबिक' रुपइआ देलकइन। किछु कह' लगलइन तँ नजरि नचाक' इशारा कएलथीन—सब काज भ' जाएत, आ बामा हाथ पसारिक' निश्चिन्त रहबाक आश्वासन देलथीन।

—अही खातिर अपनहु छेकाएल रही आ तोरो छेकने छलिअउ दिगो !

—तँ, चलू ने आब डेरे पर !

दुर्गानन्दन अपन बस्ता लपेटलइन। कने फराक एक टा घर रहइक, झाँझनवला। ओहि मे किछु बक्कस छलइ पड़ल। एक टा बक्कस हिनको हिस्सा रहइन। बस्ता केँ ओही मे ध' देलथीन, फाइल एक टा बहार क' लेलन्हि। बजलाह—चल आब सोझे डेरा !

सूड़ी स्कूल लग दुर्गाक डेरा रहइन।

डेराक नामे पाँच हाथक एक टा कोठरी।

जनिके मोहर्रिर छलथीन ताही ओकीलक ई डेरा रहइन। दलान दिस दू टा कोठरी ताही मे सँ एक टा पर दुर्गाक अधिकार छलइन। फूटल शीशावला दू टा आलमारी : बान्हल-बिनु बान्हल कानूनी पोथा सभ ताहि मे पड़ल रहइक। तइओ दुर्गानन्दने एहि कोठरीक सर्वाधिकारी छलाह। किऐ तँ ताला लगा क' चरिचरि दिन ओ पहुनाइ क' आबथि ग'...

बरंडा पर किछु कुर्सी पड़ल छलइक।

डेरा सँ बजारक लेल बहरेबा काल दुर्गानन्दन हाथ उठा क' संकेत करइत कहलथीन—एत' दिगो, ओकील साहेब बइसइ छथीन।

बजार जाक' सओदा बाड़ी लइत गेलाह। घुरबा काल दुर्गानन्दन आग्रहपूर्वक जखन एक टा हलुआइक दोकान मे बइसाइए देलथीन तखन दिगम्बर केँ जलपान करक परलइक। टकही कचउड़ी मुरमुरबइत कइएक बेर ओ कलहकइन—किऐ एते खर्च करइ छी दुर्गा कका ?

—एह ! तों की सभ दिन अबइ छएँ ?

—ऊँ !

तकरा बाद पानक चरि-चरि टा खिल्ली...जर्दा, सुपारी आ चून।

घूरि क' डेरा पर अबइत गेलाह।

घर-गाम-परोपट्टा मधुबनी-दड़िभंगा पटना...कत'-कत'क गप्प ने उठलइ ! खूब

गप्प भेलइ कि !

आठ बजे लगाइत बूधन झाक होटल सँ खा अबइत गेलाह। सुतबा काल भेलन्हि जे गेडुआ एक्के टा अछि।

की हेतइ लए !—दुर्गा बजलाह—धोती-तोती कोंचि क' हम झोरा केँ ल' लइ छी सिरमा मे आ तों माथ तर ले ई गेडुआ ...

—नहि दुर्गा कका, गेडुआ अहीं लिअ'

—उहूँ !

दुनू बड़ी राति धरि बिदबिदाइत रहलाह।

आइ बिसेसरीक प्रसंग मे चिन्ताक दुइ टा पृथक सूत्र एक भ' गेल ! आगाँ की करबाक थिक, अइ पर देर धरि बहस करइत गेलाह।

—अगहन मे बिसोक बिआह हेबे करतइ।

—बिसेसरी जोगर वर नहि भेटत ! भेटत किऐ नहि ?

—आ, चतुरा चउधरि ?

—धुत ् ! ओइ नङड़िकट्टा गिद्दड़ केँ आब के पुछतइ ?

—ओ आब हुआँ-हुआँ करओ आ मोइन मे ओंघड़ाओ।

चउदह

पितरपच्छ...

मातृनवमी...

अपन-अपन माइ-मतामही सासु-गुरुआइनिक लेल सभ केँ एक-एक टा नोतहारी चाहिअइक। एतेक ब्राह्मण कत' सँ आबथु ?

माहेश्वर केँ नओ ठाँ नोत छलइ। बूलो केँ सात ठाँ। गउरी टुनाइ, बुदुर ककरो पाँच ठाँ सँ कम नोत नहि रहइक !

पंडितानि केँ पाँच टा नोतहारी छलथीन...माइ, माताम‍ही, सासु, सतिआ सासु आ गुरुआइन—पाँच गोटेक निमित्त ! तीन नोतहारी चेतन आ दू टा बटुक रहथीन...बूलोक भाउजि अपना माइ आ सासुक निमित्त दू गोट खाधुर सुब्राह्मण केँ नोतने रहथीन। हुनका लोकनि केँ अनत'क नोत स्वीकार करब अनावश्यक बूझि पड़लइन। बटुक लोकनि केँ जेना-तेना खोआक' पितर केँ ठकि ली, से कहाँ सिखने छलथीन बुलोक भाउजि !

रामेसरी अपना सासुक निमित्त फतूरी कका केँ नोत देने रहथीन। ओ बेचारो चर्खा काटथि आ सूत बेचि-बिकिनि क' दस-बारह टाका मास-मास बचाबथि। अन्न-वस्त्रक हेतु माइ-बाप एखन जिविते छलथीन। बेटीक सिंगार-पटार आ पोथी-कापीक लेल रामेसरी अपने कइन्चा बहार करथि। साँय आ सासुक वर्षी मे पाँच-पाँच सात-सात गोटे

केँ अवस्से खोअबथीन।

छोटि जनी केँ नानी नहि छलइक, ओ फतूरी ठाकुरक बटुक केँ खोआओलकइ।

माहे रातिए सँ पेट सोन्हओने रहए। मुखिआक ओत' चूड़ा दही खाक' जे ब्रह्मभोजी मैदान मे कूदल से मल्लिकक ओत' सोहारी-तरकारी आ मधुरक पारायण करइत बहराएल...बीच-बीच मे कतहु चारि कओर सिद्ध, कतहु चारि कओर असिद्ध, कतहु फेर सिद्ध !...अन्ततः ओ मल्लिकक दलान पर पड़ल-पड़ल चितपट होइत रहल।

बूलो सेहो पसरले रहए। माहेक माइक ओहि ठाम सँ आरम्भ क' क' परमानन्द पाठकक ओत' धरि...सात ठाम हाथ धोअ' पड़लइक। माहेक माइ केँ बड़ आवेश खोआब'-पिआब'क आ पाठक लोकनिक खानदान अपना साहखर्चीक लेल गाम भरि मे नामी।

दिगोक दरबजा पर ओहि राति पचीसी बेश जमलइ। दिगम्बर आओर गौरीनन्दन गोधियाँ रहए, अन्त धरि पबन्नी लगले रहि गेलइ कि !

पहिने गौरी टुनाइ लोकनि दिगम्बरक दलान दिस घूरि क' तकबो नहि करइन, परंच जहिआ सँ दुर्गानन्दन आ दिगम्बर मध्य मधुबनी मे गप्प-शप्प भेल छलइन तहिआ सँ ने जानि के की मन्त्र पढ़लकइ जे एकरा सभहक मति-गति दुहू बदलि गेलइक ! कृष्णाष्टमीक छुट्टी मे दुर्गा गाम ऐल रहथि...बूलोक आँगन जाक' बड़ी काल पर बहरैल छलाह...अपनो माइ-बहिन सँ वेश एकान्ती कएने रहथि।

चउधरि केँ जहिआ सँ लोक बइला देने छलइन तहिआ सँ नवतुरिआ दलक प्रति पंडितक सउँसे परिवार केँ विरक्ति भ' गेल रहइक...

से विरक्ति आब सहसा अनुरक्ति मे परिवर्तित भेल अबइत रहइक।

मुखिया आ फतूरी ओगएरह एहि वस्तुस्थिति केँ उच्चाटन किंवा वशीकरण केर कोनो तान्त्रिक प्रयोग बुझलथीन की आन किछु, से जानथि उएह लोकनि। हँ, तखन की, तँ आश्चर्य...से धरि अनको बेश होइक !

दिन चारिएक भेल हेतइ कि अन्हरोखे मुखिया फतूरी दिस गहिकी नजरिएँ तकलथीन। ओ पाथरक दाउर पर ठाढ़ भेल धोती फेरइत रहथि...ई नदी दिस सँ आयल रहथि।

हाथ मटिआक' मुखिया लोटा मँजइत छलाह, दाउर लग बलुआही कछार पर एँड़ीक भरे बइसल। बामा कात घाड़ घुमाक' थूक फेकलइन आ बजलाह—एक सँ एक अबुड़वान छन्हि खोंखाइ झाक बेटा सभ, फतूरी कका !

—ऊँ !

फतूरीक हाथ मे मने फुर्ती आबि गेलइन...कोंचिआ क' सड़ाक सँ ढेका खोंसलन्हि आ आधा धोती केँ ओढ़ि लेलन्हि।

मुखिया भरि छावा पानि मे जाक' कुरुड़ करइत रहथि फुच फुच...फच-फच !

फतूरी मने मोन-मोन कोनो स्तोत्र पाठ करइत छलाह, गंगा-स्तवराज आकि सूर्यस्तव ! धोती खीचिक' ओहो भरि ठेहुन पानि मे गेलाह। धोती कोंचिअबइत-कोंचिअबइत

स्पष्ट शब्दें ओ महादेवक स्तव पाठ कर' लगलाह—

प्रथमस्तु महादेवी द्वितीयस्तु महेश्वरः ।
तृतीयः शंकरः प्रोक्तश्चतुर्थो वृषभध्वजः ॥
पंचमः कृत्तिवासाश्च...

कुरुर क' क' आँखि नाक पोछि क' मुखिआ पानि सँ बहरेला आ धोतीक छोर सँ हाथ-मुँह पोछ' लगलाह। फतूरिओ ता धोती सँ पानि गारलइन। स्त्रोत्रपाठ क' क' फतूरी पुछलथीन—की कहलहक हओ ?

—खोंखाइ पंडितक पलिबाड़ बूड़ि गेलइन !

—से की ?

—ओ छउँड़ी फेर फुदक' लगलइए !

—के हओ बिसेसरी ?

—त आर के ?

—कहाँ देखलिअइए मास चारिएक सँ हम ओकरा !

—अहाँ केँ त फतूरी कका, अपनो घर-आँगनक होश नहि रहइए ! की जान' गेलिअइ अहाँ गामक हाल !

फतूरी ठाकुर गुम भ' गेलाह अइ पर।

ऊपर जाक' कउड़ी भरि माटि अनलनि, लोटा केँ हल्लुक हाथें मँजइत बजला—की बजइ छह बासुकीनाथ ! रह' दए...बीसो तँ पुतहु-भाबहु नहि थिकइ ककरो, थिकइ की तँ धी-बेटी। मामि आ की मातामाही कोनो काजें कतहु ने कतहु पठबइत हेतइ... बहिआ-बहिकिरनीक जमाना तँ आब रहलइ नहि, गेलइ ओ जमाना बाबू ! काजें-प्रयोजनें ककर धी-बेटी नहि बहराइ छइ हओ ?

—से कहाँ कहलउएँ ! मुदा...

बात केँ बीचहि मे गीड़िक' मुखिआ भीड़ पर ऐला। साहोड़क दतमनि तोड़ि लाएल रहथि, तकरा दूबि पर धएलन्हि। डाँड़ सँ चक्कू बहार केलन्हि—रेजी ! हुनक ई वस्तु बस्ती भरि मे नामी छलन्हि। जगन्नाथ सँ घुरती बेर कलकत्ता मे सौखें किनने रहथि, डेढ़ रुपइआ मे!...काटि-छीलिक' दतमनि बनओलनि।

ता फतूरी सेहो कान्ह पर धोती आ हाथ मे अछिन्जल भरल लोटा नेने भीड़ पर अएलाह।

कने ठाढ़ भ' गेलाह फतूरी ठाकुर।

—आओर किछु सुनलहक ऐ ?

दतमनि चिबबइत मुखिआ कहलथीन—रामेसरी केँ एम्हर माहेक माइ सँ बेश घुट्ठा-सोहार भ' गेल छइक। चतुरा चउधरि जहिआ बइलाओल गेला तहिआ सँ बजा-भुक्की बन्द रहइक, आब राताराती ई की भ' गेलइ जे गंगा-जमुनाक पानि एक्के धार मे बह' लगलइ !

—बेजाए कोन ! अइ मे तोरा प्रपंचक कोनो गन्ध लगइ छहु ?

अप्रतिभ भ' क' मुखिया नजरि केँ नीचा दिस क' लेलन्हि आ फतूरी ठाकुर रस्ता धएलन्हि।

बीसो पितृहीन कन्या छलि...देआद सभ ओकरा दुहू माइधी केँ बइला देने छलइक। नाना-नानी मामा-मामीक परिवार मे ई दुनू गोटे कहुना अपन कालक्षेप करइत रहए।

हँ, तखन ओइ बीच मे संकोचेँ कतउ नइँ बहराए, आब बहराए लागल छलि...

मुखिआ सनक लोक केँ से नहि देखल जाइक !

माहेक आँगन तँ सटले रहइक अइ आगन सँ। बूलोक आँगन सेहो कोनो ततेक दुरस्त नहि छलइक...हँ, मल्लिक आ खंजनि केर अङ्ना टोल सँ फराक पड़इ।

अही चारि-पाँच ठाम बिसेसरी जाइत-अबइत छलि। से आब जाए लागलि...एतद्धि रामायणम् !

तहू पर लोक केँ इरखा होइक !

खंजनि आ बिसेसरी मे 'सुपारी' लागल रहइक। जाहि राति बीसो केँ सिन्नुर पड़बाक छलइ ताहि राति खंजनि केँ लागि आएल रहइक, ओ जर-धाह ओकरा एक मास धरि हरान केने छलइक। ओ परमानन्द पाठकक अपने भतीजी रहइन।

चउड़चन दिन बीसो देवडीहावालीक भेँट कर' गेल छलइन, मास तिनिएक बाद ओ पिड़ुकिया गुहइत रहथि...हुलसि क' कहलथीन—आउ, आउ, आउ !

पन्द्रह

दिगम्बरक मातृक पदुमपुरा खजउली इसटीसन सँ कोस भरि पच्छिम छलइक !

नानी केँ संग्रहणी छलइक, चारि-छओ मास पर जाए आ देखि-सूनि अबइन।

नाना अथबल भ' गेल रहथीन। माम तीन भाइ...दिगोक माइ केँ बहीन नहि, तँ माइ-बाप आ भाइ-भाउजि लोकनिक बड़ दुलारू। जेठ माम जिला सहर्सा मे कोनो हाइ स्कूलक हेड-मास्टर छलथीन, मझिला मुक्तापुरक चटकल (जूट-फैक्टरी) मे किरानी। छोट माम एन्ट्रेन्स क' क' खेती गृहस्थी मे अपन लागल रहथीन।

जथाजाल हुनका लोकनि केँ पर्याप्त रहइन।

'ललित किशोरजी' बइसल अपना मोनक डाढ़ी खखोड़ि-खखोड़ि कापी पर उतारथि। पुराणक खिस्सा-पिहानी केँ आधार बनाव' ओ नाटक लिखथि। नाति सँ बेश पटइन। दिगम्बर पहर-पहर धरि मातामह लग बइसए, सूत्रधार-नट-नटी-विदूषक सभहक कथोपकथन हुनका मुँहे सूनल करए। फुलिसकेप आकारक बदामी कागज : सए-सए पातक अनेक कॉपी : ब्लूब्लैक मोसि आ पितड़िआ चंचु सँ लिखल पुष्ट तिरहुता अक्षर : ई सभ दिगम्बर केँ बड़ भव्य लगइक। मातामह केर ई मूक तपस्या किशोर दौहित्रक रोम-रोम मे स्फूर्तिक संचार करइक। सुनाब' काल ललित किशोरजी साहित्यकारक मर्यादा केँ टपिक' अपना स्वर केँ कखन नाटकीय परिधिक भीतर ल' आबथि, से नहि

जानि। योग्य आगंतुक केँ ओ अपन नाटक सुनओले ताकथि। तकर फल ई जे अधिकांश कथोपकथन हुनका कंठस्थ भ' गेल रहइन।

ई सभ ललित किशोरजी केँ अपनहु लेल साधारण मनो-विनोद छल होइन्ह से नहि ! लोकोत्तर आनन्दक उपलब्धि होइत रहनि हुनका।

गृहस्थीक कोनो काज मे ओ आब हस्तक्षेप नहि करथीन। स्नान-ध्यान, पूजा-पाठ, पार्वण-एकोदिष्ट...श्रीमद्‌भागवत, देवी-भागवत, कृत्तिवासक, बङ्ला रामायण, काशीरामदासक बङ्ला महाभारत, सूर-सागर, विद्यापति पदावली, विनय पत्रिका, ब्रजमाधुरीसार, कल्याण ...आ अपन साहित्यसाधना...ललित किशोरजी निष्काम-कर्मक प्रशंसक रहथि। अपन लिखल नाटकावली दिस रहि-रहि ताकथि आ अपनहि पुलकित होथि आ स्वगते बिदबिदाए लागथि :

कृष्णाय वासुदेवाय हरये परमात्मने।
प्रणतक्लेशनाशाय गोविन्दाय नमो नमः ॥
नमो ब्रह्मणदेवाय गोब्राह्मणहिताय च।
जगद्धिताय कृष्णाय गोविन्दाय नमोनमः ॥

अन्तिम चरण धरि अबइत-अबइत मोन गह्वरित भ' जाइन आ कंठ अवरुद्ध। स्वरक्रम अर्धरोदन एवं उच्छवास सँ सम्पुटित भ' क' अस्पष्ट भ' उठइन—प्रभो ! प्रभो ! त्राहि माम्...माधव हम परिणाम निराशे...मो सम कौन कुटिल खलकामी... मेरो तो गिरिधर गोपाल दूसरो न कोई...कम्पित स्वरलहरी आत्मनिवेदन केर सहज स्निग्ध एकपेड़िआ ध' लइन। भक्ति-भगवानक आवेग मध्य वृद्धकंठक अरोचकता डूबि जाइक। भावुकताक तरंग कने काल मे शान्त होइन, तखन मुँह सँ बहराइन :

कर्मण्येवाधिकारस्ते मा फलेषु कदाचन !
मा कर्मफलहेतुर्भूः मा ते संगोऽस्त्वकर्मणि ॥

ई सगुण उपासना हुनका धैर्यक नाओ देने छलइन, संतोषक लग्गा। रचना सभहक प्रकाशित कराएब ललित किशोरजीक दृष्टि मे ततेक पइघ काज नहि जते पइघ लिखनाइ। आगाँ भगवान केँ भाड़ा !

जा धरि दिगम्बर मातृक रहए ता धरि दिन मे एकबेर नाना लग हाजरी देबे टा करइन।

नबका ढङक कविता अथवा गल्प ललित किशोरजीक लेखेँ समय केर अपव्यय छाड़ि आओर किच्छु नहि ! अही हेतुएँ दिगम्बर अपना मातामहक समक्ष अपना साहित्यिक रूप केँ कहिओ प्रकट नहि कएलक, लिखइत ओहो छ'ले।

नानी केँ सीकीक पउती मउनी बीअनिं बिड़हाड़ा बुनबाक बड़ बाए। आब तँ सहजहिं एक आसने बेसी काल बइसिए नहि होइन।

दिगम्बर मुदा मुग्ध रहए छोटकी मामीक कला कौशल देखि क'। ओइ मउगी केँ ऊनक स्वेटर आ सूतक जाली बुनबाक सौख रहइक...वेश गोरि, नाटि आ मोटि डाँटि...स्वेटर जाली तँ सहजहिं बुनबे करए, गप्पो बेश बढ़िञा जकाँ बुन' अबइक !

दिगम्बरक मोन कें छोटकी मामीक चंचल आँखि मने भरमा नेने रहइक !

पदुमपुरे लग एक टा गाम रहइक मठाही। ओतुक्का मिडिल स्कूल बड़ पुरान, इलाका भरि मे नामी। मिडिल दिगम्बर ओतहि सँ पास कएने छल ! सडी-साथी कतेको रहइक मुदा वाचस्पति सँ जे घनिष्ठता तहिआ भेल रहइक से आबहुँ छलइहे।

वाचस्पति आ दिगम्बर दुहू गोटे '42 मे मिडिल अर्थात् सप्तम श्रेणी पास केने रहए। बाचो कें 10/- टाकाक छात्रवृत्ति भेटलइक जे एन्ट्रेन्स धरि भेटिते रहलइक। '46 मे वाचस्पति मैट्रिक कएलक–डिविजन फस्ट नहि सेकेंड एलइ। दिगो '44 मे फेल भ' क' पढ़नाइए छोड़ि देने रहइक। मैत्री तइओ दुहू दिस सँ अव्याहत छलइक। भेट-घाट, चिट्ठी-पत्री दोतर्फी चलइक।

वाचस्पति झा वाट्सन स्कूल (मधुबनी)क प्रतिभाशाली एवं गम्भीर छात्र रहए। मैट्रिकक बाद पढ़ाइ ओकर छूटि गेलइक। आब ओ छ' लाख जनसंख्यावला तीन-तीन थानाक इनकिलाबी लीडर रहइ, गत सात वर्षक भीतर एगारह बेर जहल गेल छल।

आरम्भ मे छात्रवर्गक प्रतिनिधि भ' क' अपनहि स्कूल मे ओकरा संघर्ष कर' पड़लइ...पाछाँ आबि क' त्याग ओ तपस्याक एहि कंटकाकीर्ण मार्ग मे वाचस्पति झा कें जखन देखलकइ तखन नीक लोक कें अपसोचे भेलइक !

पढ़बा मे बड़ विघ्न होइक। हेडमास्टर पहिने 'बाउ' आ 'बच्चा' सन मधुर शब्दें सम्बोधित करथीन, सएह पाछा मुँह फेरि लइ छलथीन। परिचित ओ अपेक्षित वयस्क लोकनि कहलथीन–राजनीति केर हुलि-ले-ले-अहू नेना कें दूरि क' देलकइक !

बाप मुइलइ तँ वाचस्पति 9 वर्षक रहए। माइ, छोटि बहीन आ अपने, तिनिए प्राणीक परिवार। पाँच बीघा बढ़िआ जमीन बाप छोड़ि गेल रहथीन। बाचोक माइ पनिचोभ गामक बेटी छलथीन जे अपना सामाजिक आ राजनीतिक प्रगति सँ देश भरि मे प्रख्यात अछि। पिता पं. श्रीपति झा पहिने सिंहवाड़क आ पश्चात् पुपरीक स्कूल मे हेडपंडित रहथीन। प्राचीन परम्पराक प्रति आस्थावान रहितहुँ आधुनिक युग दिस हुनक नजरि असहिष्णु नहि होइन।

माइ वाचस्पतिक मिडिल पास रहथीन।

'38 मे मढ़िआक राजपूत काश्तकार लोकनि जिलाबोर्डक चेअरमैन कें घेरि-धारि क' कन्या पाठशालाक मंजूरी तँ प्राप्त क' लेलनि परंच बहुत दिन धरि मास्टरनिए नहि भेटलनि। बात जखन ललित किशोरजीक कान धरि पहुँचलइन तँ ओ बेचारे वाचस्पतिक माइ कें कहबओलथीन...दू दिन धरि पनिचोभवाली विचारइत रहली, अन्त मे स्वीकार क' लेलथीन।

वाचस्पतिक माइ मढ़िआक कन्या पाठशाला मे पढ़ाब' लगलथीन तँ समाजपति लोकनि कें से केहेनदन बूझि पड़लइन। ललित किशोरजी परंच अन्तधरि पनिचोभवालीक पक्ष लइत रहलथीन।

गुरुआइनि कें मढ़िआ मे रहबाक जगह सेहो भेटल छलइन। दू कोठरीवला घर, भनसाक हेतु एकचारी। छोटछीन आँगन, तुलसीक चउरा, नेबो-लताम सँ सुशोभित

बाड़ी...नोकरिअहा केओ छल तकरे उपेक्षित घर रहइक ओ। पैखाना से बनबा देल गेलइन। पहिने बहुत दिन धरि ओइ क्वाटर मे पनचोभवाली कम्मेसम रहथीन। आब बेटी सासुर बसइ छलनि आ बेटा लीडरीक पाछाँ ब्यौला भेल घुरथीन, तँ की करितथि ? एसकरो बरु क्वार्टर मे रहइ छली।

अइ खेप दिगम्बर जे ननिअउर आएल रहए से वाचस्पतिए सँ भेंट कर'...भेंट भेलइ आ दिन पाँचेक दुहू गोटे संगे-संग रहल।

पनिचोभवाली तबाह छली। कतओ जोर लगाबथि, बेटा बिआह लए तइआरे ने होइन ! एक दिन दिगो केँ एकान्त मे कहलथीन—बाबू, आब तोरे टा भरोस अछि, अपना दोस्त केँ तोही राजी कर' तँ कर'—अनका बुतें ई काज नहि हेतइक। टुनिञा छलि सेहो सासुर चल गेलि। आब हमरा बड़ कष्ट होइए बाबू। गोटेक दिन जहर-माहुर खा क' मरि जेबइन...अपने गाम रहइ छथि साढ़े बाइस ! माइक मुर्दा केँ नढ़ेआ घिसिआक' ल' जेतइन हुनका कथूक परवाहि नहि छइन...दिगम्बर ! हमर दुख के बूझत ?...

वाचस्पतिक माइ केँ गह्वरित देखि दिगम्बरक घोघ लटकि गेलइक, नजरि नहि उठइक !

पनिचोभवाली माथ परक ससरइत नूआ केँ यथापूर्व क' क' बजली—कोन पहाड़ उठाब' कहइ छिअइन हम ? कनेञा अओतइ त' दू मुट्ठी भात आ कड़छु भरि दालिक खगती हएत हमरा ? कहू तँ ? अकिल त' चाटि लइत गेलनिए पाटीवला सभ ! पढ़ब-गुनब तँ सहजहिं खाधि मे गेबे केलइन, सर-कुटुम, हीत-अपेक्षित सभ छूटि गेल छइन ! दुख-सुख मे तोँ नहि ककरो पुछारी करबहक त' तोरा के पूछ' अओतहु ! अपना लोक मे उठता नहि, बइसता नहि ! कतउ जेता नहि, अओथीन नहि तँ अनके कोन गर्ज हेतइक ?—राति-दिन बाबू बउआएल घुरइ छथि की तँ किसान मजूरक राज कायम करता, गरीब-गुरबाक हुकूम्मति चलतइक ! सभ केँ काज भेटतइक ! केओ भूखें नहि मरत !! ई हेतइ, ओ हेतइ ! जे ने से हेतइ ! अहाँक कप्पार हेतइ !! टिटिआक' मरि जाएब, किछु नहि हैत अहाँ लोकनिक बुतें...देखिए तँ रहलउएँ आइ पाँच-सात वर्ष सँ सोराजी बाबू सभ राज क' रहला अए...अइ लोक केँ कोन लड्डू-पेड़ा भेटलइए ? के मोहनभोग मालपूआ पओलक अए ?...

दिगम्बर बकर-बकर तकइए रहए आ कान पाथिक' सुनइत रहए—वाचस्पतिक माए केर मनःस्थिति बुझबा मे ओकरा आब कनेको भाँगठ नइँ छलइक।

कतीकाल बाद दिगो कहलकइन—हमरा तँ कहिओ ई सभ कहने नहि रही अहाँ मामी ! बाचो केँ डटबइन हम...

तइ सँ अगिला दिन बड़ी काल धरि दुहू गोटे मे गप्प-शप्प होइत रहलइक।

विसेसरी-कांड सूनि वाचस्पति दिगम्बरक पीठ ठोकलकइ आ कहलकइ—चावश !

—एतबे सँ कोना मोजर हेतहु ?

—तखन ?

वाचस्पति दिगम्बर दिस तकइत रहलइक; ओ गम्भीर छल। पीठ ठोकब' काल प्रसन्नताक जाहि उधिआन केँ दिगो जतने रहए से आब लुप्त भ' गेल छलइक। आंखिक कोशा छोट आ श्वासक गति मन्द भ' आएल रहइक, नाकक दुहू पूड़ा स्पन्दन-शून्य।

—की कहइ छ' !

... ...

—किछु बजबो करबह की !

—आब...

अइ सँ आगाँ दिगम्बर केँ नहि बाजि भेलइ। नजरि ओकर वाचस्पतिक दृष्टि दिस केन्द्रित छलइक। बाचोक समग्र चेतना मने आँखि आ कान मे आबि गेल रहइक।

—आब तोंही पड़बहक तँ ई काज हेतइ !

वाचस्पति दिगोक कान्ह केँ थपथपओलकइ—से की ?

—दुलहा तोरे होम' पड़तहु !

दिगम्बरक मुँहे ई वाक्य जे बहरेलइ से एकदम कमान्डरक दृढ़ ओ शासक टोन मे...

वाचस्पतिक पपनी कड़ा भ' गेलइ, स्नायुक तन्तुजाल केँ सहसा मने तानि देलकइ केओ ! ओ चट द' सम्हरल आ बाजल—वर ठीक क' दिअहु, ततबे किने ?

—तोरा कोन भाँगठ ?

—हमरा तँ इच्छे नहि अछि।

—ई इच्छा कोना हेतहु ? होम' पड़तइ इच्छा केँ...

वाचस्पति केँ हँसी लगलइ तँ दिगम्बरोक आँखि-भउँह प्रफुल्ल भेलइ। कहलकइ—भरि जिनगी कुमरठेल्ले तँ रहब' नहि, बिआह एक ने एक दिन करबे करब'...बिसेसरी सन बुधिआरि आ जीबटगरि दुलहिन मुदा नहिए भेटतहु...संगे रखबहक आ सिखेबहक-पढ़ेबहक तँ फस्ट क्लासक जीवनसंगिनी हेतहु। हमरा लोकनि ग्रामीण-समाजक परिधि मे रहइ छी, नागरिक जनताक तुलना मे पछुऐल छी आ पछुऐले रहब ! मद्रासी किंवा पंजाबी तरुण केँ लएबहक आ कहबह जे बिसेसरी लए वर आनि देलिअहुए तँ से कोना हमरा लोकनि केँ अंगीकार हैत ? एखन से जमाना नइँ एलइए। कहिआ अओतइ से जानह तोरे लोकनि !...दू दिनुक मोहलति दइ छिअहु, बिचारि-सिचारि लैह अपन !

वाचस्पति उठि क' बूल' लागल, दिगो बइसले रहल। ठेहुन लग धोती मे चोरकाँटी लागल रहइ, तकरा एकहक टा क' छोड़ाब' लागल।

बुलिते-बुलिते बाचो कहलकइ—आ जँ कतहु गोत्र एक होइक वा कोनो आने तरहेँ अधिकार नहि होइक ?

बतारीक दिस आध नजरि फेकइत दिगम्बर बाजल—तों भरि मुँह एक बेर हँ तँ कहक !

—माइओं केँ नहि पुछिअउ ?

—आइ पाँच साल सँ साम्यवादक माला जे ई फेरि रहलाहए से माए केँ पुछि नेने

रहुन ?

वाचस्पतिक ठोर स्पंदित भ' उठलइक। मोने-मोन एक अपूर्व गुदगुदीक अनुभूति होम' लगलइक ओकरा ! विवाहक प्रसंगेँ आइधरि ककरो कथा पर कोनो ध्यान ओ नहि देने रहइक। कतेक कन्यागत ओ कतेक घटक निराश भ' भ' बइसि गेल रहथि। कतेक हित अपेक्षित बुझबइत-बुझबइत ठेहिआ गेल छलथीन ! माइ बेचारो मनबइत-मनबइत अकच्छ भ' गेल रहथीन !

बिसेसरीक विवाह वाचस्पति केँ सीतोक विवाह सँ बेसी गुरुत्वपूर्ण बूझि पड़लइक। रामचन्द्र, महादेवक ओहि भारी धनुष केँ तोड़ने रहथि, तँ वाचस्पति चतुरा चउधरि सनक परम प्रपंचीक प्रवाद-धनुष केँ तोड़बाक लेल फाँड़ बन्हलक !

ओकर मुख-मंडल एहि निश्चय सँ उद्भासित भ' गेलइक।

दिगम्बरक दृष्टि जागरूक छलइहे। ओ उठल आ वाचस्पति केँ कसिक' पँजिआ लेलकइ...

सोड़ह

दुर्गानन्दन कोनो दस्तावेज मे डूबल रहथि।

दू-तीन टा मोकिल घेरने बइसल रहइन।

आसिनक दुपहरिआ...तीख रउद...

दिगम्बर इसटीसन सँ सोझे कचहरी पहुँचल।

कनीकाल दिगो नीचा मे ठाढ़ भेल, परंच दुर्गाक नजरि कोम्हरो नहि उठलइक तँ ओ हारिक' बरंडा पर आएल।

—पर्नाम दुर्गा कका !

—दिगो !

पहिने मुँह फुजलइन, नजरि पाछाँ उठलइन दुर्गाक। बड़ हलतलबी रहनि कि ने ! होल्डर समेत हाथ उठाक' लगे मे बइसि जेबाक इशारा कएलथीन, आँखि धरि दस्तावेजे पर छलइन।

—की हाल-सुरति गामक ?

ओही मुद्रा मे दुर्गानन्दन पुछलथीन।

दिगम्बर बइसबाक जगह कहुना बना नेने छल, बाजल—गामक हाल-सुरति बेश...मुदा एखन नओगछिआ सँ कहाँ आबि रहल छी हम !

उत्सुक तँ बड़ रहथि दुर्गानन्दन, मुदा दस्तावेजो देखनाइ आवश्यके छलइन।

दिगम्बरक नजरि कउखन मोकिलमंडली दिस...कउखन गउँआ दिस आ कउखन आन दिस।

कनी काल पर दिगो बाजल—मातृक सँ आबि रहलउँए...

—नानी निकेँ छथुन ?

—खेपने जाइए कोनहुना !

हमरा घंटाभरि लागत, तोँ ता टहल'-बूल', ओम्हर भालु नचइ छइ, देखहक गए ! पम्प गाड़ल छइक, पानि पीबाक होउ तँ से पी लिह'...चाह दुनू गोटे सङहि पी आएब...

दिगम्बर केँ हँसी लगलइ, कहलकइन—कोनो हड़बड़ी नइँ दुर्गा कका ! अहाँ थिर भ' क' काज करू अपन...कुन्जी बरू द' दिअ', हम जा क' कोठरी मे पड़ि रहब...थाकल ठेहिआएल छी से कने आराम करब।

दुर्गानन्दन जेब सँ कुन्जी बहार क' क' देलथीन—जाह !

दिगो डेरा पर आबिक' कम्बल ओछओलक आ पड़ि रहल।

जयनगर दिस सँ जे ट्रेन आएल रहइक, ताहि मे आइ बड्ड रेड़ा रहइक। दिगम्बर केँ बइसबाक जगह नहि भेटल रहइ, ठेहुने पर ठाढ़ भ' क' ओ मधुबनी आएल छल। खजउली सँ राजनगर, राजनगर सँ मधुबनी...तीन इसटीशन ठाढ़े, हाथ सँ उपरका छड़ धएने। लोहाक छड़। छड़क ओहि नमका चचरी पर दूरगामी पसिंजर लोकनिक मोटा-चोटा, पेटी-तेटी ततेक ने बोझल रहइन जे छड़ सभ मुलकी लचकइक...नीचाँ पहिआक आवाज, ईल-कील हीलइ तकर हल्ला-गुल्ला, गप्प-शप्प, हँसी-ओकासी... दिगम्बरक मोन अइ सभक कारणेँ भरिआ गेल छलइक। पहर-आध पहर निर्जन एकान्त मे विश्राम करबाक हेतु ओकर चित्त व्याकुल छलइक...

से आब ताहि प्रकारक एकान्त पाबि दिगम्बर केँ बड़ प्रसन्नता भेलइक।

दिगम्बर मल्लिक सूति रहलाह।

स्वप्न मे ओ बिसेसरीक बिआह होइत देखलन्हि...

वाचस्पति केँ कए गोटे कीदन-कहाँदन कहइ...

चतुरा चउधरि लाठी भाँजए...

तत्पश्चात् दिगम्बरक अर्धनिद्रा पूर्णनिद्रा मे परिवर्तित भ' गेलइक। डेढ़ घंटा करीब दिगम्बर सूतल हैत कि दुर्गा आबिक' उठा देलकइक।

—चल, चाह नइँ पिबएँ ग' ?

—नँहि !

—तखन की, कटहर खेबएँ ?

दुर्गानन्दन परिहास केलथीन तँ आँखि-भउँह नचाक' गम्भीरतापूर्वक बाजल—काज तँ हम अहाँक तेहेने क' एलउँए जे रसगुल्ला खोआउ भरि पेट...

—सरिपहुँ ?

हर्षे दुर्गाक नजरि चमक' लगलन्हि...माथक भीतर कुल्फी-मलाइ केर लड्डू गुड़क' लगलन्हि। भरि पाँजक' ध' लेलथीन दिगम्बर केँ। प्रसन्नताक अतिरेकेँ बाजि नहि होइन। दिगम्बर द' होम' लगलइन जे ई दिगम्बर मल्लिक नहि थिक, थिक ई संकटमोचन बजरंगबली हनुमानजीक अवतार...दुःखहरण नारदक प्रतिनिधि !

दिगो ऊठल, लघी क' आएल। कुरूड़ केलक, आँखि-मुँह पोछि लेलक।

—दिगम्बर, चल, चाह पी आबी ग'...

—नहि, पहिने कतहु बुझितहक, अधिकार होइ छइ की नहि...दुर्गानन्दनक मुँह फेर लटकि गेलइक। भाथी जकाँ दम फूल' लगलइक। नहू-नहू बिदबिदैल—बंभोलेनाथ ! बाबा कपिलेश्वर ! तोरे आसरा अछि आब...

दिगम्बर कुर्ताक पाकेट सँ एक टा पुर्जा बहार केलक, बँचलकइ...वाचस्पति झा...पिता श्रीपति झा...गोत्र वत्स...

दुर्गा चट द' कहलथीन—हमरा बहिनोए केर गोत्र रहइन काश्यप। गोत्रक दृष्टिएँ तँ काज मे भाङठ हेबाक कोनो सम्भावना आब नहिए।

ओकील साहेबक बाप रहथीन बटाउ मिश्र-पाँजिक। चारि टा विवाह छलइन। संयोग एहेन जे आइ-काल्हि ओ कासश्वास (दमा) क दवाइ कराब' आएल रहथीन। भितरिआ कोठरी मे डेरा रहइन।

अकस्मात् दुर्गा केँ हुनक ध्यान एलइक, भेलइक जे बूझि लेअए हुनके लग जाक' एहि बूढ़ा केँ अधिकार-तधिकार बुझबा मे फुचाइ झा पँजिआर सँ कनेको कम दावा नहि रहइन।

दिगम्बर सँ परिचय-पात वला पुर्जी ल' क' दुर्गानन्दन ओकील साहेबक बाप सँ भेट कर' गेलाह।

कनेकाल बाद हुलसइत-फुलसइत बहरेलाह दुर्गा तँ दिगंबरोक मुखमंडल प्रफुल्ल भ' उठलइक।

खुशीक बाढ़ि मे दहाइत दू टा मोन...बाहुपाश मे आबद्ध दू टा कुंडलिनीचक्र...

तखन दुहू गोटे डेरा सँ बहरेला। मुँह कएलन्हि ताही दिस जाहि दिस बंगाली हलुआइक 'सुभाष केबिन' रहइक।

सत्रह

दुर्गानन्दन, माइ आ बहीन केँ सिद्धान्तवला तड़िपत जखन देख' देलथीन तखन हुनका लोकनि केँ विश्वास भेलइन। हर्षो थोड़ नहि भेल रहइन, मुदा अनिष्टक आशंका मोन केँ हल्लुक नहि होमए दइन।

बच्चन सँ स्वस्ति लइत दशमीक तातिल मे दुर्गा गाम आएल रहए। दिगम्बर सहजहिं माहे, देवडीहावाली आदि केँ ई सभ पहिनहि कहि देने रहइन। खंजनिक प्रतापें बिसेसरिओ केँ बूझल भ' गेलइक। मुदा भरोस कहाँ होइक ओकरा !

दुर्गानन्दन आ दिगम्बर दुनू गोटाक चेष्टा रहइन जे मुखिआ की फतूरी की आने केओ ई बात बूझल नहि ताकए।

मधुबनीक पाटी-आफिस मे वाचस्पति केँ दुर्गा देखि आएल छलथीन। दुटप्पी गपो

भेल छलइन...प्रभावित भेल रहथि दुर्गानन्दन। किऐ ने प्रभावित होइतथि ?...वाचस्पति !

...वाचस्पति ! गोर-नार, आँखि-कान, मुँह-नाक बेश कटगर...बाज'-भूक' मे फरहर से तेहने ! अवस्था छल हेतइक बाइसक। खधड़क धोती, चरखनाक हाफशर्ट, हाफ जूता पएर मे। बामा हाथ मे छ टा आँगुर छलइक, कनगुरिआ तकर बच्चा !

...संकोचक चर्चो नहि, वाचस्पति दुर्गानन्दन केँ ठाँहि-पठाँहि जवाब दइन !

दिगम्बर फेर पदुमपुरा जा क' वाचस्पतिक माइ केँ सभ किछु सूचित क' आएल छलथीन्ह। पनिचोभवालीक छाती दोबर भ' गेल रहइन।

एम्हर पंडिताइन नहूँ-नहूँ तइआरी मे लगलीह।

अगहनक बिआह...नवका धानक हरिअर चूड़ा दशो तामा कोना ने ओरिआ रखितथीन !

गउरी केँ की फुरल रहइक, एक टा कोली मे कतिकी रोपने छल। से कातिकक पूर्णिमा-लगाइत तइआर छलइक। पंडिताइन अपन एहि बेटा केँ जिनगी मे पहिले खेप मने मोन सँ आशीर्वाद देलइन।

मुखिआ केँ मुदा भनक लागि गेलइक !

प्रतिहिंसाक कारणेँ खउँत फूकि देलकइक ओकरा !

...देखइ छिअइन, कोना क' ई काज होइ छइन !

दिगम्बर आ दुर्गानन्दनक बुधिआरी जँ नहि घोसाड़ल तँ—

अपना दलान पर एसगरे बइसल रहथि मुखिआ। दलान पर चउकी, चउकी पर कम्मल, कम्मल पर मुखिआक देह।

मोन घबहा कुकूर जकाँ अउनाएल घुरइन। ध' लाबथि ओकरा, आ ओ छिछिआ-छिछिआक' पड़ाइन...

दिगम्बर आ दुर्गा आ पंडित आ चतुरा चउधरि...

...मुदा पंडित तँ आब बूढ़ भेलाह। कोन, चारि वर्ष आओर छथि परंच ई नवतुरिआ तँ हमरो अँकुरी खा लेत ! जिनगी भरिक शत्रुता के बेसाहए एकरा लोकनि सँ ! पंडिते पर छाड़ि देल जाइन्ह तँ बिसेसरीक बास्ते फेर ओहने केओ आबि जेतइ कि ने !...माहे आ दिगम्बर ओहि बुढ़बा केँ बइला देलक से नीक कएलक...

पहर भरि दिन छलइक।

बइसल तँ रहथि छाहरि मे, हेमंतक बसात तइयो बेजाए कहाँ लगइन !

मुखिआक पपनी स्थिर छलइन, नजरि कोम्हर डूबल रहइन से नहि जानि !

...लजाधुर ओ पिंडश्याम चेहरा, सोड़ह वर्ष केर एक टा छउँड़ी मुग्ध नजरि, टिकुली, सींथ मे सिनुरक रेख...

बारंबार मुखिआक ध्यान मे इएह मूर्ति अबइन...

के छलइक ई ?

मुखिआक मानस-शतदल पर ठाढ़ि सरिपहुँ के रहइन ओ ! ध्यान पर पाँखि पसारने खल-खल हँसइत !

ओ के छलइन जे नवतुरिआ-दल दिस हुनका संवेदनशील बनओने अबइत रहइन ?

ओ के छलइन जे मुखिआक समग्र चेतना केँ अपना प्रतिभाक भरि मंडल मे नियन्त्रित क' नेने रहइन ?

अपने बेटी रहइन हुनक ई, कान्ता ! एकमात्र सन्तान ! वैशाख मे दुरागमन भेल छलइक, आइ-काल्हि सासुर बइसत रहए।

मातृहीन कन्या-बापक सर्वस्व ! बेत्रेक अइ बेटीक, मुखिआक लेखेँ घर-आँगन श्मशान...कहुनाक' सात मास कटने रहथि। माघ मे विदागरी हेबा लए रहइक, दिन मानितहि ने छलइन...अनेक अनुरोध-उपरोध करक पड़लइन तखन कान्ताक भइँसुर दिन मानलकइन। जमाए कलकत्ता रहइ छलथीन, घड़ीक दोकान मे किरानीक काज करथीन। दुरागमनक पश्चात् दिन पन्द्रहेक गाम रहि काज पर घुरि गेलथीन से आब फगुआ मे आब'लए रहथीन।

एहेन सत्पात्र केँ जमाए बनएबालए मुखिआ केँ बड़ कठिन प्रयास करक पड़लइन...दुरागमन भेला पर कान्ता सासुर सँ जे चिट्ठी लिखलक बाप केँ तकर एक-एक टा शब्द मुखिआ केँ मोन पड़लइन !

आँखि नोरा गेलइन मुखिआक...कान्ताक मुखाकृति सहसा बिसेसरीक मुखाकृतिमध्य परिवर्तित भ' गेलइक—पीताभ प्रलेप सँ पोतल उदास मुखड़ा !

—तोँ के थिकी ?

—हम ? कान्ता थिकहुँ हम ! एते जल्दी बिसरि गेलहुँ ?

—नहि, कान्ता त' तों नहि थिकएँ !

—कान्ते थिकहुँ कि ?

—किन्नहु नहि !

—ईह ! उएह थिकहुँ हम, मुदा...

—मुदा की ?

—मुदा, एखन धरि कुमारिए छी हम ! कहिआ धरि एना रहब बाबू ? हमर वर हेबा लए केओ तइआर नहि ! अहाँ लोकनि जेठ मे एक टा बुढ़बा केँ ध'-पकड़िक' ल' अनलिअइ—तकरा छओंड़ा सभ बइला देलकइ। आब ओ सगरे कहने घुरइ छइ : मुखिआक बेटीक सिउँथ मे सिन्नुर त' हम दइए एलिअइए, दुरागमनक दिन मानउ चाहे नहि मनाउ...जत्तहि हमर कथा उठइए तत्तहि बुढ़बा भङठा दइ छइ—बाबू, हम जिनगी भरि कुमारिए रहब !

—नहि, किन्नहु नहि ! एहि बेर बढ़िञा वर तोरा लए आबि रहलउए ! तों कतउ कुमारि रहइँ !

ढट्ठाक खूँट सँ मुखिआ आँखि पोछलइन। काठ जकाँ निश्चेष्ट भ' क' पड़ि रहलाह : निन्न भ' गेलइन कनिञे काल मे।

अठारह

वाचस्पति आ हुनक एक टा संगी...खबास-तबास केओ किच्छु नहि। मोटा-चोटाक नामे एक टा अटइची रहइन।

अगहन सुदि पंचमी बृहस्पति...

विवाहक विधि निर्विध्न समाप्त भ' गेलइक।

वर-वधूक माथ पर दूबि-अच्छत देबा लए फतूरी, मुखिआ, परमानन्द पाठक, जोतषीजी आदि आएल रहथीन।

वाचस्पति पहिनहि दुर्गानन्दन केँ कहि देने छलथीन जे कोनो प्रकारक आडम्बर नहि हेबाक चाही। दुर्गा केँ एहि मे की हानि छलइन ? तखन की तँ एक जोड़ धोती, एक जोड़ साड़ी, कने सोन, मामूली मधुर दस-पाँच टाकाक रैजकी...बस !

गामक छओंड़ा सभ भांग घोरिक' दूध-चीनी आ पानि पिबइत गेल, तकरो खर्च दुर्गे उठओलन्हि।

सरहोजि-तरहोजि नहिए, सरिओ अपन नहि। तहओ आन-आन अङनाक छओंड़ा-छउँड़ी बेश चउल करइन आबि-आबि। ओकरा लोकनि केँ उत्साहित तँ वाचस्पति नहि करथीन परंच बेजाइओ नहिए लगइन।

विवाहक प्राते सँ बिसेसरी धपाइत रहए अपना वर केँ भरि आँखि देखक लेल...

तेसर दिन खेला-पीलाक बाद कनी कालक लेल आँगन अजबाड़ि भेलइक।

कोहबर छलइन पछबरिआ घर तहि मे दू टा जंगला। दुलहा जाहि उचकी पर बइसथि-ओँघड़ाथि, एक टा जंगला ताहि लग रहइक। वर एक टा केबाड़ी फोलने एकबार बँचइत छलाह। बड़ तन्मय रहथि, सम्पादकीय निबन्ध मे डूबल रहथि मने !

पुबरिआ घर मे छोट-छीन खिड़की रहइक एक टा। बिसेसरी तकरे फाँक सँ हुनका देख' लागलि...

गहुमा रंगक ओ तरुण सौन्दर्य ओकरा बड़ रोचक लगलइक—पुष्ट पीठ, गोल-गोल भरल-भरल बाँहि, सुरेब घाड़, कटगर माथ, भ्रमरकुंचित केश...एह, तामक पत्र जकाँ कपार केहेन दिब चमकइ छइन !...कने सोझाँसोझी देखतिअइन।

दुलहो बकलेल तँ नहिए रहइक।

नयनसुखक एहि व्यापार मे ओहो साझी छलैक !

खट द' गमि लेलकइ आ चट आँगन दिस मुँह क' क' बइसि गेल !

दुलहिन अपना खिड़की सँ चारि डेग पाछाँ भ' गेलि !

पुबरिआ घर सँ बहार भ' क' बिसेसरी कने ठाढ़ भेलि असोरा पर। ततेक प्रसन्न छलि जे आँखि-मुँह अरुणाभ भ' गेल रहइक।

वर घर सँ बहराइक तँ खड़ाओं क 'खट्ट-खट्ट', 'खुट्ट-खुट्ट', आवाज होइक। पहिने, लोक बुझि जाइक जे ओझा बहरेथिन। परंच ओइ काल दुलहा जुलुम क' देलकइ !

बिससेरी केँ हाफी भेलइक, तखन अङइठी मोड़ कर' लागलि। दुनू बाँहि केँ उपर

दिस तनलकइ। जाँघ-ठेहुन-डाँड़ कें कड़ा क' क' आब पीठ-पाँखुड़ आ छातीक हाड़ कें तान'लए रहइक आ कि शिकारी बिलाड़ि जकाँ क'ल-ब'ल दुलहा बहरेलइ, अङ्ने मे सोझे आबि क' ठाढ़ भ' गेलइ।

धड़फड़ा क' बिसेसरी भनसा घरक भीतर चल गेलि !

दुलहा अपन बिहुँसैत रहि गेला !

सगुनक भार पदुमपुरा सँ चतुर्थी दिन पहुँचलइक, दू टा भार, बेश डबल भार छलइक। अपने मनोरथक मोताबिक पनिचोभवाली चारू चंगेरा सँठने रहथि : कनियाँ लए अठन्नी भरि सोनाक कनपासा, चानीक सूति-पाति-बड़हड़ी-डँड़कस, बनारसी साड़ी, रेशमी बॉर्डिस...साबुन-तेल-सिन्नुर हैंठी कुच्ची ऐना ककबा...दही-केरा-माछ-मधुर... कनियाँक माए लए आ मातामही लए साड़ी आर की कहाँदन !

वाचस्पति खूब गीत सुनथि, दड़िभंगा आ तारसराय सँ मँगवा मँगवा क' एकबार बाँचथि आ माहे-बूलो लोकनि सँ गप्प करथि। ओहुना वाचस्पति झाक कीर्ति अइ परोपट्टा मे अज्ञात-अश्रुत नहि छलइन, परंच आब तँ ओ नओगछिआक 'कुटुम्ब-नारायण' भ' गेल रहथीन !

उनइस

लदउरवाली ठेलि-ठालिक' बिसेसरी कें कोबरक चउकठि टपा देलीथीन आ बहार सँ केबाड़ लगा देलथीन।

दुलहाक पपनी कने मुना गेल छलइन से गहनाक झनझनी सँ सतर्क भ' गेलइन।

अगहनक इजोरिआ...

राति डेढ़ पहर भेल हेतइक।

जङ्लाक केबाड़ी डेओढ़ क' क' लगाओल रहइक। हेमन्तक सिताहल बसात ओहि दने भीतर अबइक।

नव मॉडल केर मारकीन लालटेम मद्धिम क' क' एक कात राखल छलइक।

दुलहिन केबाड़ लग मूड़ी निहुड़ओने ठाढ़ि रहथि, घोघ तनने !

दुलहा पड़ले-पड़ल हुनका दिस तकलथीन...

धानी रङ्क रेशमी साड़ी मे आपादमस्तक डूबलि नारी-प्रतिमा। तखन चौकी पर सँ हेठ भेलाह। खड़ाओं नहि पहिरलइन। जाक' केबाड़ मे बिलइआ लगा देलथीन। दुलहिन केर पीठ पर हाथ राखि क' चउकी दिस बढ़बाक संकेत कएलथीन हुनका।

ओ आबिक' चउकी लग फेर पूर्ववत् ठाढ़ि...

कान्ह पर हाथ मारिक' दुलहा कहलथीन—बइसू ने ! कती काल ठाढ़ि रहब ?

ओ बइस गेली।

दुलहाबाबू अपनहु बइसलाह, बीत भरि फराके।

—एकर कोन काज ?

दुलहा घोघ उठओलथिन तँ दुलहिन नजरि केँ छीपि लेलइन, ठोर आ भउँह केँ कसने रहथि।

—दिगम्बर कहलक जे अपर पास छी अहाँ...तखन एते लाज !

दुलहीन पाथरक प्रतिमा बनि अपन गुम्मे रहली।

कनी काल दुहू दिस चुप्पी...

—ताश खेलाएब ?

—कत' छइ ?

—छइ कि !

दुलहा चमचमाइत ताश फेंट' लगलाह...

—की खेलाएब ?

दुलहिन फेर गुम्मी लधलनि !

मामी लोकनि जे सिखओने रहथीन, से बिसरि गेल छलीह...बिनु 'मुँहबजाओन'हिक बाजि देने रहथीन कि ने !

दुलहा साकांक्षे रहथि। बूझि गेलथीन ! ताश छाड़ि सीरमा दिस नीचा झुकलाह आ अपन लीडरी बेग मे सँ कीदन बहार कएलनि।

—हाथ देखू अहाँक !

दुलहिन बामा हाथ आगाँ क' देलथीन।

—उँहूँ ! ओ हाथ...

तखन दोसर हाथ आगू क' देलथीन।

दुलहा सोनक अउँठी हुनका आँगुर मे पहिराब' लगलथीन : अउँठीक पीठ पर अंकित रहइक—'वाचस्पति'।

हुलसि क' दुलहिन बजली—इएह नाम थिक ?

—हँ, इएह थिक हमर नाम !

—ऊँ !

—अपन नाम नइँ कहब ?

—विश्वेश्वरी...

—सउँसे संसारक मलिकाइनि अहाँ अपनहि भ' जेबइ तँ आन की करत ?

बिसेसरी केँ लाज भेलइन अपना नामक ई टीका सूनि क'...

गोरि-नारि...तिलक फूल सन नाक, आमक फाँक सन आँखि, भरल-सँइतल गाल, चाकर कपार, पातर-पातर ठोर...पन्द्रहम की सोड़हम वर्ष हेतइन...

वाचस्पतिक बुतें पहिराओल नहि भेलइन त' बीसो अपनहि ओहि अउँठी केँ पहिरि लेलइन।

बिश्वेश्वरी दाइ केँ दिगम्बर, माहे, बूलो, देवडीहावाली, गोनउड़, खंजनि, शकुन्तला लोकनि एक-एक क' क' मोन पड़लथीन...केहेन तेजगर ! केहेन बुझनुक ! केहेन

दुखमोचन ! केहेन गम्भीर !...नवका तूरक लोक कोनो प्रकारक अलट-बिलट बर्दास्त नहि करतइ...

बीसोक ध्यान अपन नवतुरिआ-दल दिस कने चल गेलइन। लालटेम मे सूर्य छापवला तेल पड़ल रहइक, से प्रकाश मद्धिम रहितहुँ स्पष्ट धरि बेश छलइक। ओहि आलोक मे हुनक अउँठीवला आँगुर खूब चमकइत रहइन।

वाचस्पति कैँ हाफी भेलइन्ह।

—लालटेम मिझा दिअउ ?

—उँहुँ...

—हमरा तँ अउँघी लागल अए !

—फुसिए !

—सरिपहुँ...

—ऊँह ! अइखन ताश फेंटइ छलाहए...

दुहू दिस सँ जँतलहा हँसी !

आँखिक दुहू जोड़ा हर्षे झलकइत !

दुहू मुखमंडल पर आनन्द उद्‌भासित !

फुटकर गद्य

बउकन ठाकुर

राति जे बउकन हाथ मारलकैन्ह तइ मे सँ अठारह आना लगाक' एक टा बढ़िया फड़गज्जी कीनि अनलक बड़ी बजार सँ, धारीदार।

कटहरबाड़ीक मुसलमन्ना दरजी, देख' मे छौंड़गरे। पातर मोछक कटगर रेख, तइ पर सँ चुक्की दाढ़ी। आँखि कोशा सन सन। कान्ति जमुनिए मुदा अपूर्व। पातर-छीतर ...सदाबाड़ी लाबक लेल बउकन जखन-जखन कटहरबाड़ी दिस जाइ छल तखन-तखन अझक्के देखिए टा लइ छल अइ दर्जी कें। एहन दीब मुँहठान ओकरा कोना बिसरउ ?

बाँहि आ देह नापि जखन ओ गराँक गोलाइ नापक लेल अपन फीता पसारलक तइकाल बउकन तते ने उल्लसित भेल जे ओकर लेर ठोरक आरि नाँघि चटद' चुइलइ। दरजीबा अपन कुर्ताक आँचर छिपलक अबस्से मुदा–

"निच्चा ठसलइ ठाँ साहेब, अहाँ टे नइँ लाडल...", हँ, निच्चा खसलइ। हमरा नइँ लागल।

एहि अलबौक गाहक पर दरजीबा कें हँसी तँ बड़ लगलइ परंच अपना कें कहुना ओ रोकलक। गर्दनिक नाप दोसर खेप लैत बउकन कें पुछलकैन्ह–'कहाँ घर थिक पंडित जी ?'

कने हुलसैत, कने लजाइत, आ पानसन पातर ठोर कें बेर-बेर लाड़ैत बउकन बजलाह–'ढंढारपूर लड' ओकरा आब नहि रहल गेलइक, मूड़ी गोंतिक' हँसल कनी। फेर नजरि उठाक' बउकन दिस तकलकैन्ह–केहन सुन्नर देखबा मे। या अल्ला–मुँह सँ बहरएलैक। भेलैक जे एहन दीब कान्ति, एहन कटगर मुँह-कान से कतउ अइ तरहें अलबौक होअए ! मुदा अपन साद्ध की ?

बड़ कचोट भेलैक दरजीबा कें। आकृति गम्भीर भ' उठलैक। बइसैत कहलकैन्ह बउकन कें–'जाउ पंडित जी, काल्हि साँझखन ऐब आ अपन गोलकट ल' जायब।'

'वेठ' (वेश) बउकन विदा भेला डेरा दिस, विहुँसैत।

जाधरि अढ़ नहि भ' गेल रहथीन ता धरि दरजीबाक नजरि बउकने पर गड़ल रहलैक।

परसू थिकैक कृष्णाष्टमी, काल्हि राति भगवानक जन्म हेतैन्ह।

बउकन काल्हि गाम जेता। भाउजि समाद पठौने छथीन्ह--लाल बाबू, ऐबे टा करिहथि। माइक आग्रह छैन्हि। मास डेढ़ेक भइयो तँ गेबे केलैन--झंझारपुर आ हड़ाही, हड़ाही आ झंझारपुर--कत्ते लग पड़इ छइ ! एक नहि, तिन-तिन टा टेन जाइए आ अबइए। हड़ाहीक पछबरिया मोहार पर ठाढ़ भ' बउकन दिन मे कउखन-कउखन इसटीशन दिस तकितहि रहि जाइ छथि...

मुदा महगीक अइ जमाना मे सुक्खा अठारह टाका सँ बउकन की की करथु ! तुल्ली बाबू जकाँ सतमहि दिन पर सँझुका टेन पकड़ि गाम दिस टघरताह, से तँ अइ जन्म मे आब भेलैन्हि !

बाबू तुलानाथ झा--राजक दुलरुआ बाबू तुलानाथ झा--ताहि दिनुक बी.ए. तुल्ली बाबू आ कलुका छौंड़ा बउकन--निरक्षर भट्टाचार्य बउकन ठाकुर--तीन पुरखाक दरिद्र छीमड़ि बउकन ठाकुर कँे एक राटन पर के कहतैन ठाढ़ होम' ?

से जे कहबाक हो कहिऔन, परंच ईहो चारि कैंचा बउकन जे कमाय लगला हए से धन्न तुल्ली बाबू तेँ। तेँ ने तँ, तँ की ? बउकनक पित्ती तुल्ली बाबूक ड्योढी मे कनीटा सँ फुलतोड़ा छलथीन। तुल्ली बाबूक दादाजी माटिक एगारह सय एगारह महादेव कँे नित्त पुजनिहार--एकादश रुन्द्रक ताहि पल्टन कँे ठाढ़ केनिहारि के, तँ बउकनके माय। मेहनताना पहिने बिसहत्थी ननगिलाट भेटैत रहैन। बरख दसेक सँ परंच नगदे देल जाइत छन्हि--अठन्नीक हिसाबैं छबो टाका कुलजुमिला एक्के बेर बेचारो पाबि जाइत छथि...

--किरण / जून, 1950

बूढ़ बोको

हमरा लोकनिक बीच चारि टा बोको बइसल छल। नहि, हमही सभ ओकरा लोकनिक बीच मे बइसल रही, किएक तँ ओ सभ जयनगरे सँ सीट दफानने ऐल रहए आ हमरा लोकनि चढ़ल रही मधुबनी मे।

बारह गोटे जोगर सीट दफानने रहए ओ सभ। भीतर पैइसितहि महक लागल। टुनाइ धोतीक खूट सँ नाक मूनि बइसैत बाजल रहथि—ईह ! बोतू थिक ईहो सभ मुदा, हे नारायण...

हमरा अपना ओकरा लोकनिक ई सहज भभक बेजाय नहि लगैए। मासक मास भोटिया सबहुक सङे रहल जे छी। कहलिऐन टुनाइ केँ—बूड़ि नहितन ! बैइसि नहि जा होइए ?

बोकबा सभ छओ टा सीट तँ दफाननहि रहए, बाकी जे रहए जगह तकरा नकुचा, हैट, कम्मल आ काठक डोलची सँ छपने छल। धिम्मर एहेन ने जे आँखि भँउ देखौलो उत्तर आ कहलो उत्तर आङे टा हिला क' रहि गेल। हैट आ कम्मल उपर अरगना पर ध' क' दू गोटाक सीट तँ हम अपनहि अजबड़ि लेल। बचला शर्माजी आ रामप्रसाद, से एक गोटे ओकरे लोकनिक बीच 'माझफाड़ी कौ' आ दोसर गोटे कात जाक' दू बुन्ना दू पासी क'—कहनाम ई जे हमरे लोकनि ओकरा सभक बीच बैसल रही।

सकुरीक 'डिस्टेन्स सिगनल' लग आबिक' गाड़ी ठाढ़ भ' गेलइ धनल द' आ एम्हर हमरा लोकनि घोंघाउजि क' रहल छलऊँ, ओही महक एक बूढ़ बोकोक मुँहठानक मादे पारस्परिकी होइत रहए।

सिगनल भ' गेला उतर ट्रेन पुनि चल' लागल तँ हम बजलहुँ—"शर्माजी अनेरे गेङ जोतने छथि कि ! आ, टुनाइ, तों तँ सहजहिं, जयनगर सँ आगू गेबे ने केलाहए। रामप्रसाद इतिहास-भूगोल वेश घोखने आछि, ओ ताही बले कुदइए...जकरा द' कहइ जाए छहक से ने नेपाली थिके ने भोटिया, चेहरा नइँ देखइ छहक ? तेतरिक आँठी सन आँखि, दुनू दिसक छीप छाड़ि मोंछ कपचल छैक, पिरौंछ कांति, पातर भउँ, गोल मुँहठान...केहेन लगइ छइ ! ई चीनक बसिंदा छाड़ि अनत' कतोक भइए ने सकइए, पुछहक ने !"

बाँहि रहैक ओकर उघाड़े, बुझू जे बिनू बाँहिक झोलङा पहिरने छल। पैर मे भोटिया जूता से रहैक। टुनाइ बाँहि मे आँगुर गड़ा क' बुढ़वा केँ अपना दिस साकांक्ष केलैन। प्रश्नसूचक नजरि। भुलुर-भुलुर तकैत।

तखन ओकरा हम तिब्बती भाषा मे पूछल—खेरङग्यि भिङ लक शेरे ? (की नाम थिकहु ?)

तकलक बुढ़बा हमरा दिस आँखि निराड़िक', बाजल मुदा किछु नहि।

ओकरा दिस सँ अधवैसू गोर्खा टिपलक। बोको अनाड़ी नउआ सँ कानी खतबेने छल। छारल कपार बेश पुष्ट सन भँउह। नाक पूड़ा तते-तते टा जे दशमीक दुर्गाक सिंह कें मने मातक' दितैन—बड़ु बेश ! कृतमुख भेल...बाजल—

''ए कुस नइ समस्ता।''

''हँ, बुड़ि बानर नहितन ! केराक घौर !! एह''—हमरा दिस मुँहक मुसकी मारैत टुनाइ कहलैन—''मामा की कहइए सुनइ छिअइ ? 'कुस' आ 'समस्ता' अर्थात कुश आ छिन्नमस्ता...''

हँसी तँ अपनहु कम नहि लागल, परंच तकरा जँतलहुँ।

कहलिएन टुनाइ कें—''जिनगी भरि होइ छहु नवालके रहबह ! षट्पद-अष्टपद भ' गेलाह आ तइओ..''

एतबा धरि बूझ' मे आबि गेल जे इएह गोर्खा बुढ़बाक 'स्पोक्समैन' (प्रवक्ता) थिकइ। फेर ओकरे दिस टुटलहुँ—राष्ट्रभाषा मध्य ओ जतबा जे किछु बुझौलक तकर आशय नीक जकाँ अवगत भेल, कत' तँ तारसराय मुड़िया टीशन पहुँचि क'।

गाड़ी ठाढ़ होइतहि खट बुढ़बा उतरल आ चल गेल उतरबारि कात, लेनक कतबहि मे नदी फिर ऐल। छोंचक लेल पानिक कोन आवश्यकता, आबि क' फेर गड़ी पर बैइसल। अपन सीट पर ओकरा बैइसबा सँ पूर्वे शर्माजी आ रामप्रसाद तौनीक खूँट सँ नाक मूनि-मूनि दोसर अलङ मे जा-जा क' ठाढ़ होइत गेला। टुनाइओ नाक मुनि लेलैन...

आ हमरा ने मोने मे गन्ध लागल आ ने नाके मे—ओकरा सभक समाज मे रहि जे ऐल छी ! हुनको लोकनि कें नाक मे तते दुर्गन्ध नहि लगलैन जते मोन मे...बंडा तँ सहजहिं सिद्ध कोटि मे कहिया सँ ने छथि। एहि घटना (हुनका लोकनिक मते दुर्घटना) सँ पूर्व शर्माजी एहि बुढ़बा बोको कें नेबारे जातिक बुझैत रहथीन्ह। कोनो पहाड़ मे आ पंजाब सिंध दिस अहू देशक लोक कें एहि सभ प्रसंगें वेश 'प्रगतिशील' देखैए...

तिब्बत आ चीन सीमान्त मध्य खभ एवं कोकोनोर इलाका छैक। ओ वृद्ध ततुक्के रहथि। हड़ाही इसटीशन पर उतरला उत्तर देखलिअइ जे बड़्ड रेड़ा छैक, दू मिनट बादे पूल पार हैब तँ कोनो प्रजापत्य लागत ? टुनाइ सङे रहथि। शर्माजी आ बाबू रामप्रसाद महतो ओही कपाट सँ उतरि दोसर कपाट मे जा बैसलाह, नेहरिआसराय ने उतरता ग'—

हम ता ओही वृद्ध वशिष्ठ दिसि ठिकिअबैत ठाढ़ रही। टुनाइ कें कहलिऐन, ''गम्भीरतापूर्वक देख' तँ, कते बूढ़ छथि बेचारे।''

''हँ, अस्सी सँ बेसिएक बूझि पड़इ छथि''—शीशी सँ चुनौल तमाकू बहार करैत टुनाइ बजलाह।

धक्कम-धुक्की आब खतम भ' गेल रहए, पसिंजर गोटा-गोटी पूलक सीढ़ी पर

अबैत रहए। हमरो लोकनि पूल पर ऐलहुँ। उतिर क' बहराइत गेलहुँ। बड़ी बजारक हेतु रिक्शा कैल।

ओइ दिन रिक्शे पर टुनाइ एक टा बात बाजल रहथि, से बड्ड विलक्षण बड्ड विशेष !

टुनाइ बाजल रहथि जे बूढ़ भेला उतर अपनो बाप-पितामह कत्ते ने अलट-विलट लोक केँ बजइ छइ, प्रज्ञा वा तकर अभावहु मे ठाम-कुठाम लघी-नदी बूढ केँ भइए जाइ छैन। लोक से सब सहइए, कहाँ नाक मुनि क' भरि गाम ढोलहो देने फिरइए जे—हे, बाप-पित्ती एहेन तँ हमर बाप-पित्ती ओहेन ! बूढ़ खाहें कोनो जातिक होथु, कोनो देशक होथु तनिक कुचेष्टा नइँ करिहे।

से ओइ दिन टुनाइ केहेन ज्ञानक कथा बाजल रहथि ?

—वैदेही / जून, 1950

गप्पक फोड़न

अगहनक पूर्णिमा बीति गेल रहैक।

पूसक आरम्भ। साँझ हेबा मे कनिक्के भाङठ। मामी सजमनि छीलैत रहथि आ हम रही जलखै करैत। भूजल चूड़ा आ तरल माछ।

—बथुआ साग लेबैइ अए ऽऽऽ...

—मामी ?

कपार कड़ा क' क' आ पपनी तानिक' हम मामी दिस ताकल। ओ बजली— अपनहि तँ अओतइ ?

से सत्ते कनी काल बाद सागवाली अपनहि आइलि।

बेश कठमस्त। पहिरने फड़गज्जी ननगिलाट। चाकर चेहरा, रूच्छ केश। हाथ पयर बेश सोंटल...

—कोना देबैइ ?

—ल' ने लू ? आब अतबे बचलइ अ'....

—लेबइ की, से ने कहू ?

—छ' गो पइसा लागत।

ठोर आ नाक मे आङगुर सटाक' मामी कहलथीन—गे मइओ, हमही भेटल छी अहाँ केँ ? अनका ठकिअउ ग'...

सागवाली गुनधुन मे पड़ि गेलि, बाजलि—की देबै ?

—दू टा पइसा भेटत। बथुओ सागक कोनो कमी।

—नइँ महतमाइन। एहेन बढ़िआ साग नइँ भेटत, दीअर पर सँ खोंटिक' अनलिअइए...चारिओ टा पाइ कोना ने देबै ?

ईह !

हमरा ई मोल-भाओ असह्य लागए। दू-एक पइसा लए कतउ एते झउहरि भेलइए।

मामी अनासक्त भावेँ धान उसिनबाक दु-चुल्हिआ लग जाक' बैसि गेली आ मिझाइत आँच केँ उसका देलथीन। दू टा टीन मे धान उसिनल जाइत रहैक...

—तँ, की कहै छिअइ मलिकाइन ?

—कहलउ तँ।

—एको गो पइसा आउर दितिअइ।

—तीन सँ तिरपट हैब तइओ नहि...

सागवाली पथिआ उनटा देलकइन आ ठाढ़ि भ' गेलि—लिअ' मलकाइन आब भेल ?

अपना आग्रहक पूर्ति देखि मामी कें प्रसन्नता भेलइन।

दु-चुल्हिआक मुँह मे हबर-हबर भुस्सा झोंकिक' उठली आ अधन्नी आनि देलथीन सागवाली कें।

ओ अपन पथिआ काँखतर दबओलक आ आङन सँ बहरा गेलि।

पछाति नहि रहल गेल तँ मामी कें कहलिअनि—जाउ, अहूँ धरि खूब छी ! ई कहाँ बूझल छलए जे अपने कोनो मारवाड़ी कन्यारत्न थिकहुँ...

मामी भरि गाल पहिने हँसलीह तखन बजलीह—से की ?

—से की ! गरीबक घर मे दू टा पइसा आओर जइतइ तँ तइसे अहाँक की होइतइ ? हम तँ मामा कें ई बात चिट्ठी मे लिखबइन...

—बेश ! ब'ड़नी !! जेहने माम तेहने भागिन, अपना लक्ष्मी कें ई सब सिखा देबइन...

मामी हँसइत-हँसइत भनसा घर दिस गेलीह।

हम गंजिए पहिरने बहरेलहुँ आ सोर पाड़लिए।

ओ आइलि तँ दू टा पइसा ओकरा हम अपना दिस सँ देलिअइ आ पुछलिअइ जे एहि दू कइंचा बेत्रेक तोहर काज अकाज होइतउ।

कृतज्ञता द्वारे सागवालीक दुनू आँखि चमक' लगलइक। ओ बाजलि—बाबू, अधेलीक लेबै नीमक आ डेढ़ पइसाक लेबै कड़ू तेल...आ बुढ़िया बेराम छै, भरि राति ढों-ढों करै छै, गूड़ खेबाक मोन भेलइए से दू दिन सँ 'गूड़-गूड़' चिचिआइत छै। आब अखनी दू पइसाक गूड़ नेने जेबइ...मालिक आब नइँ बचतै बुढ़िआ। बेटा कें चिट्ठी लिखबाक' भेज देलिअइअ'...

फेर ओ अपन चल जाइत रहलि।

आ ओही राति हम स्वप्न देखल जे एक टा मरणासन्न अकिंचन बुढ़िआ सोझाँ मे आबिक' बैसि गेल, लगहि मे फराठी छैक धयल, दुहू हाथ मे दू भेली गूड़, कउखन एक टा चटइए कउखन दोसर। आ बीच-बीच मे किछु बाजिओ रहल अछि, मुदा स्वगते ?

स्वप्नस्थ बुढ़िआक ई स्वगतोक्ति पहिने तँ बुझबा मे नहि आएल, परंच पाँछा बुझिलिऐकः

ई दू भेली गूड़ खाक' हम दू बर्ख आरो जीबै की !

इएह रहैक बुढ़िआक स्वगतोक्ति !

दोसर दिन मामी कें स्वप्नक ई कथा कहलिअइन तँ बजलीह—अहाँक कोन ? अहू पर किछु ने किछु गढ़िए लेबै की ? देखब भगिना बाबू, गप्पक ई फोड़न छिड़िया ने जाए !

—वैदेही / दिसम्बर, 1954

रूपान्तर

(क)

मंजु केँ पटना अएना पन्द्रह दिन सँ बेसी भ' गेल रहइन।

फरवरी अन्त अबइत सूर्य अपन प्रभाव देखेबाक लेल उताहूल बूझि पड़इ छलथीन लोक केँ। ओना अइ शहर मे वसन्तक कोनो टा लक्षण कहियो ककरो देखबा मे कतहु नइँ अबइ छइ।

अरविन्द केँ पलखतिए नहि होइन जे मंजु केँ कउखन केँ चारियो आखर पढ़ाइए दित'थीन...अनने रहथीन जे जल्दी-जल्दी पढ़ा-लिखा क' जुलाइ धरि आठम श्रेणी मे कतहु प्रवेश करा देथीन।

बाबू साहब केँ राजनीति सँ फुर्सति भेटए तखने ने !

राति-दिन किसान, राति-दिन मजूर, राति-दिन द्वंदात्मक भौतिकवाद...राति-दिन मार्क्स आ लेनिन...

कार्यकर्ता-निवास। एक टा छोट-छीन कोठरी अरविन्द केँ भेटल रहइन।

पुरान ढंगक पैघ मकान। लाइट आ पाइप से रहइ। बेश पुष्ट जंगला। बसातक अभाव नहि, ने प्रकाशेक अभाव...

सामनेवला रूम मे साथी हृदयनारायण सिंह, टमटम और रिक्सा युनियन केर वाइस-प्रेसिडेन्ट।

बगलवला कोठरी कोनो जिलाक किसान-कार्यकर्ताक रोगी मामक दखल मे रहइन। परिचर्या लए मामि सेहो संगहि। ई दम्पत्ति सभक लेल मामा-मामी। ठेठ मगध निवासी।

दोसर बगलवला रूम मे ताला लागल। तकरा बाद पराजित एम.पी. उमेदवार कॉमरेड रामप्यारेजीक कोठरी...ई बेसी काल आने बास रहथि...

अरविन्द रहथि पाटीक लाइब्रेरियन। इलाहाबाद भरि बर्खा रहि हम जखन पटना घुरलहुँ तँ पिन्टू मे चाह पीबैत तीन गोटाक संगे अरविन्द केँ देखलियइ। गोलमेज पर एक टा केहूनी रोपि क' कटलेट खाइत रहए। कोनो यजमान बझल छलइ।

हृष्ट-पुष्ट बूझि पड़ल, बेश प्रफुल्ल। प्रसन्नता भेल।

समाजशास्त्र मे एम.ए. क' क' गत तीन बर्ख सँ पार्टीबाजी क' रहल छल। जेठ भाए चालू ओकील, छोट भाए गृहस्थ। सुखितगर ससुर। परिवारक प्रति कोनो टा

उत्तरदायित्व नहि। बेसी चाहबे की करियइ ?

गल्प आ निबन्ध लिखबाक अभिरुचि अरविन्द केँ हमरा दिस उन्मुख क' देने छइ। आठ-दस बर्खक परिचय छल। अइ बीच ओकरा बेसी तँ देने रहइक। लिखि भेलइ मुदा अनुराग धरि अइ सबथुक आबहुँ रहबे करइ।

दृष्टि पड़लए तँ लग आएल।

खाली कुर्खी पर चुपचाप बइसि गेल।

–डेरा कत' छउ ?

–ओम्हरे।

–पार्टी ऑफिस।

–इँह, कार्यकर्ता-निवास मे।

मुसकी मारि क' बाजल–अइ खेप एसगर नहि छी हम। मंजुओ छथि संग मे। आउ ने गोटेक दिन !

–बेश, काल्हि तँ नइँ। तखन, परसू साँझखन अबस्से एबउ।

(ख)

हरदि पिसने रहइ से दुनू तरहत्थी पीयर। पइघ-पइघ आँखि। कमलपत्री सन। गोर-गहुमा कान्ति। नाक-कान बेश कटगर। वयः क्रम बीस सँ बेसी नहिए। मुँह चाकर नहि, गोल।

हमरा देखितहि ठाढ़ भ' गेलि।

बरंडा पर एक कात दू टा घइल। देबाल सँ सटि क' टूटल बाँहिवला कुसी। ठामहि चूल्हा पर अलमुनियाक तसला मे दालि उधियाइत।

पुछलियइ–अरविन्द कत' गेलथुन...अए ?

कुर्सी आगू दिस-एम्हर ठेलइत बाजलि--बइसियउ ने ! अइखन बहरेलखिनए, अबिते हेथीन...कने काल धरि हमरा पएर दिस तकइत रहलि। फेर बाजलि–अहाँक लिखल कइएक टा पोथी हम पढ़ने छी। हमरा गामक लाइब्रेरी मे अहाँक गोड़ तिनिएक पोथी हेतइ...

आ रओ तोरी ! तखन तों पहिनहि सँ हमरा चीन्हइ छेँ...रहइ से तँ सत्ते !

चीन्हइत छीऐ। ई तँ सद्दरिकाल अहाँक चर्चा करइत छथि...हमरा कहि गेलाहए अहाँ केँ बइसाबय लए, चाह बना दइ छी !

मोन मे भेल जे बाह रे सप्रतिभ !

मंजु कोठरी दिस गेलि, भीतर। ओम्हरे सँ बाजलि–बिजलीक चूल्हा पर केटली चढ़ा दइ छियइ...चारि टा चूड़ा भूजि दिय'...

–नहि, खाली चाह बना लएह। चूड़ा-तूड़ा नइँ चाही एखन।

ताबहि मे अरविन्द आबि गेल।

–बाह, अहाँ तँ सरिपहुँ आबि गेलियइ।

अरविन्दक अइ बात पर बड्ड हँसी लागल।

भीतर सँ आवाज एलइ–सिंघाड़ा किछु आनि दितिअइन कि !

–नहि, ओ सब किच्छु नहि। खाली एक कप चाह चाही हमरा।

ओम्हर केटलीक पानि खलबलाए लागल, एम्हर हमरा लोकनि गपशप करइत रहलहुँ। इएह भूत-भविष्य-वर्तमानक गप...सुख-दुख, आशा-निराशाक गप्प...

बात-बात पर मंजु केँ हँसी लगइ, बात-बात पर मुसकी मारए मंजु।

अरविन्द कहलक–हिनका नहिरा मे लोक केँ हँसबाक ब'ए छइ। अनेरे लोक ठिठिआइत रहत, अनेरे खिखिऐत !

ई तँ कोनो अधलाह लति नहि थिक हओ बाबू–हमर शह पाबि मंजु कहलकइन–आब हिनका के बुझाबओ ? हमर बाबा कहथीन, सए अउखध एक अउखध थिक, हँसनाइ...

अरविन्द कहलकइ–से तँ बूझल, मुदा डेग-डेग पर एना हँसब तँ सउँसे संसार बताहि कहत।

मंजु किए चुप रहितए, ओ जबाब देलकइन–आ अहाँ केँ लोक नहि बताह कहइए गाम मे ?

मंजुक ई कथा हमरा दुनू केँ हँसा देलक।

चाहक पानि तइयार भ' गेल रहइ।

अरविन्द उठि क' भीतर गेल। तीन टा प्याला आ तीन टा तश्तरी दूध, चीनी आ चाहक वर्तन।

भीतरे-भीतर बेश प्रसन्न भेलहुँ जे एकरा लोकनि आब नवका ढङ्क नागरिकता मे दीक्षित भए रहल अछि।

केटलीक पानि चाहदानी मे ढारि आधा चम्मच चीनी ताहि मे द' क' वर्तन झाँपि देलकइ।

कने काल फेर गपशप।

तखन फेर चाह। तहू काल शब्द ब्रह्म मुक्ते रहथि।

मंजु चारि खिल्ली पान, पहिनहि मँगवा नेने रहए, जर्दा-मसाला आ चून सेहो।

पान-तान लेल आ चल अबइत रहलहुँ...मुदा मोन अरविन्द एवं मंजु सँ फराक नहि भेल।

अरविन्द एम.ए. पास।

मंजु सरियाक' मिडिल धरि नहि पास कयने।

युवकक मानस जगत प्रगतिशील भावधारा सँ आलोड़ित।

युवतीक मोन ग्रामीण कौतूहल सँ अक्रान्त।

त्यागी ओ तपोधन अरविन्द एक दिस।

दोसर दिस कने आराम, कने सुख ओ कने सौकार्य आ पूर्ण स्वावलम्बी दाम्पत्यक लालसा रखनिहारि मंजु।

(ग)

डेढ़-दू मास धरि तरुण भारत शिल्पशाला मे जाली बुननाइ आ चामक बटुआ-मनीबैग बनओनाइ जेना सीखि मंजु नइहर अइलीह।

सुखैल गाल आ धसल आँखि देखि माइक कोंढ फाटि गेलइन। दुनू भाउजि आर अड़ोस-पड़ोसक सखी बहिनपा लोकनि परिहास करए लगथीन।

रक्ष एतबे जे मंजु कें कल्याणक योग्यता रहइन।

लोक नहिराक तीमन-तरकारी आ दूध-दही...माइक आवेश, भाउजि लोकनिक स्नेह, बापक वात्सल्य...पन्द्रहे दिन मे मंजुक स्वास्थ्य फेर हरियर भ' गेलइ।

दू मास धरि एम्हर-ओम्हर बउआ क' अरविन्द एक टा चाकरी हासिल करबा मे सफल भेल। डेढ़ सए दरमाहा, चारि घंटाक हलुकहा ड्यूटी अर्थात राष्ट्रीय विचारवला कोनो कलकतिया सेठ ओकरा अपन प्राइवेट सेक्रेटरी बना नेने रहइ, एक गोटे सुपरिचित एम.पी. सिफारिश चिट्ठी देने रहथीन कि ने।

एहि समाचार सँ मंजु कें अपार प्रसन्नता भेलइ।

साँए कें ओ लिखलक, बासा ठीक करू आ हमरो संगहि राखू।

नहिराक आवेश-आह्लाद, दूध-दही, तीमन-तरकारी ओकरा आब नइँ सोहाइ। पटनाक बंगाली आ पंजाबी छउँड़ा ओकरा दिमागि मे मने सदिखन तीसी भुजइ, झुनझुना बजबइ...नागरिकताक प्रथम तँ पदार्थ पाठ मंजु कें ओहिना मोन रहइ। कलकत्ता-बम्बइ आ दिल्ली-मद्रास देखबाक सेहंता रहि-रहि क' ओकरा हृदय मे उधियाइ। नहिराक सुख-सुविधा कनेको ने सोहाइ...

ओ मोने-मोन संकल्प केने रहए, एन्ट्रेन्स टा पास करबे करी...आयुक अधिक सँ अधिक अंश स्वामिएक संगे बिताबी...

तीन-चारि मास पटना रहबा काल ओकरा लोकनि कें अपार कष्ट भेल रहइक। दुनू प्राणी एहि निर्णय पर पहुँचल छल जे जीवन मे सर्वप्रथम जे वस्तु चाही से थिक आर्थिक स्वावलम्बन। एहि वस्तुक विकल्प दोसर किच्छु छइके नहि।

नइहर आ सासुरक लोक आजीवन मंजु कें कुलकन्या आ कुलवधूक परम्परागते भूमिका मे देखए चाहइत रहइ। बिआह-दुरागमन, धीया-पुता, घर-आँगन, जमीन-जाल, लगानी-भिड़ानी...आर चाहबे की करी ?

परंच एहि दुनू कें से बिल्कुल पसिन्न नहि !

तेसर मास मे मंजु कलकत्ता देखलइन...

लेकक कात मे सेठक बड़का कोठी रहइ। तही मे एक अलङ दू टा कोठरी ओकरा लोकनि कें भेटि गेलइ।

सेठक सहृदयता। अरविन्दक योग्यता।

चारिए मासक बाद अढ़ाइ सए भेट' लगलइ।

निर्वाह मे कोनो टा भाङठ नहि।

ओहि सेठक फर्म मे हेड क्लर्कक काज केनिहार मराठा युवक मिस्टर घोड़पड़े सेहो सपरिवार ओम्हरे रहल छल, गड़ियाहाटा आ रासबिहारी ऐक्यूक मोड़ पर तेतल्ला फ्लैट-समूहक कोनो अर्धांश ल' क'। ओहो एहिना दुइए प्राणी।

दुनू परिवार मे घुट्ठासोहार अपेक्षा होइत देर नहि लगलइ।

श्रीमती कुसुम घोड़पड़े नागपुर-विश्वविद्यालयक ग्रेजुएट रहथि। श्री बलवन्त घोड़पड़े अरविन्द जकाँ एम.ए.। छात्रावस्था मे एहिना ओहो सक्रिय मार्क्सवादी।

कम सँ कम खर्च मे आधुनिक ढगें कोना निर्वाह करी से मंजु ओही परिवार सँ सिखलक। टेनिस सिखलक। सितार बजओनाइ सिखलक। जड़काला बितइत-बितइत मातृ सेवा सदन मे भर्ती होमय पड़लइक मंजु कें।

कन्यारत्नक प्रादुर्भाव।

अरविन्द महाप्रसन्न। प्रीति भोज मे पचास टाका खर्च कएलक। मैथिल-अमैथिल गोड़ बीसेक मित्र। तीन-चारि गोटे मंजुक महिला-मित्र से। हा-हा ही-हीक अति मुखर वातावरण मध्य आप्यायन-गोष्ठी सम्पन्न भेल। ननकिरबीक नाम राखल गेलइ—रचना।

(घ)

तीन बर्ख बाद, धर्मतल्लाक काफी हाउस मे अरविन्द सँ एम्हर फेर भेट भेल।

पेन्ट-बुश्शर्ट। करिया गोगूल।

एसगर नहि रहए, दू गोटे रहइ संग मे।

जँ बजितए नइँ तँ नहिए चिन्हितियइ...

चिन्हला पर के छोड़इए ! एक कप कॉफी फेर पीबए पड़ल तकरा बाद ? तकरा बाद ध' पकड़ि क' ल' गेल चौरंगी। टैक्सी कएलक, लादि क' अनलक बासा पर। अलीपुर रोड।

दस मिनटक अभ्यंतरे मंजु सोझाँ मे ठाढ़ि। हाथ जोड़ि क' प्रणाम कएलक।

अरविन्द बाजल—पंडित जी, ई एही साल मैट्रिक केलनिए, आशुतोष कॉलेज मे एडमिशन नेने छथि। आशीर्वाद दिअउन, आगू ससरथि...

पहुँची मे चूड़ी नहि। सीमन्त मे सिन्दूरक चेन्हो पर्यन्त नहि। अति आधुनिक भूमिका मे एक मैथिल कन्या कें देखल तँ युगधर्मक प्रति आस्था बढ़ि गेल। ओइ खेप पार्टीक कार्यकर्ता निवास मे देखने रहिअइ, सींथ मे चुटकी भरि सिन्दूर लेभड़ल रहइ। दुनू पहुँची मे अठ-अठ टा कें चूड़ी सेहो रहइ। आ आब ?

आब हमरा लोकनिक ई मंजु विश्व भरिक आधुनिकतम अग्र-चेतनाक सहज स्फूर्ति सँ उद्‌भासित भ'क' ठाढ़ि अछि !!

फेर ओहिना बिजलीक चूल्हा पर हबर-हबर आइयो मंजु चाहक पानि तइयार कएलक। अरविन्द फेर ओहिना भीतर जाक' तीन टा कप अनलक। फेर ओहिना हमरा लोकनि चाह पिबइत गेलहुँ।

—आ ननकिरबी ?

–सूति रहलइ।

–देश दिस नइँ जाइ छ'।

–जाइत छी मुदा चारि दीन सँ बेसी ओम्हर मोन नइँ लगइए, पड़ा अबइ छियइ की !

ई कथा अरविन्द नहि, मंजु बाजलि रहए।

बड़ी काल धरि हमरा मुँह सँ एको रत्ती आखर नहि बहराएल।

आन दिन एबालए वचनबद्ध भ' क' ओइ राति वामनपाड़ा घूरि आएल रही।

मिथिला दर्शन / मइ, 1957

जरद्गव !

नवका तूरक दू गोटे (पत्रकार) हुनका ओहि ठाम जखन तेसर खेप पहुँचलाह तखन साक्षात्कार भैये टा गेलनि...

विशेषांकक लेल रचना चाही ? बेस ! प्रयास करब...

दोसर साल दुर्गापूजाक अवसर पर फेर हुनका लोकनि ओहि वयोवृद्ध साहित्यकार केँ घेरलथिन—"एहि बेर नहि मानब।"

—"बेस, बेस ! परसू ककरो पठा देबनि" आ, परसू ओ देवघर चल गेल रहथि !

आ, एहि बर्ख ?

एहि बर्ख जखन सहकारी सम्पादक बन्द लिफाफ खोललनि तँ—

माथ हाथ ध'क' तीनू सम्पादक बड़ी कालधरि गुम्म रहलाह !

शीर्षक आब बदलि गेल छलैक। "ललित किशोरी" भ' गेल रहथि "कनक चम्पा"...ई गल्प जरद्गव महोदय बासिये पठा देने छथिन...सेहो की, तँ, दू ठाम पहिनहि प्रकाशित !

तीनू सम्पादकक कपार टनक' लगलनि। तरुण सहकारी बजलाह—"कॉफी मँगा लेबाक चाही" दोसर केँ हाफी भेलनि—"पानो !"

मुख्य सम्पादक अपन नोसिदानी बहार कयलनि।

मिथिला मिहिर (कथा अंक) / 15 सितम्बर, 1963

चितकबरी इजोड़िया

अइ साल आम नइँ फड़ल रहै।

भोलाक पुरनकी गाछी तँ मने मजरबो ने केलै। हँ, तखन नबगछुली मे गोड़ तिनिएक गाछ फड़ल रहै।

किछु मास पूर्व मलमास भेल छलै। ताहि हिसाबेँ बैशाख, ओना बूझी तँ जेठ। आम पाकब आरम्भ।

नबगछुली मे भोला सहनीक बेटा मंगल मचान ठाढ़ केने रहए। चारू बहिनी ओगरबाहि क' जाइ पारापरी आबिक'। बाप केँ पलखतिए नइँ; बेटो कमे सम अबै गाछी दिस।

ई नबगछुली रहै गामक भिड़ले, दच्छिन-पच्छिम। बीच मे किछु खेत, भिट्ठा। सम्प्रति ओइ सभ मे मड़ुआ लहलहाइत।

मंगल केँ भेट करबाक बड्ड मोन करै, मुदा मधुरी हाथ लगै तखन ने ! बड्ड अउनाएल, बड्ड छटपटाएल। एक दिन चुल्हाइक मार्फत कहा पठौलकै मंगल--सासुर धरि खेहारब, भेट किए ने करत ! एहेन कोन बात ?

ने जानि की फुरलै मधुरी केँ ! नरइ मे भेट करबा लए आबि गेलै...भीठ टपिक' आड़ा, आड़ा टपिक' भोला सहनीक नरइ।

इजोड़िया त्रयोदशी।

पहर भरि राति बीतल हेतै।

नबगछुलीक झोंझ मे चितकबरी इजोड़िया।

ताहि इजोड़िया मे नहाइत दुपलिया मचान।

अचारक लेल दिन मे काँच आम तोड़ने रहै से हरिअर पात मारते पसरल छलै।

पैरक तरबा मे गुदगुदी लगलै मधुरी केँ, छाती मुदा धड़-धड़-धड़-धड़ क' रहल छलै...

परसुए तँ पूर्णिमा थिकै !...मधुरीक आँखिक कोऽ पसरिक' दोबर भए गेलै। ओकरा नीक जकाँ बूझल रहै, जँ भेट नइँ कए लेलकै तँ मंगल पिठिओने जेतै...महफाक पाछु धइए टा लेतै, मंगल कहाँ ककरो परवाँहि करतै ! हँ, एहेन आवेश नइँ देखल कतउ !...

नरइक बीचोबीच एक टा गाछ रहै किशुनभोगक। बेश झमटगर। नबो रहै तँ की,

बड्ड भोगार गाछ छलै। गाथल-गूहल, सटल-सन्हिआएल ठारि सभ, आपस मे ओझराएल-बिहिआएल....चाकर-चाकर, नाम-नाम पात सभहि सँ झापल-गस्सल। मजाल रहइन इजोड़ियाक, जे ओहि जालक छेदन-भेदन क' क' नीचाँ खसितथिन !

संकेतक अनुसार मंगल किशुनभोग तर ठाढ़ रहए...

ई साक्षात्कार भ' रहल छलै मास पाँचेक उपरान्त।

लग ऐलै तँ मंगल सनसना क' आगू बढ़ल। मधुरी केँ अपना दिस घीचि लेलकै।

शुक्ल पक्षक तेरहम तिथि केर दुग्धधवल प्रगाढ़ इजोड़िया ओहि झमटगर गाछक नीचाँ धरि ओना तँ एकोरत्ती नइँ आबि रहल छलै मुदा एम्हर-ओम्हर नबगछुली सभक बीच-बीच मे, आ उपर आकाश मे यत्र-तत्र-सर्वत्र तँ ओकरे अङ्वाल पसरल रहै कि ने ! से, कृष्णभोग तरक अन्हारो तेहेन अन्हार नइँ, देउरल अन्हार बुझि पड़ै। बेश फड़िच्छ।

मंगल केर पहील आवेग कम भेलै। ओकर बाहु-बन्धन सँ अपना केँ छोड़ाक' मधुरी बीतभरि फराक ठाढ़ि भ' गेलि।

मुग्ध विभोर मंगल सोझहि ठाढ़ रहै। दुनूक श्वास-प्रश्वास दुनूक नाक-ठोर केँ स्पर्श क' रहल छलै।

चिक्कन-हल्लुक बिदिर-बिदिर...

—ताभस तँ बड्ड हेतउ हमरा पर ?

—उहुँ !

—ए'गो बात कहिअउ ?

—हँ, मानबउ !

—नइँ, तोरा सँ पार नइँ लगतउ !

—कहबो करबेँ कि अहिना ?

—साँचो ?

—हँ गे मधुरी, तोरा लए मंगल की ने क' सकइए। आ कि ओम्हर कतउ गोपी खसलै एक टा...

अहिना एक टा-दू टा क' आम आब पाकय लागल रहै। मधुरी बाजलि—कोन आमक गोपी थिकै ?

—आर कोन आम हेतै ? रोहिनिआँ हेतै...आनि दिअउ ताकिक' ?

—टोहिअबैत घुरबेँ ग' ?

—ढेप-चेप मे, ठेस नइँ लगतउ ?

मंगलक अइ बात पर मधुरीक ठोर पर मुसकी आबि गेलै। दाँतक उज्जर पाँती ओहि पातर अन्हार मे दमकि उठलै। तखन हँसी तँ मंगलो केँ लगलै, मुदा ओकर दाँत कहाँ चमकल रहै ? तमाकू खेबाक हिसख छलै किने !

दु-एक टा कीड़ी उड़ैत-उड़ैत नाक-कान छूबि गेल रहै। मंगल केँ गत्र-तत्र मे सिहरनि बूझि पड़लए। पाँच मास पहिलुक ओ अगहनी राति...ओ एकांती...उएह मधुरी...मुदा से अइ नबगछुली मे नइँ, धनहा चओरक ओइ पाकड़ि तर...इजोड़िया नइँ,

अन्हरिया रहै कि ने ?...

अँगपोछा ओछाक' मंगल अपनहुँ बैसल आ मधुरिओ कें बैसा लेलकै।

मंगल फेर अपन हाथ मधुरीक कान्ह पर राखि देलकै। मधुरीक दिस सँ प्रतिरोध तँ नइँ, अनाशक्ति अवश्य।

–कहलें नइँ गे ! कीदन कहै छलें...

–फेर कहबउ ! कहबे करबउ कि...आँगनवाली केहेन लगै छउ ? खूब मोनगर कि ने ?, बढ़िम भेलउ...

–मुदा, मधुरी, तों मुँह फेरि लेबें तँ तोहर मंगल बेलल्ला भ' जेतउ सुखाक' काठ भ' जेतउ गे...

मंगलक स्वर दीनताक भावना मे डूबि गेलै। अनुनय, विवशता, उदासी...

मधुरी परम गम्भीर मुद्रा मे बैसलि छलि। मुदा मंगलक कातरताक अनुभव होइतहिं ओकरा नइँ रहल गेलै। दुनू गोटे सटिक' तँ बैसले छल, मधुरी सोझासोझी भ' क' अपन दहिना हाथ ओकरा गर्दनि दिस पाछु लटका देलकै। बामा हाथ कोरा मे।

गाछ तरक चिक्कन आ दुबिआह माटि साफ-साफ देखबा मे अबै। थीर आ मधुर स्वर मे मधुरी कहलकै–हे, एम्हर मुँह फेर हमरा दिस, सुनै छें कि ने ?...हम तोरा सँ चारि बर्ख छोट छिकअउ, आ कि पाँच बर्ख...एहने सन आइ धरि तों हमरा लए परान दैत रहें, हम तोरा लए परान दैत रहिअउ...मुदा आब तों हमरा बिसरि जो मंगल। तोरा भगवान केहेन दीब लछमी-सन बहुरिया देलथुनऐ, आब तों ओकरे सुर्ता राखहिँ राति-दिन ! हमरा पर सँ मोन हटा ले मंगल...

मंगलक बोलती बन्द रहै। मधुरी कें बुझि पड़लै, एकर जीह सुन्न भ' गेलइए...

कान सँ ठोर सटा क' कहलकै–मंगल !

मंगल आबहुँ गुम्मे छल।

मधुरी नहूँ-नहूँ कह' लगलै–तों तँ हमरा सँ दस बड़ बेसी बुधिआर छें मंगल ! हम तँ जनी-जाति छी, तों तँ मर्द...अपना घरक लछमी कें छोड़िक' आनक आँगनवाली लए आबहुँ अहिना बेलल्ल भेल घुरबें ? आब तँ नबालिक नइँ छें, चेतन भेलें आब कि ने ? तोरो आँगनवाली अपना नहिरा मे ककरो अहिना बुछा-सूझा क' जँ आइलि होउ ! बिआह-दान भेलाक बाद मउगीक जिनगी बदलि जाइ छइ मंगल ! तों हमरा बिसरि जो...

मधुरीक हाथ कें हटा देलकै मंगल। एती दूर धरि सोचने-बचारने हैत मधुरी, से कहाँ बूझल रहै मंगल कें !

आइ पहिल बेर ओकरा अपन आँगनवाली मोनहि मोन खूब जोर सँ आकर्षित करय लगलै...सत्रह बर्खक एक टा मोरङिआ छउँड़ी...प्रफुल्ल थलकमल सन अभिराम मुखमंडल...लबाधुर मुद्रा...सइतल दृष्टि...जाँतल मुस्कान...गोर गहुँम कांतिवला ओ सुगठित देह आइ मंगल कें पहिल बेर एना भ' क' मोन पड़लै ! दुरगमनियाँ कनियाँ...पैघ परिवारक मर्याद आ पतिक उपेक्षा ओहि लजबिजी कें आइ धरि गौण

बनाक' रखने रहै। मंगल ओकरा विगत दू मासक मध्य नीक जकाँ कहिओ कहाँ देखने छलै ! डिबिआक धूमिल इजोत मे राति केँ दू-एक बेर देखने होइ तँ होइ...मुदा आब एखन ओ मने सोझाँ मे आबिक' ठाढ़ि भ' गेलि छै ! मंगल मने साफ-साफ अपना आँगनवाली केँ देखि रहल छल।

मधुरी केँ ओहि छउँड़ीक प्रति कनेको ईर्षा कहिओ नइँ भेलै। शील-स्वाभावक अपन मधुरताक कारणेँ ओ कनियाँ मधुरी केँ मुग्ध क' नेने रहए। एखन मधुरिओक ध्यान मे उएह चेहरा नाचि रहल छलै मने !

मधुरी केँ मंगलक मौन असह्य लगलै। मोन पड़लै पहिने जखन भेट होइत छलै तखन ओ सहज स्नेह सँ एकरा बीड़ी पीबाक आग्रह करै–ले, तँहू आइ पीबि ले ?... मुदा आइ ?

–बीड़ी नइँ बहार करबही ?

–हुँ !

मंगल बीड़ी धरओलक। दू कश पहिने अपने खीचिक' ओकरा थम्हा देलकै, कहलकै–ईह ! एहेन निर्मोही छेँ तोँ !

मधुरी गुम्मे रहलि। बीड़ीक कश घिचैत रहए।

बीड़ीक शेष अंश स्वाहा क' क' मंगल बाजल–आब कहिओ तोहर मुँह नइँ देखबउ....

बिजलीक फुर्ती सँ मधुरी ओकरा मुँह पर अपन हाथ रखैत बाजलि–रामराम ! एहनो अशुभ कथा केओ बजइए।

मंगल हाथ हटा देलकै, ठोरे-ठोर बाजल–की शुभ, की अशुभ, हमरा लेखेँ आब सब बरोबरि...

मधुरी बीच्चहि मे ओकरा डटलकै–केहेन बेअक्किल जकाँ अल्ल-बल्ल बजने जाइ छेँ मंगल भाइ ! की होइ छहु जे सनसार मे तोरा सँ बेसी काबिल आउर केओ नइँ छै ? देखहु, एम्हर ताकह ! फेर तों अहिना अलट-बिलट एक्को आखर बजलह तँ हम किशुनभोगक अही गाछक जड़ि मे अपन कपार फोड़ि लेबक...सोनिते सोनिताम भ' जेबइ तखन तोरा आँगनवालीक सोझा मे पहुँचिक' ओकरा कहबै–भउजी, देख, कप्पार कोना फूटल...

मंगल ओकरा आगू नइँ बाजय देलकै।

हाथ छोड़ाक' मधुरी फेर कहय लगलै–देखह मंगलभाइ, धूरा-माटिक खेल...हमरा आउर खूब खेलेलिए...तहूँ आ हमहूँ...आब तँ हमरो दुरागमन हैत, हमहू आब सासुर बसब ग' कि ने ? माए-बाप, सासु-ससुरक इज्जति आ सुख जहिना तोरा हाथ मे, तहिना हमरो हाथ मे। आ कि नइँ ? हम कोना तोहर घर-आङन चउपट क' दिअह ? हम कोना आब एक टा बहुआसिनक सिन्नुर पर करिखा पोति दिअउ ? तोँही कह'...

कनी काल धरि दुनू दिस गुम्मी।

दुनू फेर उठल। मचान लग अबैत गेल।

एक टा गोपी फेर खसलै।

मंगल कहलकै—ई असिरबादी तोरे लेल टभकल छउ, आनि दै छिअउ ताकिक', नेने जो अपन...

पाकल आम ताकिक' आनि देलकै मंगल।

सरही आमक गमकैत गोपी कें सुंघलक तँ मधुरीक मन मस्त भ' गेलै।

नरइक आड़ा लग आबि मधुरी मंगल केर पएर दिस झुकैत बाजलि—भइअन, हमरा माफ करिह...अइ अभागलि बहिन कें एक्के बेर बिसरि जुनि जइहक !

मंगलक आँखि नोरा गेलै। एक्को आखर बाजि कहाँ भेलै !

आड़ा टपिक' दुनू गोटे मड़आ खेतवाला भिट्ठा बाध केर बीचो-बीच आरि पर होइत गाम दिस आबि जाइत गेल।

—*'गल्पसुधा' / 1964*

चारि अहोरात्रि आ एक दिन

रात्रिशेषवला ट्रेन धएल जे धक्कम-धुक्की सँ त्राण भेटत। इंटर केर कम्पार्टमेंट...

एक गोटे घसमोड़ि क' सूतल रहथि, तनिक पाँखुड़ घीचल। स्वर कें सेहो तीव्र कएल—''अओ, ऊठि ने होइए ! आब की राति छइ ?

'ऊँ ! अँऽऽऽ...' तत्पश्चात् बेचारे धनुर्मुद्रा धारण कयलन्हि आ हम स्थान पाओल।

रेड़ा ततेक कहाँ भेलैक; सात की आठ गोटे कुल्लम।

जेठ सुदि। पूर्णिमा निकटे रहैक। प्रभाती बसात से बड़ मधूर बुझि पड़ल।

गार्डक भिसिल...

गाड़ी ससरल तँ चेकर पैसल कम्पाट मे।

पाँच गोटे थर्ड किलासी टिकट देखबैत नानापुराण निगमागम सुनाबय लगलथीन ओकरा।

''अगाड़ी उतर जाइएगा।''

''बेश सरकार !''

''बेश-तेश नइँ !

''पडौल मे उतरि जेबै हजूर, आप देखि लिजएगा !

चारि गोटेक चेहरा गमैया रहइन आ तीन गोटेक पढुआ, मने कओलेजक विधार्थी होथि।

ओहि तीनू दिस गहिकी नजरि सँ देखैत टी.टी.ई. बाजल—इंटर का माशुल...एक्सट्रा चार्ज...

एक हाथ मे मेमोवला जिल्द आ दोसर मे पिनसिल। कार्बोनक टुकड़ी कें सरिआबैत। बर्थक काँती पर संकोचएँ सुटकलि जनानी-सवारी दिस आब चेकरक ध्यान गेलैक—माइ गओड ! आप सुभिस्ता से काहे नहीं उठता ? थर्ड क्लास की पैसेन्जर इंटर का टीकीट आउर इंटर का पैसेन्जर आउर थर्ड क्लास की टीकीट ! माइ गओड !!

अइ पर ओइ पढुआबाबू लोकनि कें हँसी लगलइन। वक्रोक्ति कें पचाबक लेल जनानीवला पुरुख अपन मोटरीक पैकेट बहार केलक। हड़बड़ी मे गोड़ चारिएक सिकरेट खसि पड़लै आ छिड़िआ गलै। ललका पढ़िक पीयर धोती, 'लिलही' धारीक साधारण हाफ। जूताहीन पैर। नाक-मुँह सामान्ये। गेट सँ ओङठल रहैक।

पढुआबाबू लोकनि मे जे सर्वाधिक चुलबुल रहथि ओ एकाएक गहीर इनार भ' गेल

छलाह। सहसा आगाँ आबि टी.टी.ई.क दहिना कान मे किछु कलहथीन। ओ नहूँ-नहूँ मेमो केँ बामा दिसुक जेब मे ध' रखलक...बैसि गेल एक कात। बाबू-भइआ ठाढ़े रहलाह।

साँझखन गाम पर राधा भाइ बेश डबल जूम तमाकू देने रहथि। आधा ओरिआ क' ध' रखने रही से आब बहार कएल। एहि दिव्य पदार्थक प्रति अपन नैमित्तिक अनुरक्ति केँ बन्डा 'जनसम्पर्क विभागीय अनुबन्ध' बुझैत छथीन से तकरा ठोरक हवाला क' लघुशंकाक हेतु उठलहुँ।

पंडउल। लोक ततेक नहि। एहि कम्पाट केँ तँ ई स्टॉपेज मने खूब हल्लूक क' देलक। पाँचे गोटे रहि गेल छलहुँ–जनानीदार सविग्रह उतरि गेल छलाह।

बर्थ पर कोने मे खुशफइल भ' क' ओठङि रहलहुँ।

भोरहरिआक सिहकी। चेतना पर तन्द्राक से की अद्‌भुत आक्रमण ! ने सूति होए, ने जागि होए !!

हे लिअ', मधुबनी आबि गेल !

बूझि पड़ल जे सौंसे ट्रेन खलास भ' गेलइए।

बेस बढ़िआ जकाँ फड़िच्छ भ' गेल छलै।

तीनि अदद 'समान' रहए–निर्मुष्ठि छाता, बेग आ गोलिआओल-भिड़िआओल पंजाबी खेस (मोट सूतक चद्‌दरि)...सेर छबेक बोझ।

तानि देलिअइ ठंढे ठंढी सउराठ दिस। बुधन झाक होटल लग पहुँचलहुँ तँ गंगासागर मोन केँ जोर सँ घिचलक एकबेर, तेहने जोर लगाक', मुदा ब्रेक सेहो देलिअइक–चल' हे चित्त सभागाछी ! चारि साल बाद जाइ छलह कि ने !

सभइताक कोन घटी ? मारते लोक सहचर !

लागल-लागल पहुँचिए गेलिअइ कि !

सउराठ। सभागाछीक पुबारि कात। आबहु बेसी दिन नहि ऊठल रहैक। बिच्चे सड़क पर गाड़ी केओ ठाढ़ करबा देने छलैक–हलुअइया दोकानक सामग्री सँ बोझल रथ ! सिरपहिया लागल।

मैथिल संघ (कलकत्ता)क कैम्प सभागाछी पहिनहि पहुँचल रहतै–देवनारायण बाबू ई कथा हमरा दिन बीसेक पूर्वहि सूचित केने छलाह। मुदा उत्साह नहि भेल जे हुनका लोकनिक शिविरक पता लगा ली आ तखन आन काज करी। शरीर केर पाँचो तत्व भफा गेल रहए मने ! होए जे स्वच्छ जल वला कोनो पोखरि पाबी तँ भरि पोख बोहिआइ...

ओना सभागाछीक उतरबारि कात आ दछिनबारि कात बड़की-बड़की टा पोखरि अछि। परंच ओ दुनू दुर्दशाग्रस्त अछि।

गाम दिस डेग बढ़ाओल।

सउराठ ठाकुर लोकनिक गच्छ ल' क' बेश नामी। हिनकालोकनि विद्यापति केर वंशधर। सकुरीक प्रख्यात डॉक्टर सुरेन्द्र ठाकुर अही गच्छ केर थिकाह। तनिके भातिज

नवचन्द्र जकरा हमर गोटा-गोटी रचनाक लेल विलक्षण आसक्ति। ओहि खेप (1950 ई. क जून) सभा आयल रही तँ नवचन्द्र चारि साँझ घेड़ि-घाड़ि क' अपना ओत रखने रहए। से, हृदय तेना भ' क' ने मिझा गेल छल ओहि काल जे ओकरो दलान दिस डेग बढ़ेबाक चेष्टा नहि क' भेल।

राम ठाकुरक दलान सँ सटले पूब छोट छीन एक टा पोखरि छैक, तकर जल बेश स्वच्छ।

गली सँ बहार भ' क' पोखरि दिस मुँह कएल कि भतूज केँ देखलिअइन चारि-छओ गोटेक मध्य बैसल ! अरे बा !

नीलाम्बर बाबू अवस्थाएँ जेठ आ सम्बन्धेँ छोट, अर्थात् भातीज (भगिनमान)। हमरा लोकनि नेना रही, तहिए सँ हिनका 'भतूज' कहैत एलिअइन्हि। ई दू दिन पूर्व पहुँचि गेल छलाह—दू टा कन्यादान कर्तव्य रहइन्हि। राम ठाकुर हमरा लोकनिक अबधी भाइक नतीन जमाए। अबधी भाइ भतूज केर अपने पित्ती।

बेश प्रचंड आग्रह भेल ठाकुरक दिस सँ। अन्ततोगत्वा डेली-खोड़ी ठाकुरेक दलान पर रखबाओल गेल।

बेश पक्का पाट। स्नानार्थी—सभइताक घमाघट्टि। चारि-छओ सीढ़ी टपिक' कने ठाढ़ भेलहुँ आ नजरि केँ छुट्टा छोड़ि देलिअइक—ताकि ले नीक जकाँ, दुइओ-चारि टा परिचित मुँहठान जँ भेटि जाउ तँ...

कि ताबहिँ सीढ़ी सँ उतरइत महामहोपाध्याय लक्षित भेलाह। पाछाँ-पाछाँ डॉ. श्री जयकान्त (एम.ए. डी-लिट; प्रयाग विश्वविद्यालय) एवं प्रोफेसर श्री श्रीकृष्णा मिश्र। प्रीति-पूर्ण, दृष्टिविनिमय। चिकनइ लगओने रहथि तेँ प्रणाम नहि केलिअनि महामहोपाध्याय केँ। हिनका लोकनि केँ श्री प्रभाकान्त (एम.ए. प्रयाग वि.) क हेतु पात्रीक अन्वेषण रहइन से पछाति पता लागल। अपनो देआद लोकनि कइएक गोटे देख' मे अएलाह— बउए भाइ आ किशून (कोडरमा-हाइ स्कूलक मास्टर श्रीकृष्णकान्त मिश्र बी.ए., बी.टी.)...

आधा घन्टा खूब नीक जकाँ बोहिअयलहुँ ओइ पोखरि मे। केओ बजला—कने उत्तर हटिक' एक टा नवकी पोखरि छैक तकर जल तँ अहू सँ विलक्षण छैक, मुदा घाटे नहि !

संध्या-तपर्ण सहजहिँ करितहि नइँ छी, से साढ़े बाइस ! तखन स्नानोत्तर भोजने टा शेष कृत्य छल।

श्री रामेश्वर ठाकुर (राम ठाकुर) क ओत सभइता पाहुन लोकनिक अतिव्याप्ति देखल। दालि-भात, चारि टा तरकारी (बड़ी समेत) ओ कसउँझी...ई अठसंझी ब्रह्मभोज हिनके लोकनिक साध्य थिकइन।

रतुका जगनी रहए, निद्रा अनिवार्य। नवानीवाली मोसम्मात (ठाकुरक भाउजि) हालहि विष्णुयज्ञ करओने छथिन से तही महामंडप मे सूति रहलहूँ। चारि बजे सभास्थल दिस।

आइ (26 जून) हजार तीसेक लोक छल हैत। प्रचंड गर्मी...गाछी आब बेश पतरा

गेलइए...इनारो सभ अकाजक। पाकड़ि गोट दसेक से धरि अपन टेक रखने अछि।

इनार सँ किछु दक्षिण सँ सटले उत्तर अपना गाम (तरौनी) क गोड़ चारिएक बाछा कें देखल। वयोवृद्ध भोला भाइ शम्भू कें अनने छलाह, किशून बिर्जू कें। आनो उमेदवार सभ रहैक। इसकुलिया छओंड़ा कतेको छल जे शुद्ध क' क' टहलान मार' आयल छल। गार्जियन लोकनि गँहकीक संधान मे बउआइत घुरथि। भतूज (नीलाम्बर) बाबू कें दूइ गोट सुपात्रक अन्वेषण रहइन, ओ तँ चंचल। त्रिलोक भाइ सेहो अपसेआँत रहथि।

हमरा घटकैति नहि कर' अबइए। सात-आठ वर्ष पूर्व निविष्ट चित्तें भार्गवीक लेल घटक भेल रही। ई हमर ममिऔत बहीनि।...उमेदवार छलाह समउलक। सभ किछु ठीक-ठीक भ' गेलै। सिद्धान्त सेहो भइए गेल छलै। बिख्या एवं बरिआती लोकनि कें ल' क' हम मातृक (सतलखा) पहुँचलहुँ। एह ! अखाढ़क ओ मेघो की जिनगी भरि बिसरत ? कोनो कारणें मामी कें काज पसिन्न नहि भेलइन...हम बड़ी भटका खसलहुँ, कान धएल जे ककरो कन्याक घटकइती नहि करी। आगाँ ! पाछाँ फेर भार्गवीक बिआह अन्यत्र करबैत गेलथीन।

से परिचित आ अपरिचित–सभ कें चंचल देखल।

–छी कुशल ?

–अपन कहल जाओ !

अहि रे बा! चेहरा मोन पड़ल जे बेश अपेक्षित रहथि कहिओ, परंच नामे हिनक मोन नहि पड़ि रहल अछि...

मित्र ! एह, कते बर्ख भ' गेल भेट भेना ?

से सरिपहुँ मित्र !

मोने मोन अउनाइ...अपन भ्रष्ट स्मरणशक्ति पर खउँझाइ कि बीचहि मे हुनका केओ सम्बोधित कएलथीन–उमाकान्त बाबू !

पं. उमाकान्त झा व्याकरणाचार्य, प्रधानाध्यापक (संस्कृत विद्यालय) गजहड़ा।... हमरा लोकनि गोनउली मे सहपाठी रही। ततः परं काशी मे। बेश गोर-नार। नाम चेहरा। गांग यामुन केश। सोझाँक दू-दू टा दाँत झड़ल...धोती, कुर्ता, पाग आ अतिसाधारण जूता से।

मित्रवर जटाशंकर जी (लगवस्सा) कें ताकल ओ नहि भेटलाह। कंचन भवन होटल (पटना-4) क मालिक नवगरही निवासी श्री अकलूनाथ झा सँ मंडिल लग साक्षात्कार भेल। भतीजीक निमित्त हिनको एक गोट सुपात्र तरुणक संधान छलइन।

ओहि दिन अनेकानेक परिचित लोकनि सँ भेट भेल।

काज बड़ कम पटलैक, सभा मकमकैले रहल ओहि दिन।

बल्लीपुरक तरुण लोकनि (नूनू बाबू आदि) एक टा बड़का काज ओहि दिन पटबैत गेलाह–बृद्धवर्गक स्वारस्य नहि रहइन ओहि कथा मे। वर बल्लीपुरवासी ओ कन्या बारीनिवासिनी। वरपक्ष, वंशवैभब, मान-मर्यादा एवं सम्पन्नताक दृष्टिएँ कन्यापक्ष सँ

कतेको पैघ। मुदा कन्यापक्षक अनुनय आत्मार्पण तकरो जितलक।

पाछाँकाल हेमकान्त बाबू, गोपीकान्त बाबू, सुरेन्द्र बाबू (सुमन जी) ओ हरिन्द्रकिशोर बाबू (नेहरा) लोकनि जोर लगा देलथीन्ह।

हजार दुइएक देब' पड़लइन परंच काज धरि सम्पादको (सुमन) जी केँ बेजाए नहि भेलइन। रामकृष्ण कॉलेजक छात्र, नाजिरपुर निवासी...

सुरेन्द्र बाबू कहलइन सूर्योदय सँ पूर्वे शय्यात्याग करै छथि; एफ.ए. मे पढ़ै छथि आ घरहुक बेश सुभ्यस्त। शंकरजीक अनुकम्पा ! हमरा तते आयासो कहाँ उठाबक पड़ल।

एहि बेर लोक घरकथे सँ बेसी काज कएने छल। सभाक रुखि विचित्र बुझना गेल। बुझनुक उमेदवार केँ गार्जियन पर खउँझाइत देखल। उच्च शिक्षा एवं पुष्ट जथाजाल दिस नजरि केँ जे लोकनि केन्द्रित केने रहथि, ओहि कन्यावला सभक मनोरथ सभागाछी मे अइ खेप क्वचिते पूर्ण भेल हेतइन।

'मिथिला प्रसूतारिष्ट' वला केओ माइक पर अगवे हिन्दी दरड़ने जाइत रहथि, परिधान मे खद्दड़, चेहरा अप-टू-डेट ! टायरगाड़ी केँ पोस्टर एवं फेंटून सँ सजओने—प्यारे भाइयो ! नासमझी से हमारे घरों में कई किस्म की बीमारियाँ...'अओ, बूझल ! एहि 'हिन्दुस्तानी'क प्रति अपने केँ एत्ते टा मात्सर्य किए ?'

लखनउआ जीहवला ई लोकनि मने आगरा निवासी डॉ. श्री रामविलास शर्माक सौजनिआ रहथीन, क्रमपात तेहने ?

जँ-जँ सूर्य अस्ताभिमुख भेलाह तँ-तँ लोक पाश्वर्ती गाम सभइ दिस मुँह कएलक। सतलखा, पओना, पोखरौनी, रहिका, हरिपुर, बक्शीटोल आदि गामक स्वजन-कुटुम्ब लोकनि हमरो अपना-अपना दिस घिचबाक आग्रह कएलन्हि। परंच अपने निश्चय कएने रही जे अइबेर सउराठे मे रहबाक थिक; के जेठक गर्मी मे कोसक कोस जाए आ आबए !

बीच मे दू एक बेर सर्बत पीने रही—कउड़ी भरि बर्फ द' द' क' तेहेन 'ताजा-तरावटदार गुलाबी सर्बत' तैआर करैत रहए ओ हम तकर वर्णन करबाक सामर्थ्य कत' सँ लाउ ? दाम की तँ चरि-चरि आना ! करिआ चश्मावला मूड़ी डोलाक' गोपी (डॉ. गोपीकान्त मिश्र एम.बी.बी.एस.) बाजल रहए—चचा, सौराठक सभा तँ आब हरिहर क्षेत्रक मेलाक कान कटइए।

बेजाए नहि बाजल रहए गोपी।

गोपी ओ कृष्णचन्द्र (व्याकरण-आचार्य; एम.ए. क छात्र) तमसगीरे भ'क' सभा गेल रहथि। अगिला भोरे परा अबैत गेलाह। मोन नहि लगलै। ओतेक पैघ मेला आ पानि पर्यन्त सुलभ नहि। चाह ओ सर्बतक नामे जेबकतरे सभ मने दोकान फोलने रहए। हलुवइया सभ गर्जे कचकूहे पूड़ी-कचउड़ी छनने जाइत छल। जाहि पोखरिक पानि कहियो केओ नहि पुछनिहार ओ लोकनि ओही सँ अपन यावतो काज ससारए। पूड़ी सोझाँ मे पड़ल अछि आ तरकारीक लेल गदह क' रहल छी, जल लए किकिआ रहलहुँ। रओ लुचवा, आदमीक खगता रहउक तँ किए एते गोटे केँ बेइसा लेलही ? किए सोर पाडलें ?

किए घेंड़-घाड़िक' अनलक हमरा लोकनि कें तोहर आदमी ?...एही प्रकारक दुर्व्यवस्थाक कारणें गोपी आ कृष्ण चन्द्र 27 क अहल भोरे घसकल !

रातिखन राम ठाकुरक ओत' भोजन कएल। हुनका दलान पर आ विष्णुयज्ञवला मंडप मे लोक पटोटनि देने रहए। कने हटिक' अपना (पैतृक) घराड़ी पर भोला भाइ छोट छीन भितघरा एक टा ठाढ़ कएने छथि, पूब-मूहक। ओकरे ओसारा पर हमरा लोकनि पाँच गोटे जाक' पसरि गेलहुँ। थाकल-ठेहिऐल देह आ उदाम पूरिबा, कोन बाटें निन्न ऐल आ कोना एक्के करओटे भिनसर भ' गेले, से नहि जानि !

सउराठ मे आब लोक सभइता लोकनि सँ चारि कैंचा घिचउ लागल अछि–किछु ब्राह्मण आ किछु अब्राह्मण भाइ सभ घर भाड़ा पर चढ़ा लैत छथि। उचिते बूझि पड़ल से हमरा। किएक तँ पहिने व्यवस्थाक रूपें पाँच टा फूल किंवा पाँच टा झिटुका गनि देल जाइत रहैक; कुलीनताक मर्यादा कें लोक भजबैत नहि छल। आ, आब जखन मध्यवित्त वा धनिक ब्राह्मणवर्ग पुष्ट कए टाका गनै छथि वा गनवै छथि तखन घोड़दउड़क एहि मैदानक काते-काते अनको जँ चारि कैंचा कमा लेबाक मोन भेलैक तँ ताहि मे क्षतिए की ? एतबे किए ! व्यावसायिक बुद्धिवला केओ व्यक्ति जँ सौराठ-सभाक समय मे होटल ओ जलपान-शिविर स्टार्ट करथि आ बढ़ियाँ जकाँ ओकरा चलाबथि तँ कोनो दोष ? दू पइसा लगतै तँ लगतै, सुभिस्ता कते हेतै ! शहरू बाबू सभहि कें बड़ तकलीफ होइत छइन। मिथिलाक व्यापारी लोकनि कें एहि दिस ध्यान देबाक चाहिअइन।

27 कें माम (पं. श्री दामोदर झा, काशी) सँ भेट भेल। मित्रवर श्री जटाशंकर झा (रजिस्ट्रार, गुजरात संस्कृत समिति, अहमदाबाद) सँ पाँच-छओ वर्षक पश्चात् साक्षात्कार भेल। दिल्ली प्रवासी हरिहर बाबू भेटलाह। कलकत्ता प्रवासी श्री श्रीनन्दन बाबू (बह्मोतरा) सेहो।

से बेश। मुदा नाम जे एतेक गना देल से किए ?

ई बुझाबक तात्पर्य छल जे बिसरल भुतिआएल किंबा चिरवियुक्त बन्धुलोकनि सँ साक्षात्कार करबाक हो तँ सउराठक सभागाछी मध्य अपने अवश्य पहुँची...

दिनुका समय प्रचंड रउद आ राति कें अबाध पुरिवा–बर्षाक लक्षण तँ ई तहिए रहैक, परंच अन्ततः मेघ अपन बहादुरी देखओलक। 28 कें एकादशी छलैक। ओहि दिन (शुक्र) पूर्वाह्न मे डबल अछार वर्षा भेलैक; ताहि काल मे बन्डा नवचन्द्रक दलान पर आसन जमओने रहथि। रक्ष इएह जे दुपहरयिा मे उबेर क' देलकै। सुरेन्द्र बाबू (डॉक्टर) सँ काल्हि साँझेखन भेट भेल रहए। हुनक स्निग्ध उपालम्भ इएह छलइन्हि जे–'अपने सउराठे मे छी आ सेहो की तँ कइएक अहोरात्र भ' गेल तखन हमरा लोकनि कें खबरिओ धरि नहि !' तँ अजुका पहुनाइ हिनके लोकनिक ओत'...

अहू दलान पर मारते पाहुन !

ललित सहजहिं रहबे करए अड्डा देने। नवचन्द्रक पिता पाहुन लोकनि दिस अंजलिबद्ध होइत हमरा सम्बोधित क' क' बाजल रहथि : 'यात्रीजी, सभइता लोकनिक

जे चरणरज सैएह हमरा सभहिक सौभाग्य थिक...'

भोजनोत्तर करओट फेरब दैनिक कृत्यक एक टा विशिष्ट अंग भ' गेल अछि आब। से ओहू दिन निद्रारानी अपन माध्यं-दिन शखा केँ धइए लेलथीन कि ! ओकरा बरू ओ छोड़ितथि ?

निन्न टुटल तँ दलान पर केओ नहि, सभा बेश गनगनाइत।

हमहु अपन परिच्छद केँ सम्हारल आ सभा दिस विदा भेलहुँ। आइ अन्तिम तिथि रहैक की ने ?

सुरेन्द्र बाबू दलान पर सँ सभागाछी पहुँचबा मे मिनट दुइएक लगैत होइत होइ, बड़ लगीच।

चाँकि रहए साँझ धरि चन्द्रसेनपुर (सतलखा) पहुँचबाक। परिकल मेघक विश्वासे कोन ? आइ राति शारदाक बिआह हेबालए छलैक। शारदा हमर हृषीकेश मामा (श्री हृषीकेश शास्त्री) क कन्या। काल्हि साँझेखन सिद्धान्त भेलैक आ तहीकाल माम कहने रहथि—'ओना नहि जेबह तँ कन्हा पर उठा क' ल' जेबहु।' गत दू बर्ख सँ हिनका पात्रक अन्वेषण छलइन, परंच बड़ हरान होम' पड़लइन्ह आ अन्ततः पंडउलक एक टा शिक्षित युवक केँ टेबि लेलन्हि। हजारेक काटर लगलइन्ह मुदा काज बेजाए नहि भेलइन्ह।

बड़का मामा केँ कन्यादान करबाक हेतु कहल गेल छलइन्ह। ओ बजलाह 'चलू बैदनाथ बाबू ! लागल-लागल माम-भागिन दुनू गोटे चल जैब, सकाले पहुँचब..'

बेग आ खेसवला मोटरी कुंजा केँ द' देलिअइक।

मामा लोकनिक बहिआ। अन्नक अभावेँ पीठ-पेट ओकर एकाकार भ' गेल छैक, मुदा पनिगर धरि आबहुँ अतत्तह। गहुमा चाम सँ छारल कंकालवला ई देह हमरा नजरिक लेखेँ चिरपरिचिते। कने फूट ल' जा क' ओ कहलक—'बड़ भरोसा रहइए हमरा लोकनि केँ ठक्कनबाबू अहाँक ! कत' रहै छी, कहाँ रहै छी ?...आऽऽ ! हेऽऽऽ ?...'

सटकल पेट पर हाथ हँसोथिक' कुंजा ओहि वाक्य केँ समाप्त कएलक। बुझि तँ पड़ल 'अनन्वित' तइओ एक टा अठन्नी बहार क' क' ओकरा हाथ मे गोजि देलिअइ।

अस्थि कंकालमात्र ओकर विग्रह देखि मोन तैआर नहि होइत रहय जे ओतबो भार हमर ओ उठाबए परंच नहि मानलक कुंजा। बाजल—'हमरा लोकनि केँ सुकुमार भेने काज चलत ? अहू हालति मे सब काज। परोजन मे खटिए दइत छिअनि की ! लाउ ने, अइ बेग केँ की बुझबै हम !'

बेश बाबू, ले !

शेष शुद्ध रहै आइ। अपराह्न मे उबेरो खूब नीक जकाँ भ' गेल रहैक। दूरक सभइता लोकनि काल्हिए विदा भ' गेल रहथि। लग-पासक लोक ल' क' अजुका सभा। पँजिआड़ लोकनिक टटर सभइ मे आइओ बेश मेला।

हमरा कहिओ ई कथा बूझ' मे नहि आएल जे किए शुद्धक अन्तिम क्षण पर्यन्त ठेका क' ई सभा सभ विहित बूझल गेलैक। शुद्धान्त सँ एक सप्ताह पूर्वे सभा समाप्त होइतै तँ कन्यापक्ष एवं वर पक्ष केँ कतेक सुविधा रहितैक ? एखन दुनू पक्ष सिद्धान्त

भइओ गेला, उत्तर परस्पर संसयग्रस्त रहै जाइ छथि। स्थिति-पात शील-आचार किंवा कन्याक स्वरूप आदिक विषय मे एहि प्रकारक अल्पज्ञता अथवा अज्ञताक हेतुएँ कइएक प्रकारक अनर्थक सूत्रपात सम्भावित रहैत अछि।

बिच्चे सभाभूमि मे केओ आहर खूनि राति खन भानस केने छलाह आ तउला क' ठामहि अउन्हि देने रहथीन—जे केओ छल होथु हमरा हिसाबें समग्र मिथिलामंडल मध्य ओहेन पठिहार-शिरोमणि दोसर नहिए हैत। सभा भूमिक कात-करओट मे, विशेषतः दक्षिण दिस जे गाछी छैक ताही मे पहिने डेरइत लोकनि भानस-तानसक इन्तिजाम राखथि। पठिहरपनाक एहेन प्रकांड प्रदर्शन हुनका लोकनि कहाँ करथि ? मन्दिरवला धर्मशालाक अङनइ मे सेहो एहि प्रकारक आहर लोक खुनैत आएल अछि।

ई विचारैत सतलखा दिस पैर बढ़ओलहुँ जे युगक मोताबित एहि सभाक स्वरूप मे परिवर्तन आबि रहलइए, लोकक हृदय मे स्वाभिमानक बेश उदय भ' रहलइए—देशक अन्न-संकट एवं गृहस्थक दुःस्थिति सँ परिचित मध्यवर्गक शिक्षित अंश कुटुम्बी लोकनिक ओहिठाम चरि-चरि अठ-अठ साँझ पहुनाइ करबा मे महाक्लेश अनुभव होइत छैक। आनो-आनो कइएक प्रकारक असुविधा होइते छैक। प्रयागक 'माघ मेला समिति' जकाँ किए ने आइधरि समाजपति लोकनि 'सौराठ सभा प्रबन्ध समिति' संगठित करैत गेलाह ?

दोसर कथा ई जे सभ गोटे सउराठे दिस किए दउगैत अछि ? सहसउला (जि. मोजफ्फरपुर), सुखसेना (जि. पूर्णिया), बनगांओ (जि.सहरसा), सझुआड़ (जि.दड़िभंगा) आदि स्थान मे जे वैवाहिक सभा होइत आएल अछि, तकरो उपयोग लोक किए ने करैत अछि ? कुम्भ, अर्द्ध कुम्भ जकाँ आनोआन स्थान मे एहि महामेला केँ घुसकाब'क थिक, आ की नहि ?

रहिका होइत सतलखा जाइत गेलहुँ। सतलखा सात टोल। हमर मामा लोकनि रहै छथि चन्द्रसेनपुर।

मामी लोकनि केँ गोड़ लागि, दूटप्पी गप्प क' बरिआती लोकनिक स्वागतार्थ सन्नद्ध भलहुँ।...

...ओ सभ समय पर अबैत गेलाह, परंच सिन्दूर-दान एवं दूर्वाक्षत होइत-होइत भोर भ' गेलैक। 29 केँ मध्याह्नोत्तर बरिआती लोकनि विदा भेलाह आ हम सतलखा छोड़ल 30 क प्रातः काल। 31 केँ रहैक सोमबारी। अपराजिता (पत्नी) केँ बेढ़ देवालए 108 गोट कोनो वस्तु आवश्यक रहइन, से मधुबनी बजार मे दू कनमाँ किसमिस तदर्थ कीनि लेल।

8 घंटा मित्रवर रमाकर जी (प्रो. श्री बुद्धिधारी सिंह, मधुबनी डेउढ़ी)क सङ बिताओल। हमरा लोकनिक ई चंचुस्पर्श बहुतो दिनुक बकिअऔता रहए...श्रीकर साहेब मुदा मोजर नहि देलइन। बजलाह—'यात्री जी, अठपहरा प्रोग्राम बनाक' आबी तखन ने अपन बखरा पाबी हम !'

बंडा केँ से तरौनी पहुँचनाइ अतिआवश्यक रहइन, तेँ 'फेर अएबे करब सरकार।'

कहि प्रणाम केलिअइन आ स्टेशन दिस डेग बढ़ाओल।

मेलाक डरेँ आइओ इंटरेक टिकट लेल।

मधुबनी स्टेशन पर कथा प्रसगेँ ज्ञात भेल जे सभा सँ अइबेर जे काज भेल छैक ताहि मे कन्या शुल्क स्वरूप सर्वाधिक टाका 9000/- (9 हजार) गनल गेलइए—नबकरहीक श्री अकलूनाथ झा अपना भतीजीक प्रसंगे आ महिनामपोहद्दीक केओ बाबू अपना कन्याक प्रसंगें नौ-नौ हजार टाका गनने छथि। बोली तँ ओना पचीसो तीसो हजारक सूनल, परंच फलितार्थ तकर शून्ये।

सँझुका ट्रेन। धक्कमधुक्की नहि रहैक।

मुन्हारि साँझखन सकुरी उतरि दक्षिणाभिमुख भेलहुँ। आगाँ बढ़ला उत्तर मोहन भेटल। ओकरा सँ ई बूझिक' परम हर्ष जे त्रिलोक भाइ सेहो कन्यादान कएलन्हि। हँ, बड़का बोझ हल्लुक भेलनि हुनक !

एवं प्रकारेँ चारि अहोरात्रि ओ एक दिनुक हमर ई ट्रिप सम्पन्न भेल।

—वैदेही / जुलाइ, 1954

पृथ्वी ते पात्रं

एही वर्षक प्रसंग थिक।

जड़काला रहैक। पटना कॉलेजक किछु छात्र हमरा ओतए उपस्थित भेलाह। डेरा रहए ओहि बीचएँ खजाँची रोड, पटना-4 केर पार्श्ववर्त्ती एक टा मकान मे हुड़क सन देखबा मे, अबढङाह, मुदा नामानामी दोतल्ला, विशुद्ध भाड़ा-भवन ! से, ताही मध्य एक टा कोठली हमहूँ नेने रही...।

"की थिक ?"

"अपने कहिआ धरि अनठओने रहबइ ?"

जिरहक टोन मे ई जवाबी जिज्ञासा हमरा सर्वथा विलक्षण बुझि पड़ल। समक्ष मे 'नवतुरिआ'क सद्यः सम्पन्न कॉपी सभ पसरल छल। तानी तैआर रहैक, सोंटबे टा शेष। ताही अनुष्ठान मे अपस्याँत रही। साँझ होएबा मे कनेक विलम्ब छल हेतइ।

ओ लोकनि चारि आ कि पाँच गोटे छल होएताह। ओजस्वी आँखिवला एक तरुण दिस अपन नजरि केँ ठिकिया कए पहिने हम हुनके प्रति साकांक्ष भेलहुँ। तत्पश्चात पुछलिअन्हि—"कतए, कतए घर थिक, बाबू ?"

"बोनगाम।"

"बोनगाम महिसी ?"

"जी।"

"से, धेमुड़ाक कबइ नेना मे हमरो बेश परि लागल रहए, बुझल बाबू ?"

हुनक आँखि-मुँह उद्भासित भए उठलन्हि। बजलाह—'से बूझल अए हमरा...।'

दोरार गोटे दोटप्पी 'भाखा' मे पुछलन्हि—"अपने हमरा लोकनि केँ गोटेक घंटा टाइम दितहुँ...।"

वाह रे सप्रतिभ ! समय दिस ध्यान आकृष्ट भइए गेल तँ हमहूँ अपन भावुकता केँ नियन्त्रित कए लेल।

तेसर आ चारिम आ पाँचम (!) गुम्मे रहथि। हमरो भेल जे शीघ्रातिशीघ्र हिनका लोकनि केँ विदा करी।

सोझे पुछलिअन्हि—"की कोनो गोष्ठी हेबा लए छइ ? कोन होस्टल मे रहइ जाइ छी...?"

एहि पर पहिल बाबू बजलाह—"हमरा लोकनि अपने सँ इएह निवेदन करए आएल

छी जे अपना भाषा ओ अपना माटि दिस बेसी ध्यान दितिअइ, अपन...हिन्दी दिस जतेक मनोयोग अपनेक अछि, तकर दशांशो यदि मैथिली दिस...।''

अभियुक्तक स्वर मे हुनका लोकनिक एहि आरोप केँ अंगीकार कएल—''अपन एहि त्रुटि केँ हम नहि मानैत होइ से नहि। आइ फेर अहाँ सभक समक्ष अपन ई अपराध मानल हम...।''

विद्यार्थी बाबू बेश गम्भीर भए गेलाह।

ओही बीच सुनरा जलखइक हेतु घुघनी राखि गेल रहए लग मे, चम्मच नहि अनने छल। शोभा मिसर सोर पाड़ि कए कहलथिन्ह—''रओ चम्मच नइँ द' गेलहुन !'' हम ता अपन 'शेफर्स' (कलम) केँ बन्द कए नेने रही। 'नवतुरिआ'क कॉपी सभहि केँ सरिअबैत बजलहुँ—''बउआ ! अहाँ लोकनि केँ होइत होएत जे पाँचो-दस बीघा खेत यात्रीजी केँ अबस्से हेतनि...तखन एना किए सदिखन हिन्दी टा खड़रैत रहै छथिन्ह। किए नहि बेसी सँ बेसी अपने भाखा मे लिखइ छथि यात्रीजी ? किए एना बउआएल घूरै छथि पूब-पश्चिम ?''

एहि पर हुनका लोकनि आर गम्भीर भए गेलाह। सुनरा चम्मच द' गेल तँ एम्हर पेटहुक सान्ध्य-पार्वण होमए लगलैक आ ओहो प्रसंग।

कहलिअन्हि अन्त मे—''हमरा तीनिए कट्ठा खेत अछि बउआ, धन्य हिन्दी जे पाँच-छओ गोटाक पेट चलैए। से हिन्दीओ गद्य लिखइ छी तेँ निमहैए ने तँ अगबे कविवर भेने चारिओ दिनुका खोरिस की जुमैत ? तइओ...।''

आब ओ बाबू भने महामौन भए गेल रहथि, बिल्कुल ! हम ता दू चम्मच द' देने रहिऐक...रसना आ दन्तवृन्द अपना काज मे व्यस्त छल।

कनेक कालक बाद विद्यार्थी बाबू विनम्र भावेँ कहलन्हि—''हमरा लोकनि केँ ई नहि बूझल रहए ! होइत रहए जे बेश सुखितगर हेबइ अपने, चारि टा समाङ आ बीघा पचीसेक खेत...।''

हुनका मुँहक कथा अइ सँ आगाँ मने हम लोकि लेलिअन्हि—''पृथ्वी ते पात्रं, कि ने ? नहि, बउआ से हमरा नहि ! कहबे तँ कएल जे कट्ठा तिनिएक धनहर खेत अछि, ततबो किए ?...''

जिज्ञासामूलक दृष्टिपात कएल परंच ओम्हर सँ सूत्रो टा नहि ? घेंचुल मुद्रा मे तखन हम फेर अपनहि बजलहुँ—''ब्राह्मणी हमर जे छथि से विशुद्ध मैथिल महिला थिकीह। कोनो पाबनि छोड़ल नहि ताकथि। आन पाबनि-तिहार तँ जे से मुदा नबान निर्भूमि परिवार केँ देखार कए दैत छैक। से कातिक अबितहि अपराजिता देवीक घोघ लटकि जाइन्ह। कचोटेँ पपनियो टा नहि उठा होइन्हि ककरो दिस ! बेसाहल अन्न सँ कतउ नबान भेलइए ?''

''नहि से कतउ भेलइए !''

''हमरा ओइठाँ भेलइए, बउआ। बर्खक बर्ख भेलइए। आ तकरा बाद ई तिनकठवा खेत जे बहुतो दिन सँ भरना लागल रहल से छोड़ा लेल। आबहुँ बटाइए पर अछि परंच

ब्राह्मणी कें पूर्ण परितोष छन्हि जे अपनहि चासक उपजा सँ अग्नि कें नबान आहुति प्राप्त करैत देखइ छथि...तखन हँ, से धरि सएह; ओतबा चासक बटइया अन्न सँ सरि भए कें पन्द्रहो दिनुका बुतात की पार लागए बाबू ? बारहो मास 'बेसाहं शरणं', बुझल कि नहि ?"

नवतुरिआ दल गुम्म छल।

हमरो घुघनी-चर्वण शेष भए गेल रहए, जल ढारितहिँ कृत्य कें परिसमाप्त कएल।

हुनका लोकनिक मुख-कमल मने मउला गेल रहन्हि।

अपनहि भेल जे वास्तविकता केर ई भाष्य हिनका सभक समक्ष अनेरे किए कएल अछि। पुछला उत्तर ज्ञात भेल जे ओ सभ मैथिली नेने छथि। दुइ गोटा केर पिता ओकील, तीन गोटा केर काश्तकार। परंच 'पृथ्वी ते पात्रं' धरि पाँचो गोटाक परिवार कें पर्याप्त छन्हि...बीस बीघा सँ घटी तँ ककरो नहि।

"वाह ! वाह !! अहाँ लोकनि बउआ धन्य थिकहुँ ! अइ लेखेँ धरि हम अपना कें महा अभागल बुझै छी...अन्नपूर्णा धरतीक कोरा मे बैसल तँ ओना हमरो परिवार अछिए मुदा जे किछु। ई रवि तँ नहि, आगूवाला रवि कें साँझखन कें गोटेक घंटाक समय अहाँ लोकनिक निमित्त उत्सर्ग करब हम। भेल कि नहि ?"

आगन्तुक लोकनि केर आँखि-मुँह-कपार आह्लादेँ उद्‌भासित बूझि पड़ल। तखन नवतुरिआक विषय सेहो सूचित कएलिअन्हि। से सुनितहि एक गोटा बजलाह—"एह ! बहुत दिन पर अपने ई एक टा वस्तु हमरा लोकनिक लेल तैआर कएलिअइए !!"

ततः पर पाँचो गोटे उठलाह आ नमस्कार कएलन्हि आ बाहर भेलाह।

—वैदेही / सितम्बर, 1954

प्रवासक संस्मरण

बाउ !

आइ बहुतो दिनुका बाद तोहर दस्तखत सोझाँ ऐल तँ मोन छरप' लागल...सरिपउँ, बूझि पड़ल जे कोंढ़-करेज उधकइए...अन्ततः थिकउँ तँ हमहू माटिएक मनुख। आ की नइँ ?

'वैदेही'क दर्शने हमरा लेखें दुर्लभ...मोन कहाँ मानइए जे बन्न भ' गेल हेतइ।... अइ बीच तोरा लोकनि मारते लिखने हेबही कि। नइँ की, ऊँहूक मुद्रा मे मूड़ी डोलेबएँ से कहाँ पतिएबउ रे बउओ ? तँ, पठा दिहएँ !

एम्हर अइ बीच दिल्ली कए खेप एलउँ आ गेलउँए प्रयाग...आब फरवरीक अन्त धरि फेर ओम्हर ससरबाक अछि। काज आइ-काल्हि शुद्ध मजदूरी धेने छिअउ—गुजराती उपन्यासक हिन्दी अनुवाद। अढ़ाइ रुपइए पेज भेटइए। अर्थागमक हिसाबें मौलिक लेखन सँ बेसिए...उबिआइए मोन तँ 22 अथवा 6-ए नं. वला बस धरै छी आ कनाट प्लेस, पार्लियामेंट एरिया दिस बउआ अबइ छी...ने तँ 19 वा 12 नं. वला बस पर बइसि क' इंडिया गेट, नेशनल स्टेडियम—दरियागंज, स्टेशन—कश्मीरी गेट दिस...आब गोटेक दिन कउखन कुतुब मीनार दिस जैब...उपर ठाढ भ' छोट-छीन कविता गोटेक लिखबाक नेयार अछि। दिनुका भोजन मद्रासी, साँझुका पंजाबी...डेढ़ टाका मे भ' जाइए। चाह सोहाइते ने अछि, काफी आ इडली डोसा...जलपानक नाम पर ऐतावत् सएह ! सभ मिला क' दू टाका दैनिक खर्च भोजन ओ जलपानादिक। अखबार-हजामत साबुन-तेल आ बस-फटफटिया-ताँगा स्कूटर आदि मे 40/-...100/- भेल अपन मासिक खर्चा। रहबाक हेतु अइ क्वार्टर (सी.एच.-3/416) क लेल किछु नइँ लगइए, मुदा लागक चाही अवश्य...श्री जगदीश बोहरा (काठियाबाड़ी) मित्रे (भक्तकोटिक) थिकाह (अपना नामे 'एलाट' करा केँ ई स्थान रखने छथि, परंच रहइ छथि अन्यत्र) परिवार मार्च धरि अओतइन। हमरा अपना अनुष्ठानक लेल घोर एकान्तक बेगरता रहए से बेचारे हलसल-फुलसल अपनइ हमरा कुन्जी सुंझा देने रहथि।...बेश बढ़िया...

एम्हरुका इलाका कोसक कोस पहिने जंगल रहइ। पछिलुका दस सालक भितरे अइ दिस लोदी नगर-मान नगर-शान नगर-विनय नगर-सेवा नगर-प्रेम नगर आदि कॉलोनी सभइक निर्माण भेल छइ। ओम्हर करोलबाग सँ आगाँ देव नगर-राजेन्द्र नगर-पटेल नगर-तिलक नगर आदि...

अइ ठाम रहइत बेर-बेर इएह धारणा मोन कें होइत रहइ छइ जे हम स्वाधीन भारत केर नागरिक थिकउँ...भारतीय थिकउँ...मैथिल किंवा बिहारी थिकउँ ताहि दिस बड़ कम ध्यान जाइए।...शोभा मिसर इलाहाबाद मे अछि। आब ओहो मनसुबाइए दिल्लीक बसातक स्पर्श लए...गर्मीक तातील हेतइ तँ 10-15 दिनुक खातीर आबि जैत से भ' सकइए...

तों जे लिखने छए (आलोचना) से तकर अचार किए बनेबही, छपाइए ले बरू... हम तँ ओहिना मना केने रहिअउ। अपन गल्प-संकलन छपेबा मादें की क' रहल छें ? भूमिका लिखइत हमरा गौरवेक बोध हएत...प्रेस कॉपी तइयार करा क' राखहि। हमरा सेहंता अछि जे एहि गल्प संग्रहक भूमिका हम अपूर्व लिखी...कम सँ कम दस पेज तँ रहबे करत।

आर की हाल-सुरति ? आइ-काल्हि कोनो आरो मजुरी करइ छएँ की खाली मास्टरिए ?...ग्रेजुएट भेल हेताह !...क मकान बनब आरम्भ भ' गेल रहइन तकर की रफ्तार ?...क ग्रहण शान्त छथीन की नहि ?...मंडलीक की रंग-ढंग ? मैथिलीक...लोकनि जबाकुसुम तेल लए अपन-अपन आर्डर चारिगुना बढ़ा देने छथीन एम्हर किए तँ मेहनति अतत्तह पड़इ छइन–ई कथा नारद अपनहि हमरा धरि पहुँचा गेल छथि।

एलेक्शन ('अलक्षण')क धूआँ गली-गली, घर-घर पइस' लागइ तँ चाननक धुपवती गोटेक मुट्ठा ल' अनिहएँ कटकी बज़ार स...

देह-दशा बेश अछि, कातिक अगहन मे दम्मा हुलकी देने रहए...आब टनमन छी। (लक्ष्मणजी) की करइ छथि ? आमक मजर कतहु देखवा मे अबहु तँ हमरो मोन पाड़ि लिहएँ !

–वैदेही / अप्रैल, 1957

मैथिल महासभा : मैथिलत्वक मानदंड

'मैथिल महासभा'क सिद्धान्तानुसार मैथिल ब्राह्मण तथा कर्ण कायस्थ (!) मात्र सुच्चा मैथिल थिकाह। मिथिलाक सीमाक भीतर बसैत, मिथिलाक अन्न-जल सँ निर्वाह करैत, विशुद्ध मैथिली बजैत भूमिहार-क्षत्रिय आदि अन्य जातीय यदि क्यो अपना कें मैथिल कहताह तँ जातीय 'महासभा' नाङरि ठाढ़ क' क' हुनका दिस बधुऐत, मुँह विजुकौत ! परिणामस्वरूप हुनका लोकनि अपना घर-आँगन मे व्यवहृत भाषा–ठेठ मैथिली–कें मैथिल कहबा मे अपन हेठी बुझै लागल छथि। 'हम मैथिल नहि, बिहारी थिकहुँ'–ई भावना हमरा लोकनि मे जाहि तेजी सँ पसरि रहल अछि, से देखि एहन कोन मैथिल हृदय हैत जे आहत नहि भ' रहल हो ?

मिथिलेश–सुधारक मिथिलेश (?)–जाहि संस्थाक कर्णधार होथि, तकर एहि प्रकारक संकुचित सिद्धान्त देखि मिथिलाक लाख-लाख अधिवासी–जे मैथिल होइतहुँ मैथिल नहि–क्षुब्ध अछि ! चिरकाल सँ अपनहि घर मे, अपनहि बन्धु-वर्गक द्वारा ठोंठिऔल गेल मिथिलाक सन्तान आइ यदि आजिज आबि अपना कें 'बिहारी' कहब आरम्भ कैलक अछि तँ एहि मे ककर दोष ?

'महासभा'क कतोक सदस्यक मन मे घुरि-फिरि ई बात अबैत हैतैन्हि जे मिथिलाक सकल अधिवासी कें मैथिल मानि लेला सँ मैथिलत्वक अग्रगण्य अंग मे धार्मिक वा सामाजिक धक्का लगवाक सम्भव। किन्तु एहि प्रकारक सन्देहशील व्यक्ति यदि सद्यः उदीयमान उड़िया लोकनिक संगठित जातीयता दिस ध्यान देत तँ हुनक शंका दूर भ' जैतैन्हि। उत्कलक इतिहास तथा प्राचीन साहित्यक अपेक्षा मिथिलाक इतिहास किंवा प्राचीन साहित्य-सम्पत्ति उनैस नहि, बीसे बुझबाक थिक–विश्वक पैघ-पैघ ऐतिहासिक एहि बातक गवाही द' सकैत छथि। मिथिलाक धन-जन सेहो उत्कल सँ कोनो हिसाबें कम नहि। परन्तु आजुक मिथिला वर्तमान उत्कल सँ बीस नहि, उनैस–अप्रिय होइतहुँ ई बात मानै पढ़त। उत्कलक प्रत्येक व्यक्ति–उच्च श्रेणीक ब्राह्मण सँ ताड़ी उतारनिहार पासी और तुर धुननिहार धुनिया पर्यन्त, अपन-अपन पृथक् अस्तित्व रखितहुँ–उत्कलीय कहबैछ। उत्कलीय बन्धुलोकनिक दूरदर्शितापूर्ण एहि सिद्धान्तक प्रभाव सँ हुनका सभक साहित्यिक तथा राजनीतिक सामर्थ्य दिनानुदिन बढ़ल जा रहल छन्हि। एम्हर हमरा लोकनि दिन-दिन पाछुए घुसकल जाइत छी ! राजनीतिक दृष्टिकोण कें रहै दिय, केवल मैथिली-साहित्यक हितैषणाक दृष्टि सँ देखला पर मैथिलत्वक उक्त परिभाषाक कारणें,

प्रत्यक्ष देखै मे अबैछ जे मिथिलाक अनेको महान् मस्तिष्क मैथिलीक विरोध मे अपन शक्ति लगौने अछि।

एक बेरि दरभंगा निवासी एक शाकद्वीपीय बन्धु मैथिलीक आलोचना करैत-करैत कहै लगलाह जे चन्द्रकवि मिथिलाक जे परिभाषा कै गेल छथि, 'मैथिल महासभा' के चाहियैक जे ताहि मे संशोधन करै। हम चकुऐलहुँ–

"ऐं ई की कहल ?"

"कहल यैह जे राँटी, मँगरौनी, कोइलख, ककरौड़ और सोतिपुरा–मिथिला एतबे धरि नें ?"

लागल तँ बड़ कडू मुदा सेप घोंटिक' रहि गेलहुँ ! आनक कहल एहिना भकभका क' लगैत छैक। जाय दिय ई तँ भेल अदना बात–जे टटका-टटकी सुनलक तकरे कान नें कुढ़ियैलैक, अनका की ? से तँ बेश, किन्तु 'मैथिल' शब्दक परिभाषाक जे रंग-ढंग देखना जाइछ, तकरा चुटकी पर उड़ौने काज नहि चलत–आब अनठैबाक युग नहि। अन्त मे 'महासभा'क विधाता वृन्दक सेवा मे सविनय निवेदन जे हुनका लोकनि उदारतापूर्वक एहि अनुपेक्षणीय समस्या पर विचार करथु जाहि सँ राष्ट्रीय वातावरण मे श्वास-प्रश्वास लेनिहार कतिपय कर्मठ मैथिलक–'बूढ़ि मिथिलाक अधमरू सन्तान भै रहने की फल ? हमरा बिहारिये बनै दिय' एहि प्रकारक–मर्मन्तुद वाक्य-बाण जननी मिथिलाक फाटल कोंढ़ कें औरो छिन्न-भिन्न नहि करै पबैन्हि !

'मैथिल महासभ'क परिभाषानुसार हमहूँ अमैथिले। किन्तु जी नहि मानैछ, तें धऊपकाइत-धकपकाइत एहि दू-चारि पाँती मे अपन भीतरी टीस कें लिपिबद्ध कैल।

–विभूति / फरवरी, 1938

रिक्तता ओ पूर्णता

स्वच्छ स्वादिष्ट जल, पिआसल पथिक आर की चाही ? ने जानि कहिआ ओ पूण्यात्मा गाम सँ दूर रस्ताक कात मे एक टा छोट-छीन पोखरि खुनबौने छल। पशु-पक्षी-मनुष्य सब जल पीबि अपूर्व तृप्ती पाबै।

एक बेर ओहि पोखरिक जल-देवता केँ ग्लानि भेलैन्हि जे हमर आकार बड़ छोट ! हँ, ई सत्य जे एक चुड़ुक जँ कहियो क्यो पानि पीबि लैछ तकरा भरि जन्म ई मोने रहैछ। ई जलाशय कने जँ औरो पैघ रहैत, कम सँ कम पानिओ एहि मे बेसी रहैत !

आषाढ़क कारी-कारी मेघ केँ ओ जल देवता गोहरौलनि जे एहि पोखरि केँ खूब अधिक भरि दिऔक, एतेक जे सूर्यो सोखैत-सोखैत थाकि जाथि !

वर्षा भेलैक, पोखरि ऊब-डूब भरि गेल। जल देवता केँ आब पूर्णता पर अभिमान छैन्ह।

शरद ऐल, शिशिर ऐल, वसन्तो पहुँचल। मुदा बटोही तँ एको गोट नहि ऐल। पशुओ ने, क्यौ ने ऐल। पोखरि उमड़ले छल। ओकर पानि पिरा गेलैक, छोट-छोट कीड़ा सभ चंचल बेगे सोहरि गेलैक। लग-पासक लोक बजैक—एहि साल पोखरि मे भेलैक की जे गन्हा गेल छैक ! अवश्य किछु-ने-किछु अपवित्र वस्तु पड़ि गेल छैक !

जल देवता जखन देखल जे बटोही ओम्हर बाटो चलब त्यागि देलक, चिडै सभ ओहि सोझे उड़बौ छोड़ि देलक तँ मनहि मन खिसिया उठला। जलासय केँ त्याग' चाहल। अन्त मे एक उपाय सुझलैन्ह।

ग्रीष्म ऋतुक आरम्भ मे एक दिन अरुणोदयक समय जल देवता पूब मुँह भ' क' भुवन भास्कर सँ प्रार्थना केलैन्ह—भगवान एहि जलाशय केँ स्वच्छ सुपेय बनौनाइ अपनहि टा मे अछि।

'स्वच्छता ओ पूर्णता'—दुहू मे की चाही—आकाशवाणी भेल। जल देवता क्षण भरि नचु-नच मे पड़लाह, फेर बजलाह—'देव, हमरा स्वच्छता चाही।'

✣ ✣ ✣

पानिक सदावर्त फेर जोर सँ चल' लागल तँ पोखरि थोड़बे दिन मे रिक्त प्राय भ' गेल। किन्तु जल देवता केँ एहि सँ ग्लानि नहि सन्तोषे छलैन्ह ! तृप्त जीवक निःश्वास सँ आब हुनका ईर्ष्या नहि, प्रसन्नते होइत छलैन्ह।

—स्वदेश / जनवरी, 1948

कविता : युगक गीता

समागत सज्जनवृन्द,

अपना लोकनिक एहि भूमि पर काव्यस्रोतक प्रथम उत्स तीन हजार बर्ख पूर्व आविर्भूत भेल छल, मुदा आजुक भाखा से नहि, विदेहकालीन कतोक उपनिषद्-वाक्यावलीक अ'ढ़ मे। गंडकीक अइपार हमरा लोकनिक पूर्वज गण जखन जंगल-तंगल साफ करवा क' कृषिकर्म दिस प्रवृत्त भेल हेताह मैथिल कविक पहिल माँटि-माङर (मृत्तिकामंगल) तहिए भेल हेतइन।

ततः पर आठम शताब्दी सँ ल' क' तेरहम शताब्दी धरि मैथिली कविताक जे स्वरूप रहल हेतैक तकर आभास सरहपा आदि सिद्धलोकनिक पदावली मध्य ओ कीर्तिलता-कीर्तिपताका मध्य अनायास प्राप्त भ' सकइए। ज्योतिरीश्वरक गद्यग्रन्थ 'वर्णरत्नाकर' सेहो एक प्रकारक काव्ये थिक।

सिद्ध लोकनि कें अपना देहरि दिस घिचनिहार बंगाली सेहो, उड़िया ओ असमिया सेहो, हिन्दीवला से सहजहिं। परंच भाषाक्रम एवं उक्ति विधान हिनका लोकनिक जाहि प्रकारक रहइन ताहि सँ हम आश्वस्त छी जे चउरासी सिद्ध मे सँ अनेकानेक सिद्ध मैथिले रहथि।

सिद्ध लोकनिक कविता केर पाँच टा प्रभेद परिलक्षित होइछ—चर्यापद, वज्रगीति, मुक्तक, दोहा तथा अर्धाली। काव्य पक्षक दृष्टिएँ सिद्धलोकनि कें जतए अप्रस्तुत तथा प्रतीकयोजना सँ दूर हटैत देखबइन ततए ओहि मे शिथिलता ओ नीरसता असह्य लागत। बूझि पड़त जे ओहि मे मार्मिकताक लेशमात्र नहि छैक ! मुदा जत' प्रतीकयोजना देखबइन ततए शैली सेहो चमत्कारपूर्ण लागत। कतहु-कतहु सिद्ध लोकनिक प्रतीकयोजना बेश अद्भुत ओ रहस्यात्मक छइन आ से श्रोता अथवा पाठक कें खूब आकर्षित करै छै। कतहु कतहु परस्पर बिरोधी प्रतीक योजना सेहो देखबइन। हिनका लोकनि वज्रयानी बौद्ध बाबाजी रहथि। दुअर्थी शब्दावली ओ गूढ़ातिगूढ़ अभिव्यंजना शैलीक उपयोग अनिवार्ये रहइन। तें ने सिद्ध लोकनिक भाषा कें सन्ध्या भाषा कहल जाइ छइन। सिद्ध लोकनिक काव्यभाषाक सन्ध्याशैली, संत लोकनिक काव्यभाषाक निर्गुण शैली कालक्रमे एम्हर अबैत-अबैत छायावादी ओ रहस्यवादी शैली मध्य मने विलीन भ' गेल हो ! असली आशय भितरिया दीक्षित चेला-चाटी मात्र बूझओ, अही खातिर अभिव्यक्तिक गुह्य-तिगुह्य ओ दुरूह शैली सिद्ध लोकनि अंगीकार करैत हेताह। आन-आन सम्प्रदाय

केर मतक खंडन करबाकाल सिद्ध-काव्य महाग पनिगर। से जे हो, परंच प्रतीकात्मक शैलीक ई अविष्कार हुनका लोकनिक कोनो अपूर्व उद्यावना नहि रहइन। ऋगवेद तथा अथर्ववेदक कतेको ऋचा मे कवित्वक ई शैली देखि सकै छी। संस्कृत-प्राकृत-पाली ओ अपभ्रंश भाषाक प्राचीन काव्य भंडार एहि प्रकारक अभिव्यक्ति-शैली सँ उद्भासित अछि। टीकाकार लोकनि बरोबरि मर्मार्थ केर उद्घाटन करैत आएल छथि।

विद्यापति सँ पूर्व अपना लोकनिक काव्य कोन रूपक छल हैत, तकर अन्दाज सिद्धलोकनिक पदावली ओ अवहट्ट काव्य सँ लगा सकै छी। विशद कल्पना, व्यापक अनुभूति, गुँफन-सौष्ठव, वर्णन-चमत्कार आदिक दृष्टिएँ ज्योतिरीश्वरे मिथिलाक सर्वप्रथम शब्द-शिल्पी थिकाह, भने ओ गद्यकार रहथु ! हिनका बादे अइ देशक चिक्कनि माँटि, सनगर पानि आ दोरस बसात केँ प्रीतिमय भावनाक ओ अपूर्व विधाता परि लगलथीन जनिका संसार विद्यापतिक नामे जनैत अछि। विदग्ध संवेदन-शीलताक कारणेँ जनिक कोमल-कान्त पदावली आकल्प रत-रत करैत रहतइन। सृष्टिक सर्वोतम अवदान थिक मनुष्य, जीवनक सर्वाधिक महत्त्वपूर्ण काल थिक यौवन, रचनात्मक दृष्टिएँ सर्वोपरि स्थाइ भाव थिक नर-नारीक परस्पर प्रीति। ओहि प्रीतिक अवहेला कएनिहार कवि किंवा दार्शनिक अगबे पाथर थिकाह ! सितुआक आँखि आ मोमक नाक नहि काज अओतइन ककरो; काव्यात्मा विद्यापति केँ चिन्हबालए चाही भावप्रवण मानवीयता, सहानुभूतिक परम आकुलता, नर-नारीक पारस्परिक सद्भावना दिस अखंड आस्था। तथाकथित नक्कू उपाध्याय वा अति उग्र वामपंथी यदि केओ कतउ बाजि उठथि जे विद्यापति रहथि घोर शृंगारी कवि—विकट वासनामय गीतकार तँ ताहि प्रणम्य देवता केँ वायुविकार-ग्रस्त बूझि लेबाक थिक। परस्पर-अनुरक्त नर-नारी केर मनोदशाक ई चित्रकार संसारभरि मे अद्वितीय छथि। प्रासादिक भावगांभीर्य, अभिनव व्यंजनशक्ति, मर्मस्पर्शी उक्तिविन्यास, चमत्कारपूर्ण शब्द शिल्प—एहि सभ गुण सँ मैथिलीक काव्य भंडार केँ कविकोकिल विद्यापति एसगरे तते ने भरि गेल छथि जे आन-आन भाखावला केँ आइओ इर्खा होइ छै !

तखन की तँ हमरा लोकनि आइ-काल्हुक झरकलहा युग मे व्यक्तिगत वा समष्टिगत दुर्दशाक कारणेँ परम उपस्याँत भेल कहुना काल काटि रहल छी। खउँझाएल मोने कउखन-कउखन कवि कोकिल ओ हुनक भनिता-टंकित मालिक-मलिकाइनिक सामन्ती साँच अनसोहाँत लगै छै, मुदा अइ मे बेचारे विद्यापतिक कोन दोख ?

नान्यदेव सँ हरिसिंह देव धरि अर्थात् एगारहम शताब्दी सँ चउदहम शताब्दी धरिक समय एहेन छल जाहि मध्य मिथिला मे शास्त्रीय ओ लौकिक दूहू प्रकारक संगीत अपने इच्छें पसरल। लोचन कविक रागतरंगिणी मे गीत सभहक शतावधि नाममाला पबै छी। ताहि युगक कविलोकनि, अगबे कवि नहि, गीतकारो होइत रहथि। विद्यापति तँ सहजहिं गीतकार रहबे करथि, गोविन्ददास, लोचन, उमापति, नंदीपति, रत्नपाणि सँ ल' क' एम्हर हर्षनाथ, लक्ष्मीनाथ, चन्दा झा ओ जीवन झा पर्यन्त गीतकार लोकनिक पतियानी केँ सचेष्ट-संनद्ध पबै छी तँ आश्चर्य मिश्रित आनन्द होइत अछि। ताहि दिनुक कवि केँ

गीतक रचना करए पड़इन, खाहें ओ राजाक दरबारी होथु खाहें भगवानक। एहि युग मे ताहि प्रकारक कोनो प्रतिबन्ध नहि रहि गेलैक। हँ, आब रेडियोक प्रसादेँ कवि लोकनि गीत-निर्माण दिस पुनः प्रवृत्त भेल छथि, ई सरिपहुँ हर्षक विषय थिक।

अपना लोकनिक कविताक मध्ययुग एम्हर सत्रहम शताब्दीक छोर धरि पहुचि क' समाप्त भ' गेल रहए, प्रत्युत सए-डेढ़ सए वर्ष आर इम्हर नमरा लेबाक चाही ओहि छोर केँ। महाकवि हर्षनाथ धरि जँ हमरा लोकनि अपना कविकर्मक मध्ययुगीय सीमा मानि ली तँ सेहो अनर्गल नहि हैत। देखितहि छी, विकासक गति अइ माटि पर महा मंथर। गंगा-गंडकी ओ कोशीक धार पार हैबा मे मन्त्रयुग केँ वा तन्त्रयुग केँ भने कोनो असुविधा नहि भेल होउक परंच आजुक यन्त्रयुग केँ एम्हर ससरबा मे बड़ बाधा। ताहि अनुपातें एहि भूमि पर आधुनिक काव्य-शैली सेहो बेश लेट-लतीफ भ' क' आएल अछि। प्रथम अंग्रेजी स्कूल दरभंगा मध्य फूजल सन् 1880 मे। अपना भाषाक प्रथम मासिक पत्र 'मिथिलामोद' बहराएल। 1906 ई. मे। राष्ट्रीय भावनाक प्रथम गीत-संकलन यदुवरजी द्वारा सम्पादित भ' क' 1923 मे प्रकाशित भेल छल। मैथिली-साहित्य-परिषद्क स्थापना तँ आर एम्हर आबिक' भेल अछि। प्रगति-प्रयोग ओ परम्पराक दृष्टिएँ सर्वप्रथम कविता-संग्रह 'चित्रा' 1949 मे प्रकाशित भेल। आधुनिक दृष्टिएँ सर्वाधिक सुसम्पादित सामयिक पत्र 'साहित्य-पत्र' नामे 1937 मे रमानाथ बाबू बहार कएने रहथि। चन्दा झा, जीवन झा, रघुनन्दनलाल दास, लालदास, सीताराम झा, छेदी झा, पुलकितलाल दास 'मधुर', यदुनाथ झा 'यदुवर' आदि कवि लोकनि आधुनिक युग मे पहिल खेपक शब्द-शिल्पी थिकाह।

महाकवि मनबोध केँ हम प्रतिभाक ओ सेतु मानै छी जे ओम्हर विद्यापति आ एम्हर हर्षनाथ एहि दूहू कविक भावधारा केँ समन्वित क' रहल अछि। ओना मैथिली कविताक मध्ययुग अपना मे तीन टा विलक्षणता धारण कएने अछि : (1) एतत्कालीन मैथिली कविता पर विद्यापति ओ जयदेवक प्रभाव तँ स्पष्टे छै, संगहि समकालीन संस्कृत एवं अपभ्रंश (अवहट्ट) मे लिखनिहार कवि लोकनिक छाया सेहो थोड़ बहुत पड़ले छल। (2) कीर्तनियाँ नाटक ओ मनबोधीय काव्यक प्रभाव सेहो परिलक्षित हैत। (3) संत लोकनिक ब्रजभाषा-भजनावलीक भावसाम्य भेटत एहि मे; कतेको गीत भाषागत विभिन्नता रहितहुँ भावना अभिन्न बुझि पड़त। ओना विद्यापतिये केँ हम मैथिली कविताक मध्ययुगक प्रवर्तक महाकवि मानै छियइन, परंच हुनक कीर्तिलता-कीर्तिपताका केँ मैथिली कविताक आदियुगक चरम उत्कर्ष कहबइन। अर्थात्, 'विद्यापति-पदावली' सैह हमरा सभक कविता मे मध्ययुगक प्रवर्तन कयलक। माटि पानि ओ बसात ई विलक्षणता मिथिला केँ विद्यापति सन मर्मी कवि ओ गीतकार समर्पित कएल। से सत्ते; मिथिला, बंगाल, उड़ीसा, आसाम आदि पूर्वीय क्षेत्र सँ अविर्भूत प्रतिभा भारतीय काव्य केँ जाहि रूपेँ पुष्ट करैत आएल ताहि रूपेँ आन-आन क्षेत्रक प्रतिभा कहाँ !

भारतीय काव्यालोचन-परम्परा मे अभिनवगुप्त आदि जाहि वस्तु केँ कविप्रतिभा कहने छथि, तकरे कोलरिज-रिचर्डस आदि पाश्चात्य आलोचक कल्पना नामे अभिहित

कएने छथि। विशृंखलित एवं असंबद्ध अन्तर्वस्तु सभहि केँ एक सामंजस प्रक्रिया मध्य सरिअबैत ई कल्पना प्रत्येक, कला केँ गढ़ि-गुढ़ि ओ माँजि-मूँजिक' चमका दैत अछि। कविता वा आने कोनो ललित कलामध्य जतए जे किछु विलक्षणता अनुभूत हो, बूझक चाही जे ओकर जड़ि प्रतिभे हेतै। वक्रोक्तिजीवितकार आचार्य कुन्तक कहने छथि जे यत्किंचनापि वैचित्र्यंतत् सर्व प्रतिभोद्‌दवम्, परंच अहू प्रतिभाक ओ दू प्रभेद कएलइन अछि—सहज प्रतिभा ओ आहार्य प्रतिभा। सहज प्रतिभाक स्वामी रहथि कालिदास, आहार्य अर्थात् कृत्रिम प्रतिभाक खाम्ह रहथि माघ-श्रीहर्ष आदि।

मनोवैज्ञानिक लोकनि प्रतिभाक विश्लेषण एहि प्रकारेँ करै छथि—

(1) प्रतिभाक विकास व्यक्तित्वक अन्यान्य अंग जकाँ सामान्य रूपेँ नहि होइ छइ। विकसित ओ परिपक्व प्रतिभाक फलस्वरूप व्यक्तित्व केर आन-आन मानवीय गुण अविकसित ओ अपुष्ट रहि जाइ छइ।

(2) प्रतिभाक गति निर्बाध होइ छइ। ओ कोनो तरहक व्याघात वा प्रतिबन्ध केँ नहि गुदानत।

(3) प्रतिभा ओ सामान्य गुण मे भेद ई जे सामान्य गुणक नियन्त्रण कएल जा सकइए मुदा प्रतिभा उन्मुक्ते रहत।

(4) परिस्थिति ओ प्रथाक वंधन प्रतिभा केँ स्वीकार नहि। सामाजिक रूढ़ि ओ मर्यादा केँ तोड़ि-ताड़ि बढ़ि जेबाक सामर्थ्य प्रतिभा मे रहिते टा छै।

(5) प्रतिभा केँ साधरणताक नीरस वातावरण असह्य होइ छै; ओकरा असाधरणते सोहाइ छै।

एहि विश्लेषण सँ यदि हमरा लोकनि केँ आचार्य मम्मट केर ओ प्रख्यात पद मोन पड़ि जाए तँ से अस्वाभाविक नहि, स्वाभाविकेः कवि-भारतीक वन्दना करैत 'काव्यप्रकाश'क आरम्भहि मे ओ कहने छथि—नियतिकृतनियमरहितां ह्लदेकमयीम् अनन्यपरतन्त्राम्।

परंच एहि युगक जागरूक ओ सामाजिक दायित्वचेतनासम्पन्न कवि अपना प्रतिभा केँ उद्‌दाम-उच्छृंखल कोना छाड़ि देथुन ? बन्धन हानिकारक थिक, मुदा निबर्न्ध स्थिति सतत लाभकारके होइत अछि से हम कहाँ मानब !

मैथिली कविताक भावभूमि पर छओ गोटे कवि महास्तम्भ रूपेँ ठाढ़ छथि—विद्यापति, गोविन्ददास, मनबोध, चन्दा झा, सीताराम झा ओ भुवनजी। 1920-22 वला असहयोग-आन्दोलनक बाद जे राष्ट्रीय नवचेतना भारतीय कवि-मानस केँ आलोड़ित कर' लागल, भुवनजीक भास्वर शब्दशिल्प तकरे साक्षी थिक। छायावादी ओ प्रगतिवादी शिल्पविधानक समन्वय पहिने हुनकहि पद-योजना मे भेटत। ओना भुवनजी सँ पूर्व सीताराम झा, यदुवर ओ छेदी झाक कविता द्वारा मिथिलाक राष्ट्रीय भावना प्रकट भ' चुकल छल, मुदा युगचेतनाक अभिव्यक्ति मे हुनका लोकनि शैली केँ ओहनाक ओहने रह' देलथीन। प्राचीन परिपाटीक शब्दशिल्प नवीन भावना केँ अभिव्यक्ति करबाकाल नङडाए लागल तँ भुवनजी आगू आबि गेलाह आ मैथिली कविता केँ हिन्दीक छायावादी

कविताक समक्ष ठाढ़ क' देलएन। की शिल्पविधान आ की तत्वचिन्तन, दुनू दृष्टिएँ भुवनजी काव्यधारा केँ नवीन दिशा मे मोड़ि लेल। पछाति जयनारायण मल्लिक, श्रीवल्लभ झा, ईशनाथ झा, कांचीनाथ झा 'किरण', सुरेन्द्र झा 'सुमन', उपेन्द्र ठाकुर मोहन, काशीकान्त मिश्र 'मधुप' आदि कतेको कवि एहि नवीन काव्यधरा केँ अधिकाधिक गतिशील एवं गम्भीर बनाबए लगलाह। तन्त्रनाथ बाबू सममात्रिक किन्तु अमित्राक्षर शैली मे 'कीचकवध'क कतोक सर्ग तैआर क' क' अपन परिपक्क कल्पनाक जे अपूर्व प्रसाद मैथिली केँ देने छथिन्ह से आन-आन भाषाक हेतु ईर्ष्याक विषय थिक। 'कीचक वध'क अ-समाप्ति केँ ऐतिहासिक दुर्घटना मान'क चाही।

1940 क बाद हमरा लोकनिक कविता प्रबुद्ध एवं यथार्थोन्मुखी भ' गेलि। नव रचनाकार लोकनि मैथिली काव्यधारा मे बहुजनसमाजीय सामान्य धरातल दिस मोड़ि अनलन। हिनका लोकनिक प्रतापेँ परम्परागत बबुआनी चाटुकारिता सँ त्राण पबितहि कवि भारती आब जन-भारती भ' रहल छथि। एहि प्रसंगेँ नव रचनाकार लोकनिक तीन टा पंचक तँ ध्यान देब' योग्य थिकाहे : प्रथम पंचक भेलाह किरण, मधुप, सुमन, मोहन ओ यात्री; द्वितीय पंचक भेलाह गोविन्द झा, अमर, उपेन्द्रनाथ झा व्यास, रामकृष्ण झा 'किसुन' ओ राधाकृष्ण बहेड़; तृतीय पंचक थिकाह किशोर वर्मा, रामचरित्र पांडेय, मणीन्द्र राजकमल, राज मोहन झा ओ सोमदेव।

हिन्दीक देखादेखी प्रगतिवाद ओ प्रयोगवाद आब लोकक मोन मे सभा गेलैए। कालेजीय काव्यालोचन प्रणाली मैथिली मे एखनधरि कोनो स्वतन्त्र ओ विलक्षण दिसा नहि धएलक अछि, से दुर्भाग्ये थिक अपना लोकनिक। अंग्रेजी-बंगला-हिन्दी आदि भाषाक काव्यमीमांसा मथि क' मैथिलीक प्रोफेसर-वर्ग आबहुँ यदि विवेचनाक आँजन नइँ तैआर करै जेताह तँ आगाँ हमरा लोकनिक लेल मानसिक पक्षाघात प्रमाणित हैत।

हिन्दीक आधुनिक कविताक संगहि समान श्रद्धा ओ स्नेहपूर्वक समग्र बिहार मे मैथिलीक आधुनिक कविताक पठन-पाठन जँ चालू कराबथि तँ एम्हरूका दुनू विश्वविद्यालयकेर विधाता लोकनि जन-मन केँ कइएक गुना बेसी विकसित क' सकै छथि। प्रकाशन विषयक असौकर्य हमरा लोकनिक कवि-प्रतिभा केँ कोन रूपेँ पंगु बनओने अछि तकर व्यथाबोध शिक्षा विभागक उच्चाधिकारी सभ केँ हेबे किए करतइन प्रादेशिक सरकार मैथिली मे रचना कैनिहार कोनो कवि दिस अद्यावधि ध्यान नहि देने छथि। जीविकाक निमित्त दोमरि तेमरि संघर्ष कवि लोकनि केँ झरका-झरका क' नड़ा देने छइन तथापि काव्यनिर्माण कयनहि जाइ छथि। आ हमरा, बड्ड गौरव अछि अपना लोकनिक आधुनिक कविता पर। की शैली की विषय वस्तु, कोनो दिशा मे मैथिलीक कवि-कर्म उपेक्षणीय नहि। मुक्तछन्दक चमत्कार देखबाक हो, सोन्हगर माटिक सौरभ लेबाक हो, गाम ओ नगर केर द्वन्द्वक अनुभव करबाक हो, 'घसल अठन्नी' क करुण कथा सुनबाक हो, 'गामक चिट्ठी' क माध्यमें गरीब गृहिणीक हृदय देखबाक हो, जाठिक मर्म बुझबाक हो, सत्यानाशी कौशिकीक परिचय प्राप्त करबाक हो, आदिवासीक उल्लसित जीवन केर चित्र देखबाक हो, युगचक्रक प्रखर गतिक अनुभव लेबाक हो,

उज्ज्वल परम्पराक सामयिक रूपान्तर एवं श्रमजीवी वर्ग केर स्वस्थ सामाजिकताक साक्षात्कार करक हो तँ आउ, मैथिलीक आधुनिक कविता सुनू ! निराश नहि होएब, अन्तःकरण दीप्त ओ प्रमुदित भ' उठत !! आउ, हम अहाँ केँ एहि युगक गीता सुनबै छी !

प्रथम अखिल भारतीय मैथिली साहित्य सम्मेलन, दरभंगा, 1956 केर कविता विभागक अध्यक्षक पद सँ देल भाषण।

प्रस्तुत प्रसंग...

(क)

श्री अमुक पाठक एम.एस-सी. मे पढ़इत अपना पुत्रक प्रसंगे कोनो कन्यागत सँ बहत्तरि सए टाका ल' क' विवाह सम्बन्ध स्थिर कएलइन्ह। पचीस टा टाका सिद्धान्तक निमित्त पजियाड़ केँ सेहो प्राप्त भेलइन्ह। लग्न अगिला भोरूक छलइन्ह। गन्तव्य स्थान धरि पहुँबाक लेल दू टा टैक्सीक प्रबन्ध कएल गेल। आधा रास्ता धरि आबिक' भारी दुल्हा बाबू, नाटकीय लीला क्रमे अन्तर्धान भ' गेलाह। दू दिनुक बाद पिता केँ कलकत्ता सँ पुत्रक तार भेटलइन्ह—'आब हम कहियो गाम नहि घुरब'...

(ख)

कानपुरक कोनो फर्म मे नीक पोस्ट पर पर्याप्त वेतन प्राप्त केनिहार सुशिक्षित-सुदर्शन युवक। सुशिक्षिता-सुमुखी कोनो तरुणी केँ अपन जीवन संगिनी बनेबाक हुनक सेहन्ता कतेको बर्ख धरि अपूर्ण रहि गेलइन्ह। बेर-बेर सभा आबथि बेर-बेर घुरि जाथि। प्रतिज्ञा रहइन्ह जे भावी पत्नी केँ पहिने देखि ली, गप्प-सप्प क' ली, कॉलेजक सार्टिफिकेट देखिलियइन्ह तखन बिना व्यवस्था नेनहि विवाह करी...

मुदा ई जखन नहि भेलइन्ह तखन बी.ए., बी.टी. कोनो बंगालीन अध्यापिका सँ आर्य समाजी विधिए विवाह कए लेल...

(ग)

पइध कुलीन खानदानक एक टा युवक कॉलेजक सहपाठनी एक सिन्धी युवती सँ आधुनिक रीतिएँ कानूनी विवाह केने छथि...

(घ)

प्रथम श्रेणी मे मैट्रिक पास केनिहारि प्रतिभाशालिनी छात्रा 'कुमारी रोहिणी झा'क निमित्त अविभावक लोकनि केँ कोनो ब'र भेटि नहि रहलथीन अछि...

(ङ)

सामाजिक आलोचना सँ आतंकित भ' क' नाइन्थ क्लासक छात्रा 'कुमारी नीलिमा

चौधरी'क अभिभावक स्कूल सँ हुनक नाम कटा देने छथीन। घर-कथें विवाहक प्रसंग उठला पर कतेको ब'र पक्षीय अभिभावक आधुनिक प्रकारेँ शिक्षा पओनिहारि कन्याक प्रति अपन-अपन विरक्ति ओ आपत्ति प्रगट करइ छथीन...

एतेक प्रकारक विविध समस्या सबहिक समाधान सौराठक सभा गाछी क' सकइत अछि ? जाहि युग मे विवाहक आधार कुलीनता मात्र छल वा कुलीनता मात्र केँ पूँजी मानि बिकउआ लोकनि जाहि युग मे अपन-अपन खड़ाँओं पुजाबथि से युग बहुत पाछाँ छूटि गेल अछि। आबक युग मे प्रत्यक्ष वा अप्रत्यक्ष रूपेँ व्यक्तिगत समृद्धि-सुशिक्षा, उच्च पद आदि देखल जाइत अछि। आजुक प्रबुद्ध युवक योग्य जीवन-सहचरी ले' बेल्लल अछि। ओकरा महादेव झा--किंवा श्रीकान्त झा पाँजिक निरक्षर ग्रामीण कन्या नहि चाहियइन्ह ओकरा बाप भाइ केर वैभव सँ लादलि 'स्वर्णालंकार भूषित' कन्या नहि चाहियइन्ह। ओ तँ अपनहि सन शिष्टशिक्षित आधुनिक युवती केँ सहचरी बनएबा लए आतुर अछि। से यदि अपना जाति वा अपना वर्ग मे नहि भेइतइक तँ अन्यत्र चल जैत। अभिभावक लोकनि अपना-अपना नेनाक युगधर्मी मनोवृत्ति केँ बुझबा मे अस्मर्थ छथि। हुनका एहि बातक दृढ़ धारणा छइन्ह जे कथा हमरा लोकनि अपना मोनक मोताबिक पटा लेब आ नूनू केँ तार द' क' बजा लेबइन्ह। बहुधा नूनू लोकनि संकोचेँ चुप्पे रहि जाइत छथि, घाड़ निहुड़ा क' विवाह विषयक फरमान केँ स्वीकार क' लइत छथि मुदा आगाँ जा क' नूनू बाबूक आन्तरिक असन्तोष विस्फोटक रूप धारण करैत अछि। विवाहिता किन्तु परम अशिक्षित ग्रामीण बधू दिस सँ विरक्त भ' ओ कोनो ने कोनो आधुनिका सँ स्नेह सम्पर्क कायम करवा लय प्रवृत्त होइत छथि !

पइघ पइघ शहर मे जीवन बितओनिहार हमरा देशक युवक लोकनि जखन बंगाली-मराठी-गुजराती-मद्रासी-पंजाबी-सिन्धी युवती लोकनिक सांसारिक बुद्धि-विवेक ओ क्रियाशीलता केँ देखइत छथि तँ उत्तकट सेहन्ता होइत छइन्ह जे अपनहु ओतुक्का युवती समाज एहने सचेष्ट एतबे आधुनिक रहितए। मुदा से होअओ कोना ? एक दिस बेटा भातिजक शिक्षा पर हमरा लोकनि हजारक हजार खर्च करइ छी। एकक जिला मे पाँच-पाँच टा कॉलेज चालू भ' रहल अछि मुदा कन्या लोकनि केँ मिडिल धरि पहुँचइत-पहुँचइत स्कूल सँ नाम कटवा क' घर मे बैसा दइत छियइक। प्रतिष्ठित-प्रतिष्ठित परिवार मे स्त्री शिक्षाक प्रति घोर उदासीनता व्याप्त अछि।

सुशिक्षित बहुआसिनि जँ घर मे ओतीह तँ टीमटाम बढ़ि जाएत वा खर्च नहि सम्हरत...एहि प्रकारक दुर्भावना सेहो समाजपति लोकनि केँ हरान केने छइन्ह ! मुदा आन आन प्रान्त मे सुशिक्षित महिला वला हजारो स्वच्छ परिवार देखए मे अबइत अछि। तेँ ई अशंका व्यर्थ थिक।

अभिभावक केँ पुत्रक प्रसंग हजारक हजार टाका चाहयइन्ह। पुत्रीक प्रसंगेँ 'आदर्शवादी' भेल रहइत छथि। पजियाड़ लोकनि केँ सिद्धान्तक काल मे अपन-अपन

फीस मात्रक ध्यान रहइत छइन्ह। घटक लोकनि कहुना गोटी लाल भ' जाउक ताही फेर मे रहइत छथि। समाजक ठेकेदार लोकनि जखन जेहन अवसर देखताह तखन तेहन बजताह। सामाजिक आन्दोलनक रूप मे हमरा लोकनिक ओत' कोनो टा हलचल देखबा मे नहि अबइत अछि।

विभिन्न राजनीतिक वा आदर्शवादी भावधारा सँ अनुप्राणित, नवयुवक लोकनि यदि वैवाहिक गड़बड़ी केँ दूर करबाक संकल्प लैथि तखन सभा गाछीक वायुमंडल शुद्ध हैत। भ' सकइत अछि आगाँ जाक' शिक्षिता महिला लोकनि वैवाहिक समस्याक समाधान करबा मे अग्रसर होथि। सेहो असम्भव नहि सुनलियइ जे आन आन देश मे युवक युवती लोकनि दसे पाँच टाका मे अपन-अपन विवाह क' लइत छथि। एखन तँ हमरा लोकनि केँ एहि प्रकारक चर्चा सुनिक' आश्चर्य होइत अछि मुदा ओ दिन दूर नहि जखन टाका-कउड़ी गनेबाक ई, 'घोड़ दउड़' सर्वथा बन्द भ' जाएत। केओ ककरो परतारि क' अपात्र-कुपात्र अपात्री-कुपात्रीक संगे नहि बन्हतइ। पजियाड़ लोकनि शुद्ध क' 'सट्टा-बजार' मे निर्लिप्त रजिस्टार भ' क' आगाँ अहिना नहि बइसल रहताइ। सुधारक लोकनि बुजुर्गीक आटोप सँ युवक लोकनिक घाड़ नहि तोड़थीन्ह।

ई बिखय कहबा मे जतैक सोझ बुझि पड़इत अछि आचरण मे ततेक सोझ नहि। विवाह विषयक विषमता केँ दूर करबा मे हमरा लोकनि केँ किछु त्याग कर' पड़त।

—पल्लव / जुलाइ, 1957

स्वगत अनुचिन्तन

सम्भावित मन्त्रीक पत्नी

बस पर तँ चढ़ल छी, मुदा हावा गाड़ी पर हम कहियो नहि चढ़ल छी। ओहि दिन केदन बाजल रहैक, जे मोटर हिनका भेटबा लय छनि तकर दाम बीस हजार सँ बेसिये होयतैक।

(कारक हार्न, सिंगाक स्वर सन द्रुत विलम्बित आ अन्त मे तीव्र...)

(मर ! कत' जा रहल छी कार पर...)

(नालन्दा राजगिर ? नहि पटना मार्केट !)

(आ दुर ! चारि दिन पहिनहि सँ विसुनाय लगलिऐक हमहू...)

मुदा सद्दरिखन हम बोरा कोना उघबनि ? खधरक साड़ी आ खधड़ेक ब्लाउज आ खधड़ेक साया !! दोहाइ भगवती, ई नौ मन बाङक बोझ हम किन्नहु नहि उघबनि !

(से बङलाक भीतर अहाँ सूती साड़ी-सूती ब्लाउज-सूती सायाक इस्तेमाल क' सकैत छी ! हुनको से अधलाह नहि लगतनि...साँझखन टहलबाक काल अथवा आन ठाम जाय लागी तखन, अस्सी टाका वला मेंही ग्रामोद्योगी साड़ी पहिरि लेब से बड़ दीब लागत...) गहना सेहो आब मामूलिये पहिरब। और किच्छु नहि, सोनाक चारि चारि टा चूड़ी...

अतिथि-अभ्यागत, पाहुन-परक दिन-राति लगले रहतनि। से दू टा भनसीया आ खबासिन सेहो दू टा राखि लेल जयतैक। अपना अरदली-चपरासी-खानसामा रहबे करतनि।

बूढ़ी (सासु) केँ हवाइ जहाज पर चारूधामक यात्रा करवा देबनि...

काल्हिखन कहलनि--कने चरफर होउ, कने बगय-बानि बदलू, शहरी ढंग सँ कने बाजब-भूकब सीखू, आब तइखन काज चलत...

मुदा आब एहि वयस मे की हम सीखू आ कोना हम सीखू ? मिनिस्टरे होयबाक छलनि तँ दस बर्ख पहिनहि होइतथि कि ने ?

परमार्थी मुखिया

एहि बर्ख विनोबाजी आएल रहथि तँ हम चारि कट्ठा खढ़ोड़ि हुनका नामे उत्सर्ग कएल। बाबा कुसेसरक दया सँ ओहि चरिकठवा मे आइ-काल्हि तीसी-मसुरिक फूल-फड़

हिलकौर ल' रहल अछि ! एकरा बदलेन मे भूदान-कमीटी केँ आब हम बबुर-बोनी द' देबैक...

दू बर्खक अभ्यन्तरे अपना परोपट्टा मे हम पाँच टा इनार तैयार करबाओल अछि...दू ठाम पोखरिक जीर्णोद्धार करओने छी...तीन ठाम बान्ह दुरुस्त करबओने छी...भगवतीक स्थान मे पशु-प्रदर्शनीक आयोजन भेल सेहो हमरे प्रयासेँ...मोसम्मातक भड़ाड़ मे बोराक बोरा ब्रह्म-पत्र सड़ैत रहनि। ताहि मे सँ बीछि-बाछि क' दू चङेरा पांडुलिपि उपर साहि देल...बी.डी.ओ. क मार्फत सीकीक मौनी-पौती देश-देशान्तर पठाओल...

गामक नवतुरिया वर्ग बोन बहेड़ भेल जाइत अछि। एकरा लोकनिक अकिल केँ ओझराबक लेल हारमोनियम-तबला-सितार-बैंजो आदि एकहक जोड़ी बाजा आ नाटकक सरजाम (पर्दा-तदा) अनयबाक जोगाड़ करक चाही।

दू टोलाक परस्पर विरोधी दू जातिवला दू गोट पढ़ित मूर्खक हाथ मे दूटा मामूली लाइब्रेरी रहबाक चाही...

(कान मे कइएक प्रकारक आवाज)

(वाह रे इनार ! एक टा कि पाँच टा ? रुपइया खेलिएक दस हजार आ इनार एक्के टा ?)

(कागज पर तँ अवश्शे पाँच टा इनार छैक मुदा...)

(एक इनार सँ गाइक कंकाल बहरएलैक, दोसर इनार सँ मनुक्खक कंकाल बहरएलैक, तेसर इनार बाढ़ि मे भथा गेलैक, चारिम मे मुइल गिद्ध खसि पड़लएक—ओ तेँ भथि देल गेलैक। पाँचम इनार टा सरिपहुँ सड़कक कातहि मे अछि...सेहो की, तँ कतरा आ अमतीक झांखुड़ सँ झाँपल कोनो पुराने इनार रहैक, चारि-पाँच सय टाका लगवा क' ओकरा उड़ाहि देल गेल छैक—आब ओहि इनारक जगति पर एक टा पाथर लागल छैक—'सत्यमेव जयते' आ 'बापू स्मारक कूप नं. 5' आ 'बापू निर्वाण दिवस 1959 ई. जनवरी '30...')

(जीर्णोद्धारक बाद पोखरि—पोखरि तँ नहि, छोट-छोट चभचा आ मखान-उत्पादन केन्द्र भ' गेल अछि !)

(पशु-प्रदर्शनी ? फी मालक पाछाँ एक-एक रुपइया क' असूल कयने रहियैक ? तिरहुताक ब्रह्मपत्र आ मौनी-पौती ? अहू धन्धा मे अपने केँ नफे भेल')

गामक छोड़ा सभ उत्पात नहि करितए तँ हम नढ़िया पोखरिक चारू भीड़ केँ चाँछि-चूछि क' अन्नपूर्णा भगवतीक आराधना करितिएन !

परुकाँ साल निर्वाचन मे जनी-जातिक गोटा-गोटी भोट उम्मेदवार लोकनि केँ देया देबनि, बदला मे हमरा अपना की भेटत ?

आहा ! कने मने व्याखन देबए अबितय ! अमेरिका मे सुनैत छिऐक, ईहो इलिम सिखाओल जाइत छैक...

दू टा बेटा अछि, तीन टा भातीज...बेटा दुनू हाकिम बनि तँ जाएत...भाजित लोकनि

केँ राजनीतिक पाटि धरा देबैक ! एक टा कांग्रेसी बनत, दोसर स्वतन्त्र बनत, तेसर प्रजा समाजवादी बनौ खांहे कम्युनिस्ट...

उपाधि लाभार्थी महानुभाव

पद्मश्री, पद्म भूषण, पद्म विभूषण...हमरा तँ किछु नहि होइत अछि ! गत् बर्ख बड़्ड दुःखित रही। भेल जे प्राणान्त होयबे टा करत एहि खेप ! मुदा भगवती ततवा अनुकम्पा कयलनि ! आब ? आब एके टा मनोरथ शेष अछि।

परंच 'पद्मश्री' भेटय ताहि सँ बरू नहिएँ भेटय कोनो उपाधि ! आ से जँ सरकार बहादुर 'पद्मश्री' उपाधि दइये देलनि तँ तकरा अंगीकार करहि टा पड़त !! हे 'पद्म विभूषण'क लेल बड़की टा साधनो चाही। की तेँ कोनो विशिष्ट ग्रन्थ तैयार करी आ तकर भूमिका लिखबा ली नेहरूजी सँ ! अथवा राष्ट्रपतिक प्रशंसा मे कोनो प्रबन्ध काव्यक रचना करी अथवा राता-राती सत्तरि-पछत्तरि बर्खक भ' जाइ आ सड़ल-पाकल बीस-पच्चीस गोट छपलाहा पोथी सभ अपना नामेँ पेश क' सकी दिल्ली दरबार मे। अथवा लगातार दस बर्ख धरि भरतनाट्यम् कथकलि आदिक सक्रिय प्रशिक्षण देने होइ हाँजक हाँज छौड़ा-छौंड़ी सभ केँ अथवा कर्णपिशाची सिद्ध हो अथवा गाँधीजीक नहि तँ रवीन्द्रनाथक हाथे लिखल नौ हजार नौ सय निनानवे टा पोस्टकार्ड एकत्र क' सकी !

बाप रे ! बाप रे !! ई ककर साध्य थिकैक !

लोकगीत गायिका

नइहर हमर कुरसेला घाट, सासुर सिवान। मातृक हमर भसौढ़ी, हमर घरवलाक मातृक पलामू। पीसी हमर दुमका रहै छथि...

बिहार मे जतेक भाखा छै, जते बोली छै; हमरा सब किछु अबइत अछि। हजारो लोकगीत केँ टेप-रिकार्ड मे भरिक' ओहि रेकार्ड सभक घघरा सिया लेने छी हम। ओकरे साया, ओकरे ब्लाउज, ओकरे साड़ी। हमर एक-एक श्वास मे लोकगीत गुंजायमान अछि। हमर नोर लोकगीतक नोर थिक। हमर मुस्कान लोकगीतक मुस्कान थिक !

पूर्णिमाक राति मे जखन सौंसे संसार निद्रा-निमग्न भ' जाइत अछि, तखन लोक-लक्ष्मी हमरा उठा-पुठा क' आकाश दिस उड़ि जाइत छथि। नन्दनवन पहुँचाक' ओ हमरा सरस्वतीक कोरा मे बैसा दैत छथि। आ, तखन बड़ी काल धरि शारदा माताक ओहि अपूर्व वीणा केँ एही आँगुरेँ टुनटुनबैत रहै छियनि।

आ, तैयो दुष्टसभ हमरा पाछाँ लागल रहइत अछि ! छंठी-संठी पत्र-पत्रिका सभ राति-दिन बिठुआ कटै अछि...सामा चकेबाक चुगिलाक दाढ़ी जँ कनेको झरकाब' अबितए !

—मि. मिहिर / 26 फरवरी, 1961

एक टा सन्देश

मिथिलांचलक समस्या केँ अर्थात् सम्पूर्ण पूर्वांचलक समस्या रूप मे देखक चाही। सत्ताक लोभ अथवा राजनीतिक प्रवंचना कोनो नव बात नहि छियैक। विगत इतिहास मे सत्ताक पक्ष-विपक्षक ई खिलवाड़ होइत आयल छैक। परन्तु जन-सामान्य अपन नित-नैमित्यक मे लागले रहल अछि। एहन नहि भेलइ जे राजनीतिक गतिरोध सँ धान-पानि उपजब बन्द भ' गेलइ। ओकर समाधान मे वैज्ञानिक लोकनि लागल छथि।

मिथिलांचल अपन विलक्षण वस्तु-स्वभाव सँ विश्व भरि मे प्रसिद्ध अछि। मखान विश्व भरि मे कतहु नहि होइत अछि। आब मखान केँ अन्तर्राष्ट्रीय प्रतिष्ठा प्राप्त भेल छइ। एकरा राजनीति हटा नहि सकैत अछि। आम, लीची, बड़हड़ आदिक उत्पादन उत्साहपूर्वक कृषक लोकनि करथु।

हमर ईहो परामर्श मिथिला क्षेत्रक स्त्री-पुरुष सँ जे राजनीति केँ उपेक्षाक दृष्टि सँ नहि देखथु। कोनो दल वा कोनो पार्टी मिथिलाक उपेक्षा नहि क' सकैत छैक। तरुण युवजन सँ आवेदन करबैन जे ओ लोकनि राजनीति मे अधिकाधिक भाग लैथु।

मैथिली साहित्य लगभग हजार वर्ष सँ कोनो ने कोनो रूपे उत्तरांचल मे रहल अछि। नेपाल, भूटान, बांग्लादेश आदिक स्पर्श करैत ई अन्तर्राष्ट्रीय महत्त्व प्राप्त कयलक अछि। साहित्य पहिने अबै छैक, भाषा बाद मे। उत्पादन पहिने आ विवेचना बाद मे।

परिकल्पनाक रूप मे घर-घर मे मिथिला पैंटिगक विकास सभ भेल अछि। लंग-अरांचीक गाछ आर कहाँक कलाकार कल्पना क' सकलाह ? प्रवाहक जल केँ आँजुर मे क' क' ई कहनाइ जे एतबे स्वाभाविक छैक—तइ सँ जलक प्रवाह अस्वाभाविक नहि होइत छैक।

1997 मे रहिका, मधुबनी द्वारा आयोजित त्रिदिवसीय विद्यापति पर्व समारोह लेल सन्देश

यत्र-तन्त्र-सर्वत्र-1

साहित्य अकादमीक अधिकारी लोकनि मैथिलीक सम्बन्ध मे एमहर बेश उत्सुक भ' गेल छथि। सङहि राजस्थानी ओ सिन्धी भाखा दिस सेहो ओतबे तत्परता पूर्वक जिज्ञासा छइन्ह। हमरा विश्वस्त सूत्रेँ ज्ञात भेल अछि जे डॉ. श्रीसुनीति कुमार चटर्जी केँ अकादमीक मन्त्री मैथिलीक मान्यता लए पुछने छथीन्ह। (आइ 12 मार्च थिक, 16 मार्च केँ एतद्विषयक मीटिंग थिकै)...एहि तीनू भाषाक ओ साहित्यक एकहक टा इतिहास तैयार करबाक' अकादमी तकरा फेर प्रमुख भारतीय भाखा सभहि मे अनूदित करा लेत। ई काज आगामी छओ मासक भितर हेबालए छै। ई भारी शुभ लक्षण थिक हमरा लोकनिक लेल।

मैथिली साहित्य परिषद् एवं वैदेही-समिति केँ आब एहि दिस अधिकाधिक सचेष्ट हेबाक चहिअइक—मैथिलीक प्रकाशित ग्रन्थ सभक एक टा प्रामाणिक सूचीपत्र समिति वा परिषद्क दिस सँ तैयार होइक, से शीघ्र सँ शीघ्र। पारस्परिक मनोमालिन्य छाड़ि, साहित्यिक उपलब्धिक एक टा निष्पक्ष लेखा-जोखा हमरा लोकनि केँ समग्र भारतक समक्ष उपस्थित करक हैत। ई काज आब अनिवार्य।

साहित्य अकादमी 'विद्यापति-पदावली'क अनुवाद मराठी-गुजराती आदि भाखा सभ मे करबा रहल अछि—श्रीबेनीपुरी द्वारा संकलित ओ पुस्तक-भंडार द्वारा प्रकाशित विद्यापतिक पदावलीक अनुवाद। विद्यापतिक भाव-माधुर्य आब सौंसे भारत केँ सुलभ भ' जेतै, ई जानि मिथिलाक व्यक्ति-व्यक्ति केँ प्रसन्नता हैत।

एहिठाम (दिल्ली ओ नई दिल्ली मध्य) मैथिली बजनिहार संख्या मे बड़ कम। ताकि-हेरिक' डेढ़-दू सए गोटे होइ वा नहि तहू पे सन्देहे ! साहेब श्रीमन्त मे (श्रीचन्द्रशेखर झा I.E.s., पाँच-सात गोटे आओरो आफिसर होथ तँ होथि। दू-तीन टा पत्रकार से छथि। पचीस-तीस गोटे अनुष्ठानी, अध्यापक एवं किरानी सेहो ततबे। तीन-चारि गोटे मिलिटरी मे छथि। कारखाना, बजार, प्रेस ओ आफिस सभ मे कम दरमहावला काज केनिहार से कतेको...गोटेक दिन आब अहू पाछाँ लागी तँ पूरा-पूरा पता लागि सकइए। ओना दरभंगा हाउस (मानसिंह रोड) कउखन-कउखन जाइ छी तँ रतिकान्त बाबू सँ एतुक्का मैथिल-मंडलीक हाल-सुरति ज्ञात होइत रहइए।

अइ ठाम ओम्हरूका अपना लोकनिक लेल दू टा गोल अछि—(1) बिहारी एसोसिएशन, आ (2) बिहार प्रवासी संगम। पहिलुका पुरान, दोसर नव। दुनू मे बेश गोलइसी, बेश मनोमालिन्य। एसोसिएशनक हाथ मे टाका-कउड़ी सेहो पुष्ट आ...तीन सरकार-पाँच सरकारक कृपाकटाक्षी एकाधिकार सेहो ओकरे हासिल छै। पार्लियामेन्टक बिहारी मेम्बरान सेहो अधिकांशतः ओइ पर दयालु। जातीय संकीर्णताक बिहारी प्रसाद सेहो बेसी ओकरे परि लगै छै ! 'प्रवासी संगम' हेवनिए मे स्थापित भेल अछि। एकर सदस्य लोकनि अपेक्षाकृत उदार आ सचेष्ट सेहो बेश।

ओइ खेप सहसा-जिलाक किराइ बाबू (श्रीकिराइ मुसहर) पार्लियामेन्टक मेम्बर रहथि, देखा चाही अहू खेप घुरि क' ओ दिल्ली अबै छथि की नहि ! अइ खेप जँ घुरलाह तँ हमरा नेयार अछि जे समय ल' क' एक टा 'इन्टर्भ्यु' लेबइन आ से 'वैदेही' क पाठक लोकनि कें सुलभ होइन तकर चेष्टा करब। M.P.भ'क' किराइ बाबू फेर घूरि तँ आबथु कने...

✣ ✣ ✣

नई दिल्लीक कोनो एक पोलिंग-बूथ पर ओइ दिन एक टा बड़का टा लीला भ' गेल !

दूमी कार सँ तीन गोटे आधुनिका उतरलीह आ पार्टी-कैम्प मे अपन-अपन क्रमसंख्या बूझि-सूझि लेलइन, तत्पश्चात् मतपत्र लेबाक हेतु पोलिंग ऑफिसर दिस आगू बढ़ैत गेलीह। देखलथीन जे तर्जनीमूल मे करिया निशान लगा-लगा क' पोलिंग अफसर बैलट पेपर दै छै...दाइ लोकनिक परिमार्जित रुचिबोध विद्रोहक' देलकइन—यूः, एतेक सुन्दर हाथ कें दागी बना देत ! जो नइँ देबउ ककरो भोट...घूरि अबैत गेली दाइ लोकनि !!

तखन एक गोटे देर धरि गुनगुनाइत रहलाह, आ से पदावली हमरा कहिओ नहि बिसरत !

तीन वोट रह गए
फैशन के नाम पर !
जयति नख-रंजनी !
जयति दृग-अंजनी !
भक्त भ्रम-भंजनी !
नययुग-निरंजनी !
फैशन के नाम पर तीन वोट रह गए...
रह गए, रह गए, रह गए ऽऽऽऽऽ
जयति नख-रंजनी...

—वैदेही / मइ, 1957

यत्र तत्र सर्वत्र-2

किछु दिन पूर्व केन्द्रीय वित्तमन्त्री श्रीकृष्णमाचार्य महिला लोकनि सँ अपील कएने रहथीन जे द्वितीय पंचवर्षीय योजना केँ सफल बनाबक लेल ओ सभ अपन-अपन गहना सरकार केँ द' देथुन, सूद भेटबे करतइन...

टी. कृष्णमाचारी अपनहि बड्ड पइघ धनिक, प्रख्यात उद्‌योगपति। अपना परिवारक स्त्रीगण हुनका अइ अपील पर की-कते गहना-गुड़िया बहार क' क' सरकार लए देलथीन से नहि जानि !

तखन किछु दिनुका बाद नेहरू जी सेहो दाइ-माइ लोकनि सँ एही तरहक अनुरोध कएने छलथीन !...

ई सभ सुनि चोआ कका मद्रासी नोसि सँ नीक जकाँ नाकक दुनू पूड़ा केँ भरि लेलइन आ बजलाह—मन्त्री लोकनि केँ चिक्कन चीज खाइत-खाइत कब्जियत भ' गेल छइन, अपनहि बरु पाचक लीतथि सएह नीक होइतइन। अजीर्ण भेला पर वमन आ विरेचन दुनू हितकारे !

✣ ✣ ✣

बिहारक मिनिष्टर लोकनि अइ खेप लोककल्याणार्थ बड्ड बेसी व्रतबद्ध बूझि पड़इत छथि...अन्नसंकटक स्थिति देखि एक गोटे एकभुक्ते रहबाक घोषणा कएलन्हि अछि, दोसर गोटे एक साँझ जओ-बूटक सातु मात्र ग्रहण करताह। तेसर गोटे मामूली बासा मे रहताह आ रथ सेहो साधारणे रहतइन...

—कईची-सिगरेटक डिब्बी खोलइत श्यामलाल अइ चर्चा पर कन्हुआ क' हमरा दिस तकलक तखन मुँह सँ बहरेलइ : हम अइ सब सँ नइँ पतिएबइन ! जाहि संकटग्रस्त जनताक ओ लोकनि प्रतिनिधि थिका तकरे हिसाबेँ अपन-अपन सैलरी आ भत्ता-तता कम क' लेथु, तखन बुझबइन !

लालबाबू बमकिक' कहलथीन—रओ श्यामलाल ! ई सभ नइँ बुझबही तों...अनेरे लबर-लबर नइँ ने करी। खड़की पहिरिक' आ चोकरक लिट्टी गीड़ि क' अइ युगक लोक गुदड़िया बाबा भने भ' जाओ मुदा राजकाज ओइ ढंग सँ क...बुतें चलाओल हेतइ...

चोआ कका बीचहि मे बाजि उठलाह—अहाँ तँ से कहबे करबइ लाला।

पढ़ल-लिखल ओ नोकरियाहा लोक जँ गरिबहाक पीठ-पाँजर केँ कने ध्यान द' क' देखितइ तखन की छलाह ! बारह वर्ष भ' गेलइन, विधाता लोकनि केँ आबहुँ सरिया क' काज नहि कर' अएलन्हिए...

✣ ✣ ✣

उत्तर प्रदेशक विधानसभा मे अइ बेर एक टा नव परम्परा आरम्भ भेल अछि ! उपाध्यक्ष (डिप्टी स्पीकर)क आसन पर विरोधी दलक एक गोटे बइसाओल गेल छथि। केन्द्र ओ अन्यान्य राज्यहु मे यदि ई प्रथा चालू कएल जइतए ! केरलो मे ई होइतइ मुदा तकर अवसरे नहि एलइ, ओइठाम स्पीकर आ डिप्टी स्पीकर दुनू कम्युनिस्टे...दुनू प्रतिष्ठित जनसेवक, दुनू भूतपूर्व कांग्रेसी। आ, तेँ सर्वसम्मति सँ उक्त पद पर बइसाओल गेल छथि।

✣ ✣ ✣

समग्र भारत मे 1857क विप्लवी जन-आन्दोलनक स्मृति-पर्व समारोहपूर्वक प्रतिपालित भ' रहल अछि, से ई गउरबक विषय थिक। साम्राज्यवादी इतिहासकार लोकनि भारतीय जनताक ओहि वीरगाथा केँ नाना प्रकारेँ दूरि करबाक चेष्टा कएने छथि। आब स्वाधीन भारतक इतिहासवेत्ता लोकनि ओहि विप्लवक मौलिक रूप केँ देश-विदेशक जनताक समक्ष रखताह।

✣ ✣ ✣

केरलक नवका मन्त्रीमंडल देश भरिक ध्यान अपना दिस आकृष्ट क' रहल अछि। भ्रष्टाचार, शासकीय प्रमाद, अकारण व्यय-बाहुल्य, उच्चवर्गीय घटाटोप...आदि कतेको प्रकारक दुग्रुपक जड़ि काटि क' ओ लोकनि एक अभिनवे आदर्श जनताक समक्ष पेश क' रहलाह अछि। मुख्यमन्त्री शंकराचार्यक वंशधर थिकाह। अपन लक्षावधि टाकाक सम्पत्ति पूर्वहि अपना पार्टी (कम्युनिस्ट पार्टीक) नामे उत्सर्ग क' चुकल अछि। चोआ कका कहताह—ई सभ किच्छु नहि, आगाँ शंकरवंशी की करइ छथि, से ने देखहुन।

—वैदेही / जून, 1957

यत्र तत्र सर्वत्र-3

दुष्कालक लक्षण एहि बर्ख व्यक्ति-व्यक्ति कें आतंकित कए रहल अछि। इन्फ्लुएन्जाक सार्वभौम आक्रमण, अतिवृष्टि-अनावृष्टि-अवृष्टिक नग्न नृत्य, अन्नक महँगी...कोना अइ साल लोक काल यापन करत ? देशक विधाता लोकनि असली हालति कें वक्तव्यक रंगीन रेशमी सँ झाँपि-तोपि कहिया धरि एना कृतकृत्य होइत रहताह ?

✣ ✣ ✣

मिनिस्टर लोकनि, राज्यपाल लोकनि ओ अन्यान्य उच्चाधिकारी लोकनि अपना दरमाहाक दशांश सरकार कें छाड़ि देथुन—एहि प्रकारक रुखि कतो मूर्धन्य देशक नेतागणमध्य देखना जाइत अछि, से ई बड्ड पइघ शुभ लक्षण थिक। त्याग अथवा उत्सर्गक प्रमाण पइघे व्यक्ति पहिने देथि से नीक। नाना प्रकारक अभाव-अभियोगें जे ओहिना अकच्छ अछि, ताहि जनता कें बेहरीक अपील नइँ कोना सोहेतइ ? गत दस-बारह बर्खक भीतर जनिक ओजन अतत्तह बढ़ि गेल होइन, वमन-विरेचन क'क ओ लोकनि अपन-अपन कोष्ठशुद्धि करबाइए टा लेथु...

✣ ✣ ✣

बिनोवाजी सम्प्रति केरल भूमि मे विचरण कए रहल छथि...ओहि ठामक शासन सत्ता आइ-काल्हि कम्युनिस्ट लोकनिक अधीन छइन। सर्वोदयी नेता एवं कम्युनिस्ट नेता लोकनि परस्पर सहिष्णुतापूर्वक संग-सुखक लाभ लए रहलाह अछि। प्रमुख अंग्रेजी समाचार-पत्र 'मैंचेस्टर गार्जियन' हालहि मे सह-अस्तित्वक एहि भारतीय विलक्षणता पर अपन मन्तव्य प्रकट कएने अछि। ओकरा मतें गाँधीवाद एवं साम्यवादक ई सामंजस्य विश्वविकाशक लेल एक टा नवका दिशा संकेत थिक... भारतीय जनता केर शान्तिकामी ओ उदार मनोवृत्तिक थाह पएबालए अनठीयाक ई आतुरता !!

✣ ✣ ✣

अनुग्रहबाबू निर्वाण लाभ कएलइन आ तत्काले दीपबाबू फेर मिनिस्टर भ' गेलाह–बीच मे तीन मास बेचारे कोना खपने हेताह, जानथि भगवान ! अस्मिन् कर्मणित्वं मे ब्रह्णाभव...ओं वृतोऽसि...ओं वृतोऽ स्मि !! एहू, धन्य कही विधाताक एहि फुर्ती कें !!

--वैदेही / अगस्त, 1957

यत्र तत्र सर्वत्र-4

विद्यापति कने अगुता गेलाह--चोआ कका ओहि दिन साँझुक बइसाड़ि मे नोसि लइतँ बाजल रहथि।

तइ पर नोखेलाल केँ हँसी लगलइ, तिरपतिक बाँहि केँ उसकबैत कहकइन--काल्हि बुझि पड़इऐ अहाँ सिनेमा गेल रही ! तिरपित मुसकी मारइत नोखे केँ कहलकइ--आहि रे बा ! नूतन, चाँद उस्मानी आ कि कल्पनाकार्तिक केँ यदि विद्यापति देखि पबितथीन तँ आरो दशगुना बेसी सोहगर गीत हमरा लोकनि केँ परि लगितए कि...नहि चोआ कका ? सएह तँ कहलिअहु--चोआ कका धोतीक खूट सँ नाकक दुनू पूड़ा साफ कएलन्हि। नोखेक दिस गर्दनि नमरा क' कहलथीन--विद्यापति जँ अजुका युग मे जन्म नेने रहितथि आ कने बम्बइ-कलकत्ता-दिल्लीक उच्चवर्गीय आ कि मध्यवर्गीय तरुण-तरुणी दल केँ भावानुभाव निमग्न देखने रहितथीन तँ...

नोखेलाल नमरि क' अइ पर चोआ ककाक दुनू पएर छूबि लेलकइन' आ बाजल--बूझल, चोआ कका बूझल !...

✣ ✣ ✣

केरल मध्य कैथोलिक पादड़ी लोकनि लाख जोर लगओलन्हि--शिक्षा विधेयक केँ ओतुक्का विधायकमंडल छोड़लकइन नइँ, पास कराइए टा लेलकइन ! कांग्रेसी-प्रजा समाजवादी, मुस्लिमलीगी क्रिश्चियन मिशनरी...परस्पर विरोधी जमात एहि अवसर 'अग्निश्च वायुश्च' भ' गेल रहए। एह, मुदा कम्युनिस्टो लोकनि अद्भुत चमत्कारक परिचय देल !! 26 अगस्त केँ त्रिवेन्द्रम् (तिरुवनन्तपुरम्) शहर सरकार-विरोधी प्रदर्शनक लेल सिंहेश्वर स्थानक मेला भ' गेल बुझू...ताहि सँ सएगुना बेसी विकट बुझू...ऐहना स्थिति मे आन-आन राजधानी ने जानि केहेन-केहेन दुर्घटनाक क्षेत्र भेल रहितए ! लाठी, गोली, अश्रु गैस, रोड़ा-पाथर ढेप-चेप...कतेकोक कान-कपार फुटितइ, प्राण जइतइ कतेकोक...राजपथ रक्तरंजित होइत...मुदा ई सभ किच्छु नइँ भेलइ। उनटे, प्रदर्शनार्थी लोकनिक सौकार्य्यक हेतु सरकारक दिस सँ ट्रेन-बस-नाव आदिक स्पेशल प्रबन्ध क' देल गेलइन !...लालभाइ लोकनिक ई नवका तन्त्र-मन्त्र सउँसे संसार केँ विस्मित कए रहल अछि, कांग्रेसक महामन्त्री श्री श्रीनारायण केँ भरल सरकारक एहि इन्द्रजालक अन्तराल मे निखिल विश्वक सर्वनाश साफे सूझि रहलइन अछि !! आब ओ साँझ-प्रात पाठ

करताह—

> या त्वरा द्रौपदीत्राणो या त्वरा गजमोक्षणे।
> मय्यार्त्ते दुर्दशाग्रस्ते सा त्वरा क्वगता हरे ॥

✣ ✣ ✣

शेख अब्दुल्ला मने आब जल्दिये मुक्तिलाभ करताह...की ममर्खा नीक जकाँ छुटलइन ? आ कि बहरेता तइखन नेहरूजी कोनो जड़ी बान्हि देथिन बाहुमूल मे ?

✣ ✣ ✣

मैथिली कोनो स्वतन्त्र भाखा नहि थिक...ओ हिन्दीक कोरबच्चा थिक...ओ बोली तँ नहि, मुदा हिन्दीक 'विभाषा' थिक...

—मानल, हँ मानि लेल ! आबहुँ तँ हजूरक कृपा कटाक्ष सरिया क' एहि अभागलि पर पड़उक !

✣ ✣ ✣

कर्ज...कर्ज...कर्ज आओर ऋण...आओर पइँच...आओर उधार...करोड़क करोड़ डॉलर चाही ! अरबक अरब डॉलर चाही...पाउंड सेहो चाही ! रुवल सेहो...नेहरूजी, दोहाइ सरकार ! आबहुँ भाभट समेटू ! ऐना कहिया धरि खेपबइ मालिक ? अपना देश मे सरिपहुँ की कोनो साधन छइये नइँ ?

—वैदेही / अक्तूबर, 1957

यत् किंचित-1

सउराठक सभा-गाछी मे सभइता लोकनिक सौकर्यक लेल बिजली पहुँचि गेल अछि, पीच रोड सेहो मधुबनी स्टेशन सँ सउराठ धरि बनि गेल अछि...जय हो सरकार बहादुरक !

आब जँ कने रेलवे-बोर्ड सेहो अपन उदारता देखबइत ! सभाक अन्त अबइत-अबइत ततेक ने रेड़म-रेड़ा भ' जांइ छइ, लोकक प्राण अवग्रह मे पड़ि जाइत छइ। बिहार सरकार जँ चाहथि तँ सभइता लोकनिक सुविधार्थ अन्ततः तिनियो-चारि दिनुक खातीर दरभंगा, जयनगर निर्मली दिस सँ दू-दू घंटा पर शटल ट्रेन मधुबनी धरि चालू करबा सकइ छथि। हानिक तँ कथे कोन, रेलवे-बोर्ड केँ लाभे होइतइ। प्रदेशक मुख्यमन्त्री (डॉ. श्रीकृष्ण सिंह) जँ एको रती अइ दिस ध्यान दित'थिन !

❖ ❖ ❖

ट्रेने बरउनी जएबाकाल पुल पार करइत हाथ अनायास जेब धरि पहुँचल। दू टा नवका पाइ नीचाँ धार मे फेकल आ चिचिअएलउँ—जय गंगा मइया !

लग मे जे बइसल रहथि, अपरिचित नइँ छला। बेश परिचित लोक रहथि। बिहुँसइत-बिहुँसइत बाजि उठला—'आइ ई अहाँ केँ भ' की गेल अछि ? अहाँ तँ नास्तिक छी कि ने ? पानि मे कइंचा किए फेकि देलिअइए ?'

'संस्कार जोर कएलक, नइँ रहल गेल। पूर्वज लोकनि सँ हमरा लोकनि ओहुना बड़ उदार...हुनका सभक सहज श्रद्धाक स्मृति मे यदि दू टा पइसा जेब सँ बहराइए गेल तँ तेँ की ?...पाछाँ अपनहुँ बड़ी कालधरि हँसी लागइत रहल अइ बात पर !

❖ ❖ ❖

संयुक्त राज्य (अमेरिका) मे आब एक टा राज्य केँ आओर सम्मिलित क' लेल गेलइए। किछु काल पूर्वे अलास्का केँ अपना पाँती मे बइसओने रहए अमेरिका। एम्हर हवाइ द्वीप सेहो ओइ गोल मे प्रवेश कएलक। एवं प्रकारेँ आब अड़तालिसे नहि पचास टा राज्य संयुक्त राज्य कहाओत...

प्रशान्त महासागरक वृहतम क्षेत्र मध्य हवाइ द्वीप बेश रमनगर टापू मानल जाइत अछि। होनोलुलु थिकइ ओहि द्वीपक प्रमुख नगर। पर्यटक लोकनिक लेखेँ तँ सहजहिं आनन्दधामे ! हँ, तखन हवाइ द्वीपक आदिवासी लोकनि मोश्किल मे पड़लाह...हबर-हबर

नवल-समृद्ध-सचेतन श्वेतांग बनि जेता से तँ हेतइन नहि, तखन नीग्रो सभक सगोत्र-सपिंड भ' क' रहथि तँ रहथु ग'।

"अनेक रूपरूपाय नमस्ते प्रभविष्णवे !"—अपना भूमिक भीतर विभिन्न प्रशासकीय युनिट सभहि केँ समदृष्टिएँ देखनाइ जँ पार नहि लागए, तखन कोन प्रकारक विभ्राट् होएत तकर अंदाज पहिने कांग्रेस हाइकमांड केँ मने नहिएँ रहइन !! से जँ रहितइन तँ भारतीय-संविधानक अन्तर्गत वैधानिक रूपें प्रतिष्ठित केरल सरकार केँ बिठुआ कटनिहार विरोधी पार्टीक लेल कुशक आसन आ गोटा सुपारी मात्र। असउजनियाँक असउजनियाँ लोकनिक लेल माछ-भात ! सउँसे देश अपने आँगन-खरिहान थिक, जाही ठाम हाथ मटियाबक वा कुरूड़ फेकबाक मोन हो ताही ठाम हाथ मटियाओल जाओ, कुरुड़ कएल जाओ !!

✣ ✣ ✣

मसूरीक बिड़ला हाउस आइ काल्हि देशी-विदेशी पत्रकार लोकनकि लेल बड़का अड्डा भए गेल अछि, दलाइलामाक माहात्म्य ! ओना महागुरु दलाइलामा हमरा लोकनिक बड़ विशिष्ट पाहुन थिकाह (हुनका नामक पाछाँ 'शरपातग' विशेषण जोड़बा मे कतेको श्रद्धालु व्यक्ति केँ आन्तरिक क्लेश होइन्हि से सम्भव)...परम्पराक लेखेँ मोटा-मोटी ओ महानुभाव भारतभूमिक हेतु आदरणीय नहि थिकाह से के कहत ? तेखन, कने संचमंच रहितथि, ध्याने-धारण (आध्यात्मिक व्यायाम) धरि अपन चित्त केँ मर्यादित रखितथि, तँ भारत-भूमिक कल्याण तही मे निहित छलइ कि ने ? मुदा ततवा धैर्य एहि 'बुद्धावतार' महाप्रभु केँ नहि रहलइन ! नेहरूजी केँ हुनक बड़ विशेष आवेश ! बड़ मानइ छथीन दलाइलामा केँ नेहरूजी—चउबीस बर्खक एक विशिष्ट युवक—महामहिम दलाइलामा केँ बहत्तरि बर्खक पाकल प्रज्ञावला एक गोटे देशनायक—नेहरू जँ वात्सल्य भावेँ देखइ छथीन से सर्वथा उचिते ! परंच ओ युवक लामा यदि कोरा मे बइसि क' अइ प्रौढ़ नेताक छातीक केश मोचनील' केँ गोटा-गोटी उपाड़ए लगथीन तँ से हमरा लोकनि केँ हैत सह्य ? तेँ हमरा विचारेँ दलाइलामा आबहुँ संचमंच भ'क' रहथु... अपना जीहक लाड़नि सँ भारत-चीन-मैत्री केँ पंचशील विरोधी कूटनीतिक कनसार मे भुजथीन से तँ नेहरूजी केँ नहिएँ सोहेतइन कि ने !

—मिथिला दर्शन / मइ, 1959

यत् किंचित-2

एक टा सुन्दर चानीक झारी (कलशी)...ओइ मे गंगाजल भरि क' न्यूयार्क (अमेरिका) पठाओल गेल अछि। की हेतइ अमेरिका मे गंगाजल ? ओइ ठाँ कोन शालिग्रामक पूजा के व्यक्ति करताह ?

1 सितम्बर केँ प्रतिवर्ष 'हडसन नदी' कात सरिता-समारोह होइत आएल छइ से अहू बेर हेतइ। ताहि अवसर पर सभ राष्ट्र अपना ओतुक सर्व प्रमुख महानदीक जल 'हडसन'क जल मे ढारक लेल पठबइ छथीन। एवं प्रकारेँ पहिल सितम्बर अमेरिकाक लेखेँ महावारुणी-पर्व जकाँ एक विलक्षण अवसर भए गेल अछि। दू गोट विश्वनायक (ख्रूश्चेव-आइसन हॉवर) केर आसन्न महामिलनक अपूर्व अवसर केँ सरिता-समारोहवला एहि महापर्व सँ मिला क' देखी तँ अनायास हमरा लोकनिक ठोर पटपटाए लागत—सर्व मंगल मांगल्ये...।

❖ ❖ ❖

अजित प्रसाद जैन—केन्द्रीय सरकारक भूतपूर्व खाद्यमन्त्री हालहि मे पदत्याग कएने छथि। अपन अन्तिम भाषण मे जैन साहेब बाजल रहथि जे हुनक खाद्नीति अही हेतुएँ विफल भेलइन्ह जे एतदर्थ कोनो उपयुक्त आयोजन सरकारक दिस सँ नहि कएल गेल ! तखन फेर एक गोटे 'अखाद्ध मन्त्री' बनाओल गेल छथि—पाटिल ! देखा चाही, पाटिल कोन पटल चलबइ छथि ! चीनीक दाम जँ पाँचो नवका पइसा घटए तँ लोक हिनक चमत्कार बूझत !!

❖ ❖ ❖

अयूब-नेहरूक साक्षात्कार एहि दुनू देशक खातिर शुभ होअओ ! ओ सर्वतन्त्र स्वतन्त्र महामहिम फौजी तानशाह, ई विश्ववंद्य प्रजातान्त्रिक जन-नायक ! दुनू गोटे एक्के चउकी पर बइसताह ? किछु होअओ, आपसी सद्भावनाक कोनो सूत्र अपन जादू अवश्य देखाओत !

❖ ❖ ❖

एक ठाम कतहु संगीत सम्मेलन मे मारि भेल छइ। हुनका लोकनि केँ अपन-अपन

उस्ताद मने 'सा-रे-गा'क सत्ती 'मारे गा'क अभ्यास करओने हेथीन !

✣ ✣ ✣

कलकत्ता कार्पोरेशन थूक विरोधी अभियान चालू करवा लए अछि—

यत्र-तत्र जखन-तखन थूक फेकनिहार सतर्क भए जाथु !

हँ, तखन पॉकेट पिकदानीक आविष्कार केओ ने केओ आब करबे करताह... आवश्यकते आविष्कारक जननी थिक कि ने !

✣ ✣ ✣

स्काइक्रेपर ! गगनचुम्बी (अभ्रंलिह) अट्टालिका...सीमेन्ट, इस्तात, काँच...अद्यतन स्थापत्यकलाक प्रतीक !

हमरा लोकनिक केन्द्रीय सरकार केँ बड़का बिल्डिंग ठाढ़ करबाक सौख...कलकत्ता, बम्बइ, मद्रास, दिल्ली एहि चारू शहर मे स्वाधीनताक बाद 'विकट भूधराकार' कते ने मकान बनाओल गेल हैत !

के बाजत जे ई देश गरीब अछि ?

✣ ✣ ✣

देहातक कथा छाड़ि दिअ', ठामहि एही शहर मे सुगरक खोभाड़ सन-सन पौती मौनी थुथरी मार्का कोठरी दसे बीस टा हो से नहि ! असंख्याता सहस्त्राणि !! अन्न वस्त्रक जे सौकर्य अछि से देखितहिं छी...

—के बाजत जे ई देश धनिक अछि ?

✣ ✣ ✣

जयप्रकाश नारायण, श्रीकृष्ण सिंह, कृष्णवल्लभ सहाय...तीनू गोटे हालहि मे जनताक समझ 'नेती धोती' कएने छथि...मुदा एहि त्वंचाहंच सँ रउदिएँ झरकइत धनहर बाध केँ की ! भनहि, अधिकांश खेतिहर लोकनि अउखन निरक्षरे छथि !

✣ ✣ ✣

राजगोपालाचारी कतहु बाजल छथि—ओ बाघ शिकाह !

तखन गाय के थिक ? नेहरू नियन्त्रित केन्द्रीय सरकार ?

—मिथला दर्शन / सितम्बर, 1959

यत् किंचित-3

महाप्राण भंडारनायक केँ एक गोट आततायी गोली मारि देलकइन...हत्याकारी कोनो सामान्य व्यक्ति नहि, बौद्ध संन्यासी थिक ! कहल जाइछ जे श्रीलंकाक बौद्ध जनता केँ भंडारनायक सँ जतवा आशा रहइ से पूर्ण नहि भेलइ, तकरे प्रतिक्रिया थिक ई दुर्घटना ! गान्धीक हत्या भेल, लियाकत अली मारल गेलाह, वर्माक औंग सान सेहो मारल गेलाह, आब श्रीलंकाक प्रधानमन्त्री सेहो सरगौली हाट पहुँचाओल गेल छथि...एसियाक प्रमुख देशनायक लोकनिक ई बलि-परम्परा कोनो पइघ अनिष्टक सूचना थिक...

✣ ✣ ✣

ख्रुश्चेव अमेरिकाक यात्रा सँ सकुशल घूरि आएल छथि, अपना मातृभूमि मे ! विश्वशान्तिक प्रेमी लोकनि एहि घटना केँ बड़ड पइघ दिग्विजय मानि रहल छथि, आ से सर्वथा असंगते हो ई के कहओ ! धन्य विश्वमैत्री...तखन आब आइसन हाबर सेहो सपरिवार (पौत्र-पौत्री सहित) सोवियत भूमि पहुँचवा लए छथि–'सौजन्यचन्दनमलय, यशोभि-शोभित भूवलय, ताच्छी...नत्वर निवेदयति...' से के थिकाह, तँ ख्रुश्वेभ महाशय ! आ की नहि ? आबहु तँ मोजर दइत जइअउन !!

✣ ✣ ✣

चीन-भारत मैत्रीक पाँतर मे दराड़ि नहि पड़उक, तदर्थ पुरश्चरण एहि दुनू देश मे आरम्भ भए गेल अछि...धनकुबेरक शंख (समाचार पत्र) मुदा प्रतिकूले ध्वनि करइत रहत ! शीतयुद्धक ई फुफकार केरलक उपनिर्वाचन धरि अवश्य जारी रहत, कांग्रेसी लोकनि पाकल कूटनीतिज्ञ नहि छथि से ई कथा आब के बाजत ?

✣ ✣ ✣

विकराल अन्न-संकट ओ महगीक विरोध मे समग्र बिहार मे जनता सत्याग्रह कए रहल अछि। मिथिलाक दड़िभंगा-सहरसा आदि जिला-केन्द्र मे सत्याग्रही लोकनि नृशंसतापूर्वक लठिआओल गेल छथि...एखन की भेल अछि ! कांग्रेसी शासकवर्ग एतावाता' फासिज्मक रिहर्सल मात्र कए रहल अछि। किछु बाजब तँ कम्युनिस्ट कहाएब, चुपचाप पेटकान देने रहब तँ भने छागर-पाठी जकाँ 'शिष्ट-सुशील' प्रमाणित होएब–मुदा तइयो तँ चिबाबक लेल जिमड़क पात चाहबे करी !!

✣ ✣ ✣

एम्हर कलकत्ता पर इन्द्रमहाराजक बेश कृपा भेल छइन ! मेघो कें की भ' गेल छइ से नइँ कहि ! ओम्हर मिथिलाक माटि बेत्रेक बर्खाक भरि भदवारि हकन्न कनइत रहि गेल, आ एम्हर बतहपनी तँ देखू बंभोलाक !

✣ ✣ ✣

खाद्य-आन्दोलक प्रसंगे अहूठाम पुलिसक तांडव-लीला प्रशंसनीय छल ! एही राम-राज्यक लेल हमरा लोकनि प्राण दइत रही कि ने ? केरल मे विमोचन भेलइ, कलकत्ता मे की भेलइ ? त्रिलोचन ? मनुक्खक टटका सोनित पिबइत-पिबइत कालीक जीह चारि आँगुर छोट भ' गेल छइन, कालीघाट जा क' कने देखिए अबिअउन !

✣ ✣ ✣

अपना लोकनिक ओ ओजस्वी साप्ताहिक 'मिथिला' पुनः प्रकाशित होम' लागल अछि. ..ढाकीक ढाकी सड़लहा समाचार पत्र बिहार सँ बहराइत अछि, मुदा निङहेसक टाल मे लुत्ती लगओनिहार कोनो तेहेन प्रखर-ज्वालामय समाचार-पत्र कहाँ छलइ ? धनुकुबेर लोकनिक तरबा चटनिहार, महाप्रभु लोकनिक नाङड़िमहक अठउड़ी-स्फीतोदर ओ बइमान सम्पादक लोकनि ! 'मिथिला' क झसिगर टिप्पणी अहूँलोकनिक अपान-उदान कें दुरुस्त राखत...

—मिथिला दर्शन / अक्तूबर, 1959

यत् किंचित-4

आब बिहारक चारू कमिश्नरी कें अपन-अपन विश्वविद्यालय भेलइक। एही जुलाइ सँ पटना-विश्वविद्यालय, राँची-विश्वविद्यालय, मुजफ्फरपुर-विश्वविद्यालय ओ भागलपुर-विश्वविद्यालय अपन-अपन कार्य आरम्भ क' रहल अछि।

बड्ड बेश...परंच एहि विश्वविद्यालय कें कांग्रेसी शासक लोकनि यदि अपन क्षुद्र स्वार्थक चटशाल बना कें राखि लेथि ?

लक्षण तँ तेहने बूझि पड़इत अछि। अन्यथा पटना-विश्वविद्यालय पहिलुका रूप (आवसीय-विश्वविद्यालय वला) कें समाप्त कए ओकरो 'परीक्षा-प्रबन्धक कारखाना' नहि बना देल जइतइ।

हे, तहन आब जिला-जिला मे, डिबिजन-डिबिजन मे कॉलेज धरि खुब खुजतइ। तकर फल ? जनता कें जे लाभ हेतइ से तँ हेबे करतइ, सभ सँ बड़का फल ई हेतइ जे मन्त्री-उपमन्त्री लोकनिक नाम अनेकानेक शताब्दि धरि कालेजक नामक संगें चमकइत रहतइन...बारह मन्त्री, अठारह उपमन्त्री...भूतपूर्व कें मिला देला उत्तर गोड़ सत्तरिक नाम ! नामक अकाल नहि रहत...तेहने कोनो अभागल मुँहदुब्बर मिनिस्टर अथवा डिप्टी मिनिस्टर छूटि जाथि तँ छूटि जाथि...

✣ ✣ ✣

दड़िभंगा जिलाक मधुबनी ओ सदर सबडिविजन मे अन्न संकट पराकाष्ठा पर पहुँचि गेल छइक।

बिहार-सरकार सहायताक नाम पर ओही प्रकारें अन्न-वितरणक अभिनय कए रहल अछि जाहि प्रकारें उताहुल पुजेगरी उपेक्षित प्रतिमा पर अक्षत फेकइ छइ !

दड़िभंगा (लहेरियासराय) कचहरीक समक्ष जिला-किसान सभाक उपसभापति श्री जाकिर हुसैन गत दू सप्ताह सँ अनशन कए रहल छथि। बेनीपट्टी अंचल-ऑफिसक समक्ष जिला किसानसभाक दोसर उपसभापति श्री तेजनारायण झा सेहो अनशन कए रहलाह अछि।

पंडित श्री हरिनारायण मिश्र अकाल ग्रस्त क्षेत्रक गाम-गाम मे घूमि आएल छथि, एक नहि अनेक खेप...आर्यावर्त-इंडियन नेशन-नवराष्ट्र-सर्चलाइट आदि समाचार-पत्र लगातार दरभंगा जिलाक एहि दुःस्थिति पर लिखि रहल अछि, मुदा बिहारक बहीर

सरकार एहि सब केँ 'अवसरवादी लोकनिक राजनीतिक खुष्ठमख्याल' मनइत अछि। ओकरा मने एको रत्ती परवाहि नहि छइक !

✣ ✣ ✣

आएल पानि–
गेल पानि–
बाटहि बिलाएल पानि...

डाकू-विजय अभियान आरम्भ मात्र भ' क' सेरा गेल ! बीस गोटे डाकू आचार्य विनोबाक आगू आत्मसमर्पण कएलइन...5-7 दिन धरि ओ सभ बाबाक बाँहिक छाहरि मे मैत्री-मुदिता करुणाक बसात पिबइत रहला, बन्दूक लटकओने आ तमाशा बनल रहल ! सर्वोदयी योग-साधनाक ई चमत्कार लोक केँ बहुतो दिन धरि मोन रहतइक।

विनोबाजी बाजए लगलाह–ई लोकनि दस्यु किंवा डाकू नहि थिकाह, सामाजिक व्यतिक्रमक कारणें हिनका लोकनि केँ विद्रोही बनए पड़लइन। ई लोकनि विप्लवी थिकाह, शान्तिपूर्वक जीवन बिताबए चाहइत छथि ई लोकनि...आदि-आदि।

ततः पर एहि 'बाबा वाक्य' सँ मध्य-प्रदेश ओ उत्तर प्रदेशक पुलिस उच्चाधिकारी वर्ग तथा कांग्रेसी शासकवर्ग सेहो आशंकित भ' उठलाह–परस्पर विरोधी वक्तव्य अखबार सभहि मे छपए लागल...

'स्टेट्समैन'क राजनीतिक टिप्पणीकार अपन आशय प्रकट कएलइन–"डाकू लोकनिक प्रभाव ओ द्रव्यादिक उपयोग स्थानीय, प्रान्तीय एवं केन्द्रीय निर्वाचनक प्रसंग मे कांग्रेसी नेता लोकनि करइत अएलाह अछि...आगरा जिलाक एक गोटे निर्वाचन प्रार्थी अपना केँ दस्युराज मानसिंह द्वारा समर्थित हेबाक कारणेँ गौरवान्वित मानइत रहथि...(9 जून)।

जे लोकनि कनेक सावधानतापूर्वक समाचार-पत्र देखइत छथि, हुनका मन मे खचित भ' गेल छनि जे डाकू वर्गक लूटि-पाटिक बखरा किछु-किछु पुलिसो केँ प्राप्त होइत अएलइन अछि, किछु-किछु कांग्रेसक नेतो लोकनि केँ आब जे कदाचित आत्मसमपर्ण कएनिहार डाकू सरदार सभ पुलिस अधिकारी ओ नेता लोकनिक 'उघाड़िमुहेँ करिष्ये' करए लागए, तखन ?

एही प्रकारक आशंका सँ आतंकित भ' क' केन्द्रीय एवं प्रादेशिक महाप्रभू लोकनि आवाहनक किछुए दिन बाद विनोबा नामधारी ब्रह्मबाबा केँ कल जोड़ि केँ कलहथीन अछि–"भगवन् पूजितोसि, क्षमस्व, स्वस्थानं गच्छ !"

राष्ट्रपतिक विवेक केँ सेहो धन्य कह'क चाही...डाकू चूड़ामणि मानसिंहक 'सुपुत्र' तहसीलदार सिंहक फाँसी तँ छोड़ा देलथीन, मुदा धर्मा बाँध (कोलियरी) वला केस मे ओही मजदूर केँ क्षमा नहि केलथीन, ओकरा फाँसी भेबेटा केलइ। मानसिंहक विधबा केँ अपन जमीन-जयजात आपस भेटि गेल छइक मुदा अभागल किसान लोकनि जे अपना जमीन सँ वेदखल कएल गेल, ओकरा लोकनिक प्रार्थना राष्ट्रपतिक कान मे कथी

लए पड़तइन !!

—आत्मसमर्पणक बादे यदि डाकू-सरदार लोकनि कांग्रेसक मेम्बर बनि जेबाक वचन दितथीन ?

—यदि ओ लोकनि नेता वा पूलिस अधिकारी वर्गक प्रपंचोद्घाटन नहि करबाक आश्वासन दितथीन ?

—यदि ओ लोकनि आन-आन राजनीतिक पार्टी सभहि कें पछाड़बाक प्रतिज्ञा करितथि ?

—यदि ओ लोकनि आगामी निर्वाचन मध्य कांग्रेस कें जिताबक खातिर अपन धनबल-जनबल कें झोंकि देबाक इच्छा व्यक्त करितथि ?

—यदि आचार्य विनोबा दलीय स्तर पर कांग्रेसक खेलौना मात्र भेल ओहि डाकू-क्षेत्र मे प्रवचन देने घुरितथि ?

✣ ✣ ✣

जून मासक पइघ घटना ?

पइघ घटना इएह जे महामान्य आइसनहाबर जापान देखबाक अपन सेहन्ता पूर्ण नहि कए सकलाह।

हिरोशिमा-नागासाकी मे अमेरिका जे नरमेध कएने रहए, जापान ताहि प्रलयंकारी कुकांड कें एते जल्दी कोना बिसरओ ?

सम्राट हिरोहितोक जापान।

तानाशाह तोजोक जापान।

अमेरिकी कुवेर वर्गक इयार किशी (प्रधानमन्त्री) क जापान।

ई जापान आइसनहावरक स्वागत करबालए उताहुल छल...मुदा एहि जापानक मनोरथ पूर्ण नहि भेलइक ! किए ? अमेरिकाक राष्ट्रपति जकरा अप्रिय, ओ जापान कोन जापान थिक ?

जनताक जापान !

—श्रमिक, कृषक, छात्र, युवक, शिल्पी ओ बुद्धिजीवी लोकनिक जापान !

—जाग्रत एशियाक एक विशिष्ट ओ अपराजित जापान।

प्रधानमन्त्री किशी साहेब कतबो गाल बजाबथु, जापानी जनता अपन मानापमान कें किन्नहु बिसरत !

राष्ट्रपति आइसनहावर जय-यात्राक लेल बहराएल छलाह, मुदा अगत्या घूरए पड़लइन...एकरे कहइ छइ सुबुद्धिक उदय ! से, सरिपहुँ...समय पर यदि सुबुद्धिक उदय नहि भेल रहितइन तँ ?

✣ ✣ ✣

—एक अर्ध सरकारी शिक्षा संस्थाक लेल सरकार द्वारा मकान बनबाओल गेल।

जिलाधीश द्वारा उद्घाटन कयल गेल। पैघ-पैघ भाषण भेल। अन्त मे संस्थाक मन्त्री जिलाधीशक हाथ मे एक टा आवेदन-पत्र देलन्हि। आवेदन-पत्र मे मकानक मरम्मति लेल आर्थिक सहाय्यक माँग कयल गेल छल। जिलाधीश बजलाह—यैह तँ मकान तैयार भेल अछि। मरम्मतिक प्रश्न एखन किएक ?—मन्त्री बजलाह—जे आइ काल्हि मकान कन्ट्रक्टर द्वारा बनबाओल जाइत अछि। किछुये दिन मे मरम्मतिक आवश्यकता होइत छैक...दोसर जौं आइ आवेदन-पत्र दी तँ स्वीकृत होइत-होइत कै वर्ष लागि जायत। तेसर सम्भव जे ई आवेदन अपने धरि नहियों पहुँचें। चतुर्थ अपनेक साक्षात् सेहो सहज नहि। अपनेक हस्ताक्षर रहत तँ कोनो असुविधा नहि हयतैक। उपर सँ नीचा फाइल अयला, तखन ककरो साहस रोकबाक नहि हयतन्हि।

—मिथिला दर्शन / मार्च, 1960

यत् किंचित-5

धनबादक एक टा छोट-छीन खबरि पी.टी.आई. द्वारा प्रसारित भेल रहइक :–

परीक्षाकाल परीक्षार्थी छात्र लोकनिक सहायताक हेतु बाहरी छात्र-मित्रवर्ग किंवा हितैषीगण परीक्षा-भवनक हाता सँ कने हटि कें कोनो गाछ मे लाउडस्पीकर टाङि देन छलथीन...लगहि मे कतहु माइकक प्रतापेँ प्रश्नपत्रक सविधि-सुस्पष्ट उत्तर सभक उत्तरोत्तर पारायण चलइत रहलइ...परीक्षा भवनक अधिकारी लोकनि कें अगत्या पुलिसक शरण लेब' पड़लइन। तखन जा क' ओ लाउडस्पीकर हटाओल गेल...

दोसर ठामक कोनो समाचार देखने रहियइक :–

प्रश्नपत्रक उत्तर-पुस्तिका सिनेमाक गीत ओ भजन-तजन लिखि कें जेना-तेना पूरा कएल गेल छलइ।

मध्य प्रदेशक विधानसभा भवन मे गैलरी सँ दर्शक लोकनि पाँजक पाँज नोटिस फेकलथीन, चिचिया-चिचिया कें असेम्बलीक कार्यक्रम कें गद्दम-गोल मे परिणत कए देलथीन...स्पीकर अपन विशेषाधिकारक बलेँ दर्शकवृन्द मे सँ चारि गोटे (प्रजा-सोशलिस्ट) कें गिरफ्तार करबाओल !

कलकत्ता-कारर्पोशन ओइ दिन एक टा अपूर्व परम्परा स्थापित कएलक अछि :–

दू गोटे मेयर भेल छथि !

डिप्टी मेयर सेहो दू गोटे !

की नेना, की बूढ़ ! की छोट, की पइघ !...क्रम-पात एहेन जे हमरा लोकनि अपनहि हाथेँ अपना-अपना मुँह मे कारी-चून लेपि रहल छी...अपनहि बनाओल कायदा-कानूनक सत्यानाश अपनहि हाथेँ क' रहल छी ! समग्र राष्ट्र मे लबड़धोंक डमरू बाजि रहल अछि। प्रजातन्त्र नहि, मजातन्त्र भेल ई !

प्रश्नपत्रक चोरबजारी...

भोटक चोरबजारी...

प्रतिष्ठाक चोरबजारी...

पद्मश्री-पद्मभूषण-भारतरत्न ! मेयर-मिनिस्टर-चेयरमैन...कोन एहन पद आ उपाधि छइक जे हम अहाँ प्राप्त नहि कए सकइ छी ? मुदा सोझ बाटे चाहब तँ टिटिया कें मरि जाएब ! हँ, जिलेबी-मार्गेण एवं छल-छद्मसूत्रेण चाही तँ नेहरूक घाड़ पर पद्मासन लगा कें बइसि जाइ जा क'...नेहरूजी कान कें महिम्नः स्तोत्र बड़ रुचिगर...ओ महिम्नः

स्तोत्र नहि, आइ-काल्हुक चहटगरहा महिम्नः स्तोत्र—अर्थात अपन प्रशंसा, अपना बेटीक भवन (प्रयाग)क फुलबाड़ी केँ जेठो मे जे 'प्रियदर्शन' बनओने रहइ छइन ताहि बुढबा मालीक प्रशंसा...नई दिल्लीक अपना ओहि बंगलामहक बाबर्चीक प्रशंसा...

प्रशंसा वस्तुए सएह थिकइ, हमरो-अहाँ केँ ई महिम्नः स्तोत्र भ्रष्ट क' सकइए। एहू युग मे जे आचार्य पुष्पदन्त रहितथि आ कोनो 'देवाधिदेव' केँ महिम्नः स्तोत्र सुना दितथीन तँ पद्मभूषण अवश्य भ' जइतथि ! कि नहि ?

✣ ✣ ✣

सिलविया ओ नाणावटीक प्रसंगें हम अपन मन्तव्य प्रकट करी 'यत किंचित'...श्री विनोदेविहारी वर्मा (मेडिकल कॉलेज, दरभंगाक छात्र) सम्पादक केँ एतदर्थ पत्र लिखने छथीन। से बेश, मुदा हमरा ओइ बेचारा पर मिसियो भरि तामस कहाँ कहियो उठल ? कमान्डर नाणावटी सिलबियाक 'पाणिग्रहण' अवश्य कएने छलथीन, सिन्दूर कहाँ पड़ल रहइ सींथ मे ? नइ पड़ल रहइ कि ! 'त्रिया-चरित्र' कहि क' हम एहि 'किष्किन्धाकांड' केँ हल्लुक मोनें गौण नहि प्रतिपादित करए चाहब। विस्तारपूर्वक एहि प्रसंग केँ हम उठाबए चाहइ छी परंच से अइ खेप नहि।

✣ ✣ ✣

श्रीमान कामेश्वर सिंह ('विविधविरुदावली-विराजमान', 'मानोन्नत', 'महाराजाधिराज' ...??) लोकसभाक सदस्य 'निर्वाचित' भेल छथि। स्वतन्त्रपार्टीक थप्पा पीठ पर लगा केँ...कांग्रेस कने पछुआ गेल कि ने !

कुमार गंगानन्द सिंह एक बाँहि...दोसर बाँहि बाबू जानकीनन्दन सिंह...श्रीमान् दोमाङि मे लटकल रहथु !

✣ ✣ ✣

सर्वधर्मान् परित्जज्य मामेकं शरणं व्रज !—राज गोपालाचारी उवाच...से कत' ? तँ, जालन्धर (पंजाब) मे जनताक समक्ष प्रवचन करइत !

✣ ✣ ✣

जोड़ा मेयर... ... ...जोड़ा डिप्टी मेयार... ...
आब ? बाँकी की रहि गेलइन ?

जोड़ा छागर !! जय माँ काली...

—मिथिला दर्शन / अप्रैल, 1960

यत् किंचित-6

कांग्रेसक प्रेसिडेन्ट (संजीव रेड्डी) हालहि बाजल छथि :

विधानसभा वा लोकसभा आदि मे निर्वाचित भ' क' जे व्यक्ति अबइत छथि, दरिद्र किंवा साधनहीन लोकनिक दुनिया सँ हुनका कोनो टा सम्पर्क नहि रहइत छइन... निर्वाचनक' तरीका एहन जटिल, एतेक आडम्बरपूर्ण अछि जे गरीब-गुरबा कें उमेदबार हेबाक साहसे नहि हेतइ। अइ खेल मे जितनाइ बड़ व्यय साध्य...

मुदा रेड्डी साहेब ई कथा ठोर सँ बजलाह अछि अथवा मोन सँ ? अपना गोलक गोलेश लोकनि कें ओ ई विषय कने बुझा देथीन ? जाहि-जाहि जाति मे, जाहि-जाहि वर्ग मे जे-जे सुखितगर वा सुभ्यस्त छल, ओ सभ निर्धोख भ' क' कांग्रेसी बनि जाइत गेल...बीछि-बाछि कें ओकरा लोकनि कें एम.एल.ए., एम.एल.सी., एम.पी. बनवा देल गेलइक। ईमानदार-साधनहीन-मुहँसच देशभक्त लोकनि झाम गूड़ि रहल छथि...

महाप्रभु लोकनिक वाणी-विलास ! ईह, बप्प रे बप्प !!

बीसे मास बाद तँ जेनरल एलेक्शन हेतइ...देखि लइत जेबइन जे रेड्डी साहेबक कांग्रेस पार्लमेन्टरी बोर्ड अपना दलक उमेदवारी लिस्ट मे कए प्रतिशत गरिबहा कांग्रेसीक समावेश करइ छथीन !

नेहरू-पन्त-देसाई तँ सहजहिं ढाकीक ढाकी 'नीक बात' लोक कें परतारक लेल बजितहि रहइ छथि, आब संजीव रेड्डी सएह किऐ अइ विधि मे पछुआएल रहताह ?

बड़े मियाँ तँ बड़े मियाँ, छोटे मियाँ शुभानल्ला !!

❖ ❖ ❖

चाउ-एन्-लाइ (सदलबल) दिन सातेक नई दिल्ली छलाह। नेहरू-पन्त- देसाई-मेनन एवं केन्द्रीय सरकारक अनेकानेक उच्चाधिकारी लोकनिक संगे सीमा-समस्या प्रसंगें भरि पोख गप-शप क' गेल छथि चाउ साहेब। आपस मे नाना प्रकारक मौलिक मतभेद रखितहुँ सीमा-समस्याक समाधान हमरा लोकनि शान्तिपूर्वक करइत जाएब...हँ..., तखन एहि मे विलम्ब हैब अनिवार्य...तेँ हमरा लोकनि अगुताएब नहि...दुनू राष्ट्रक मध्य नैसर्गिक ओ सुसंगत सीमा-विभाजन आपसी सद्भावना छाड़ि क' कहुना हबर-हबर क' लइत जाएब से तँ दुर्घटे...

एवं प्रकारेँ एहि दुनू महादेशक सर्वोच्च नेता द्वय मैत्री-सप्ताह मनबइत गेलाह !

अशुभ शक्तिक अग्रदूत-वर्ग पहिनहुँ काठी खड़खड़बइत रहए आ भविष्य मे खड़खड़बइत रहत। एहि मेल-मिलाप सँ आओर किच्छु नहि भेल होउक, मैत्रीपूर्ण समाधान दिस दुनू महादेश दू-दू धाप आगू अवश्य बढ़ल अछि, एतबा सुफल तँ देखिए रहल छी।

✣ ✣ ✣

'अग्नये स्वाहा इदमग्नये !'

मिथिलाक गाम-गाम मे पछबाक पुरोहिताइ अपन सत्यानाशी लीला देखा रहल अछि।

बिहारक मन्त्री लोकनि हिम-समाधि मे आनन्दमग्न छथि। लोक अउना-अउना क' मरि ने जाओ, बङउर सतीलए !

✣ ✣ ✣

आम नइँ छइ अहूबेर-कतउ कतउ ठाम ठीम दोग दाग मे फड़लइए...सउराठ निवासी बन्धु (धरणी बाबू) कहलइन तँ हमरा तते विस्मय नहि भेल। किए हैत विस्मय ?

भदइ नहि, अगहनी नहि, रब्बी नहि, जामुन नहि, आम नहि, कटहर नहि...ई नहि, ओ नहि...निषेधक अष्टोत्तर शतनाम सुनइत-सुनइत कान थेथर भए गेल अछि कि ने !

—मिथिला दर्शन / मइ, 1960

यत् किंचित-7

पंडित शिरोमणि त्रिलोकनाथ मिश्रक देहावसान सँ समग्र मिथिलाक सुधी-समाज शोकमग्न ओ विक्षुब्ध छथि। दड़िभंगा-बरउनीक बीच ट्रेनक प्रथमश्रेणीवला कम्पाटमेन्ट मे कोनो आततायी हुनका ठोंठ दवा कें मारि देलकइन...रेलवेक अधिकारी लोकनि तथा बिहारक शासक लोकनि एहि दुर्घटनाक प्रसंगें एखनधरि दम सधने छथि, बलिहारी एहि लूरि-मुँहक ! मैथिली जनिक मातृभाषा थिकइन ओहि विधायक लोकनिक विवेक बहीर भ' गेल छइन ?

✣ ✣ ✣

अइबेर धानक फसिल गोटेक्के ठाम सुतरल रहइक। रब्बी सेहो नहिए सन। अन्नक दाम आकाश ठेकल जाइए। जनिका कहियो बेसाह नहि लगलइन हुनको ठोर फाटि जेतइन अइबेर। जन-बड़िजना, हरबाह-चरबाह पड़ा-पड़ा कें शहर दिस आबि रहल अछि। पूलक प्रतापें लुल्हो-लाङड़ आब सोझे काली माइक छत्रछाया मे पहुँचि जाएत ! 30, 32 कतहु कतहु 34, 35, धरि फी मोन चाउर बिका रहल अछि ! क्रम-पात एहेन जे आगामी चउमासा धरि अधिकांश 'शरणार्थी' भ' जाएत !

सरकार ? सरकारक लेखें तँ ओहो बेश, ईहो बेश ! हाकिम लोकनि सहजहि महापात्रे होइ छथि ! अकाल आ भूखमरी जेहेन विकराल हेतइ तेहेन ने विशेख मद्‌दति केन्द्रीय सरकार सँ भेटतइ !

✣ ✣ ✣

दलाइलामाक सोना-चाँदी कलकत्ताक हाट-बजार मे बिका रहल छइन। लामा पहील खेप सन 51 मे ल्हासा सँ दक्षिण (भारतीय सीमा) दिस घसकल रहथि। कइएक सय खच्चर लादल-बोझल संगे आएल रहइन। पोतला महल महक ओहि आंशिक खजाना कें गङ्तोक (शिक्कम)क राजमहल अद्यावधि सुरक्षित रखने छलइन। आब 'राजा नल पर विपत्ति पड़लइन तँ पहिलुक सम्पत्ति काज देलकइन', मुदा दलाइलामा तँ कोनो मामूली व्यक्ति नहि थिकाह, ओ तँ भगवान बुद्धक अवतार मानल जाइत छथि ! कतवा चाँदी-सोना, कतवा हीरा-जवाहरात दलाइलामाक अधिकार मे छइन से कथा जँ ओ साफ-साफ बजताह भगवन बुद्ध दलाइमालाक जीह कें पाथर बना देथीन ? तँ हुनकर

बोली लटपटा रहल छइन।

✣ ✣ ✣

चाङ-एनलाइ दिल्ली आबि रहल छथि। कृपलानी जी अइ पर पहिने बड्ड बमकल रहथि, आब कने नरम भेल छथि। आनो विरोधी लोकनिक उधियान किछु थम्हि गेल छलइन से स्पष्ट देखि रहल छी।

तात्पर्य एकर एतबे जे एहि देशक लोक समस्याक समाधान शान्तिएपूर्वक चाहइत अछि। 'हुले-हुले-हुले' वला ललकारा कमे गोटा केँ नीक लगइ छइ। एहि सबथुक प्रथम श्रेय पंडित नेहरू केँ, दोसर श्रेय सन्त विनोबा केँ।

✣ ✣ ✣

राजकुमारी मागरिट कोनो युवक फोटोग्राफर केँ अपन हृदयदान कएने छथि। पहिने चित्त पर केओ चढ़ितहि नहि रहइन...स्वजन-परिजन केँ होइन जे आब ई आजीवन अ-विवाहिते रहली ! अन्ततः मानस-मीन केँ अपना बन्सी मे बझओलक अछि ! इंग्लैंडक पत्र-पत्रिका सबहि मे मत्स्यवेधक ई 'सु-समाचार' बेश फलका-फलका केँ प्रकाशित कएल गेल अछि।

अंग्रेजक राजेश्वरी श्रीमती एलिजाबेथक एहि सहोदरा केँ ब्रिटेनक खजाना सँ 6000 पाउंड प्रतिवर्ष भेटइत रहइन। आब (विवाहोत्तर) 3000 पाउंड अओरो भेटतइन। 'डेली वर्कर' (कम्युनिस्ट दैनिक) राजकुमारी केँ परामर्श देने छइन जे आगाँ ओ स्वामिएक आय पर अपन निर्वाह करथु...

मुदा हमरा धरि 'डेली वर्कर'क ई परामर्श कोनादन लागल। कारण ? कारण जे कनेको नीक लोक (अहू देश मे)पत्नीएक आय पर अपन निर्वाह क' रहलाह अछि। तखन ओहि फोटोग्राफर बेचाराक कोन कसूर ? राजवंशीय समाचारक स्वाद कने ओहो तँ बुझउक !

✣ ✣ ✣

विधानसभाक परम्पराक दृष्टिएँ एक टा अपूर्व घटना बिहार असेम्बली मध्य हालहि घटित भेल अछिः विरोधी दलक तैंतीस गोट विधायक मार्शल-द्वारा विधानसभा भवन सँ बलपूर्वक बहार कएल गेलाह !

वाह रे जिद्दी स्पीकर ! समग्र संसारक विधानसभा सभहि मे जतेक स्पीकर हेताह, अपने केँ ओ लोकनि सनिचरी मे किछु ने क़िछु पठाइए देताह।

✣ ✣ ✣

मिथिलाक कतेको कॉलेज एहेन अछि जाहि महक प्रिन्सिपल (प्राचार्य) भितरे भितर शपथ नेने छथिः मैथिली केँ अपना कॉलेज मे स्थान नहि दी !

दुराग्रहो अनेक प्रकारक देखल अछि–

मुढ़ाग्रह

गूढ़ाग्रह

बूढ़ाग्रह...आदि।

अहाँक लग-पास मे जे कॉलेज अछि, ओहि कॉलेजक प्राचार्य मैथिलीक प्रति कोन प्रकारक दुराग्रह धएने छथि ?

–मिथिला दर्शन / जुलाइ, 1960

यत् किंचित-8

विद्यापति...विद्यापति...विद्यापति...समग्र बिहार मे विद्यापतिए विद्यापति ! बिहारे टा नहि, दिल्ली, बम्बइ, कलकत्ता—भारत भूमिक चारु खूट मे आइ हमरा लोकनिक कविकोकिल कुहू-कुहू क' उठल छथि !! प्रत्येक मैथिल नर-नारीक हृदय आइ उद्वेलित अछि, मिथिलाक माटि-पानि आइ अपना केँ सर्वाधिक गौरवान्वित बूझि रहल अछि...बर्ख भारिक बाद हमरा लोकनिक ई महापर्व पड़इए, आ व्यक्ति-व्यक्तिक मन-प्राण केँ झंकृत क' जाइए !!

मुदा, पटना-महानगरीक कतिपय पत्रकार बन्धु केँ हमरा लोकनिक एहि पाबनि-तिहारक ढोल-पिपही अनसोहाँत लगलइन अछि...ओ लोकनि एतन्निमित्त मिथिलाक जनसाधारण केँ खउँझा रहल छथिन ?

की कहि केँ खउँझा रहल छथिन ?

संकीर्ण मनोवृतिवला लोकसभक...! 'राष्ट्रभाषा हिन्दीक विद्वेष कएनिहार लोकसभ...!' 'कूपमंडूक' 'बिहार-विरोधी अभिसन्धिवला जाति' 'मैथिलिस्तानवला राजनीतिक स्वार्थी लोकसभ'...आदि-आदि कतेको प्रकारक गारि देखबा-सुनबा मे आएल अछि !

पटना-महानगरीक मैथिल-विद्वेषी पत्रकार लोकनि ई बड़ दीब काज क' रहल छथि। मैथिलीक भक्त लोकनि धैयपूर्वक ई गारि, ई आक्रोश सुनइत जाथु। मिसियोभरि उत्तेजित जुनि होथु ! ईहो सभ ओहि कवि-कोकिल विद्यापतिक निमित्तें एक प्रकारक श्रद्धांजलिये प्रमाणित हेतइन, कि ने?

❖ ❖ ❖

दिल्लीक बिहारी-एसोसिएशन केँ शतशः धन्यवाद ! ओ लोकनि एहि बेर बेश नीक जकाँ 'विश्वकवि विद्यापति'क स्मृति-पर्व मनओने छथि।

❖ ❖ ❖

हिन्दी-अंग्रेजीक माध्यम सँ आनो-आन महानगरी सभ मे साहित्य-रसिक लोकसभ एहि बेर विद्यापति-पर्व मनओलक अछि, कत्त टा हर्खक विषय थिक ई !!

❖ ❖ ❖

'मिथिला-मिहिर'क नवका अंक सभ देखलिअइए ? पटना सँ बहराइ छइ, अभिनव आकार-प्रकार मे। मैथिली-दिस जँ एको रत्ती अनुराग होअए, तँ 'मिहिर'क अवलोकन करबे टा करी। एक टा अंकक लेल पच्चीस टा नवका पइसा लागत।

हँ, तखन, हरिमोहन बाबूक कोनो रचना एखनधरि 'मिहिर' मे अइखेप (पटना-प्रकाशन कालमध्य) नहि देखइ छिअइन। सम्पादकजी (सुधाशुशेखर चौधरी) केँ एतन्निमित्त प्रयास करबाक चाहिअइन कि ने ?

✣ ✣ ✣

हालहि मे गेल रही बेनीपट्टी। कम्युनिस्ट पार्टीक जिला-कान्फ्रेंस रहइक। बड़का-बड़का पोस्टर एवं प्रचार-पत्र, नोटिस आदि मैथिली मे छपल देखि अपार प्रसन्नता भेल। कामरेड भोगेन्द्र झा, कामरेड तेजनारायण झा, कामरेड श्री मोहन झा आदि नेता लोकनि केँ घंटाक घंटा मैथिली मध्य भाखण करइत सूनि मोन गद्‌गद भ' गेल।

आब कांग्रेस-प्रजा समाजवादी-स्वतन्त्र आदि राजनीतिक पार्टी सभक नेता लोकनि सेहो अपन-अपन मुँह-कान मैथिली दिस घुराबथु ! आकि ओहिना गुम्मी लधने रहताह ?

—मिथिला दर्शन / फरवरी, 1961

ओ-ना-मा-सी-धङ्-1

भावनगर (गुजरात) मध्य कांग्रेसक महाधिवेशन सकुशल सम्पन्न भेल--एहि बेर अध्यक्ष बड़दवला गाड़ी पर नहि, खूजल मोटर पर सम्मेलन-स्थल धरि पहुँचाओल गेलाह !

प्रथा मे फेरफार नीके होइत छैक। मुदा बड़द सभ केँ कतहु बेसी क्षोभ होइक आ तखन कतहु अगिलुका अधिवेशनक बेर ओ सभ जुलूस बहार करय !

✣ ✣ ✣

स्वागत !

'राजराजेश्वरी' महारानी एलिजाबेथ, स्वागत !

एहि भारत भूमि पर सर्वत्र अपनेक सम्मानार्थ नाना प्रकारक साज-सरंजामक तैयारी भ' रहल अछि।

दिल्ली मे अहाँ केँ अपना पितामहक विशाल प्रतिमा देखिक' अहाँक ठोर पर मुसकी नाच' लागत...।

✣ ✣ ✣

एहि मासक पहिली तारीख सँ ब्रिटेन मे स्त्रीगण ओ पुरुषवर्गक वेतनक्रम बरोबरि क' देल गेल छनि...।

धन्न भाग ओतुक्का दाइ-माइलोकनिक !

आइ कतहु रानीक बदला मे राजाक छत्रछाया तर रहैत जैतथि तखन ई सुविधा भेटितनि हुनका लोकनि केँ ?

किन्नहु नहि !

✣ ✣ ✣

खान अब्दुल गफ्फार खानक नामे कोनो चिट्ठी पेशावर सँ घुरि क' आपस आबि गेल छनि। लाल मोसि सँ ओहि चिट्ठिक पीठ पर पोस्टल डिपार्टमेन्ट वला क्यो कर्मचारी लिखि देने छैक—पत्रक प्रापक सर्वथा अपरिचित !

सीमान्त गांधी खान साहेब ! के चीन्हत आब अहाँ केँ ? फील्डमार्शल अयूब खाँक डंटाक आगाँ ओहि सत्याग्रही मार्शल केँ आब के गुदानतनि ?

राँची ओ पलामू जिलाक जंगली हाथी सभ सनकि गेल अछि–देखी सरकार बहादुर ओकरा-सभक दिमाग कें ठंढा करबा लेल कोन प्रकारक तेल कत' सँ मँगबैत छथि ?

❖ ❖ ❖

डॉक्टरनी लोकनि फूट क' अपन कांफ्रेन्स कयने छलीह। मतदान करबा काल सर्वाधिक चांचल्य ओहि प्रस्तावक प्रसंग मे देखल गेल जाहि प्रस्तावक द्वारा सरकार सँ माँग कयल गेल छलनि जे ओ आब कानून बना क' 'गर्भपात' कें वैद्य घोषित कय देथि !

प्रबल बहुमत प्रस्तावक विरोध कयलक, प्रस्ताव पास नहि भेल।

नैतिकताक नाम पर बात-बात मे जनिका, बङौरे टा मोन पड़ैत छनि, हुनका लोकनि कें ई समाचार अनोन-बिसनोन लगतनि।

❖ ❖ ❖

रमपियरिया–बताहि कहैत रहैक लोक ओकरा। भीख नहि मङैत रहितय तँ 'श्रीमती रामप्यारी देवी' कहितैक लोक।

से, ओ बताहि हालहि मे दिवंगत भ' गेलि। खगड़ियाक जनता बेहरी क' क' रमपियरियाक श्राद्ध कयलकैक। भोज-भंडार, कीर्तन आदि...

तत्पश्चत आब ओकरा सारापर स्मारक सेहो बनतैक, चारू कात शिशु उद्यान सेहो !

ई भिखमङ्नी भीख माङि-माङि बेसी अनके खोआ दैत रहैक...या देवी सर्वभूतेषू दयारूपेण संस्थिता नमस्तस्यै नमस्तस्यै !

❖ ❖ ❖

कपूरथला (पंजाब) मे बारह व्यक्ति गिरफ्तार भेल छथि, एक टा विलक्षण अभियोग...

महींसक लाटरी सुनलिऐक अछि कतहु ?

कपूरथलाक किछु लोक कें फुरलैक जे लाटरी लगा क' महींसक तेवर-चौबर दाम असूल करी !

आठ पुरुख आ चारि गोट माउगि कै-एक दिन घूरल-फिरल। एक-एक टाका असूल करैत-करैत लाटरीक आमदनी जखन 3000 (तीन हजार) धरि पहुँचलैक कि पुलिसे ध' लेलकैक !

अपना लोकनिक जबार दिस एहि तरहक अकिल फुरबा मे लोक कहिया धरि पछुआयल रहत ?

❖ ❖ ❖

प्रधानमन्त्री (नेहरू)क नाम आ चित्र विज्ञापन मे उपयोग कयल जाइत छलनि, आब से नहि कयल जयतनि...

प्रधानमन्त्रीक बात तँ व्यापारी प्रतिष्ठान सभ मानियें लेतनि, मुदा देवी-देवता दिस सँ ककरा के मना करतैक ?

मिथिला मिहिर / 5 फर., 1961

ओ-ना-मा-सी-धङ्-2

दक्षिण महाराष्ट्र (जिला सतारा)क एक टा सामान्य प्रसंग...प्रसंग की ? प्रकृतिक चमत्कारे बुझू !

एगारह गोट धीया-पूताक माय आ बाप अपन ओहि 'गृहस्थिक सुख' सँ अकच्छ भ'क' ब्रह्मचार्यक संकल्प लेलनि...एगारह मास उनतीस दिन धरि कठोरतापूर्वक परस्पर शरीर स्पर्श बचबैत दुहू गोटे 'ब्रह्मचारी' भेल रहलाह आ तखन, तखन ? त्रिलोकीनाथ परब्रह्मपरमेश्वरक उद्देश्यें दुहू प्राणी अपन चारू हाथ उठा क' बजलाह—'प्रभो, आब एक रातुक लेल छुट्टी देल जाओ !'

तखन ? तखन, वर्ष भरिक तपस्या ओहि राति मे बेस नीक जकाँ 'खुद्दीगूड़ा' भ' गेलनि ! आ तखन ? तखन, दस मासक बाद श्रीमती जी केँ जउँआँ सन्तान उत्पन्न भेलनि—दू टा बच्चा एक्के बेर !...

—ई खिस्सा केन्द्रीय सरकारक स्वास्थ्य मन्त्री महामान्य करम करजी अपना भाखण-क्रम मे 'परिवार-नियोजन-कांग्रेस' केँ सुनौलथिन तँ बुझनुक श्रोता-श्रोत्री वर्ग केँ कने हँसियो लगलैक आ कने-कने देह सेहो सिहरि उठलैक !

✣ ✣ ✣

आचार्य विनोबा भावे एम्हर एक टा नवका आन्दोलनक लेल कुश-तिल हाथ मे ल'क' संकल्प कयने छथि। सिनेमाक अथवा विज्ञापनक अश्लील पोस्टर सभ सड़कक काते-काते देबाल पर एना किऐ जगमगाइत रहत ? लोकक दृष्टि केँ फिल्मी सेठ लोकनि किंवा व्यापारी लोकनि एना किऐ दूषित करथिन ? जन-सामान्य किऐ एहि सत्यानाशी ओ भ्रष्ट पोस्टर प्रवाह केँ अपना मध्य प्रवाहित होमय देत ?...

महिषासुरमर्दिनी जगदम्बा भवानी विनोबा जीक एहू संकल्प केँ ओहिना पूर्ण करथुन जहिना एहि सन्त-शिरोमणिक आन-आन संकल्प केँ पूर्ण करैत आयल छथिन !

से तँ बड्ड बेश...मुदा केन्द्रीय सरकारक सूचना मन्त्री (केसकर) आ, संस्कृति-मन्त्री (कबीर) कोन गुनधुन मे पड़ल छथि ? सेंसरबोर्ड केँ के खोंचाड़त ? गन्हाइत-भभकैत सड़लाही फिल्मक ई उजाहि ककरा प्रतापेँ ?

—सर्वे पदा हस्तिपदे निमग्नाः ! सरकारक कान ने पकड़थुन विनोबा, आइ काल्हुक एहेन कोन भ्रष्टाचार होयत जकर जड़ि-सोर सरकार बहादुरक चिनमाड़ धरि नहि पसरल छैक ?

❖ ❖ ❖

महाकवि निरालाक जीवन पर आधारित वृत्तचित्र (डकूमेंटरी फिल्म) उत्तर प्रदेशक सरकार तैयार करबा रहल अछि। ई छायाचित्र 1500 फुट नमहर होयतैक। निराला जीक बहुमुखी प्रतिभाक आभास दर्शक-लोकनि केँ नीक जकाँ भेटि जाइनि, तदर्थ शिक्षा-प्रसार-समितिक अधिकारी वर्ग सचेष्ट छथि। एहि डकूमेंटरी फिल्म मे कविक दिनचर्या आ सामान्य जीवन सँ सम्बन्धित दृश्यावली रहतनि। अपन कविताक आवृत्ति करबा काल निराला जीक स्वर केहन ओजपूर्ण भ' जाइत रहनि ! मुखमुद्रा कते दृप्त लगनि !..ई सभ टा 'दृश्य-श्रृव्य' ओहि फिल्म मे आबि जयतैक। डॉ.रामविलास शर्मा (पी-एच.डी.) एवं प्रख्यात उपन्यासकार अमृतलाल नागरक पौरोहित्य मे ई डकूमेंटरी फिल्म उत्तर प्रदेशक सरकार तैयार करबा रहल अछि।

हमरा लोकनिक ई अपन सरकार, बिहार सरकार, कोन साहित्यिक पर डकूमेंटरी फिल्म तैयार करबाओत ?

अंग्रेजी समान रूपेँ एक दिस सँ भारतीय भाषा सभहिक ठोंठ मोकने अछि ! उज्जैन मे एहि 7 ता.सँ 10 ता. (दिसम्बर, 1960) धरि निखिल भारतीय अंग्रजी हटाउ कांफ्रेन्सक दोसर महाधिवेशन भेल अछि। डॉ. भगवतशरण उपाध्याय (पी-एच.डी.) अध्यक्ष रहथि। डॉ. राममनोहर लोहिया उद्घाटक। उत्तर-प्रदेश, राजस्थान, बिहार, मध्यप्रदेश, गुजरात, महाराष्ट्र आदि प्रदेशक छात्र, अध्यापक, पत्रकार, साहित्यकार, व्यापारी, सामाजिक कार्यकर्ता लोकनि हजारक हजार एकत्र भेल रहथि...देखा चाही, ई सम्मेलन की-की निश्चय करैत अछि ?

पछिलुका दस-पन्द्रह बर्खक भीतर 'कन्वेंट'क संख्या भने बीस-बड़ भ' गेल अछि ! से सत्ते कि ने ?

❖ ❖ ❖

कविता कम्मे चाही...

गीतो कम्मे...

चाही की, तँ अगबे गद्य।

गद्य-नीक गद्य भाङक गोला गीड़ि क' लिखि होयत ?

जाहि तत्परता सँ पूजा-पाठ पर बसैत छी, ताहि मोस्तैदी सँ आसन बंध धीर भ'क' गद्य लिखब तँ बढ़िया वस्तु तैयार होयत...अन्यथा...

...एक गोटे रहथि उदीयमान कवि से हालहि मे (गंगाक उत्तरे) कोन स्टेशन पर भेटल रहथि ! गप्प-शप करैत हम उपदेशामृतक अपन गंगाजली ओहि बेचाराक माथा पर सोझे अनटा देलिऐक...ओह ! पाछा अपसोचो बड़ भेल...अनेरे भड़का देलिऐक की ने ! आब ओ कहियो चिठियो नहि लिखत। लिखत ?

मिथिला मिहिर / 15 फरवरी, 1961

चिन्तन-अनुचिन्तन

सुनबा मे आएल अछि जे मिथिला अंचल (विशेषतः जिला दरभंगा)क मतदाता लोकनिक जागरूकता देखि प्रायः सभ राजनीतिक दल एहि बेर मैथिलीक माध्यमे अपना-अपना पक्षक प्रचार कए रहलाह अछि। एकरा हम बड्ड पैघ शुभ-लक्षण बुझैत छी।

सत्ता-संघर्षक हूलि-मालि मे मिथिलाक अप्पन भाषा मैथिल-मतदाता लोकनि केँ साफ-साफ बुझबा मे अओतइन, आन-आन भाषा दुर्बल ओ अक्षम प्रमाणित होएत—राजनीतिक महत्त्वाकाक्षीगण एहि वस्तुस्थिति केँ आब नीक जकाँ मानि लेलइन, ताहि मे मिसिओ भरि संशय नहि।

❖ ❖ ❖

मैथिली केँ हम समस्त बिहार राज्यक सर्वाधिक विकसित ओ सर्वाधिक सक्षम भाषा मानइत की ! 1500 वर्षक पुरान आ परिष्कृत अभिव्यक्तिवला भाषा थिक हमरा लोकनिक ई मैथिली। आयुक हिसाबें अजुका हिन्दी मैथिलीक लग मे ठाढ़ि भेला पर प्रतिवेशी परिवारक दुलरुआ छउँड़ी सन बूझि पड़इए हमरा !

एहना स्थिति मे हमरा मोनहि मोन हँसी लगइत रहइए...

हँसी लगइत रहइए जे सउँसे बिहारक 'नीक-नीक लोक' ओ बीछल-बीछल 'सुच्चा समाजपति वृन्द' हिन्दी भाषाक व्यवहार 'मुख शुद्धिएक रूपेँ' करइ छथि, मुदा मातृभाषा हुनका लोकनिक हिन्दी नहि छलइन कहिओ !

बिहार राज्य केर शासनक कर्त्ता-धर्त्ता लोकनि एवं शिक्षानीतिक निर्देशक लोकनि चिरकाल सँ मैथिलीक प्रति अवहेलनाक परिचय दइत आएल छथि। जनिक मातृभाषा ओ संस्कारभाषा मैथिली, ओहो लोकनि उच्चपदासीन होइतहिं मैथिलीक प्रति दुष्ट बुद्धि अथवा जड़ताक शिकार भए जाइत छथि। ने जानि, ई कोन तरहक दुर्भाग्य हमरा सबहि केँ ग्रसित कएने अछि ! एहि दुर्योगक अन्त कहिआ धरि होएत ?

❖ ❖ ❖

ई सत्य थिक जे एखन धरि हिन्दी सेहो बिहार राज्यक सचिवालय मे नीक जकाँ वा पूर्णरूपेण प्रवेश नहि पओलक अछि। व्यवहार मे दशांश मात्रे हिन्दीक प्रचलन देखबा मे अबइत अछि। मुदा मैथिली तँ शतांशो स्थान नहि पाबि सकल अछि, सचिवालय मध्य

छोटो छीन एक टा टेबुल मैथिली केँ प्राप्त नहि भेलइए !

ओना, हिन्दियो पर हमरा दया होइत अछि। होइत अछि जे बिहार राज्यक सचिवालय मे हिन्दी केँ अपन गौरवोचित अधिकार शीघ्रातिशीघ्र भेटउक। अंग्रेजी रानी बड़का मेज पर अपन चटकदार घघरा एना आब कहिआ धरि पसारने रहतीह ?

❖ ❖ ❖

सेठ गोविन्द दासे सम्प्रति 'हिन्दीक हेतु सर्वाधिक उताहुल महानुभाव' बूझि पड़इ छथि हमरा। संयोग एहेन जे 'अखिल भारतीय हिन्दी साहित्य-सम्मेलन' (प्रयाग)क अध्यक्ष सेहो आइ-काल्हि इएह थिकाह। शीघ्रातिशीघ्र राष्ट्रभाषा हिन्दी अपन पूर्णाधिकार प्राप्त कराओ, से हमरो लोकनिक अभीष्ट। परंच से अभीष्ट लाभ 'हिन्दी सेवक संघ' वा 'हिन्दी सेवा'क द्वारा राताराती नहि भए सकइत छइन। सेठजी 'करेंगे या मरेंगे'वला नीतिक अवलम्बन करबा लए छथि। से बेश, मुदा हमरा आशंका होइत अछि जे हिन्दीक हेतु मार्ग 'अति आसुरी, अतिवाम मार्ग' प्रमाणित हेतइन।

❖ ❖ ❖

सेठ जीक मोन मे मैथिलीक प्रसंगे बहुतराश भ्रान्ति पूँजीभूत छइन से हमरा हुनक भाषण-विवृत्ति आदि 'सर्चलाइट', 'इंडियन नेशन', 'आर्यावर्त्त' प्रभृति दैनिक पत्र सबहि केँ देखला उत्तर स्पष्ट बुझबा मे आबि गेल छल। हमरा हँसी लागल छल सेठजीक सुघड़पना पर। अवस्था खूब पाकि गेल छइन कि ने ! पटनाक हिन्दी-मुखिया लोकनि मैथिलीक सम्बन्ध मे जेना-जतबा हुनका कान मे धए देने होइथीन, बेचारे बाजल तँ ततबे ओ तहिना हेताह ! ओहि 'बूढ़ भद्रलोक'क निमित्त हमरा अन्तःकरण मे करुणा अंकुरित भेल...

❖ ❖ ❖

प्रायः दस दिन—दस राति सेठजी (विगत अक्तुबर मे) बिहार मध्य हिन्दी-प्रचारक हेतु अतिवाहित कए गेल छथि। ताहि मे कइएक ठाम ओ मैथिलीक प्रसंगे कइएक टा अनर्गल कथा बाजल रहथि। 'मैथिली केँ संवैधानिक मान्यता प्राप्त भेला सँ हिन्दीक अहित हेतइक...' ई उद्गार मुख्य छलइन, तहू मे !

❖ ❖ ❖

अखिल भारतीय हिन्दी साहित्य सम्मेलनक अध्यक्ष मैथिलीक ओज-तेज सँ एतेक आतंकित छथि, से ककरो नहि ज्ञात छलइक। हमरा तँ हुनक एतादृश अनटोटल उद्गारक किंचितो कल्पना नहि रहए ! हमरा कोटिक सहज हिन्दी भक्त मैथिल साहित्यकार एहेन अनर्गल विषोद्गार केँ कोना पचा पबितए ? तेँ, समाचार पत्रक माध्यमेँ हम तत्काल एहि अनुचित उद्गारक खंडन प्रकाशित करबा देने छलिअइक।

✣ ✣ ✣

हिन्दीक सर्वाधिक अहित, हमरा विचारेँ सेठ गोविन्द दासे सन महानुभाव कए रहल छथिन। 'हिन्दी चलाओ', की थिक ? 'हिन्दी लादो'...एना अकारण अधिकाधिक जोर लगओने शंख नहि बाजत ! हँ, तखन आँखि-मुँह अवश्य रक्ताभ भए जाएत अपन... से तमाशा देखि-देखि लोक केँ हँसी नहि लगतइ ?

—मिथिला दर्शन / जनवरी-फरवरी, 1969

पत्र

भोलालाल दासक नामे

608, अतरसुइया
इलाहाबाद-3
6-3-69

आदरणीय भोलाबाबू,

अपनेक आशीर्वादी पत्र पटना सँ रि-डायरेक्ट भ' क' एहिठाम पहुँचल अछि। अप्रैलक प्रथम सप्ताह मे साक्षात्कार होएत। ओम्हरे आबि रहल छी। बच्चा केँ आशीर्वाद। अहाँक अक्षर बहुतो दिनुका बाद देखि परम प्रसन्नता भेल।

–यात्री

रामकृष्ण झा 'किसुन'क नामे

महेन्द्रू, पटना
27.4.64

प्रिय किसनु जी,

अहाँक काव्य संकलन छपि गेल अछि से जानि परम प्रसन्न भेल छी। देखबाक अवसर नहि भेटल, पछाति भेटबे करत। हम एम्हर नवम्बर धरि रहब। इच्छा अछि जे सहर्सा दिस 15 दिन रही। जुलाइक बाद अवसर हाथ लागत। अपन हाल-समाचार अवश्य लिखी।

–यात्री

महेन्द्रू, पटना
5.5.64

प्रियवर किसुन जी,

पत्र प्राप्त भेल। पोथी अही पता पर पठा दी। डेरा ईहो साल भरि सँ राखने छी। नहियो छलहुँ तँ शोभाकान्त (जेठ पुत्र) रहइत छलाह। एखन हुनक माइयो छथीन–हम दिसम्बर धरि प्रान्त सँ बाहर नहि जाएब।

'आत्मेनपद'क चर्चा 'मिहिर' मे देखने रहिअइक। पुस्तक देखक उत्सुकता अछिए।

बिशेख, पछाति।

–यात्री

महेन्द्र, पटना
28.7.64

प्रियवर किसुन जी,

आत्मनेपद एक खेप सउँसे पारायण कए गेल रहिअइक। बेश विलक्षण ओ स्फूर्तिमय लागल हमरा। दोसर खेप फेर पारायण करब तखन विस्तारपूर्वक पत्र लिखबाक नेयार अछि। 1 अगस्त कँ पूर्णिया जा रहल छी। सितम्बरक प्रथम सप्ताह सहर्साक लेल निर्दिष्ट रखने छी। शेष फेर...अपन कुशलादि तत्काले लिखी त 21 क भितरे अहीठाम–

–यात्री

पटना
28.8.64

बन्धुवर किसुन जी,

हम आइए पूर्णिया सँ आपस आएल छी। 15 सितम्बरक बाद फेर ओम्हर पहुँचबाक अछि। एक ट्रिप पूर्णियाक आओर। तकरा बाद सहर्सेक पारी। ओना दू-एक दिन लए सितम्बरी मे आबि सकइ छी, मुदा अपना मोनें पूर्ण समय सहर्सा कँ देबाक अछि, पूर्णियाक एहि दोसरका फेरीक बाद। शेष, विस्तारपूर्वक दोसर पत्र मे–जकरा अन्तर्देशीय कहइ छइ कि ने ? दू-तीन दिनुका बाद–

सस्नेह, अहींक

–यात्री

5.9.64

प्रियवर किसुन जी,

अहाँक पत्र प्राप्त भेल।

अस्वस्थताक समाचार हमरा वीरपुरे मे ज्ञात भेल रहए। मुदा रही हम हड़बड़ी मे, तँ बात गेल बिसरि...

जहाँ धरि हमरा ज्ञात अछि, अहाँ गत डेढ़-दू बर्ख सँ नाना प्रकारक संकट-गुच्छक बीच बाझि गेल छी...

हमरा बड़ उद्वेग लगइए अहाँक। अपनहुँ हम ततेक ने ओझराएल रहइ छी जे आइ धरि सुपौलो नहि जा भेल अछि !

काशी कहिआ धरि छी, से तत्काल सूचित करी। संग मे परिचर्यार्थ के छथि ? चिकित्सा कोन वैद्यराजक चलइए ?

यात्री
अहाँक

कलकत्ता

20.1.65

परम प्रीतिभाजन किसुन जी,

सिन्द्री मे भेट नहिएँ भेल बुझू ! भरिपोख की, स'रि भ'क' एक्को चम्मच गप्प कहाँ क' भेल ! बड्ड केहेनदन लागल से...दोख मुदा सभ टा हमरे...

काल्हि पटना जाइत छी। पत्र अहाँ आतुक्के पता सँ लिखी। लिखी धरि अबश्शे। भ' सकइए, मास-डेढ़ मासक अभ्यन्तरे हमरा अहाँ-दिस आबक पड़ए।...लगभग 300 रुपयाक पोथी सभ पूर्णिया मे रहि गेल। राखल छइ ठेकनगरे जगह मे। मुदा बेसी दिन खोज-पुछारी नइ करबइ तँ गोबरे भ' जेतइ कि ने ?

इच्छा अछि, ओ सभ पूर्णिया सँ सहर्से उठा आनी। ओत्तहि अहीं लोकनिक समाज मे खपि जेतइ...आ, तइ लाथें जनसम्पर्कों भइए जाएत। की ? केहेन विचार ?

एम्हर मैथिली मे कविता लिखबाक झोंक आबि रहल अछि। नीके...मोन होइए, नाना शैली मे 100 कविता (छोट-पैघ) दू बर्खक भितर तइआर करी...

किरणजी ओइ राति काव्यक किछु अंश सुनओने रहथि। बढ़ियाँ लागल रहए। शिल्प ओ शैलीक हिसाबेँ ओहि काव्य केँ फेर सँ गतान' पड़तइन...मुदा से गपशप तँ थीर भ' क' होइतइ कि ने ? आधुनिक काव्य शिल्प बेसी विवरण नहि, इंगितमूलक चित्रात्मकता चाहइ छइ।

एखन बेसी की लिखू ? अपना धीयापुता केँ, आ आँगन मे सेहो, हमरा दिस सँ आशीर्वाद कहिदिअइन तँ से नीके लागत हमरो...

यात्री

अहाँक

साहित्य सम्मेलन, पटना

4.3.67

प्रियवर किसुन जी,

अहाँक 1 वला पत्र काल्हि प्राप्त भेल। हमरा 12 वला समारोहक निमित्त पलखति नहि हैत। नाना प्रकारक अवान्तरीय एवं युगान्तरीय झमेला समक्ष मे ठाढ़ अछि। पइघ चिट्ठी लिखबाक मोन अछि।

—यात्री

मुंगेर
22.3.67

प्रियवर किसुन जी,

अहाँक 18वला पत्र 20क साँझ खन पटनहि मे प्राप्त भेल रहए।

सुपौलवला समारोह बड़ बढ़ियाँ भेल से समाचार हमरा धरि दड़िभंगे मे पहुँचि गेल छल। ई सबटा अहींक तपस्याक फल छल। हमरा नहि जा भेल तकर कचोट रहबे करत।

निबन्धावली जेना-तेना अविलम्ब प्रकाशित हो, तदर्थ आयाम अहाँक रहबे करत। 250 प्रतिक अगाउ दाम असीम क' लेबाक चाही, 3 वा 5 प्रतिक हिसाबेँ। तकर रसीद छपबाए ली।

आ हँ, एक टा बढ़िया मासिक सहर्सा दिस सँ बहरेबाक चाही। मैथिली मे फराक, हिन्दी मे फराक। द्वैभाषिक प्रयोग सेहो कएल जा सकइए। हमरा ओ अनसोहाँत नहि लागल।

पुरुकाँ साल अहाँक ओतए उपनयन छलइ बटुकवा सभक। हमरा ओहू मे नहि आबि भेल से अभिखेद चिरकाल धरि रहत। गत जेठ मे आयुष्मती उर्मिलाक विवाह रहइ कि ने ! फागुन-चैत-वैशाख-जेठ चारू मास बड्ड परेशान छलहुँ...

अपन स्वास्थ्य केहन रहइए ? परिवारक ? आर्थिक स्थिति केँ एहि दुष्काल मे कोन धरानिएँ ठेलने जाइ छी ? आदि-आदि बहुतो जिज्ञासा अछि। अहूँ केँ हमरा प्रति ई जिज्ञासा अछिए। मुदा भरिपोख गप्प तँ नहिए भेल कहिओ। से सेहन्ता रहिए गेल।

राजनीतिक 'स्थिति' देखिए रहल छी। साहित्योक सैह। तखन 'सन्तः परीक्षान्यतद् भजंते, मूढ : पर प्रत्ययनेयबुद्धिः' कहि गेल छथि कालिदास। सूप-चालनिक प्रयोजन अहूसभ मे पड़ितहि छैक। सदए रहतइक प्रयोजन। तेँ हेतु बड़ सतर्कता अपेक्षित। से सतर्कता अहाँ मे अछि, हम आश्वस्त छी। मणीन्द्र बाबू (राजकमल) आब गामहि रहताह। आदरणीय मधू काकाक देहावसान भए गेल छइन से हमरा दिल्लिए मे पता लागल। मायानंदक की हालचाल ? एतय दू दिनुका खातिर आएल छी। मधुलिमयेक चुनाव-संघर्षक आभास लेबाक छल। काल्हि पटना आपस जाएब। इति।

सस्नेह अहाँक

—यात्री

178, रवीन्द्र सरणि, कलकत्ता
5.12.68

प्रिय बन्धु,

पत्र प्राप्त भेल। विशेष 'आहे-माहे' पछाति लिखब। तत्काल सूचनार्थ एतबे लिखबाक अछि जे 'मैथिलीक नवीन साहित्य' वला संकलन मे हमरा तूरक कोनो

साहित्यकारक रचना नहि रखिअइ। हमर ई निश्चित विचार। फेर लिखब।

—यात्री

रवीन्द्र सरणि, कलकत्ता
21.12.68

किसुन जी,

पत्र प्राप्त भेल। हम प्रयास मे रहब जे अहाँ केँ वक्तव्यक संग ओ 10टा रचनो भेटवे टा करए। ओना 'पत्रहीन नग्न गाछ'क प्रचार नहिएँ जकाँ गेल छइ, ओकरे दश टा रचना छापि ली त' सेहो लोकक हेतु टटके हेतइ—ओइ मे अधिकांश कविता अभिनवे छइ। जनवरीक अन्त धरि मुदा हम टटके तइआर क' क' पठा देब। बड्ड हड़बड़ी त' नहिएँ करी...। आर की ? 'आखर' प्रेस मे छइ, 10 जनवरी धरि बहरा जेतइ। मिथिला दर्शन फेर सँ आरम्भ कए रहल अछि अपन प्रकाशन।

—यात्री

इलाहाबाद
11.4.70

किसुन जी,

सुकान्त चढ़िआ देलक अछि, तँ तत्काले ई पत्र। व्यस्तताक कारणेँ अहाँ केँ नियमित नहि लिखि पाओल अछि, बिसरि-बिसरि जाइत छी। सेहो सत्ये। एम्हरुका परिवेश हमरा पर हावी रहइत अछि। मैथिल परिवेश एकदम्मे धूमिल भ' भ' जाइत अछि। जमीन वा जीविका यदि ओम्हरे रहैत तँ स्थिति ओम्हर सीमित रखितए...से तँ अछि नहि। तखन नागार्जुन केँ यत्र-तत्र-सर्वत्र बउआए पड़इ छइन...

राँची मे अहाँक जमाय (हमरो जमाइए) सँ भेट भेल छल। बासा पर नहि जा भेल। समयाभाव। 'प्रचोदयात्' केर भूमिका वा उपोद्घात अहाँक लिखल पढ़ल, बेश लागल। खूब नीक।

हम एखन कइएक मास एम्हरे रहब। बिहार जेबाक छल से नहि गेलहुँ। परीक्षाक बाद सुकान्त केँ दू मासक लेल एम्हरे बजा लेबइ। अहाँक मार्गदर्शन ओकरा प्राप्त छइक, से जानि प्रसन्नता भेल।

अहाँक स्वास्थ्य आब केहेन रहइए ? परिवारक ? शेष, अहाँक पत्र पाबि।

—यात्री

948, कल्याणी देवी, इलाहाबाद
17.6.70

किसुन जी,

12/3 वला पोस्टकार्ड आब हाथ लागल, प्रतीक्षा करैत छल...शैलेशो बाबू केँ पत्र लिखि देने छिअइन। आब तँ सितम्बरक बादे ओम्हर पहुँचब।

शैलेश बाबू केँ कहबइन 'वेनगार्ड' क अंक सभ अवश्य पठा देथि। ओहि मे एक पेज मैथिली रहबाक चाही। मैथिलीओ मे अति प्रखर-वामपन्थी साहित्यक आबक चाही। भाषाक समस्या जाधरि भूमिहीन वर्ग-अछोप समाज-शोषित समाजक दैनंदिन संघर्ष सँ समन्वित नहि हेतइ ताधरि उपरे-उपर अहिना दहाइत-भसिआइत रहती मैथिली...

एखन बेसी की लिखू ?

सुकान्त सँ भेंट होइत रहइए ?

स्वास्थ्यक की हालचाल ? पैघ पत्र लिखबाक मोन होइए...से देखी, कहिया धरि अवसर पबइ छी...

—नागार्जुन

ललितक नामे

ललित प्रिय,

एहि पत्र केँ तों स्वयं अपना आँखिएँ नहि देखि सकबह...मुदा अन्यान्य बन्धु लोकनि-सहस्रवधि सँ साहित्यरसिक समुदाय ई पत्र अवश्य पढ़ताह। अपने परितोषक निमित्त हम तोहरा सम्बोधित क' रहल छिअहु...।

एक तेजगर—एक अप्रतिम तरुण आइ सँ पैंतिस बर्ख पूर्व हमरा सँ भेंट केने रहथि बसैठ-चानपूरा निवासी श्री ललितेश मिश्र...पातर-छीतर सुन्दर नवयुवक। बेस पैघ आँखिवला, अति आकर्षक उएह तरुण छात्र कलकत्ता मे सेहो भेटल रहथि। ओही तरुणक माध्यमे हम फूलबाबू (राजकमल चौधरी) सँ परिचित भेल रही—सौराठक सभा गाछी मे, सेहो मोन पड़ैत अछि।

श्रीकृष्णकान्त बाबू (वैदेही—सम्पादक) एक दिन कहलइन—ई परम संकोची स्वभावक गल्पकार अहाँ सँ धखाइत छथि, हिनक साहस बढ़विअइन से अनुरोध करब...

तत् पश्चाते हमरा लोकनिक सामान्य परिचय धनिष्ठता मे परिणत होइत गेल। राजकमलक तुलना मे तों हमरा बेसी सीरियस-बेसी शार्प प्रतीत होइत रहलाह...

मिथिलाक क्षेत्र, किंवा 'बिहार-राज्य' सँ फराक रहबाक हेतु हम आजन्म बाध्य रहलहुँ किंवा अधावधि बाध्ये छी...परंच, बीच-बीच मे जखन-जखन दड़िभंगा अबैत रही तखन-तखन दड़िभंगावला बासा पर रहबाक अवसर दिनानुदिन प्राप्त करबे टा करी...

प्रायः तीस-बत्तीस वर्खक उपरान्त तोरा सम्बोधित करबाक सु-अवसर प्राप्त क' रहल छी। तोहर कीर्तिक सौरभ बेश नीक जकाँ हमरा धरि पहुँचि गेल छहु...आयुष्मान श्री विभूति आनन्द हमरा ई दुर्लभ संयोग प्राप्त करेबा मे सहायक भेल छथि।

रूसी कलाकार चेखब एवं गोर्कीक विलक्षण समन्वय मात्र कहि देला सँ तोहरा हम निरूपित नहि कए पबैत छी। हमरा लोकनिक कुलीन वर्ग अथवा सर्वहारा-सभ दिस तोहर अप्पन टा खास दर्शन विकसित होइत गेलहु—'पृथ्वीपुत्र' तकर चरम दृष्टान्त थिकहु... 'रामजानी' सँ ल' क' 'पृथ्वीपुत्र' धरि तोहर सूक्ष्म एवं सार्वभौम अनुशीलन व्याप्त छहु...

'अपन कम्पित हाथेँ, एखन तोहर तर्पण केनाइ हमरा बुतेँ पार नहि लगतहु।'

—तोहर उएह

जात्री जी'

मि. मिहिर/29.5.83

चन्द्रनाथ मिश्र अमरक नामे

28.2.47
पटना

प्रिय अमर,

हम फेर अपने जिला आबि रहल छी ! 'मिथिला जन नाट्य-संघक' निर्माण शीघ्र हेबाक चाही। एहि सम्बन्ध मे बाबू तोरा लोकनि की करै छह से नहि जानि ? प्रोफेसर जयकान्त मिश्र तथा चेतकर झा कें चड़ियबहुन्ह ने !

–यात्री

25.8.47
459 दाररगंज, इलाहाबाद

प्रिय अमर,

साँझ हेबा मे एखन कने देर छै। वर्षा आइ तत्ते ने भेलैए जे बेङ सभ बताह भ' गेलए। एहना समय मे हमरो कि मोन होइए जे किछु करी ? सोझाँ सोझ आँगन मे दुइ-तीनि प्रकारक अनेरुआ घास कें अगराइत देखि हमरा देशक ध्यान आबि गेल अछि। भौजी अवस्से पछबरिया घराड़ी पर रामझिडुनी रोपने होइतीह, ललका ठढ़िया आब बेश पैघ भ' गेल हेतैन्ह। घेरा लतरि कए धिवहीक तीनू ठारि पर पसरि रहल हेतैन्ह। आ अपने लोकनि होइतीह चौड़चनक ओरिआन मे। चिट्ठी ऐलऐ–गहूम नहि भेटि रहल छैक ! नीके थिक, चन्द्रमो महराज तँ बुझथुन्ह महगीक माहात्म्य ! सोराज भेला पर गहूम नहि भेटैत छै, चाउर नहि भेटैत छै। तखन किसान-मजूर राज मे बसात पानि सेहो दुर्लभ भ' जेतैक। हे भुइयाँ महाराज, कने ता बरु अहीं जोर लगा दिऔक...कारी पाठी परि लागत।

बाबू अमर, तों अपन मित्रमंडलीक समाचार अवश्य लिखैत रहिहै–लिखल जाय, लिखब, लिखिहह, लिखिहैं...एहू सँ बाढ़ि निकटताद्योतक एवं प्रियतम क्रियापदक कोनो कोटि जँ कहिओ हमरा भेटि गेल तँ तोरा आब सैह लिखबौक। सहाज नहि होउक तँ भङघोटनाक हुराठ सँ हमर (अभाव मे फोटोक) थुथुन सोझ क' दिहैं।

श्रद्धेय श्रीदुर्गाधरबाबूक एक पत्र आइ आयल अछि। 11 अगस्तक लिखल थिकैन्ह। पन्द्रहे दिन मे किए पहुँचल ? लग मे पोस्टकार्ड तँ अछि, लिफाफ नहि। से हुनका काल्हि वा परसू (चारिम दिन तँ अबस्से) लिखबैन्हि, कहि दिहौन्ह।

भाषाक आधार पर सर्वत्र प्रान्त सभैक पृथक् निर्माण भेलैक अछि, अहू देश मे हेबे करतैक। मुदा हमरा लोकनि केँ एतन्निमित्त अधिकाधिक संघर्ष करैक पड़त। हिन्दी भाषा-भाषी लोकनि ने जे धनी व्यक्ति छथि ओ सभ पत्र-पत्रिकाक व्यवसाय मे आब साहसपूर्वक अपन-अपन पैसा लगा रहलाह अछि, मुदा अहाँक मिथिला मे क्यो दैनिक, साप्ताहिक वा मासिक मैथिली पत्रक हेतु टाका लगैबा ले' उद्यत होइत छथि ? खाली अहाँ लोकनि चिचिआइत ने रहू, जनिका हाथ मे शासन-सूत्र छन्हि ओ लोकनि ई कहि क' टारि देताह जे—दस-पाँच ब्राह्मण हल्ला मचा रहे हैं !! पहिने मिथिला विश्वविद्यालय भ' लेत, मैथिली मे उच्चशिक्षाक पाठ्यग्रन्थ निर्माण भ' लेत, दस-पाँच टा पत्र-पत्रिकाक प्रसार भ' जाएत तखन जा क' शासक लोकनि केँ अहाँ हिला-डोला पैबैन्हि।

—यात्री

21.5.48
459 दारागंज, इलाहाबाद

प्रिय अमर,

दिन बीसेक सँ एतहि छी। उनटे धार ने हम बहबै छी। गर्मी एत' ठाड़ देश मे ! दिसम्बर धरि एम्हरे छी। 'चाची' बहरैलीह पठा देबहु। मैथिली मे कोनो उपन्यास लिखबाक इच्छा प्रबल भ' उठल अछि, दू वर्षक उपरान्तहु जँ प्रतिभा किछु नहि बिआइलि तँ सात गेंठवला ऊक लगा क' ओकरा झरकाइए देबै कि ! अपने बाबू की करै छी, कोन हुलेलेले मे अपस्याँत छी से सूचित करू ने तँ अपरसवला तरहत्थी सँ दुहू गाल पर दू चाट लगैब, हँ। चारि मास पटना मे बिता शोभामिसर केँ निरोग बना, जनशक्ति केँ डाँड़ लगा आब ओम्हर सँ पड़ा ऐल छी तँ एम्हुरका लोकक खिसियाह स्वभाव रुचिगर बूझि पड़ैत अछि। सूतै छी भरि राति गंगा कात, नहाइ छी कल तर। अपन मकान परुकहिँ सिन्धी मित्रक परिवार केँ सुंझा दने रहियैन्हि, ओ लोकनि 5-7 दिन मे ओकरा अजवाड़ि शहर चल जैताह तखन पुनि ओहि मे...दंड-बैसकी करब ग। गीत गोविन्दक हिन्दी रूपान्तर सम्पन्न कैल, विद्यापतिक पाछाँ लगबाक अछि। 'निराश्रित' (शरणार्थी समस्या पर हिन्दी उपन्यास)क विषयानुक्रमणिका बना लेल अछि। यदि ई पत्र तोरा नहि भेटहु तँ पुनि खोजपुरक पता पर लिखबहु।

—यात्री

22.5.50
इलाहाबाद

प्रिय चन्दर,

निराशा आ थाकनि सँ ओतप्रोत तोहर ई पोसकार्ड एत' पड़ल अछि। आगाँ परीक्षा दी जँ मन लगाक मनन-चिन्तन पार लागए। 'वैदेही'वला डपोड़शंखी पोसकार्ड मे एना किअए किछु लिखइ छह ? तामस उठइए। कन्ट्रोलिंग पॉवर साहेब आइ-काल्हि अपन कोजगराक सुस्वप्न मे मातल रहैत होइथुन्ह। जँ पार लागत तँ दशमी मे चारि-पाँच दिनुक हेतु देस दिस आएब।

तोहर उपन्यास 'आउट' भेलहु अछि की नहि ? मकान रहबा जोगर भेटि गेल अछि, परिवार एखनहु गामहि अछि। सपतो खाए ले' एम्हर मैथिली मे कहाँ किछु लिखि पबइ छी। अपन समाचार लिखइत रहिह। विशेष की लिखियहु ?

तोरे

–यात्री

होटल मरीना, नई दिल्ली
16.7.52

प्रिय अमर,

19/केँ इलाहाबादक हेतु प्रस्थान करब निश्चित। आ, हे, एक टा पेन कीनल अछि 'शेफर्स', ताही सँ ई पत्र लिखि रहल छिअहु–एखन अदंते अछि, खिल नहि टुटलइए।

30 घंटाक परिश्रम सँ जे 'बाल-कथा मंजरी' (संयुक्ताक्षर हीन) तइआर कएल तकरा 130–मे बेचल आ ओ प्रकाशक (आत्माराम एंड संस, काश्मीरी गेट, दिल्ली) कहलक अछि जे कतहु रहू, हमरा बाल साहित्य लिखि-लिखि क' देने जाउ। बेस एखन धरि तिनिए चारि टा यजमान रहथि। आब ई पाँचम भेल छथि। तात्पर्य ई जे प्रतिवर्ष दू-तीन खेप दिल्ली दिस अबस्से आबक पड़त। इलाहाबाद रहब 15-20 दिन, कृष्णाष्टमी लगाइत दू सप्ताह गाम रही से नेयार अछि।

स्कूल तँ तोहर कहिआ ने फूजल हेतहु। अखबार मध्य पढ़ल आ रेडियो सँ सुनल अछि, अपना दिसक बाढ़िक हाल ! की स्थिति हेतइक, तकर अनुमाने टा क' पबइ छी ! कोशी योजना तँ बुढ़ियाक फूसि भ' गेल मने ! कहलकइ जे मुइला पर डोम राजा ! हिनका लोकनि की कोशी केँ सँइतन देथिन, अपन भाए-भातिज, सार-सरबेटा सबहि केँ 'इदमन्नं ते स्वधा' करताह कि ! गोड़ लगइ छिअनि बाबी केँ, अमरज़ी जे माम छथि तनिको। आ मामी जँ आइलि होथि तँ हुनको।

–यात्री

12.9.52

c/o पीपुल्स बुक हाउस, पटना-4

प्रिय अमर,

तोँ हमर प्रतीक्षा करइत हेबह कि ने ! आ हम 4कँ एत' आबि गेल छी। नेना केँ अस्पताल मे भर्ती करा देने छिअइन। राति केँ ओगरवाहि आ दिन केँ कम-सम परिचर्या सेहो। तोहर 'युगचक्र' केँ जे नीक जकाँ देखब से पर्यंत नहि भेल अछि। शेष फेर। सस्नेह

–यात्री

दारागंज, इलाहाबाद

19.9.52

प्रिय चन्नर,

आइ प्रातः काल उपन्यास 'नई पौध' समाप्त भए गेल। कॉपी (एक्सरसाईज बुक) सहज सँ 215 पृष्ठ भेल छइक–बड्ड मोन सँ लिखल अछि, भेबो केलइए तेहने...। भाषा ओ अभिव्यंजना दुहू दृष्टिएँ ई पछिलुका उपन्यास (तीनू) केँ टपि गेल अछि...। 24 धरि गामक हेतु विदा होएब। छीतनबाबू सानन्द छथि। शेष साक्षात्कार भेलहि सत्ताँ...। स्नेहाधीन

–यात्री

कनाट सर्कस, नई दिल्ली

20 अगस्त, '53

प्रिय अमर,

बहुतो दिन सँ तोहर पत्र नहि प्राप्त भेल अछि। दोख एहि मे हमरे।

हम नवम्बर धरि बिहार दिस आबी से न्यार अछि। बाबी तँ आब आइलि हेती ? बसुली साक्षर-शिक्षित हो तकर चेष्टा रखिहह। शेष तोहर पत्र पाबि–

तोरे

–यात्री

14.9.54

प्रिय अमर,

1/9 वला पत्र समक्षहि मे अछि। गेल रही देवधर तेँ विलम्ब सँ करगत भेल अछि।

(1) दरभंगाक लोकल पॉलिटिक्स आ पुबारि-पछबारि पारक, पारस्परिक ओदाउति सँ फराके रह' दिअ' हमरा। तखन एतबाधरि समिति केँ हम कहबे करबइन जे सम्पादक केँ सम्पादकीय निबन्ध ओ टीका टिप्पणीक प्रसंगेँ, सम्पादक (व्यक्ति) द्वारा लिखित गल्प, आलोचनादिक प्रसंगेँ तथा म.म. मुरलीधरझाजीक शैली मे लिखनिहार अन्यान्य साहित्यकार केँ सेहो पूर्ण स्वाधीनता देथुन। से नहि देने अदूरदर्शिताक दोसर छोर पर पहुँचि जाइत जेताह।

(2) 'निर्माण'क प्रसंगेँ कोन मदति हमरा बुतेँ पार लागत ? कविता जे चाही, छापि सकइ छी। गद्य हेतु हमरा पलखतिए नहि अछि। *कइञ्चा* सेहो नहिए भेटत..... ....? तखन अहाँ जे कही।

(3) 'विद्यापति के देश में' कहिआ धरि हेतइ ?

–यात्री

c/o राष्ट्रीय प्रकाशन मंडल, पटना-4

8.2.63

रूम नं.-14, 43/ए. चौपाटी, बम्बई-7

नागार्जुन

प्रियवर चन्दर,

तोरा नामेँ ई कार्ड पता लिखल-उसरगल कइएक मास सँ हमरा लग राखल छलहु ! आशा राखह जे मार्चक मध्य धरि भेट हेतहु। समूचा अप्रैल हम गाम रह' चाहइ छी. ....। मार्चक 'सारिका' देखिए टा लिह'–ओइ मे 'आइने के सामने : नागार्जुन' वला मुख्य फीचर देखबहक तँ यात्रीक एक टा तेसरे रूप देखबहुन...। सस्नेह-तोहर उएह भागिन उपरफाँटू।

–यात्री

30.12.64

जनवाणी प्रेस,

168, अपर चितपुर रोड, कलकत्ता-3

मान्य सम्पादकजी,

'जनक' क तीनू अंक देखि परम प्रसन्नता भेल। एहि प्रकारक पत्रक नितान्त आवश्यकता रहइक। सम्पादन, समाचार चयन, सामयिक सामग्री आदिक समावेश आदि पत्रकारिताक आधुनिकतम शैलीक परिचय द' रहल अछि। हमरा एहि पत्र मे किछु ने किछु सहयोग देबाक सेहन्ता रहत...।

—यात्री

24.6.66

पुस्तक भवन, कचहरी रोड, राँची

प्रिय चन्नर,

पुरनका सम्बोधन मोन पड़ल तँ नइ रहल गेल..................तखन की, त, (आदरणीय मामाजी, प्रणाम सेहो स्वीकारे होउक)। हमरा गाम मे तेहन ने छिछिअइनी लागल जे 28/5कें पटना आबि जाए पड़ल ! के गेल सभा, के पहुँचल दड़िभंगा तोरा ओत'..................!

अस्तु एहि मासक अन्त धरि दरभंगा पहुँचि रहल छी। भेट हेबे करत। बहिनोए महानुभाव सँ सेहो साक्षात्कार करबाक अछिए। हमरो जमाए ओतहि सी.एम. कॉलेज मे प्रवेश लाभ कएने छथि। हुनका निमित्त होस्टल वा कोनो प्राइवेट लॉज मे सीटक व्यवस्था सेहो करबाक अछि। एखन आओर की लिखू ? आर भोरे सँ बर्खा भ' रहल छइक। हमहू मारते कविता लिखल अछि। से ई सभ टा तोरा सुनेबाक अछि..................रातुक दू बाजि रहल छइक। नेआर तँ रहबे करए, सुभ्यस्त भ' क' पत्र लिखबाक—से एहेन बढ़िआ समय परि लागि गेल अछि ! काल्हिए पटनाक निमित्त प्रस्थान करबाक अछि। बन्धुवर काशीनाथ ठाकुर 'कलेश' सँ काल्हि साक्षात्कार भेल आ घंटा दुइएक संग-सुख सेहो लाभ करैत गेलहुँ.................बेश विलक्षण संयोग..................

—यात्री

कीर्ति नारायण मिश्रक नामे

c/o जनसंसार
19-बी चौरंगी, कलकत्ता-13

प्रिय कीर्ति,

पत्र प्राप्त भेल छल। हम 25-30क मध्य पटना जेबा ले' छी। एक सप्ताहक लेल। ओत' सँ 5 दिनुका निमित्त इलाहाबाद। ततः पर 15 दिन दिल्ली...पुनः कलकत्ता वापसी।

ई भेल अगिला प्रोग्राम—एहि मध्य, अर्थात 30 जूनक मध्य किंवा 20 क बादे यदि तोरा तीन अहोरात्रक ट्रिप एम्हरूका लगाबक होए त...

मुदा नहि, नहि। हड़बड़ी मे नीक जकाँ गपशप नहिए हेतउ...हड़बड़ी तोरा हमरा सँ बेशिए—विशाल मित्रमंडल तोहर !

—नागार्जुन, 15.6.78

इलाहाबाद-6
2-1-68

प्रिय कीर्ति नारायण,

'आखर'क हेतु प्वाइंट पठा रहल छिअहु—

(क) भाषा आन्दोलनक प्रसंग मे शासन-प्रशासनक हेतु भारतीय भाषा सबहि केँ अकुंठ समर्थन देबाक चाही। पृथक-पृथक क्षेत्र केँ जखन अपन-अपन भाषा भेटि जएतइक तखन सहजहिँ 'लिंक लैंगुएजक अविर्भाव भ' जेतइ। से निश्चिते हिंदिए रहतइ। एखन हिन्दीक दिस सँ अपने विशाल क्षेत्र मे सर्वांशतः हिन्दी केँ मुख्य स्थान देआब'क संघर्ष उचित हेतइ, समग्र भारत पर एक्के बेर हिन्दी लादबाक आग्रह सँ आन-आन भाषा वला केँ पृथक रहबाक बहाना भेटि जएतइ। तमिलनाडु मे तमिलेक पूर्ण अधिकार चाही। बंगाल मे बंगलेक पूर्ण अधिकार चाही। हिन्दी क्षेत्र मे हिन्दीएक पूर्ण अधिकार चाही। प्रत्येक भारतीय केँ दू टा भाषा सिखबेक चाही। दोसर भाषाक रूप मे अंग्रेजीक अनिवार्यता आवश्यक नहि। उच्च प्रशिक्षण वा उच्च प्रशासनक हेतु

तेसर भाषा क' रूप मे मैट्रिक उपरान्त अंग्रेजी-जर्मन-रसियन-चीनी आदि आवश्यक हेतइ। प्रतियोगिता परीक्षा सँ अंग्रेजीक अनिवार्यता तत्काल समाप्त करक चाही।

(ख) बिहार मे हिन्दीक संग-संग उच्च प्रशिक्षण ओ उच्च प्रशासन हेतु मैथिली केँ अनिवार्य ओ ऐच्छिक रूपेँ सम्मानपूर्ण स्थान भेटबाक चाही। से नहि भेने कइएक प्रकारक उत्पात हेबाक सम्भावना।

(ग) बिहार मे हिन्दीक माध्यम सँ जे लोकनि प्रशासन चला रहल छथि ओ लोकनि जानि बूझि केँ मैथिली सन विकसित भाषाक तिरस्कार कए रहल छथिन। प्रवंचनाक ई कूटनीति बहुतो दिन धरि झाँपल नहि रहतइन। मैथिलीक माध्यम सँ शिक्षित हजारक हजार तरुण वृन्द केँ अनिश्चितकाल धरि अन्धकार मे आब के रखथीन ?

(घ) मिथिलाक शिक्षित जनगण हिन्दी केँ मैथिली सँ बेसी सम्मानित करैत आएल छथि। मिथिलाक भाटि-पानि मे हिन्दीक प्रति एकोरत्ती कटुता-विरसता नहि छइक। मुदा बिहारक शासन-सूत्र जाहि बाबू-भइया लोकनिक हाथ मे छइन ओ लोकनि मैथिलीक अत्यधिक उपेक्षा करइ छथीन। ई अन्याय आब लोक नहि सहतइन।

(च) मैथिली प्रेमी तरुण समाज अंग्रेजीक स्थान मे राष्ट्र भाषा हिन्दीक सर्वांश-समर्थन क' रहल अछि। मुदा अपना क्षेत्र मे ओ अपन मातृभाषाक अपमान नहि देखि सकइए।

(छ) मैथिलीक हेतु बिहार सरकार की की करए चाहइए, से ओकरा स्पष्ट घोषित करबाक चाहिअइ।

हमरा लोकनि आगामी अंक मे एही प्रसंगेँ अपना दिसुक कथ्य राखए चाहब।

—नागार्जुन

पुनश्चः—तुम इन्हीं बातों को अपने शब्दों में फिर से लिख सकते हो।

—ना.

जीवनकान्तक नामे

नई दिल्ली
1.11.66

प्रिय जीवकान्त,

अहाँक 7 तारीखक पत्र पटना होइत हमरा इलाहाबाद मे प्राप्त भेल छल। दिन दसेक सँ संगहि अछि, आब पलखति पाबि 'उत्तर' द' रहल छी...। भेंट हमहूँ चाहैत रही, मुदा संयोग नहि भेल ? आगाँ ?

आर्थिक स्थिति बड्ड खराप...ताहि मे दोख अपनो कम नहि, परिस्थिति जे-से ! परिवार केँ भाग्येक भरोसे छोड़ि दिअइ, से।

लेखन मात्र केँ आधार बना क' निर्बाह असम्भव। हँ, थेथर (बेहया) बनि जाइ आ परिवार केँ भाग्येक भरोसे छाड़ि दिअइ, से भ' सकइए...मुदा एवं प्रकारेँ 'श्री श्री राम कृपा परमहंस' सेहो आब भेनाइ दुर्घटे ! पूर्ण रूपेँ 'साहित्य जीवी' बनवा लेल तीनि टा बात ध्यान मे राखक चाही—1. महानगर निवास, 2. फक्कड़ वृत्ति आ, 3. अवसवारी व्यवहारिकता...। आब तँ फुटहो महग, बेश महग भेटइ छइ, आइ सँ 25-30 साल पूर्व स्वाभिमानी साहित्यकार फुटहा फाँकि भाँग पीबि निराला-उग्र-शिवपूजन भ' जाथि, मुदा आब तँ ओहो रास्ता बन्द !

विशेख की लिखिअहु, से नहि फुरैत अछि। मुदा एतबा अवश्शे कहबहु जे सभ किछु छोड़ि-छाड़ि साहित्य देवता के नामे सत्ती हेबाक चेष्टा लए लाख मे एक-आध गोटे केँ तँइआर होमक पड़तइ, पहिनहुँ तइआर होम' पड़लइए कि ने ? गाँजा तस्कर व्यवसाय मे किंवा ठेकेदारीक अन्यान्य चमत्कार सँ जे कोटिपति बनि जाइत अछि, ओ साहित्य-विज्ञान-राजनीति केँ बङोर बुझइत छइ। एहि श्रेणीक मनुष्य धन्य थिक, अस्सल पद्मभूषण ! शेष थिकहुँ हमरा लोकनि, एहि वर्ग केँ ध्यान मे राखि क' प्रताप नारायण मिश्र (भारतेन्दु सखा) हँ, सम्भवतः उएह कहि गेल छथीन—'आप महान हैं ! आप चूतिया हैं !'

त' बउआ जीवकान्त, मोन लगा क'—मोन मारिक' मास्टरी करू...आदर्श-फादर्श केँ तिलांजलि द' क' बेश पुष्ट क' कुंजी तइआर करू (साइंस टीचर थिकहुँ किने !) पुष्ट क' क' टाका कमाऊ...अतिरिक्त साहित्य कम्मे-सम लिखू। बेसी साहित्य लिखब तँ सउँसे संसार ढेप मारत...घरोक लोक मोजर नहि देत...ई बुझया, एम्हर जूनि आबी ! ओम्हरे रहू।

—यात्री

पटना
14.6.67

जीवकान्त,

अकस्मात् तोहर पत्र पाबि परम प्रसन्नता भेल अछि। हम त काल्हि वा परसू तोरा संगे रिक्शा पर बइसल बइसल कती दूर धरि गेल रही आ चारि ढाकी गप्प से कएल...नहि ? एतावत प्रमाणित ई भेल जे बीच-बीच मे तोरा सँ साक्षात्कार होइत रहइए, आध्यात्मिके बरू...मोनहि मोन बरू !

एम्हर धीरेन्द्र आएल रहथि। एक दिन साँझुक उखड़ा मे—दू-अढ़ाइ घंटा लोल मे लोल ठेका क' गपशप करैत रहलहुँ, नहि साँझ भ' गेल रहइ।

परछाइयाँ कहाँ ! सार्वजनिक प्रतीक्षाक हमहूँ स्वादे ल' रहल छी। ओ बेचारे हमरा पर भरोस क' क' विज्ञापन हड़हड़ओने जाइए! से, दोख बूझ' त' हुनके कम्पनीक...। हम जखन लिखबा लए तइआर रही तखन कम्पनी मे हड़ताल भ' गेल रहइ किने ? से चालीस दिन चललइ। हमर मूडे ता भड़कि गेल ! लेथु आब ! लिखबइन, लिखिए देबइन—मुदा दू-एक मासक बाद। पारिवारिक जपाल ओढ़ने छी कि नहि ?

तोँ, बउआ, प्रशिक्षण आब की ल' रहल छही ! बुढ़नेन्नाक ट्रेनिंग अही जमाना मे चललइए !

सोमदेव सम्प्रति एहि महानगर केँ सुशोभित कए रहल छथि। दिनकरजी भवन केँ ओकरा लोकनिक कम्पनी भाड़ा पर ल' नेने छइ किने ! एतहि बिजनेस चलउ बरू...'कतहु रहो पिय...हमरो सिनुरबाक भाग'।

फूलबाबू उर्फ राजकमल उर्फ भणीन्द्र महिसीक अपन बथान पर फेर कने अस्वस्थ भ' गेल छथुन...केओ कहलक गामो मे 'गाँजा-गोष्ठी'क पूर्ण सक्रियता फूलबाबू केँ ल'क'...भगवती उग्रताराक आदेश भेटल होइ कदाचित...

महगी आब बूझि पड़इए, लोकक भीतर मिसिओ भरि सत्त कहाँ रह' देतइ। देतइ रह' ? एहि प्रसंगेँ किछु चर्चे फजूल...तोहूँ भोगिए रहल छह।

—यात्री

पटना
9.7.67

जीवकान्त,

डकूबा चल जाइत रहल हमरा लोकनि केँ छाड़ि क'...तो 'मिहिर' मे ओकरा पर—राजकमल पर एक टा संस्मरणात्मक लेख अवश्शे दही...विशेख की किछु एखन पार लागत से लिखबउ !

--यात्री

इलाहाबाद
22.11.67

प्रिय जीवकान्त,

पत्र प्राप्त भेल। हम प्रायः एक मास सँ एत' छी। एम्हरे रहब। पटना नहि घुरबाक अछि। दमा, सर्दी, ओकासी देह कें तोड़ि रहल अछि। रोग दू-एक टा शारीरिको रहए से अधलाह नहि। लोक कें कुशल-मंगल पुछबा मे मोन लगइ छइ...

'मिहिर' वला उपन्यास कहाँ हम पढ़ि पाओल अछि ! अंक एक छइक। दू-तीनि अंक देखबहु...। 'जन' (लोहिया) वला रचना नीक लागल, बेश। लहर, युयुत्सा, दर्पण, उत्कर्ष आदि मे त' लिखबे करह, दोग-दाग देखि साप्ताहिक हिन्दुस्तान-धर्मयुग-कल्पना-माध्यम कोटिक बड़को पत्रिका कें छोड़ि जुनि दिहक। आर की ? मोन ठीक हैत तँ पइघ पत्र पठेबहु !

—नागार्जुन

इलाहाबाद
14.12.67

जीवकान्त,

काल्हि उपन्यास समाप्त भेल। अही कारण पत्र लिखनाइ बन्द छल। आब विस्तारपूर्वक लिखबहु। नवका उपन्यासक नाम ? 'जमनिया का बाबा'...छपला उत्तर 170 पृष्ठ हेतइ। फरवरी धरि प्रकाशित भ' जेतइ। मिहिर वला तोहर उपन्यास खंड आब देखबहु...

—यात्री

इलाहाबाद
17.12.67

जीबू,

नीके रहू। पछिला पोस्टकार्ड भेटल होएत। आब काल्हि मध्य प्रदेश दिस जा रहल छी। अहाँक 'पनिपत' सेहो संगहि यात्रा करत।

'पत्रहीन नग्न गाछ' 31-12 कें प्रकाशित भ' रहल अछि। ई यात्रीक नवका संकलन थिक। तीर भुक्ति प्रकाशन दिस सँ बहार भ' रहल अछि। ई काज बड्ड धड़फड़ी मे भेल छइ। एहि मे अधिकाधिक टटके रचना सभ छइक। डिमाइ आकार मे लगभग 100 पृष्ठ। हम 25-26 धरि उज्जैन सँ घूरि अबइ छी। अहाँ कें आब ओम्हरे सँ लिखब।

—नागार्जुन

इलाहाबाद
20.1.68

प्रिय जीवकान्त,

अहाँ तत्काल अपन कोनो गल्प (हिन्दी) 'नई कहानियाँ' ऑफिस मे पढा दिअउ ! सम्पादक (अमृतराय) सँ हम अहाँक सिफारिश क' देल अछि। राज मोहन झाक दू टा गल्प लेल गेल छइन। एक टा जनवरी मे छपलइन, एक टा मार्च मे छपतइन। मिथिलांचलक आरो नवतुरिया कथाकारक गल्प ई लोकनि चाहइ छथि। हम एतदर्थ सोमदेव, रमानन्द रेणु, धीरेन्द्र आदि केँ सूचित करबइन। अहाँ गल्प अवश्य पठा दिअउन।

—नागार्जुन

इलाहाबाद
16.2.68

जीबू,

पोथी आइ भेटि गेल। पढ़बाक अवसर काल्हि ट्रेन मे सुरक्षित अछि। 'अपर इंडिया' सँ सोझे भागलपुर। फेर भागलपुर सँ सोझे इलाहाबाद घुरि अयबाक अछि। ओत' 18 केँ 'विद्यापति पर्व' थिकइन। मोन भेल, प्रोग्राम गछि लेलिअइन।

तखन ? की सभ होइत छइ ? आब दस-पाँच दिनुका खातिर एम्हर नइ एबहक ? 'नई कहानियाँ'क सम्पादक अमृतराय केँ कोनो गल्प अवश्शे पठा दहुन।

'लहर'क ओ विशेषांक नइ बहरेलइए ? की भेलइ ? 'पत्र हीन नग्न गाछ' तोहरा निमित्त रखने छिअहु। शोभाकान्त काल्हि अथवा सोम दिन रजिस्ट्री द्वारा पठाइए टा देथुन। कहि देने छिअइन।

अशुद्ध छाइँ-बाँइ छइ, मुल्की ! अन्त दिस शुद्धि पत्र ! सेहो अपैत...टाइप पुरान, कागज निःसत्व ! तखन की त' प्रकाशक अपना केँ बचेबाक चेष्टा सेहो अपूर्वे केने छथि—प्लास्टिकक गत्ता जिन्दाबाद ! हँ तखन अगिला संस्करण अपना रुचिएँ शोभा मिसर अपनहि प्रकाशित करताह। चित्रो अर्थात् चित्रा सेहो। प्रकाशन-व्यवसाय मे अपना केँ होमि देबाक हेतु शोभाकान्त कृत संकल्प छथि। तदनुसार जून धरि पहिल सेट, 16 रुपइआक बहार करता। एतत्सम्बन्धी सूचना तोरो पठेबे करथुन। हम सम्भवतः मार्चक अन्त धरि तीन-चारि दिनका खातिर गाम पहुँची। तोरा पहिने सूचित क' देबहु...

दुनू बापूत कुशल छी। नीलूक मुड़न भेल छइन। महिसी सँ शशी लिखने छथि। अपन विस्तृत हाल-समाचार लिखह। समय-साल केहन ?

—यात्री

इलाहाबाद
27.2.68

प्रियवर जीबू,

पत्र प्राप्त भेल। हाल-सुरति संक्षेप से बेश। हम भागलपुर सँ तत्काले आपस आबि गेल रही। तोहर उपन्यास असमाप्ते रहि गेल अछि, पूरा पढ़बाक अवसरे नहि भेटल। शोभाकान्त मुदा चाटि गेल छथुन। बड्ड सोअदगर लगलइन। रमानन्दवला उपन्यास सँ कतोक अधिक।

हमरा लोकनि एक टा खेल आर आरम्भ करबा लए छी। अर्थात् मैथिली मे अर्धवार्षिक साहित्य-संकलन–'वाग्मती' नाम केहन ? हमरा अपना त' बेश बढ़िया लागल अछि। तोरा ? डिमाइ साइज मे 240 पृष्ठ : एक टा पूरा उपन्यास, दश टा गल्प, पचास टा कविता, दश टा सामयिक निबन्ध (परिचर्चा सहित) दश टा सद्यः प्रकाशित पोथी सभक चर्चा, दूटा रिपोर्ताज, दू टा एकांकी, कोनो विशिष्ट साहित्यकारक व्यक्तित्व चर्चा (डायरी, पत्रावली सहित)–तत्पश्चात राजनीति-समाजनीति शिक्षानीति-अर्थनीति सँ अनुस्यूत प्रखर चिन्ता प्रवाह (सम्पादकीय)...बहुत रास विषय रहतइ एहि मे, मुदा से सभ टा सुपरिकल्पना बड्ड।

वार्षिक मूल्य (दू अंकक) दश टाका, एक अंकक पाँच टाका। प्रथम अंक यदि 15 अगस्त धरि बहार भ' सकलइ त' से तोरा लोकनिक तत्परता। सम्पादक मे बेसी सँ बेसी तीन टा नाम रहतइ–यात्री (नागार्जुन), जीवकान्त...आ तेसर नाम ककर रखबहुक–सोमदेव, हंसराज, धीरेन्द्र ? ककर ? पैड-तैड तइआर क' क' शोभा मिसर फगुआक आगाँ-पाछाँ तोरा लोकनिक भेंट करबालए छथुन। 10 फरवरी धरि ओ गाम पहुँचि रहल छथि। एहि प्रसंग मे बेसी बात पछाति लिखबहु...यात्री प्रकाशन केर हिन्दी वला सेट 15 अप्रैल धरि बहार हेतइ। बीस टाकाक चारि टा पोथी।

–तोरे **यात्री**

इलाहाबाद
7.1.68

जीवकान्त बउआ,

23.10. वला पोस्टकार्ड एहिठाम तोरा दिस सँ हमर प्रतीक्षा करैत छल। रातिए पटना सँ आएल छी, आ काल्हि साँझखन कलकत्ताक हेतु गाड़ी धरब। प्रायः नवम्बरक अन्त धरि, कलकत्ते रहबाक न्यार अछि। 16.10 सँ 8.11 धरि बिहारे छलहुँ–ताहि मे दिन छबेक अपनो जिला कँ भेटलइक (तरौनी, मधुबनी, दरभंगा, पनिचोभ आदि... लहेरिया सराय समेत) 2-3 केर दू दिनुका विद्यापति पर्व समारोह पटनहि देखल-सुनल।

4 कें गया, 5 कें आरा।

15 दिसम्बर सँ पुनि पटने रहबाक निश्चय कएल अछि। मुदा प्रतिमास एक सप्ताह दरभंगा सेहो रहबाक विचार अछि। मिथिला-मैथिलीक पालिटिक्स मे पूर्ण रूपेण भाग लेबाक उचित अवसर आबि गेल अछि हमरा लेल। 'अमिमुख' नामे एक टा प्रखर बौद्धिक पाक्षिक पत्र पटनहि सँ बहार करबालए छिअहु। से मुदा जनवरीक प्रथम सप्ताह सँ...

तोहर 'अगिनबान' देखबाक अछि। एक्के खेप मिहिर केर किछु अंक जुमा कें ओकर अंश पढ़ि जेबइ। कलकत्ता मे हमर पता की रहत ? उएह पता...प्रबोध बाबू वला...

सोमदेवो सँ भरि पोख गप्प कहाँ भेल। हँ, कने-मने लोल-स्पर्श...तोरा सँ दिसम्बरक अन्तिम सप्ताह धरि अवश्य साक्षात्कार करबहु। मैथिलीक ओ योजना (वाग्मती वला) मोनक मध्य पाकि रहल अछि। आशा करैत छी, ओकर सम्पादनक भार तोरा उपर दए प्रकाशनक व्यवस्था करबा दिअहु...अपने हम पाक्षिक (साप्ताहिक ?) क पाछाँ लागि जाएब।

एतुक्का डेरा (बासा) पटना चल जेतइ-दिसम्बरक मध्य धरि। आब एखन बेसी कि लिखिअहु ? बहुत राश गप्प करबाक अछि। मुदा से साक्षात्कारोत्तरे...

टटका (3) देखबाक मौका भेटल। ईहो सब चलैत रहउक। मलशोधन जँ नवतुरिए वर्ग करए त' से बेजाय त' नहिए कहोतइ। स्वास्थ्य काम चलाऊ अछि। बेश, हँ बेशे कहबाक चाही। 'बड्डबढ़िया हेल्थ' रहनाइ सेहो नीक नहि।

—**यात्री** तोहर

कलकत्ता

14.11.68

जीबू,

तोहर पत्र 12.11 वला सप्ताहक अभ्यान्तरे भेल रहए। कइएक दिवा-रात्रि संगहि-संग एहि कर्म मुखर महानगर मध्य इहो टहलल-बूलल अछि, शिरमातर विश्राम कएलक अछि...

'टटका-3' 25-10क साँझखन हमरा अमरजी देने रहथि। ओही रातिक बाद, भोर मे जाहज पर ओकर पारायण क' गेल रही हाँइ-हाँइ ! बेश चोटगर बूझि पड़ल नवतुरिया सभक कलम...सरिपहुँ, मैथिलीक विशाल आँगन कें नढ़ेआ सभ हगि-हगि क' दूरि कए देलकइए ! आब तोरा बर्खक-बर्ख खरड़ा भँजैत रहबेँ किने ?

कीर्तिनारायण सँ भेंट भेल अछि। बेसी गप-शप नहि भ' सकल। आव हेबे करत कि ! मल्लिकक मोन कमजोर बुझाइत छइ ओकरा—होइ छइ जे जे कान्ह छिपइए

अपन...की बात थिकइ अस्सल, से मल्लिक सँ जखन भरि पोख वार्तालाप हैत, ओहो अपन पेटक अन्तराल धरि हमरा प्रवेश करए देत, तइखन बुझबइ किने ? पछाति सूचित करबहु।

सोमदेव से लहेरिया सराय मे ओझरा गेल अछि। ओहो आब काली माइक देहरि दिस आबए चाहइए। आबओ, हमरा लोकनि संगहि संग नवका ढँगक सहजीवी परिवार स्थापित करब...बेजाए हेतए ? बढ़िञे हेतइ कि ! पाछाँ बरू, तोहूँ ओहि परिवार मे शामिल भ' जहइ ँ ! नहि ?

हँ, आब हम 'संयुक्त मिथिला पीपुल्स पार्टी' अथवा ताहि सँ पहिने 'इन्टेलेक्चुअल फोरम फार यूनाइटेड मिथिला' कोटिक कोनो ग्रुप कें ँ अंकुर रूपें ँ देखए लागल छी। एक टा राजनीतिक संगठन आब अवश्शे चाही। एहि प्रसंगें ँ बहुत राश गप्प तोरा सँ करबाक अछि। दिसम्बरक अन्त धरि एक सप्ताहक खातिर हम दड़िभंगा आबि रहल छी। एहि खेप तोहरा सँगें ँ एक अहोरात्रि बितबे टा करत...।

'अभिमुख' पाक्षिक रहतइ–पाछाँ बरू साप्ताहिक भ' जेते। शुद्ध बौद्धिक राजनीतिक चिन्तन रहतइ...प्रखर, उदार, दूरस्पर्शी प्रकाश देतइ लोक कें ँ।

आब की लिखिअउ ? मारते त' लिखि देलिअउ ! हँ तखन 'संयुक्त मिथिला' वला बिल्कुल टटका विचार रखलिअउए किने ! नहि ? 'वाग्मती' वला विचार स्थगित नहि हेतइ। मुदा ठेकनगर 'यजमान' चाही किने ? से अवश्य भेटि जाएत–नहि भेटत त' देखल जेतइ...'आखर ग्रुप' (सम्पादक-प्रकाशक लोकनि) ठेहिया रहल छउ। हमरा पहिने एकर चिन्ता भ' रहल अछि। 'आखर' कें ँ बन्द त' नहिए होम' देबाक थिक...मुदा ई तोरा लोकनिक खातिर (नवतुरिया वर्गक खातिर) अप्पन फ्रंट थिकउ किने ?

–यात्री

कलकत्ता
18.12.68

जीवकान्त,

तो ँ त' नहि अनि सकलाह मुदा फंक्शन बेजाए नहि–सम्हरि गेलइन बूझ'...रवि ठाकुर आएल छलइन, ओकरा तार धमदहे मे भेटि गेलइ। हमहूँ कदाचित सुल्तान गंज (सुकान्त) धरि गेल रहितिअइन त' नेहिए हाथ लगितिअइन...आब तेसर पार्टी (बाबू साहेब लोकनि) 4-5 जनवरी कें ँ मना रहल छथि। कीर्ति नारायण, वीरेन्द्र मल्लिक आद्यांत उपस्थित रहलइन। आदरणीय भोलालाल दास आइ आपस जाए रहलाह अछि, रविन्द्रो आइए।

'आखर'क नवका अंक 5 जनवरी, धरि बहराइए टा जाइ, से देने छिअइ कीर्ति-मल्लिक पर। कीर्ति रोगाह आ मल्लिक कान्ह खसौने...तइओ !

मध्यावधिक अवसर पर एक टा चारि पातक छोटो साप्ताहिक...खूब प्रखर-बहार होइ, तहू प्रयास मे छी। टीम गठित हेबाक लक्षण बुझाइत अछि, से होइ, तखन ओ चलतइ किने !

आर की लिखिअहु ? अपन हाल-समाचार जल्दी-जल्दी लिखिअह'...सोमदेव कत' अछि ? ओकर खोज-खवरि लइत रहिअइ कने...

एत' 'मिथिला दर्शन' से आब पूर्णतः बाबू साहेब चौधरीक हाथ मे आबि गेल छइन। बजइ छथि नियमित रूपेँ बहार हेतइ आब...देखा चाही।

मध्यावधिक अवसर पर (पहिनहि) यदि दुइयो-चारि दिनुक लेल ओम्हर आबि होइत...

—यात्री

उपेन्द्र दोषीक नामे

48, टैगोर पार्क,
दिल्ली-9
10.12.73

प्रियवर दोषी,

30 सितम्बर वला 'मिहिर' मे तोहर आ मधुसूदन मणिक रचना गुच्छ एक्के गोत्रक प्रतीत भेल आ बड्ड सोअदगर छलइक। नूतन राकेश सेहो विकास क' रहल अछि, तकर प्रमाण अही अंक मे प्राप्त भेल...। तोरा ट्रक भेटि गेल छलहु, से कहलक दिनेश। पहुँचलएँ अपना थरि पर।

–यात्री

प्रीति भाजन श्री राजनारायण बाबू कें 'जय किशोरीजी' हमरा दिस सँ। शंकरनू, रेणु, काँचीनाथ, सुकान्त आदि कें सलाम...।

–नागार्जुन

हरिहर प्रसादक नामे

सी-3/169, यमुना विहार,
दिल्ली-53
16.9.82

प्रियवर हरि,

पत्र प्राप्त भेल। गाम पर चोरी वला खबरि भेटल छल।

अहाँक काकी (शोभाकान्तक माय) 30क भितरे (अही बीच) गाम जेती। बौआ झा ल' जेथीन।

पाँचम अंक देखवा मे आएल छल, सम्भवतः डॉ. मैनेजर पांडेक ओत' वा सम्भावना प्रकाशन मे...कत', से मोन नहि पड़इए...तइओ तोँ टटका अंक शीघ्रे पठावह...।

हम अक्तूबरक दोसर सप्ताह मे पटना रहब...।

तोहर

—नागार्जुन

अपराजिता देवीक नाम

c/o राजकमल प्रकाशन
8, फैज बाजार,
दिल्ली-6
7.8.76

सोस्ति सिरी अपराजिताजी,

निकेँ रहू। हम आइए भोरखन दिल्ली पहुँचल छी। एक मासक प्रोग्राम अछि। कृष्णाष्टमी सँ पूर्वे टाका अहाँ केँ पहुँचि जाएत। बउआ झा केँ कहबइक–पाँच टाका जमा क' क' नेहरावला बंक मे अपन खाता खुजवा लेत। हम ओकरे नामें ड्राफ्ट पठा देबइक।

–ना.

बी-3/113 जनकपुरी,
नई दिल्ली-58
31.3.77

स्वस्ति !

आइ टुनाइक चिट्ठी आएल अछि। ओ एहि ठाम आबि रहल अछि। अही ठाम रहत–काज ओकरा भेटिए जेतइ।

बउआ झा कत' अछि ? दयानाथ एक्को बेर आएल छथि की नहि ? मंजुलियाक ननकिरबी निकेँ रहइ छइ की नहि ?

बेसी की लिखू ? हमरा दम्मा परेशान क' देने छल। आब निकेँ भेल छी।

–ना.

अहाँ अइ बेर वोट ककरा देने रहिअइक ?

–यात्री

c/o छेदीलाल गुप्त,
5-बी, साहालेन
कलकत्ता-7
1.12.77

स्वस्ति,

आब तँ हमरा गाम आबहि टा पड़त। शोभा मिसर केँ डाँड़ मे डॉक्टर बोन-टी.बी.क बात कहलकइन अछि। दू-तीन मास सँ काज छोड़ि क' बैसल छथिहे। टुनाइ लिखने छथि जे रेखा आ हुनक दुनू बच्चा केँ गाम पर अर्थात् तरौनी रखबाक प्रबन्ध कर' पड़त। शोभा मिसर केँ सम्भवतः फेर साल-दू साल अस्पताले मे रह' पड़तइन...एहना हालति मे आन कोन उपाय !

मंजुक दिन मानि नेने छथिन। 23 तारीख केँ ओकर बिदागरी हेतइ, आब चारि-छौ मास मंजु दाइ तरौनी रहती। से ई समाद हमरा मोन मुताबिक जरूरिए छल। देखू जे दू दिनुका खातीर टुनाइ गाम दिस गेल तँ कते काज केलक।

हम अहाँ केँ फाजिल खर्चक हेतु एक हजार टाकाक प्रबन्ध क' देब। अपनहि जनवरीक आरम्भ धरि गाम आबि रहल छी। एखन शोभा मिसर केँ देखैत दिल्ली पहुँचबाक अछि। शोभा मिसरक ईलाजक खर्चक अंदाज लेबाक अछि—एहेन ने होइक जे बच्चा सभ केँ दू टा भातो ने भेटइक। फेर 31 तारीख केँ बनारस मे कवि सम्मेलनवला नोत गछने छिअइक। अर्थात् 15 दिन दिल्ली रहिक' काशी होइत फेर पटना पहुँचब। तखन दरभंगा। बौआ झा कत' अछि ? बौआ झाक लेल दू सय टाका ओरिया क' फराके रखने छलिअइक जे भेटत तँ कपड़ा-तपड़ाक इंतिजाम भ' जेतइ, मुदा 15 दिन हम पटना रही ओ गामे बैसि गेल। अनका हम ककरा ओ टाका दितिअइ। सभ तँ खर्चे केनिहार। एहि ठाम रतन बैसले छथि। कोनो ठेकनगर काज नहि भेटल छनि।

अपना सेहो मने दमा हुलकइए बीच-बीच मे। जड़काला मे बुझले अछि, किने। हरान करइए...

—अहाँक बैदनाथ

18, विधायक क्लब,
पटना-1
5.10.81

अपराजिताजी,

हम 15 तारीख केँ दिल्ली जा रहल छी। दम्मा हुलकी देलक अछि।

टुनाइ दिवाली मे गाम अवश्य पहुँचता। हुनके द्वारा कपड़ा पठा देब। शोभा मिसरक

आब चिट्ठियो नहि भेटइए। की बात थिकइ। आगाँवला पत्र दिल्लीक पता पर लिखब। जरूर लिखू...

—यात्री अहाँक

ऋृचा-कुनू-शोभा-रेखा...सब केँ आशीर्वाद...

—ना.

जहरीखाल,
जिला पौड़ी गढ़वाल, (उ.प्र.)
2 जून, '84

स्वस्ति,

दू सय टाका हम नेहरा बैंकक मैनेजरक नामेँ पठा देने छी। ओ अहाँक हिसाब मे जमा भ' गेल हेतइक। अपन पान-जर्दाक हेतु अथवा आन प्रयोजनक लेल एहि टाका केँ अपना मोनेँ खर्च करू...

हम एहि बेर कृष्णाष्टमी सँ पूर्वे गाम पहुँचब। पन्द्रह जुलाइक बाद—अर्थात् श्रावण पूर्णिमा सँ पहिनहि हम एवं शोभा मिसर संगहि गाम पहुँचब।

ऋचा, कुनू आदि केँ दुलार। रेखा केँ आशीर्वाद...

शोभा मिसर हमरा संगे एहि ठाम बीस-बाईस दिन छलाह। आब दिल्ली गेलाह। फेर ठाम आबि क' हमरा ल' क' गाम दिस विदा हेताह।

शोभा मिसर असगरे बद्रीनारायणक यात्रा क' एलाह...

—यात्री अहाँक

शिवनाथ मिश्रक नामे

बेनीपट्टी (दरभंगा जिला)
कम्युनिस्ट पार्टी कान्फ्रेस
30.10.60

प्रिय भाइजी,

हमरा किछु अनिवार्य कारण सँ गाम नहि आबि भेल। आब 5 तारीख (नवम्बर)क निश्चित रूपेँ गाम आबि रहल छी। 6 तारीख केँ अमीन आनब। 6 धरि तसफिया भइए टा जाएत। हम ? धरि गाम रहब। एकमात्र इएह काज अछि। आशा करइ छी, अहाँ सपरिवार कुशल हेब।

सस्नेह
–यात्री

पटना-4

प्रिय शिवनाथ भाइ,

गाम सँ कइएक पत्र आएल अछि आ दू टा तार सेहो। मुदा हम 15 तारीख सँ पूर्व गाम नहि आबि सकइ छी। हमरा बूझि पड़इत अछि जे अहाँ सनकि गेल छी, अहाँक माथा एकदम गरमा गेल अछि। आइ भाबहु सँ लड़इत छी, काल्हि अपने बेटा-पुतहु सँ लड़ब, परसू पौत्र सँ झगड़ब...ई तमाशा सौंसे गाम देखैत अछि...छी ! छी !! लगइए इएह सब करवा लए गाम बइसल छी...हम गाम आबि रहल छी। कुलाबाबू-बाबू केदार ठाकुर-महेशकांत शर्मा–अंचलाधिकारी सब केँ बजा अनबइन तखन सभहक समक्ष अहाँ सँ फरिछा लेब। नीमक गाछ काटल, बाँस काटल, लतामक गाछ सेहो काटि लिय', घरो हमर उजारि दिय'...परसू रतीश मिसर अओताह। हुनका सँ हम बूझि लइ छी जे एहि बीच अपने कतेक मोटा गेल छी।

एखन बेसी लिखनाइ ठीक नहि, मुदा आब हमरा असह्य भ' गेल अछि अहाँक कुचक्र। हमरा भ्रम छल से आब टूटि गेल अछि...

–यात्री
11.3.61

इलाहाबाद-6
12.8.61

प्रिय भाइ,

सुकान्त सूचित कएलक अछि जे अहाँ अपना दिसुक आँगनक पानि ओकरे आँगन दिस बहबइ छिअइ। से किए ? अहाँ त फूटे पनिबर बना लितहु। ओ दू-तीन बेर पत्र लिखने अछि। की बात थिकइ से हमरा लिखू !

–अहाँक यात्री

सी-3/169, यमुना विहार,
दिल्ली-53
25.3.84

आदरणीय श्री शिवनाथ कें

बैदनाथक प्रणाम !

अहाँक पत्र हमरा बहुत बाद मे प्राप्त भ' सकल। आशा करैत छी, वीरेन्द्र बाबूक आयुष्मती कन्याक' विवाह सकुशल सम्पन्न भेल हेतइन।

हम सम्भवतः भादव धरि गाम दिस आएब। शोभाकान्त एवं बौआ झा सँ अहाँ लोकनिक कुशल-समाचार ज्ञात होइत रहइ अछि।

पुतोहु आइ काल्हि रतैठा गेलि छथि। 15 दिनुका बाद हिनक घुरबाक सम्भावना। जेठ भाए स्वयं आएल रहलथीन। हम एहि ठाम नहि रही।

श्रीमती भौजी महोदया कें हमर प्रणाम कहि देबइन। बच्चा सभ कें आशीर्वाद... शोभाकान्त आदि कें सेहो।

–अहींक **यात्री**

उषाकिरण खानक नामे

36, वाराणसी घोष स्ट्रीट,
कलकत्ता-6
4.6.58

मिनि,

एक टा पत्र परसू लिखने छिअउ। पहुँचले हेतउ। विस्तार सँ लिखवाक नेआर रहए मुदा समयक अभाव से मनोरथ पूरा नइ होमए देत एखन किछु दिन...तेहेन झंझट मे बाझि गेल छी जे ! ओना तँ जिनगी नामे थिकइ झमेलाक—बिनु झंझटक जीवन स्वादहीन सामग्री, आ कि नइ ?

देहात मे कोना समय बितवइ छें ? परिवारक की समाचार ? उपजा-वाड़ीक केहन रंग-ढंग छइ ? मूंग-खेढ़ी किछु सुतरतउ कि ने ?

पोथी छपला उत्तर एक प्रति अवश्य पठा देबउ...अपना माइ केँ हमर नमस्कार। भाए सभ केँ आशीर्वाद। स्नेह आ दुलार !

—नागार्जुन

36, वाराणसी घोष स्ट्रीट,
कलकत्ता-6
4.6.59

मिनि,

पत्र भेटल। परितोख भेल जे तोँ स्वस्थ-सकुशल छए, हम आब पूर्ण स्वस्थ छी...

काजो बेश चलि रहल छइए। चारि-पाँच दिनुका बाद पइघ पत्र लिखबउ। अपन माए केँ हमर स्नेहपूर्ण नमस्कार कहि दहुन...

वेसी त' टटका दुलार...

—नागार्जुन

96, टैगोर पार्क,
मॉडल टाउन, दिल्ली-9
26.11.78

मिनि,

कािल्ह टाका हाथ आओत। मनीऑर्डर तोरे नाम जेतइन।

विशेष विस्तारपूर्वक...टुनाइ निके अछि। हमरा 30 सँ 8 धरि इलाहाबाद रहए पड़ल। प्रकाशनवला मामिलाक प्रसंगेँ। टुनाइ राति केँ कॉलेज जाइत अछि। बी-कॉम. केर क्लास। एक दिन गौरीशंकर राजहंस सँ भेट केलिअइन। बड्ड बेश। तोहर कॉलेज कहिआ सँ फुजतहु...

रामबाबू एवं अंशु केँ फराक लिखबइन...

–यात्री

131, टैगोर पार्क,
दिल्ली-9
17.10.80

मिनि,

हम 25 केँ इलाहाबाद पहुँचि रहल छी। ओहि ठाम मकान मे अपन ताला लगा केँ निश्चिन्त भ' जाएब। पटना 27 धरि पहुँचबे करबहु।

देखा चाही, शोभा मिसर कहिआ धरि पटना दिस रुखि करैत छथि ?

हमरा पहली मइ केँ भागलपुर जेबाक अछि। 2 मइ केँ ओतए प्रोग्राम थिकइक–प्रेमचन्दवला-समारोह।

गर्मी अहूठाम प्रचंडे। तों एखन आब पत्र-तत्र कथीलए लिखवह ! कुनू-तनु-तुहिन केँ एक ठहुरी दुलार ओ आशीर्वाद। शशिधर नामक बाछा केँ मोनेमोन पीठ ठोकइ छिअइ...रामबाबू केँ आशीर्वाद। अपराजिता देवी जनिक नाम थिकइन हुनको नमस्कारे !

–तोहर **यात्री**

16.6.82
दिल्ली-9

मिनि डियर,

बौआ झा जाइत छथि। कनिञा रतैठा जेतइ। ओकर टाका (1500/-) ओकरा पठा दिहक-एक टा रिष्टवाच से ओही मे सँ (अढ़ाइ सय किंवा तीनि सय टाकाक) से तत्काले एच.एम.टी.क कोनो डीलर सँ ल' लिहक। बौआ झा कें हमरवला टाका सँ एक सय से फराके द' दहुन।

शोभा मिशरक पत्र आइए प्राप्त भेल अछि। चेक ओ हमरा श्रीनगर (काश्मीर) वला पता सँ पठा देथु। हम हस्ताक्षर क' क' घुरा देबइन। शोभा कें फराक पत्र दू दिनुका बाद लिखबइन।

टुनाइ कें मकान एखन धरि नहि भेटल छइन। एक सप्ताहक भीतरे भेटि जेतइन।

दस दिनुका खातीर कनिञा दिल्ली कथीलए अओतइक। मधुश्रावणीक बाद अओतइ आ माघ-फागुन धरि रहि जेतइक। तोहर काकिओ संग रहथीन। ता गर्मियोक प्रखर ताप कने सेरा गेल रहतइक।

त्रिलोचनजी सम्मान-समारोह मे इन्दौर जाएक पड़ल। लू लागि गेल...भोपाल सँ पड़ा आएल छी। हमर नवका पता नोट क' क' राखि लिह'–

c/o Miss KSHAMA KOAL, M.A.
87, New Secretrniat Rd.
SHRINAGAR (KASMIR)

पता अंग्रेजिए लिखावट मे रहबाक चाही। कश्मीर घाटी मे हिन्दी लिपिवला पता डाक कें बिलम्ब सँ पहुँचबइत छइक...फेर जम्मू मे ई बात नहि छइक। अंशुक पता पुनः लिखिह'...

तोहर काकाजी

–ना.

उर्मिलाक नामे

पटना,
13.5.67

प्रिय पुत्री उरो,

हम आ सुकान्त आइ भोरखन जहाज सँ उतरल छी। काल्हि विदा भेल रही।

एखन आब बारह बजतइ, तोरा लोकनि परसू एहि बेर चुमानक हेतु तइआर कएल जाइत छलहिं, प्रायः एक बजे तोहर ताँगा रजबान्ह सँ आगू बढल रहउ।

हमरा ने एहि अवसर पर ने जमाइए केँ किछु द' भेल, ने बेटिए केँ। मुदा वचन सँ बेश नीक जकाँ बान्हल रही, से तोहर बिदागरी आवश्यक रहइ। ओहिठाम पकड़िआ मे समाङ्क खगती रहइन, एसगर रतनक पितिआइन बेचारो एखन धरि सम्हारैत एलथीन अछि, आब हुनक दहिना हाथ भ' क' संग पुरबहुन से हमरा विश्वास अछि। अपना सेवा आ भक्तिक बलेँ तो हुनक सिनेह हासिल कइए टा लेबहुन, से हमरा विश्वास अछि। धन्न तोहर भाग जे एहन सासु पाबि गेल छेँ।

हमरा प्रति जतबा सिनेह आ आदर छउ, ताहू सँ बेसी अपना ससुरक प्रति सिनेह आ आदर चाही—वाणी मे, व्यवहार मे, मन मे...फाजिल संकोचक कोनो काज नहि।

चि. शैल, चि. भवेश, चि. मिथिल आ चि. नीलू आयुष्मती सीताक धीयापुता, आयुष्मती मिनीक धीयापुता, चि. सुवेशक धीया पुता ई सब गोटे तोहर सिनेह पाबथि—से हम हृदय सँ चाहइ छी। मिनिक माय केँ पहिने, जकाँ काकिए बुझहुन। मिनी बहीन केँ मिनी बहिन। सुवेश भइया केँ सुवेश भइया...

हम डेढ़-दू मासक भितरे पकड़िआ पहुचबउ।

चि. रतन 15 जुलाइक बाद जे पटना औताह से दशमीक छुट्टी सँ पहिने धरि एतहि रहता। दशमीक बाद औताह तँ परीक्षाक बाद छुट्टी पऔताह।

फेर लिखबउ।

—बाबू तोहर

भिलाई (मध्य प्रदेश)
2.3.70

उरो,

की हालचाल ? हमरा तँ तरौनी मे तोरा सँ भेट भेनाइ सपने रहि गेल ! पनिचोभ मुदा हम एक्को सप्ताह तोरा लग रहितिअऊ, तँ सन्तोख होइत। मोन कउखन-कउखन तोरा लेल अउनाइत अछि बेटा !

अमित आँगन-दरबजा एक केने रहइत हेतउ आब। तोरा तीनू गोटाक एक टा फोटो हमरा खिचाबक अछि। ओहि फोटो केँ अपना डाइरी अथवा कवितावला कॉपी मे राखल करब।

हम अप्रैलक आरम्भ धरि आबि रहल छिअउ। पहिने दरभंगा उतरि रतन केर भेंट करबइ। हमर रतन नाना प्रकारक परेशानीक कारणेँ दुबरा गेल हएत...टुनाइ टाटानगर मे दश-पन्द्रह दिन तोरा अपना संगे राख' चाहइ छउ। कहलिअइ उर्मिल केँ हमही बरू एक बेर जमशेदपुर ल' अनबइ—आ वापस इलाहाबाद, पनिचोभ पहुँचा एबह। टुनाइ केँ छुट्टीक स्वाद एम्हर दू-तीन बर्खधरि बिल्कुल नहि भेंटतइ...अधिक सँ अधिक दू-तीन दिनुका खातीर बहरा सकइए। दू-तीन दिन आब' जाए मे लागि जेतइ—भेल, एक सप्ताहक छुट्टी खतम।

एखन आर की लिखबउ ?

सभ बात रतन केँ लिखनइ छिअइ। तहूँ ओ सभ पढ़ि ले...

हमर स्वास्थ्य बिल्कुल ठीक अछि। आइ-काल्हि रतुका भोजन एकदम बन्द। माने ? अन्न नहि लइत छी। पाव भरि पालक उसिनि क'...अथवा पाव भरि टमाटर ओहिना नोन द' क' ल' लइत छी। भोरूक आठ बजे सँ दिनुका दू बजे धरि पूर्ण भोजन चलइ छइ। मिठाइ एकदम नहि सोहाइए। चाह मात्र मे एक-एक चमच चीनी...तखन ? इलाहाबादक पता सँ पत्र लिखिहेँ...

तोहर बाबू
—ना.

120, रवीन्द्र नगर,
नई दिल्ली-3
30.8.71

उर्मिल,

हम तीन सप्ताहक हेतु रूस गेल रही। तोरा लए एक टा रिस्टवाच अनने छिअहु। विशेष की लिखिअहु ? एक सप्ताहक बास्ते पटना जेबाक अछि। रतनक पत्र आयल छल। गोपालजी बाबू केँ नमस्कार। बच्चा सभ केँ आशीर्वाद।

—ना.

48, टैगोर पार्क,
दिल्ली-9
10.1.74

प्रिय उर्मिल,

तोरा तँ फराको लिखक चाही कि ने ? रीतू तँ आब बेश फुर्तिकर भ' गेल हेतउक...अमित महाराज केर की हालचाल ?

हम मार्चक आरम्भ मे पटना पहुँचि रहल छिअउ, फेर लगभग दू मास बिहारे रहबाक नेआर अछि। तकरा बाद दू मास कलकत्ता।

अइ ठाम जाड़क लहरि किछु दिन पूर्व उठल रहइक, एम्हर संकरांतिक लगइत दू-तीन दिन यदि फूही-तूही पड़ि गेलइक तखन फेर कनकनी बढ़ि जेबाक सम्भावना...

7.11. कें एत' आएल रही। नवम्बरक आरम्भ मे। लगभग एक मास दमा जतने छल। आब ठीक छी। आब फेर भादब-आशिन धरि ठीके रहबइन। दुलरूआ बीमारी। आब एकर डर-भय कहाँ होइत अछि।

तोरा अइखेप तरउनी मे कइएक तरहक परेशानी उठाबक पड़इत रहलउक, तकर आभास हमरा बीच-बीच मे नीक जकाँ होइत छल...मुदा हम की करितिअउक ?

आब रेखा पानिचोभे आबि गेल छथुन–की बात भेइलक ? शोभामिसर तामसक कारणेँ विदा केलथीन आकि खर्चाक तंगीक कारणेँ ? से नहि जानि ! हमरा तँ परिस्थिति पहिनहि सँ 'काठ' बना देने अछि। एहि सबथुक कनिओ प्रभाव नहि पड़ैत अछि मोन पर।

विशेख की लिखिअउ ? दरभंगा मे रतन कें काज नहिए भेटतइन। से पहिनहि सँ हमर मोन कहैत छल–आबहुँ सैह कहि रहल अछि। रतन कें अन्ततः दरभंगाक मोह छोड़ि कें बाहर रहबाक हेतु अपना कें 'बज्र' बनावक पड़तइन...। आब, फेर दोसर पत्र मे।

तोहर बाबू
–ना.

कैम्प, जापानी बौद्ध विहार,
राजगिर, जि. नालन्दा
27.11.74

उरो,

रतन निकें छथि। तोरा टुनाइ सँ भेट भेल हेतहु। हमरा गोपालजी बाबू सँ भरिपोख गप नहि भ' सकल। हमही व्यस्त रही। शोभामिसर-सुकान्त-रतन-रेखा-भेवश पुरनके डेरा मे नीचा दिस रहइ छथि। हम एक चेलाक संगे कंकड़बाग रहइ छी। तोरा सँ जनवरी मे भेट हैत। अमित आ रीतू कें एक-एक टा चुम्मा।

–बाबूजी तोहर

छपरा
16.7.75

उरो,

हम तँ सरकारक पाहुन बना लेल गेल छी। बड़की-बड़की छहरदेवालीक भीतर खपरैल नमछर घर मेँ बहुत दिनुका बाद रहबाक अवसर भेटल अछि। अगिला मास धरि छुटबाक सम्भावना।

तोरा सँ भेट भेना डेढ़ बर्ख सँ बेशिए भेल हैत। तोहर माय तरउनी जेथुन, ओही ठाम रहथुन, जाधरि मंजुक दुरागमन नहि होइ छइक। हमरा छुटितहि दरभंगा पहुँचबाक अछि। आब दरभंगा पहुँचितहिं रात्रि निवास पनिचोभे रखबाक नेआर अछि। से निश्चय।

रतन इलाहाबाद गेल हेताह। शोभामिसर कहने रहथि। पहिने डेढ़ सय टाका भेटतइन। फेर छ' मासक भितरे दू सय भ' जेतइन। फेर अहिना बढ़इत जेतइन। खाली बइसि क' भरोसा भरोसी रहला सँ कोनो काज ध' लेलइन से नीके।

तोहर स्वास्थ्य ? अमित आ ऋतुक स्वास्थ्य ? गोपाल जी बाबूक स्वास्थ्य ? सभ टा बात लिखिह!...

रेखा दाइ माय बनि गेलथुन। बुच्चीक नाम राखक भार शोभामिसर हमरे पर देने छथि। रीता, रुचि, रूमा, रूक्मिणी आदि 'र' अक्षरवला सएह नाम राखल जेतइ ? आकि आनो अक्षरवला चलतइ ?

आब एखन कलम रखैत छी। अमित बाबू केँ सलाम। आब तँ ओकरो नामेँ हमरा चिट्ठी लिखक चाही।

—तोहर बाबूजी

96, टैगोर पार्क,
दिल्ली-9
20.3.79

उर्मिल,

काल्हि साँझखन गोपालजी बाबूक पोस्टकार्ड हमरा प्राप्त भेल—एहि मे भवेशक पता अहमदाबाद वला ओ लिखने छथि। हम काल्हि भोरूक उखड़ा मे बड़ौदा (गुजरात) जा रहल छी। ओहि ठाम सँ अहमदाबाद—आ अहमदाबाद सँ फेर दिल्लिए घुरबाक अछि। टुनाइ ता असगरे अइठाम रहताह। हम निश्चिते भवेशक भेट करबे टा करबइन। गोपालजी बाबू लिखने छथि—'अन्नक जोगाड़ मे पकड़िया जा रहल छी' तेँ ई पोस्टकार्ड तोरे नामे जा रहल छउ।

चि. अमित-रीतु-कमल आ मुन्नी कें आसिरबाद। मुन्नीक हेतु नाम बीछि क' हम तोरा पठा देबहु। शैलेशक बच्चाक की नाम थिकइ ? आ नीलूक बच्चाक नाम ? हमरा एम्हर मारते बच्चा-बुच्ची सभक नामकरण संस्कार कर' पड़ितहि अछि। फेर लिखब।

–बाबूजी

96, टैगोर पार्क,
दिल्ली-9
21.4.79

उर्मिल,

तोहर चिट्ठी–आ, अमित बाबूक चिट्ठी संगहि भेटल, से तँ अपूर्व आनन्द प्राप्त भेल।

तोहर माताराम अलबत कलेजावाली माउगि छथुन। असगरे दिल्ली अइ डेरा पर पहुँचि गेल रहथुन। हम गुजरात गेल रही। टुनाइ हमरा लिखलनि–जहिना छी तहिना घुरि आउ। से हम दस-बारह दिनुका बादे गुजरात सँ आबि गेल छिअनि। ओना हमरा मोन रहए, ओम्हरे सँ 15 दिनुका लेल कलकत्ता जेबाक। से, हम बिच्चहि मे घुरि आएल छिअनि। ई आब 29 तारीख कें गाम घुरतीह। टुनाइ हिनका, सूतइवला डिब्बा मे बेसी टाका द' क' डबल टिकटवला सौंसे सीटक रिजर्भेशन ल' क' बइसा औतनि, आसाम मेल मे। समस्तीपुर धरि ओही मे बइसलि-सुतलि अपन चल जेथुन। ओम्हर सँ सकुरीवला छोटकी लेनक गाड़ी मे सकुरी धरि पहुँचि जेथुन 30क दुपहरिया मे। रिक्शा सँ हाटक गाछी लग उतरतीह। बक्सा-तक्सा रहतनि, से सीताराम बाबू मास्टरक बासा पर रखवा लेती। सुबधा आबि ल' जेतनि।

आइ शुक्र थिकइ कि ने, संतोखी माताक व्रत केने छथुन। साँझखन भोजन करथुन। टुनाइ काज पर सँ छ' बजे धरि घूरत।

एखन चारि बजबा ले' छइक, सूतिक' उठलि छथुन। पान-तान चललइए।

बजली जे आब हम एखन उरमिला कें चिट्ठी नहि लिखबइक। गामे पहुँचिक' चिट्ठी लिखबइ। सुबधा कें पठेबइ। मंजुओ कें ओम्हरे सँ लिखबइ।

हम ठीक-ठाक छी। तोरा सँ भेट भेना, तोहर मुँह देखना 5 बर्ख भ' गेल। बाप रे ! अनर्थ थिक...

अमित बाबू कें कतउ आन ठाम देखबइ तँ चिन्हबो ने करबइ। आने केओ चिन्हा देत, तइखन चिन्हबइ। हमरा ई कोन पापक फल भेटि रहल अछि से नहि जानि...

कहइ छथि, अइ बेर आम खूब हेतइ। गाम चलिअउँ। दू-दू दिनुका खातीर पनचोभ आ हरिपुर जा क' उरो आ मंजुलिओक मुँह देखि एबइ। बाल-बच्चा सभ अहाँक

आशीर्वाद पाबि क' अहाँ कें चीन्हि जाएत इएह हमर नाना थिकाह।

हम पूरा कोशिश मे रहब। दसो दिनुका खातीर जेबे टा करबइन—जूनक मध्यमे—जेठ मासक अन्तधरि।

आब एखन खतम करइ छिअउ। डाकक समय भ' गेल छइक।

अमितो कें पुरजी लिखि दइ छिअइ...(बीचहि मे कलमक स्याही भरबा लेल उठ' पड़ल अछि) से बेश। अइ बेर साओन-भादब दू मास कलकत्ता रहबे टा करबनि।

अमित बाबू कें आब काल्हि चिट्ठी लिखबइ। सैह नीक होएत।

अहमदाबाद नहि जा भेल। भेवश कें चिट्ठी लिखि क' पठा देने छिअनि, घुरला पर।

बाबूजी तोरे

—नागार्जुन

131, टैगोर पार्क,

दिल्ली-9

पिन-110009

14.3.82

उर्मिल,

टुनाइक विवाह ठीक भ' गेल छइन। दिन वैशाख पूर्णिमा 7 मइ '82...कन्या हवेली खड़गपुरक थिकइक। बाप हुनक हेडमास्टर छथीन।

गोपालजी बाबू पटना सँ जाहि दिन गाम दिस घुरलाह तही साँझक' ई सभ कथावार्ता ठीकठाक भेलइक।

लड़की इंटर मे पढ़इ छइक। अवस्था 18-20क मध्य। फोटो देखला उत्तर बेश भव्य बुझाएल। मिनिक पसिन्द। तोरा आ मंजु कें किछु दिन पूर्वहि तरौनी पहुँचक पड़तहु।

टुनाइ 2 मइ कें गाम पहुँचताह। बौआ झाक संगे हम स्वयं बीचो मे दू बेरि गाम जाएब। रतन कें सूचित क' देने छिअइन।

राजेश-कमल-ऋतु-मुन्नी कें आशीष। फेर पत्र देवहु।

बाबू तोहर

—ना.

रत्नेश जीक नामे

मारवाड़ी धर्मशाला
जमालपुर, मुंगेर
21.2.67

रतन,

राति पंजाबे मेल सँ किउल आबि गेल रहिअइ पोने तीन बजे। ततः पर बरौनी-भागलपुर-हावड़ा पसिंजर सँ एतए धरि।

70 सँ 10 धरि चारि टा मतदान केन्द्रक परिक्रमा कएल दू-तीन खेप। फेर डेढ़-दू घंटा आराम। आब भोजन करब...

जमालपुर मे आइ देवी बाबू सँ साक्षात्कार भए गेल। पछवारि टोलाक देवी सँ। देवी ? हँ, तारकेश्वर मिश्रक छोट भाय। एहि ठाम पार्सल गोदाम (जंक्शन) मे हेडक्लर्क अछि। बेश कमाइत अछि। सपरिवार रहइए। घेड़ि-घाड़ि कए नाश्ता करौलक। भोजनक से महाआग्रह...ओकरे ओतए जाइ छी भोजन करए।

साँझखन 6-7 धरि मुँगेर जाएब। काल्हि पूर्वनिश्चित प्रोग्रामक अनुसार ओतहि।

लिम. विजय सुनिश्चित। हम रइबक दुपहर धरि घूरब। फेर काल्हि सूचित करबह। कल्हुका पत्र टुनाइक नामेँ। सुकान्त केँ आशीर्वाद।

—नागार्जुन

194, सोहबतियाबाग,
इलाहाबाद-6
31.1.68

प्रिय पुत्र रतन,

तुम्हारे पत्र का इन्तजार था अर्थात् प्रतीक्षा मे रही जे तोहर पत्र आबए...काल्हि रातिखन भेटल। डेरा पर घुरलाक बाद, राति खन। भोरे बहार भेल रही। घुरलहुँ रातिखन देर सँ।

बासा शहरक भितरे भेटि गेल अछि। साठि टाका मासिक भाड़ा। दू टा कोठरी। लाइट-पाइप-छत-पाखाना-स्नानगृह सभ स्वतन्त्र। कमराक अन्दर बेसिन-हाथ मुँह धोएबाक हेतु फराक नल। एरिया सेहो बड्ड बढ़ियाँ। मुख्य बजार दस मिनट पर। जंक्शन 15 मिनट पर आ यमुना नदी सेहो दस मिनट पर। आब तोँ आ उर्मिल आबह तखनहि एकर सार्थकता। से हेबे करबइ।

शोभामिसर गाम गेल रहितथि मुदा टाकाक ओरिआन नहि भेल छइन। अर्थात् कम सँ कम पाँच सय टाका हुनका चाहिअइन। नाना प्रकारक झमेला तरौनी मे हुनकर बाट तकइ छइन।

बउआ झा दिन तका कैँ सूचित केने छइन। 8 या 19 फरवरी। तकरा बाद दिन नहि होइ छइ ? कि होइ छइ ? पुत्रीजी सकुशल अपन माताजीक समक्ष हाजिर भ' सकथि प्रयास 15 दिन पूर्वहिँ कर्तव्य। से एम्हरे सँ हेतइ। हमरा पनिचोभ पहुँचबाक उत्कट इच्छा अछि। मुदा हम 15क बादे आबि सकब। अपनो मोन छटपट करइए, मुदा उपर-उपर पाथर भेल छी। उर्मिलाक लेखेँ तँ हम बज्र-पाथर रहबे करिअइ, तोहरो निमित्त सएह...छुच्छ वचन सँ कतउ दुलार होअए...आन दुःस्थितिक परिताप हमरा आमरण रहबे करत। अस्तु, इति परितापगीता।

शोभामिसर बजइ छलाह 'फागुन मे पनिचोभक युवक वर्ग नहि मानत। वस्त्र बेश रंगीन भ' जाएत...'

हँ, से हुनका लोक छोड़तइन किए ? मुदा दुनू गोटे एक्के बेर दरभंगा नहि पहुँचब हमरा लोकनि। की तँ ओ घुरि अओताह तखन हम पहुँचब। की तँ हम घुरि आएब तखन ओ पहुँचताह। दिन मनाबक हेतु की हमही आबी ? भला, अहू लाथे तँ जल्दी पनिचोभ पहुँची !...शेष, दोसर पत्र मे।

—नागार्जुन

16-डी, फीरोजशाह रोड,
नई दिल्ली-1
17.8.68

रतन,

हम काल्हि 12 बजे एत' पहुँचलहुँ। ट्रेन पाँच घंटा लेट रहइ। ओत' सँ ओहि राति दस बजे खुजलइ। 'टू टायर' मे चारि टाका पचास पैसा बेसी द' क' सुतबाक हेतु पूरा बर्थ ल' लेने रही। तँ यात्रा नहि अखरल।

—नागार्जुन

पटना-3
9.6.69

प्रिय रतन,

तोँ गाम पर पहुँचिए गेल हेबह। हमरा एखन धरि ह. ठाकुर आदि सँ भेट नहि भेल अछि। सभ शुद्धक हूलिमालि मेँ बाझल अछि। काजो नहि ससरल अछि। सरकारी खरीदक सम्भावना बेश, खूब बेसी। मुदा बड़का पदाधिकारी सभइ सँ साक्षात्कार भेला उत्तर विशेष समाचार लिखबहु। ई काज जुलाइ मे होएत। हम जमशेदपुर 13-14 धरि विदा हैब। तोँ एखन पत्र नहि लिखिह', पत्र नहि भेटत।

प्राप्ति सूचित करबह तखन लिखबह से नीक।

—नागार्जुन

पटना
26.3.73

रतन,

तोहर पत्र (पहिलुको) प्राप्त भेल। स्थिति सँ अवगत भेलहुँ।

मदन बाबू सँ बेश घनिष्ठता छल। मुदा आब हुनक 'मूड' केहेन रहइ छइन, से ज्ञात नहि अछि। विगत तीन बर्ख सँ भेटो नहि भेल अछि। परन्तु एतबा आशा अछि जे कनेको गुंजाइश बूझि पड़तइन तँ अवश्ये तोरा दिस ध्यान देबे करथुन।

ओना प्रार्थनापत्र सम्भवतः हजारो हजार गेल हेतइन। प्रार्थी लोकनि मे सँ अनेक-अनेक बी.ए. पास युवक सेहो हेताहे। तखन उएह 'गुंजाइश' वला बात थिकइक। सफलता हेबाक हेतहु तँ पत्रो ततबे काज करतहु जे काज हुनका सँ हमरा भेट भेला पर होइतहु।

मदन बाबूवला पत्र केँ एक टा सादा लिफाफ मे बन्द क' क' हुनका पहुँचा दिहुन। डाइरेक्ट हुनका नामे डाक सँ एहि प्रकारक पत्र पठाएब अनुचित बूझि तोरेवला लिफाफ मे ओहू पत्र केँ राखि रहल छिअइन।

सुकान्त तीन दिनुका खातिर कलकत्ता सँ आएल छल। टुनाइ सेहो एक सप्ताह रहि क' जमशेदपुर घूरल अछि। सुकान्तोक मोन आब कलकत्ता सँ भरि गेल छइक। कतउ अन्यत्र काज कर' चाहइत अछि। टुनाइक सप्लीमेंटरी परीक्षा सितम्बर मे हेतइक। ओकरो मोन जमशेदपुर सँ उबि गेल छइक मुदा बी.कॉम. धरि ओतहि रहए चाहैत छथि। एम्हर यदि कतहु काजक जोगाड़, लगइक तइखन जमशेदपुर छोड़त। ओना 'टाटा-ट्रेन्ड' रहलाक कारणेँ ओकरा बोकारो मे चारि सय टाकाक काज कउखन भेटि सकइ छइक

मुदा तखन बी-कॉम. नहि भ' सकत। से, दूविधा मे पड़ल अछि।

हरीबाबूक कार्य देआबक क्षमता एम्हर कम भ' गेल छइन, से ई बात कइएक सूत्र सँ जात भेल अछि। हमरा त' भेट नहि भेल हुनका सँ। एम्हर कलकत्ता जेबाक प्रोग्राम नहि अछि। 2-3 अप्रैल धरि दिल्ली जेबाक अछि। एतुक्का खर्च ततेक भरिगर जे अपस्याँत रहइ छी। द्विरागमन कत' हेतइ (तरौनी अथवा पटना) से एखन धरि स्थिर नहि क' सकलहुँ अछि। गाम जेबाक निमित्त एक मुश्त 2500, (ढाइ हजार) चाही। स्वास्थ्य से एम्हर बेश शिथिल भ' गेल अछि।

गोपालजी बाबू केँ हमर नमस्कार। उर्मिल केँ आशीर्वाद। रेखा केँ सेहो। नीलू केँ सेहो।

अमित ओ रीतू (ऋतुपति की ऋतुराज) केँ दुलार।

हुनका लिफाफ पर खाली डॉ. श्री मदनेश्वर मिश्र, दरभंगा लिखि दहुन। बेसी किच्छु नहि। लिफाफ बन्द क' दहक।

—नागार्जुन

दिल्ली

6 जून, '77

प्रियवर रतन,

तोहर पत्र प्राप्त भेल छल। आइ टाका (मनीआर्डर) क रसीद सेहो टुनाइ केँ भेटि गेल छइन।

प्रबोध बाबूक नामेँ पत्र संगहि, अही लिफाफ मे ध' देने छिअइक। हुनक डेराक पता मोन नहि अछि। आसीन सँ पता लागि जेतहु। मैथिल समाजक विशिष्ट व्यक्ति रहलाक हेतुए हुनका अधिकांश मैथिल बन्धु जनिते छथीन। फोन सँ पता लगा लिह'—गर्मीक छुट्टी मे कतहु कलकत्ता सँ बहार त' नइ भेल छथि...

दोसर पत्र श्री बाबूसाहेब चौधरी (मिथिला दर्शन) खेलात घोष लेन। कलकत्ता-6क नामेँ छहु। से हुनका द' दिहुन। मिथिला प्रिन्टिंग (प्रेस) बैद्यनाथ आयुर्वेदभवन (गुप्ता लेन, गणेश टाकीजला चौराहा सँ कने उत्तर)क अपेजिट गली मे पड़इ छइक। चौधरी जी दुलारपुरक थिकाह। मैथिल समाजक लीडर छथि।

तेसर पत्र श्री 'गीतेश शर्मा' केँ दिहक। ई तरुण-युवक राजस्थानी लीडर थिकाह। हिनक पता हमरा बिसरि गेल अछि। मुदा फोनक डाइ रेक्टरी मे 'जनसंसार' (साप्ताहिक) देखि लिहक। चौरंगी मे ग्रांड होटल—कने आगाँ हिनक ऑफिस छइन।

दोसर खेप मे किछु आओर पता पठा देबहु।

टुनाइ एखन 'तथाकथित' रूपेँ कतहु कोनो 'तथाकथित' काज नहि धएने छथि। एखन हमरे सेवा मे 'होलटाइमर' छथि। गर्मी तेहेन प्रचंड छइक जे डिक्टेशन द' क'

हिनका सँ चारिओ पेज रोज लिखाएब से मूडे नहि बनइत अछि। बाहरी काज कोनो ठेकनगर भेटतइन, तइखन सँ काज धरथि—से ई आग्रह हमरा एवं हमर दू-एक गोटे मित्र लोकनिक सेहो। हँ, हुनाइ केँ जखन कोनो ठेकनगर काज भेटि जेतइन, तखन तोहरा बारे मे एतुक्का प्रोग्रामक प्रसंगेँ ध्यान देबे करबइक।

फराक डेरा एखन कोनो तेहेन मोनगर कहाँ भेटल अछि ! ई स्थान मध्य दिल्ली सँ 20 किलोमीटर दूर छइक। चालीस मिनट लागि जाइत अछि। दुजनिया-दुपहिया स्कूटर पर 20 मिनट लगइ छइक।

स्वास्थ्य ठीके। अपना स्वास्थ्यक ध्यान रखिहक।

बाबूजी यानी तोहर पिताजी

—नागार्जुन

पुनश्चः—गीतेश शर्माक पता फोन डाइरेक्टरी सँ भेटतहु ('जनसंसार' देखिहक) दोसर तरीका—एस्प्लेनेडवला ट्राम जंक्शन लग बड़का बुकस्टाल छइक। जइ ठाय दिल्ली-बम्बइ-पटना सभ ठामक अखबार भेटइ छइक। ओहिठाम 'जनसंसार' प्रायः भेटिए जेतहु। ओही मे प्रकाशनक ऑफिसवला पता देखि लिहक। तदनुसार गीतेश जीक भेट करिहक।

—यात्री

दिल्ली-9
9.5.81

प्रियवर रतन,

पत्र प्राप्त भेल। स्थिति सँ अवगत भेलहुँ। हँ, गाम नहि जा भेल। इच्छा कम नहि छल, मुदा स्वास्थ्येक शिथिलता बाधित केलक।

हम लगभग जुलाइक अन्तधरि एम्हरे छी। आब त' यात्रा सेहो कष्टकारक भ' गेल छइक—खर्चा से बड्ड भ' जाइ छइक, आ भीड़भाड़ सेहो दिनानुदिन बढ़ले जा रहल छइक। रिजर्भेशन रहलो सन्ताँ आराम गारंटी नहि...

पहिने, टुनाइ जखन जमशेदपुर रहथि, टाटा नगर सँ दक्षिण पूर्व रेलमार्गक उपयोग वर्ष मे एक बेर तँ करिते छलिअइक—आ, ताहि मे राऊरकेला सँ आगू राजगांगपुर पड़ैत रहइक, रायगढ़-विलासपुर दिस आगू बढ़ला पर। आब, तोँ राजमांगपुर छह तँ कहिओ-ने-कहिओ पहुँचबे करब'...मिनि कहने छली—"मामा रतन द' कहैत रहथि, कलकत्ताक तुलना मे ओम्हरे सुभितगर...आब उर्मिलो केँ संग राखि सकइ छइन..."

आर्थिक अ-सुविधा एवं परीक्षाक व्यस्तता आदिक हेतुए टुनाइ केँ गाम नहि जा भेलइन। बौआ झा केँ पठा देने छथीन। ओ घुरिक' आओत, तइखन गामक हालचाल

बुझबइक। शोभाकान्त सेहो घुरताह। परिवार कें पहुँचाब गेल रहथि।

शोभा मिसरक काज। (पुस्तक विक्रय-व्यवसाय) एखन धरि रस्ता नहि धेने छइन। अपन स्थिरता एवं आरम्भिक साधन (पूजी)क जोगाड़...ई दू टा भेनहि धन्धा जड़ि पकड़तइन।

हमर स्वास्थ्य कने ठीक होइत अछि त' फेर उपद्रव क' दैत छिअइक—यात्रा आदि शुरू क' दैत छिअइक...ताहि सँ पुनः कमजोरी आबि जाइत अछि...आदि-आदि।

एहि ठाम आइकाल्हि टुनाइएक निगरानी मे छी। हुनके सेवा पर अवलम्बित। से, बेश...मुदा प्रकाशक लोकनि हमर रायल्टी एखन हमरे टा 'पेमेन्ट' करताह—शोभा मिसर किंवा श्रीकान्त किंवा अनका नहि। तें बीच-बीच मे दिल्ली आब' पड़वेटा करत...

तथाकथितो रूपें 'द्विरागमन' भेलाक बाद आब सुकान्त कें पटना मे फराक 'बासा'क प्रबन्ध राखक चाहिअइन। बच्चा सभ कें मामाक बासा पर रहला सँ आगाँ जाक' ग्लानिक अनुभव हेतइ कि ने ?

ई सभ तँ एम्हरुके गीता भेलहु—तोरा परिवारक सम्बन्ध मेँ तोरा एखन नहिए पुछलिअहु अछि !

उड़ीसाक जलवायु कलकत्ताक तुलना मे बड्ड-बेसी अघलाह हेतइ से तँ नहिए...अपना स्वास्थ्यक बारे मे अवश्य सूचित करैत रह'...

—नागार्जुन

पिताजी तोहर

131, टैगोर पार्क,

दिल्ली-9

12.7.81

रतन,

हम ठीकठाक छी। चश्मा निकट नहि रहला सँ मोट लिखावट मे पेन्सिल चला रहल छी।

हमरा एक मित्र नैनीताल ल' गेल रहथि। एम्हर शोभाकान्तक ठेहुन मे फ्रैक्चर भ' गेल छइन। प्लास्टर लागल छइन, 4 अगस्त धरि रहतइन।

श्रीकान्त-बौआ झा कुशल छथि। बौआ झा पर सेवाक पूरा भार पड़ि गेल छइन।

बस सँ उतरलाक बाद छिलका पर पैर पड़ि गेल रहइन। एम्हर नौ सय टाकाक काज धेने छलाह। गामक पत्र टुनाइ-बौआ झाक नामेँ अबैत रहैत छइन।

सितम्बरक आरम्भ मे पटना जाएब। तोहर कुशल-समाचार चाही।

—नागार्जुन

पिताजी तोहर

तरौनी, दरभंगा (बिहार)
4.5.82

रतन प्रिय,

कान्हि टुनाइ दिल्ली सँ आबि गेल छथि। विवाह 7कें, दुरागमन 13कें हेतइन। छुट्टी 22.5 धरिक नेने छथि।

उर्मिल एवं मंजु काल्हि (5.5) अबइ जेतीह।

ललिता कें काल्हि श्रीकान्त पटना सँ नेने एलथीन अछि।

हम 16कें दिल्ली जेबा ले' छी। सोलह मइ कें जायब त' ताहि सँ पूर्व तोरा सँ साक्षात्कार भ' जाएत। टुनाइ 25क बाद दिल्ली जेताह—सपत्नीक।

एखन जल्दी-जल्दी मे पत्र लिखि रहल छिअहु। शोभामिसर सकुरी जेबा ले' तैयार छथि।

भवेश गाम आएल छथि। सम्भवतः हमरो भेट भ' जाए...

हमर स्वास्थ्य ठीके अछि। पंचोभ मे मुन्नी अस्वस्थ रहइक। ऋतु आ कमल आधा स्वस्थ...गोपालजी बाबू कें बरिआती जा हेतइन की नहि, से नहि कहि।

हम अपने बेसी 'अरामे' क' रहल छी। दमाक आक्रमण नहि भ' जाए...से आशंका रहइए।

पिताजी तोहर
—नागार्जुन

हेमेन्द्रक नामे

दड़िभंगा
28.6.94

डियर हीनू,

हमही आरम्भ करइ छी...कखनो-कखनो त' हमहू किछु-किछु लिखबे करबउ...कि ने ?

आइ हमरा मौशुमीक ओहिठाम जेबाक अछि—9 बजेक बाद, संग के जाएत ?

परसू ई महीना तँ समाप्ते होइ छइ, तकरा उपरान्त शुरू हेतइ जुलाइ—से, ओ महीना एकतीसे दिनुका थिकइ—तखन अगस्त महीना...ओहो मास एकतीसे दिनुका—एकतीस अगस्त सम्मीकेर जन्मदिवस पड़इ छइ—से हमरा मोने अछि...एँ रओ हिनुआ, तोहर 'बर्थ-डे' कोन महीना मे पड़इ छउ ?

एखन एतबेऽऽऽ तखन, आब हमरा आ अहाँक गप-शप अगिले महीना मे हेतइ कि ने ?

तोहरे बाबा
—नागार्जुन

परिशिष्ट

मैथिली आ हिन्दी

भाषाक आधार पर राज्य सभक पुनर्गठनक समय मैथिली आ हिन्दी कें ल'क' खूब विमर्श चलल छल। ओही समय हिन्दी मासिक 'पाटल' मे डॉ. रामविलास शर्माक लेख 'मैथिली और हिन्दी' छपल छल। मैथिलीक विरोधक उतारा देबाक लेल यात्री जी ओही शीर्षक सँ एक टा लेख 'पाटल' कें पठौने छलाह, मुदा सम्पादक रामदयाल पांडेय जखन ई लेख छापब स्वीकार नहि कयलनि, तखन 'आर्यावर्त' (14 तथा 21 फरवरी' 54) मे दू किस्त मे ई लेख प्रकाशित भेल छल। पुनः एकर अनुवाद 'आरम्भ-2' मे छपल छल आ फेर 'अंतिका' मे। हिंदीक वस्तु होइतहुँ जें कि ई मैथिलीक महत्त्वपूर्ण धरोहरिक रूप मे स्मरण कयल जाइत अछि, तें 'परिशिष्ट' मे ई एत' प्रस्तुत अछि–संपादक

स्वतन्त्रता-प्राप्तिक पश्चात आब सौंसे भारत मे सामाजिक आ सांस्कृतिक जागरणक न'व परिच्छेद आरम्भ भ' गेल अछि। आर्थिक मुक्तिक लेल चल'वला संघर्ष सभ मे आब आर तीव्रता आबि गेल अछि। प्रदेश सभक सीमा न'व तरहें निर्धारित करबाक लेल जन-सामान्य आतुर भ' उठल अछि। भाषा, अधिभाषा आ बोली अपन-अपन अंचल मे उभरि आयल अछि। शासन, शिक्षा, उद्योग, वाणिज्य, मनोरंजन आदि कोनो दिशा मे अपन सहज अधिकार ओ छोड़' नहि चाहैछ।

'पाटल'क जनवरी अंक मे भाइ रामविलासक एक टा लेख (एही शीर्षक सँ) प्रकाशित भेल अछि। मैथिली कोनो भाषा नहि, अपितु एक टा बोली मात्र अछि आ हिन्दीक महासमुद्र मे सर्वथा विलीन भ' जयबहि मे ओकर कल्याण छै–सौंसे लेखक यैह तात्पर्य हम बूझि पौलहुँ अछि। ओ कहैत छथि–मिथिलाक जनता समटा क' विशाल हिन्दी जनताक भागीरथी मे सम्मिलित भ' रहल अछि। आब बिहारक राजभाषा हिन्दी अछि। फिल्म, साहित्य, अखबार आदिक माध्यम सँ हिन्दीक प्रचार आरो बढ़ि रहल अछि। राजनीतिक आन्दोलन मिथिलाक अलगाव खतम क' क' हिन्दीक माध्यम सँ ओकरा बिहारक सार्वजनिक जीवन मे घीचि रहल छै। हिन्दीक सामने मैथिलीक महत्व आब बोलीक छै आ मिथिला मे सामन्ती अवशेष खतम भेला पर, ओत' उद्योग-धंधाक उन्नति भेला पर मैथिलीक बोली मात्र होयब आरो स्पष्ट भ' जायत। मैथिलीक जातीय भाषा हिन्दी आरो दृढ़ताक संग प्रतिष्ठित होयत।

मैथिलीक विशेषता

बन्धुवर रामविलासक एहि धारणा केँ हम उनटबाँसी मानै छी। मैथिली कोनो सामान्य बोली नहि, ओ एक टा प्राणवन्त भाषा अछि। ओकर पाचन शक्ति अद्‌भुत छै। मगहीक नब्बे प्रतिशत शब्द सभ केँ ओ पचा गेल अछि। गोरखाली, नेवाड़ी आ संथालीक सैकड़ो शब्द अपन सुविधानुसार मैथिली ल' लेलक अछि। संस्कृत-प्राकृत-पालि-अपभ्रंश सँ, अरबी-फारसी-तुर्की सँ आ अंग्रेजी सँ लेल गेल शब्द सभक भारी संख्या हमरा ओत' मौजूद अछि। सामन्ती अवशेष खत्म भेला पर, उद्योग-धंधाक उन्नति भेला पर, मैथिली अधिकाधिक पुष्ट होइत जायत। आन प्रदेश सँ आबि-आबि क' बसनिहार इंजीनियर, डॉक्टर, प्रोफेसर, वैज्ञानिक एकर विकास मे योग देताह। ई हमर छुच्छ कपोल-कल्पना नहि थिक—मुजफ्फरपुर, बेगूसराय, मुँगेर, भागलपुर, देवघर, पूर्णिया, सहरसा, विराटनगर, राजविराज, जनकपुर, वीरगंज, सीतामढ़ी, दरभंगा आदि शहर मे आबि क' बसि गेनिहार व्यापारी, बुद्धिजीवी तथा श्रमिकक जीह पर कोन तरहेँ मैथिली चढ़ल छै, एकर सही अन्दाज पयबाक हो तँ एहि इलाका सभ मे आबी।

एखन (20 जनवरी) दरभंगा मे एक टा मैथिली नाटकक अभिनय भेल अछि। ओहि मे श्री अमूल्यधन चक्रवर्ती अयाची मिश्रक पात्रक बड़ सफल ऐक्टिंग कयने छलाह। अमूल्य बाबू दरभंगाक प्रख्यात बंगाली चिकित्सक छथि, हुनक सम्पूर्ण परिवार पर आब मैथिलीक जादू चलल छनि। एहिना सिन्धी आ पंजाबी भाइ लोकनिक जीह पर मिथिलाक वाणी अपन आसन जमा रहल अछि। हड़ाही (जंक्शन)क एक टा टी-स्टाल पर हम जलपान क' रहल छलहुँ कि सहसा विशुद्ध मैथिली उच्चारण कान सँ टकरायल—'आर मधुर लेब ?' दोकानदार दिस देखि हम सिंधी मे ओकरा सँ पुछलिऐ—'छा नालो आहै तहाँ जो ?' (क्या नाम है तुम्हारा ?) अनचिन्हारक मुँह सँ अपन मातृभाषा सुनबाक आह्लाद दुनू दिस सम अनुपात मे बढ़ि गेल। जत' रेल सँ उतरि क' हम अपन गाम (तरौनी) दिस जाइ छी, ओहि स्टेशनक नाम अछि सकरी। मामूली बजार, छोट सन जंक्शन, दस-एक घ'र हेतै मारवाड़ी बनिया सभक। गप्प करैत काल ई नहि भान हैत जे ओ सभ राजस्थानी छथि। सेठ नागरमल साधारण व्यापारी छथि, बिना कोनो दुराव अथवा आग्रहक हमरा सभ सँ गप्प होइत अछि, धोखो सँ ओ मिथिलावासीक प्रति हिन्दीक आश्रय नहि लैत छथि।

पहिल सफलता

मैथिली केँ अपन इलाका सभ मे शासकीय प्रश्रय रत्तियो भरि नहि छै। हिन्दी एकदम्म सँ सवार छै ओकर छाती पर। तथापि ओ आगाँ बढ़ि आयल अछि, अपन सहज अधिकार छोड़' लेल तैयार नहि अछि ओ। मिथिलाक बुद्धिजीवी पछिला साठि वर्ष सँ अपन मातृभाषा केँ मान्यता देयबाक हेतु शासक वर्ग सँ संघर्ष करैत आबि रहलाह अछि। पहिल सफलता हुनका तखन भेटलनि जखन 1919 मे कलकत्ता विश्वविद्यालय स्नातकोत्तर अध्ययनक लेल मैथिली केँ स्वीकार कयल। पाछाँ काशी विश्वविद्यालय सेहो

ओकरा मान्यता देलक आ पटना विश्वविद्यालय सेहो। आ आब प्राथमिक शिक्षण मे सेहो मैथिली अपन साधारण स्थान प्राप्त क' लेलक अछि। परन्तु एहि सँ की ? हमरासभ केँ डेग-डेग पर कठिनाइ उठब' पड़ैत अछि। टेक्स्ट बुक मंजूरीक धांधली सँ ल' क' अध्ययन-अध्यापन विषयक अड़चन धरि बाधे-बाधा अछि। तैयो यदि मैथिली पाछू हटबाक नाम नहि लैत अछि, तँ एहि मे हमरासभक कोन कसूर ?

भूमिहीन सभ केँ भूमि भेटतै आ हाथ सभ केँ काज भेटतै तँ धरतीक जीह आर नीक जकाँ मुखरित हेतै—तखन ओ आर नीक जकाँ मैथिली बाजत। राष्ट्रभाषाक रूप मे हिन्दी ओकरा एखनो मान्य छै आ आगुओ मान्य रहतै। मातृभाषा हमर मैथिली अधिकाधिक पुष्ट हैत, तँ राष्ट्रभाषा हिन्दी केँ सेहो हमर ओहि सांस्कृतिक-साहित्यिक भरण-पोषणक उचित लाभ भेटबे करतै। ब्रिटिश प्रभु सभ संसार भरि मे ढोल पिटलनि जे अंग्रेजिए भारतक राष्ट्रभाषा अछि, अविकसित भाषा सभ आ पिछड़ल जाति सभक अजायबघर अछि हिन्दुस्तान, ओकर सभक समग्र चेतना केँ प्रकट एवं परिष्कृत करबा योग्य भाषा अंग्रेजिए भ' सकैत अछि। आब आइ बिहारक हमर भाषा-समस्या केँ दिल्ली आ पटनाक कांग्रेसी महाप्रभु तथा तथाकथित 'हिन्दी प्रदेश'क बुद्धिजीवी की ओही दृष्टि सँ नहि देखि रहल छथि ? अहाँ उल्लसित भ' कहै छी—आब बिहारक राजभाषा हिन्दी अछि ! जी नहि, ई आजुक तथ्य भ' सकैत अछि। काल्हिक हमर राज्यभाषा की हैत, तकर फैसला मिथिला आ भोजपुरक पृथ्वीपुत्र करताह, मगधक किसान एकर फैसला करताह, संथाल, मुंडा, ओरांव आदि आदिवासी। बिहार मे एक टा वर्ग एहन अछि जकर मातृभाषा हिन्दुस्तानी अथवा हिन्दी छै—ओ वर्ग अछि शहर सभ मे रह'वला मुसलमान सभक। किछु हिन्दू आ ईसाई केँ सेहो एहि वर्ग मे सम्मिलित क' लिअ'। तथापि हिन्दी-भाषीक संख्या 15 प्रतिशत सँ बेसी नहि हैत। एहू मे अधिकांश एहन छथि जे स्कूल-कालेज जा क' हिन्दी सीखि अयलाह अछि। शेष लोक अपन काज भोजपुरी, मैथिली आदि भाषा, बोलीक माध्यम सँ करैत अछि। सौंसे बिहार केँ हिन्दी भाषा-भाषी घोषित क' क' आ ओकरा विशाल हिन्दी-प्रदेशक एक टा अंग मानि क' आचार्य श्री धीरेन्द्र वर्मा जकाँ डॉ. रामविलास शर्मा सेहो हिन्दी सम्राज्यक वकील सभक पाँती मे आबि गेलाह अछि। भाषा-समस्याक समाधान मे धरतीक बेटा (किसान) की भूमिका प्रस्तुत करताह, आश्चर्य जे रामविलास जी एहि दिस अपन लेख मे कनेको ध्यान नहि देलनि।

फैसला के करत ?

कोन इलाकाक की भाषा हेतै, तकर फैसला आखिर कोन बात पर निर्भर करैत छै ? शासक वर्गक इच्छा पर ? नहि, एकदम्म नहि। नोकरिहारा आ बुद्धिजीवी वर्गक फतवा पर ? नहि, एकदम्म नहि। शहर आ औद्योगिक इलाका मे जा बसनिहार श्रमिक जनताक मिश्रित बोली पर ? नहि, एकदम्म नहि। एत' हमरासभ केँ स्तालिनक बात मोन रखबाक चाही। सोवियत भूमि मे भाषा-समस्या पर विवाद ठाढ़ भेलै तँ लोक स्तालिन सँ राय पुछलकनि। एहि विषय मे बहुत रास प्रश्न सभक समाधान करैत ओ एक टा

बात ई कहने छलथिन जे बाकू (एक ओद्योगिक अंचल)क मजदूर सभक भाषा केँ आधार मानि क' जार्जिया प्रदेशक भाषा-समस्याक कोनो हल नहि निकालल जा सकैछ। स्तालिने एहि तथ्य पर जोर देने छलाह जे राष्ट्रीयताक समस्या आ भाषाक समस्या किसान हल करत, किएक जे किसान जमीन धैने अछि आ देश सँ संपृक्त अछि, ओ देशक अधिवासी अछि। अर्थात् भाषा-समस्याक समाधान मे श्रमिक किसानक अनुगमन करत।

आइ मिथिलाक क्षेत्र मे हिन्दीक की हाल अछि ? हाल ई अछि जे स्कूल-कालेज मे दस-दस वर्ष रट्टा लगौलो पर हमर जीह ओहि बेचारीक सम्मान नहि क' पबैत छै। 'ने' क नानी मरि जाइ छै ! आ 'को'क सेहो कचूमर निकलि जाइ छै। 'स'क' साँस फूल' लगै छै, मैथिलीक क्रियापद आ विभक्ति हिन्दी वाक्य सभ पर चढ़ि जाइत छै। सरकारी सहायताक बैसाखीक बावजूद राष्ट्रभाषा हमरा ओत' जनताक जीह पर नहि चढ़ि पबैत छै। बिहार मे गंगाक उत्तर हिन्दीक जे रूप एखन प्रचलित अछि, तकरा जँ हू-ब-हू लिपिबद्ध क' देल जाय तँ तथाकथित हिन्दी प्रदेशक सुधी समाज चीत्कार क' उठत—'बिहारी बुद्धु हमर भाषा केँ रेड़ि मारैत छथि, हुनक जीहक इलाज होयबाक चाही...'

अपन साहित्य आ अपन भाषा आन इलाकाक जनता पर थोपबाक ई परम्परा हमर अहाँक तँ भ' नहि सकैए, हँ साम्राज्यवादी आ पूजीशाहीक परम्परा एहि तरहक जरूर रहलै-ए। एखनो ब्रिटिश, फ्रेंच आ आन उपनिवेश मे हुनक ई सिलसिला जारी छनि। मिथिलांचल मे मुश्किल सँ एक प्रतिशत हिन्दीवला हैताह। हिन्दीवला सँ हमर तात्पर्य एहन व्यक्ति सँ अछि जनिक पूरा परिवार शुद्ध हिन्दी बजैत हो। हुनक सुविधा-असुविधा आ राष्ट्रभाषाक प्रति हुनक भावनाक हमरा पूरा ध्यान अछि। ओही तरहेँ हमर भूमि मे भोजपुरी, मगही, बंगाली, नेपाली भाषी आइ सेहो हजारोक संख्या मे मौजूद छथि, हुनको सँ हमर घनिष्ठता चल आबि रहल अछि आ भविष्य मे तँ ई भाइचारा अधिकाधिक दृढ़ होइत जायत। पृथक मिथिला प्रदेशक माँग हम एकसरे नइँ हासिल क' सकब। मिथिलाक भू-खंड मे बसनिहार एक-एक व्यक्तिक सहयोग, एक-एक वर्गक सहानुभूति एकरा लेल हमरा अपेक्षित हैत। बिना हुनक सहायताक हम अपन एको टा माँग शासक वर्ग सँ नइँ मनबा सकै छी।

मैथिलियो-हिन्दियो

हमरा विचारेँ मिथिला प्रदेशक प्रादेशिक भाषाक रूप मे मैथिलियो मान्यता प्राप्त करत आ हिन्दियो। मध्यप्रदेश मे मराठी आ हिन्दी दुनू भाषा प्रादेशिक भाषाक रूप मे मान्य अछि। मद्रास आ बम्बइ प्रदेश मे एहिना एकाधिक भाषा केँ प्रादेशिक मान्यता प्राप्त छै।

मिथिलाक कोनो अधिवासी पर ओकर इच्छाक विरुद्ध हम मैथिली नइँ लादब। डॉ. जयकान्त मिश्रक सीमा-विस्तारक अवांछनीय मनोवृत्तिक समर्थन हम कैए नहि सकै छी। डॉ. लक्ष्मण झा, डॉ. सुभद्र झा आ म.म. डॉ. उमेश मिश्रक हिन्दी-विरोधी

नीति मिथिला निवासीक लेल सर्वथा घातक अछि। चाहे जेना हो, शुद्ध वा भ्रष्ट कोनो तरहक हो, मुदा हिन्दी मिथिलाक भीतर घुसिया गेल अछि। की हर्ज एहि सत्य केँ हम खुलमखुल्ला स्वीकार क' ली ? मैथिलीक वर्तमान शब्द-शक्ति सँ नितान्त अपरिचित व्यक्तिक ओकरा बोली मात्र कहि देब जेना छुच्छ प्रलाप अछि, तहिना मिथिलाक भीतर पसरैत हिन्दीक अस्तित्व केँ एकदम्म सँ नहि मानब आँखि मूनि क' माछी घोंटब भेल।

ई भारी शुभ लक्षण अछि जे मिथिलाक कवि आ कथाकार ब्राह्मण आ मुंशीक ओहि पंडिताउ मैथिली केँ छोड़ि क' बहुजन समाजक सरल सहज मैथिली दिस मुड़ि आयल छथि। नाटक आ उपन्यास सभ मे आब हमरा लोकनि केँ मुजफ्फरपुर, बेगूसराय, सहरसा, पूर्णिया तथा सीतामढ़ी आदिक आँचलिक बोली सभक झलक भेट' लागल अछि। लोरिक, सलहेस, दीनाभद्री आदि वीर पुरुषक दीर्घगाथा हमर सांस्कृतिक धरोहरिक विशिष्ट अंग बनि गेल अछि। सामन्ती दबाव जत' कतहु कम भेलैए, मैथिलीक माध्यम सँ लोक-प्रतिभा निखरि अयलै—पछिला तीस वर्ष मे मौलिक आ अनूदित उपन्यास, गल्प-संग्रहक खूब प्रकाशन भेल अछि। अढ़ाइ-तीन सयक लगभग ओकर संख्या होयत। किछु एहनो उपन्यास अछि जकर तीन-तीन, चारि-चारि संस्करण भ' चुकल अछि। अनेक गल्प आ कविताक अंग्रेजी, हिन्दी, मराठी, गुजराती रूपान्तर भेल अछि। एक दर्जन व्याकरण ग्रन्थ तथा तीन टा कोश अछि हमरा। प्रकाशित पोथिक संख्या हजारो मे अछि। कविता एक दिस पुरना शैली मे तैयार भ' रहल अछि, तँ दोसर दिस अद्यतन टेकनीक मे सेहो।

ई विशेषता

हमर क्रियापद अपन अछि। शब्द-भंडार अपन अछि। प्रतिवेशी भाषा आ बोली सभ सँ हमर भाषाक आदान-प्रतिदान चलैत रहल अछि। आगुओ चलैत रहत। उत्तर प्रदेशक जनताक भाषा आइ हिन्दी अछि। काल्हि अपभ्रंश छल, परसू शौरसेनी छल। मिथिलाक साहित्यकार मैथिलीक अपन कोटा पूरा करैत हिंदियो मे लिखै छथि, अपभ्रंश मे सहो लिखै छलाह आ शौररोनी मे सेहो। ब्रज आ अवधी-ए नहि, हमर पूर्वज बगला मे सेहो लिखने छथि आ उर्दू-फारसी मे सेहो। आइयो मिथिला मे सैकड़ो एहन परिवार अछि जत' कृतिदासक रामायण आ काशीरामदासक महाभारतक पारायण चलै-ए। तहिना तुलसीदासक रामायण आ सूर एवं मीराक पद यत्र-तत्र प्रचलित अछि। आइयो मिथिला मे बंगला पोथी आ पत्रिकाक गैर-बंगाली ग्राहक मौजूद अछि। अंग्रेजीक तँ खैर गैर-शिक्षित मे रोब-दाब छैहे। हिन्दी हमर चेतनाक लेल माय नहि, मलिकाइनक पार्ट अदा क' रहल अछि। ओकरा शासक आ धनिक वर्गहिक सुविधा-असुविधाक बेसी चाँकि छै। प्रलोभन, भय आ फूट—तीनू अस्त्रक उपयोग ओ करैत अछि, जाही सँ मैथिली पूर्णतया अपना केँ अधिस्वामिनीक समक्ष बिछा दिअय !

हम ई नहि कहैत छी जे हिंदी आ मैथिलीक बीच ओतेक दूरी अछि जतेक कि

हिंदी आ तमिलक बीच, किंतु ब्रजभाषा, अवधी, भोजपुरी आ बुंदेलखंडीक अपेक्षा हमर मैथिली हिंदी से कतहु दूर पड़ैत अछि। मागधी अपभ्रंश सँ पाँच टा भाषा निकलल— मगही, मैथिली, बंगला, उड़िया आ असमिया। कतेको कारण सँ मगहीक विकास रुकि गेल। साहित्यक नाम पर ओकरा लग आइ सिवाय ग्रामगीत, लोककथा तथा लोकोक्तिक किछु रहि नहि गेलै, मगहीक प्राचीनतम रूप सरहपा आदि सिद्ध सभक पदावली मे एखनो सुरक्षित अछि। प्राचीन साहित्यक जेहन समृद्ध आ बहुमूल्य उत्तराधिकार अपन पूवर्ज सँ हमरा भेटल अछि, ओहन मगही-परिवारक उक्त आन कोनो भाषा मे नहि देखल गेल।

अभिव्यक्तिक सामर्थ्यक दृष्टि सँ देखी तँ आजुक मैथिली बंगला सँ तिलो मात्र पाछाँ नहि अछि, हिन्दी सँ यव भरि आगाँ अछि ओ। सत्य मानू ! अवसर नहि अछि एखन जे पद्य आ गद्यक विविध अंश उद्‌भुत क' क' अहाँ सँ अपन ई दावा मनबा ली, तथापि नमूनाक लेल दु-चारि टा खंड प्रस्तुत अछि—

(1) ई की कैल, उठा क' ल' आनल
कमलक कोढ़ी लए टेङ कोकनल
बेटी कें बेचलहुँ मड़ुआक दोबर
बूढ़ बकलेल सँ भरलहुँ कोबर
जनमितहि मारि दितिअइ
नोन चटा क'
कुहरए ने पड़िनइ घेंट कटा क' (बूढ़ वर)

(2) तोड़ि कें हरिसिंहदेवक डाँड़
काल्हि यदि बउआ बिआहथि मेम
महाश्वेता बहुरिया
चनमाड़ पर ओ आबि
बिहुँसि लगती गोसाउनि कें गोड़
तँ अहाँ की छाड़ि कें ई माटि
पड़ाएब, चल जैब, मोरङ दीस ? (द्वंद्व)

(3) एहि गाम सँ निरंतर परिवर्तनमान
प्रगतिशील समाज
जहिना जुऐल बँसबिट्टीक दमगर
ओधि मे सँ फेर कोपड़
फेर पोरगर बाँस
फेर बाँसक झमटगरहा झोंझ (परम सत्य)

(4) भाए भातिजक सारक साढ़ुक लेल
अपनहि चढ़ि कें तोड़थि झोंझक बेल
धन्न भाग जे चानि ने छइन उघाड़

नहि तँ कोना पचबितथि
सौंस पहाड़ (देश दशाष्टक)

(5) धिपल लगइछ उपर पानि
बोहिआइत अछि अठगामा
पाड़ा पोखरि मे (चित्रा)

(6) अन्हार जिनगी
सेहंताक ठेंङा सँ थाहय
बाट घाट आँतर-पाँतर कें (वैदेही)

(7) तकलक बुढ़बा हमरा दिस
आँखि निराड़ि क'
बाजल मुदा किच्छु नहि।

(8) ओकरा दिस सँ अधवयसू गोर्खा सैह टिपलक। बोकबा अनाड़ी नाउआ सँ कानी खतबौने रहए। छाड़ल कपार, बेस पुष्ट सन भउँह। नाकक पूड़ा तते तते टा जे दश्मीक दुर्गाक सिंह कें मने मातु क' दितनि—बड्ड बेश। से ओ कृतमुख भेल। बाजल—

'ए कुस नेइ समस्ता !'

'हे ! बुड़ि बानर नहितन !'

'केराक घउर, एह'—हमरा दिस मुँह क' क' मुसकी मारैत टुनाइ कहलकनि—'मामा, कि कहैए सुनै छिए ? 'कुस' आ 'समस्ता' अर्थात् कुश आ छिन्नमस्ता...!'

हँसी तँ अपनहुँ थोड़ नहि लागल मुदा तकरा जँतलहुँ, कहलियनि टुनाइ कें— 'जिनगी भरि होइ छहु जे नवालके रहबह ? षटपद-अष्टपद भ' गेलाह आ तैयो...' (बूढ़ बोको)

(9) कय गोट पन्द्रह-सोलह बरखक बोनिहारिन सभ, जे हमरालोकनिक काज पर जाइत छलि, हारी आ चानीक गहना, फूल आ पात माथ मे, डाँड़ मे खोंसने तेहन ने बनौने छलि जे चीन्हहु मे नहि आबय। नाच देखल—एक दिस दस गोटे पुरुख ठाढ़, दोसर दिस दस गोटे माउगि। ढोल आ ढाक नेने चारि गोटे एक कात मे चोट पर चोट दैत। एकबेर पुरुख सभ गावए, एकबेर माउगि सभ। दुहू दिस सँ ओ सभ ताल पर पएर मारैत बीच मे आबि ठेहुन मे ठेहुन सटा क' फेर पाछाँ हटि जाय। (एकादशी-महात्म्य)

(10) इएह कनिया थिकी जे एक दिन चारि टा पाइ मँगलियनि त' लुलुआ लेलथि इएह मुन्नीदाइ छथि जे दू टा काँच मेरचाइ तोड़लियनि तँ हाथ मचोड़ि क' छीन लेलथि। मुदा अइ मुसरधार बरखा मे दोकानक काज पड़लनि तँ केहन काका आ बाबा बनब' लगलथि। (बालगोविन्द)

एहि मे सँ एको टा उद्धरण प्राचीन वा मध्यकालीन मैथिली साहित्य सँ नहि अछि,

1930 ई. सँ इम्हरक सर्वथा अर्वाचीन साहित्य सँ हम एत' उद्धरण देलहुँ अछि–ई सभ हम सहज रूप मे जत' तत' सँ उठा लेलहुँ अछि। एहि मे सँ कोनो एक टा अहाँ ल' लिय' आ अनुवाद करू ओकर हिन्दी वा उर्दू मे। देखी भला !

जहिना विद्यापतिक पद सभ केँ अहाँ नइँ पचा सकलहुँ, तहिना मैथिलीक आधुनिक कवि-कथाकारहु केँ अहाँ आत्मसात नहि क' पायब, अभिव्यक्तिक, वाक्य-विन्यासक, उच्चारणक, क्रमक ध्वनि आ स्वर-संघातक हमर अपन विशेषता सभ थिक। ओकरा ने संस्कृत पचा सकल ने फारसी। अंग्रेजियो एहि सामर्थ्य सँ बाहर रहलै। मैथिली केँ पचा लेबाक सामर्थ्य हिन्दी वा भारतक कोनो अन्य भाषा मे नइँ छै।

सुनै छी, भविष्य मे समग्र संसारक एके भाषा हेतै। हमर एहि महादेशक प्रादेशिक भाषा सभक पृथक-पृथक अस्तित्व बिला जेतै आ सुविकसित भारतीयक एक टा विशाल बिरादरी एके भाषा बाजत। तखन देश-देश आ द्वीप-द्वीपक भाषा सभ एक भ' जाएत आ अखिल विश्व अभिव्यक्ति लेल समान शब्दावलीक आश्रय लेल। भाषा एक हैत। विचार एक हैत, मानव समुदाय एक हैत।

तँ की हम अपन मैथिली, भोजपुरी, संथाली आदि भाषा आ बोली सभ केँ तिलांजलि द' दी आइए ? आ एना करब कि हमरा सभक अपन वशक बात थिक ?

पछिला पचीस वर्ष सँ अपन मातृभाषा मैथिली मे लिखैत आबि रहल छी, हिंदी पाछाँ सिखलहुँ अछि। प्रकाशन संबंधी असुविधाक कारणेँ अपन क्षमताक दशांशो प्रायः मैथिली केँ नहि द' पबैत छी। हिंदी संसार मे गोष्ठी, सभा आ सम्मेलनक अवसर पर यदा कदा मित्रलोकनिक आग्रह रहैत अछि जे अपन मैथिली रचना सेहो सुनाबी। श्रोतागण मूल मैथिली नहि बुझैत छथि आ हमरा हिन्द प्रदेश (हिंदी भाषी अंचल) मे अपन मैथिली रचना पंक्तिशः अनूदिते क' क' सुनाब' पड़ैत अछि। ब्रज, अवध आ भोजपुरक इलाका सभ मे मैथिली एकदम नहि बुझैत अछि लोक। दिल्ली, लखनऊ आ इलाहाबाद-बनारसक संगी-साहित्यकार ताहि कारणेँ हमर मैथिली रचना सभक मूल्यांकन नहि क' पौलनि अछि एखन धरि। मैथिली चाहे प्राचीन होअओ कि अर्वाचीन, हिंदीवलाक लेल ओ आसान नइँ अछि। बंगला आ पंजाबी रचना सभक रसोपलब्धि लेल जेना हुनका अनुवादक सहायता लेब' पड़ैत छनि, तहिना मैथिली साहित्यक आस्वादक लेल सेहो हुनका अनुवादकक शरण मे जाय पड़लनि। अपन प्रख्यात उपन्यास 'बलचनमा' मूलतः हम मैथिलिए मे लिखने छलहुँ। प्रकाशनक सुविधा भेल, अतः ओकर हिंदी रूपांतरे पहिने लोकक सम्मुख आबि गेलै। मौलिक 'बलचनमा' सेहो एहि वर्ष प्रकाशित हैत।

किसान वा खेतिहर श्रमिक जखन गाम छोड़ि क' बाहर निकलि जाइत अछि आ औद्योगिक अचंल मे रह' लगैत अछि, तँ ओकरा पर बाहरी भाषा आ बोली सभक प्रभाव पड़ैत छै, अपन भूमिक शब्द सभक स्मृति धूमिल होब' लगैत छै। धीया-पुता पर तँ ई प्रभाव आर शीघ्रता सँ पड़ैत छै, बलचनमा आ ओकर बेटा दिपवाक 'मैथिली बिसरब' अथवा 'बेर-बेर हिंदी बाजब' क इएह हेतु छैक। 'नई पौध' (उपन्यास) क दिगंबर अपन

बहीन कें साहित्य सम्मेलन (प्रयाग) क प्रथमाक लेल तैयार करैत अछि। 'रतिनाथ की चाची' (उपन्यास) मे प्रभाती मे अहाँ ककरो ब्रजभाषाक पद गुनगुनाइत पबै छी तँ डॉ. रामविलास एहि निष्कर्ष पर पहुँचलाह जे मिथिला पर हिंदी आच्छन्न भ' रहल अछि, मैथिलीक अंत निकट अछि। अर्थात् जखन मैथिली मरणासन्न अछिए तँ किए ने हुमचि क' एक लात ओहि बुढ़ियाक पीठ पर तरुणी हिंदी लगाबओ ! धन्य कही एही समझदारी कें !!

आब धातु सभक एक टा छोट-छीन सूची एत' देल जा रहल अछि। हिंदीक कोनो कोश मे अहाँ ई धातुसभ नहि पाएब–

अउनायब, अगधायब, अगरायब, अजबाड़ब, अरियातब, अकानब, अभड़ब, अमेठब, इतरायब, एतिआयब, उड़ाहब, उढ़रब, उधिआयब, उधेसब, उसरगब, असरब, ओरिआयब, ओलब, ओसायब, ओसारब, ओहायब, कन्हुआयब, कुकुआयब, कूथब, कूहब, खंउझायब, खखोड़ब, खिसिआयब, खेपब, खेहारब, खोंचाड़ब, गुदानब, गूहब, गोंतब, घोंकब, चकुआयब, चनकब, चुमकब, चाँछब, चौपेतब, चोभब, छड़पब, छाड़ब, छिछिआयब, छीपब, छुछुआयब, छोलब, छोपब, जँतायब, जूमब, जोऐब, झखड़ब, झझकब, झमकब, झरकब, झीकब, झुझुऐब, टनकब, टीपब, टोनब, ठमकब, ठकुआयब, ठुनकब, ठेहिआयब, डहकब, डेङायब, डेरायब, ढवकब, ढाहब, ढेउरब, ढेकरब, तवब, तमसायब, तोपब, थकड़ब, थापब, थुकड़ब, दकचब, दकरब, दलकब, दमसब, दमायब, दूसब, दोमब, धपायब, धाङब, धीपब, धूपब, धोखेड़ब, नछोड़ब, निघंटब, निछड़ब, निहुड़ब, नेयारब, पैसब, पौरब, पतिआयब, पखारब, पसायब, परतारब, परिछब, पचकब, फटकब, फलकब, फनकब, फकड़ब, फिफिआयब, बौआयब, बौंसब, बगदब, बधुआयब, बूझब, बमकब, बरकब, बहटारब, विदोड़ब, बिधुआयब, बिलटब, विलहब, बिसुकब, बूकब, बूलब, बेसाहब, भकयब, भङढब, भाड़ब, भसकब, भभकब, भसिआयब, भुतिआयब, मउलायब, मकब, मजरब, मन्हुआयब, माखब, मिमिआयब, मोकब, रितिआयब, रेघायब, लतरब, लाड़ब, लुधकब, लोहछब, ससरब, ससारब, सन्हिआयब, सरकब, सिसोहब, सिहायब, सुटकब, सुढ़िआयब, सोन्हायब, हुआयब, हौंकब, हवकब, हँसोथब, हूथब, हुरपेटब, हुलकब, हूरब, हेरायब, हेलब।

मैथिली व्याकरण हिंदी व्याकरण सँ भिन्न अछि। ओकर अपन कितपय विशेषता छै। धातुक भूतकालक विलक्षणताक लेल एक टा उदाहरण देखू–

मारलियनि (मैंने उन (बड़े) को मारा)

मारलहुन (तुम या तूने उन (बड़े) को मारा)

मारलथिन (उन (बड़े) ने उस (छोटे) या उन (बड़े) को मारा)

मारलकनि (उस (छोटे) ने उन (बड़े) को मारा)

मारलथुन (उन (बड़े) ने तुम्हें या तुझे मारा)

मारलनि (उन (बड़े) ने हमें या मुझे मारा)

मारलह (तुमने मुझे मारा)

मारलहुक (तुमने उस (छोटे) या उन (बड़े) को मारा)

मारलें (तू (छोटे) ने उस (छोटे) को मारा)

मारलही (तू (छोटे) ने उस (छोटे) को मारा)

हिंदी मे केवल 'मारा' कहला सँ काज नहि चलत। ओत' 'मारा' क संग हमरा कर्त्ता आ कर्म केँ स्पष्ट राख' पड़त, भारतक कोन भाषा मे एहि प्रकारक विशेषता मौजूद अछि, भाषा-विज्ञानक धुरंधर लोकनि कहथु। बिना कर्त्ता या बिना कर्मक, बिना लिंगक आ बिना वचनक मैथिलीक क्रियापद वाक्य-बोध करा दैत अछि। अहुना हमर मैथिली व्याकरण पुल्लिंग-स्त्रीलिंग अथवा एक वचन-बहुवचनक झंझटि सँ पर्याप्त दूर-पड़ैत अछि। मानै छी, विशेषता थोड़-बहुत मात्रा मे प्रत्येक भाषा आ बोली मे विद्यमान छैक। से नहि मानब प्रथम कोटिक बुड़िबकइ हैत। हमर पड़ोसिया भाषा भोजपुरीक सेहो कय टा खूबी छैक। जे मैथिली वा मगही मे नहि छैक। तहिना हिंदीयोक अपन खूबी सभ छैक। बंगला, मराठी, तमिल, तेलुगू सभक अपन-अपन विशेषता छैक। हमर कोन अधिकार अछि जे हम ककरो दबबिऐ वा ककरो छाती पर चढ़ि बैसिऐ ?

तथाकथित 'हिंदी प्रदेश'क एकमात्र जातीय भाषाक आतुर समर्थक लोकनि ! सांस्कृतिक आ राजनीतिक 'एकता'क जोश मे अन्य भाषा आ बोलीक स्वाभाविक विकासक दिस सँ बेसुध बंधु लोकनि ! जन-सामान्यक प्रकृत-जीह पर जटिल क्लिष्ट हिंदी-उर्दू शब्दावलीक काँटी ठोकनिहार महानुभाव लोकनि ! अहाँ सभ गोटे सँ हमर एक टा निवेदन अछि—

अहाँ सभ हिंदी प्रचार आंदोलन केँ शासकीय स्वर्ण-चंगुल सँ मुक्त क' लिअ'। कोटिपति सभक कृपा-कटाक्ष सँ त्राण पयबा मे ओकर सहायता करियौक। ओकरा-सहज स्वस्थ जनवादी रीति सँ अपन गौरवपूर्ण आसन प्राप्त कर' दियौक। भारतक प्रधानतम भाषाक रूप मे हिंदीक विकास अवश्यंभावी छैक। पड़ोसिया सभ सँ विचारक अदान-प्रदानक सुविधाक लेल, मनन-चिंतन तथा व्यवहारक सार्वभौम उपयोगिताक लेल हिंदी सँ नीक भला आर कोन माध्यम हैत हमरा सभ भारतीय लोकनिक हित मे ? सरल हिंदी एहि कान केँ खूब रुचैत छै। आइ ने काल्हि, काल्हि ने परसू ओ अवश्य मिथिला आ भोजपुरक जीह पर सुरुचिपूर्वक नाचत। कोटि-कोटि जीह वाली हमर ई धरती दू-दू किए, दस-दस टा भाषा साफ-साफ बाजि लेत। ओ दिन दूर नहि छै श्रीमान, देखि लेब ! लेकिन दोहाइ सरकारक ! एखन अगुताउ जुनि, मेरचाइ नइँ रगड़ियौ एहि निर्दोष जीह सभ पर !! हम तँ भेलहुँ सठिआयल, दिमाग ठीक नहि अछि। जाइत-जाइत अपनेक सेवा मे प्राचीन अपभ्रंशक किछु पंक्ति प्रस्तुत क' दैत दी—

'बालचंद बिज्जावइ भासा, दुहु नइ लग्गइ दुज्जण हासा ओ परमेसर हर सिर सोहइ, ई णिच्चय नागर मन मोहइ !'

अनुवाद : राजमोहन झा